상윳따 니까야

주제별로 모은 경[相應部]

제5권

수행을 위주로 한 가르침

상윳따 니까야

Saṁyutta Nikāya

주제별로 모은 경

5

수행을 위주로 한 가르침

초기불전연구원

∴

그분
부처님
공양 올려 마땅한 분
바르게 깨달으신 분께 귀의합니다.

Namo tassa Bhagavato Arahato Sammāsambuddhassa

목차

제5권 해제 29

제43주제 무위 상윳따(S43) 97

제1장 첫 번째 품 99
몸에 대한 마음챙김 경(S43:1) 99
사마타와 위빳사나 경(S43:2) 101
일으킨 생각과 지속적인 고찰이 있음 경(S43:3) 103
공한 삼매 경(S43:4) 103
마음챙김의 확립[念處] 경(S43:5) 105
바른 노력[正勤] 경(S43:6) 106
성취수단[如意足] 경(S43:7) 106
기능[根] 경(S43:8) 106
힘 경(S43:9) 106
깨달음의 구성요소[覺支] 경(S43:10) 107
팔정도 경(S43:11) 107

제2장 두 번째 품 109
무위 경(S43:12) 109

끝 경(S43:13) 117
번뇌 없음 경 등(S43:14~43) 118
도피안 경(S43:44) 120

제44주제 설명하지 않음[無記] 상윳따(S44) 123

케마 경(S44:1) 127
아누라다 경(S44:2) 134
사리뿟따와 꼿티따 경1(S44:3) 140
사리뿟따와 꼿티따 경2(S44:4) 143
사리뿟따와 꼿티따 경3(S44:5) 145
사리뿟따와 꼿티따 경4(S44:6) 147
목갈라나 경(S44:7) 151
왓차곳따 경(S44:8) 157
토론장 경(S44:9) 160
아난다 경(S44:10) 164
사비야 깟짜나 경(S44:11) 167

제45주제 도 상윳따(S45) 169

제1장 무명 품 173
무명 경(S45:1) 173
절반 경(S45:2) 175
사리뿟따 경(S45:3) 181
바라문 경(S45:4) 182
무슨 목적 경(S45:5) 186
어떤 비구 경1(S45:6) 187

어떤 비구 경2(S45:7) 188
분석 경(S45:8) 188
꺼끄러기 경(S45:9) 195
난디야 경(S45:10) 197

제2장 머묾 품 199
머묾 경1(S45:11) 199
머묾 경2(S45:12) 201
유학 경(S45:13) 203
일어남 경1(S45:14) 204
일어남 경2(S45:15) 204
청정 경1(S45:16) 204
청정 경2(S45:17) 205
꾹꾸따 원림[鷄林] 경1(S45:18) 205
꾹꾸따 원림[鷄林] 경2(S45:19) 207
꾹꾸따 원림[鷄林] 경3(S45:20) 208

제3장 삿됨 품 210
삿됨 경(S45:21) 210
불선법 경(S45:22) 210
도닦음 경1(S45:23) 211
도닦음 경2(S45:24) 211
참되지 못한 사람 경1(S45:25) 212
참되지 못한 사람 경2(S45:26) 213
항아리 경(S45:27) 214
삼매 경(S45:28) 215
느낌 경(S45:29) 216
웃띠야 경(S45:30) 216

제4장 도닦음 품 218
도닦음 경1(S45:31) 218
도닦음 경2(S45:32) 218
게을리함 경(S45:33) 219
저 언덕에 도달함 경(S45:34) 219
사문됨 경1(S45:35) 221
사문됨 경2(S45:36) 221
바라문됨 경1(S45:37) 222
바라문됨 경2(S45:38) 222
청정범행 경1(S45:39) 222
청정범행 경2(S45:40) 223

제5장 외도의 반복 224
탐욕의 빛바램 경(S45:41) 224
족쇄를 제거함 경 등(S45:42~48) 225

제6장 태양의 반복 227
선우 경(S45:49) 227
계의 구족 경 등(S45:50~55) 228
선우 경(S45:56) 229
계의 구족 경 등(S45:57~62) 230

제7장 첫 번째 하나의 법의 반복 232
선우 경(S45:63) 232
계의 구족 경 등(S45:64~69) 233
선우 경(S45:70) 234
계의 구족 경 등(S45:71~76) 234

제8장 두 번째 하나의 법의 반복 236

선우 경(S45:77) 236
계의 구족 경 등(S45:78~83) 237
선우 경(S45:84) 238
계의 구족 경 등(S45:85~90) 238

제9장 첫 번째 강가 강의 반복 240
동쪽으로 흐름 경1(S45:91) 241
동쪽으로 흐름 경2~6(S45:92~96) 241
바다 경1~6(S45:97~102) 242

제10장 두 번째 강가 강의 반복 243
동쪽으로 흐름 경1~6(S45:103~108) 243
바다 경1~6(S45:109~114) 244

제11장 세 번째 강가 강의 반복 245
동쪽으로 흐름 경1~6(S45:115~120) 245
바다 경1~6(S45:121~126) 246

제12장 네 번째 강가 강의 반복 247
동쪽으로 흐름 경1~6(S45:127~132) 247
바다 경1~6(S45:133~138) 248

제13장 불방일의 반복 249
여래 경(S45:139) 249
발자국 경(S45:140) 252
뾰족지붕 경(S45:141) 253
뿌리 경(S45:142) 253
속재목 경(S45:143) 253
재스민 꽃 경(S45:144) 253

왕 경(S45:145) 254
달 경(S45:146) 254
태양 경(S45:147) 254
옷감 경(S45:148) 254

제14장 힘쓰는 일 품 256
힘 경(S45:149) 256
씨앗 경(S45:150) 257
용 경(S45:151) 257
나무 경(S45:152) 259
항아리 경(S45:153) 260
꺼끄러기 경(S45:154) 260
허공 경(S45:155) 261
구름 경1(S45:156) 262
구름 경2(S45:157) 263
배 경(S45:158) 264
객사(客舍) 경(S45:159) 265
강 경(S45:160) 267

제15장 추구 품 269
추구 경(S45:161) 269
자만심 경(S45:162) 272
번뇌 경(S45:163) 273
존재 경(S45:164) 273
괴로움의 성질 경(S45:165) 274
삭막함 경(S45:166) 274
때 경(S45:167) 275
근심 경(S45:168) 275
느낌 경(S45:169) 275

갈애 경(S45:170) 276
목마름 경(S45:170-1) 276

제16장 폭류 품 278
폭류 경(S45:171) 278
속박 경(S45:172) 278
취착 경(S45:173) 279
매듭 경(S45:174) 279
잠재성향 경(S45:175) 280
감각적 욕망의 가닥 경(S45:176) 280
장애 경(S:45:177) 281
무더기[蘊] 경(S45:178) 282
낮은 단계의 족쇄 경(S45:179) 282
높은 단계의 족쇄 경(S45:180) 283

제46주제 깨달음의 구성요소 상윳따(S46) 285

제1장 산 품 287
히말라야 경(S46:1) 287
몸 경(S46:2) 290
계(戒) 경(S46:3) 299
옷 경(S46:4) 306
비구 경(S46:5) 309
꾼달리야 경(S46:6) 310
뽀족지붕 경(S46:7) 315
우빠와나 경(S46:8) 316
일어남 경1(S46:9) 317
일어남 경2(S46:10) 317

제2장 병 품 319
생명 경(S46:11) 319
태양의 비유 경1(S46:12) 320
태양의 비유 경2(S46:13) 321
병 경1(S46:14) 322
병 경2(S46:15) 323
병 경3(S46:16) 324
저 언덕에 도달함 경(S46:17) 325
게을리함 경(S46:18) 326
성스러움 경(S46:19) 326
염오 경(S46:20) 327

제3장 우다이 품 328
깨달음 경(S46:21) 328
가르침 경(S46:22) 329
토대 경(S46:23) 329
지혜롭지 못함 경(S46:24) 330
쇠퇴하지 않음 경(S46:25) 332
갈애의 멸진 경(S46:26) 332
갈애의 소멸 경(S46:27) 334
꿰뚫음에 동참함 경(S46:28) 334
하나의 법 경(S46:29) 336
우다이 경(S46:30) 337

제4장 장애 품 341
유익함 경1(S46:31) 341
유익함 경2(S46:32) 342
오염원 경(S46:33) 342
오염원 아님 경(S46:34) 344

지혜롭게 마음에 잡도리함 경(S46:35) 344
증장 경(S46:36) 346
덮개 경(S46:37) 346
장애 없음 경(S46:38) 347
나무 경(S46:39) 348
장애 경(S46:40) 350

제5장 전륜성왕 품 352
자만심 경(S46:41) 352
전륜성왕 경(S46:42) 352
마라 경(S46:43) 353
통찰지 없음 경(S46:44) 354
통찰지를 가짐 경(S46:45) 354
가난뱅이 경(S46:46) 355
부자 경(S46:47) 355
태양 경(S46:48) 356
내적인 구성요소 경(S46:49) 357
외적인 구성요소 경(S46:50) 358

제6장 담론 품 359
자양분 경(S46:51) 359
방법 경(S46:52) 370
불[火] 경(S46:53) 376
자애가 함께 함 경(S46:54) 381
상가라와 경(S46:55) 391
아바야 경(S46:56) 401

제7장 들숨날숨 품 405
해골 경(S46:57) 405

벌레가 버글거리는 것 경 등(S46:58~61) 410
자애 경 등(S46:62~65) 411
들숨날숨 경(S46:66) 411

제8장 소멸 품 412
부정 경 등(S46:67~75) 412
소멸 경(S46:76) 414

제9장 강가 강의 반복 417
동쪽으로 흐름 경1~6(S46:77~82) 418
바다 경1~6(S46:83~88) 419

제10장 불방일 품 420
여래 경 등(S46:89~98) 420

제11장 힘쓰는 일 품 422
힘 경 등(S46:99~110) 422

제12장 추구 품 424
추구 경 등(S46:111~120) 424

제13장 폭류 품 426
폭류 경 등(S46:121~130) 426

제14장 강가 강의 반복 427
동쪽으로 흐름 경 등(S46:131~142) 427

제15장 불방일 품 429
여래 경 등(S46:143~152) 429

제16장 힘쓰는 일 품 431
힘 경 등(S46:153~164) 431

제17장 추구 품 433
추구 경 등(S46:165~174) 433

제18장 폭류 품 435
폭류 경 등(S46:175~183) 435
높은 단계의 족쇄 경(S46:184) 436

제47주제 마음챙김의 확립 상윳따(S47) 439

제1장 암바빨리 품 441
암바빨리 경(S47:1) 441
마음챙김 경(S47:2) 445
비구 경(S47:3) 447
살라 경(S47:4) 450
유익함 덩어리 경(S47:5) 452
새매 경(S47:6) 453
원숭이 경(S47:7) 456
요리사 경(S47:8) 459
병 경(S47:9) 462
비구니 거처 경(S47:10) 468

제2장 날란다 품 475
대인 경(S47:11) 475
날란다 경(S47:12) 476
쭌다 경(S47:13) 480

욱까쩰라 경(S47:14) 485
바히야 경(S47:15) 488
웃띠야 경(S47:16) 490
성스러움 경(S47:17) 490
범천 경(S47:18) 491
세다까 경(S47:19) 495
경국지색 경(S47:20) 498

제3장 계와 머묾 품 500
계 경(S47:21) 500
오래 머묾 경(S47:22) 501
쇠퇴 경(S47:23) 502
간단한 설명 경(S47:24) 504
바라문 경(S47:25) 504
부분적으로 경(S47:26) 505
완전하게 경(S47:27) 506
세상 경(S47:28) 507
시리왓다 경(S47:29) 508
마나딘나 경(S47:30) 510

제4장 전에 들어보지 못함 품 512
전에 들어보지 못함 경(S47:31) 512
욕망의 빛바램 경(S47:32) 513
게을리함 경(S47:33) 514
닦음 경(S47:34) 515
마음챙김 경(S47:35) 515
구경의 지혜 경(S47:36) 517
욕구 경(S47:37) 517
철저히 앎 경(S37:38) 518

닦음 경(S47:39) 518
분석 경(S47:40) 519

제5장 불사 품 522
불사(不死) 경(S47:41) 522
일어남 경(S47:42) 522
도 경(S47:43) 524
마음챙김 경(S47:44) 526
유익함 덩어리 경(S47:45) 526
빠띠목카[戒目] 경(S47:46) 527
나쁜 행위 경(S47:47) 529
친구 경(S47:48) 530
느낌 경(S47:49) 531
번뇌 경(S47:50) 531

제6장 강가 강의 반복 532
동쪽으로 흐름 경 등(S47:51~62) 532

제7장 불방일 품 533
여래 경 등(S47:63~72) 533

제8장 힘쓰는 일 품 533
힘 경 등(S47:73~84) 533

제9장 추구 품 534
추구 경 등(S47:85~94) 534

제10장 폭류 품 534
폭류 경 등(S47:95~104) 534

제48주제 기능[根] 상윳따(S48) 535

제1장 간단한 설명 품 537
간단한 설명 경(S48:1) 537
예류자 경1(S48:2) 538
예류자 경2(S48:3) 539
아라한 경1(S48:4) 539
아라한 경2(S48:5) 540
사문/바라문 경1(S48:6) 540
사문/바라문 경2(S48:7) 541
보아야함 경(S48:8) 542
분석 경1(S48:9) 543
분석 경2(S48:10) 547

제2장 더 약함 품 551
얻음 경(S48:11) 551
간략하게 경1(S48:12) 552
간략하게 경2(S48:13) 553
간략하게 경3(S48:14) 553
상세하게 경1(S48:15) 554
상세하게 경2(S48:16) 555
상세하게 경3(S48:17) 556
도닦음 경(S48:18) 556
구족 경(S48:19) 557
번뇌의 멸진 경(S48:20) 558

제3장 여섯 가지 감각기능 품 559
다시 태어남[再生] 경(S48:21) 559
생명기능 경(S48:22) 560

구경의 지혜의 기능 경(S48:23) 560
한 번만 싹 트는 자 경(S48:24) 561
간단한 설명 경(S48:25) 562
예류자 경(S48:26) 563
아라한 경(S48:27) 563
부처 경(S48:28) 564
사문/바라문 경1(S48:29) 565
사문/바라문 경2(S48:30) 565

제4장 즐거움의 기능 품 568
간단한 설명 경(S48:31) 568
예류자 경(S48:32) 569
아라한 경(S48:33) 569
사문/바라문 경1(S48:34) 570
사문/바라문 경2(S48:35) 571
분석 경1(S48:36) 572
분석 경2(S48:37) 574
분석 경3(S48:38) 574
나무토막 비유 경(S48:39) 575
이례적인 순서 경(S48:40) 577

제5장 늙음 품 584
늙기 마련임 경(S48:41) 584
운나바 바라문 경(S48:42) 585
사께따 경(S48:43) 589
동 꼿타까 경(S48:44) 591
동쪽 원림 경1(S48:45) 593
동쪽 원림 경2(S48:46) 594
동쪽 원림 경3(S48:47) 595

동쪽 원림 경4(S48:48) 595
뻰돌라 경(S48:49) 596
아빠나 경(S48:50) 597

제6장 멧돼지 동굴 품 601
살라 경(S48:51) 601
말라 경(S48:52) 602
유학 경(S48:53) 604
발자국 경(S48:54) 607
속재목 경(S48:55) 608
확립 경(S48:56) 608
사함빠띠 범천 경(S48:57) 609
멧돼지 동굴 경(S48:58) 611
일어남 경1(S48:59) 612
일어남 경2(S48:60) 613

제7장 보리분 품 614
족쇄 경(S48:61) 614
잠재성향 경(S48:62) 614
철저하게 앎 경(S48:63) 614
번뇌의 멸진 경(S48:64) 615
두 가지 결실 경(S48:65) 615
일곱 가지 이익 경(S48:66) 615
나무 경1(S48:67) 616
나무 경2(S48:68) 617
나무 경3(S48:69) 618
나무 경4(S48:70) 619

제8장 강가 강의 반복 620

동쪽으로 흐름 경 등(S48:71~82) 620

제9장 불방일 품 620
여래 경 등(S48:83~92) 620

제10장 힘쓰는 일 품 621
힘 경 등(S48:93~104) 621

제11장 추구 품 621
추구 경 등(S48:105~114) 621

제12장 폭류 품 622
폭류 경 등(S48:115~124) 622

제13장 강가 강의 반복 623
동쪽으로 흐름 경 등(S48:125~135) 623

제14장 불방일의 반복 624
여래 경 등(S48:137~146) 624

제15장 힘쓰는 일 품 624
힘 경 등(S48:147~158) 624

제16장 추구 품 625
추구 경 등(S48:159~168) 625

제17장 폭류 품 626
폭류 경 등(S48:169~178) 626

제49주제 바른 노력 상윳따(S49) 627

제1장 강가 강의 반복 629
동쪽으로 흐름 경 등(S49:1~12) 629

제2장 불방일 품 632
여래 경 등(S49:13~22) 632

제3장 힘쓰는 일 품 634
힘 경 등(S49:23~34) 634

제4장 추구 품 636
추구 경 등(S49:35~44) 636

제5장 폭류 품 638
폭류 경 등(S49:45~54) 638

제50주제 힘 상윳따(S50) 641

제1장 강가 강의 반복 643
동쪽으로 흐름 경 등(S50:1~12) 643

제2장 불방일 품 646
여래 경 등(S50:13~22) 646

제3장 힘쓰는 일 품 648
힘 경 등(S50:23~34) 648

제4장 추구 품 649
추구 경 등(S50:35~44) 649

제5장 폭류 품 651
폭류 경 등(S50:45~54) 651

제6장 강가 강의 반복 653
동쪽으로 흐름 경 등(S50:55~66) 653

제7장 불방일 품 655
여래 경 등(S50:67~76) 655

제8장 힘쓰는 일 품 657
힘 경 등(S50:77~88) 657

제9장 추구 품 659
추구 경 등(S50:89~98) 659

제10장 폭류 품 661
폭류 경 등(S50:99~108) 661

약어

A.	Aṅguttara Nikāya(앙굿따라 니까야, 증지부)
AA.	Aṅguttara Nikāya Aṭṭhakathā = Manorathapūraṇī(증지부 주석서)
AAṬ.	Aṅguttara Nikāya Aṭṭhakathā Ṭīkā(증지부 복주서)
ApA.	Apadāna Aṭṭhakathā(아빠다나(譬喻經) 주석서)
Be	Burmese-scrip ed. of S.(미얀마 육차결집본)
BG.	Bhagavadgīta(바가왓 기따)
BHD	Buddhist Hybrid Sanskrit Dictionary
BHS	Buddhist Hybrid Sanskrit
BL	Buddhist Legends(Burlingame)
BPS	Buddhist Publication Society
BvA.	Buddhavaṁsa Aṭṭhakathā
CBETA	CBETA Chinese Electronic Tripitaka Collection: CD-ROM
CMA	A Comprehensive Manual of Abhidhamma(아비담맛타 상가하)
CPD	Critical Pāli Dictionary
C.Rh.D	C.A.F. Rhys Davids
D.	Dīgha Nikāya(디가 니까야, 장부)
DA.	Dīgha Nikāya Aṭṭhakathā = Sumaṅgalavilāsinī(장부 주석서)
DAṬ.	Dīgha Nikāya Aṭṭhakathā Ṭīkā(장부 복주서)

Dhp.	Dhammapada(법구경)
DhpA.	Dhammapada Aṭṭhakathā(법구경 주석서)
Dhs.	Dhammasaṅgaṇi(담마상가니, 法集論)
DhsA.	Dhammasaṅgaṇi Aṭṭhakathā = Aṭṭhasālinī(법집론 주석서)
DPL	A Dictionary of the Pali Language(Childers)
DPPN.	G. P. Malalasekera's *Dictionary of Pali Proper Names*
Dv.	Dīpavaṁsa(島史), edited by Oldenberg
DVR	A Dictionary of the Vedic Rituals, Sen, C. Delhi, 1978.
Ee	Roman-script ed. of S. (PTS본. 제1권의 Ee1: 1884년, Ee2: 1998년.)
EV1	Elders' Verses I(장로게 영역, Norman)
EV2	Elders' Verses II(장로니게 영역, Norman)
GD	Group of Discourse(숫따니빠따 영역, Norman)
It.	Itivuttaka(如是語)
ItA.	Itivuttaka Aṭṭhakathā(여시어 경 주석서)
Jā.	Jātaka(本生譚)
JāA.	Jātaka Aṭṭhakathā(본생담 주석서)
KhpA.	Khuddakapātha Aṭṭhakathā(쿳다까빠타 주석서)
KS	Kindred Sayings(상윳따 니까야 영역, Rhys Davids, Woodward)
Kv.	Kathāvatthu(까타왓투, 論事)
KvA.	Kathāvatthu Aṭṭhakathā(까타왓투 주석서)
LBD	Long Discouurse of the Buddha(디가 니까야 영역, Walshe)
M.	Majjhima Nikāya(맛지마 니까야, 중부)

MA.	Majjhima Nikāya Aṭṭhakathā(맛지마 니까야 주석서)
Mil.	Milindapañha(밀린다왕문경)
MLBD	Middle Length Discouurse of the Buddha(중부 영역, Ñāṇamoli)
Mvu.	Mahāvastu(북전 大事, Edited by Senart)
Mhv.	Mahāvaṁsa(大史), edited by Geiger
MW	Monier-Williams′ Sanskrit-English Dictionary
Nd1.	Mahā Niddesa(大義釋)
Nd1A.	Mahā Niddesa Aṭṭhakathā (대의석 주석서)
Nd2.	Cūla Niddesa(소의석)
Netti.	Nettippakaraṇa(指道論)
NMD	Ven. Ñāṇamoli′s *Pali-English Glossary of Buddhist Terms*
Pe.	Peṭakopadesa(藏釋論)
PED	*Pāli-English Dictionary* (PTS)
Pm.	Paramatthamañjūsā = Visuddhimagga Mahāṭīkā(청정도론 복주서)
Ps.	Paṭisambhidāmagga(무애해도)
Ptṇ.	Paṭṭhāna(發趣論)
PTS	Pāli Text Society
Pug.	Puggalapaññatti(人施設論)
PugA.	Puggalapaññatti Aṭṭhakathā (인시설론 주석서)
Pv.	Petavatthu (아귀사)
Rv.	Ṛgveda(리그베다)
S.	Saṁyutta Nikāya(상윳따 니까야, 상응부)
SA.	Saṁyutta Nikāya Aṭṭhakathā = Sāratthappakāsinī(상응부 주석서)
SAṬ.	Saṁyutta Nikāya Aṭṭhakathā Ṭīkā(상응부 복주서)
Se	Sinhala-scrip ed. of S.(스리랑카본)
Sk.	Sanskrit

Sn.	Suttanipāta(숫따니빠따, 경집)
SnA.	Suttanipāta Aṭṭhakathā(숫따니빠따 주석서)
SS	Ee에 언급된 S.의 싱할리어 필사본
Thag.	Theragāthā(테라가타, 장로게)
ThagA.	Theragāthā Aṭṭhakathā(장로게 주석서)
Thig.	Therīgāthā(테리가타, 장로니게)
ThigA.	Therīgāthā Aṭṭhakathā(장로니게 주석서)
Ud.	Udāna(감흥어)
UdA.	Udāna Aṭṭhakathā(감흥어 주석서)
Uv	Udānavarga(북전 출요경, 出曜經)
VĀT	Vanarata, Āananda Thera
Vbh.	Vibhaṅga(위방가, 分別論)
VbhA.	Vibhaṅga Aṭṭhakathā = Sammohavinodanī(분별론 주석서)
Vin.	Vinaya Piṭaka(율장)
VinA.	Vinaya Piṭaka Aṭṭhakathā = Samantapāsādikā(율장 주석서)
Vis.	Visuddhimagga(청정도론)
v.l.	variant reading(이문, 異文)
VRI	Vipassanā Research Institute
VṬ	Abhidhammaṭṭha Vibhavinī Ṭīkā(위바위니 띠까)
Vv.	Vimānavatthu(천궁사)
VvA.	Vimānavatthu Aṭṭhakathā(천궁사 주석서)
Yam.	Yamaka(쌍론)
YamA.	Yamaka Aṭṭhakathā = Pañcappakaraṇa(야마까 주석서)
Ybhūś	Yogācārabhūmi Śarirārthagāthā(범본 유가사지론)

보디 스님 *The Connected Discourses of the Buddha*(상윳따 니까야 영역본)

냐나몰리 *The Middle Length Discourses of the Buddha*(맛지마 니까야 영역본)

아비담마 길라잡이 대림스님/각묵스님 옮김, 초기불전연구원, 7쇄 2009년.

우드워드 *The Book of the Kindred Sayings*(상윳따 니까야 영역본)

육차결집본 Vipassana Research Institute(인도) 간행 육차결집 본

청정도론 대림 스님 옮김, 초기불전연구원, 2004, 3쇄 2009.

일러두기

(1) 삼장(Tipitaka)과 주석서(Aṭṭhakathā)들은 별다른 언급이 없는 한 모두 PTS본(Ee)임.
「디가 니까야 복주서」(DAṬ)를 제외한 모든 복주서(Ṭīkā)들은
미얀마 육차결집본(Be, 인도 Vipassana Research Institute 간행)이고,
「디가 니까야 복주서」(DAṬ)는 PTS본이며,「청정도론」은 HOS본임.
S12:15는「상윳따 니까야」제12 상윳따(S12)의 15번째 경을 뜻하고
S.ii.234는 PTS본(Ee)「상윳따 니까야」제2권 234쪽을 뜻함.
S12:15/ii.17은「상윳따 니까야」제12 상윳따(S12)의 15번째 경으로
「상윳따 니까야」제2권 17쪽에 나타남을 뜻함.

(2) 본문에 나타나는 문단번호는 PTS(Ee)본의 문단번호를 존중하여 역자가 임의로 붙인 것임.

(3) 「청정도론 복주서」(Pm)의 숫자는 미얀마 6차결집본(VRI)의 문단번호임.

(4) [·] 안의 숫자는 제1권은 Ee1, 나머지는 모두 Ee의 페이지 번호임.

(5) {} 안의 숫자는 제1권은 Ee2, 나머지는 모두 Ee의 게송번호임.

(6) 빠알리어는 정체로 표기하였고 영어는 이탤릭체로 표기하였음.

상윳따 니까야 제5권 해제

1. 들어가는 말

『상윳따 니까야』는 부처님이 남기신 가르침을 주제별로 모아서(saṁyutta) 결집한 것이다. 『상윳따 니까야』는 이러한 주제를 모두 56개 상윳따로 분류하여 결집하고 있다.[1)]

이들 56개 상윳따 가운데 「숲 상윳따」(S9)와 「비유 상윳따」(S20) 등 2개의 기타 상윳따를 제외하면, 「인연 상윳따」(S12)를 비롯한 26개 상윳따는 교학적인 주제를 중심으로 모은 것이고, 「꼬살라 상윳따」(S3) 등의 15개 상윳따는 특정한 인물과 관계된 가르침을 모은 것이며, 「천신 상윳따」(S1) 등 8개는 특정한 존재(비인간)에게 설하셨거나 혹은 이러한 특정한 존재와 관계된 가르침을 모은 것이고, 「비구니 상윳따」(S5) 등 5개의 상윳따는 특정한 부류의 인간에게 설하셨거나 이들과 관계된 가르침을 모은 것이다.

한편 특정한 인물과 관계된 상윳따들 가운데 「라훌라 상윳따」(S18) 등의 9개 상윳따는 모두 오온 등의 특정한 주제를 각 상윳따에서 하나씩 다루고 있다. 그러므로 이들 9개 상윳따도 교학적인 주제 중심의 상윳따에 포함시킬 수 있다. 그러면 교학적인 주제 중심의 상윳따는 모두 35개로 늘어난다.

주석서에 의하면 『상윳따 니까야』는 일차결집에서 결집(합송)되어서

---

1) 56개 주제는 본서 제1권 역자서문 §8을 참조할 것.

마하깟사빠(대가섭) 존자의 제자들에게 부촉되어 그들이 함께 외워서 전승하여 왔다고 한다.(DA.i.15)

빠알리(Pāli) 원본 『상윳따 니까야』 제5권은 주제별로 모은 이러한 부처님의 말씀 가운데서 37보리분법으로 일컬어지는 본격적인 수행과, 과위의 증득과, 진리[諦]에 관한 가르침을 담고 있다. 부처님 가르침을 크게 교학과 수행으로 나누어 본다면 『상윳따 니까야』 제2/3/4권에서는 교학에 관한 경들 그 중에서도 연기, 오온, 육처를 중심으로 하고 요소[界]나 기타의 다른 가르침을 포함하여 편집하였다. 그리고 인·천(人天)에 관계된 존재들 특히 천신(S1), 신의 아들(S2), 마라(S4), 범천(S6), 약카(S10), 삭까(인드라, S11)와 같은 신들을 중심한 경들을 제1권에 배대하였다. 그리고 이제 마지막인 제5권에서는 수행체계인 37보리분법과 들숨날숨에 대한 마음챙김과 禪을 배당하고, 수행을 통해 증득되는 첫 단계의 성자인 예류자에 대한 가르침을 모은 뒤에, 맨 마지막으로 56번째 상윳따에서 불교의 진리인 사성제를 배당하여 『상윳따 니까야』의 대미를 장식하고 있다. 그래서 빠알리 원본 『상윳따 니까야』 제5권은 큰 가르침을 담은 책(Mahā-vagga)이라고 이름을 붙이고 있다.

Ee에 의하면 제5권은 478쪽으로 구성되어 있는데, 이것은 240쪽인 제1권의 두 배에 해당하는 많은 분량이다. 그래서 초기불전연구원에서는 이 제5권을 둘로 나누어서 제5권과 제6권으로 번역·출간하고 있다. 한글 번역본 제5권은 빠알리 원본 제4권에 나타나는 제43주제 「무위 상윳따」(Asaṅkhata-saṁyutta, S43)의 44개의 경들과, 제44주제 「설명하지 않음[無記] 상윳따」(Avyākata-saṁyutta, S44)의 11개의 경들과, 빠알리 원본 제5권의 첫 번째 여섯 상윳따에 해당하는 제45주제 「도 상윳따」(Magga-saṁyutta, S45)부터 제50주제인 「힘 상윳따」(Bala-saṁyutta, S50)까지를 담고 있다. 그리고 제6권에는 나머지 상윳따들, 즉 제51주제 「성취수단 상윳따」(Iddhipāda-saṁyutta, S51)부터 마지막인 제

56주제 「진리 상윳따」(Sacca-saṁyutta, S51)까지 6개의 상윳따와 찾아보기 등을 포함시켰다.

2. 제5권의 구성

빠알리 원본 『상윳따 니까야』 제5권에는 모두 12개의 상윳따가 포함되어 있는데, 여기에 포함된 상윳따들과 각 상윳따에 포함된 경들의 개수는 다음과 같다.

	명칭	경전 수	품 수
S45	도(道)	180	16
S46	각지(覺支)	184	18
S47	염처(念處)	104	10
S48	기능[根]	178	17
S49	바른 노력	54	5
S50	힘[力]	108	10
S51	성취수단	86	8
S52	아누룻다	24	2
S53	선(禪)	54	5
S54	들숨날숨	20	2
S55	예류	74	7
S56	진리[諦]	131	11
합계	12개 상응	1197	111

도표 가운데서 S45부터 S51까지의 도, 각지, 염처, 기능, 바른 노력, 힘, 성취수단의 일곱은 각각 팔정도, 칠각지, 4념처, 5근, 4정근, 5력, 4여의족을 말하며, 이것은 바로 37보리분법(조도품)이다. S53의 禪은 초선부터 제4선까지의 네 가지 선[四禪]을 말한다. S54의 들숨날숨은 신·수·심·법(身受心法)의 4념처 가운데 첫 번째인 신념처(身念處, 몸에

대한 마음챙김의 확립)의 14가지 주제 가운데서도 첫 번째이며 『맛지마 니까야』 「출입식념경」(M119)으로 나타나기도 한다. S55의 예류는 예류, 일래, 불환, 아라한의 불교의 네 단계의 성자들 가운데 첫 번째인 예류이다. 그리고 S56의 진리는 사성제를 뜻한다.

붓다고사 스님은 『청정도론』에서 "여기서 무더기[蘊, khandha], 감각장소[處, āyatana], 요소[界, dhātu], 기능[根, indriya], 진리[諦, sacca], 연기[緣起, paṭiccasamuppāda] 등으로 구분되는 법들이 이 통찰지의 토양(paññā-bhūmi)이다."(Vis.XIV.32)라고 설명하고 있고, 『청정도론』뿐만 아니라 4부 니까야 주석서들의 서문에서도 모두 온·처·계·근·제·연을 불교교학의 기본으로 들고 있다. 이 가운데서 진리 즉 사성제는 다섯 번째 주제인 제(諦)를 뜻한다.

그리고 『상윳따 니까야』의 각 권에는 부처님의 제자를 중심한 상윳따들이 들어 있는데, 빠알리 원본 제5권에는 아누룻다 존자가 S52로 포함되었다. 이렇게 하여 빠알리 원본 제5권은 모두 12개의 상윳따로 구성되어 있다.

물론 제5권에서도 이러한 12개의 주제들 가운데 20개가 넘는 경들을 포함하고 있는 상윳따는 이 경들을 각각 열 개씩으로 나누어서 품(vagga)이라는 명칭으로 분류하고 있다. 제3권과 제4권에서는 이러한 품이 10개가 넘을 경우에는 다섯 개씩의 품을 「50개 경들의 묶음」이라는 명칭으로 묶고 있다. 그러나 빠알리 원본 제5권의 많은 상윳따가 100개 이상의 경들을 포함하고 있지만 「50개 경들의 묶음」은 나타나지 않는다. 그것은 아래에서 살펴보듯이 반복(Peyayala)이 많이 포함되어서 경의 숫자가 늘어났을 뿐이지 제3권의 「무더기 상윳따」(S22)나 제4권의 「육처 상윳따」(S35)처럼 다른 내용을 담고 있는 경들이 많은 것은 아니기 때문이다.

초기불전연구원에서 출간하는 한글 번역본 제5권에는 다음의 8개 상윳따들이 포함되어 있다.

	명칭	경전 수	품 수
S43	무위	44	2
S44	무기(無記)	11	1
S45	도(道)	180	16
S46	각지(覺支)	184	18
S47	염처(念處)	104	10
S48	기능[根]	178	17
S49	바른 노력	54	5
S50	힘[力]	108	10
합계	8개 상응	863	79

그러면 먼저 한글 번역본 제5권에 포함되어 있는 8개의 상윳따를 개관해 보도록 하자.

제43주제 「무위 상윳따」(Asaṅkhata-saṁyutta, S43)에는 44개의 경들이 포함되어 있다. 이 가운데 처음의 12개 경들은 무위를 탐욕의 소멸, 성냄의 소멸, 어리석음의 소멸로 설명하고 있고, 무위에 이르는 길로는 37보리분법의 각 항목 등 모두 45가지를 들고 있다. 그리고 S13~44까지의 32개 경들은 무위의 동의어를 나열하고 있다. 빠알리 원본에는 본 상윳따가 제4권에 포함되어 나타나는데, 역자는 각 권의 분량을 균등하게 하기 위해서 본 상윳따를 한글 번역본 제5권에 포함시켜서 번역하고 있다.

제44주제 「설명하지 않음[無記] 상윳따」(Avyākata-saṁyutta, S44)에는 모두 11개의 경이 포함되어 있다. 이 가운데 S44:6까지의 6개 경들은 모두 '여래는 사후에도 존재한다.'라거나, '여래는 사후에 존재하지 않는다.'라거나, '여래는 사후에 존재하기도 하고 존재하지 않기도 한다.' 라거나, '여래는 사후에 존재하는 것도 아니요 존재하지 않는 것도 아니다.'라는 여래의 사후에 대한 네 가지 관심이 주제로 나타난다. 그리고 S44:7부터 마지막까지의 5개 경들은 '세상은 영원한가?'부터 '여래는 사후에 존재하기도 하고 존재하지 않기도 하는가?'까지의 소위 말하는 10사무기(十事無記)가 주제로 나타나고 있다. 빠알리 원본에는 본 상윳따도 제4권에 포함되어 나타나는데, 역자는 각 권의 분량을 균등하게 하기 위해서 본 상윳따를 한글 번역본 제5권에 포함시켜 번역하고 있다.

제45주제 「도 상윳따」(Magga-saṁyutta, S45)에 포함된 180개의 경들은 모두 팔정도의 가르침을 담고 있다. 그래서 「도 상윳따」라 부른다. 이 가운데 제9장 「첫 번째 강가 강의 반복」(Gaṅga-peyyala)부터 맨 마지막 품인 제16장 「폭류 품」(Ogha-vagga)까지는 ① 강가 강의 반복(Gaṅgā-peyyāla) ② 「불방일 품」(Appamāda-vagga) ③ 「힘쓰는 일 품」(Balakaraṇīya-vagga) ④ 「추구 품」(Esanā-vagga) ⑤ 「폭류 품」(Ogha-vagga)의 다섯 품으로 정리되어서 본서의 아누룻다, 들숨날숨, 예류, 진리의 네 상윳따를 제외한 8곳의 상윳따에 반복적으로 나타나고 있다.

제46주제 「깨달음의 구성요소 상윳따」(Bojjhaṅga-saṁyutta, S46)에 포함된 184개의 경들은 모두 일곱 가지 깨달음의 구성요소[七覺支]에 관한 경들을 담고 있다. 그래서 「깨달음의 구성요소 상윳따」라 부른다. 본 상윳따의 제9장부터 제18장까지의 열 개의 품들은 위의 다섯 가지 반복이 두 번 나타나는 것으로 구성되어 있다.

제47주제 「마음챙김의 확립 상윳따」(Satipaṭṭhāna-saṁyutta, S47)에 포함된 104개의 경들은 모두 네 가지 마음챙김의 확립[四念處]에 관한 경들을 담고 있다. 그래서 「마음챙김의 확립 상윳따」라 부른다. 본 상윳따에서도 제6장부터 제10장까지는 위의 다섯 가지 반복으로 구성되어 있다.

제48주제 「기능[根] 상윳따」(Indriya-saṁyutta, S48)에 포함된 178개의 경들은 다섯 가지 기능[五根]을 위시한 22가지 기능에 관한 경들을 담고 있다. 그래서 「기능 상윳따」라 부른다. 본 상윳따에서도 제8장부터 제12장까지는 위의 다섯 가지 반복으로 구성되어 있다.

제49주제 「바른 노력 상윳따」(Sammappadhāna-saṁyutta, S49)에 포함된 54개의 경들은 네 가지 바른 노력[四正勤]에 관한 가르침을 담고 있다. 그러나 다른 형태의 경들은 나타나지 않고 본 상윳따의 전체인 제1장부터 제5장까지는 위의 다섯 가지 반복으로만 구성되어 있다.

제50주제 「힘 상윳따」(Bala-saṁyutta, S50)에 포함된 108개의 경들은 다섯 가지 힘[五力]에 관한 가르침을 담고 있다. 이 경들은 모두 10개의 품으로 나누어져 있는데, 여기서도 다른 형태의 경들은 나타나지 않는다. 제1장부터 제5장까지는 위의 다섯 가지 반복으로만 구성되어 있고, 제6장부터 제10장까지도 같은 다섯 가지 반복으로 구성되어 있다. 이 두 가지 반복의 차이는 S46에서처럼 이들 구문에 들어 있는 문장이 조금 다른 것이다.

이제 각각의 상윳따에 대해서 조금 자세하게 살펴보자.

3. 「무위 상윳따」(S43)

마흔세 번째 주제인 「무위 상윳따」(Asaṅkhata-saṁyutta, S43)에는 44개의 경들이 제1장 「첫 번째 품」, 제2장 「두 번째 품」의 두 품으로 분류되어 나타나는데, 제1품에는 11개, 제2품에는 33개의 경들이 포함되어 있다.

무위(無爲, asaṅkhata)는 본 상윳따의 경들에서 "탐욕의 소멸, 성냄의 소멸, 어리석음의 소멸"로 정의되고 있으며, 이것은 본서 제4권 「열반경」(S38:1)과 제5권 「어떤 비구 경」2(S45:7) 등에서 열반을 정의하는 것으로도 나타나고 있다. 본서뿐만 아니라 초기불전에서 무위는 열반을 뜻하며 여러 주석서도 무위는 열반과 동의어라고 설명하고 있다.(MA.iv. 106 등)

본 상윳따에 나타나는 44개의 경들 가운데 처음의 12개 경들은 "무위(無爲)와 무위에 이르는 길"을 설하고 있다. 무위는 이들 경에서 공통적으로 '탐욕의 소멸, 성냄의 소멸, 어리석음의 소멸'로 설명되고 있다. 그리고 무위에 이르는 길을 각 경들은 다르게 설명하고 있는데, 제1품에 포함된 11개의 경들은 각 경에서 설해지고 있는 이 무위에 이르는 길을 각각의 제목으로 삼고 있다. 그것은 ① 몸에 대한 마음챙김 ② 사마타와 위빳사나 ③ 일으킨 생각과 지속적인 고찰이 있음 등의 삼매(네 가지 禪을 이렇게 분류하고 있음) ④ 공한 삼매[空三昧], 표상 없는 삼매[無相三昧], 원함 없는 삼매[無願三昧] ⑤ 네 가지 마음챙김의 확립 ⑥ 네 가지 바른 노력 ⑦ 네 가지 성취수단 ⑧ 다섯 가지 기능 ⑨ 다섯 가지 힘 ⑩ 일곱 가지 깨달음의 구성요소 ⑪ 팔정도이다.

이 가운데 몸에 대한 마음챙김을 제외하면 이들 경에서 언급되고 있는 주제들은 모두 45가지이다. 이 45가지는 제2품의 첫 번째 경으로 편집되어 있는 「무위 경」(S43:12)에서 모두 무위에 이르는 길로 함께 나타나고 있다. 몸에 대한 마음챙김은 ⑤ 네 가지 마음챙김의 확립에 포함되기 때문에 제외되었다.

그리고 S43:13~44까지의 32개 경들은 각 경에서 하나씩 모두 32가지로 무위의 동의어를 나열하고 있는데 그것은 다음과 같다. 끝(anta), 번뇌 없음(anāsava), 진리(sacca), 저 언덕(pāra), 미묘함(nipuṇa), 아주 보기 힘든 것(sududdasa), 늙지 않음(ajajjara), 견고함(dhuva), 허물어지지 않음(apalokita), 드러나지 않음(anidassana), 사량분별 없음(nippapañca), 평화로움(santa), 죽음 없음[不死, amata], 숭고함(paṇīta), 경사스러움

(siva), 안은(khema), 갈애의 소진(taṇhakkhaya), 경이로움(acchariya), 놀라움(abbhuta), 재난 없음(anītika), 재난 없는 법(anītikadhamma), 열반(nibbāna), 병 없음(avyāpajjha), 탐욕의 빛바램(virāga), 청정(suddhi), 벗어남(mutti), 집착 없음(anālaya), 섬[洲, dīpa], 의지처(leṇa), 피난처(tāṇa), 귀의처(saraṇa), 도피안(parāyana)이다.

본 상윳따에 포함된 44개의 경들은 이렇게 구성되어 나타난다.

4. 「설명하지 않음[無記] 상윳따」(S44)

먼저 설명하지 않음 즉 무기(無記)의 의미에 대해서 살펴보자. 설명하지 않음[無記]은 avyākata를 옮긴 것이다. 이 술어는 vi(분리해서)+ā(향하여)+√kṛ(*to do*)의 과거분사인 vyākata에다 부정접두어 a-를 첨가하여 만든 단어이다. 이 술어의 동사인 vyākaroti는 기본적으로 '설명하다, 대답하다, 선언하다, 결정하다 등의 뜻이 있다.' 여기서 파생된 명사인 vyākaraṇa는 문법이나 문법학을 뜻한다. 그러므로 avyākata는 '설명되지 않는, 답하지 못하는, 결정하지 못하는' 등의 의미이며 그래서 중국에서는 이것을 무기(無記)로 옮겼다.

avyākata는 본 상윳따의 「목갈라나 경」(S44:7) 등에서 보듯이 초기불전에는 최종적으로 10가지 설명하지 않음(十事無記)으로 정착이 되어 나타난다. 이 열 가지는 다음과 같다.

① 세상은 영원하다.
② 세상은 영원하지 않다.
③ 세상은 유한하다.
④ 세상은 무한하다.
⑤ 생명과 몸은 같은 것이다.
⑥ 생명과 몸은 다른 것이다.

⑦ 여래는 사후에도 존재한다.

⑧ 여래는 사후에 존재하지 않는다.

⑨ 여래는 사후에 존재하기도 하고 존재하지 않기도 한다.

⑩ 여래는 사후에 존재하는 것도 아니고 존재하지 않는 것도 아니다.[2)]

---

2) 빠알리 니까야에는 '설명하지 않음' 즉 무기(無記, avyākata)가 여기서 소개하고 있는 대로 모두 10가지로 정리되어 나타나지 14가지나 16가지 등으로는 결코 나타나지 않는다. 그래서 역자는 이것을 십사무기(十事無記)라고 표현하고 있다. 그 출처를 밝히면 다음과 같다.

『디가 니까야』「뽓타빠다 경」(D9) §§25~27,『맛지마 니까야』「미끼 경」(M25) §§10~11,「짧은 말룽꺄 경」(M63) §2 이하,「불 왓차곳따 경」(M72) §3 이하,『앙굿따라 니까야』「초연함 경(A4:38),「성스러운 삶 경」2(A10:20) §8,「견해 경」(A10:93) §4 이하,「웃띠야 경(A10:95)」§1이하,「꼬까누다 경」(A10:96)과, 본『상윳따 니까야』「세상은 영원함 경」(S24:9) 등 10개 경,「왓차곳따 상윳따」(S33)의 55개 경 모두,「이시닷따 경」2(S41:3),「설명하지 않음[無記] 상윳따」(S44)의 11개 경들,「사색 경」(S56:8),「세상에 대한 사색 경」(S56:41) §6 등이다.

한편 북방의『아비달마 구사론』에서는 이러한 무기가 "열네 가지의 무기"(諸契經中說 十四無記事)라하여 十四無記로 언급되고 있다. 이것은 아마『잡아함』등에 나타나는 "세간은 영원[常]한가, 영원하지 않은가, 영원하고 영원하지 않은가, 영원한 것도 아니고 영원하지 않은 것도 아닌가? 세간은 끝[邊]이 있는가, 없는가, 있고 없는가, 있는 것도 아니고 없는 것도 아닌가? 여래의 사후는 존재하는가, 존재하지 않는가, 존재하고 존재하지 않는가, 존재하는 것도 아니고 존재하지 않는 것도 아닌가? 몸[身]과 생명[命]이 동일한가, 다른가?(世間常. 世間無常. 世間常無常. 世間非常非無常. 世有邊. 世無邊. 世有邊無邊. 世非有邊非無邊. 命卽是身. 命異身異. 如來死後有. 如來死後無. 如來死後有無. 如來死後非有非無.)"(『雜阿含』168)를 염두에 둔 듯하다.

그러나 한역 아함에는 경마다 이 무기가 다르게 나타난다. 예를 들면 우리에게 독화살 비유 경으로 잘 알려진『중아함』의「전유경」(『맛지마 니까야』「말룽꺄뿟따 경」(M63)에 해당함)에는 "世有常. 世無有常. 世有底. 世無底. 命卽是身. 爲命異身異. 如來終. 如來不終. 如來終不終. 如來亦非終亦非不終耶."(中阿含例品箭喩經第十)로 니까야들에서처럼 10가지로 나타난다.

그리고『장아함』의「布吒婆樓經」(포타파루경,『디가 니까야』의「뽓타빠다 경」(D9)에 상응함.)에는 "世間有常. 世間無常. 世間有常無常. 世間非有常非無常. 世間有邊. 世間無邊. 世間有邊無邊. 世間非有邊非無邊.

세존께서는 이러한 10가지 문제에 대해서는 답변을 하지 않으셨다. 그래서 역자는 이것을 십사무기(十事無記)라고 표현하고 있다.

그리고 본 상윳따의 처음 여섯 개의 경들(S44:1~S44:6)처럼 여래의 사후에 대한 네 가지 즉 ⑦~⑩만이 나타나는 곳도 있다.[3] 그리고 『디가 니까야』 「마할리 경」(D6 §15)처럼 '생명과 몸은 같은 것인가?', '생명과 몸은 다른 것인가?'라는 ⑤~⑥의 두 가지만 언급되는 곳도 있기는 하지만 니까야에는 모두 10가지로 정형화되어서 나타나지 14가지나 16가지로 나타나는 곳은 전혀 없다.

한편 무기(無記, avyākata)는 아비담마에도 채용되어 중요한 술어로 쓰이고 있다. 아비담마에서는 유익한 법[善法, kusala-dhamma)]도 아니고 해로운 법[不善法, akusala-dhamma]도 아닌 법들, 정확하게 말하면 과보로 나타난 법들과 작용만 하는 법들을 무기라고 정의하고 있다. 여기에 대해서는 『아비담마 길라잡이』 제1장 §3의 해설과 제6장 §6의 해설을 참조할 것.

『상윳따 니까야』의 마흔네 번째 주제인 「설명하지 않음[無記] 상윳따」(Avyākata-saṁyutta, S44)에는 모두 11개의 경이 포함되어 있다. 이들 경은 크게 두 가지로 분류할 수 있다.

첫째, 이 가운데 「사리뿟따와 꼿티따 경」 4(S44:6)까지의 여섯 개의 경들은 모두 '여래는 사후에도 존재한다.'라거나, '여래는 사후에 존재하

是命是身. 命異身異. 身命非異非不異. 無命無身. 如來終. 如來不終. 如來終不終. 如來非終非不終."(佛說長阿含第三分 布吒婆樓經第九)의 16가지 무기로 나타나는데 상·무상과 유변·무변과 명·신(命·身)과 여래에 모두 4가지씩의 무기가 적용된 것이다.
그러나 거듭 밝히지만 니까야에서는 10가지로 정리되어 나타나지 14가지나 16가지 등으로는 결코 나타나지 않는다.

3) 『디가 니까야』 「정신경」(淨信經, D29) §30, 『앙굿따라 니까야』 「설명하지 않음[無記] 경」(A7:51) 등도 그러하다.

지 않는다.'라거나, '여래는 사후에 존재하기도 하고 존재하지 않기도 한다.'라거나, '여래는 사후에 존재하는 것도 아니요 존재하지 않는 것도 아니다.'라는 여래의 사후에 대한 네 가지 관심이 주제로 나타난다. 이 여섯 경들에서 케마 비구니(S44:1)와 아누라다 존자(S44:2)와 사리뿟따 존자(S44:3~6)는 한결같이 세존께서는 이러한 네 가지를 설명하지 않으셨다고 대답한다.

「아누라다 경」(S44:2)에서 세존께서는 아누라다 존자에게 그 이유를 직접 설명하신다. 요약하면, 세존께서는 먼저 개념적 존재를 오온으로 해체하시어 이 오온 각각이 무상이고 괴로움이고 무아임을 천명하신다. 그런 뒤 다섯 가지 방법으로 지금 · 여기에서 전개되고 있는 오온을 여래라고 볼 수 없다고 단정하신다. 마지막으로 내생에 여래가 존재한다거나 아니라거나하는 언급 자체가 전혀 잘못되었음을 결론지으신다. 부처님의 명쾌한 분석적 설명이 나타나고 있다.

「사리뿟따와 꼿티따 경」1/2/3(S44:3~5)에서 사리뿟따 존자는 꼿티따 존자에게 역시 오온의 가르침을 통해서 설명하고 있으며, 「사리뿟따와 꼿티따 경」4(S44:6)에서는 (1) 물질을 즐거워함 (2) 존재를 즐거워함 (3) 취착을 즐거워함 (4) 갈애를 즐거워함이라는 네 가지 원인을 든 뒤에 이런 네 가지에 빠져 있는 자는 그 때문에 여래의 사후에 대해서 무어라고 왈가왈부하지만 이러한 네 가지가 없는 자는 그렇게 생각하지 않는다고 설명하고 있다.

둘째, 「목갈라나 경」(S44:7)과 「왓차곳따 경」(S44:8)과 마지막인 「사비야 깟짜나 경」(S44:11)의 3개 경들은 '세상은 영원한가?'부터 '여래는 사후에 존재하는 것도 아니고 존재하지 않는 것도 아닌가?'라는 10사무기(十事無記)가 주제로 나타나고 있다.

「목갈라나 경」(S44:7)에서 목갈라나 존자는 왓차곳따 유행승에게 사람들이 이 10사무기에 대해서 왈가왈부하는 것은 모두 눈 · 귀 · 코 ·

혀·몸·마노의 여섯 가지 안의 감각장소를 두고 '이것은 내 것이다. 이것은 나다. 이것은 나의 자아다.'라고 관찰하기 때문이라고 설명하고 있다.

「왓차곳따 경」(S44:8)에서 세존께서는 왓차곳따 유행승에게 사람들은 오온에 대해서 20가지로 자아를 상정하는 유신견[4]에 빠져 있기 때문에 그렇다고 설명하시고 뒤에 목갈라나 존자도 그에게 이렇게 설명한다.

「사비야 깟짜나 경」(S44:11)에서 사비야 깟짜나 존자는 왓차곳따 유행승에게 "그 원인과 조건이 어떤 것에 의해서도 어떤 식으로도 그 어디에도 그 누구에게도 남김없이 소멸해버린다면 도대체 어떻게 그를 두고 '물질을 가졌다[有色].'라거나 '물질을 가지지 않았다[無色].'라거나 '인식을 가졌다[有想].'라거나 '인식을 가지지 않았다[無想].'라거나 '인식을 가진 것도 아니고 인식을 가지지 않은 것도 아니다[非有想非無想].'라고 천명할 수 있겠는가?"라고 대답한다.

「토론장 경」(S44:9)은 왓차곳따 유행승이 세존께 육사외도의 교리에 대해서 말씀을 드리자 세존께서는 "왓차여, 나는 천명하노니 취착이 있는 자에게 다시 태어남은 있지만 취착하지 않는 자는 그렇지 않다."라고 말씀하신다.

「아난다 경」(S44:10)은 왓차곳따 유행승이 세존께 와서 '자아는 있습니까?'라고 질문을 드려도 세존께서는 침묵하셨고 '자아는 없습니까?'라고 질문을 드려도 역시 침묵하셨다. 왓차곳따 유행승이 나간 뒤에 세존께서는 왜 세존께서 이런 질문에 침묵하셨는지를 아난다 존자에게 설명하시는 잘 알려진 경이다.

그러면 부처님께서는 왜 이러한 10가지나 네 가지의 질문에 대해서 설명을 하지 않으셨는가? 부처님의 가르침은 견해나 갈애나 인식이나 생각이나 사량분별이나 취착을 없애기 위한 가르침이다. 그러므로 여래

---

4) 20가지 유신견에 대해서는 본서 제3권 「나꿀라삐따 경」(S22:1) §10 이하를 참조할 것.

는 사후에도 존재하는가, 존재하지 않는가라는 것은 그 대답이 어떤 것이든 견해일 뿐이고 갈애일 뿐이고 사량분별일 뿐이다. 그리고 이러한 견해 등은 아무런 이익을 주지 못한다.

그래서 『맛지마 니까야』 「말룽꺄뿟따 경」(M63)[5]과 『디가 니까야』 「뽓타빠다 경」(D9) 등에서 부처님께서는 이러한 10가지 의문에 대해서 이렇게 결론지으신다.

"뽓타빠다여, 이것은 참으로 이익을 주지 못하고, [출세간]법에 바탕한 것이 아니며, 청정범행의 시작에도 미치지 못하고, [속된 것들을] 역겨워함으로 인도하지 못하고, 욕망이 빛바램으로 인도하지 못하고, 소멸로 인도하지 못하고, 고요함으로 인도하지 못하고, 최상의 지혜로 인도하지 못하고, 바른 깨달음으로 인도하지 못하고, 열반으로 인도하지 못하기 때문이다. 그래서 나는 이것을 설명하지 않는다."(D9 §28)

부처님께서는 이러한 사량분별 대신에 "뽓타빠다여, '이것은 괴로움이다.'라고 나는 설명한다. '이것은 괴로움의 일어남이다.'라고 나는 설명한다. '이것은 괴로움의 소멸이다.'라고 나는 설명한다. '이것은 괴로움의 소멸로 인도하는 도닦음이다.'라고 나는 설명한다."(§29)라고 하셨다. 무슨 이유인가? 세존께서는 계속해서 말씀하신다.

"뽓타빠다여, 이것은 참으로 이익을 주고, 청정범행의 시작이며, 전적으로 [속된 것들을] 역겨워함으로 인도하고, 욕망이 빛바램으로 인도하고, 소멸로 인도하고, 고요함으로 인도하고, 최상의 지혜로 인도하고, 바른 깨달음으로 인도하고, 열반으로 인도하기 때문이다. 그래서 나는 이것을 설명한다."(§30)

그리고 『맛지마 니까야』 「말룽꺄뿟따 경」(M63)의 결론부분에서 세존께서는 "내가 설명하지 않은 것은 설명하지 않은 대로 호지하라. 내가 설명한 것은 설명한 대로 호지하라."(M63 §7, §10)라고 단호하게 말씀하

---

5) 한역 『중아함』의 「전유경」(箭喩經, 독화살의 비유 경)에 해당함.

신다. 불자는 이러한 부처님 가르침의 분명한 입각처에 바른 이해와 확신을 가져야 할 것이다.

5. 「도 상윳따」(S45)

(1) 37보리분법(bodhipakkhiyā dhammā)

한글 번역본 제5권의 「도 상윳따」(Magga-saṁyutta, S45)부터 제6권의 처음에 싣고 있는 「성취수단 상윳따」(Iddhipāda-saṁyutta, S51)까지의 일곱 개 주제는 깨달음의 편에 있는 법들[菩提分法, bodhipakkhiyā dhammā]을 담고 있다. 이러한 깨달음의 편에 있는 법들은 ① 네 가지 마음챙김의 확립[四念處] ② 네 가지 바른 노력[四正勤] ③ 네 가지 성취수단[四如意足] ④ 다섯 가지 기능[五根] ⑤ 다섯 가지 힘[五力] ⑥ 일곱 가지 깨달음의 구성요소[七覺支] ⑦ 여덟 가지 구성요소를 가진 성스러운 도[八支聖道]의 모두 일곱 가지 주제로 되어 있으며, 이러한 주제에 포함된 법들을 다 합하면 37가지가 되기 때문에 전통적으로 이를 37보리분법이라 불렀다. 한문으로는 보리분법(菩提分法)으로도 옮겼고 조도품(助道品)으로도 옮겨져서 우리에게 잘 알려져 있다. 그런데 CBETA로 검색해보면 보리분법으로 옮긴 경우가 훨씬 더 많다.

그러면 보리분법 혹은 깨달음의 편에 있는 법들에 대한 주석서들의 설명을 살펴보자. 먼저 『청정도론』은 이렇게 설명한다.

"깨달음의 편[菩提分, bodhipakkhiya]에 있는 법이라 했다. ① 네 가지 마음챙김의 확립[四念處] ② 네 가지 바른 노력[四正勤] ③ 네 가지 성취수단[四如意足] ④ 다섯 가지 기능[五根] ⑤ 다섯 가지 힘[五力] ⑥ 일곱 가지 깨달음의 구성요소[七覺支] ⑦ 여덟 가지 구성요소를 가진 성스러운 도[八支聖道] — 이 37가지 법들은 깨달음의 편에 있다고 한다. 왜냐하면 깨달았다는 뜻에서 깨달음(bodhi)이라고 이름을 얻은 성스러운 도(ariya-magga,

예류도부터 아라한도까지)의 편(pakkha)에 있기 때문이다. 편에 있기 때문이라는 것은 '도와주는 상태(upakāra-bhāva)에 서 있기 때문'이라는 뜻이다." (Vis.XXII.33)

비슷한 설명이 『무애해도 주석서』(PsA.482)에도 나타나고 있다. 여기서 나타나고 있는 '도와주는 상태(upakāra-bhāva)'를 고려해서 중국에서는 조도품(助道品)으로도 옮긴 것이 아닌가 생각된다.

그리고 다른 주석서 문헌들은 이렇게 설명하고 있다.

"보리분이라고 했다. 깨달음이라는 뜻에서 보리(bodhi)라고 하는 이것을 얻은 성자나 혹은 도의 지혜를 가진 자의 편에 존재한다고 해서 보리분이라고 한다. 보리의 항목(bodhi-koṭhāsiyā)이라는 뜻이다."(ItA.73)

"보리라는 것은 도의(도를 얻은 자의) 바른 견해(magga-sammādiṭṭhi)이다. 그가 네 가지 성스러운 진리[四聖諦]를 깨달은 뒤에 고유성질(sabhāva)에 의해서 그 [깨달음의] 편에 존재한다고 해서 보리분이라고 하는데, [네 가지] 마음챙김과 [네 가지] 정진(바른 노력) 등의 법들을 말한다. 이것이 보리분이다."(DAṬ.iii.63)

"보리분법이란 네 가지 진리[四諦]를 깨달았다고 말해지는 도의(도를 얻은 자의) 지혜의 편에 존재하는 법들이다."(VbhA.347)

이처럼 여기서 보리(菩提, bodhi)라는 것은 사성제를 깨닫거나 도를 얻은 성자(예류부터 아라한까지)의 지혜나 바른 견해를 뜻하고 보리분법(菩提分法)들 즉 깨달음의 편에 있는 법들은 이러한 깨달음을 성취한 자들의 편에 있으면서 깨달음을 도와주고 장엄하는 37가지 법들을 말한다. 당연히 아직 성자가 되지 못한 사람들은 이러한 37가지 보리분법들을 닦아서 성자가 되는 것이며, 이미 성자의 지위를 증득한 분들은 이 37가지 보리분법들을 구족하여 깨달음을 드러내는 것이다.

그런데 위의 인용들에서 보듯이 주석서 문헌들은 모두 이 37보리분법들을 깨달음을 얻은 성자들이 구족하는 출세간적인 것으로 설명하고 있는데, 이것이 아비담마나 주석서 문헌들의 입장이다. 아비담마는 실참수행보다는 법수들을 정확하게 정의하고 이러한 법들이 어디에 속하는가를 밝히고 정의하는 것을 생명으로 삼기 때문에 그런 입장에서 보자면 이러한 법들은 이미 그 주제어가 깨달음의 편에 속하는 법들이고 깨달은 자들이 구족하는 법들이라서 이렇게 설명할 수밖에 없을 것이다.

그러나 아직 깨달음을 성취하지 못하였으며, 부처님 가르침을 수행해서 깨달음을 실현하려는 우리들의 입장에서 보자면 이 37보리분법들은 깨달음을 실현하도록 도와주는 법들로 이해하고 받아들일 수밖에 없다. 그래야 실참수행을 하려는 불자들에게 도움이 되고 의미가 있는 것이다. 그리고 본 『상윳따 니까야』에 모은 37보리분법에 대한 가르침(S45~S51)에서도 이런 측면이 절대적으로 강조되고 있다.

한편 『청정도론』 XXII.39에 의하면 "성스러운 도가 일어나기 전에 세간적인 위빳사나가 일어날 때 이 [37가지 깨달음의 편에 있는 법]들은 여러 가지 마음들에서 발견되지만 … 이 네 가지 [도의] 지혜 가운데 어느 하나가 일어날 때 이 [37가지 깨달음의 편에 있는 법]들은 하나의 마음에서 모두 다 발견된다."라고 적고 있다.

37보리분법에 대한 설명은 『청정도론』 XXII.33~43과 『아비담마 길라잡이』 제7장 §24이하도 참조할 것.

(2) 팔정도란 무엇인가

① 부처님 최초의 설법은 팔정도다

「도 상윳따」(Magga-saṁyutta, S45)는 팔정도[6]의 가르침을 담고 있

---

6) 팔정도는 니까야에서 예외 없이 ariya aṭṭhaṅgika magga로 나타난다. 이것은 '여덟 가지 구성요소를 가진 성스러운 도[八支聖道]'로 직역된다. 중국에서 八正道로 정착이 된 듯하다. 역자는 본서 전체에서 경의 원문은 항상 '여덟 가지 구성요소를 가진 성스러운 도[八支聖道]'로 직역하고 있음을 밝힌다. 자세한 설명은 본서 「절반 경」(S45:2) §3의 해당 주해를 참조할 것.

는 중요한 곳이다. 주지하다시피 부처님 최초의 설법은 팔정도이다. 부처님의 최초의 설법을 담고 있는 「초전법륜경」[7]에는 이렇게 나타난다.

1. 이와 같이 나는 들었다. 한때 세존께서는 바라나시에서 이시빠따나의 녹야원에 머무셨다.

2. 거기서 세존께서는 오비구를 불러서 말씀하셨다.

3. "비구들이여, 출가자가 가까이 하지 않아야 할 두 가지 극단이 있다. 무엇이 둘인가?

그것은 저열하고 촌스럽고 범속하고 성스럽지 못하고 이익을 주지 못하는 감각적 욕망들에 대한 쾌락의 탐닉에 몰두하는 것과, 괴롭고 성스럽지 못하고 이익을 주지 못하는 자기 학대에 몰두하는 것이다. 비구들이여, 이러한 두 가지 극단을 의지하지 않고 여래는 중도를 완전하게 깨달았나니 [이 중도는] 안목을 만들고[8] 지혜를 만들며, 고요함과 최상의 지혜와 바른 깨달음과 열반으로 인도한다."

4. "비구들이여, 그러면 어떤 것이 여래가 완전하게 깨달았으며, 안목을 만들고 지혜를 만들며, 고요함과 최상의 지혜와 바른 깨달음과 열반으로 인도하는 중도인가?

그것은 바로 여덟 가지 구성요소를 가진 성스러운 도[八支聖道]이니, 바른 견해[正見], 바른 사유[正思惟], 바른 말[正語], 바른 행위[正業], 바른 생계[正命], 바른 정진[正精進], 바른 마음챙김[正念], 바른 삼매[正定]이다.

비구들이여, 이것이 바로 여래가 완전하게 깨달았으며, 안목을 만들고 지혜를 만들며, 고요함과 최상의 지혜와 바른 깨달음과 열반으로 인

---

7) 「초전법륜경」(S56:11)은 『상윳따 니까야』 제56주제인 「진리 상윳따」(S56)에 포함되어 나타난다. 경을 결집한 스님들은 「초전법륜경」의 주제를 사성제로 보았기 때문이다. 그러나 여기서 보듯이 「초전법륜경」은 먼저 중도를 천명하고 있고 그 중도를 팔정도로 설명해내고 있으며 이 가운데 바른 견해[正見]의 내용으로 사성제가 나타나고 있다.

8) 본서 제4권 「라시야 경」(S42:12) §4의 주해를 참조할 것.

도하는 중도이다."(본서 제6권 「초전법륜경」(S56:11) §§1~4)

② 팔정도의 중요성 – 팔정도는 최초설법이요 최후설법이다

먼저 경들을 인용한다.

"수밧다여, 어떤 법과 율에서든 여덟 가지 구성요소를 가진 성스러운 도[八支聖道]가 없으면 거기에는 사문도 없다. 거기에는 두 번째 사문도 없다. 거기에는 세 번째 사문도 없다. 거기에는 네 번째 사문도 없다. 수밧다여, 그러나 어떤 법과 율에서든 여덟 가지 구성요소를 가진 성스러운 도[八支聖道]가 있으면 거기에는 사문도 있다. 거기에는 두 번째 사문도 있다. 거기에는 세 번째 사문도 있다. 거기에는 네 번째 사문도 있다.

수밧다여, 이 법과 율에는 여덟 가지 구성요소를 가진 성스러운 도가 있다. 수밧다여, 그러므로 오직 여기에만 사문이 있다. 여기에만 두 번째 사문이 있다. 여기에만 세 번째 사문이 있다. 여기에만 네 번째 사문이 있다. 다른 교설들에는 사문들이 텅 비어 있다. 수밧다여, 이 비구들이 바르게 머문다면 세상에는 아라한들이 텅 비지 않을 것이다."(『디가 니까야』 「대반열반경」(D22) §5.27)

"빤짜시카여, 나는 기억하노라. 나는 그때에 마하고윈다 바라문이었다. 나는 그 제자들에게 범천의 일원이 되는 길을 가르쳤다. 빤짜시카여, 나의 그런 청정범행은 [속된 것들을] 역겨워함으로 인도하지 못했고, 탐욕의 빛바램으로 인도하지 못했고, 소멸로 인도하지 못했고, 고요함으로 인도하지 못했고, 최상의 지혜로 인도하지 못했고, 바른 깨달음으로 인도하지 못했고, 열반으로 인도하지 못했다. 그것은 단지 범천의 세상에 태어남으로 인도하는 것이었다.

빤짜시카여, 그러나 지금 나의 이러한 청정범행은 전적으로 [속된 것들을] 역겨워함으로 인도하고, 욕망이 빛바램으로 인도하고, 소멸로 인도하고, 고요함으로 인도하고, 최상의 지혜로 인도하고, 바른 깨달음으

로 인도하고, 열반으로 인도한다. 그것은 바로 이 여덟 가지 구성요소를 가진 성스러운 도[八支聖道]이니 그것은 곧 바른 견해[正見], 바른 사유[正思惟], 바른 말[正語], 바른 행위[正業], 바른 생계[正命], 바른 정진[正精進], 바른 마음챙김[正念], 바른 삼매[正定]이니라.

빤짜시카여, 이러한 청정범행은 전적으로 [속된 것들을] 역겨워함으로 인도하고, 욕망이 빛바램으로 인도하고, 소멸로 인도하고, 고요함으로 인도하고, 최상의 지혜로 인도하고, 바른 깨달음으로 인도하고, 열반으로 인도한다."(『디가 니까야』「마하고윈다경」(D19) §61)

즉 전생에 마하고윈다였을 때는 팔정도를 알지 못하였기 때문에 열반을 실현하지는 못하고 단지 범천의 세상에 태어나는 것만이 가능했다는 말씀이다. 그러나 금생에는 이제 열반을 실현한 부처님이 되어 이제부터 팔정도를 설하시어 천상으로 윤회하는 것조차 완전히 극복한 열반의 길을 드러내 보이신다는 말씀이다.

본경 외에도『디가 니까야』「마할리 경」(D6 §14)과「깟사빠 사자후 경」(D8 §13)과「빠야시 경」(D23 §31)에서는 팔정도를 불교에만 있는 가장 현저한 가르침으로 언급하고 있다. 특히 세존의 임종 직전에 마지막으로 세존의 제자가 된 수밧다 유행승에게 팔정도가 있기 때문에 불교 교단에는 진정한 사문이 있다고 하신, 위에서 인용한「대반열반경」(D16 §5.27)의 말씀은 불교 만대의 표준이 되는 대사자후이시다. 이처럼 부처님께서는 최초설법(S56:11)도 중도인 팔정도로 시작하셨고 최후의 설법(D16 §5.27)도 팔정도로 마무리하셨다.[9]

---

9) 여기서 최후의 설법은 부처님의 마지막 유훈 다섯 가지를 뜻하는 것이 아니다. 이러한 유훈을 남기시기 직전에 찾아온 수밧다라는 유행승에게 하신, 위에서 인용한 말씀을 최후의 설법이라고 역자는 표현하여 설법과 유훈을 구분하고 있다. 마지막 유훈에 대해서는『디가 니까야』「대반열반경」(D16) §§6.1~6.7을 참조할 것.

③ 팔정도가 중도다

중도(中道)의 가르침은 부처님 최초의 설법이다. 위에서 인용한 「초전법륜경」에서 보았듯이 중도는 바로 팔정도이다.

「초전법륜경」뿐만 아니라 37보리분법 전체가 중도의 내용으로 나타나고 있는 『앙굿따라 니까야』 「나체수행자 경」 1/2(A3:151~152/i.295~297)를 제외한 모든 초기불전에서 중도는 반드시 팔정도로 설명이 되고 있다. 물론 37보리분법도 팔정도가 핵심이다. 이처럼 초기불전에서는 팔정도를 중도라고 천명하고 있지 그 어디에도 반야·중관학파의 기본서적인 『중론』에서 주장하는 공·가·중 삼관(空假中三觀)[10)]의 중을 중도라 부르지 않는다.

그리고 부처님께서 반열반하시기 직전에 찾아와서 마지막 제자가 된 수밧다 유행승에게 부처님께서는 "수밧다여, 어떤 법과 율에서든 팔정도가 없으면 거기에는 사문이 없다. 그러나 나의 법과 율에는 팔정도가 있다. 수밧다여, 그러므로 오직 여기(불교교단)에만 사문이 있다"(D16 §5.27)고 단언하셨다. 이처럼 부처님께서는 45년 설법의 최초와 최후 가르침으로 팔정도를 설하셨으며 이것이 바로 중도이다. 그러므로 중도를 바르게 이해하기 위해서는 먼저 부처님께서 초기불전에 정형화해서 분명히 밝히신 팔정도의 정형구를 정확하게 살펴봐야 한다.

④ 팔정도의 개관

팔정도의 각 항목은 본서 「분석 경」(S45:8)에서 정확하게 정의하고 있다. 그것을 정리해보면 다음과 같다.

---

10) "yaḥ pratītyasamutpādaḥ śūnyatāṁ tāṁ pracakṣmahe.
sā prajñaptirupādāya pratipatsaiva madhyamā.

因緣所生法 我說卽是空 亦爲是假名 亦名中道義

연기(緣起)인 것 그것을 우리는 공성(空性)이라고 말한다.
그것은 의존한 개념[假名]이며 참으로 중도(中道)이다."(『중론』 24:18)

첫째, 바른 견해[正見]는 "괴로움에 대한 지혜, 괴로움의 일어남에 대한 지혜, 괴로움의 소멸에 대한 지혜, 괴로움의 소멸로 인도하는 도닦음에 대한 지혜"로 정의되고 있다. 한마디로 바른 견해는 사성제에 대한 지혜를 말한다.

그리고 본서 제2권 「깟짜나곳따 경」(S12:15)[11]에서 무엇이 바른 견해인가를 질문 드리는 깟짜나곳따 존자에게 부처님께서는 "깟짜야나여, '모든 것은 있다.'는 이것이 하나의 극단이고 '모든 것은 없다.'는 이것이 두 번째 극단이다. 깟짜야나여, 이러한 양 극단을 의지하지 않고 중간[中]에 의해서 여래는 법을 설한다."라고 명쾌하게 말씀하신 뒤 12연기의 순관과 역관의 정형구로 이 중간 혹은 중(中, majjha)을 표방하신다. (S12:15) 즉 연기의 가르침이야말로 바른 견해이다.

이처럼 바른 견해는 사성제에 대한 지혜와 연기의 가르침으로 정리된다. 그런데 사성제 가운데 집성제는 연기의 유전문(流轉門, anuloma, 苦의 발생구조)과 연결되고, 멸성제는 연기의 환멸문(還滅門, paṭiloma, 苦의 소멸구조)과 연결된다. 그러므로 사성제와 연기의 가르침은 같은 내용을 담고 있으며 이것을 바르게 보는 것이 팔정도의 정견이다.

둘째, 바른 사유[正思惟]는 "출리(욕망에서 벗어남)에 대한 사유, 악의 없음에 대한 사유, 해코지 않음(不害)에 대한 사유"로 정의되는데 불자들이 세상과 남에 대해서 항상 지녀야 할 바른 생각을 말한다. 이를 적극적으로 표현하면 초기경들에서 부처님께서 강조하신 자애·연민·같이함·평온의 네 가지 거룩한 마음가짐[四梵住, 四無量]을 가지는 것이라 할 수 있다.

셋째, 바른 말[正語]은 "거짓말을 삼가고, 중상모략을 삼가고, 욕설을 삼가고, 잡담을 삼가는 것"으로 정의하고 있다.

---

11) 본경은 팔정도인 중도(中道, majjhimā paṭipadā)를 설한 경이 아니라 중간[中, 가운데, majjha]으로 표현되는 바른 견해[正見]를 설하신 경이다.

넷째, 바른 행위[正業]는 "살생을 삼가고, 도둑질을 삼가고, 삿된 음행을 삼가는 것"이다.

다섯째, 바른 생계[正命]는 "삿된 생계를 제거하고 바른 생계로 생명을 영위하는 것"이다. 다른 경들의 설명을 보면 출가자는 무소유와 걸식으로 삶을 영위해야 하며 특히 사주, 관상, 점 등으로 생계를 유지해서는 안된다. 재가자는 정당한 직업을 통해서 생계를 유지해야 한다.[12]

이처럼 바른 말, 바른 행위, 바른 생계를 실천하는 지계의 생활은 그 자체가 팔정도의 고귀한 항목에 포함되고 있는 실참수행임을 우리는 명심해야 한다.

여섯째, 바른 정진[正精進]은 "아직 일어나지 않은 사악하고 해로운 법[不善法]들을 일어나지 못하게 하기 위해서, 이미 일어난 사악하고 해로운 법들을 제거하기 위해서, 아직 일어나지 않은 유익한 법[善法]들을 일어나도록 하기 위해서, 이미 일어난 유익한 법들을 사라지지 않게 하고 증장시키기 위해서 의욕을 생기게 하고 정진하고 힘을 내고 마음을 다잡고 애를 쓰는 것"이다. 그러므로 바른 정진은 해탈·열반과 향상에 도움이 되는 선법(善法)과 그렇지 못한 불선법을 정확히 판단하는 것이 전제되고 있다. 선법·불선법을 정확히 판단하지 못하고 무턱대고 밀어붙이는 것은 결코 바른 정진이 아니다.

일곱째, 바른 마음챙김[正念]은 "몸에서 몸을 관찰하고, 느낌에서 느낌을 관찰하고, 마음에서 마음을 관찰하고, 법에서 법을 관찰하면서 세상에 대한 욕심과 싫어하는 마음을 버리고 근면하게, 분명히 알아차리고 마음챙기며 머무는 것"이다.

바른 마음챙김이야말로 팔정도가 제시하는 구체적인 수행기법이다. 부처님께서는 나라는 존재를 먼저 몸뚱이(신), 느낌(수), 마음(심), 심리현

---

12) 한편 『앙굿따라 니까야』 「장사 경」(A5:177)에서는 재가자들이 해서는 안되는 장사로 무기 장사, 사람 장사, 동물 장사, 술장사, 독약 장사의 다섯 가지를 들고 있다.

상(법)들로 해체해서 이 중의 하나에 집중한 뒤, 그것을 무상하고 괴로움이요 무아라고 통찰할 것을 설하고 계신다. 마음챙김에서 중요한 것은 해체이다. 중생들은 무언가 불변하는 참 나를 거머쥐려 한다. 이것이 생사윤회의 가장 큰 동력인이다. 무엇보다도 나라는 존재를 해체해서 관찰하지 못하면 진아니 대아니 마음이니 하면서 무언가 실체를 세워서 이러한 것과 합일되는 경지쯤으로 깨달음을 이해하게 되고 이런 것을 불교의 궁극으로 오해하는 어처구니없는 일을 저지르게 되니 참으로 두려운 일이다.

여덟째, 바른 삼매[正定]는 초선과 제2선과 제3선과 제4선에 들어 머무는 것이다. 이러한 바른 삼매 혹은 선(禪)의 경지에 들기 위해서는 감각적 욕망, 악의, 해태·혼침, 들뜸·후회, 의심이라는 다섯 가지 장애[五蓋]를 반드시 제거해야 한다. 이러한 장애들이 극복되어 마음의 행복과 고요와 평화가 가득한 경지를 순차적으로 정리한 것이 네 가지 선(禪)이며 이를 바른 삼매라 한다.

⑤ 중도의 중요성 몇 가지

이상의 정형구에 대한 이해를 바탕으로 몇 가지 관점에서 다시 중도를 음미해보자.

첫째, 거듭 강조하거니와 중도는 팔정도이다. 대승불교에 익숙한 우리는 중도하면 일·이·거·래·유·무·단·상(一異去來有無斷常)을 여읜 것으로 이해되는 팔불중도(八不中道)[13]나 공·가·중도(空·假·中道)로 정리되는 『중론』의 삼제게(三諦偈, 24:18)를 먼저 떠올리지만 초기경에서의 중도는 명명백백하게 팔정도이다. 특히 삼제게는 연기(緣起)적 현상을 공·가·중도로 통찰하는 것을 설파하고 있기 때문에 『중론』에서 말하는 중도는 연기에 대한 통찰지이며 이것은 위에서 보듯이 팔정

---

13) 팔불중도(八不中道)는 중국 길장(吉藏) 스님의 『중관론소』(中觀論疏)에 여러 번 나타나는 대승불교 특히 한국불교에는 잘 알려진 술어이다.

도의 첫 번째인 정견(正見)의 내용이다. 그러므로 용수 스님을 위시한 중관학파에서 주창하는 중도는 팔정도의 첫 번째인 정견을 말하는 것이지 팔정도로 정의되는 실천도로서의 중도는 아니다. 중의 견해와 중도(팔정도)를 혼동하지 말자는 것이 역자가 거듭 강조하는 것이다.

둘째, 중도는 철학이 아니라 실천이다. 우리는 중(中)의 의미를 철학적 사유에 바탕하여 여러 가지로 설명하기를 좋아한다. 그러한 설명은 오히려 실천체계로서의 중도를 관념적으로 만들어버릴 위험이 크다. 중도가 팔정도인 이상 중도는 부처님께서 팔정도의 정형구로써 정의하신 내용 그 자체를 실천하는 것을 말한다. 이것은 중도의 도에 해당하는 빠알리어 빠띠빠다(paṭipadā)가 실제로 길 위를(paṭi) 밟으면서 걸어가는 것(padā)을 의미하는 데서도 알 수 있다.(본서 「절반 경」(S45:2) §3의 주해 참조)

셋째, 중도(팔정도)로 표방되는 수행은 총체적인 것이다. 부처님께서는 도를 8가지로 말씀하셨지 어떤 특정한 기법이나 특정한 하나만을 가지고 도라고 하지 않으셨다. 그러므로 이러한 8가지가 총체적으로 조화롭게 개발되어나갈 때 그것이 바른 도 즉 중도다. 그러나 우리는 수행을 총체적으로 이해하고 실천하려 하지 않고 기법 즉 테크닉으로만 이해하려 든다. 그래서 간화선만이, 염불만이, 기도만이, 위빳사나만이 진짜 수행이라고 우기면서 극단으로 치우친다. 그렇게 되면 그것은 중도가 아니요 극단적이요 옹졸한 도일뿐이다.

넷째, 중도는 바로 지금·여기에 있다. 중도는 특정한 장소나 특정한 시간에만 존재하는 것이 아니다. 도는 참선하는 시간이나 염불하고 기도하고 절하는 시간에만 존재하는 것도 아니요, 사찰이나 선방이나 명상센터라는 특정 장소에만 있는 것도 아니다. 도는 모든 시간 모든 곳에 존재하는 것이다. 그러므로 도는 매순간 머무는 곳, 바로 '지금·여기(diṭṭhe va dhamme, *here and now*, 現法, 現今)'에서 실천되어야 하는 것이다. 그래서 임제스님은 직시현금 갱무시절(直是現今 更無時節. 바로 지금·여기일 뿐 다른 호시절은 없다)이라 하셨다.

다섯째, 중도는 한 방에 해치우는 것이 아니다. 수행 특히 팔정도에 관한한 초기불전에서 거듭 강조하시는 부처님의 간곡한 말씀은 "닦고(bhāveti) 많이 [공부]짓는 것(bahulīkaroti)"14)이다. 그러므로 중도는 팔정도를 많이많이 닦는 것이다. 범부는 깨달음을 실현하기 위해서 중도인 팔정도를 실천하고 깨달은 분들은 팔정도로써 깨달음을 이 땅 위에 구현하신다. 주석서에서는 전자를 예비단계의 도라고 설명하고 후자를 완성된 도라 부른다. 그러므로 중도는 한 방에 해치우는 극단적인 것이 아니라 우리가 거듭해서 닦아야 하고 구현해야 할 것이다.

부처님의 가르침은 직계 제자 때부터 사사나(sāsana, 교법, 명령)라 불렸다.15) 실천으로서의 부처님 명령은 극단을 여읜 중도요 그것은 팔정도이다. '팔정도를 닦아서 지금·여기에서 해탈·열반을 실현하라.'는 부처님의 지엄하신 명령은 저 멀리 내팽개쳐버리고 우리는 부처님 가르침을 이용해서 자신의 명성이나 지위나 이속을 충족시키기에 혈안이 되어 있지는 않은가.

(3) 「도 상윳따」(S45)의 개관

이제 본 상윳따를 전체적으로 개관해 보자.

팔정도의 가르침을 담고 있는 본 상윳따에는 180개의 경들이 포함되어 있는데 이들은 모두 16개 품으로 분류되어서 나타난다. 이들은 크게 세 부분으로 나누어 볼 수 있다. ① 제1장 「무명 품」부터 제4장 「도닦

---

14) 본서 「절반 경」(S45:2) §3 등 「도 상윳따」(S45)의 도처에서 이것은 강조되고 있다.

15) 『상윳따 니까야』의 여러 곳뿐만 아니라 초기불전의 도처에서 부처님의 가르침은 '삿투 사사나(satthu sāsana, 스승의 교법, 본서 「욱까쩰라 경」(S47:14) §5 등)'로도 일컬어졌고 '바가와또 사사나(bhagavato sāsana, 세존의 교법, 「왁깔리 경」(S22:87) §15 등)'이라는 등의 술어로 나타나고 있다. sāsana는 √śās(*to order, to teach*)에서 파생된 명사로 지금도 인도에서는 정부나 법원 등의 공공기관을 śāsana라 부른다.

음 품」까지와 ② 제5장「외도의 반복」부터 제8장「두 번째 하나의 법의 반복」까지와 ③ 제9장「첫 번째 강가 강의 반복」부터 마지막인 제16장「폭류 품」까지이다.

① 제1장「무명 품」부터 제4장「도닦음 품」까지

제1장「무명 품」(Avijjā-vagga)부터 제4장「도닦음 품」까지의 네 개 품에는 각각 열 개씩의 경들이 포함되어 있다. 제4장「도닦음 품」까지에 포함되어 있는 40개의 경들은 서로 반복되는 구절이 없이 팔정도의 중요성을 설하고 있다. 40개 경들이 다 중요하지만 특히「절반 경」(S45:2)과「사리뿟따 경」(S45:3)에서 세존께서는 좋은 친구(선우)를 사귀어서 팔정도를 닦는 것은 출가하여 청정범행을 닦는 것의 전부라고 강조하고 계시는 것을 우리는 명심해야 할 것이다.

그리고「분석 경」(S45:8)은 팔정도의 8가지 항목을 정확하게 정의하고 있다. 이것은 위에서 살펴본 팔정도의 구체적인 내용과 그대로 일치한다.

한편 본 상윳따의「참되지 못한 사람 경」2(S45:26)에는 바른 지혜와 바른 해탈이 첨가되어서 팔정도가 아닌 십정도가 나타나고 있다. 이 십정도는 이미 본서 제2권「열 가지 구성 요소 경」(S14:29 §3)과 제3권「아라한 경」1(S22:76 §6 {5})에도 나타나고 있으며『앙굿따라 니까야』「명지(明知) 경」(A10:105) 등에도 나타나고 있다.

『맛지마 니까야』「큰 40가지 경」(M117/iii.76 §34)에 의하면 유학(有學)들은 바른 견해부터 바른 삼매까지의 여덟 가지 구성요소를 갖추고 있고 무학인 아라한들은 바른 지혜(ñāṇa)와 바른 해탈(vimutti)까지 갖추어서 모두 10가지 구성요소를 구족하고 있다고 한다. 그런데 본서 제6권「아나타삔디까 경」1(S55:26 §10)에 의하면 이 두 가지는 예류자인 급고독 장자도 갖춘 것으로 나타나고 있다. 그리고 본서「쭌다 경」(S47:13 §6)과 주해에 의하면 아직 예류자인 아난다 존자도 계·정·혜뿐만 아니라, 아라한만이 갖춘다는 해탈과 해탈지견까지 다 갖춘 것으로 나타나고 있다. 그러므로 니까야에 의하면 10정도는 꼭 아라한들만이 갖추는 것은 아닌 듯하다.

그리고 S45:21~26과 S45:31~32의 여덟 개의 경에는 여덟 가지 삿된 도닦음과 여덟 가지 바른 도닦음이 대조 되어 나타나고 있다. 팔정도는 불교수행의 핵심이자 생명이다. 팔정도가 없는 불교수행이란 생각조차 할 수 없다. 그러므로 이들 40개 경을 모두 정독할 것을 권한다.

② 제5장 「외도의 반복」 부터 제8장까지

제5장 「외도의 반복」 부터 제8장 「두 번째 하나의 법의 반복」 까지는 여러 가지 반복을 포함하고 있는 경들로 이루어져 있다.

제5장 「외도의 반복」 은 외도 유행승들이 비구들에게 무슨 목적을 위해서 사문 고따마 아래서 청정범행을 닦는가라고 물으면 X하기 위한 도가 있고 도닦음이 있다라고 대답해야 하고 그것으로 팔정도를 들어야 한다고 반복해서 말씀하시는 8개 경들로 이루어져 있다. 그래서 「외도의 반복」 이라고 품의 명칭을 붙인 것이다. 그리고 이 X에 들어가는 주제는 ① 탐욕의 빛바램 ② 족쇄 ③ 잠재성향 ④ 도정 ⑤ 번뇌 ⑥ 명지와 해탈 ⑦ 지와 견 ⑧ 완전한 열반이다.

제6장 「태양의 반복」 에는 태양이 떠오를 때 여명이 앞장서고 그 전조가 되듯이, 비구에게 팔정도가 생길 때에는 X가 앞장서고 그 전조가 된다고 말씀하신다. 이 X에는 ① 선우 ② 계 ③ 열의 ④ 자신 ⑤ 견해 ⑥ 불방일 ⑦ 여실지견이 들어간다. 이 하나의 품 안에 각각 (i) 떨쳐버림을 의지함(Viveka-nissita)과 (ii) 탐욕을 길들임(Rāga-vinaya)이라는 작은 품이 들어가서 제6장에는 모두 14개의 경들이 포함되어 있다.

제7장 「첫 번째 하나의 법의 반복」 도 (i) 떨쳐버림을 의지함(Viveka-nissita)과 (ii) 탐욕을 길들임(Rāga-vinaya)이라는 작은 품으로 구성이 되고 이 각각의 작은 품에 제6장의 7개 주제가 들어 있어 모두 14개의

경들이 포함되어 나타난다.

제8장 「두 번째 하나의 법의 반복」 도 같은 방법으로 모두 14개의 경들이 포함되어 있다. 그러면 제7장과 제8장은 어떻게 다를까? 제7장에는 "하나의 법은 여덟 가지 구성요소를 가진 성스러운 도가 생길 때 많은 도움을 준다. 어떤 하나의 법인가? 그것은 좋은 X이다."가 반복이 되고, 제8장에는 "나는 아직 일어나지 않은 여덟 가지 구성요소를 가진 성스러운 도를 일어나게 하고 이미 일어난 여덟 가지 구성요소를 가진 성스러운 도를 수행의 완성에 이르도록 하는 다른 어떤 하나의 법도 보지 못한다. 비구들이여, 그것은 바로 X이다."가 반복되어 나타나는 것이 다르다.

③ 제9장 「첫 번째 강가 강의 반복」 부터 제16장 「폭류 품」 까지

그리고 제9장 「첫 번째 강가 강의 반복」 부터 맨 마지막 품인 제16장 「폭류 품」 까지를 설명하기 위해서는 『상윳따 니까야』 제5권의 큰 특징 하나를 먼저 설명해야 한다. 본서에 포함되어 있는 12개의 상윳따들 가운데서 아누룻다, 들숨날숨, 예류, 진리의 네 상윳따를 제외한 8곳의 상윳따, 즉 37보리분법을 이루고 있는 7개 상윳따(S45부터 S51까지)와 「禪 상윳따」 (S53)의 여덟 개의 상윳따에는 다음의 다섯 개 품이 공통적으로 나타나고 있다. 특히 「깨달음의 구성요소 상윳따」 (S46)와 「힘 상윳따」 (S50)에는 이 다섯 개 품이 두 번씩 나타나서 모두 10개의 품이 포함되어 나타난다.

이 다섯 품은 (1) 「강가 강의 반복」 (Gaṅgā-peyyāla), (2) 「불방일 품」 (Appamāda-vagga), (3) 「힘쓰는 일 품」 (Balakaraṇīya-vagga), (4) 「추구 품」 (Esanā-vagga), (5) 「폭류 품」 (Ogha-vagga)이다.

이 가운데 「강가 강의 반복」 에는 여섯 개의 「동쪽으로 흐름 경」 과 여섯 개의 「바다 경」 의 모두 12개 경들이 포함되어 있다.

「불방일 품」 에는 ① 여래 ② 발자국 ③ 뾰족지붕 ④ 뿌리 ⑤ 심재 ⑥ 재스민 꽃 ⑦ 왕 ⑧ 달 ⑨ 태양 ⑩ 옷감의 10개 경들이 포함되어 있다.

「힘쓰는 일 품」에는 ① 힘 ② 씨앗 ③ 용 ④ 나무 ⑤ 항아리 ⑥ 꺼끄러기 ⑦ 허공, 두 가지 ⑧~⑨ 구름 ⑩ 배 ⑪ 객사(客舍) ⑫ 강의 12개 경들이 포함되어 있다.

「추구 품」에는 ① 추구 ② 자만 ③ 번뇌 ④ 존재 ⑤ 괴로움의 성질 ⑥ 삭막함 ⑦ 때 ⑧ 근심 ⑨ 느낌 ⑩ 갈애 ⑩-1 목마름[16]의 10개 경들이 포함되어 있다.

마지막으로 「폭류 품」에는 ① 폭류 ② 속박 ③ 취착 ④ 매듭 ⑤ 잠재성향 ⑥ 감각적 욕망 ⑦ 장애 ⑧ 무더기 ⑨ 낮은 단계의 족쇄 ⑩ 높은 단계의 족쇄의 10개 경들이 포함되어 나타난다.

이렇게 모두 다섯 개의 품에 포함된 54개의 경들이 위에서 언급한 8개의 상윳따에 공통적으로 나타나고 있다. 이것이 앞의 제1/2/3/4권에는 나타나지 않는 제5권만의 특징이다.

이러한 기본적인 이해를 가지고 지금 논의하고 있는 「도 상윳따」(S45)로 돌아가서 살펴보자. 「도 상윳따」에는 이 가운데서 첫 번째인 「강가 강의 반복」이 다시 「첫 번째 강가 강의 반복」, 「두 번째 강가 강의 반복」, 「세 번째 강가 강의 반복」, 「네 번째 강가 강의 반복」으로 확장되어 나타나고 있다. 이렇게 확장된 것은 이 「강가 강의 반복」을 다시 (i) 떨쳐버림을 의지함(Viveka-nissita), (ii) 탐욕을 길들임(Rāga-vinaya), (iii) 불사에 들어감(Amatogadha), (iv) 열반으로 흐름(Nibbāna-ninna)이라는 넷으로 분류하였기 때문이다. 그래서 이 네 개의 품을 통해서 모두 48개 경들을 포함하고 있다. 이 네 개의 품은 팔정도의 구성요소에 대한 네 가지 각각 다른 정형구들을 포함하고 있기 때문에 이렇게 네 개로 분리되어서 결집되었다. 그것은 다음과 같다.

(i) 떨쳐버림을 의지함: "떨쳐버림을 의지하고 탐욕의 빛바램을 의지

16) 「목마름 경」을 ⑩-1로 표기한 이유에 대해서는 본서 「목마름 경」(S45:170-1)의 주해를 참조할 것.

하고 소멸을 의지하고 철저한 버림으로 기우는[17] 바른 견해 등을 닦는다."

(ii) 탐욕을 길들임: "탐욕의 길들임으로 귀결되고 성냄의 길들임으로 귀결되고 어리석음의 길들임으로 귀결되는[18] 바른 견해 등을 닦는다."

(iii) 불사(不死)에 들어감: "불사에 들어가고 불사를 궁극으로 하고 불사로 귀결되는[19] 바른 견해 등을 닦는다."

(iv) 열반으로 흐름: "열반으로 흐르고 열반으로 향하고 열반으로 들어가는[20] 바른 견해 등을 닦는다."

한편 부처님께서 같은 내용을 담은 이러한 여러 경들을 설하신 것은 깨달을 사람들의 개인적인 성향이 다르기 때문에 각각 달리 말씀하신 것이라고 주석서는 설명하고 있다.(SA.iii.133)

이렇게 하여 「도 상윳따」(S45)에는 이 다섯 가지 공통적으로 나타나는 반복 품이 모두 8개 품으로 확대되었고 이렇게 하여 이들 반복 품에만 모두 90개 경들을 담고 있다.

그리고 제4권의 「잠부카다까 상윳따」(Jambukhādaka-saṁyutta, S38)는 사리뿟따 존자의 조카인 잠부카다까 유행승과 사리뿟따 존자와의 대화로 구성된 16개의 경들을 담고 있는데 이들 모든 경에서 팔정도가 강조되고 있다. 그렇기 때문에 이 상윳따는 여기 「도 상윳따」(S45)의 하나의 품으로 포함시켜도 된다.

같은 방식으로 된 꼭 같은 내용을 담고 있는 제4권의 「사만다까 상윳따」(Sāmaṇḍaka-saṁyutta, S39)의 16개 경들도 여기 「도 상윳따」(S45)의 하나의 품으로 포함시킬 수 있다.

---

17) vivekanissitaṁ virāganissitaṁ nirodhanissitaṁ vossaggapariṇāmiṁ.

18) rāgavinayapariyosānam dosavinayapariyosānam mohavinaya-pariyosānaṁ.

19) amatogadham amataparāyanam amatapariyosānaṁ.

20) nibbānaninnaṁ nibbānapoṇam nibbānapabbāraṁ.

6. 「깨달음의 구성요소 상윳따」(S46)

(1) 깨달음의 구성요소란 무엇인가

「깨달음의 구성요소 상윳따」(Bojjhaṅga-saṁyutta, S46)에는 모두 184개의 경들이 담겨 있다. 먼저 '깨달음의 구성요소[覺支]'로 옮긴 bojjhaṅga의 의미에 대해서 살펴보자. '깨달음의 구성요소'로 옮긴 bojjhaṅga는 bodhi+aṅga의 합성어이다. 주석서는 bodhiyā bodhissa vā aṅga로, 즉 ① 깨달음의 구성요소(bodhiyā aṅga)와 ② 깨달은 분의 구성요소(bodhissa aṅga)의 두 가지로 이 합성어를 풀이하고 있다.(SA.iii. 138) 주석서의 설명을 직접 살펴보자.

"이것은 무슨 의미인가? 세간적이고 출세간적인 도의 순간(lokiya-lokuttara-magga-kkhaṇa)에 일어나고, 게으름과 들뜸과 [갈애의] 확고함과 [사견의] 적집과 감각적 욕망의 즐거움과 자기 학대에 몰두하는 것과 단견과 상견의 천착 등의 여러 가지 재앙들의 반대편이 되는 마음챙김과 법의 간택과 정진과 희열과 고요함과 삼매와 평온이라 불리는 법들의 집합을 통해서 성스러운 제자는 깨닫는다. 그래서 깨달음이라 부른다. 깨닫는다는 것은 오염원들의 지속적인 흐름인 잠으로부터 일어난다는 말이니, 네 가지 성스러운 진리[四聖諦]를 꿰뚫거나 열반을 실현함을 뜻한다.

깨달음의 구성요소란 ① 이러한 법들의 집합으로 구성된 깨달음의 구성요소들을 말하나니 禪의 구성요소 도의 구성요소라는 용법과 같다. ② 그리고 이러한 법들의 집합을 통해서 깨달은 성스러운 제자도 깨달은 자[21]라 부른다. 이 경우에는 그 깨달은 자의 구성요소라고 해서 깨

21) 여기서 '깨달은 자'는 bodhi를 옮긴 것이다. 일반적으로 bodhi는 여성형 추상명사로 '깨달음'을 뜻하는데, 본 주석서에서는 이것을 남성명사로 간주하여 깨달은 자로 설명하고 있어서 이렇게 옮겼다.

달음의 구성요소라 하는데 이것은 군대의 구성요소 전차병의 구성요소라는 용법과 같다. 그래서 주석가들은 '혹은 깨달은 인간의 구성요소라고 해서 깨달음의 구성요소라 한다.'라고 설명하였다."(SA.iii.138)

한편『논장』의『위방가』(Vbh)에 나타나는 '깨달음의 구성요소의 분석(Vbh.227~229)'이라는 항목에서는『경장』즉 본서「계 경」(S46:3)과「방법 경」(S46:52) (ii)와 '순수한 떨쳐버림을 의지함'의 세 가지 방법을 통해서 이 일곱 가지 깨달음의 구성요소를 설명하고 있다. 그런 뒤에 그것을 아비담마의 방법으로 분석하고 있는데, 중요한 것은 이 칠각지를 오직 **'출세간적인 도'**로만 설명하고 있다는 사실이다.(Vbh.229~232) 이런 이유 때문에『논장』의 주석서들(DhsA.217, VbhA.310)은 위의『상윳따 니까야 주석서』에 나타난 '세간적이고 출세간적인 도의 순간' 가운데서 '세간적이고'를 제외하고 '출세간적인 도의 순간'이라고만 설명하고 있다.『논장』에서는 비단 이 칠각지뿐만 아니라 37보리분법(조도품) 전체를 출세간도에만 적용되는 것으로 설명하고 있는데, 이것은 4부 니까야에서 bodhi-pakkhiyā dhammā 즉 깨달음의 편에 있는 법(보리분법)으로 나타나기 때문에 이미 깨달음을 성취한 곳 혹은 이미 깨달음을 성취한 자의 편에 속하는 법들로 이해했기 때문일 것이다.

『청정도론』에서도 37보리분법은 7청정의 마지막 단계인 제XXII장「지와 견에 의한 청정」에서 '예류도, 일래도, 불환도, 아라한도라는 네 가지 도에 대한 지혜'를 설명한 뒤에 XXII.33에서 나타나고 있다. 즉 제14장부터 제17장에서 온·처·계·근·제·연을 철저하게 이해한 뒤에 제18장부터 제21장에서 이들 법이 무상이요 괴로움이요 무아임을 철저하게 통찰하여 염오가 일어나고 이러한 도의 단계에 접어든 뒤에 다시 말하면 깨달음의 편 혹은 깨달음의 경지에 접어든 뒤에 일어나는 것이 37보리분법이라고 이해하고 있는 것이다.

「깨달음의 구성요소 상윳따」(S46)에서 깨달음의 구성요소에 대한 부처님의 정의는 「비구 경」(S46:5 §3)에 나타나고 있다. 이 경을 통해서 보자면 칠각지는 주석가들이 이해하듯이 '깨달음을 구성하고 있는' 요소로 설명되지 않고 있으며, 오히려 '깨달음으로 인도하는(bodhāya saṁvattanti)' 요소들로, 즉 **세간적인** 도로 설명되고 있다. 그리고 본 상윳따 「계(戒) 경」(S46:3)에서 칠각지가 순서대로 발생한다는 설명은 이러한 사실을 더 잘 뒷받침해 주고 있다. 이런 측면에서 보자면 초기불교 문헌에서 불교술어들은 일반적이고 실용적인 용법에서 아비담마나 주석서 문헌의 특별하고 전문적인 용법으로 진화해가고 있다고 여겨진다.

(2) 깨달음의 구성요소의 자양분(āhāra)

한편 본서 「자양분 경」(S46:51)은 이러한 일곱 가지 깨달음의 구성요소를 늘리고 드세게 만드는 자양분을 들고 있다. 칠각지를 이해하는 중요한 부분이기 때문에 이 부분에 해당되는 경의 전문(全文)과 여기에 해당되는 주석서의 중요한 부분을 인용한다.

"비구들이여, 그러면 무엇이 아직 일어나지 않은 마음챙김의 깨달음의 구성요소를 일어나도록 하고 이미 일어난 마음챙김의 깨달음의 구성요소를 늘리고 드세게 만드는 자양분인가?

비구들이여, 마음챙김의 깨달음의 구성요소를 확립시키는 법들이 있어 거기에 지혜롭게 마음에 잡도리하기를 많이 지으면 이것이 아직 일어나지 않은 마음챙김의 깨달음의 구성요소를 일어나게 하고 이미 일어난 마음챙김의 깨달음의 구성요소를 늘리고 드세게 만들고 수행을 성취하는 자양분이다."(S46:51 §9)

"나아가서 네 가지 법이 있어 마음챙김의 깨달음의 구성요소를 일어나게 한다. 그것은 (1) 마음챙기고 분명히 알아차림(正念正知) (2) 마음챙김을 잊어버린 사람을 피함 (3) 마음챙김을 확립한 사람을 친근함 (4) 이

것을 확신함이다."(SA.iii.155)

"비구들이여, 그러면 무엇이 아직 일어나지 않은 법을 간택하는 깨달음의 구성요소를 일어나도록 하고 이미 일어난 법을 간택하는 깨달음의 구성요소를 늘리고 드세게 만드는 자양분인가?

비구들이여, 유익하거나 해로운 법들, 나무랄 데 없는 것과 나무라야 마땅한 법들, 받들어 행해야 하는 것과 받들어 행하지 말아야 하는 법들, 고상한 것과 천박한 법들, 흑백으로 상반되는 갖가지 법들이 있어 거기에 지혜롭게 마음에 잡도리하기를 많이 [공부]지으면 이것이 아직 일어나지 않은 법을 간택하는 깨달음의 구성요소를 일어나도록 하고 이미 일어난 법을 간택하는 깨달음의 구성요소를 늘리고 드세게 만들고 수행을 성취하는 자양분이다."(S46:51 §10)

"나아가서 일곱 가지 법들이 있어 법을 간택하는 깨달음의 구성요소를 일어나게 한다. 그것은 (1) 탐구함 (2) 토대를 깨끗하게 함 (3) 기능[五根]을 조화롭게 닦음 (4) 지혜 없는 사람을 피함 (5) 지혜로운 사람을 친근함 (6) 심오한 지혜로 행해야 할 것에 대해 반조함 (7) 이것을 확신함이다."(SA.iii.156)

"비구들이여, 그러면 무엇이 아직 일어나지 않은 정진의 깨달음의 구성요소를 일어나도록 하고 이미 일어난 정진의 깨달음의 구성요소를 늘리고 드세게 만드는 자양분인가?

비구들이여, [정진을] 시작하는 요소와 벗어나는 요소와 분발하는 요소가 있어 거기에 지혜롭게 마음에 잡도리하기를 많이 지으면 이것이 아직 일어나지 않은 정진의 깨달음의 구성요소를 일어나도록 하고 이미 일어난 정진의 깨달음의 구성요소를 늘리고 드세게 만들고 수행을 성취하는 자양분이다."(S46:51 §11)

"11가지 법이 있어 정진의 깨달음의 구성요소를 일어나게 한다. (1) 악처 등의 두려움을 반조함 (2) 이점을 봄 (3) 가야 할 길의 과정을 반조함 (4) 탁발한 음식을 공경함 (5) [정법의] 유산의 위대함을 반조함 (6) 스승의 위대함을 반조함 (7) 태생의 위대함을 반조함 (8) 동료수행자들의 위대함을 반조함 (9) 게으른 사람을 멀리함 (10) 부지런히 정진하는 자를 친근함 (11) 그것에 대해 마음을 기울임이다."(SA.iii.158)

"비구들이여, 그러면 무엇이 아직 일어나지 않은 희열의 깨달음의 구성요소를 일어나도록 하고 이미 일어난 희열의 깨달음의 구성요소를 늘리고 드세게 만드는 자양분인가?

비구들이여, 희열의 깨달음의 구성요소를 확립시키는 법들이 있어 거기에 지혜롭게 마음에 잡도리하기를 많이 지으면 이것이 아직 일어나지 않은 희열의 깨달음의 구성요소를 일어나도록 하고 이미 일어난 희열의 깨달음의 구성요소를 늘리고 드세게 만들고 수행을 성취하는 자양분이다."(S46:51 §12)

"나아가서 11가지 법이 희열의 깨달음의 구성요소를 일어나게 한다. (1) 부처님을 계속해서 생각함[隨念] (2) 법을 계속해서 생각함 (3) 승가를 계속해서 생각함 (4) 계를 계속해서 생각함 (5) 관대함을 계속해서 생각함 (6) 천신을 계속해서 생각함 (7) 고요함을 계속해서 생각함 (8) 거친 자를 멀리함 (9) 인자한 자를 섬김 (10) 신심을 일으키는 경들을 반조함 (11) 그것에 대해 마음을 기울임이다."(SA.iii.161)

"비구들이여, 그러면 무엇이 아직 일어나지 않은 고요함의 깨달음의 구성요소를 일어나도록 하고 이미 일어난 고요함의 깨달음의 구성요소를 늘리고 드세게 만드는 자양분인가?

비구들이여, 몸의 편안함과 마음의 편안함이 있어 거기에 지혜롭게 마음에 잡도리하기를 많이 지으면 이것이 아직 일어나지 않은 고요함의 깨달음의 구성요소를 일어나도록 하고 이미 일어난 고요함의 깨달음의 구성요소를 늘리고 드세게 만들고 수행을 성취하는 자양분이다."(S46:51 §13)

"나아가서 일곱 가지 법이 고요함의 깨달음의 구성요소를 일어나게 한다. 그것은 (1) 좋은 음식을 수용함 (2) 안락한 기후에 삶 (3) 편안한 자세를 취함 (4) 적절한 노력 (5) 포악한 사람을 멀리함 (6) 몸이 편안한 사람을 친근함 (7) 그것에 대해 마음을 기울임이다."(SA.iii.162)

"비구들이여, 그러면 무엇이 아직 일어나지 않은 삼매의 깨달음의 구성요소를 일어나도록 하고 이미 일어난 삼매의 깨달음의 구성요소를 늘리고 드세게 만드는 자양분인가?

비구들이여, 사마타의 표상과 산란함이 없는 표상이 있어 거기에 지혜롭게 마음에 잡도리하기를 많이 지으면 이것이 아직 일어나지 않은 삼매의 깨달음의 구성요소를 일어나도록 하고 이미 일어난 삼매의 깨달음의 구성요소를 늘리고 드세게 만들고 수행을 성취하는 자양분이다." (S46:51 §14)

"나아가서 11가지 법이 있어 삼매의 깨달음의 구성요소를 일어나게 한다. 그것은 (1) 토대들을 깨끗하게 함 (2) 모든 기능들을 고르게 조절함 (3) 표상에 대한 능숙함 (4) 적당한 때에 마음을 분발함 (5) 적당한 때에 마음을 절제함 (6) 적당한 때에 격려함 (7) 적당한 때에 평온하게 함 (8) 삼매에 들지 않은 사람을 멀리함 (9) 삼매에 든 사람을 친근함 (10) 禪과 해탈을 반조함 (11) 그것에 대해 마음을 기울임이다."(SA.iii.163)

"비구들이여, 그러면 무엇이 아직 일어나지 않은 평온의 깨달음의 구성요소를 일어나도록 하고 이미 일어난 평온의 깨달음의 구성요소를 늘리고 드세게 만드는 자양분인가?

비구들이여, 평온의 깨달음의 구성요소를 확립시키는 법들이 있어 거기에 지혜롭게 마음에 잡도리하기를 많이 지으면 이것이 아직 일어나지 않은 평온의 깨달음의 구성요소를 일어나도록 하고 이미 일어난 평온의 깨달음의 구성요소를 늘리고 드세게 만들고 수행을 성취하는 자양분이

다."(S46:51 §15)

"다섯 가지 법이 있어 평온의 깨달음의 구성요소를 일어나게 한다. 그것은 (1) 중생에 대한 중립적인 태도 (2) 형성된 것들[行]에 대한 중립적인 태도 (3) 중생과 형성된 것들에 대해 애착을 가지는 사람을 멀리함 (4) 중생과 형성된 것들에 대해 중립을 지키는 사람을 친근함 (5) 그것에 대해 마음을 기울임이다."(SA.iii.164)

(3) 「깨달음의 구성요소 상윳따」(S46)의 개관

이제 본 상윳따를 전체적으로 개관해보자.

「깨달음의 구성요소 상윳따」에 포함된 184개의 경들은 모두 일곱 가지 깨달음의 구성요소[七覺支]에 관한 경들을 담고 있다. 그래서 본 상윳따를 「깨달음의 구성요소 상윳따」라 부르는 것이다.

본 상윳따에 포함된 184개의 경들은 모두 18개의 품 혹은 장으로 나누어져서 정리되어 있다. 이 18개의 장은 다시 ① 제1장부터 제8장까지와 ② 제9장부터 제18장까지의 두 가지로 구분할 수 있다. 제1장부터 제8장까지는 모두 76개의 경들이 포함되어 있으며 제9장부터 제18장까지의 10개의 품에는 모두 108개의 경들이 포함되어 나타난다.

① 제1장부터 제8장까지

제1장「산 품」, 제2장「병 품」, 제3장「우다이 품」, 제4장「장애 품」, 제5장「전륜성왕 품」은 각각 열 개씩의 경들을 포함하고 있고, 제6장「담론 품」은 6개의 경들을 포함하고 있다. 이렇게 해서 전체 56개 경들은 서로 반복되는 구절이 없는 개별적인 경들로 이루어져 있다. 보통 하나의 품에 10개 씩의 경들이 포함되는 것이 일반적인데, 제6품에는 특이하게 6개의 경들만이 포함되어 있다. 그것은 본 상윳따의 개별적인 경들은 이 56개로 끝나고 이 이후의 품들에 포함된 경들은 모두 반복되는 것들을 모은 것이기 때문이다.

제7장 「들숨날숨 품」에 포함된 10개의 경들과 제8장 「소멸 품」에 포함된 10개의 경들에는 해골이 된 것의 인식부터 소멸까지의 20개의 주제들이 나타나고 있다. 이들 20개 경들은 이처럼 주제만 다르고 그 내용은 반복이 되고 있다.

76개 경들이 다 중요하지만 특히 「자양분 경」(S46:51)은 칠각지를 이해하는데 중요한 경이므로 정독할 것을 권한다.

한편 본서 「몸 경」(S46:2), 「오염원 아님 경」(S46:34), 「덮개 경」등 (S46:37~40), 「자양분 경」(S46:51), 「방법 경」(S46:52), 「상가라와 경」(S46:55), 「아바야 경」(S46:56), 「장애 경」(S46:137), 「장애 경」(S46:181) 등의 12개의 경들에서 칠각지는 다섯 가지 장애와 함께 나타나고 있는데, 이들 경에서 칠각지는 다섯 가지 장애와 반대되는 개념으로 나타난다. 예를 들면 본서 「덮개 경」(S46:37 §§3~4)에 의하면 다섯 가지 장애는 "덮개요 장애여서 이것은 마음을 압도하고 통찰지를 무력하게 만들지만" 칠각지는 "덮개가 아니요 장애가 아니며 마음의 오염원이 아니니 이를 닦고 많이 [공부]지으면 명지와 해탈의 결실을 실현함으로 인도한다."

한편 「장애 경」(S46:40 §§3~4)에 의하면 "다섯 가지 장애는 어둠을 만들고 눈을 없애버리고 무지를 만들고 통찰지를 소멸시키고 곤혹스러움에 빠지게 하고 열반으로 인도하지 못한다." 그러나 칠각지는 "눈을 만들고 지혜를 만들고 통찰지를 증장시키고 곤혹스러움에 빠지지 않게 하고 열반으로 인도한다."

다섯 가지 장애와 칠각지를 일어나게 하는 조건이나 원인에 대해서는 「자양분 경」(S46:51)이 잘 설명하고 있다. 이처럼 칠각지는 삼매와 깨달음을 방해하는 대표적인 불선법인 다섯 가지 장애와 반대편에 있으며 '깨달음을 구성하고 있는' 요소들이거나 '깨달음으로 인도하는' 요소들이기 때문에 깨달음의 실현에 관심이 많은 불자들은 본 상윳따에 나타나는 경들을 정독할 것을 권한다.

② 제9장부터 제18장까지

그리고 본 상윳따의 제9장부터 제18장까지의 열 개의 품들에는 모두 108개의 경들이 포함되어 나타나는데, 이들은 앞의 「도 상윳따」(S45) 해제 §5-(3)에서 설명한 다섯 가지 반복되는 품들과 관련이 있다. 결론적으로 말해서 본 상윳따에는 이 다섯 가지 반복되는 품들이 모두 두 번 나타나기 때문에 전체가 10장이 되고 경의 수도 54×2=108이 된 것이다. 조금 풀어서 설명하면 다음과 같다.

다섯 가지 반복되는 품들은 (1)「강가 강의 반복」 (2)「불방일 품」 (3)「힘쓰는 일 품」 (4)「추구 품」 (5)「폭류 품」이다. 이들 품에는 모두 54개의 경들이 포함되어 있는데, 여기에 대해서는 앞의 「도 상윳따」(S45) 해제 §5-(3)을 참조하기 바란다.

이 다섯 가지 품들은 본 상윳따에서는 일차로 제9장부터 제13장까지 나타난다. 그리고 조금 바뀐 내용을 담은 다섯 가지 품들이 다시 제14장부터 제18장까지의 다섯 개 품들에 나타나서 모두 10장에 걸쳐서 108개의 경들이 나타나고 있다. 그러면 전반부 다섯 품들과 후반부 다섯 품들의 차이는 무엇인가?

전반부 다섯 품들에는 "떨쳐버림을 의지하고 탐욕의 빛바램을 의지하고 소멸을 의지하고 철저한 버림으로 기우는 마음챙김의 깨달음의 구성요소" 등으로 나타나지만 후반부 다섯 품들에는 이 부분 대신에 "탐욕의 길들임으로 귀결되고 성냄의 길들임으로 귀결되고 어리석음의 길들임으로 귀결되는 마음챙김의 깨달음의 구성요소" 등으로 나타난다. 이것만 다르고 나머지 구문은 같다.

한편 부처님께서 같은 내용을 담은 이러한 다른 여러 경들을 설하신 것은 모두 깨달을 사람들의 개인적인 성향이 다르기 때문에 다르게 말씀하신 것이라는 주석서의 설명(SA.iii.133)은 여기에도 그대로 적용된다 하겠다.

이렇게 하여 「깨달음의 구성요소 상윳따」(S46)에는 이 다섯 가지 반복되는 품들이 모두 두 번씩 나타나서 10개의 품으로 확대되었고 그리하여 이 10개의 품들에만 모두 108개의 경들을 담고 있다.

7. 「마음챙김의 확립[念處] 상윳따」(S47)

(1) 마음챙김이란 무엇인가

① 수행삼경(修行三經)

마흔일곱 번째 주제인 「마음챙김의 확립[22] 상윳따」(Satipaṭṭhāna-saṁyutta, S47)에는 모두 104개의 경들이 담겨 있다. 먼저 마음챙김[念, sati]에 대해서 살펴보자.

부처님의 육성이 생생히 살아있는 초기경들 가운데서 실참(實參) 수행법을 설하신 경들을 들라면 『디가 니까야』 「대념처경」(大念處經, Mahāsatipaṭṭhāna Sutta, D22)과 『맛지마 니까야』 「들숨날숨에 마음챙기는 경」[出入息念經, Ānāpānasati Sutta, M118]과 「몸에 마음챙기는 경」[念身經, Kāyagatasati Sutta, M119]의 셋을 들 수 있다. 그리고 주제별로 경들을 모은 본 『상윳따 니까야』의 「마음챙김의 확립 상윳따」(S:47)와 「들숨날숨 상윳따」(S54)를 들 수 있다.

이 가운데 「대념처경」(D22)은 『맛지마 니까야』에 「염처경」(念處經, Satipaṭṭhāna Sutta, M10)으로도 나타나는데, 이것은 초기불교 수행법을 몸[身]·느낌[受]·마음[心]·법[法]의 네 가지 주제 하에 집대성한 경으로 초기수행법에 관한한 가장 중요한 경이며, 그렇기 때문에 가장 유명한 경이기도 하다. 마음챙김[念, sati]으로 대표되는 초기불교 수행법은

---

22) '마음챙김의 확립[念處]'은 satipaṭṭhāna를 옮긴 것이다. 주석서는 이 술어를 두 가지로 해석한다. 첫째는 sati+upaṭṭhāna이고 둘째는 sati+paṭṭhāna이다. 전자는 마음챙김의 확립으로 옮겨지고 후자는 마음챙김의 토대로 옮겨진다. 왜 역자는 마음챙김의 확립으로 옮기고 있는가에 대해서는 본서 「암바빨리 경」(S47:1) §3의 해당 주해를 참조할 것.

이 경을 토대로 지금까지 전승되어오고 있으며, 남방의 수행법으로 알려진 위빳사나 수행법은 모두 이 경을 토대로 하여 가르쳐지고 있다 하여도 과언이 아니다.

② 마음챙김이란 무엇인가

마음챙김은 빠알리어 sati(Sk. smṛti, 念, 기억)의 역어인데 이것은 √smṛ(*to remember*)에서 파생된 추상명사로 사전적인 의미는 기억 혹은 억념(憶念)이다. 그러나 초기불전에서 사띠(sati)는 거의 대부분 기억이라는 의미로는 쓰이지 않는다. 기억이라는 의미로 쓰일 때는 주로 접두어 'anu-'를 붙여 'anussati'라는 술어를 사용하거나 √smṛ에서 파생된 다른 명사인 'saraṇa'라는 단어가 쓰인다. 물론 수행과 관계없는 문맥에서 sati는 기억이라는 의미로 쓰이기도 한다.

첫째, 마음챙김은 대상에 깊이 들어가는 것(apilāpana)이다. 『청정도론』은 말한다. "마음챙김은 [대상에] 깊이 들어가는 것을 특징으로 한다. 잊지 않는 것(asammosa)을 역할로 한다. 보호하는 것(ārakkha)으로 나타난다. 혹은 대상과 직면함(visayābhimukha-bhāva)으로 나타난다. 강한 인식이 가까운 원인이다. 혹은 몸 등에 대한 마음챙김의 확립이 가까운 원인이다. 이것은 기둥처럼 대상에 든든하게 서 있기 때문에, 혹은 눈 등의 문을 지키기 때문에 문지기처럼 보아야 한다."(Vis.XIV.141)

둘째, 마음챙김이란 대상을 거머쥐는 것(pariggahaka, 把持, 把握)이다. 그래서 『대념처경 주석서』에는 "마음챙기는 자(satimā)라는 것은 [몸을] 철저하게 거머쥐는 마음챙김을 구족한 자라는 뜻이다. 그는 이 마음챙김으로 대상을 철저하게 거머쥐고 통찰지(반야)로써 관찰한다. 왜냐하면 마음챙김이 없는 자에게 관찰이 있을 수 없기 때문이다."(DA.iii.758)라고 나타난다.

셋째, 마음챙김은 대상에 대한 확립(upaṭṭhāna)이다.

『청정도론』은 말한다. "각각의 대상들에 내려가고 들어가서 확립되기 때문에 확립이라 한다. 마음챙김 그 자체가 확립이기 때문에 마음챙김의 확립이라고 한다. 몸과 느낌과 마음과 법에서 그들을 더러움[不淨], 괴로움, 무상, 무아라고 파악하면서, 또 깨끗함, 행복, 항상함, 자아라는 인식을 버리는 역할을 성취하면서 일어나기 때문에 네 가지로 분류된다. 그러므로 네 가지 마음챙김의 확립[四念處]이라 한다."(Vis.XXII.34)

넷째, 마음챙김은 마음을 보호(ārakkha)한다.

그래서 『청정도론』은 "그의 마음이 수승한 마음챙김으로 보호될 때"(Vis.XVI.83)라고 하였다.

③ 왜 마음챙김으로 옮겼나

"바라문이여, 이처럼 다섯 가지 감각기능은 각각 다른 대상과 각각 다른 영역을 가져서 서로 다른 대상과 영역을 경험하지 않는다. 이들 다섯 가지 감각기능은 마노[意]를 의지한다. 마음이 그들의 대상과 영역을 경험한다."

"고따마 존자시여, 그러면 마노[意]는 무엇을 의지합니까?"

"바라문이여, 마노[意]는 마음챙김을 의지한다."

"고따마 존자시여, 그러면 마음챙김은 무엇을 의지합니까?

"바라문이여, 마음챙김은 해탈을 의지한다."

"고따마 존자시여, 그러면 해탈은 무엇을 의지합니까?"

"바라문이여, 해탈은 열반을 의지한다."

"고따마 존자시여, 그러면 열반은 무엇을 의지합니까?"

"바라문이여, 그대는 질문의 범위를 넘어서버렸다. 그대는 질문의 한계를 잡지 못하였구나. 바라문이여, 청정범행을 닦는 것은 열반으로 귀결되고 열반으로 완성되고 열반으로 완결되기 때문이다."(본서 「운나바 바라문 경」(S48:42) §§4~8)

이처럼 마음챙김은 마음을 해탈과 연결시켜주는 중요한 기능을 한다.

그래서 마음챙김으로 옮겼다. 그리고 2세기(후한 시대)에 안세고(安世高) 스님이 옮긴 『불설대안반수의경』(佛說大安般守意經)이라는 경의 제목을 주의해볼 필요가 있다. 여기서 안세고는 아나빠나(ānāpāna, 出入息, 들숨날숨)를 안반(安般)으로 음사하고 있으며 사띠는 念이 아닌 수의(守意) 즉 마음(意, mano)을 지키고 보호(守)하는 기능으로 의역하고 있다. 이처럼 이미 중국에 불교가 전래되던 최초기에 마음챙김은 보호로 이해되어 왔다. 이런 것을 참조해서 사띠를 '마음챙김'으로 옮겼다.

④ 마음챙김은 대상을 챙기는 것이다

마음챙김은 일견 '마음을 챙김'으로 이해할 수 있겠지만 그 구체적인 의미는 "마음이 대상을 챙김"이다. 이처럼 마음챙김은 마음이 대상을 챙기는, 수행에 관계된 유익한 심리현상이다. 그래서 『디가 니까야 주석서』(DA)에서는

"여기서 마치 송아지 길들이는 자가
[송아지를] 기둥에 묶는 것처럼
자신의 마음을 마음챙김으로써
대상에 굳게 묶어야 한다."23)

라고 옛 스님의 경책의 말씀을 인용하고 있는데 마음챙김에 관한 가장 요긴한 설명이라 할 수 있다.

이처럼 마음챙기는 공부에서 가장 중요한 것은 대상이다. 주석서의 설명을 종합해보면 마음챙김은 대상에 깊이 들어가고, 대상을 거머쥐고, 대상에 확립되어 해로운 표상이나 해로운 심리현상들이 일어나지 못하도록 마음을 보호하는 역할을 한다. 마음챙김이 이처럼 중요하기 때문

---

23) 『청정도론』 VIII.154; DA.iii.763 = 『네 가지 마음챙기는 공부』 119~120.

에 부처님께서는 본서 「새매 경」(S47:6)에서 "비구들이여, 자신의 고향동네인 행동의 영역에서 다녀라. 자신의 고향동네인 행동의 영역에서 다니는 자에게 마라는 내려앉을 곳을 얻지 못할 것이고 마라는 대상을 얻지 못할 것이다. 비구들이여, 그러면 어떤 것이 자신의 고향동네인 행동의 영역인가? 바로 이 네 가지 마음챙김의 확립이다."(§7)라고 강조하셨다.

마음챙김이란 마음이 대상을 챙기는 것이요, 마음챙기는 공부는 마음이 대상을 거듭해서 챙기는 공부요, 마음챙김의 확립은 마음이 정해진 대상에 확립되는 것이다. 이처럼 마음챙김은 그 대상이 중요하다. 「대념처경」(D22)에서 설명되고 있는 마음챙김의 대상을 정리해보면 다음과 같다.

(1) 몸(kāya, 身): 14가지
① 들숨날숨
② 네 가지 자세
③ 네 가지 분명히 알아차림
④ 32가지 몸의 형태
⑤ 사대를 분석함
⑥~⑭ 아홉 가지 공동묘지의 관찰

(2) 느낌(vedanā, 受): 9가지
① 즐거운 느낌 ② 괴로운 느낌 ③ 괴롭지도 즐겁지도 않은 느낌
④ 세속적인 즐거운 느낌 ⑤ 세속적인 괴로운 느낌 ⑥ 세속적인 괴롭지도 즐겁지도 않은 느낌
⑦ 세속을 여읜 즐거운 느낌 ⑧ 세속을 여읜 괴로운 느낌 ⑨ 세속을 여읜 괴롭지도 즐겁지도 않은 느낌

(3) 마음(citta, 心): 16가지
① 탐욕이 있는 마음 ② 탐욕을 여읜 마음
③ 성냄이 있는 마음 ④ 성냄을 여읜 마음
⑤ 미혹이 있는 마음 ⑥ 미혹을 여읜 마음

⑦ 위축된 마음 ⑧ 산란한 마음
⑨ 고귀한 마음 ⑩ 고귀하지 않은 마음
⑪ 위가 남아있는 마음 ⑫ [더 이상] 위가 없는 마음
⑬ 삼매에 든 마음 ⑭ 삼매에 들지 않은 마음
⑮ 해탈한 마음 ⑯ 해탈하지 않은 마음

(4) 심리현상(dhamma, 法): 5가지
① 장애[蓋]를 파악함
② 무더기(蘊)를 파악함
③ 감각장소[處]를 파악함
④ 깨달음의 구성요소[覺支]를 파악함
⑤ 진리[諦]를 파악함

「대념처경」은 이렇게 모두 44가지로, 혹은 느낌과 마음을 각각 한 가지 주제로 간주하면 21가지로, 마음챙김의 대상을 구분하여 밝히고 있다.

⑤ 마음챙기는 공부의 요점 몇 가지

이제 본 「마음챙김의 확립 상윳따」(S:47)와 「대념처경」(D22) 등에 나타나는 마음챙기는 공부의 요점 몇 가지를 적어보자.

첫째, 마음챙김의 대상은 '나' 자신이다. 내 안에서(ajjhattaṁ) 벌어지는 현상을 챙기는 것이 중요하다. 내 밖은 큰 의미가 없다. 왜? 해탈·열반은 내가 성취하기 때문이다. 그래서 『디가 니까야』 「범망경」(D1) 등에서도 부처님께서는 '바로 내 안에서 완전한 평화(nibbuti)를 분명하게 안다'고 하셨다. 위에서 살펴보았듯이, 「대념처경」에서는 이러한 나 자신을 몸, 느낌, 마음, 심리현상들로 나눈 뒤, 이를 다시 몸은 14가지, 느낌은 9가지, 마음은 16가지, 법은 5가지로 더욱더 구체적으로 세분해서, 모두 44가지 대상으로 나누어서 그 중의 하나를 챙길 것을 말하고 있다.

물론 이런 바탕 하에서 때로는 밖의(bahiddhā) 즉 남의 신·수·심·법에 마음을 챙기라고도 하고 계시며 때로는 나와 남 둘 다의 신·수·심·법에도 마음챙기라고도 설하고 계신다. 그러나 그 출발은 항상 나 자신이다.

둘째, 무엇보다도 개념적 존재(paññatti)의 해체가 중요하다. 이것이 「마음챙김의 확립 상윳따」(S:47) 등에서 마음챙김의 대상을 신·수·심·법으로 해체해서 제시하시는 가장 중요한 이유라고 필자는 파악하고 있다. 나니 내 것이니 남이니 산이니 강이니 컴퓨터니 자동차니 우주니 하는 개념적 존재를 해체할 때 무상·고·무아를 그 보편적 특징(sāmañña-lakkhaṇa, 共相)으로 하는 법이 분명하게 드러난다. 그러면 더 이상 개념적 존재를 두고 갈애와 무명을 일으키지 않게 된다.

그래서 해체는 중요하다. 해체의 중심에는 나라는 존재가 있다. 중생들은 무언가 불변하는 참 나를 거머쥐려 한다. 이것이 모든 취착 가운데 가장 큰 취착이다. 「대념처경」에서 나라는 존재를 신·수·심·법으로 해체하고 다시 이를 21가지나 44가지로 더 분해해서 마음챙김의 대상으로 제시하신 것은 이렇게 중요한 의미를 가지고 있다. 해체하지 못하면 개념적 존재(paññatti)에 속는다. 해체하면 법(dhamma)을 보고 지금·여기에서 해탈·열반을 실현한다. 어느 대통령은 뭉치면 살고 흩어지면 죽는다고 했다. 역자는 '뭉쳐두면 속고 해체해야 깨닫는다.'라고 말하고 싶다.[24)]

셋째, 거듭 강조하지만 마음챙김은 대상이 중요하다. 이것은 입만 열면 주객을 초월하는 것이 수행이라 얼버무리는 우리 불교가 깊이 새겨봐야 할 점이다. 「대념처경」 등은 거친 대상으로부터 시작해서 점점 미세한 대상으로 참구의 대상을 나열하여 들어간다. 그러나 「대념처경」 등에서 나타나는 순서대로 21가지 혹은 44가지 대상을 모두 다 챙기고

---

24) '해체'에 대해서는 본서 제4권 해제 §3-(6)-③ 해체해서 보기를 참조할 것.

관찰하는 것은 아니다.

넷째, 마음챙김으로 사마타와 위빳사나를 통합하고 있다. 불교수행법은 크게 사마타수행과 위빳사나수행으로 구분된다. 전자는 지(止)로 한역되었고 후자는 관(觀)으로 한역되었으며 지관수행은 중국불교를 지탱해 온 수행법이기도 하다. 그리고 사마타는 삼매[定]수행과 동의어이고 위빳사나는 통찰지[慧, 반야]수행과 동의어이다.

「마음챙김의 확립 상윳따」(S:47) 등은 마음챙김을 통해서 이러한 사마타와 위빳사나 수행을 하나로 통합하고 있다. 사실, 그것이 집중[止]이든 관찰[觀]이든 마음챙김이 없이는 불가능하다. 사마타는 찰나생·찰나멸하는 법을 대상으로 하는 것이 아니라 표상(nimitta)이라는 개념적 존재(paññatti)를 대상으로 하고, 위빳사나는 찰나생·찰나멸하는 법(dhamma)을 대상으로 한다. 그러나 그 대상이 어떤 것이든 마음챙김이 없이는 표상에 집중하는 사마타도 법의 무상·고·무아를 통찰하는 위빳사나도 있을 수 없다. 그래서 마음챙김은 이런 두 종류의 수행에 공통적으로 중요한 심리현상이다.

다섯째, 「마음챙김의 확립 상윳따」와 「대념처경」은 사성제를 관찰해서 구경의 지혜(aññā)를 증득하는 것으로 결론 맺고 있다. 다시 말하면 무상·고·무아의 삼특상 가운데서 고의 특상과 그 원인과 소멸과 소멸에 이르는 길을 꿰뚫어 아는 것으로 해탈·열반의 실현을 설명하고 있다.

『청정도론』에 의하면 해탈에는 세 가지 관문이 있다. 그것은 무상·고·무아이다. 무상을 꿰뚫어 알아서 체득한 해탈을 표상 없는(無相) 해탈이라 하고, 고를 꿰뚫어 알아 증득한 해탈을 원함 없는(無願) 해탈이라 하고, 무아를 꿰뚫어 알아 요달한 해탈을 공한 해탈이라 한다.[25)]

---

25) 여기에 대해서는 청정도론 XXi.70 이하와, 본서 「병 경」(S47:9) §7과 주해와, 본서 제4권 「표상 없음 경」(S40:9) §3의 주해도 참조할 것.

그러므로 마음챙기는 공부는 고를 통찰하는 원함 없는(無願) 해탈로 결론짓는다고 할 수 있다. 물론 이렇게 사성제를 철견하는 것이야말로 초기경에서 초지일관되게 설명하고 있는 깨달음이요 열반의 실현이다.

"비구들이여, 네 가지 마음챙김의 확립을 닦고 많이 [공부]지으면 그것은 염오로 인도하고, 욕망이 빛바램으로 인도하고, 소멸로 인도하고, 고요함으로 인도하고, 최상의 지혜로 인도하고, 바른 깨달음으로 인도하고, 열반으로 인도한다."(「욕망의 빛바램 경」(S47:32) §3)

(2) 「**마음챙김의 확립 상윳따**」(S47)**의 개관**

이제 본 상윳따를 전체적으로 개관해보자.

본 상윳따에는 모두 104개의 경들이 포함되어 있으며 모두 네 가지 마음챙김의 확립[四念處]에 관한 경들이다. 이들은 전체 10개 품 혹은 장들로 나뉘어져 있다. 본 상윳따에서도 제6장부터 제10장까지의 다섯 개 품들에는 「도 상윳따」 해제 §5-(2)-③과 「깨달음의 구성요소 상윳따」 해제 §6-(3)-②에서 설명한 다섯 개 품들에 포함된 54개 경들이 반복되어 나타나고 있다. 그러므로 본 「마음챙김의 확립 상윳따」 도 ① 각 품에 10개씩 전체 50개 경들을 포함하고 있는 제1장부터 제5장까지와 ② 전체 54개의 경들을 포함하고 있는 제6장부터 제10장까지의 두 부분으로 구분할 수 있다.

① 제1장부터 제5장까지

제1장 「암바빨리 품」, 제2장 「날란다 품」, 제3장 「계와 머묾 품」, 제4장 「전에 들어보지 못함 품」, 제5장 「불사 품」 까지의 전반부 다섯 개 품들에는 각각 10개씩의 경들이 포함되어 있다.

이들 50개 경들은 다양한 문맥에서 어떤 경이 특히 중요하다고 강조할 수 없을 정도로 네 가지 마음챙김의 확립을 강조하고 마음챙김의 중요성을 역설하고 있다.

「암바빨리 경」(S47:1) 등에서 사념처는 유일한 도라 불리고 있으며, 「유익함 덩어리 경」(S47:5)과 「유익함 덩어리 경」(S47:45)에서 사념처는 유익함 덩어리라 불리고 있다. 「비구 경」(S47:3)과 「바히야 경」(S47:15)과 「빠띠목카 경」(S47:46)과 「나쁜 행위 경」(S47:47)에서는 "계를 의지하고 계에 굳게 서서 네 가지 마음챙김의 확립을 닦아야 한다."라고 강조하고 있으며, 「요리사 경」(S47:8)과 「비구니 거처 경」(S47:10)과 「날란다 경」(S47:12)과 「쭌다 경」(S47:13)과 「욱까쩰라 경」(S47:14)과 「경국지색 경」(S47:20) 등에서는 비유로써 사념처를 강조하고 있기도 하다.

「대인 경」(S47:11)에서는 대인(大人)이 되는 것도, 「부분적으로 경」(S47:26)에서는 유학이 되는 것도, 「완전하게 경」(S47:27)과 「구경의 지혜 경」(S47:36)에서는 무학(아라한)이 되는 것도, 「욕구 경」(S47:37)과 「철저히 앎 경」(S37:38)과 「불사(不死) 경」(S47:41)에서는 불사를 실현하는 것도, 「성스러움 경」(S47:17)과 「게을리함 경」(S47:33)에서 괴로움을 소멸하는 것도, 「닦음 경」(S47:34)에서 저 언덕에 도달하는 것도, 「세상 경」(S47:28)에서는 신통의 지혜를 얻는 것도 사념처를 닦았기 때문이라고 설하고 있다.

「오래 머묾 경」(S47:22)과 「쇠퇴 경」(S47:23)과 「바라문 경」(S47:25)에서는 정법이 오래 머무는 것도, 「병 경」(S47:9)과 「시리왓다 경」(S47:29)과 「마나딘나 경」(S47:30) 등에서는 병고를 이겨내는 것도 모두 네 가지 마음챙김을 닦기 때문이라고 강조하고 있다.

그리고 「느낌 경」(S47:49)에서는 세 가지 느낌을 철저히 알고, 「번뇌 경」(S47:50)에서는 세 가지 번뇌를 철저히 알기 위해서 사념처를 닦아야 한다고 강조한다.

그리고 「마음챙김 경」(S47:2)과 「비구니 거처 경」(S47:10)과 「마음챙김 경」(S47:35)과 「마음챙김 경」(S47:44)에서는 "비구는 [사념처에]

마음챙기면서 머물러야 한다. 이것이 그대들에게 주는 나의 간곡한 당부이다."라고 간절하게 말씀하신다.

무엇보다도 「욕망의 빛바램 경」(S47:32)에서는 "네 가지 마음챙김의 확립을 닦고 많이 [공부]지으면 그것은 염오로 인도하고, 탐욕의 빛바램으로 인도하고, 소멸로 인도하고, 고요함으로 인도하고, 최상의 지혜로 인도하고, 바른 깨달음으로 인도하고, 열반으로 인도한다."고 강조하고 계신다. 그리고 신·수·심·법의 네 가지의 일어남과 소멸을 정의하고 있는 「일어남 경」(S47:42)도 관심을 가지고 살펴봐야 할 경이다.

② 제6장부터 제10장까지

제6장부터 제10장까지는 (1)「강가 강의 반복」 (2)「불방일 품」 (3)「힘쓰는 일 품」 (4)「추구 품」 (5)「폭류 품」의 다섯 개 품들로 되어 있다. 이들 품에는 모두 54개의 경들이 포함되어 있는데, 여기에 대해서는 앞의 「도 상윳따」(S45) 해제 §5-(2)-③과 「깨달음의 구성요소 상윳따」(S46) 해제 §6-(3)-②의 설명을 참조하기 바란다.

8. 「기능[根] 상윳따」(S48)

(1) 기능[根]이란 무엇인가

① 개요

「기능 상윳따」(Indriya-saṁyutta, S48)에는 178개의 경들이 포함되어 나타난다. 먼저 22가지 기능에 대해서 살펴보자.

일반적으로 기능[根, indriya]에는 모두 22가지가 포함되어 나타난다. 그것은 (1) 눈의 기능[眼根] (2) 귀의 기능[耳根] (3) 코의 기능[鼻根] (4) 혀의 기능[舌根] (5) 몸의 기능[身根] (6) 여자의 기능[女根] (7) 남자의 기능[男根] (8) 생명기능[命根] (9) 마노의 기능[意根] (10) 즐거움의 기능[樂根] (11) 괴로움의 기능[苦根] (12) 기쁨의 기능[喜根] (13) 불만족의 기능[憂根] (14)

평온의 기능[捨根] (15) 믿음의 기능[信根] (16) 정진의 기능[精進根] (17) 마음챙김의 기능[念根] (18) 삼매의 기능[定根] (19) 통찰지의 기능[慧根] (20) 구경의 지혜를 가지려는 기능[未知當知根] (21) 구경의 지혜의 기능[已知根] (22) 구경의 지혜를 구족한 기능[具知根]이다.(『아비담마 길라잡이』 제7장 §18 참조)

② 설명

'기능[根]'으로 옮긴 인드리야(indriya)는 문자적으로만 보면 √ind(*to be powerful*)에서 파생된 남성명사인 indra의 형용사 형태로서 '인드라(Indra)에 속하는'의 뜻이다. 여기서 말하는 인드라는 다름 아닌 신들의 왕으로 우리에게 제석이나 석제로 알려진 인도의 신이다. 그래서 인드라는 힘의 상징이며 지배자, 통치자, 권력자를 뜻한다. 이러한 지배력을 가진 것이라는 의미에서 중성명사로 정착된 것이 인드리야 즉 기능[根]이다. 그래서 기능들은 각각의 영역에서 이들과 관계된 법들을 지배하는 정신적인 현상을 뜻한다. 기능은 모두 22가지로 정리되어 있다.[26)]

이 22가지는 본 「기능 상윳따」(S48)에 모두 나타나고 있다. 물론 한 경에서 22가지가 모두 다 언급되고 있는 경우는 없으며 「기능 상윳따」에서 주제별로 독립되어 나타나고 있다. 이 22가지가 함께 언급되고 설명되는 것은 『논장』의 『위방가』(분별론)부터이다.

이 22가지 기능은 인간이라는 존재를 인간이 가진 기능이나 특수하고 고유한 능력의 측면에서 해체해서 보는 것이다. 이것은 다시 ① 여섯 가지 감각기능과 ② 다섯 가지 느낌과 ③ 믿음 등의 다섯 가지 기능과 ④ 남자, 여자, 생명의 세 가지 특수한 기능과 ⑤ 예류도부터 아라한과

---

26) 여기에 대해서는 『아비담마 길라잡이』 7장 §18과 『청정도론』 XVI장의 전반부를 참조할 것.

까지의 여덟 단계의 성자들이 가지는 세 가지 능력으로 크게 다섯 부분으로 나누어진다.

'여자의 기능[女根, itthindriya]'과 '남자의 기능[男根, purisindriya]'은 이 둘이 중요한 의미로 쓰이고 있는 『앙굿따라 니까야』 「속박 경」(A7:48/iv.57~59 §2) 이하를 제외한 니까야에서는 거의 언급되지 않는다. 『논장』에서는 파생된 물질(upādā rūpa)에 포함되어 나타나는데, 『담마상가니』(법집론, Dhs §§633~634)와 『위방가』(분별론, Vbh.122~123)에서 정의되고 있으며 『담마상가니 주석서』(DhsA.321~323)와 『청정도론』 XIV.14:58에서 설명되고 있다.

본경에 해당하는 주석서에는 "'여자의 기능'이란 여자의 상태(여자됨, itthi-bhāva, 즉 여자의 외관상의 표시, 속성, 활동, 자세 등)에 대한 통제를 하는 것을 말한다. '남자의 기능'이란 남자의 상태(남자됨, purisa-bhāva)에 대한 통제를 하는 것을 말한다."(SA.iii.237)라고 설명하고 있다.

'생명기능[命根, jīvitindriya]'은 함께 생겨난 정신과 물질들을 지탱하는 기능을 말한다. 『담마상가니』(Dhs §635)와 『위방가』(Vbh.123)에서 정의되고 『담마상가니 주석서』(DhsA.323)와 『청정도론』 XIV.59에서 설명되고 있다.

성자들이 가지는 세 가지 능력은 (20) 구경의 지혜를 가지려는 기능[未知當知根] (21) 구경의 지혜의 기능[已知根] (22) 구경의 지혜를 구족한 기능[具知根]으로 나타나고 있다. 여기에 대해서 주석서는 이렇게 설명한다.

"'구경의 지혜를 가지려는 기능'은 '나는 그 시작을 알지 못하는 윤회에서 전에 알지 못했던 법을 알게 될 것이다.'라고 도를 닦는 자가 예류도의 순간에 일어난 기능이다. '구경의 지혜의 기능'은 그렇게 법을 안 자들에게 속하는 예류과로부터 [아라한도까지의] 여섯 경우에 일어난 기능이다. '구경의 지혜를 구족한 자의 기능'은 구경의 지혜를 구족한 자들에게 속하는 아라한과의 법들에서 일어난 기능이다."(SA.iii.237)

③ 다섯 가지 기능[五根]

이러한 22가지 기능이 모두 다 중요하지만 37보리분법에는 다섯 가지 기능[五根, pañc-indriya]과, 같은 다섯 가지가 힘으로 표현되고 있는 다섯 가지 힘[五力, pañca-bala]만이 포함되어 나타난다. 그러므로 이 둘에 대해서 조금 더 살펴볼 필요가 있다. 먼저 경의 설명부터 인용한다.

"비구들이여, 다섯 가지 기능이 있다. 무엇이 다섯인가?

믿음의 기능[信根], 정진의 기능[精進根], 마음챙김의 기능[念根], 삼매의 기능[定根], 통찰지의 기능[慧根]이다.

비구들이여, 그러면 믿음의 기능은 어디서 봐야 하는가? 믿음의 기능은 여기 네 가지 예류자의 구성요소에서 봐야 한다.

비구들이여, 그러면 정진의 기능은 어디서 봐야 하는가? 정진의 기능은 여기 네 가지 바른 노력에서 봐야 한다.

비구들이여, 그러면 마음챙김의 기능은 어디서 봐야 하는가? 마음챙김의 기능은 여기 네 가지 마음챙김의 확립에서 봐야 한다.

비구들이여, 그러면 삼매의 기능은 어디서 봐야 하는가? 삼매의 기능은 여기 네 가지 禪에서 봐야 한다.

비구들이여, 그러면 통찰지의 기능은 어디서 봐야 하는가? 통찰지의 기능은 여기 네 가지 성스러운 진리에서 봐야 한다.

비구들이여, 이러한 다섯 가지 기능이 있다."(본서 「보아야함 경」(S48:8) §§3~4)

더 자세한 정의는 본서 「분석 경」 2(S48:10) §§3~9를 참조할 것.

한편 주석서는 다음과 같이 설명을 덧붙이고 있다.

"믿음의 기능은 확신(adhimokkha)을 통해서 전향하여 일어난다. 정진의 기능은 분발(paggaha)을 통해서 전향하여 일어나고, 마음챙김의 기능은 확립(upaṭṭhāna)을 통해서 전향하여 일어나고, 삼매의 기능은 산란하지 않음(avikkhepa)을 통해서 전향하여 일어나고 통찰지의 기능은 봄(dassana)을 통해서 전향하여 일어난다. 그리고 이 다섯 가지 기능들은 모두 열의(chanda, 즉 기능들을 일으키고자 하는 유익한 열의 – SAṬ)를 통해서 전향하여 일어나고, 마음에 잡도리함[作意, manasikāra, 즉 기능들의 힘이 미약(dubbala)할 때 이러한 전향을 생기게 하는 지혜롭게 마음에 잡도리함 – SAṬ]을 통해서 전향하여 일어난다."(SA.iii.232)

④ 다섯 가지 기능과 다섯 가지 힘의 차이

"비구들이여, 믿음의 기능이 곧 믿음의 힘이고 믿음의 힘이 곧 믿음의 기능이다. 정진의 기능이 곧 정진의 힘이고 정진의 힘이 곧 정진의 기능이다. 마음챙김의 기능이 곧 마음챙김의 힘이고 마음챙김의 힘이 곧 마음챙김의 기능이다. 삼매의 기능이 곧 삼매의 힘이고 삼매의 힘이 곧 삼매의 기능이다. 통찰지의 기능이 곧 통찰지의 힘이고 통찰지의 힘이 곧 통찰지의 기능이다."(본서 「사께따 경」(S48:43) §5)

이러한 말씀은 기능[根, indriya]들과 힘[力, bala]들 사이에는 근본적인 차이점이 없다는 것을 인정하는 것이 되고, 기능들과 힘들은 단지 다른 두 각도에서 같은 요소들을 쳐다보는 차이에 지나지 않는다는 것이 된다. 용어를 가지고만 보면 힘들은 기능들보다 더 발전된 단계인 것처럼 보이지만 경이나 주석서에서 이를 뒷받침할 출처를 찾을 수가 없다. 주석서는 다음과 같이 설명한다.

"확신을 특징으로 하는 것에 대해서 통제를 한다는 뜻에서 '믿음의 기능'이라 하고, 불신에 의해서 흔들리지 않기 때문에 '믿음의 힘'이라 한다. 나머지들은 각각 분발과 확립과 산란하지 않음과 꿰뚫어 앎을 특징으로 하는 것에 대해서 통제를 한다는 뜻에서 '기능[根]'이 되고, 각각 게으름과 마음챙김을 놓아버림과 산란함과 무명에 의해서 흔들리지 않기 때문에 '힘[力]'이 된다고 알아야 한다."(SA.iii.247)

⑤ 다섯 가지 기능을 조화롭게 닦음

다섯 가지 기능을 조화롭게 닦는 것이 중요하다. 『청정도론』(IV.45~49)는 이렇게 말한다.

"기능[根]을 조화롭게 유지함이란 믿음 등의 기능들을 조화롭게 만드는 것이다. 만약 그에게 믿음의 기능이 강하고 나머지 기능들이 약하면 정진의 기능이 노력하는 역할을 할 수 없고, 마음챙김의 기능이 확립하는 역할을 할 수 없고 삼매의 기능이 산만하지 않는 역할을 할 수 없고 통찰지의 기능이 [있는 그대로] 보는 역할을 할 수 없다. 그러므로 그 믿음의 기능은 법의 고유성질[自性]을 반조함에 의해서 조절해야 한다. 만약 마음에 잡도리할 때 그것이 강해진다면 마음에 잡도리하지 않음에 의해서 조절해야 한다.

만약 정진의 기능이 강하면 믿음의 기능이 확신하는 역할을 실행할 수 없고 나머지 기능들도 각자의 기능을 실행할 수 없다. 그러므로 편안함[輕安] 등을 수행하여 그 정진의 기능을 조절해야 한다.

여기서 특별히 믿음과 통찰지의 균등함(samatā)과 삼매와 정진의 균등함을 권한다. 믿음이 강하고 통찰지가 약한 자는 미신이 되고, 근거 없이 믿는다. 통찰지가 강하고 믿음이 약한 자는 교활한 쪽으로 치우친다. 약으로 인해 생긴 병처럼 치료하기가 어렵다. 두 가지 모두 균등함을 통해서 믿을 만한 것을 믿는다. 삼매는 게으름으로 치우치기 때문에 삼매가 강하고 정진이 약한 자는 게으름에 의해 압도된다. 정진은 들뜸으로 치우치기 때문에 정진이 강하고 삼매가 약한 자는 들뜸에 의해 압도된다. 삼매가 정진과 함께 짝이 될 때 게으름에 빠지지 않는다. 정진이 삼매와 함께 짝이 될 때 들뜸에 빠지지 않는다. 그러므로 그 둘 모두 균등해야 한다. 이 둘이 모두 균등하여 본삼매를 얻는다.

다시 삼매를 공부하는 자에게 강한 믿음이 적당하다. 이와 같이 믿고 확신하면서 본삼매를 얻는다. 삼매[定]와 통찰지[慧] 가운데서 삼매를 공부하는 사람에게 [마음의] 하나됨(ekaggatā)이 강한 것이 적당하다. 이와 같이하여 그는 본삼매를 얻는다. 위빳사나를 공부하는 자에게 통찰지가 강한 것이 적당하다. 이와 같이 그는 [무상·고·무아의 세 가지] 특상에 대한 통찰(paṭivedha)을 얻는다. 그러나 둘이 모두 균등하여 본삼매를 얻는다.

마음챙김은 모든 곳에서 강하게 요구된다. 마음챙김은 마음이 들뜸으로 치우치는 믿음과 정진과 통찰지로 인해 들뜸에 빠지는 것을 보호하고, 게으름으로 치우치는 삼매로 인해 게으름에 빠지는 것을 보호한다. 그러므로 이 마음챙김은 모든 요리에 맛을 내는 소금과 향료처럼, 모든 정치적인 업무에서 일을 처리하는 대신처럼 모든 곳에서 필요하다. 그래서 말씀하였다. "마음챙김은 모든 곳에서 유익하다고 세존께서는 말씀하셨다. 무슨 이유인가? 마음은 마음챙김에 의지하고, 마음챙김은 보호로 나타난다. 마음챙김이 없이는 마음의 분발(paggaha)과 절제(niggaha)란 없다"라고."(『청정도론』 IV.45~49)

(2) 「기능 상윳따」(S48)의 개관

이제 본 상윳따를 전체적으로 개관해보자.

이미 살펴보았듯이 「기능 상윳따」에 포함된 178개의 경들은 37보리분법에 포함되는 다섯 가지 기능[五根]뿐만 아니라 우리에게 22근(根)으로 종합되어서 알려진 22가지 기능 전부에 관련된 경들을 담고 있다. 이들은 전체 17개 품 혹은 장들로 나뉘어져 있다. 본 상윳따에서도 제8장부터 제17장까지의 열 개 품들에는 모두 108개의 경들이 포함되어 나타나는데, 이들은 앞의 「깨달음의 구성요소 상윳따」(S46) 해제 §6-(3)-② 에서 설명한 것과 같은 방법으로 나타고 있다. 즉 여기서도 「도 상윳따」(S45) 해제 §5-(2)-③에서 설명한 다섯 가지 반복되는 품들이 모두 두 번 나타나기 때문에 전체가 10장이 되고 경의 수도 54×2=108이 된 것이다. 자세한 것은 「깨달음의 구성요소 상윳따」(S46) 해제 §6-(3)-② 의 설명을 참조하기 바란다.

그러므로 본 「기능 상윳따」도 ① 각 품에 10개씩 전체 70개 경들을 포함하고 있는 제1장부터 제7장까지와 ② 전체 108개의 경들을 포함하고 있는 제8장부터 제17장까지의 두 부분으로 구분할 수 있다.

① 제1장부터 제7장까지

먼저 제1장부터 제7장에 나타나는 전반부 70개의 경들을 개관해보자.

기능[根, indriya]은 인간이라는 존재를 인간이 가진 기능이나 특수하고 고유한 능력의 측면에서 해체해서 보는 것이다. 일반적으로 22가지 기능으로 불리는 기능은 크게 다섯 부분으로 나누어지는데 그것은 다음과 같다.

① 다섯 가지 기능[五根] - (15) 믿음의 기능[信根] (16) 정진의 기능[精進根] (17) 마음챙김의 기능[念根] (18) 삼매의 기능[定根] (19) 통찰지의 기능[慧根]

② 여섯 가지 감각기능[六根] - (1) 눈의 기능[眼根] (2) 귀의 기능[耳根] (3) 코의 기능[鼻根] (4) 혀의 기능[舌根] (5) 몸의 기능[身根] (9) 마노의 기능[意根]

③ 다섯 가지 느낌[五受] - (10) 즐거움의 기능[樂根] (11) 괴로움의 기능[苦根] (12) 기쁨의 기능[喜根] (13) 불만족의 기능[憂根] (14) 평온의 기능[捨根]

④ 세 가지 특수한 기능 - (6) 여자의 기능[女根] (7) 남자의 기능[男根] (8) 생명기능[命根]

⑤ 세 가지 성자의 기능 - (20) 구경의 지혜를 가지려는 기능[未知當知根] (21) 구경의 지혜의 기능[已知根] (22) 구경의 지혜를 구족한 기능[具知根]이다.(『아비담마 길라잡이』 제7장 §18 참조)

본 상윳따의 제1장 「간단한 설명 품」, 제2장 「더 약함 품」, 제3장 「여섯 가지 감각기능 품」, 제4장 「즐거움의 기능 품」, 제5장 「늙음 품」, 제6장 「멧돼지 동굴 품」, 제7장 「보리분 품」의 전반부 일곱 개 품에는 각각 10개의 경들이 포함되어 모두 70개의 경들이 나타나고 있다.

이들 70개 경들에는 위에서 분류해 본 다섯 가지 구분이 모두 다 나타나고 있는데, ② 여섯 가지 감각기능은 S48:25~30과 S48:41~42의 8개 경들에서 나타나고, ③ 다섯 가지 느낌은 S48:31~40의 열 개의 경에서, ④ 세 가지 특수한 기능은 S48:22의 한 곳에서, ⑤ 세 가지 성자의 기능은 S48:23 한 곳에서 나타난다. 그리고 70개의 경들 가운데서 이러한 20곳을 제외한 50개 경에는 ① 믿음, 정진, 마음챙김, 삼매, 통찰지의 다섯 가지 기능(오근)이 나타나고 있다.

그런데 본 상윳따를 제외하고 이러한 22가지 기능이 완전하게 나타나는 곳은 『경장』이 아니라 『논장』의 『위방가』(Vbh.122)인데 『위방가 주석서』(VbhA.125~128)에서 설명되고 있다. 그리고 이것은 『청정도론』 XVi.1~12에서 설명되고 있으며, 『아비담마 길라잡이』 제7장 §18에서 정리되어 있다. 『위방가』에서 법을 설명할 때는 아비담마의 분류법(Abhidhamma-bhājanīya)과 경에 따른 분류법(Suttanta-bhājanīya)의 두 가지를 사용하고 있다. 그런데 흥미로운 것은 이 22가지 기능의 분류는 『위방가』의 아비담마의 분류법(Abhidhamma-bhājanīya)에 나타나고 있다는 점이다. 이 22가지 기능은 『위방가』의 경에 따른 분류법에는 나타나지 않고 있다.

이런 측면에서 보자면 22가지 기능은 경에 따른 분류법이라기보다는 아비담마 즉 『논장』의 분류법에 속하는 것이다. 그러므로 본 상윳따에는 원래 신·정진·염·정·혜의 다섯 가지 기능만이 포함된 것으로 생각할 수도 있다. 왜냐하면 본 상윳따가 『경장』에 속하고, 더군다나 37보리분법 혹은 조도품을 중심으로 설하고 있는 본서에 포함되어 있기 때문에 원래는 37보리분법에 포함되어 있는 다섯 가지 기능만이 포함된 것이라고 보는 것이 더 타당한 것으로 여겨지기 때문이다.

그러나 『논장』과 주석서 문헌들을 제외한 4부 니까야에서만 보자면 다섯 가지 느낌은 이미 본서 제4권 「백팔 방편 경」(S36:22) §6에 나타나고 있으며, 『디가 니까야』 제3권 「합송경」(D33) §2.1 (22)에도 나타나고 있다. 그리고 구경의 지혜를 가지려는 기능[未知當知根] 등의 세 가지 성자의 기능은 『디가 니까야』 제3권 「합송경」(D33) §1.10 (45)로 나타나고 있다. 한편 남자의 기능과 여자의 기능은 『앙굿따라 니까야』 「속박 경」(A7:48 §§2~3)에 나타나고 있으며, 명근은 본서 제2권 「분석 경」(S12:2 §4)과 『디가 니까야』 「대념처경」(D22 §18)과 『맛지마 니까야』 「바른 견해 경」(M9 §22)와 「진리의 분석 경」(M141 §13) 등에서 "이런 저런 중생들의 무리로부터 이런 저런 중생들의 사라짐, 제거됨, 부서짐, 없어짐, 종말, 죽음, 서거, 오온의 부서짐, 시체를 안치함, 생명기능[命根]의 끊어짐 – 이를 일러 죽음이라 한다."라는 문맥에서 나타나고 있다. 이를 다섯 번째 니까야인 『쿳다까 니까야』까지 확장하면 그 출처는 훨씬 많아진다.

이렇게 볼 때 지금 「기능 상윳따」는 37보리분법 혹은 조도품을 설하는 곳에 포함되어 나타나고 있기 때문에 원래는 다섯 가지 기능만이 포함된 것이 아닌가 생각할 수도 있지만 그렇다고 해서 『경장』의 다른 곳에도 나타나고 있는 이러한 다섯 가지 느낌과 세 가지 특수한 기능과 세 가지 성자의 기능을 꼭 아비담마의 가르침으로만 보는 것도 무리가 따른다고 여겨진다. 그러므로 역자는 22가지 기능이 『논장』의 가르침이라는 이러한 주장에 적극적으로는 동의하고 싶지 않다.

이제 50개 경들에서 나타나는 믿음, 정진, 마음챙김, 삼매, 통찰지의 다섯 가지 기능에 대해서 살펴보자. 이들도 다양한 문맥에서 나타나고 있는데 그 특징을 몇 가지 적어보면 다음과 같다.

「분석 경」 1/2(S48:9~10)와 「얻음 경」(S48:11)은 다섯 가지 기능 각

각을 정의하고 있다. 「예류자 경」 1(S48:2), 「아라한 경」 1(S48:4), 「사문·바라문 경」 2(S48:7)에는 오근의 달콤함·위험함·벗어남을 여실히 꿰뚫어 아는 것이 나타나고, 「예류자 경」 2(S48:3), 「아라한 경」 2(S48:5), 「사문·바라문 경」 1(S48:6), 「다시 태어남[再生] 경」(S48:21)에는 오근의 일어남·사라짐·달콤함·위험·벗어남을 여실히 꿰뚫어 아는 것이 나타나고 있다. 그리고 「예류자 경」 등(S48:26~30)의 다섯 개 경은 여섯 감각기능의 일어남·사라짐·달콤함·위험함·벗어남을 여실히 꿰뚫어 아는 것이, 「예류자 경」 등(S48:32~35)의 네 개 경은 다섯 가지 느낌의 일어남·사라짐·달콤함·위험함·벗어남을 여실히 꿰뚫어 아는 것이 나타나고 있다.

한편 S48:45~46, 51~52, 54~55, 67~70 등에는 오근 가운데 혜근(통찰지의 기능)을 으뜸으로 언급하고 있으며, 「일어남 경」 1/2(S48:59~60)에는 여래가 출현해야 다섯 가지 기능이 일어난다고 나타나고 있다.

「간략하게 경」 1(S48:12)부터 「도닦음 경」(S48:18)까지의 7개 경들과, 「번뇌 다함 경」(S48:20)과 「한 번만 싹 트는 자 경」(S48:24)과 「유학 경」(S48:53)과 「일곱 가지 이익 경」(S48:66) 등에는 다섯 가지 기능을 닦아서 실현되는 경지를 아라한, 여러 불환자, 일래자, 한 번만 싹 트는 자, 성스러운 가문에서 성스러운 가문으로 가는 자, 최대로 일곱 번만 다시 태어나는 자, 법을 따르는 자, 이보다 더 약하면 믿음을 따르는 자 등으로 언급하고 있다. 그리고 「멧돼지 동굴 경」(S48:58 §4)은 다섯 가지 기능을 위없는 유가안은이라고 표현하고 있다.

그리고 중요한 점은 「사께따 경」(S48:43)에서 "다섯 가지 기능이 다섯 가지 힘이 되고 다섯 가지 힘이 다섯 가지 기능이 된다."고 비유와 더불어 나타나고 있다는 것이다.

이러한 말씀은 기능[根, indriya]들과 힘[力, bala]들 사이에는 근본적인 차이점이 없다는 것을 인정하는 것이 된다. 여기에 대해서는 앞 (1)-④에서 이미 다루었다.

② 제8장부터 제17장까지

그리고 본 상윳따의 제8장부터 제17장까지의 열 개 품들에는 모두 108개의 경들이 포함되어 있는데, 이것은 앞의 「깨달음의 구성요소 상윳따」(S46) 해제 §6-(3)-②에서 설명한 것과 같은 방법으로 나타나는 것이다. 즉 여기서도 「도 상윳따」(S45) 해제 §5-(2)-③에서 설명한 다섯 가지 반복되는 품들(아래 바른 「노력 상윳따」(S49)의 해제를 참조할 것.)이 모두 두 번 나타나기 때문에 전체가 10장이 되고 경의 수도 54×2=108이 된 것이다. 자세한 것은 「깨달음의 구성요소 상윳따」(S46) 해제 §6-(3)-②의 설명을 참조하기 바란다.

9. 「바른 노력[正勤] 상윳따」(S49)

(1) 「바른 노력 상윳따」(S49)의 개관

마흔아홉 번째 주제인 「바른 노력 상윳따」(Sammappadhāna-saṁyutta, S49)에는 54개의 경들이 전체 다섯 개의 품들로 나누어져서 나타나며 네 가지 바른 노력[四正勤]에 관한 가르침을 담고 있다. 그런데 이 다섯 개 품들에 포함된 54개의 경들은 「도 상윳따」(S45) 해제 §5-(2)-③에서 설명한 다섯 가지 반복되는 품들에 포함된 경들과 같은 구조로 되어 있으며 그 외의 다른 경들은 본 상윳따에는 포함되어 있지 않다.

다시 한 번 적어보면, 이 다섯 개의 품들은 (1) 「강가 강의 반복」(Gaṅgā-peyyāla), (2) 「불방일 품」(Appamāda-vagga), (3) 「힘쓰는 일 품」(Balakaraṇīya-vagga), (4) 「추구 품」(Esanā-vagga), (5) 「폭류 품」(Ogha-vagga)이다.

이 가운데 「강가 강의 반복」에는 여섯 가지 ①~⑥ 동쪽으로 흐름, 여섯 가지 ⑦~⑫ 바다의 모두 12개의 경들이 포함되어 있다.

「불방일 품」에는 ① 여래 ② 발자국 ③ 뾰족지붕 ④ 뿌리 ⑤ 심재

⑥ 재스민 꽃 ⑦ 왕 ⑧ 달 ⑨ 태양 ⑩ 옷감의 10개의 경들이 포함되어 있다.

「힘쓰는 일 품」에는 ① 힘 ② 씨앗 ③ 용 ④ 나무 ⑤ 항아리 ⑥ 꺼끄러기 ⑦ 허공, 두 가지 ⑧~⑨ 구름 ⑩ 배 ⑪ 객사(客舍) ⑫ 강의 12개 경들이 포함되어 있다.

「추구 품」에는 ① 추구 ② 자만 ③ 번뇌 ④ 존재 ⑤ 괴로움의 성질 ⑥ 삭막함 ⑦ 때 ⑧ 근심 ⑨ 느낌 ⑩ 갈애 ⑩-1목마름의 10개의 경들이 포함되어 있다.

마지막으로 「폭류 품」에는 ① 폭류 ② 속박 ③ 취착 ④ 매듭 ⑤ 잠재성향 ⑥ 감각적 욕망 ⑦ 장애 ⑧ 무더기 ⑨ 낮은 단계의 족쇄 ⑩ 높은 단계의 족쇄의 10개의 경들이 포함되어 나타난다.

이렇게 모두 다섯 개의 품에 포함된 54개의 경들은 본서의 37보리분법에 관계된 상윳따들(S45~S51)과 「선(禪) 상윳따」(S53)에만 공통적으로 나타나고 있다. 이것은 앞의 제1/2/3/4권에는 나타나지 않는 특징이다.

(2) 바른 노력[正勤]이란 무엇인가

① 네 가지 바른 노력의 정의

그러면 무엇이 네 가지 바른 노력[四正勤, sammappadhāna]인가? 먼저 본서에 나타나는 네 가지 바른 노력의 정의부터 살펴보자.

"비구들이여, 네 가지 바른 노력[四正勤]이 있다. 무엇이 넷인가?

비구들이여, 여기 비구는 아직 일어나지 않은 사악하고 해로운 법[不善法]들을 일어나지 못하게 하기 위해서 열의를 생기게 하고 정진하고 힘을 내고 마음을 다잡고 애를 쓴다.

이미 일어난 사악하고 해로운 법들을 제거하기 위해서 열의를 생기게 하고 정진하고 힘을 내고 마음을 다잡고 애를 쓴다.

아직 일어나지 않은 유익한 법[善法]들을 일어나도록 하기 위해서 열의를 생기게 하고 정진하고 힘을 내고 마음을 다잡고 애를 쓴다.

이미 일어난 유익한 법들을 지속시키고 사라지지 않게 하고 증장시키고 충만하게 하고 닦아서 성취하기 위해서 열의를 생기게 하고 정진하고 힘을 내고 마음을 다잡고 애를 쓴다."(본서 「동쪽으로 흐름 경」(S49:1) §3)

그리고 이 네 가지 바른 노력[四正勤]은 팔정도의 여섯 번째인 바른 정진[正精進]의 내용이며 오근·오력의 두 번째인 정진의 기능[精進根]과 정진의 힘[精進力]의 내용이며 칠각지의 두 번째인 정진의 깨달음의 구성요소[精進覺支]의 내용이기도 하다.

② 바른 노력은 선법과 불선법의 판단으로부터

바른 노력에서 가장 중요한 것은 선법(善法, kusala-dhamma, 유익한 법)과 불선법(不善法, akusala-dhamma, 해로운 법)의 판단이다. 이것이 없으면 바른 노력도 아니요 바른 정진도 아니다. 그래서 칠각지에는 두 번째인 법을 간택하는 깨달음의 구성요소(택법각지) 다음에 정진의 깨달음의 구성요소(정진각지)가 나타나는 것이다. 한편 경에서 택법각지는 다음과 같이 정의되고 있다.

"비구들이여, 유익하거나 해로운 법들, 나무랄 데 없는 것과 나무라야 마땅한 법들, 받들어 행해야 하는 것과 받들어 행하지 말아야 하는 법들, 고상한 것과 천박한 법들, 흑백으로 상반되는 갖가지 법들이 있어 거기에 지혜롭게 마음에 잡도리하기를 많이 [공부]지으면 이것이 아직 일어나지 않은 법을 간택하는 깨달음의 구성요소를 일어나도록 하고 이미 일어난 법을 간택하는 깨달음의 구성요소를 늘리고 드세게 만들고 수행을 성취하는 자양분이다."(본서 「몸 경」(S46:2) §12)

주석서는 여기에 나타나는 쌍들 가운데 첫 번째는 모두 유익한 법(선법)과 동의어이고 두 번째는 모두 해로운 법(불선법)과 동의어라고 설명하고 있다.(SA.iii.141)

그러면 무엇이 선법(유익한 법)이고 무엇이 불선법(해로운 법)인가? 주석서들은 다음과 같이 설명한다.

"해로운 법이란 능숙하지 못함에서 생긴 탐욕 등의 법이다."(AA.ii.44)

"유익함(kusala)이란 능숙함에서 생겼으며(kosalla-sambhūta) 비난받을 일이 없는 행복한 과보를 가져오는 것이다. 해로움(akusala)이란 능숙하지 못함에서 생겼으며 비난받을 괴로운 과보를 가져오는 것이다."(SA.iii.141 등)

"능숙함(kosalla)은 통찰지(paññā)를 말한다."(SAṬ.ii.126)

"능숙함은 지혜(ñāṇa)를 말한다. 이것과 결합된 것을 유익함이라 한다. 그래서 유익함은 지혜를 갖춘 것이다."(DAṬ.ii.223)

그러면 불선법에는 구체적으로 어떤 것이 있는가? 주석서는 ① 십불선업도(살생, 도둑질, 삿된 음행, 망어, 기어, 양설, 악구, 탐욕, 성냄, 삿된 견해, DA.ii.644, MA.i.197 등) ② 12가지 해로운 마음과 함께 일어난 [14가지 해로운 마음부수]법들(DA.iii.843)로 설명하고 있다. 물론 다섯 가지 장애(MA.iii. 145) 등도 모두 14가지 해로운 마음부수법들에 포함된다. 14가지 해로운 마음부수법들에 대해서는 『아비담마 길라잡이』 제2장을 참조할 것. 한편 선법은 『디가 니까야』 확신경」(D28 §3) 등에서 37보리분법 등으로 설명하고 있다.

결론적으로 말하자면, 비난받을 일이 없는 행복한 과보를 가져오며, 궁극적 행복[至福, parama-sukha]인 해탈·열반에 도움이 되는 37보리분법 등은 선법이고 그렇지 못한 십불선업도나 14가지 해로운 마음부수법들은 불선법이다.

10. 「힘 상윳따」(S50)

제50주제 「힘 상윳따」(Bala-saṁyutta, S50)에 포함된 108개의 경들은 다섯 가지 힘[五力, pañca-bala]에 관한 가르침을 담고 있다. 이 경들은 모두 10개의 품으로 나누어져 있는데, 여기서도 다른 형태의 경들은 나타나지 않는다. 이들 열 개의 품들은 위의 「깨달음의 구성요소 상윳따」(S46) 해제 §6-(3)-②와 「기능 상윳따」(S48) 해제 등에서 설명한 것과 꼭 같은 방법으로 나타나고 있다. 즉 여기서도 「도 상윳따」(S45) 해제 §5-(2)-③에서 설명한 다섯 가지 반복되는 품들(바로 위의 「바른 노력 상윳따」의 해제 (1)을 참조할 것)이 모두 두 번 나타나기 때문에 전체가 10장이 되고 경의 수도 54×2=108이 된 것이다. 자세한 것은 「깨달음의 구성요소 상윳따」(S46) 해제 §6-(3)-②를 참조하기 바란다.

이미 「기능 상윳따」(S48)에서 살펴보았듯이 여기서 다섯 가지 힘은 "믿음의 힘, 정진의 힘, 마음챙김의 힘, 삼매의 힘, 통찰지의 힘이다." (S50:1)

다섯 가지 기능과 다섯 가지 힘의 차이

본 상윳따의 주제인 다섯 가지 힘[五力, pañca-bala]의 내용은 「기능 상윳따」(S48)의 주제인 다섯 가지 기능[五根, pañc-indriya]과 같다. 이미 본서 「기능 상윳따」「사께따 경」(S48:43 §5)에서 세존께서는 이렇게 말씀하고 계신다.

"믿음의 기능이 곧 믿음의 힘이고 믿음의 힘이 곧 믿음의 기능이다. 정진의 기능이 곧 정진의 힘이고 정진의 힘이 곧 정진의 기능이다. 마음챙김의 기능이 곧 마음챙김의 힘이고 마음챙김의 힘이 곧 마음챙김의 기능이다. 삼매의 기능이 곧 삼매의 힘이고 삼매의 힘이 곧 삼매의 기능이다. 통찰지의 기능이 곧 통찰지의 힘이고 통찰지의 힘이 곧 통찰지의 기능이다."(S48:43 §5)

이미 「기능 상윳따」(S48) 해제 §8-(1)-④에서 밝혔듯이, 이러한 말씀은 기능들과 힘들 사이에는 근본적인 차이점이 없다는 것을 인정하는 것이 되고, 기능들과 힘들은 단지 다른 두 각도에서 같은 요소들을 쳐다보는 차이에 지나지 않는다는 것이 된다. 그곳에서 인용했던 주석서를 다시 인용하고 설명을 조금 덧붙이고자 한다.

"확신(adhimokkha)을 특징으로 하는 것에 대해서 통제를 한다는 뜻에서 '믿음의 기능'이라 하고, 불신에 의해서 흔들리지 않기 때문에 '믿음의 힘'이라 한다. 나머지들은 각각 분발(paggaha)과 확립(upaṭṭhāna)과 산란하지 않음(avikkhepa)과 꿰뚫어 앎(pajānana)을 특징으로 하는 것에 대해서 통제를 한다는 뜻에서 '기능[根]'이 되고, 각각 게으름(kosajja)과 마음챙김을 놓아버림(muṭṭha-sacca)과 산란함(vikkhepa)과 무명(avijjā)에 의해서 흔들리지 않기 때문에 '힘'이 된다고 알아야 한다."(SA.iii.247)

다시 정리해보면, 믿음은 확신 등의 측면에서 보면 믿음의 기능이 되고 불신에 흔들리지 않는 측면에서 보면 믿음의 힘이 된다. 정진은 분발하는 측면에서 보면 정진의 기능이 되고 게으름에 흔들리지 않는 측면에서 보면 정진의 힘이 된다. 같이하여 확립과 마음챙김을 놓아버림에 흔들리지 않는 측면에서 각각 마음챙김의 기능과 마음챙김의 힘이 되고, 산란하지 않음과 산란함에 흔들리지 않는 측면에서 각각 삼매의 기능과 삼매의 힘이 되고, 꿰뚫어 앎과 무명에 흔들리지 않는 측면에서 통찰지의 기능과 통찰지의 힘이 된다. 이렇게 기능과 힘을 구분하는 것이 아비담마의 정설이다.

그래서 아비담마에서는 "기능[根]들은 그 각각의 영역에서 지배하는(issara) 요소들이고 힘[力]들은 반대되는 것들에 의해서 흔들리지 않고 이들과 함께하는 법들을 강하게(thirabhāva) 만드는 요소"라고 설명하고 있다. 여기에 대해서는 『청정도론』 XXII.37과 특히 『아비담마 길라잡이』 제7장 §28을 참조할 것. 그러므로 굳이 이 다섯 가지 힘(오력)을 독립된 주제(상윳따)로 따로 모으지 않아도 되지만 다섯 가지 힘은 불교 수행법을 모두 담고 있는 37가지 깨달음의 편에 있는 법(보리분법)에 포함되어서 초기불전의 여러 곳에 나타나고 있기 때문에 별도의 상윳따로 편집한 것으로 이해하면 될 것이다.

11. 맺는 말

빠알리 원본 『상윳따 니까야』 제5권은 478쪽에 달하는 많은 분량이다. 그래서 초기불전연구원에서는 이 원본의 제5권을 둘로 나누어서 제5권과 제6권으로 번역·출간하고 있음을 거듭 밝힌다. 여기 한글 번역본 제5권에는 빠알리 원본 제4권에 나타나는 「무위 상윳따」(S43)와 「설명하지 않음[無記] 상윳따」(S44)와 빠알리 원본 제5권의 전반부 여섯 개 상윳따인 「도 상윳따」(S45)부터 「힘 상윳따」(S50)까지의 여덟 개 상윳따를 담고 있다.

한글 번역본 『상윳따 니까야』 제5권에는 863개의 경들이 8개의 상윳따로 분류되어서 나타나고 있다. 빠알리 원본 『상윳따 니까야』 제5권은 전통적으로 큰 가르침 혹은 큰 책(Mahā-vagga)이라 불려왔는데, 여기에는 초기불전의 수행법을 집대성한 37보리분법과 사성제라는 불교의 핵심되는 가르침이 담겨있기 때문일 것이다.

팔정도를 위시한 37보리분법은 말 그대로 깨달음의 편에 있는 법들[菩提分法, bodhipakkhiyā dhammā]이며 이것은 깨달음을 실현하기 위해서 닦아야 하는 것이면서 깨달음을 실현한 자들이 갖추게 되는 구성요소들이기도 하다.

부처님께서는 최초설법(「초전법륜경」(S56:11))도 중도인 팔정도로 시작하셨고 최후설법(「대반열반경」(D16) §5.27)도 팔정도로 마무리하셨다. 부처님께서는 설법의 형태로 하신 마지막 설법에서 "수밧다여, 어떤 법과 율에서든 팔정도가 없으면 거기에는 사문이 없다. 그러나 나의 법과 율에는 팔정도가 있다. 수밧다여, 그러므로 오직 여기(불교교단)에만 사문이 있다."(「대반열반경」(D16) §5.27)고 단언하셨다.

『상윳따 니까야』 제5권을 읽는 모든 분들도 이처럼 팔정도를 위시한 37보리분법을 닦아서 금생에 해탈·열반의 튼튼한 발판을 만드시기를 기원하면서 제5권의 해제를 마무리한다.

제43주제

무위 상윳따(S43)

그분 부처님 · 아라한 · 정등각자께 귀의합니다.

상윳따 니까야

제5권 수행을 위주로 한 가르침

Mahā-vagga 1

제43주제(S43)[27)]

무위 상윳따

Asaṅkhata-saṁyutta

제1장 첫 번째 품

Paṭhama-vagga

몸에 대한 마음챙김 경(S43:1)

Kāyagatāsati-sutta

1. 이와 같이 나는 들었다. 한때 세존께서는 사왓티에서 제따 숲의 아나타삔디까 원림(급고독원)에 머무셨다.

2. "비구들이여, 그대들에게 무위(無爲)[28)]와 무위에 이르는 길

---

27) Ee, Be, Se 등 모든 빠알리 원본 『상윳따 니까야』에는 본 「무위 상윳따」(S43)와 다음의 「설명하지 않음[無記] 상윳따」(S44)가 제4권에 포함되어 나타난다. 역자는 책의 분량을 맞추기 위해서 이 두 상윳따를 여기 한글 번역본 제5권에 포함시켰음을 밝힌다.

28) '무위(無爲, asaṅkhata)'는 본 상윳따의 경들에서 '탐욕의 멸진, 성냄의 멸진, 어리석음의 멸진'으로 정의되고 있는데, 이것은 본서 제4권 「열반 경」(S38:1)과 본서 「어떤 비구 경」 2(S45:7) 등에서 열반을 정의하는 것으로

을 설하리라. … <S35:23 §3> …

3. "비구들이여, 그러면 무엇이 무위인가? 비구들이여, 탐욕의 멸진, 성냄의 멸진, 어리석음의 멸진이다. 비구들이여, 이를 일러 무위라 한다.

비구들이여, 그러면 무엇이 무위에 이르는 길인가? 몸에 대한 마음챙김[29]이다. 비구들이여, 이를 일러 무위에 이르는 길이라 한다.

비구들이여, 이렇게 나는 그대들에게 무위와 무위에 이르는 길을 설하였다."

4. "비구들이여, 항상 제자들의 이익을 기원하며 제자들을 연민하는 스승이 마땅히 해야 할 바를 이제 나는 연민으로 그대들에게 하였다.

비구들이여, 여기 나무 밑이 있다. 여기 빈집들이 있다. 참선을 하라.[30] 비구들이여, 방일하지 마라. 나중에 후회하지 마라. 이것이 그

도 나타나고 있다. 그러므로 무위는 열반을 뜻한다. 그리고 여러 주석서도 무위는 "열반과 동의어(nibbānass'etaṁ adhivacanaṁ)"(MA.iv.106 등)라고 설명하고 있다.

29) 경에서 '몸에 대한 마음챙김(kāya-gatā sati)'은 『디가 니까야』 「대념처경」(Mahāsatipaṭṭhāna Sutta, D22)과 『맛지마 니까야』 「염처경」(Sati-paṭṭhāna Sutta, M10)의 몸의 관찰[身隨觀, kāya-anupassanā]에 포함된 14가지 전부를 일컫는다. 즉 「대념처경」(D22)의 §§2~10과 「염처경」(M10)의 §§4~31까지를 말한다. 이 14가지는 『맛지마 니까야』에서 「염신경」(Kāyagatāsati Sutta, M119)이라는 독립된 경으로 나타나고 있기도 하다.
그런데 『청정도론』 등의 주석서 문헌에서는 이 가운데서 몸의 32가지 부위에 대한 혐오만을 몸에 대한 마음챙김이라고 지칭하기도 한다.(『청정도론』 VIII.44 참조)

30) "'참선을 하라(jhāyatha)'는 것은 ① 대상을 통해서 하는 참선(ārammaṇ-ūpanijjhāna)으로는 38가지 대상들을 참선하라, ② 특상을 통해서 하는 참선(lakkhaṇ-ūpanijjhāna)으로는 무상 등으로 무더기[蘊]와 감각장소[處]

대들에게 주는 나의 간곡한 당부이다."

사마타와 위빳사나 경(S43:2)

Samathavipassanā-sutta

2. "비구들이여, [360] 그대들에게 무위와 무위에 이르는 길을 설하리라. … <S35:23 §3> …

3. "비구들이여, 그러면 무엇이 무위인가? 비구들이여, 탐욕의 멸진, 성냄의 멸진, 어리석음의 멸진이다. 비구들이여, 이를 일러 무위라 한다.

비구들이여, 그러면 무엇이 무위에 이르는 길인가? 사마타와 위빳사나31)이다. 비구들이여, 이를 일러 무위에 이르는 길이라 한다.

등을 참선하라는 뜻이며, 사마타와 위빳사나를 증장시켜라고 말씀하시는 것이다."(SA.iii.111)
여기에 대해서는 본서 제1권 「믿음 경」(S1:36) §4의 주해도 참조하고, 38가지 명상주제에 대해서는 본서 제1권 「두려움 경」(S1:75) §2의 주해를 참조할 것.

31) '사마타(samatha)'와 '위빳사나(vipassanā)'는 불교 수행을 대표하는 술어이며 특히 상좌부 불교의 수행 체계를 극명하게 드러내는 핵심 술어이기도 하다. 그리고 이 두 술어는 일찍이 중국에서 각각 지(止)와 관(觀)으로 정착되었다. 그래서 지와 관을 고르게 닦을 것을 강조하여 지관겸수(止觀兼修)로 정착되었고, 이것은 다시 선종에서 정혜쌍수(定慧雙修)로 계승되었다. 불교 2,600년사에서 내로라하는 논사들이나 수행자들이 이렇듯 지와 관에 대해서 많은 말을 한 것을 본 때문에 현대를 살아가는 우리의 관심은 '후대 논사들이나 수행자들의 견해가 아닌 초기불전에서 부처님이 직접 사마타와 위빳사나를 설명하신 것이 있는가? 부처님께서는 사마타와 위빳사나를 어떻게 정의하셨는가?'하는 것으로 기울게 되었다 할 수 있다.
결론적으로 말해서 적지 않은 초기불전은 사마타와 위빳사나를 분명하게 정의하고 있다.
먼저 언급해야 할 경이 『앙굿따라 니까야』 「명지의 일부 경」(A2:3:10)이다. 이 경에서 부처님께서는 분명히 사마타를 마음(citta)과 마음의 해탈(심해탈, ceto-vimutti) 즉 삼매[定, samādhi]와 연결 지으시고, 위빳사나를 비구들이여, 이렇게 나는 그대들에게 무위와 무위에 이르는 길을 설하였다."

4. "비구들이여, 항상 제자들의 이익을 기원하며 제자들을 연민하는 스승이 마땅히 해야 할 바를 이제 나는 연민으로 그대들에게 하였다.

비구들이여, 여기 나무 밑이 있다. 여기 빈집들이 있다. 참선을 하

통찰지(paññā, 반야)와 통찰지를 통한 해탈(혜해탈, paññā-vimutti) 즉 통찰지[慧, paññā]와 연결 지으신다. 그리고 삼매는 욕망을 극복하는 수행이고, 통찰지는 무명을 극복하는 수행이라고 밝히고 계신다.
그리고 「삼매 경」 1(A4:92) 등 세 개의 경들은 사마타와 위빳사나에 대한 답변을 명확하게 제공하고 있다. 이 세 개의 경에 나타나는 "마음의 사마타"와 "통찰지라 [불리는] 법들에 대한 위빳사나"라는 표현에서 보듯이 사마타는 마음의 개발을 뜻하는 삼매와 동의어이고, 위빳사나는 통찰지와 동의어이다.
그래서 「삼매 경」 3(A4:94)에서는 사마타를 얻기 위해서는 사마타를 체득한 분을 찾아가서 '도반이여, 어떻게 마음을 고정시켜야 합니까? 어떻게 마음을 안정시켜야 합니까? 어떻게 마음을 하나가 되게 해야 합니까? 어떻게 마음이 삼매에 들게 해야 합니까?'라고 물어야 한다고 설명하고 있다. 그리고 위빳사나를 얻기 위해서는 위빳사나에 통달한 분을 찾아가서 '도반이여, 형성된 것들[行]을 어떻게 보아야 합니까? 형성된 것들을 어떻게 명상해야 합니까? 형성된 것들을 어떻게 깊이 관찰해야 합니까?'라고 물어야 한다고 말씀하신다.
이처럼 사마타는 마음을 [하나의 대상에] 고정시키고 고요하게 하는 삼매를 개발하는 수행(삼매, 定, samādhi)이며, 위빳사나는 유위제법[行]을 명상하고 관찰하여 무상·고·무아를 통찰하는 수행(통찰지, 慧, paññā)이라고 부처님께서는 분명하게 밝히고 계신다.
마지막으로 우리의 관심을 끄는 것은, 사마타를 먼저 닦아야 하는가, 아니면 위빳사나를 먼저 닦아야 하는가, 아니면 둘 다를 동시에 닦아야 하는가이다. 이것도 사마타와 위빳사나에 관심을 가진 모든 사람들의 토론거리가 되고 있다. 「쌍 경」 (A4:170)은 여기에 대한 명확한 지침을 준다. 결론적으로 말하면 사마타를 먼저 닦을 수도 있고, 위빳사나를 먼저 닦을 수도 있고, 사마타와 위빳사나를 함께 닦을 수도 있다는 것이다. 그것은 각 개인의 문제이지 어느 것을 먼저 닦아야 하는가는 정해진 것이 아니라는 것이다. 이처럼 『앙굿따라 니까야』를 위시한 초기불전은 사마타와 위빳사나에 대한 중요한 언급들을 포함하고 있다.

라. 비구들이여, 방일하지 마라. 나중에 후회하지 마라. 이것이 그대들에게 주는 나의 간곡한 당부이다."

일으킨 생각과 지속적인 고찰이 있음 경(S43:3)

Savitakkasavicāra-sutta

3. "비구들이여, 그러면 무엇이 무위에 이르는 길인가? 일으킨 생각과 지속적인 고찰이 있는 삼매, 일으킨 생각은 없고 지속적인 고찰만 있는 삼매, 일으킨 생각도 없고 지속적인 고찰도 없는 삼매이다.32) … 나중에 후회하지 마라. 이것이 그대들에게 주는 나의 간곡한 당부이다."

공한 삼매 경(S43:4)

Suññatasamādhi-sutta

3. "비구들이여, 그러면 무엇이 무위에 이르는 길인가? 공한 삼매[空三昧], 표상 없는 삼매[無相三昧], 원함 없는 삼매[無願三昧]이다.33) … 나중에 후회하지 마라. 이것이 그대들에게 주는 나의 간곡

32) 이 세 가지 삼매(samādhi)는 『디가 니까야』「합송경」(D33) §1.10과 「십상경」(D34) §1.4와 『맛지마 니까야』「오염원 경」(M128/iii.162) §31과 『앙굿따라 니까야』「간략하게 경」(A8:63) §4에도 꼭 같이 나타나고 있다. 경에 의하면 삼매는 4종선(四種禪)으로 분류된다. 이 분류에 의하면 '일으킨 생각은 없고 지속적인 고찰만 있는 삼매(avitakka-vicāra-matta samā-dhi)'는 존재하지 않는다. 왜냐하면 초선은 '일으킨 생각과 지속적인 고찰'이 있고, 제2선은 '일으킨 생각과 지속적인 고찰' 둘 다 없기 때문이다. 그러므로 본경에서 언급한 '일으킨 생각은 없고 지속적인 고찰만 있는 삼매'라는 이 구절은 아비담마에서 삼매를 5종선(五種禪)으로 분류하는 경전적 근거가 된다. 4종선과 5종선의 분류에 대해서는 『아비담마 길라잡이』 제5장 §6의 해설 1과 『청정도론』 XIV.86과 『담마상가니 주석서』(DhsA.179~180) 등을 참조할 것.

33) 본경에 해당하는 주석서에는 '공한 삼매[空三昧, suññato samādhi]'와 '표

상 없는 삼매[無相三昧, animitta samādhi]'와 '원함 없는 삼매[無願三昧, appaṇihita samādhi]'에 대한 설명이 나타나지 않는다. 그러나 『디가 니까야 주석서』는 다음과 같이 설명하고 있다.
"이 세 가지 삼매는 그 유래(āgamana)와 공덕을 가짐(saguṇa)과 대상(ārammaṇa)의 셋을 통해서 설명된다.
① 먼저 유래에 의해서 설명하면, 어떤 비구는 무아(anatta)라고 천착하고(abhinivisitvā) 무아라고 본 뒤에(disvā) 무아라고 일어나서 나온다(vuṭṭhāti). 그러면 그의 위빳사나는 공하다고 한다. 왜? 공하지 않은 행위자인(asuññatatta-kāraka) 오염원(kilesa)들이 [더 이상] 존재하지 않기 때문이다. [이러한] 위빳사나로부터 유래하기 때문에 [이러한] 도의 삼매(magga-samādhi)는 공하다고 한다. [이러한] 도로부터 유래하기 때문에 [이러한] 과(果)의 삼매(phala-samādhi)는 공하다고 한다.
다른 비구는 무상(anicca)이라고 천착하고 무상이라고 본 뒤에 무상이라고 일어나서 나온다. 그러면 그의 위빳사나는 표상이 없다고 한다. 왜? 표상을 만드는 오염원들이 [더 이상] 존재하지 않기 때문이다(nimitta-kāraka-kilesa-abhāvā). [이러한] 위빳사나로부터 유래하기 때문에 [이러한] 도의 삼매는 표상이 없다고 한다. [이러한] 도로부터 유래하기 때문에 [이러한] 과(果)의 삼매는 표상이 없다고 한다.
다른 비구는 괴로움(dukkha)이라고 천착하고 괴로움이라고 본 뒤에 괴로움이라고 일어나서 나온다. 그러면 그의 위빳사나는 원하는 것이 없다고 한다. 왜? 원함을 만드는 오염원들이 [더 이상] 존재하지 않기 때문이다(paṇidhi-kāraka-kilesa-abhāvā). [이러한] 위빳사나로부터 유래하기 때문에 [이러한] 도의 삼매는 원하는 것이 없다고 한다. [이러한] 도로부터 유래하기 때문에 [이러한] 과(果)의 삼매는 원하는 것이 없다고 한다. 이것은 유래한 것을 통해서 설명한 것이다.
② 그런데 도의 삼매는 탐욕 등이 공하기 때문에 공이고, 탐욕의 표상 등이 존재하지 않기 때문에 표상이 없고, 탐욕 등을 원하는 것이 존재하지 않기 때문에 원함이 없다. 이것은 공덕을 가진 것을 통해서 설명한 것이다.
③ 열반은 탐욕 등이 공하고 탐욕 등의 표상과 원함이 존재하지 않기 때문에 공함이요 표상 없음이요 원함 없음이다. 이러한 대상을 가진 도의 삼매는 공하고 표상이 없고 원함이 없다. 이것은 대상을 통해서 설명한 것이다."(DA.iii.1003~1004)
한편 『앙굿따라 니까야 주석서』는 다음과 같이 설명하고 있다.
"공한 삼매 등의 세 가지 삼매를 통해 오직 위빳사나를 설했다. 왜냐하면 위빳사나는 영원함[常, nicca]을 천착함(abhinivesa), 영원함에 대한 표상(nimitta), 영원함을 원함(paṇidhi) 등이 없기 때문에 이러한 [세 가지] 이름을 얻는다."(AA.ii.386)
즉 공한 삼매 등으로 삼매라는 술어를 사용하고 있지만 그 내용상 위빳사나

한 당부이다."

마음챙김의 확립[念處] 경(S43:5)

Satipaṭṭhāna-sutta34)

3. "비구들이여, 그러면 무엇이 무위에 이르는 길인가? 네 가지 마음챙김의 확립[四念處]이다. … 나중에 후회하지 마라. 이것이 그대들에게 주는 나의 간곡한 당부이다."

를 뜻한다는 말이다. 위빳사나는 이처럼 무상·고·무아를 통찰해서 각각 無相·無願·空의 해탈을 실현하는 체계이다. 공·무상·무원의 해탈에 대해서는 『청정도론』 XXI.66~73 이하와 『아비담마 길라잡이』 9장 §36을 참조할 것. 표상 없는 마음의 삼매(animitta ceto-samādhi)에 대해서는 본서 제4권 「표상 없음 경」(S40:9) §3의 주해를 참조할 것.

34) 본경을 비롯한 다음의 6개 경들은 37가지 깨달음의 편에 있는 법[菩提分法, bodhi-pakkhiya-dhamma]을 다루고 있다. 37보리분법은 본서 제4권 「무위 경」(S43:12/ix~xiv)에서 자세하게 언급되고 있다. 이들은 깨달음의 편(bodhi-pakkha)에 있는 유익한 심리현상들이기 때문에 이렇게 불리었다.
37보리분법 혹은 조도품(助道品)은 모두 37가지의 수행에 관계된 요소들로 구성되어 있다. 그것은 ① 네 가지 마음챙김의 확립[四念處] ② 네 가지 바른 노력[四正勤] ③ 네 가지 성취수단[四如意足] ④ 다섯 가지 기능[五根] ⑤ 다섯 가지 힘[五力] ⑥ 일곱 가지 깨달음의 구성요소[七覺支] ⑦ 여덟 가지 구성요소를 가진 성스러운 도[八正道]의 이런 일곱 부문이다.
이 일곱 부문은 본서 S45부터 S50과 본서 제6권 S51의 일곱 가지 상윳따로 나타나고 있는데 팔정도는 본서 S45로, 칠각지는 S46으로, 사념처는 S47로, 오근은 S48로, 사정근은 S49로, 오력은 S50으로, 사여의족은 제6권의 S51로 나타나고 있다.
중국에서는 보리분법(菩提分法)으로도 옮기고 삼십칠조도품(三十七助道品)으로도 옮겼는데 이 pakkha(分, 片)를 upakāra-bhāva(도와주는 상태)로 이해한 주석서들의 입장과 일맥상통하는 좋은 번역이다. 37보리분법에 대해서는 아래 「도 상윳따」(S45)의 첫 번째 주해와 『청정도론』 XXII.33 이하와 『아비담마 길라잡이』 제7장 §§24~33을 참조할 것.

바른 노력[正勤] **경**(S43:6)

Sammappadhāna-sutta

3. "비구들이여, 그러면 무엇이 무위에 이르는 길인가? 네 가지 바른 노력[四正勤]이다. … 나중에 후회하지 마라. 이것이 그대들에게 주는 나의 간곡한 당부이다."

성취수단[如意足] **경**(S43:7)

Iddhipāda-sutta

3. "비구들이여, 그러면 무엇이 무위에 이르는 길인가? 네 가지 성취수단[四如意足]이다. … 나중에 후회하지 마라. 이것이 그대들에게 주는 나의 간곡한 당부이다."

기능[根] **경**(S43:8)

Indriya-sutta

3. "비구들이여, [361] 그러면 무엇이 무위에 이르는 길인가? 다섯 가지 기능[五根]이다. … 나중에 후회하지 마라. 이것이 그대들에게 주는 나의 간곡한 당부이다."

힘[力] **경**(S43:9)

Bala-sutta

3. "비구들이여, 그러면 무엇이 무위에 이르는 길인가? 다섯 가지 힘[五力]이다. … 나중에 후회하지 마라. 이것이 그대들에게 주는 나의 간곡한 당부이다."

깨달음의 구성요소[覺支] 경(S43:10)

Bojjhaṅga-sutta

3. "비구들이여, 그러면 무엇이 무위에 이르는 길인가? 일곱 가지 깨달음의 구성요소[七覺支]이다. … 나중에 후회하지 마라. 이것이 그대들에게 주는 나의 간곡한 당부이다."

팔정도 경(S43:11)

Aṭṭhaṅgikamagga-sutta

2. "비구들이여, 그대들에게 무위와 무위에 이르는 길을 설하리라. … <S35:23 §3> …

3. "비구들이여, 그러면 무엇이 무위인가? 비구들이여, 탐욕의 멸진, 성냄의 멸진, 어리석음의 멸진이다. 비구들이여, 이를 일러 무위라 한다.

비구들이여, 그러면 무엇이 무위에 이르는 길인가? 여덟 가지 구성요소를 가진 성스러운 도[八支聖道]이다. 비구들이여, 이를 일러 무위에 이르는 길이라 한다.

비구들이여, 이렇게 나는 그대들에게 무위와 무위에 이르는 길을 설하였다."

4. "비구들이여, 항상 제자들의 이익을 기원하며 제자들을 연민하는 스승이 마땅히 해야 할 바를 이제 나는 연민으로 그대들에게 하였다.

비구들이여, 여기 나무 밑이 있다. 여기 빈집들이 있다. 참선을 하라. 비구들이여, 방일하지 마라. 나중에 후회하지 마라. 이것이 그대들에게 주는 나의 간곡한 당부이다."

제1장 첫 번째 품이 끝났다.

첫 번째 품에 포함된 경들의 목록은 다음과 같다.

① 몸에 대한 마음챙김 ② 사마타와 위빳사나
③ 심(尋)과 사(伺) ④ 공한 삼매 ⑤ 마음챙김의 확립
⑥ 바른 노력 ⑦ 성취수단 ⑧ 기능
⑨ 힘 ⑩ 깨달음의 구성요소 ⑪ 팔정도이다.

제2장 두 번째 품

Dutiya-vagga

무위 경(S43:12)

Asaṅkhata-sutta

(1) 사마타

2. "비구들이여, [362] 그대들에게 무위와 무위에 이르는 길을 설하리라. … <S35:23 §3> …

3. "비구들이여, 그러면 무엇이 무위인가? 비구들이여, 탐욕의 멸진, 성냄의 멸진, 어리석음의 멸진이다. 비구들이여, 이를 일러 무위라 한다.

비구들이여, 그러면 무엇이 무위에 이르는 길인가? 사마타이다. 비구들이여, 이를 일러 무위에 이르는 길이라 한다.

비구들이여, 이렇게 나는 그대들에게 무위와 무위에 이르는 길을 설하였다."

4. "비구들이여, 항상 제자들의 이익을 기원하며 제자들을 연민하는 스승이 마땅히 해야 할 바를 이제 나는 연민으로 그대들에게 하였다.

비구들이여, 여기 나무 밑이 있다. 여기 빈집들이 있다. 참선을 하라. 비구들이여, 방일하지 마라. 나중에 후회하지 마라. 이것이 그대들에게 주는 나의 간곡한 당부이다."

(2) 위빳사나

… "비구들이여, 그러면 무엇이 무위에 이르는 길인가? 위빳사나이다. … 나중에 후회하지 마라. 이것이 그대들에게 주는 나의 간곡한 당부이다."

(3) 삼매1

… "비구들이여, 그러면 무엇이 무위에 이르는 길인가? 일으킨 생각이 있고 [363] 지속적인 고찰이 있는 삼매이다. … 나중에 후회하지 마라. 이것이 그대들에게 주는 나의 간곡한 당부이다."

(4) 삼매2

… "비구들이여, 그러면 무엇이 무위에 이르는 길인가? 일으킨 생각은 없고 지속적인 고찰만 있는 삼매이다. … 나중에 후회하지 마라. 이것이 그대들에게 주는 나의 간곡한 당부이다."

(5) 삼매3

… "비구들이여, 그러면 무엇이 무위에 이르는 길인가? 일으킨 생각도 없고 지속적인 고찰도 없는 삼매이다. … 나중에 후회하지 마라. 이것이 그대들에게 주는 나의 간곡한 당부이다."

(6) 삼매4

… "비구들이여, 그러면 무엇이 무위에 이르는 길인가? 공한 삼매[空三昧]이다. … 나중에 후회하지 마라. 이것이 그대들에게 주는 나의 간곡한 당부이다."

(7) 삼매5

… "비구들이여, 그러면 무엇이 무위에 이르는 길인가? 표상 없는 삼매[無相三昧]이다. … 나중에 후회하지 마라. 이것이 그대들에게 주는 나의 간곡한 당부이다."

(8) 삼매6

… "비구들이여, 그러면 무엇이 무위에 이르는 길인가? 원함 없는 삼매[無願三昧]이다. … 나중에 후회하지 마라. 이것이 그대들에게 주는 나의 간곡한 당부이다."

(9) 염처1

… "비구들이여, 그러면 무엇이 무위에 이르는 길인가? 비구들이여, 여기 비구는 몸에서 몸을 관찰하며 머문다. 세상에 대한 욕심과 싫어하는 마음을 버리고 근면하게, 분명히 알아차리고 마음챙기면서 머문다. … 나중에 후회하지 마라. 이것이 그대들에게 주는 나의 간곡한 당부이다."

(10) 염처2

… "비구들이여, 그러면 무엇이 무위에 이르는 길인가? 비구들이여, 여기 비구는 느낌에서 느낌을 관찰하며 머문다. 세상에 대한 욕심과 싫어하는 마음을 버리고 근면하게, 분명히 알아차리고 마음챙기면서 머문다. … 나중에 후회하지 마라. 이것이 그대들에게 주는 나의 간곡한 당부이다."

(11) 염처3

… "비구들이여, [364] 그러면 무엇이 무위에 이르는 길인가? 비구들이여, 여기 비구는 마음에서 마음을 관찰하며 머문다. 세상에 대한 욕심과 싫어하는 마음을 버리고 근면하게, 분명히 알아차리고 마음챙기면서 머문다. … 나중에 후회하지 마라. 이것이 그대들에게 주는 나의 간곡한 당부이다."

(12) 염처4

… "비구들이여, 그러면 무엇이 무위에 이르는 길인가? 비구들이

여, 여기 비구는 법에서 법을 관찰하며 머문다. 세상에 대한 욕심과 싫어하는 마음을 버리고 근면하게, 분명히 알아차리고 마음챙기면서 머문다. … 나중에 후회하지 마라. 이것이 그대들에게 주는 나의 간곡한 당부이다."

(13) 바른 노력1

… "비구들이여, 그러면 무엇이 무위에 이르는 길인가? 비구들이여, 여기 비구는 아직 일어나지 않은 나쁘고 해로운 법들은 일어나지 못하도록 하기 위해 열의를 일으키고 정진하고 힘을 내고 마음을 다잡고 애를 쓴다. … 나중에 후회하지 마라. 이것이 그대들에게 주는 나의 간곡한 당부이다."

(14) 바른 노력2

… "비구들이여, 그러면 무엇이 무위에 이르는 길인가? 비구들이여, 여기 비구는 이미 일어난 나쁘고 해로운 법들은 제거하기 위하여 열의를 일으키고 정진하고 힘을 내고 마음을 다잡고 애를 쓴다. … 나중에 후회하지 마라. 이것이 그대들에게 주는 나의 간곡한 당부이다."

(15) 바른 노력3

… "비구들이여, 그러면 무엇이 무위에 이르는 길인가? 비구들이여, 여기 비구는 아직 일어나지 않은 유익한 법들은 일어나게 하기 위해 열의를 일으키고 정진하고 힘을 내고 마음을 다잡고 애를 쓴다. … 나중에 후회하지 마라. 이것이 그대들에게 주는 나의 간곡한 당부이다."

(16) 바른 노력4

… "비구들이여, 그러면 무엇이 무위에 이르는 길인가? 비구들이

여, 여기 비구는 이미 일어난 유익한 법들은 [365] 지속하게 하고 사라지지 않게 하고 증장하게 하고 충만하게 하고 닦아서 성취하기 위해서 열의를 일으키고 정진하고 힘을 내고 마음을 다잡고 애를 쓴다. … 나중에 후회하지 마라. 이것이 그대들에게 주는 나의 간곡한 당부이다."

(17) 성취수단1

… "비구들이여, 그러면 무엇이 무위에 이르는 길인가? 비구들이여, 여기 비구는 열의를 [주로 한] 삼매와 정근의 의도적 행위[行]를 갖춘 성취수단을 닦는다. … 나중에 후회하지 마라. 이것이 그대들에게 주는 나의 간곡한 당부이다."

(18) 성취수단2

… "비구들이여, 그러면 무엇이 무위에 이르는 길인가? 비구들이여, 여기 비구는 정진을 [주로 한] 삼매와 정근의 의도적 행위를 갖춘 성취수단을 닦는다. … 나중에 후회하지 마라. 이것이 그대들에게 주는 나의 간곡한 당부이다."

(19) 성취수단3

… "비구들이여, 그러면 무엇이 무위에 이르는 길인가? 비구들이여, 여기 비구는 마음을 [주로 한] 삼매와 정근의 의도적 행위를 갖춘 성취수단을 닦는다. … 나중에 후회하지 마라. 이것이 그대들에게 주는 나의 간곡한 당부이다."

(20) 성취수단4

… "비구들이여, 그러면 무엇이 무위에 이르는 길인가? 비구들이여, 여기 비구는 검증을 [주로 한] 삼매와 정근의 의도적 행위를 갖춘 성취수단을 닦는다. … 나중에 후회하지 마라. 이것이 그대들에게

주는 나의 간곡한 당부이다."

(21) 기능1

… "비구들이여, 그러면 무엇이 무위에 이르는 길인가? 비구들이여, 여기 비구는 떨쳐버림을 의지하고 [탐욕의] 빛바램을 의지하고 소멸을 의지하고 철저한 버림으로 기우는 믿음의 기능[信根]을 닦는다. … 나중에 후회하지 마라. 이것이 그대들에게 주는 나의 간곡한 당부이다."

(22) 기능2

… "비구들이여, [366] 그러면 무엇이 무위에 이르는 길인가? 비구들이여, 여기 비구는 떨쳐버림을 의지하고 [탐욕의] 빛바램을 의지하고 소멸을 의지하고 철저한 버림으로 기우는 정진의 기능[精進根]을 닦는다. … 나중에 후회하지 마라. 이것이 그대들에게 주는 나의 간곡한 당부이다."

(23) 기능3

… "비구들이여, 그러면 무엇이 무위에 이르는 길인가? 비구들이여, 여기 비구는 떨쳐버림을 의지하고 [탐욕의] 빛바램을 의지하고 소멸을 의지하고 철저한 버림으로 기우는 마음챙김의 기능[念根]을 닦는다. … 나중에 후회하지 마라. 이것이 그대들에게 주는 나의 간곡한 당부이다."

(24) 기능4

… "비구들이여, 그러면 무엇이 무위에 이르는 길인가? 비구들이여, 여기 비구는 떨쳐버림을 의지하고 [탐욕의] 빛바램을 의지하고 소멸을 의지하고 철저한 버림으로 기우는 삼매의 기능[定根]을 닦는다. … 나중에 후회하지 마라. 이것이 그대들에게 주는 나의 간곡한

당부이다."

(25) 기능5

… "비구들이여, 그러면 무엇이 무위에 이르는 길인가? 비구들이여, 여기 비구는 떨쳐버림을 의지하고 [탐욕의] 빛바램을 의지하고 소멸을 의지하고 철저한 버림으로 기우는 통찰지의 기능[慧根]을 닦는다. … 나중에 후회하지 마라. 이것이 그대들에게 주는 나의 간곡한 당부이다."

(26)~(30) 힘1~5

… "비구들이여, 그러면 무엇이 무위에 이르는 길인가? 비구들이여, 여기 비구는 떨쳐버림을 의지하고 [탐욕의] 빛바램을 의지하고 소멸을 의지하고 철저한 버림으로 기우는 믿음의 힘[信力]을 닦는다. … 정진의 힘[精進力]을 닦는다. … 마음챙김의 힘[念力]을 닦는다. … 삼매의 힘[定力]을 닦는다. … 통찰지의 힘[慧力]을 닦는다. … 나중에 후회하지 마라. 이것이 그대들에게 주는 나의 간곡한 당부이다."

(31)~(37) 깨달음의 구성요소1~7

… "비구들이여, 그러면 무엇이 무위에 이르는 길인가? 비구들이여, 여기 비구는 떨쳐버림을 의지하고 [탐욕의] 빛바램을 의지하고 소멸을 의지하고 철저한 버림으로 기우는 마음챙김의 깨달음의 구성요소[念覺支]를 닦는다. … 법을 간택하는 깨달음의 구성요소[擇法覺支]를 … 정진의 깨달음의 구성요소[精進覺支]를 … 희열의 깨달음의 구성요소[喜覺支]를 … 고요함의 깨달음의 구성요소[輕安覺支]를 … 삼매의 깨달음의 구성요소[定覺支]를 … 평온의 깨달음의 구성요소[捨覺支]를 닦는다. … 나중에 후회하지 마라. 이것이 그대들에게 주는 나의 간곡한 당부이다."

(38)~(45) 팔정도1~8

2. “비구들이여, 그대들에게 무위와 무위에 이르는 길을 설하리라. … <S35:23 §3> …

3. “비구들이여, [368] 그러면 무엇이 무위인가? 비구들이여, 탐욕의 멸진, 성냄의 멸진, 어리석음의 멸진이다. 비구들이여, 이를 일러 무위라 한다.

비구들이여, 그러면 무엇이 무위에 이르는 길인가? 비구들이여, 여기 비구는 떨쳐버림을 의지하고 [탐욕의] 빛바램을 의지하고 소멸을 의지하고 철저한 버림으로 기우는 바른 견해를 닦는다. 비구들이여, 이를 일러 무위에 이르는 길이라 한다. …

비구들이여, 여기 비구는 떨쳐버림을 의지하고 [탐욕의] 빛바램을 의지하고 소멸을 의지하고 철저한 버림으로 기우는 바른 사유를 … 바른 말을 … 바른 행위를 … 바른 생계를 … 바른 정진을 … 바른 마음챙김을 … 바른 삼매를 닦는다. 비구들이여, 이를 일러 무위에 이르는 길이라 한다.

비구들이여, 이렇게 나는 그대들에게 무위와 무위에 이르는 길을 설하였다.”

4. “비구들이여, 항상 제자들의 이익을 기원하며 제자들을 연민하는 스승이 마땅히 해야 할 바를 이제 나는 연민으로 그대들에게 하였다.

비구들이여, 여기 나무 밑이 있다. 여기 빈집들이 있다. 참선을 하라. 비구들이여, 방일하지 마라. 나중에 후회하지 마라. 이것이 그대들에게 주는 나의 간곡한 당부이다.”

끝 경(S43:13)

Anta-sutta[35]

(1)

2. "비구들이여, 그대들에게 끝과 끝에 이르는 길을 설하리라. … <S35:23 §3> …

3. "비구들이여, 그러면 무엇이 끝인가? 비구들이여, 탐욕의 멸진, 성냄의 멸진, 어리석음의 멸진이다. 비구들이여, 이를 일러 무위라 한다.

비구들이여, 그러면 무엇이 끝에 이르는 길인가? 몸에 대한 마음챙김[36]이다. 비구들이여, 이를 일러 끝에 이르는 길이라 한다.

비구들이여, 이렇게 나는 그대들에게 끝과 끝에 이르는 길을 설하였다. … 나중에 후회하지 마라. 이것이 그대들에게 주는 나의 간곡한 당부이다."[37]

---

35) Ee, Se의 경제목은 anta(끝)이고 Be는 anata(기울지 않음)이다. 보디 스님은 Be를 경제목으로 삼았지만 역자는 Ee를 저본으로 삼았기 때문에 anta(끝)를 제목으로 택했다.
한편 Se 주석서는 anta를 "갈애를 통한 즐김이 없기 때문에 끝이라 한다(taṇhāratiyā abhāvena antaṁ)."고 설명하고 있고 Be 주석서는 anata를 "갈애를 통한 기울음이 없기 때문에 기울지 않음이라 한다(taṇhānatiyā abhāvena anataṁ)."고 설명한다.(SA.iii.112)

36) 여기에 대해서는 아래 「도피안 경」(S43:44) §3의 주해를 참조할 것.

37) 이하 본품의 모든 경들(S43:13~44)은 무위 대신에 각 경의 제목에 해당하는 주제어가 나타나는 것만 다르고 나머지는 모두 첫 번째 품의 모든 경들, 즉 S43:1~12가 모두 다 여기에 포함되는 것으로 편집되어 있다. Ee는 이 경들을 단지 바로 앞의 「무위 경」(S43:12)의 45가지 주제들만이 반복되는 것으로 간주하고 있는데 얼핏 보기에는 옳은 듯하지만 이는 잘못이다. 왜냐하면 본품의 맨 마지막 경(S43:44)에 몸에 대한 마음챙김(kāya-gatā sati)이 언급되고 있는데 이것은 「무위 경」(S43:12)에는 나타나지 않고 있으며

번뇌 없음 경 등(S43:14~43)

Anāsava-suttādi

2. "비구들이여, [269] 그대들에게 번뇌 없음과 번뇌 없음에 이르는 길을 설하리라.(S43:14) …

진리와 진리에 이르는 길을 설하리라.(S43:15) …

저 언덕과 저 언덕에 이르는 길을 설하리라.(S43:16) …

미묘함과 미묘함에 이르는 길을 설하리라.(S43:17) …

아주 보기 힘든 것과 아주 보기 힘든 것에 이르는 길을 설하리라.(S43:18) …

늙지 않음과 늙지 않음에 이르는 길을 설하리라.(S43:19) …

견고함과 [370] 견고함에 이르는 길을 설하리라.(S43:20) …

허물어지지 않음과 허물어지지 않음에 이르는 길을 설하리라.(S43:21) …

드러나지 않음과 드러나지 않음에 이르는 길을 설하리라.(S43:22) …

사랑분별 없음[38]과 사랑분별 없음에 이르는 길을 설하리라.(S43:23) …

평화로움과 평화로움에 이르는 길을 설하리라.(S43:24) …

죽음 없음[不死]과 죽음 없음에 이르는 길을 설하리라.(S43:25) …

이것은 본 「무위 상윳따」(S43)의 첫 번째 경인 「몸에 대한 마음챙김 경」(S43:1)에 나타나기 때문이다.
그러므로 여기 S43:13 이하의 모든 경들은 첫 번째 품의 모든 경들(S43:1~12)을 모은 것이라고 봐야 한다. 보디 스님은 이것을 바르게 지적하고 있다.

38) "갈애와 자만과 견해의 사랑분별(taṇhā-māna-diṭṭhi-papañca)이 없기 때문에 '사랑분별 없음(nippapañca)'이다."(SA.iii.112)
'사랑분별(papañca)'과 '사랑분별 없음(nippapañca)'에 대해서는 본서 제4권 「팍구나 경」(S35:83) §3의 주해를 참조할 것.

숭고함과 숭고함에 이르는 길을 설하리라.(S43:26) …

경사스러움과 경사스러움에 이르는 길을 설하리라.(S43:27) …

안은(安隱)과 [371] 안은에 이르는 길을 설하리라.(S43:28) …

갈애의 멸진과 갈애의 멸진에 이르는 길을 설하리라.(S43:29) …

경이로움과 경이로움에 이르는 길을 설하리라.(S43:30) …

놀라움과 놀라움에 이르는 길을 설하리라.(S43:31) …

재난 없음과 재난 없음에 이르는 길을 설하리라.(S43:32) …

재난 없는 법과 재난 없는 법에 이르는 길을 설하리라.(S43:33) …

열반과 열반에 이르는 길을 설하리라.(S43:34) …

병 없음과 병 없음에 이르는 길을 설하리라.(S43:35) …

탐욕의 빛바램과 탐욕의 빛바램에 이르는 길을 설하리라.(S43:36) …

청정과 [372] 청정에 이르는 길을 설하리라.(S43:37) …

벗어남과 벗어남에 이르는 길을 설하리라.(S43:38) …

집착 없음과 집착 없음에 이르는 길을 설하리라.(S43:39) …

섬과 섬에 이르는 길을 설하리라.(S43:40) …

의지처와 의지처에 이르는 길을 설하리라.(S43:41) …

피난처와 피난처에 이르는 길을 설하리라.(S43:42) …

귀의처와 귀의처에 이르는 길을 설하리라.(S43:43) 이제 그것을 들어라. 듣고 마음에 잘 새겨라. 나는 설할 것이다."

"그렇게 하겠습니다, 세존이시여."라고 비구들은 세존께 응답했다. 세존께서는 이렇게 말씀하셨다.

3. "비구들이여, 그러면 무엇이 귀의처인가? …

… 나중에 후회하지 마라. 이것이 그대들에게 주는 나의 간곡한 당부이다."

도피안 경(S43:44)

Parāyana-sutta

(1)

2. "비구들이여, [373] 그대들에게 피안에 도달함[到彼岸]과 피안에 도달함에 이르는 길을 설하리라. … <S35:23 §3> …

3. "비구들이여, 그러면 무엇이 피안에 도달함인가? 비구들이여, 탐욕의 멸진, 성냄의 멸진, 어리석음의 멸진이다. 비구들이여, 이를 일러 피안에 도달함이라 한다.

비구들이여, 그러면 무엇이 피안에 이르는 길인가? 몸에 대한 마음챙김이다.[39] 비구들이여, 이를 일러 피안에 도달함에 이르는 길이라 한다.

비구들이여, 이렇게 나는 그대들에게 피안에 도달함과 피안에 도달함에 이르는 길을 설하였다."

4. "비구들이여, 항상 제자들의 이익을 기원하며 제자들을 연민하는 스승이 마땅히 해야 할 바를 이제 나는 연민으로 그대들에게 하였다.

비구들이여, 여기 나무 밑이 있다. 여기 빈집들이 있다. 참선을 하라. 비구들이여, 방일하지 마라. 나중에 후회하지 마라. 이것이 그대

---

39) 앞에서도 밝혔지만 본경에는 이처럼 '몸에 대한 마음챙김(kāyagatā sati)'이 언급되고 있다. 그런데 이것은 앞의 「무위 경」(S43:12)에는 나타나지 않고 있으며 이것은 본 「무위 상윳따」(S43)의 첫 번째 경인 「몸에 대한 마음챙김 경」(S43:1)에 나타나고 있다. 그러므로 본품의 32개의 경들(S43:13~44)은 모두 첫 번째 품의 모든 경들(S43:1~12)이 다 여기에 포함되는 것으로 편집되어 있다고 간주해야 한다. Ee는 이 경들이 단지 바로 앞의 「무위 경」(S43:12)의 45가지 주제들만이 반복되는 것으로 간주하고 있는데 이는 잘못이다.

들에게 주는 나의 간곡한 당부이다.”

<(2)~(45)까지는 위의 「무위 경」 (S43:12)과 같은 방법이 적용됨.>

제2장 두 번째 품이 끝났다.

두 번째 품에 포함된 경들의 목록은 다음과 같다.

① 무위 ② 끝 ③ 번뇌 없음 ④ 진리
⑤ 저 언덕 … ㉝ 도피안까지 모두 33개이다.

무위 상윳따(S43)가 끝났다.

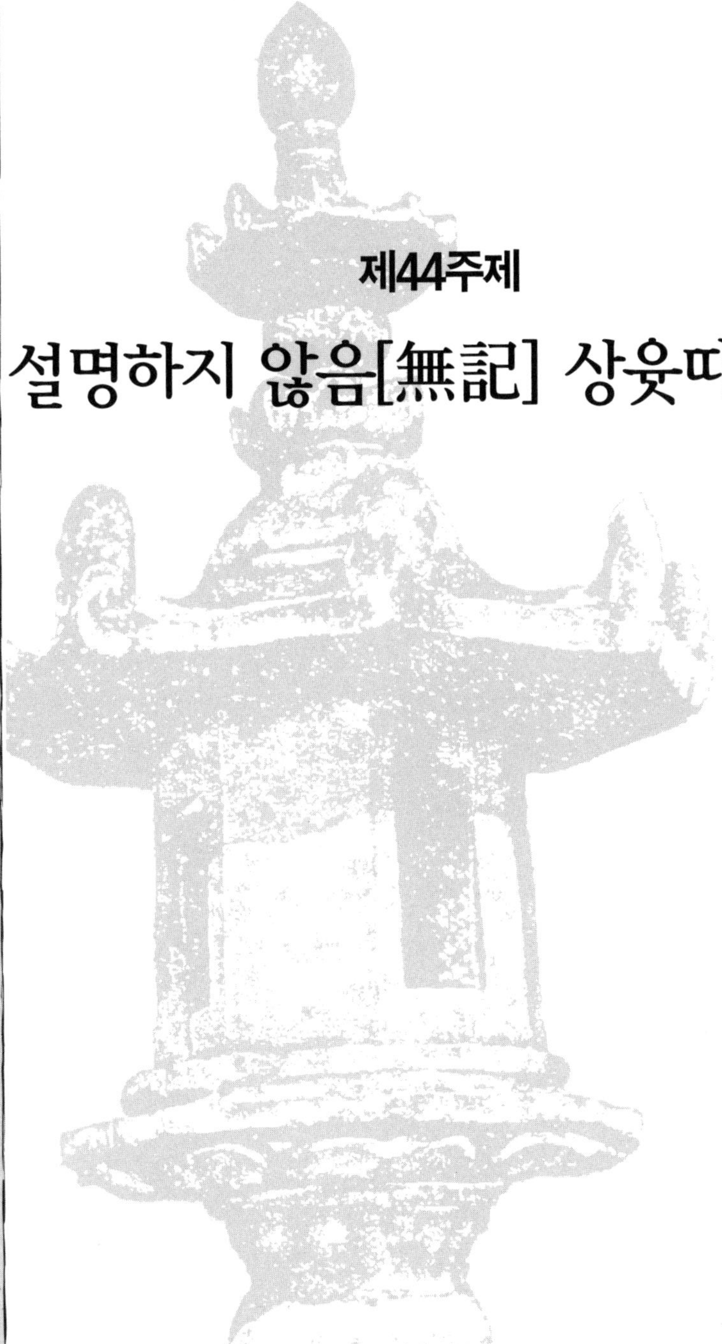

제44주제

설명하지 않음[無記] 상윳따(S44)

제44주제(S44)

설명하지 않음[無記] 상윳따

Avyākata-saṁyutta[40]

---

40) 설명하지 않음[無記]은 avyākata를 옮긴 것이다. 이 술어는 vi(분리해서)+ā(향하여)+√kṛ(*to do*)의 과거분사인 vyākata에다 부정접두어 a-를 첨가하여 만든 단어이다. 이 술어의 동사인 vyākaroti는 기본적으로 '설명하다, 대답하다, 선언하다, 결정하다' 등의 뜻이 있다. 여기서 파생된 명사인 vyākaraṇa는 문법이나 문법학을 뜻한다. 그러므로 avyākata는 '설명되지 않는, 답하지 못하는, 결정하지 못하는' 등의 의미이며 그래서 중국에서는 無記로 옮겼다.

avyākata는 본 상윳따의 「목갈라나 경」(S44:7) 등에서 보듯이 초기불전에서는 최종적으로 10가지 설명하지 않음[十事無記]으로 정착이 되어 나타난다.(『디가 니까야』「뽓타빠다 경」(D9) §25 이하 등도 참조)

한편 중국에서는 이것이 '십사무기(十四無記)'로 알려졌는데 여기에 대해서는 본서 해제 §4의 주해 부분과 본서 「목갈라나 경」(S44:7) §3의 주해를 참조하기 바란다.

그런데 본 상윳따의 처음 여섯 개의 경들(S44:1~6)처럼 여래의 사후에 대한 네 가지만이 나타나는 곳도 있다.(『디가 니까야』「정신경」(淨信經, D29) §30과 『앙굿따라 니까야』「설명하지 않음[無記] 경」(A7:51) 등도 그러하다.) 그리고 『디가 니까야』「마할리 경」(D6) §15처럼 '생명과 몸은 같은 것인가?', '생명과 몸은 다른 것인가?'라는 두 가지만 언급되는 곳도 있다.

한편 무기(無記, avyākata)는 아비담마에도 채용되어 중요한 술어로 쓰이고 있다. 아비담마에서는 유익한 법[善法, kusala-dhamma)도 아니고 해로운 법[不善法, akusala-dhamma]도 아닌 법들, 정확하게 말하면 과보로 나타난 법들과 작용만하는 법들을 무기(無記, avyākata)라고 정의하고 있다. 여기에 대해서는 『아비담마 길라잡이』 제1장 §3의 해설과 제6장 §6의 해설을 참조할 것.

그러면 부처님께서는 왜 이러한 10가지나 네 가지에 대해서 설명을 하지 않으셨는가? 『앙굿따라 니까야』「설명하지 않음[無記] 경」(A7:51)은 이렇게 설명한다.

첫째, 이것은 단지 견해일 뿐이기 때문이다. 사후에 여래가 존재한다는 것도 견해일 뿐이요, 그렇지 않다는 것도 견해일 뿐이다. 그래서 부처님께서는 말씀하신다. "배우지 못한 범부는 이러한 견해를 꿰뚫어 알지 못하고, 견해의 일어남을 꿰뚫어 알지 못하고, 견해의 소멸을 꿰뚫어 알지 못하고, 견해의 소멸로 인도하는 도닦음을 꿰뚫어 알지 못한다. 그에게 이러한 견해는 강해진다. 그는 태어남과 늙음·죽음으로부터 해탈하지 못하고, 근심·탄식·육체적 고통·정신적 고통·절망으로부터 해탈하지 못한다. 그는 괴로움으로부터 해탈하지 못한다."(A7:51 §2)

둘째, 그러면 이러한 견해는 어디서 나온 것인가? 그것은 갈애 등에서 기인한 것이다. 여래는 사후에 존재한다거나 존재하지 않는다거나 하는 견해는 본인의 갈애나 인식이나 사량분별 등에서 생긴 것일 뿐이다. 그래서 「설명하지 않음[無記] 경」(A7:51)에서 세존께서는 계속해서 말씀하신다. "[이러한 견해는] 갈애에서 나온 것이고, 이것은 인식에서 나온 것이고, 이것은 생각에서 나온 것이고, 이것은 사량분별에서 나온 것이고, 이것은 취착에서 나온 것이고, 이것은 나중에 후회할 일이다."(A7:51 §4) 그런데도 "배우지 못한 범부는 나중에 후회할 일을 꿰뚫어 알지 못하고, 후회할 일의 일어남을 꿰뚫어 알지 못하고, 후회할 일의 소멸을 꿰뚫어 알지 못하고, 후회할 일의 소멸로 인도하는 도닦음을 꿰뚫어 알지 못한다. 그의 후회할 일은 증가한다. 그는 태어남과 늙음·죽음으로부터 해탈하지 못하고, 근심·탄식·육체적 고통·정신적 고통·절망으로부터 해탈하지 못한다. 그는 괴로움으로부터 해탈하지 못한다."(A7:51 §4)라고 세존께서는 말씀하신다.

부처님의 가르침은 견해나 갈애나 인식이나 생각이나 사량분별이나 취착을 없애기 위한 가르침이다. 그러므로 여래는 사후에도 존재하는가, 존재하지 않는가라는 것은 그 대답이 어떤 것이든 견해일 뿐이고 갈애일 뿐이고 사량분별일 뿐이다. 그리고 이러한 견해 등은 아무런 이익을 주지 못한다.

그래서 『맛지마 니까야』 「말룽꺄뿟따 경」(M63, 한역 「전유경」(箭喩經)과 상응함, 독화살의 비유)과 『디가 니까야』 제1권 「뽓타빠다 경」(D9)에서 부처님께서는 이러한 10가지 의문에 대해서 이렇게 말씀하신다.

"뽓타빠다여, 이것은 참으로 이익을 주지 못하고, [출세간]법에 바탕한 것이 아니며, 청정범행의 시작에도 미치지 못하고, [속된 것들을] 역겨워함으로 인도하지 못하고, 욕망이 빛바램으로 인도하지 못하고, 소멸로 인도하지 못하고, 고요함으로 인도하지 못하고, 최상의 지혜로 인도하지 못하고, 바른 깨달음으로 인도하지 못하고, 열반으로 인도하지 못하기 때문이다. 그래서 나는 이것을 설명하지 않는다."(D9 §28)

부처님께서는 이러한 사량분별 대신에 "뽓타빠다여, '이것은 괴로움이다.'라고 나는 설명한다. '이것은 괴로움의 일어남이다.'라고 나는 설명한다. '이것은 괴로움의 소멸이다.'라고 나는 설명한다. '이것은 괴로움의 소멸로 인도하는 도닦음이다.'라고 나는 설명한다."(D9 §29)라고 하셨다. 무슨 이유 때문인가? "뽓타빠다여, 이것은 참으로 이익을 주고, 청정범행의 시작이며, 전적으로 [속된 것들을] 역겨워함으로 인도하고, 욕망이 빛바램으로 인도하고, 소멸로 인도하고, 고요함으로 인도하고, 최상의 지혜로 인도하고, 바른 깨달

케마 경(S44:1)

Kemā-sutta

1. 이와 같이 나는 들었다. [374] 한때 세존께서는 사왓티에서 제따 숲의 아나타삔디까 원림(급고독원)에 머무셨다.

2. 그 무렵 케마 비구니[41]는 꼬살라에서 유행을 하다가 사왓티와 사께따[42] 사이에 있는 또라나왓투에 거주하였다.

그때 빠세나디 꼬살라 왕은 사께따로부터 사왓티로 가다가 사왓티와 사께따 사이에 있는 또라나왓투에서 하룻밤을 머물렀다. 그때 빠세나디 꼬살라 왕은 어떤 사람을 불러서 말했다.

음으로 인도하고, 열반으로 인도하기 때문이다. 그래서 나는 이것을 설명한다."(D9 §30)라고 하셨다.

그리고 「말룽꺄뿟따 경」(M63)의 결론 부분에서 세존께서는 "내가 설명하지 않은 것은 설명하지 않은 대로 호지하라. 내가 설명한 것은 설명한 대로 호지하라."(M63 §7, §10)라고 단호하게 말씀하신다. 불자는 이러한 부처님 가르침의 분명한 입각처에 바른 이해와 확신을 가져야 할 것이다.

41) 케마 비구니(Khemā bhikkhunī)는 『앙굿따라 니까야』 「하나의 모음」(A1:14:5-2)에서 "큰 통찰지를 가진(mahā-paññā) 비구니들 가운데서 으뜸(지혜제일)"이라 불려진다. 케마 장로니는 맛다(Madda) 지방에 있는 사갈라(Sāgala)의 왕족 출신이다. 그녀는 뛰어난 외모를 가졌으며 빔비사라 왕의 첫째 왕비였다. 세존께서 라자가하의 대나무 숲(Veḷuvana)에 머무실 때 세존께서는 형색의 덧없음을 말씀하신다는 말을 듣고 자신의 외모도 덧없다고 말씀하실 거라 여기고 세존을 뵈러 가지 않았다고 한다. 빔비사라 왕의 설득으로 세존을 뵈러 갔는데 세존은 그녀의 면전에 그녀보다 훨씬 아름다운 천상의 요정을 만들어서 그 요정이 점점 늙어서 형편없이 되어 쓰러져 죽는 모습을 보이게 하셨다. 그것을 본 그녀는 낙담에 빠졌고 부처님께서는 그녀에게 형색의 덧없음을 설하셨다. 세존의 설법을 듣고 그녀는 아라한이 되었다고 하며 왕의 허락을 받아서 출가하였다고 한다.(AA.i.342~345)

42) 사께따(Sāketa)는 꼬살라(Kosala)에 있는 도시였다. 『디가 니까야』 「대반열반경」(D16) §5.17에서는 당시 가장 번창했던 6대 도시(짬빠, 라자가하, 사왓티, 사께따, 꼬삼비, 바라나시) 가운데 하나로 언급되고 있다.

3. "여봐라. 가서 오늘 내가 친견할 만한 사문이나 바라문이 있는지 알아보라."

"그렇게 하겠습니다, 폐하."라고 그 사람은 빠세나디 꼬살라 왕에게 대답한 뒤 온 또라나왓투를 구석구석 다녀봤지만 빠세나디 꼬살라 왕이 친견할 만한 사문이나 바라문을 보지 못했다.

4. 그러다가 그 사람은 케마 비구니가 또라나왓투에 거주하는 것을 보았다. 그런 뒤 빠세나디 꼬살라 왕에게 갔다. 가서 빠세나디 꼬살라 왕에게 이렇게 말했다.

"폐하, 또라나왓투에는 폐하께서 친견할 만한 사문이나 바라문이 없습니다. 폐하, 그런데 케마라는 비구니가 있는데 그 스님은 그분 세존 아라한 정등각자의 제자입니다. 그 스님에게는 [375] '그 스님은 현명한 분이고 영민한 분이며 슬기로운 분이고 많이 배운 분이며 명료하게 표현하는 분이고 선견지명이 있는 분이다.'라는 이러한 좋은 명성이 따릅니다."

그러자 빠세나디 꼬살라 왕은 케마 비구니에게 다가갔다. 가서는 케마 비구니에게 절을 올리고 한 곁에 앉았다. 한 곁에 앉은 빠세나디 꼬살라 왕은 케마 비구니에게 이렇게 말했다.

5. "스님, 여래는 사후에도 존재합니까?"43)

"대왕이여, 세존께서는 '여래는 사후에도 존재한다.'라고 이것을 설명하지 않으셨습니다."

"스님, 그러면 여래는 사후에 존재하지 않습니까?"

"대왕이여, 세존께서는 '여래는 사후에 존재하지 않는다.'라고 이

---

43) 이 질문과 대답은 본서 제2권 S16:12와 제3권 S24:15~18, S33:1~55에도 나타나고 있다.

것도 설명하지 않으셨습니다."

"스님, 그러면 여래는 사후에 존재하기도 하고 존재하지 않기도 합니까?"

"대왕이여, 세존께서는 '여래는 사후에 존재하기도 하고 존재하지 않기도 한다.'라고 이것도 설명하지 않으셨습니다."

"스님, 그러면 여래는 사후에 존재하는 것도 아니고 존재하지 않는 것도 아닙니까?"

"대왕이여, 세존께서는 '여래는 사후에 존재하는 것도 아니고 존재하지 않는 것도 아니다.'라고 이것도 설명하지 않으셨습니다."

6. "그런데 제가 '스님, 여래는 사후에도 존재합니까?' 라고 물으면 스님은 '대왕이여, 세존께서는 '여래는 사후에도 존재한다.'라고 이것을 설명하지 않으셨습니다.'라고 대답합니다. 제가 '스님, 그러면 여래는 사후에 존재하지 않습니까?'라고 물으면 … '스님, 그러면 여래는 사후에 존재하기도 하고 존재하지 않기도 합니까?'라고 물으면 … '스님, 그러면 여래는 사후에 존재하는 것도 아니고 존재하지 않는 것도 아닙니까?'라고 물으면 스님은 '대왕이여, 세존께서는 '여래는 사후에 존재하는 것도 아니고 존재하지 않는 것도 아니다.'라고 이것도 설명하지 않으셨습니다.'라고 대답합니다. [376] 그러면 세존께서는 무슨 원인과 무슨 조건 때문에 이것을 설명하지 않으셨습니까?"

7. "대왕이여, 그렇다면 이제 제가 그대에게 다시 물어보리니 그대가 옳다고 생각하는 대로 설명해보십시오.

대왕이여, 이를 어떻게 생각합니까? 그대에게 어떤 회계사나 경리인이나 셈하는 자가 있는데 그가 강가 강의 모래를 헤아려서 '강가 강에는 이만큼의 모래알이 있다.'라거나 '강가 강에는 이만큼의 수백의 모래알이 있다.'라거나 '강가 강에는 이만큼의 수천의 모래알이 있다.'라거나 '강가 강에는 이만큼의 수십만의 모래알이 있다.'라고 할 수 있겠습니까?"

"그렇지 않습니다, 스님."

"대왕이여, 그렇다면 그대에게 어떤 회계사나 경리인이나 셈하는 자가 있는데 그가 큰 바다의 물을 헤아려서 '큰 바다에는 이만큼의 양에 해당하는 물 있다.'라거나 '큰 바다에는 이만큼의 수백에 해당하는 양의 물이 있다.'라거나 '큰 바다에는 이만큼의 수천에 해당하는 양의 물이 있다.'라거나 '큰 바다에는 이만큼의 수십만에 해당하는 양의 물이 있다.'라고 할 수 있겠습니까?"

"그렇지 않습니다, 스님. 그것은 무슨 이유 때문인가 하면, 큰 바다는 너무 깊고 측량할 수 없고 깊이를 잴 수 없기 때문입니다."

8. "대왕이여, 그와 같이[44] 사람들이 물질로써 여래를 묘사하여 ['이런 분이 여래다.'라고] 드러낼 그런 물질을 여래께서는 제거하셨고 그 뿌리를 자르셨고 줄기만 남은 야자수처럼 만드셨고 존재하지 않게 하셨고 미래에 다시는 일어나지 않게끔 하셨습니다. 대왕이여, 여래께서는 물질이라는 헤아림으로부터 해탈하셨습니다. 여래께서는 마치 큰 바다처럼 너무 깊고 측량할 수 없고 깊이를 잴 수 없는 분이십니다.[45] 그러므로 '여래는 사후에도 존재한다.'라는 것도 적용

---

44) 이하 본경에 나타나는 이 대답은 『맛지마 니까야』 「불 왓차곳따 경」(M72/i.487~488) §20에서 세존께서 왓차곳따에게 하신 말씀과 동일하다.

45) "'물질로써 여래를 묘사하여(yena rūpena tathāgatam paññāpayamāno)'라는 것은 물질로써 길다거나 짧다거나 검다거나 희다라는 중생에게 속하는 것(satta-saṅkhāta)으로 여래를 묘사한다는 말이다.
'물질을 여래께서는 제거하셨고(taṁ rūpaṁ tathāgatassa pahīnaṁ)'라는

되지 않습니다. '여래는 사후에 존재하지 않는다.'는 것도 적용되지 않습니다. '여래는 사후에 존재하기도 하고 존재하지 않기도 한다.'는 것도 적용되지 않습니다. '여래는 사후에 존재하는 것도 아니고 존재하지 않는 것도 아니다.'라는 것도 적용되지 않습니다.

대왕이여, 그와 같이 사람들이 [377] 느낌으로써 여래를 묘사하여 …

인식으로써 여래를 묘사하여 …

심리현상들로써 여래를 묘사하여 …

알음알이로써 여래를 묘사하여 ['이런 분이 여래다.'라고] 드러낼 그런 알음알이를 여래께서는 제거하셨고 그 뿌리를 자르셨고 줄기만 남은 야자수처럼 만드셨고 존재하지 않게 하셨고 미래에 다시는 일어나지 않게끔 하셨습니다. 대왕이여, 여래께서는 알음알이라는 헤아림으로부터 해탈하셨습니다. 여래께서는 마치 큰 바다처럼 너무 깊고 측량할 수 없고 깊이를 잴 수 없는 분이십니다. 그러므로 '여래는 사후에도 존재한다.'라는 것도 적용되지 않습니다. '여래는 사후에 존재하지 않는다.'는 것도 적용되지 않습니다. '여래는 사후에 존재하기도 하고 존재하지 않기도 한다.'는 것도 적용되지 않습니다. '여래

것은 앞서 말한 형태의 물질이 일어남(samudaya-ppahāna)을 버리는 것을 말한다.
'물질이라는 헤아림으로부터 해탈하셨다(rūpasaṅkhāya vimutto).'는 것은 미래에 물질이 생기지 않기(anuppatti) 때문에 그분에게는 물질적 부분이라거나 정신적 부분(rūpa-arūpa-koṭṭhāsa)이라는 그러한 것이 있을 것이라는 그런 인습적인 표현(vohāra)이 해당되지 않는다(paṭipassaddhattā). 그렇기 때문에 물질이라는 개념(rūpa-paṇṇatti)으로부터 해탈했다는 말이다.
'너무 깊고(gambhīro)'라는 것은 성향이 깊고(ajjhāsaya gambhīratā) 공덕이 깊기(guṇa-gambhīra) 때문에 깊다. 그분의 공덕이 깊기 때문에 일체지자인 여래가 태어나면 중생에게 속하는 여래라는 개념(paññatti)이 있게 된다. 그러나 그분에게는 더 이상 [오온이 – SAṬ] 존재하지 않기 때문에 그러한 [중생이라는] 개념이 존재하지 않는다. 이런 것을 보는 자에게는 중생에게 속하는 '여래는 사후에도 존재한다.'라는 것 등은 해당되지 않고 적용되지 않는다는 말이다."(SA.iii.113)

는 사후에 존재하는 것도 아니고 존재하지 않는 것도 아니다.'라는 것도 적용되지 않습니다."

9. 그러자 빠세나디 꼬살라 왕은 케마 비구니의 말을 기뻐하고 감사드린 뒤 자리에서 일어나 케마 비구니에게 절을 올리고 오른쪽으로 [세 번] 돌아 [경의를 표한] 뒤에 물러갔다.

10. 그후 빠세나디 꼬살라 왕은 세존께 다가갔다. 가서는 세존께 절을 올리고 [378] 한 곁에 앉았다. 한 곁에 앉은 빠세나디 꼬살라 왕은 세존께 이렇게 여쭈었다.

"세존이시여, 여래는 사후에도 존재합니까?"

"대왕이여, 나는 '여래는 사후에도 존재한다.'라고 이것을 설명하지 않았습니다." …

"세존이시여, 그러면 여래는 사후에 존재하는 것도 아니고 존재하지 않는 것도 아닙니까?"

"대왕이여, 나는 '여래는 사후에 존재하는 것도 아니고 존재하지 않는 것도 아니다.'라고 이것도 설명하지 않았습니다."

11. "그런데 제가 '세존이시여, 여래는 사후에도 존재합니까?'라고 여쭈면 … 세존께서는 '대왕이여, 나는 '여래는 사후에 존재하는 것도 아니고 존재하지 않는 것도 아니다.'라고 이것도 설명하지 않았습니다.'라고 대답하십니다. 그러면 세존께서는 무슨 원인과 무슨 조건 때문에 이것을 설명하지 않으셨습니까?"

12. "대왕이여, 그렇다면 이제 제가 그대에게 다시 물어보리니 그대가 옳다고 생각하는 대로 설명해보십시오.

대왕이여, 이를 어떻게 생각합니까? 그대에게 어떤 회계사나 경리인이나 셈하는 자가 있는데 그가 강가 강의 모래를 헤아려서 … 큰 바다의 물을 헤아려서 …

대왕이여, 그와 같이 사람들이 물질로써 여래를 묘사하여 … [379]

느낌으로써 여래를 묘사하여 …

인식으로써 여래를 묘사하여 …

심리현상들로써 여래를 묘사하여 …

알음알이로써 여래를 묘사하여 ['이런 분이 여래다.'라고] 드러낼 그런 알음알이를 여래는 제거하였고 그 뿌리를 잘랐고 줄기만 남은 야자수처럼 만들었고 존재하지 않게 하였고 미래에 다시는 일어나지 않게끔 하였습니다. 대왕이여, 여래는 알음알이라는 헤아림으로부터 해탈하였습니다. 여래는 마치 큰 바다처럼 너무 깊고 측량할 수 없고 깊이를 잴 수 없는 분입니다. 그러므로 '여래는 사후에도 존재한다.'라는 것도 적용되지 않습니다. '여래는 사후에 존재하지 않는다.'는 것도 적용되지 않습니다. '여래는 사후에 존재하기도 하고 존재하지 않기도 한다.'는 것도 적용되지 않습니다. '여래는 사후에 존재하는 것도 아니고 존재하지 않는 것도 아니다.'라는 것도 적용되지 않습니다."

13. "경이롭습니다, 세존이시여. 놀랍습니다, 세존이시여. 으뜸가는 구문46)에 대해 참으로 스승과 제자의 뜻과 뜻이, 문장과 문장이 합치하고 합일하고 모순되지 않으십니다. 세존이시여, 한번은 제가 케마 비구니에게 다가가서 이 뜻에 대해 물었습니다. 케마 비구니도 세존께서 설명하신 것처럼 이런 단어와 이런 문장으로 그 뜻을 설

---

46) "'으뜸가는 구문(agga-pada)'이란 열반을 뜻한다."(AA.v.79)
한편 본 문단은 『앙굿따라 니까야』 「인식 경」 2(A11:8) §5에서 아난다 존자가 사리뿟따 존자에게 하는 말로도 나타난다.

명하였습니다.

경이롭습니다, 세존이시여. 놀랍습니다, 세존이시여. 으뜸가는 구문에 대해 참으로 스승과 제자의 뜻과 뜻이, 문장과 문장이 합치하고 합일하고 모순되지 않으십니다."

14. 그러자 빠세나디 꼬살라 왕은 세존의 말씀을 [380] 기뻐하고 감사드린 뒤 자리에서 일어나 세존께 절을 올리고 오른쪽으로 [세 번] 돌아 [경의를 표한] 뒤에 물러갔다.

아누라다 경(S44:2)[47]

Anurādha-sutta

1. 이와 같이 나는 들었다. 한때 세존께서는 웨살리에서 큰 숲[大林]의 중각강당에 머무셨다.

2. 그 무렵 아누라다 존자는 세존으로부터 멀지 않은 숲속의 토굴에 머물고 있었다.

그때 많은 외도 유행승들이 아누라다 존자에게 다가갔다. 가서는 아누라다 존자와 함께 환담을 나누었다. 유쾌하고 기억할 만한 이야기로 서로 담소를 나누고 한 곁에 앉았다. 한 곁에 앉은 외도 유행승들은 아누라다 존자에게 이렇게 말했다.

3. "도반 아누라다여, 그분 여래는 최상의 사람이며, 최고의 사람이며, 최고에 도달한 분입니다.[48] 여래는 이러한 [자기 자신]에 대

---

47) 본경은 본서 제3권 「아누라다 경」(S22:86)과 꼭 같다.

48) 여기서 여래는 앞의 경에 해당하는 주석서가 중생(satta)이라 정의한 것과는 관계가 없다.(앞의 「케마 경」(S44:1) §8의 주해 참조) 여기서 여래는 부처님 혹은 아라한을 뜻한다. 본서 「토론장 경」(S44:9) §4에도 이 표현이

해서 '여래는 사후에도 존재한다.'라거나, '여래는 사후에 존재하지 않는다.'라거나, '여래는 사후에 존재하기도 하고 존재하지 않기도 한다.'라거나, '여래는 사후에 존재하는 것도 아니요 존재하지 않는 것도 아니다.'라는 이러한 네 가지 경우로 천명하십니다."[49]

4. 이렇게 말하자 아누라다 존자는 외도 유행승들에게 이렇게 말했다.

"도반들이여, 그분 여래는 최상의 사람이며, 최고의 사람이며, 최고에 도달한 분입니다. 그러나 여래는 이러한 [자기 자신]에 대해서 '여래는 사후에도 존재한다.'라거나, '여래는 사후에 존재하지 않는다.'라거나, '여래는 사후에 존재하기도 하고 존재하지 않기도 한다.'라거나, '여래는 사후에 존재하는 것도 아니요 존재하지 않는 것도 아니다.'라는 이러한 네 가지 경우로 천명하시지 않습니다."[50]

5. 이렇게 말하자 외도 유행승들은 아누라다 존자에게 이렇게 말했다.

"이 비구는 출가한 지 얼마 되지 않은 신참인 모양이다. 만일 장로라면 어리석고 우둔한 자일 것이다."

나타난다.

49) 이 네 가지는 모두 여래를 자아로 파악하기 때문에 생긴 것이다. 첫 번째 견해는 상견을, 두 번째는 단견을, 세 번째는 혼합주의(일부 상견)를, 네 번째는 회피하는 회의론을 나타낸다. 본서 제3권 「왓차곳따 상윳따」(S33)와 여기 「설명하지 않음 상윳따」(S44)의 두 개의 상윳따에 포함된 모든 경들은 전적으로 이 네 가지 주제를 다루고 있다. 본서 제2권 「사후 경」(S16:12)도 참조할 것.

50) "아누라다 존자에게 '이것은 교법(sāsana)에 위배(paṭipakkhā)되고 상반(paṭivilomā)된다. 스승께서는 이들이 말하는 것처럼 [여래에 대해서] 서술하지 않으실 것이다. 스승께서는 분명히 다르게 말씀하실 것이다.'라는 생각이 들었기 때문에 이렇게 말한 것이다."(SA.ii.312)

6. 외도 유행승들은 이렇게 아누라다 존자에게 신참이라는 말과 어리석다는 말로 모욕한 뒤에 자리에서 일어나서 나갔다. [381]
외도 유행승들이 나간 지 오래지 않아서 아누라다 존자에게 이런 생각이 들었다. '만일 그 외도 유행승들이 나에게 더 질문을 했더라면 나는 어떻게 대답해야 세존께서 설하신 것과 일치하여, 세존을 거짓으로 헐뜯지 않고 세존께서 설하신 것을 반복하여 설한 것이 될까? [세존께서 설했다고 전해진 이것을 반복하더라도] 어떤 동료수행자도 나쁜 견해에 빠져 비난의 조건을 만나지 않게 될까?'라고.

7. 그때 아누라다 존자는 세존께 다가갔다. 가서는 세존께 절을 올리고 한 곁에 앉았다. 한 곁에 앉은 아누라다 존자는 세존께 이렇게 말씀드렸다.

"세존이시여, 저는 세존으로부터 멀지 않은 숲속의 토굴에 머물고 있었습니다. 그때 많은 외도 유행승들이 … 제게 이렇게 말했습니다.

'도반 아누라다여, 그분 여래는 최상의 사람이며, 최고의 사람이며, 최고에 도달한 분입니다. 여래는 이러한 [자기 자신]에 대해서 '여래는 사후에도 존재한다.'라거나, '여래는 사후에 존재하지 않는다.'라거나, '여래는 사후에 존재하기도 하고 존재하지 않기도 한다.'라거나, '여래는 사후에 존재하는 것도 아니요 존재하지 않는 것도 아니다.'라는 이러한 네 가지 경우로 천명하십니다.'

이렇게 말하자 저는 외도 유행승들에게 이렇게 말하였습니다.

'도반들이여, 그분 여래는 최상의 사람이며, … 이러한 네 가지 경우로 천명하시지 않습니다.'

이렇게 말하자 외도 유행승들은 제게 이렇게 말하였습니다.

'이 비구는 출가한 지 얼마 되지 않는 신참인 모양이다. 만일 장로

라면 어리석고 우둔한 자일 것이다.'

외도 유행승들은 이렇게 제게 신참이라는 말과 어리석다는 말로 모욕한 뒤에 자리에서 일어나서 나갔습니다.

외도 유행승들이 나간 지 오래지 않아서 [382] 제게 이런 생각이 들었습니다. '만일 그 외도 유행승들이 나에게 더 질문을 했더라면 나는 어떻게 대답해야 세존께서 설하신 것과 일치하여, 세존을 거짓으로 헐뜯지 않고 세존께서 설하신 것을 반복하여 설한 것이 될까? [세존께서 설했다고 전해진 이것을 반복하더라도] 어떤 동료수행자도 나쁜 견해에 빠져 비난의 조건을 만나지 않게 될까?'라고."

8. "아누라다여, 이를 어떻게 생각하는가? 물질은 항상한가, 무상한가?"

"무상합니다, 세존이시여."

"그러면 무상한 것은 괴로움인가, 즐거움인가?"

"괴로움입니다, 세존이시여."

"그러면 무상하고 괴로움이고 변하기 마련인 것을 두고 '이것은 내 것이다. 이것은 나다. 이것은 나의 자아다.'라고 관찰하는 것이 타당하겠는가?"

"그렇지 않습니다, 세존이시여."

"아누라다여, 이를 어떻게 생각하는가? 느낌은 … 인식은 … 심리현상들은 … 알음알이는 항상한가, 무상한가?"

"무상합니다, 세존이시여."

"그러면 무상한 것은 괴로움인가, 즐거움인가?"

"괴로움입니다, 세존이시여."

"그러면 무상하고 괴로움이고 변하기 마련인 것을 두고 '이것은 내 것이다. 이것은 나다. 이것은 나의 자아다.'라고 관찰하는 것이 타당하겠는가?"

"그렇지 않습니다, 세존이시여."

9. "아누라다여, 그러므로 그것이 어떠한 물질이건 … 그것이 어떠한 느낌이건 … 그것이 어떠한 인식이건 … 그것이 어떠한 심리현상들이건 … 그것이 어떠한 알음알이건, 그것이 과거의 것이건 미래의 것이건 현재의 것이건 안의 것이건 밖의 것이건 거칠건 미세하건 저열하건 수승하건 멀리 있건 가까이 있건 '이것은 내 것이 아니요, 이것은 내가 아니며, [383] 이것은 나의 자아가 아니다.'라고 있는 그대로 바른 통찰지로 보아야 한다."

10. "아누라다여, 이와 같이 보는 잘 배운 성스러운 제자는 물질에 대해서도 염오하고 느낌에 대해서도 염오하고 인식에 대해서도 염오하고 심리현상들에 대해서도 염오하고 알음알이에 대해서도 염오한다.

염오하면서 탐욕이 빛바래고, 탐욕이 빛바래기 때문에 해탈한다. 해탈하면 해탈했다는 지혜가 있다. '태어남은 다했다. 청정범행(梵行)은 성취되었다. 할 일을 다 해 마쳤다. 다시는 어떤 존재로도 돌아오지 않을 것이다.'라고 꿰뚫어 안다."

11. "아누라다여, 이를 어떻게 생각하는가? (1) 그대는 물질을 여래라고 관찰하는가?"

"그렇지 않습니다, 세존이시여."

"그대는 느낌을 … 인식을 … 심리현상들을 … 알음알이를 여래라고 관찰하는가?"

"그렇지 않습니다, 세존이시여."

12. "아누라다여, 이를 어떻게 생각하는가? (2) 그대는 물질 안에 여래가 있다고 관찰하는가?"

"그렇지 않습니다, 세존이시여."

"그대는 느낌 안에 … 인식 안에 … 심리현상들 안에 … 알음알이 안에 여래가 있다고 관찰하는가?"

"그렇지 않습니다, 세존이시여."

13. "아누라다여, 이를 어떻게 생각하는가? (3) 그대는 물질과 느낌과 인식과 심리현상들과 알음알이가 [모두 합해진 것이] 여래라고 관찰하는가?" [384]

"그렇지 않습니다, 세존이시여."

14. "아누라다여, 이를 어떻게 생각하는가? (4) 그러면 그대는 물질도 아니요 느낌도 아니요 인식도 아니요 심리현상들도 아니요 알음알이도 아닌 것이 여래라고 관찰하는가?"

"그렇지 않습니다, 세존이시여."

15. "아누라다여, 이처럼 그대는 지금·여기(現法, 현재)에서도 여래는 실재하고 견고하다고[51] 입증하지 못하고 있다. 그런데도 그대가 이렇게 설명하는 것이 타당하겠는가? 즉 '도반들이여, 그분 여래는 최상의 사람이며, 최고의 사람이며, 최고에 도달한 분입니다. 여래께서는 이러한 [자신에 대해서] '여래는 사후에도 존재한다.'라거나, '여래는 사후에 존재하지 않는다.'라거나, '여래는 사후에 존재하기도 하고 존재하지 않기도 한다.'라거나, '여래는 사후에 존재하는

---

51) '실재하고 견고하다고'는 saccato thetato를 옮긴 것이다. 주석서에서 "실재하는 것과 견고한 것으로부터(bhūtato ca thirato ca)"(MA.i.70)라고 설명하고 있어서 이렇게 옮겼다.

것도 아니요 존재하지 않는 것도 아니다.'라는 이러한 네 가지 경우 가운데 하나로 천명하십니다.'라고"

"그렇지 않습니다, 세존이시여."

16. "장하고 장하구나, 아누라다여. 아누라다여, 나는 이전에도 지금에도 괴로움과 괴로움의 소멸을 천명할 뿐이다."52) 53)

사리뿟따와 꼿티따 경1(S44:3)

Sāriputtakoṭṭhika-sutta

1. 이와 같이 나는 들었다. 한때 사리뿟따 존자와 마하꼿티따 존자는 바라나시에서 이시빠따나의 녹야원에 머물렀다.

2. 그때 마하꼿티따 존자는 해거름에 [낮 동안의] 홀로 앉음을 풀고 자리에서 일어나 사리뿟따 존자에게 다가갔다. 가서는 사리뿟

---

52) 이 말씀은 두 가지 입장에서 이해할 수 있다. 첫째는 세존께서는 사후의 문제와 같은 형이상학적인 질문에 대한 대답을 하시지 않고 지금·여기(현재)에서 괴로움의 소멸에 도달하는 실천적인 길을 설할 뿐이라고 이해하는 것이다. 그러나 이런 이해만으로는 여래에 대한 관찰과는 연결짓지 못한다. 그러므로 다른 해석이 필요하다.
둘째는 여래란 무상한 여러 현상들이 합성된 것이요 그래서 괴로움이요 그래서 불변하는 실체가 없는 것이며 그래서 이것은 단지 인습적 표현(vohāra)일 뿐이라는 것이다. 그러므로 여래에 대한 모든 사유나 설명은 단지 인습적인 것에 지나지 않는다. 그러므로 이러한 인습적인 것에 대한 설명은 하지 않고 존재의 근원적인 문제인 괴로움과 괴로움의 소멸만을 천명한다는 것이다. 『맛지마 니까야』 「뱀의 비유 경」(M22/i.140) §38도 이런 해석을 뒷받침해 주고 있다.

53) 본경은 중요하다. 세존께서는 먼저 여래라 불리는 개념적 존재(paññatti)를 오온으로 해체하시어 이 오온 각각이 무상이고 괴로움이고 무아임을 천명하신다. 그런 뒤 다섯 가지 방법으로 지금·여기에서 전개되고 있는 오온을 여래라고 볼 수 없다고 단정하신다. 그런 뒤 마지막으로 내생에 여래가 존재한다거나 아니라거나하는 언급 자체가 전혀 잘못되었음을 결론지으신다.

따 존자와 함께 환담을 나누었다. 유쾌하고 기억할 만한 이야기로 서로 담소를 하고서 한 곁에 앉았다. 한 곁에 앉은 마하꼿티따 존자는 사리뿟따 존자에게 이렇게 말했다.

3. "도반 사리뿟따여, 여래는 사후에도 존재합니까?"

"도반이여, 세존께서는 '여래는 사후에도 존재한다.'라고 이것을 설명하지 않으셨습니다."

"도반이여, 그러면 여래는 사후에 존재하지 않습니까?"

"도반이여, [385] 세존께서는 '여래는 사후에 존재하지 않는다.'라고 이것도 설명하지 않으셨습니다."

"도반이여, 그러면 여래는 사후에 존재하기도 하고 존재하지 않기도 합니까?"

"도반이여, 세존께서는 '여래는 사후에 존재하기도 하고 존재하지 않기도 한다.'라고 이것도 설명하지 않으셨습니다."

"도반이여, 그러면 여래는 사후에 존재하는 것도 아니고 존재하지 않는 것도 아닙니까?"

"도반이여, 세존께서는 '여래는 사후에 존재하는 것도 아니고 존재하지 않는 것도 아니다.'라고 이것도 설명하지 않으셨습니다."

4. "그런데 제가 '도반이여, 여래는 사후에도 존재합니까?' 라고 물으면 그대는 '도반이여, 세존께서는 '여래는 사후에도 존재한다.'라고 이것을 설명하지 않으셨습니다.'라고 대답합니다. 제가 '도반이여, 그러면 여래는 사후에 존재하지 않습니까?'라고 물으면 … '도반이여, 그러면 여래는 사후에 존재하기도 하고 존재하지 않기도 합니까?'라고 물으면 … '도반이여, 그러면 여래는 사후에 존재하는 것도 아니고 존재하지 않는 것도 아닙니까?'라고 물으면 그대는 '도

반이여, 세존께서는 '여래는 사후에 존재하는 것도 아니고 존재하지 않는 것도 아니다.'라고 이것도 설명하지 않으셨습니다.'라고 대답합니다. 그러면 세존께서는 무슨 원인과 무슨 조건 때문에 이것을 설명하지 않으셨습니까?"

5. "도반이여, '여래는 사후에도 존재한다.'라는 것은 물질에 대한 것입니다.[54] '여래는 사후에 존재하지 않는다.'라는 것도 물질에 대한 것입니다. '여래는 사후에 존재하기도 하고 존재하지 않기도 한다.'는 것도 물질에 대한 것입니다. '여래는 사후에 존재하는 것도 아니고 존재하지 않는 것도 아니다.'라는 것도 물질에 대한 것입니다.

도반이여, '여래는 사후에도 존재한다.'라는 것은 느낌에 대한 것입니다. …

도반이여, '여래는 사후에도 존재한다.'라는 것은 인식에 대한 것입니다. …

도반이여, '여래는 사후에도 존재한다.'라는 것은 심리현상들에 대한 것입니다. [386] …

도반이여, '여래는 사후에도 존재한다.'라는 것은 알음알이에 대한 것입니다. '여래는 사후에 존재하지 않는다.'라는 것도 알음알이에 대한 것입니다. '여래는 사후에 존재하기도 하고 존재하지 않기도 한다.'는 것도 알음알이에 대한 것입니다. '여래는 사후에 존재하는 것

---

54) "'이것은 물질에 대한 것이다(rūpagatam etaṁ).'라는 것은 이것은 다만 물질일 뿐(rūpa-matta)이라는 말이다. 여기서는 물질 외에 다른 어떤 중생이라는 것을 발견할 수 없다는 뜻이다. 그러나 물질이 있을 때 단지 이러한 이름이 있을 뿐(nāma-matta)임을 보여주는 것이다."(SA.iii.114)
"뿐(matta)이라는 것은 부정을 위한 것(visesa-nivatti-attha)이다. 그러면 여기서는 무엇을 부정하는가? 여기서 말하는 여래라는 것은 외도들이 상정하는(bāhira-parikappita) 자아(atta)인데 그것을 부정하기 위한 것이다."(SAṬ.iii.101)

도 아니고 존재하지 않는 것도 아니다.'라는 것도 알음알이에 대한 것입니다."

6. "도반이여, 이런 원인과 이런 조건 때문에 세존께서는 이것을 설명하지 않으셨습니다."

사리뿟따와 꼿티따 경2(S44:4)

1. 이와 같이 나는 들었다. 한때 사리뿟따 존자와 마하꼿티따 존자는 바라나시에서 이시빠따나의 녹야원에 머물렀다.

2. 그때 마하꼿티따 존자는 해거름에 [낮 동안의] 홀로 앉음을 풀고 자리에서 일어나 사리뿟따 존자에게 다가갔다. 가서는 사리뿟따 존자와 함께 환담을 나누었다. 유쾌하고 기억할 만한 이야기로 서로 담소를 하고서 한 곁에 앉았다. 한 곁에 앉은 마하꼿티따 존자는 사리뿟따 존자에게 이렇게 말했다.

3. "도반 사리뿟따여, 여래는 사후에도 존재합니까?" …

4. "그런데 제가 '도반이여, 여래는 사후에도 존재합니까?' 라고 물으면 … 제가 '도반이여, 그러면 여래는 사후에 존재하지 않습니까?'라고 물으면 … '도반이여, 그러면 여래는 사후에 존재하기도 하고 존재하지 않기도 합니까?'라고 물으면 … '도반이여, 그러면 여래는 사후에 존재하는 것도 아니고 존재하지 않는 것도 아닙니까?' 라고 물으면 그대는 '도반이여, 세존께서는 '여래는 사후에 존재하는 것도 아니고 존재하지 않는 것도 아니다.'라고 이것도 설명하지 않으셨습니다.'라고 대답합니다. 그러면 세존께서는 무슨 원인과 무슨 조건 때문에 이것을 설명하지 않으셨습니까?"

5. "도반이여, 물질을 있는 그대로 알지 못하고 보지 못하고 물질의 일어남을 있는 그대로 알지 못하고 보지 못하고 물질의 소멸을 있는 그대로 알지 못하고 보지 못하고 물질의 소멸로 인도하는 도닦음을 있는 그대로 알지 못하고 보지 못하는 자는 '여래는 사후에도 존재한다.'라고 생각합니다. '여래는 사후에 존재하지 않는다.'라고 생각합니다. '여래는 사후에 존재하기도 하고 존재하지 않기도 한다.'고 생각합니다. '여래는 사후에 존재하는 것도 아니고 존재하지 않는 것도 아니다.'라고 생각합니다.

도반이여, 느낌을 … 인식을 … 심리현상들을 … 알음알이를 있는 그대로 알지 못하고 보지 못하고 알음알이의 일어남을 있는 그대로 알지 못하고 보지 못하고 알음알이의 소멸을 있는 그대로 알지 못하고 보지 못하고 알음알이의 소멸로 인도하는 도닦음을 있는 그대로 알지 못하고 보지 못하는 자는 '여래는 사후에도 존재한다.'라고 생각합니다. [387] '여래는 사후에 존재하지 않는다.'라고 생각합니다. '여래는 사후에 존재하기도 하고 존재하지 않기도 한다.'고 생각합니다. '여래는 사후에 존재하는 것도 아니고 존재하지 않는 것도 아니다.'라고 생각합니다."

6. "도반이여, 물질을 있는 그대로 알고 보고 물질의 일어남을 있는 그대로 알고 보고 물질의 소멸을 있는 그대로 알고 보고 물질의 소멸로 인도하는 도닦음을 있는 그대로 알고 보는 자는 '여래는 사후에도 존재한다.'라고 생각하지 않습니다. '여래는 사후에 존재하지 않는다.'라고 생각하지 않습니다. '여래는 사후에 존재하기도 하고 존재하지 않기도 한다.'고 생각하지 않습니다. '여래는 사후에 존재하는 것도 아니고 존재하지 않는 것도 아니다.'라고 생각하지 않습니다.

도반이여, 느낌을 … 인식을 … 심리현상들을 … 알음알이를 있는 그대로 알고 보고 알음알이의 일어남을 있는 그대로 알고 보고 알음알이의 소멸을 있는 그대로 알고 보고 알음알이의 소멸로 인도하는 도닦음을 있는 그대로 알고 보는 자는 '여래는 사후에도 존재한다.' 라고 생각하지 않습니다. '여래는 사후에 존재하지 않는다.'라고 생각하지 않습니다. '여래는 사후에 존재하기도 하고 존재하지 않기도 한다.'고 생각하지 않습니다. '여래는 사후에 존재하는 것도 아니고 존재하지 않는 것도 아니다.'라고 생각하지 않습니다."

7. "도반이여, 이런 원인과 이런 조건 때문에 세존께서는 이것을 설명하지 않으셨습니다."

사리뿟따와 꼿티따 경3(S44:5)

1. 이와 같이 나는 들었다. 한때 사리뿟따 존자와 마하꼿티따 존자는 바라나시에서 이시빠따나의 녹야원에 머물렀다.

2. 그때 마하꼿티따 존자는 해거름에 [낮 동안의] 홀로 앉음을 풀고 자리에서 일어나 사리뿟따 존자에게 다가갔다. 가서는 사리뿟따 존자와 함께 환담을 나누었다. 유쾌하고 기억할 만한 이야기로 서로 담소를 하고서 한 곁에 앉았다. 한 곁에 앉은 마하꼿티따 존자는 사리뿟따 존자에게 이렇게 말했다.

3. "도반 사리뿟따여, 여래는 사후에도 존재합니까?" …

4. "그런데 제가 '도반이여, 여래는 사후에도 존재합니까?' 라고 물으면 … 제가 '도반이여, 그러면 여래는 사후에 존재하지 않습니까?'라고 물으면 … '도반이여, 그러면 여래는 사후에 존재하기도

하고 존재하지 않기도 합니까?'라고 물으면 … '도반이여, 그러면 여래는 사후에 존재하는 것도 아니고 존재하지 않는 것도 아닙니까?' 라고 물으면 그대는 '도반이여, 세존께서는 '여래는 사후에 존재하는 것도 아니고 존재하지 않는 것도 아니다.'라고 이것도 설명하지 않으셨습니다.'라고 대답합니다. 그러면 세존께서는 무슨 원인과 무슨 조건 때문에 이것을 설명하지 않으셨습니까?"

5. "도반이여, 물질에 대한 탐욕을 여의지 못하고 열의를 여의지 못하고 애정을 여의지 못하고 갈증을 여의지 못하고 열병을 여의지 못하고 갈애를 여의지 못하는 자는 '여래는 사후에도 존재한다.' 라고 생각합니다. '여래는 사후에 존재하지 않는다.'라고 생각합니다. '여래는 사후에 존재하기도 하고 존재하지 않기도 한다.'고 생각합니다. '여래는 사후에 존재하는 것도 아니고 존재하지 않는 것도 아니다.'라고 생각합니다.

도반이여, 느낌에 대한 … 인식에 대한 … 심리현상들에 대한 … 알음알이에 대한 탐욕을 여의지 못하고 열의를 여의지 못하고 애정을 여의지 못하고 갈증을 여의지 못하고 열병을 여의지 못하고 갈애를 여의지 못하는 자는 '여래는 사후에도 존재한다.'라고 생각합니다. '여래는 사후에 존재하지 않는다.'라고 생각합니다. '여래는 사후에 존재하기도 하고 존재하지 않기도 한다.'고 생각합니다. [388] '여래는 사후에 존재하는 것도 아니고 존재하지 않는 것도 아니다.'라고 생각합니다."

6. "도반이여, 물질에 대한 탐욕을 여의고 열의를 여의고 애정을 여의고 갈증을 여의고 열병을 여의고 갈애를 여읜 자는 '여래는 사후에도 존재한다.'라고 생각하지 않습니다. '여래는 사후에 존재하

지 않는다.'라고 생각하지 않습니다. '여래는 사후에 존재하기도 하고 존재하지 않기도 한다.'고 생각하지 않습니다. '여래는 사후에 존재하는 것도 아니고 존재하지 않는 것도 아니다.'라고 생각하지 않습니다.

도반이여, 느낌에 대한 … 인식에 대한 … 심리현상들에 대한 … 알음알이에 대한 탐욕을 여의고 열의를 여의고 애정을 여의고 갈증을 여의고 열병을 여의고 갈애를 여읜 자는 '여래는 사후에도 존재한다.'라고 생각하지 않습니다. '여래는 사후에 존재하지 않는다.'라고 생각하지 않습니다. '여래는 사후에 존재하기도 하고 존재하지 않기도 한다.'고 생각하지 않습니다. '여래는 사후에 존재하는 것도 아니고 존재하지 않는 것도 아니다.'라고 생각하지 않습니다."

7. "도반이여, 이런 원인과 이런 조건 때문에 세존께서는 이것을 설명하지 않으셨습니다."

사리뿟따와 꼿티따 경4(S44:6)

1. 이와 같이 나는 들었다. 한때 사리뿟따 존자와 마하꼿티따 존자는 바라나시에서 이시빠따나의 녹야원에 머물렀다.

2. 그때 사리뿟따 존자는 해거름에 [낮 동안의] 홀로 앉음을 풀고 자리에서 일어나 마하꼿티따 존자에게 다가갔다. 가서는 마하꼿티따 존자와 함께 환담을 나누었다. 유쾌하고 기억할 만한 이야기로 서로 담소를 하고서 한 곁에 앉았다. 한 곁에 앉은 사리뿟따 존자는 마하꼿티따 존자에게 이렇게 말했다.

3. "도반 꼿티따여, 여래는 사후에도 존재합니까?" …

4. "그런데 제가 '도반이여, 여래는 사후에도 존재합니까?' 라고 물으면 … 제가 '도반이여, 그러면 여래는 사후에 존재하지 않습니까?'라고 물으면 … '도반이여, 그러면 여래는 사후에 존재하기도 하고 존재하지 않기도 합니까?'라고 물으면 … '도반이여, 그러면 여래는 사후에 존재하는 것도 아니고 존재하지 않는 것도 아닙니까?' 라고 물으면 그대는 '도반이여, 세존께서는 '여래는 사후에 존재하는 것도 아니고 존재하지 않는 것도 아니다.'라고 이것도 설명하지 않으셨습니다.'라고 대답합니다. 그러면 세존께서는 무슨 원인과 무슨 조건 때문에 이것을 설명하지 않으셨습니까?"

(1) 물질을 즐거워함

5. "도반이여, 물질을 즐거워하고 물질을 탐닉하고 물질을 기뻐하는 자는 물질의 소멸을 알지 못하고 보지 못하기 때문에 [389] '여래는 사후에도 존재한다.'라고 생각합니다. '여래는 사후에 존재하지 않는다.'라고 생각합니다. '여래는 사후에 존재하기도 하고 존재하지 않기도 한다.'고 생각합니다. '여래는 사후에 존재하는 것도 아니고 존재하지 않는 것도 아니다.'라고 생각합니다.

도반이여, 느낌을 … 인식을 … 심리현상들을 … 알음알이를 즐거워하고 알음알이를 탐닉하고 알음알이를 기뻐하는 자는 알음알이의 소멸을 알지 못하고 보지 못하기 때문에 '여래는 사후에도 존재한다.' 라고 생각합니다. '여래는 사후에 존재하지 않는다.'라고 생각합니다. '여래는 사후에 존재하기도 하고 존재하지 않기도 한다.'고 생각합니다. '여래는 사후에 존재하는 것도 아니고 존재하지 않는 것도 아니다.'라고 생각합니다."

6. "도반이여, 물질을 즐거워하지 않고 물질을 탐닉하지 않고 물질을 기뻐하지 않는 자는 물질의 소멸을 알고 보기 때문에 '여래는 사후에도 존재한다.'라고 생각하지 않습니다. '여래는 사후에 존재하지 않는다.'라고 생각하지 않습니다. '여래는 사후에 존재하기도 하고 존재하지 않기도 한다.'고 생각하지 않습니다. '여래는 사후에 존재하는 것도 아니고 존재하지 않는 것도 아니다.'라고 생각하지 않습니다.

도반이여, 느낌을 … 인식을 … 심리현상들을 … 알음알이를 즐거워하지 않고 알음알이를 탐닉하지 않고 알음알이를 기뻐하지 않는 자는 알음알이의 소멸을 알고 보기 때문에 '여래는 사후에도 존재한다.'라고 생각하지 않습니다. '여래는 사후에 존재하지 않는다.'라고 생각하지 않습니다. '여래는 사후에 존재하기도 하고 존재하지 않기도 한다.'고 생각하지 않습니다. '여래는 사후에 존재하는 것도 아니고 존재하지 않는 것도 아니다.'라고 생각하지 않습니다."

7. "도반이여, 이런 원인과 이런 조건 때문에 세존께서는 이것을 설명하지 않으셨습니다."

(2) 존재를 즐거워함

8. "도반이여, 그러면 세존께서 그것을 언급하지 않으신 이유를 다른 방법으로도 설명할 수 있습니까?"

"있습니다, 도반이여. 도반이여, 존재를 즐거워하고 존재를 탐닉하고 존재를 기뻐하는 자는 존재의 소멸을 알지 못하고 보지 못하기 때문에 '여래는 사후에도 존재한다.'라고 생각합니다. …

도반이여, [390] 존재를 즐거워하지 않고 존재를 탐닉하지 않고 존재를 기뻐하지 않는 자는 존재의 소멸을 알고 보기 때문에 '여래는 사후에도 존재한다.'라고 생각하지 않습니다. …"

9. "도반이여, 이것이 세존께서 그것을 언급하지 않으신 이유를 다른 방법으로 설명한 것입니다."

(3) 취착을 즐거워함

10. "도반이여, 그러면 세존께서 그것을 언급하지 않으신 이유를 또 다른 방법으로도 설명할 수 있습니까?"

"있습니다, 도반이여. 도반이여, 취착을 즐거워하고 취착을 탐닉하고 취착을 기뻐하는 자는 취착의 소멸을 알지 못하고 보지 못하기 때문에 '여래는 사후에도 존재한다.'라고 생각합니다. …

도반이여, 취착을 즐거워하지 않고 취착을 탐닉하지 않고 취착을 기뻐하지 않는 자는 취착의 소멸을 알고 보기 때문에 '여래는 사후에도 존재한다.'라고 생각하지 않습니다. …"

11. "도반이여, 이것도 세존께서 그것을 언급하지 않으신 이유를 다른 방법으로 설명한 것입니다."

(4) 갈애를 즐거워함

12. "도반이여, 그러면 세존께서 그것을 언급하지 않으신 이유를 또 다른 방법으로도 설명할 수 있습니까?"

"있습니다, 도반이여. 도반이여, 갈애를 즐거워하고 갈애를 탐닉하고 갈애를 기뻐하는 자는 갈애의 소멸을 알지 못하고 보지 못하기 때문에 '여래는 사후에도 존재한다.'라고 생각합니다. …

도반이여, 갈애를 즐거워하지 않고 갈애를 탐닉하지 않고 갈애를 기뻐하지 않는 자는 갈애의 소멸을 알고 보기 때문에 '여래는 사후에도 존재한다.'라고 생각하지 않습니다. … [391] …"

13. "도반이여, 이것도 세존께서 그것을 언급하지 않으신 이유를 다른 방법으로 설명한 것입니다."

(5) 다른 방법이 있는가?

14. "도반이여, 그러면 세존께서 그것을 언급하지 않으신 이유를 또 다른 방법으로도 설명할 수 있습니까?"

"도반 사리뿟따여, 여기서 그대는 이제 더 이상 무엇을 원하십니까? 도반 사리뿟따여, 갈애를 부수어 해탈한 비구에 대해서는 그의 존재양상을 천명할 방법이 없습니다."55)

목갈라나 경(S44:7)

Moggalāna-sutta

2. 그때 왓차곳따 유행승56)이 마하목갈라나 존자에게 다가갔다. 가서는 마하목갈라나 존자와 함께 환담을 나누었다. 유쾌하고 기억할 만한 이야기로 서로 담소를 하고서 한 곁에 앉았다. 한 곁에 앉은 왓차곳따 유행승은 마하목갈라나 존자에게 이렇게 말했다.

3. "목갈라나 존자여, 세상은 영원합니까?"

"왓차여, 세존께서는 '세상은 영원하다.'라고 이것을 설명하지 않

---

55) '존재양상을 천명할 방법이 없습니다.'는 Be, Se: vaṭṭaṁ natthi paññāpanāya로 읽은 것이다. 본서 제3권 「취착의 양상 경」(S22:56) §6의 마지막에도 이렇게 나타난다. vaṭṭaṁ(존재양상, 윤회) 대신에 Ee에는 vaḍḍhaṁ(향상, 재산)으로 나타나는데 본 문맥과 어울리지 않는다. 「취착의 양상 경」(S22:56) §6의 주해를 참조할 것.

56) 왓차곳따 유행승(Vacchagotta paribbājaka)에 대해서는 본서 제3권 「무지 경」 1(S33:1) §2의 주해를 참조할 것.

으셨습니다."

"목갈라나 존자여, 세상은 영원하지 않습니까?"

"왓차여, 세존께서는 '세상은 영원하지 않다.'라고 이것을 설명하지 않으셨습니다."

"목갈라나 존자여, 세상은 유한합니까?"

"왓차여, 세존께서는 '세상은 유한하다.'라고 이것을 설명하지 않으셨습니다."

"목갈라나 존자여, 세상은 무한합니까?"

"왓차여, 세존께서는 '세상은 무한하다.'라고 이것을 설명하지 않으셨습니다."

"목갈라나 존자여, [392] 생명과 몸은 같은 것입니까?"

"왓차여, 세존께서는 '생명과 몸은 같은 것이다.'라고 이것을 설명하지 않으셨습니다."

"목갈라나 존자여, 생명과 몸은 다른 것입니까?"

"왓차여, 세존께서는 '생명과 몸은 다른 것이다.'라고 이것을 설명하지 않으셨습니다."

"목갈라나 존자여, 여래는 사후에도 존재합니까?"

"왓차여, 세존께서는 '여래는 사후에도 존재한다.'라고 이것을 설명하지 않으셨습니다."

"목갈라나 존자여, 그러면 여래는 사후에 존재하지 않습니까?"

"왓차여, 세존께서는 '여래는 사후에 존재하지 않는다.'라고 이것도 설명하지 않으셨습니다."

"목갈라나 존자여, 그러면 여래는 사후에 존재하기도 하고 존재하지 않기도 합니까?"

"왓차여, 세존께서는 '여래는 사후에 존재하기도 하고 존재하지 않기도 한다.'라고 이것도 설명하지 않으셨습니다."

"목갈라나 존자여, 그러면 여래는 사후에 존재하는 것도 아니고 존재하지 않는 것도 아닙니까?"

"왓차여, 세존께서는 '여래는 사후에 존재하는 것도 아니고 존재하지 않는 것도 아니다.'라고 이것도 설명하지 않으셨습니다."57)

---

57) 이상의 열 가지로 정리된 '설명하지 않음[無記, avyākata]'은 본경뿐만 아니라 『디가 니까야』 「뽓타빠다 경」(D9) §§25~27과 『맛지마 니까야』 「미끼 경」(M25) §§10~11 등과 『앙굿따라 니까야』 「초연함 경(A4:38) 등과 본 『상윳따 니까야』의 「사색 경」(S56:8) 등 초기불전의 여러 곳에서도 같은 10가지로 정형화 되어서 나타나고 있다. 그래서 역자는 이것을 십사무기(十事無記)라고 표현한다.

그런데 북방에서는 10가지가 아니라 14가지로 알려져서 『아비달마 구사론』에서는 이러한 무기가 "열네 가지의 무기"(諸契經中說 十四無記事)라 하여 十四無記로 언급되고 있다. 이것은 아마 『잡아함』 등에 나타나는 "세간은 영원[常]한가, 영원하지 않은가, 영원하고 영원하지 않은가, 영원한 것도 아니고 영원하지 않은 것도 아닌가? 세간은 끝[邊]이 있는가, 없는가, 있고 없는가, 있는 것도 아니고 없는 것도 아닌가? 여래의 사후는 존재하는가, 존재하지 않는가, 존재하고 존재하지 않는가, 존재하는 것도 아니고 존재하지 않는 것도 아닌가? 몸[身]과 생명[命]이 동일한가, 다른가?(世間常. 世間無常. 世間常無常. 世間非常非無常. 世有邊. 世無邊. 世有邊無邊. 世非有邊非無邊. 命卽是身. 命異身異. 如來死後有. 如來死後無. 如來死後有無. 如來死後非有非無.)"(『雜阿含』 168)를 염두에 둔 듯하다. 여기서는 상·무상과 유변·무변과 여래에 대해서 모두 4가지씩의 무기가 적용되었고 명·신(命·身)에 대해서는 두 가지만 적용이 되어서 모두 14가지가 된 것이다.
그러나 한역 『아함경』 들에는 경마다 이 무기가 다르게 나타난다. 예를 들면 우리에게 독화살 비유 경으로 잘 알려진 『중아함』의 「전유경」(『맛지마 니까야』 「말룽꺄뿟따 경」(M63)에 해당함)에는 빠알리 니까야들에서처럼 10가지로 나타난다.

그리고 『장아함』의 「布吒婆樓經」(포타파루경, 『디가 니까야』의 「뽓타빠다 경」(D9)에 상응함.)에는 16가지 무기로 나타나는데 상·무상과 유변·무변과 명·신과 여래에 모두 4가지씩의 무기가 적용된 것이다.
그러나 거듭 밝히지만 빠알리 니까야에서는 10가지로 정리되어 나타나지 14가지나 16가지 등으로는 결코 나타나지 않는다.

4. "목갈라나 존자여, 그런데 외도 유행승들에게 이런 질문을 하면 그들은 '세상은 영원하다.'라거나, '세상은 영원하지 않다.'라거나, '세상은 유한하다.'라거나, '세상은 무한하다.'라거나, '생명과 몸은 같은 것이다.'라거나, '생명과 몸은 다른 것이다.'라거나, '여래는 사후에도 존재한다.'라거나, '여래는 사후에 존재하지 않는다.'라거나, '여래는 사후에 존재하기도 하고 존재하지 않기도 한다.'라거나, '여래는 사후에 존재하는 것도 아니고 존재하지 않는 것도 아니다.'라고 대답합니다. 그러면 무슨 원인과 무슨 조건 때문에 그들은 이렇게 대답합니까?

목갈라나 존자여, [393] 그러나 사문 고따마께 이런 질문을 하면 그분은 '세상은 영원하다.'라거나, … '여래는 사후에 존재하는 것도 아니고 존재하지 않는 것도 아니다.'라고 대답하지 않습니다. 그러면 무슨 원인과 무슨 조건 때문에 사문 고따마께서는 이렇게 대답하지 않습니까?"

5. "왓차여, 외도 유행승들은 눈을 두고 '이것은 내 것이다. 이것은 나다. 이것은 나의 자아다.'라고 관찰합니다. 귀를 두고 … 코를 두고 … 혀를 두고 … 몸을 두고 … 마노[意]를 두고 '이것은 내 것이다. 이것은 나다. 이것은 나의 자아다.'라고 관찰합니다. 그래서 외도 유행승들에게 이런 질문을 하면 그들은 '세상은 영원하다.'라거나, … '여래는 사후에 존재하는 것도 아니고 존재하지 않는 것도 아니다.'라고 대답합니다.

왓차여, 여래·아라한·정등각자께서는 눈을 두고 '이것은 내 것이 아니다. 이것은 내가 아니다. 이것은 나의 자아가 아니다.'라고 관찰합니다. 귀를 두고 … 코를 두고 … 혀를 두고 … 몸을 두고 … 마노를 두고 '이것은 내 것이 아니다. 이것은 내가 아니다. 이것은 나의 자아가 아니다.'라고 관찰합니다. 그래서 여래께 이런 질문을 하면 그분께서는 '세상은 영원하다.'라거나, … '여래는 사후에 존재하는 것도 아니고 존재하지 않는 것도 아니다.'라고 대답하지 않으십니다."

6. 그때 왓차곳따 유행승은 자리에서 일어나서 세존께 다가갔다. 가서는 세존과 함께 환담을 나누었다. 유쾌하고 기억할 만한 이야기로 서로 담소를 하고서 한 곁에 앉았다. 한 곁에 앉은 왓차곳따 유행승은 세존께 이렇게 여쭈었다.

7. "고따마 존자시여, 세상은 영원합니까?"

"왓차여, 나는 '세상은 영원하다.'라고 이것을 설명하지 않았다."

… …

"고따마 존자시여, 그러면 여래는 사후에 존재하는 것도 아니고 존재하지 않는 것도 아닙니까?"

"왓차여, 나는 '여래는 사후에 존재하는 것도 아니고 존재하지 않는 것도 아니다.'라고 이것도 설명하지 않았다."

8. "고따마 존자시여, 그런데 외도 유행승들에게 이런 질문을 하면 그들은 '세상은 영원하다.'라거나, … '여래는 사후에 존재하는 것도 아니고 존재하지 않는 것도 아니다.'라고 대답합니다. [394] 그러면 무슨 원인과 무슨 조건 때문에 그들은 이렇게 대답합니까?

고따마 존자시여, 그러나 고따마 존자께 이런 질문을 하면 그분은 '세상은 영원하다.'라거나, … '여래는 사후에 존재하는 것도 아니고 존재하지 않는 것도 아니다.'라고 대답하지 않습니다. 그러면 무슨 원인과 무슨 조건 때문에 고따마 존자께서는 이렇게 대답하지 않습니까?"

9. "왓차여, 외도 유행승들은 눈을 두고 '이것은 내 것이다. 이것은 나다. 이것은 나의 자아다.'라고 관찰한다. 귀를 두고 … 코를 두고 … 혀를 두고 … 몸을 두고 … 마노를 두고 '이것은 내 것이다. 이것은 나다. 이것은 나의 자아다.'라고 관찰한다. 그래서 외도 유행승들에게 이런 질문을 하면 그들은 '세상은 영원하다.'라거나, … '여래는 사후에 존재하는 것도 아니고 존재하지 않는 것도 아니다.'라고 대답한다.

왓차여, 여래 · 아라한 · 정등각자는 눈을 두고 '이것은 내 것이 아니다. 이것은 내가 아니다. 이것은 나의 자아가 아니다.'라고 관찰한다. 귀를 두고 … 코를 두고 … 혀를 두고 … 몸을 두고 … 마노를 두고 '이것은 내 것이 아니다. 이것은 내가 아니다. 이것은 나의 자아가 아니다.'라고 관찰한다. 그래서 여래에게 이런 질문을 하면 그는 '세상은 영원하다.'라거나, … '여래는 사후에 존재하는 것도 아니고 존재하지 않는 것도 아니다.'라고 대답하지 않는다."

10. "경이롭습니다, 고따마 존자시여. 놀랍습니다, 고따마 존자시여. 으뜸가는 구문에 대해 참으로 스승과 제자의 뜻과 뜻이, 문장과 문장이 합치하고 합일하고 모순되지 않으십니다. 고따마 존자시여, 여기 저는 사문 마하목갈라나에게 [395] 다가가서 이 뜻에 대해 물었습니다. 사문 마하목갈라나도 세존께서 설명하신 것처럼 이런 단어와 이런 문장으로 그 뜻을 설명하였습니다."

11. "경이롭습니다, 고따마 존자시여. 놀랍습니다, 고따마 존자시여. 으뜸가는 구문에 대해 참으로 스승과 제자의 뜻과 뜻이, 문장과 문장이 합치하고 합일하고 모순되지 않으십니다."

왓차곳따 경(S44:8)

Vacchagotta-sutta

2. 그때 왓차곳따 유행승이 세존께 다가갔다. 가서는 세존과 함께 환담을 나누었다. 유쾌하고 기억할 만한 이야기로 서로 담소를 하고서 한 곁에 앉았다. 한 곁에 앉은 왓차곳따 유행승은 세존께 이렇게 여쭈었다.

3. "고따마 존자시여, 세상은 영원합니까?"

"왓차여, 나는 '세상은 영원하다.'라고 이것을 설명하지 않았다."

……

"고따마 존자시여, 그러면 여래는 사후에 존재하는 것도 아니고 존재하지 않는 것도 아닙니까?"

"왓차여, 나는 '여래는 사후에 존재하는 것도 아니고 존재하지 않는 것도 아니다.'라고 이것도 설명하지 않았다."

4. "고따마 존자시여, 그런데 외도 유행승들에게 이런 질문을 하면 그들은 '세상은 영원하다.'라거나, … '여래는 사후에 존재하는 것도 아니고 존재하지 않는 것도 아니다.'라고 대답합니다. 그러면 무슨 원인과 무슨 조건 때문에 그들은 이렇게 대답합니까?

고따마 존자시여, 그러나 고따마 존자께 이런 질문을 하면 그분은 '세상은 영원하다.'라거나, … '여래는 사후에 존재하는 것도 아니고 존재하지 않는 것도 아니다.'라고 대답하지 않습니다. 그러면 무슨 원인과 무슨 조건 때문에 고따마 존자께서는 이렇게 대답하지 않습니까?"

5. "왓차여, 외도 유행승들은 물질을 자아라고 관찰하고, 물질

을 가진 것이 자아라고 관찰하고, 물질이 자아 안에 있다고 관찰하고, 물질 안에 자아가 있다고 관찰한다. 느낌을 … 인식을 … 심리현상들을 … 알음알이를 자아라고 관찰하고, 알음알이를 가진 것이 자아라고 관찰하고, 알음알이가 자아 안에 있다고 관찰하고, 알음알이 안에 자아가 있다고 관찰한다. 그래서 외도 유행승들에게 [396] 이런 질문을 하면 그들은 '세상은 영원하다.'라거나, … '여래는 사후에 존재하는 것도 아니고 존재하지 않는 것도 아니다.'라고 대답한다.

왓차여, 여래 · 아라한 · 정등각자는 물질을 자아라고 관찰하지 않고, 물질을 가진 것이 자아라고 관찰하지 않고, 물질이 자아 안에 있다고 관찰하지 않고, 물질 안에 자아가 있다고 관찰하지 않는다. 느낌을 … 인식을 … 심리현상들을 … 알음알이를 자아라고 관찰하지 않고, 알음알이를 가진 것이 자아라고 관찰하지 않고, 알음알이가 자아 안에 있다고 관찰하지 않고, 알음알이 안에 자아가 있다고 관찰하지 않는다. 그래서 여래에게 이런 질문을 하면 그는 '세상은 영원하다.'라거나, … '여래는 사후에 존재하는 것도 아니고 존재하지 않는 것도 아니다.'라고 대답하지 않는다."

6. 그때 왓차곳따 유행승은 자리에서 일어나서 마하목갈라나 존자에게 다가갔다. …

한 곁에 앉은 왓차곳따 유행승은 마하목갈라나 존자에게 이렇게 말했다.

7. "목갈라나 존자여, 세상은 영원합니까?"

"왓차여, 세존께서는 '세상은 영원하다.'라고 이것을 설명하지 않으셨습니다."

… …

"목갈라나 존자여, 그러면 여래는 사후에 존재하는 것도 아니고 존재하지 않는 것도 아닙니까?"

"왓차여, 세존께서는 '여래는 사후에 존재하는 것도 아니고 존재하지 않는 것도 아니다.'라고 이것도 설명하지 않으셨습니다."

8. "목갈라나 존자여, 그런데 외도 유행승들에게 이런 질문을 하면 그들은 '세상은 영원하다.'라거나, … '여래는 사후에 존재하는 것도 아니고 존재하지 않는 것도 아니다.'라고 대답합니다. 그러면 무슨 원인과 무슨 조건 때문에 그들은 이렇게 대답합니까?

목갈라나 존자여, 그러나 사문 고따마께 이런 질문을 하면 그분은 '세상은 영원하다.'라거나, … '여래는 사후에 존재하는 것도 아니고 존재하지 않는 것도 아니다.'라고 대답하지 않습니다. 그러면 무슨 원인과 무슨 조건 때문에 사문 고따마께서는 이렇게 대답하지 않습니까?"

9. "왓차여, [397] 외도 유행승들은 물질을 자아라고 관찰하고, 물질을 가진 것이 자아라고 관찰하고, 물질이 자아 안에 있다고 관찰하고, 물질 안에 자아가 있다고 관찰합니다. 느낌을 … 인식을 … 심리현상들을 … 알음알이를 자아라고 관찰하고, 알음알이를 가진 것이 자아라고 관찰하고, 알음알이가 자아 안에 있다고 관찰하고, 알음알이 안에 자아가 있다고 관찰합니다. 그래서 외도 유행승들에게 이런 질문을 하면 그들은 '세상은 영원하다.'라거나, … '여래는 사후에 존재하는 것도 아니고 존재하지 않는 것도 아니다.'라고 대답합니다.

왓차여, 여래·아라한·정등각자께서는 물질을 자아라고 관찰하지 않고, 물질을 가진 것이 자아라고 관찰하지 않고, 물질이 자아 안에 있다고 관찰하지 않고, 물질 안에 자아가 있다고 관찰하지 않습니다. 느낌을 … 인식을 … 심리현상들을 … 알음알이를 자아라고 관찰하지 않고, 알음알이를 가진 것이 자아라고 관찰하지 않고, 알음알이가 자아 안에 있다고 관찰하지 않고, 알음알이 안에 자아가 있다고 관찰하지 않습니다. 그래서 여래께 이런 질문을 하면 그분께서는 '세상은 영원하다.'라거나, … '여래는 사후에 존재하는 것도 아니고 존재하지 않는 것도 아니다.'라고 대답하지 않으십니다."

10. "경이롭습니다, 목갈라나 존자여. 놀랍습니다, 목갈라나 존자여. 으뜸가는 구문에 대해 참으로 스승과 제자의 뜻과 뜻이, 문장과 문장이 합치하고 합일하고 모순되지 않으십니다. 목갈라나 존자여, 여기 저는 사문 고따마께 다가가서 이 뜻에 대해 물었습니다. 사문 고따마께서도 목갈라나 존자가 설명한 것처럼 이런 단어와 이런 문장으로 그 뜻을 설명하였습니다."

11. "경이롭습니다, 목갈라나 존자여. 놀랍습니다, 목갈라나 존자여. 으뜸가는 구문에 대해 참으로 스승과 제자의 뜻과 뜻이, 문장과 문장이 합치하고 합일하고 모순되지 않으십니다."

토론장 경(S44:9)

Kutūhalasālā-sutta

2. 그때 [398] 왓차곳따 유행승이 세존께 다가갔다. 가서는 세존과 함께 환담을 나누었다. 유쾌하고 기억할 만한 이야기로 서로 담소를 하고서 한 곁에 앉았다. 한 곁에 앉은 왓차곳따 유행승은 세존께 이렇게 말씀드렸다.

3. "고따마 존자시여, 근래에 며칠간 여러 외도 사문·바라문·

유행승들이 토론장[58]에 모여서 함께 자리를 했는데 그때 이런 이야기가 생겼습니다.

'그분 뿌라나 깟사빠는 승가를 가졌고 무리를 가졌고 무리의 스승이며 지자요 명성을 가졌고 교단의 창시자요 많은 사람들에 의해서 사두(종교가)로 인정됩니다. 그는 제자가 임종하여 죽은 뒤 태어나는 곳에 대해서 '이 자는 어디에 태어났다. 이 자는 어디에 태어났다.'라고 설명을 합니다. 그리고 최상의 사람이요 최고의 사람이며 최고에 도달한 자인 그의 제자도 그 제자가 임종하여 죽은 뒤 태어난 곳에 대해서 '이 자는 어디에 태어났다. 이 자는 어디에 태어났다.'라고 설명을 합니다.

그분 막칼리 고살라도 … 그분 니간타 나따뿟따도 … 그분 산자야 벨랏티뿟따도 … 그분 까꾸다 깟짜야나도 … 그분 아지따 께사깜발리도 승가를 가졌고 무리를 가졌고 무리의 스승이며 지자요 명성을 가졌고 교단의 창시자요 많은 사람들에 의해서 사두(종교가)로 인정됩니다. 그도 제자가 임종한 뒤 태어난 곳에 대해서 '이 자는 어디에 태어났다. 이 자는 어디에 태어났다.'라고 설명을 합니다. 그리고 최상의 사람이요 최고의 사람이며 최고에 도달한 자인 그의 제자도 그 제자가 [399] 임종한 뒤 태어난 곳에 대해서 '이 자는 어디에 태어났다. 이 자는 어디에 태어났다.'라고 설명을 합니다."[59]

---

58) '토론장'으로 옮긴 원어는 kutūhala-sālā인데 문자적으로는 동요나 흥분(kutūhala)이 있는 집(sālā)이라는 뜻이다. 주석서에 의하면 이곳에서는 여러 교파(nānā-titthi)의 사문이나 바라문들이 다양한 주제(nānā-vidha)의 토론에 참여했다고 한다. 이러한 토론장이 '동요나 흥분이 있는 집'으로 불리게 된 것은 '이 사람은 무엇을 주장하고 저 사람은 무엇을 주장하는가?'라는 동요가 생기는 장소(kutūhal-uppavatti-ṭṭhāna)이기 때문이라고 한다.(SA.iii.114)

59) 뿌라나 깟사빠(Pūraṇa Kassapa)를 비롯한 여기서 언급되는 사람들은 세

4. "그분 사문 고따마도 승가를 가졌고 무리를 가졌고 무리의 스승이며 지자요 명성을 가졌고 교단의 창시자요 많은 사람들에 의해서 사두(종교가)로 인정됩니다. 그도 제자가 임종하여 죽은 뒤 태어

존 당시의 육사외도(六邪外道)들이다. 『디가 니까야』 「사문과경」(D2)에 나타나는 이들의 주장을 간략하게 정리해보면 다음과 같다.

(1) 뿌라나 깟사빠(Pūraṇa Kassapa)의 사상은 한마디로 도덕부정론(akiriya-vāda, 업지음 없음)이다. 그는 D2 §17에서 어떤 나쁜 짓을 하거나 어떤 선한 일을 해도 죄악도 아니고 공덕도 아니라고 업지음 없음을 주장한다.

(2) 막칼리 고살라(Makkhaligosāla)는 윤회를 통한 청정(saṁsāra-suddhi)을 주장한다. 그는 "어리석은 자나 현자나 똑같이 그것을 모두 치달리고 윤회하고 나서야 괴로움의 끝을 낸다."(D2 §20)라고 주장한다. 그러므로 그의 사상은 운명론(niyati)이다. 모든 것은 이미 정해져 있기 때문에 어떠한 업지음(kiriya)도 노력(viriya)도 업의 결과(vipāka)도 있을 수 없다고 이 모두를 부정한다.

(3) 아지따 께사깜발리(Ajita Kesakambalī)는 [사후]단멸론(uccheda-vāda)을 주장한다. 그는 "어리석은 자도 현자도 몸이 무너지면 단멸하고 멸절할 뿐이라서 죽고 난 다음이라는 것은 없다."(D2 §23)라고 주장한다.

(4) 빠꾸다 깟짜야나(Pakudha Kaccāyana)의 사상은 한마디로 결정론이다. 그는 땅의 몸, 물의 몸, 불의 몸, 바람의 몸, 즐거움, 괴로움, 마지막으로 영혼이라는 이 일곱은 본래 결정되어 있는 것이라고 주장한다.

(5) 니간타 나따뿟따(Nigaṇṭha Nātaputta)의 사상은 "모든 찬물을 금하고, 모든 악을 금하고, [모든 악을] 철저하게 금하여 모든 악을 제거하고, 모든 악을 금하여 [해탈을] 얻는다."(D2 §29)라는 네 가지 제어로 단속함(cātu-yāma-saṁvara)이라고 「사문과경」(D2)은 정리하고 있다. 그에 대해서는 본서 제4권 「니간타 나따뿟따 경」(S41:8) §2의 주해를 참조할 것.

(6) 산자야 벨랏티뿟따(Sañjayena Belaṭṭhiputta)의 사상은 우리에게 회의론으로 알려져 있는데 「사문과경」(D2)은 애매모호함(vikkhepa)이라는 용어로 정리하고 있다. D2 §32는 16가지 질문에 대해서 애매모호하게 답변하는 것으로 그의 태도를 정리하고 있다.

육사외도에 대한 소개는 『디가 니까야』 「사문과경」(D2) §16 이하의 주해들을 참조하기 바란다. 위의 간략한 설명에서 보듯이 이 가운데서 아지따 께사깜발리는 유물론자로 알려져 있는데 여기 「토론장 경」(S44:9)의 본문을 따르면 그도 윤회를 인정한 것으로 언급되고 있으며, 산자야는 회의론자라서 이런 주제에 대해서는 입장을 유보했을 것인데도 여기 「토론장 경」의 본문에서는 인정하는 것으로 언급되고 있다.

난 곳에 대해서 '이 자는 어디에 태어났다. 이 자는 어디에 태어났다.' 라고 설명을 합니다. 그러나 최상의 사람이요 최고의 사람이며 최고에 도달한 자인 그의 제자는 그 제자가 임종한 뒤 태어난 곳에 대해서 '이 자는 어디에 태어났다. 이 자는 어디에 태어났다.'라고 설명을 하지 않습니다. 다만 '그는 갈애를 잘라버렸다. 족쇄를 풀어버렸다. 자만을 관통하여 마침내 괴로움을 끝내어버렸다.'라고만 설명합니다.'라고."

5. "고따마 존자시여, 그래서 제게는 '도대체 사문 고따마의 법을 어떻게 이해해야 한단 말인가?'라는 의문이 있고 의심이 있습니다."

"왓차여, 그대가 의문을 가지는 것은 당연하고 그대가 의심을 가지는 것은 당연하다. 의문스러운 것에 대해서 그대의 의심이 일어난 것이다.

왓차여, 나는 천명하노니 취착이 있는 자에게 다시 태어남은 있지만 취착하지 않는 자는 그렇지 않다.

왓차여, 예를 들면 연료가 남아있는 불은 타오르지만 연료가 없으면 타오르지 않는 것과 같다. 왓차여, 그와 같이 취착이 있는 자에게 다시 태어남은 있지만 취착하지 않는 자는 그렇지 않다고 나는 천명한다."60)

6. "고따마 존자시여, 불이 바람에 날려서 멀리 가서 붙을 때는 어떤 것이 연료라고 고따마 존자께서는 천명하십니까?"

---

60) 여기서 '취착'과 '연료'로 옮긴 단어는 같은 upādāna이다. 역자는 불과 관계된 비유에 쓰일 때는 연료로 옮겼고 교학과 관계된 경우에는 취착으로 옮겼다. 이 유명한 불의 비유는 『맛지마 니까야』 「불 왓차곳따 경」(M72/i.487) §19에서도 세존께서 왓차곳따 유행승에게 열반을 실현한 자를 설명해 주시는 것으로 나타나고 있다.

"왓차여, 불이 바람에 날려서 멀리 가서 붙을 때는 바람이 연료라고 나는 천명한다. 왓차여, 그때는 바람이 연료이기 때문이다."

7. "고따마 존자시여, [400] 그런데 중생이 이 몸을 내려놓고 아직 다른 몸을 받지 않았을 때는 어떤 것이 연료라고 고따마 존자께서는 천명하십니까?"

"왓차여, 중생이 이 몸을 내려놓고 아직 다른 몸을 받지 않았을 때는 갈애가 연료라고 나는 천명한다.61) 왓차여, 그 경우에는 갈애가 연료이기 때문이다."

아난다 경(S44:10) — **자아는 있는가**?

Ānanda-sutta

2. 그때 왓차곳따 유행승이 세존께 다가갔다. 가서는 세존과 함께 환담을 나누었다. 유쾌하고 기억할 만한 이야기로 서로 담소를 하고서 한 곁에 앉았다. 한 곁에 앉은 왓차곳따 유행승은 세존께 이렇게 여쭈었다.

---

61) '중생이 이 몸을 내려놓고 아직 다른 몸을 받지 않았을 때는 갈애가 연료라고 나는 천명한다(yasmiṁ kho samaye imañ ca kāyam nikkhipati satto ca aññataram kāyam anuppanno hoti, tam ahaṁ taṇh-upādānaṁ vadāmi).'라는 세존의 이 말씀은 죽음의 순간과 새로 수태되는 순간 사이에는 일시적인 간격이 있는 것을 인정하는 것으로 여겨진다. 그런데 상좌부 불교에서는 중유(中有, 中陰, antarā-bhava)를 인정하는 듯한 이러한 간격을 인정하지 않기 때문에 주석서는 다음과 같이 설명을 하고 있다.

"'이 몸을 내려놓고'라는 것은 죽음의 마음(cuti-citta)으로 내려놓는다는 말이다. '아직 다른 몸을 받지 않았을 때'란 죽음의 순간(cuti-kkhaṇa)에는 아직 재생연결식(paṭisandhi-citta)이 생기지 않았기 때문에 다른 몸을 받지 않았다고 한 것이다."(SA.iii.114)

여기에 대해서는 본서 제4권 「찬나 경」(S35:87) §12의 주해와 「말룽꺄뿟따 경」(S35:95) §13의 주해와 본서 「계(戒) 경」(S46:3) §13 (7)의 주해를 참조할 것.

3. "고따마 존자시여, 그런데 자아는 있습니까?"
이렇게 말하자 세존께서는 침묵하셨다.

4. "고따마 존자시여, 그러면 자아는 없습니까?"
두 번째에도 세존께서는 침묵하셨다.
그러자 왓차곳따 유행승은 자리에서 일어나서 나갔다.

5. 그때 아난다 존자가 왓차곳따 유행승이 나간 지 오래지 않아서 세존께 이렇게 여쭈었다.

"세존이시여, 세존께서는 왜 왓차곳따 유행승의 질문에 대답하지 않으셨습니까?"

6. "아난다여, 왓차곳따 유행승이 '자아는 있습니까?'라고 질문했을 때 내가 만일 '자아는 있다.'라고 대답했다면 이것은 영속론자[62]인 사문·바라문들을 편드는 것이[63] 되었을 것이다.

아난다여, 왓차곳따 유행승이 '자아는 있습니까?'라고 질문했을 때 내가 만일 '자아는 없다.'라고 대답했다면 이것은 [401] 단멸론자인 사문·바라문들을 편드는 것이 되었을 것이다."

7. "아난다여, 왓차곳따 유행승이 '자아는 있습니까?'라고 질문

---

62) '영속론자'로 옮긴 원어 sassata-vādā는 소유복합어[有財釋, bahuvrīhi]이다. 그래서 주석서는 '영원함을 설하는 자들(sassato vādo etesaṁ)'로 풀이하고 있다.(DA.i.104) 그리고 여기서 논자로 옮긴 vāda를 주석서는 diṭṭhin(견해를 가진 자)으로 설명하며 이하 모든 경우에 다 적용된다고 밝히고 있다.(*Ibid*) 그래서 '영속론자들'로 옮겼다.

63) '편드는 것이'는 Se: laddhi 대신에 Ee, Be: saddhiṁ으로 읽어서 옮긴 것이다. 주석서는 "그들의 이론과 함께하는 것(laddhiyā saddhiṁ)이 되었을 것이다."(SA.iii.115)라고 설명하고 있어서 이렇게 옮겼다. laddhi(종교적 견해)는 주석서 문헌에서부터 나타나는 단어이다.

했을 때 내가 만일 '자아는 있다.'라고 대답했다면 이것은 나의 입장에서 보자면 '모든 법들은 무아다[諸法無我].'라는 지혜를 일어나게 하는 것[64]과 부합하는가?"

"그렇지 않습니다, 세존이시여."

8. "아난다여, 왓차곳따 유행승이 '자아는 있습니까?'라고 질문했을 때 내가 만일 '자아는 없다.'라고 대답했다면 이미 미혹에 빠져있는 왓차곳따 유행승은 '오, 참으로 이전에 있던 나의 자아가 지금은 없구나.'라고 하면서 다시 더 크게 미혹하게 되었을 것이다."[65]

---

64) '지혜를 일어나게 하는 것'은 Ee: ñāṇassa upādāya 대신에 Be, Se: ñāṇassa uppādāya로 읽어서 옮긴 것이다. uppāda는 일어남(*arising*)이라는 의미이고 upādā는 파생된 것(*derived*)이라는 뜻으로 쓰인다.
한편 주석서는 여기서 '지혜(ñāṇa)'는 제법무아라는 위빳사나의 지혜(vipassanā-ñāṇa)라고 설명하고 있다.(SA.iii.115)

65) 세존께서 대답을 하지 않으신 이유는 다음의 두 가지로 생각해볼 수 있다.
① 무아라는 표현은 당시 인도에서는 일반적으로 허무론자들이 사용하는 말이기 때문에 세존께서는 자신의 가르침이 이런 부류들과 같은 편이 되는 것을 경계하셨기 때문이다.
② 세존이 설하신 제법무아(sabbe dhammā anattā)는 그 어디에도 자아라는 실체가 없다는 의미이다. 여기서 제법(諸法)은 모든 유위법들과 무위법을 다 포함한 것이다.(본서 제3권 「찬나 경」(S22:90) §4의 주해 참조) 그러므로 제법무아는 모든 종류의 초월적이거나 말로는 설명할 수 없다고 주장하는 자아이론까지 다 포함하여 무아라고 설하는 것이다. 그러나 왓차곳따는 이미 어떤 식으로든 자아가 있다고 국집하고 있다. 그래서 세존께서는 이미 자아가 있다는 견해에 굳게 물들어 있는 왓차곳따에게 더 큰 혼란을 주는 것을 피하기 위해서 그의 질문에 대답을 하지 않으신 것이다.
본서 제3권 「무지 경」 1(S33:1) §2의 주해에서 보듯이 왓차곳따 유행승(Vacchagotta paribbājaka)은 『맛지마 니까야』 「긴 왓차곳따 경」(M73)을 통해서 마침내 출가하게 되고 그래서 아라한이 되었다. 이런 아라한이 될 선근이 있는 분에게도 이처럼 자아의 문제는 좀처럼 해결되지 않는 주제임이 분명하다. 그는 이 문제가 해결되어서 마침내 유행승이기를 거부하고 세존 문하로 출가하여 아라한이 되었을 것이다. 이와 같이 자아의 문제는 인류를 당혹스럽게 하고 미혹하게 만들어온 중요한 주제임에 틀림없다 하겠다.

사비야 깟짜나 경(S44:11)

Sabhiyakaccāna-sutta

1. 이와 같이 나는 들었다. 한때 사비야 깟짜나 존자[66]가 냐띠까에서 벽돌집에 머물렀다.

2. 그때 왓차곳따 유행승이 사비야 깟짜나 존자에게 다가갔다. 가서는 사비야 깟짜나 존자와 함께 환담을 나누었다. 유쾌하고 기억할 만한 이야기로 서로 담소를 하고서 한 곁에 앉았다. 한 곁에 앉은 왓차곳따 유행승은 사비야 깟짜나 존자에게 이렇게 말했다.

3. "깟짜나 존자여, 세상은 영원합니까?"

"왓차여, 세존께서는 '세상은 영원하다.'라고 이것을 설명하지 않으셨습니다."

… [402] …

"깟짜나 존자여, 그러면 여래는 사후에 존재하는 것도 아니고 존재하지 않는 것도 아닙니까?"

"왓차여, 세존께서는 '여래는 사후에 존재하는 것도 아니고 존재하지 않는 것도 아니다.'라고 이것도 설명하지 않으셨습니다."

4. "깟짜나 존자여, 그러면 무슨 원인과 무슨 조건 때문에 사문 고따마께서는 이렇게 대답하지 않습니까?"

"왓차여, '물질을 가졌다[有色].'라거나 '물질을 가지지 않았다[無色].'라거나 '인식을 가졌다[有想].'라거나 '인식을 가지지 않았다[無

---

66) 주석서와 복주서는 사비야 깟짜나 존자(āyasmā Sabhiya Kaccāna)가 누구인지 설명을 하지 않고 있다. 그런데 본서 제2권 「벽돌로 만든 강당 경」(S14:13)에는 냐띠까의 벽돌집과 삿다 깟짜야나 존자(āyasmā Saddha Kaccāyana)가 나타나고 있는데 본경의 사비야 깟짜나 존자와 같은 사람이 아닌가 여겨진다.

想].'라거나 '인식을 가진 것도 아니고 인식을 가지지 않은 것도 아니다[非有想非無想].'라고 천명하는 데는 원인과 조건이 있습니다. 그런데 그 원인과 조건이 어떤 것에 의해서도 어떤 식으로도 그 어디에도 그 누구에게도 남김없이 소멸해버린다면 도대체 어떻게 그를 두고 '물질을 가졌다.'라거나 '물질을 가지지 않았다.'라거나 '인식을 가졌다.'라거나 '인식을 가지지 않았다.'라거나 '인식을 가진 것도 아니고 인식을 가지지 않은 것도 아니다.'라고 천명할 수 있겠습니까?"

5. "깟짜나여, 그대는 출가한 지 얼마나 되었습니까?"

"도반이여, 오래되지 않았습니다. 삼년 되었습니다."

"도반이여, 이 정도 된 분이 이렇게 보는 것은 많이 보는 것입니다.[67] 그런데 하물며 이를 넘어선 분에 대해서는 말해서 무엇 하겠습니까?"

설명하지 않음[無記] 상윳따(S44)가 끝났다. [403]

여기에 포함된 경들의 목록은 다음과 같다.

① 케마 ② 아누라다
네 가지 ③~⑥ 사리뿟따와 꼿티따
⑦ 목갈라나 ⑧ 왓차곳따 ⑨ 토론장
⑩ 아난다 ⑪ 사비야 깟짜야나이다.

---

67) '도반이여, 이 정도 된 분이 이렇게 보는 것은 많이 보는 것입니다.'는 yassa p' assa āvuso ettakena ettakam eva tam p' assa bahuṁ.을 옮긴 것이다. 주석서를 참조해서 이렇게 옮겼다.

제45주제

도 상윷따(S45)

제45주제(S45)

도 상윳따

Magga-saṁyutta[68]

68) **37보리분법에 대해서**

이제 여기「도 상윳따」(S45)부터 본서 제6권의 처음에 싣고 있는「성취수단 상윳따」(S51)까지의 일곱 부문은 깨달음의 편에 있는 법들, 즉 보리분법(菩提分法, bodhipakkhiyā dhammā)을 담고 있다. 이러한 깨달음의 편에 있는 법들은 ① 네 가지 마음챙김의 확립[四念處] ② 네 가지 바른 노력[四正勤] ③ 네 가지 성취수단[四神足] ④ 다섯 가지 기능[五根] ⑤ 다섯 가지 힘[五力] ⑥ 일곱 가지 깨달음의 구성요소[七覺支] ⑦ 여덟 가지 구성요소를 가진 성스러운 도[八支聖道]의 모두 일곱 가지 주제로 되어 있으며 이러한 주제에 포함된 법들을 다 합하면 37가지가 되기 때문에 전통적으로 이를 37보리분법이라 불렀다. 한문으로는 보리분법(菩提分法)으로도 옮겼고 조도품(助道品)으로도 옮겨져서 우리에게 잘 알려져 있다. 그런데 CBETA로 검색해보면 보리분법으로 옮긴 경우가 훨씬 더 많다.

그러면 보리분법 혹은 깨달음의 편에 있는 법들에 대한 주석서들의 설명을 살펴보자. 먼저『청정도론』은 이렇게 설명한다.

"깨달음의 편[菩提分, bodhipakkhiya]에 있는 법이라 했다. ① 네 가지 마음챙김의 확립[四念處] ② 네 가지 바른 노력[四正勤] ③ 네 가지 성취수단[四神足] ④ 다섯 가지 기능[五根] ⑤ 다섯 가지 힘[五力] ⑥ 일곱 가지 깨달음의 구성요소[七覺支] ⑦ 여덟 가지 구성요소를 가진 성스러운 도[八支聖道] — 이 37가지 법들은 깨달음의 편에 있다고 한다. 왜냐하면 깨달았다는 뜻에서 깨달음(bodhi)이라고 이름을 얻은 성스러운 도(ariya-magga, 예류도부터 아라한도까지)의 편(pakkha)에 있기 때문이다. 편에 있기 때문이라는 것은 '도와주는 상태(upakāra-bhāva)에 서 있기 때문'이라는 뜻이다." (Vis.XXII.33)

비슷한 설명이『무애해도 주석서』(PsA.482)에도 나타나고 있다. 여기서 '도와주는 상태'라는 표현을 살려서 중국에서는 조도품(助道品)으로도 옮긴 것이 아닌가 생각된다.

그리고 다른 주석서 문헌들은 이렇게 설명하고 있다.

"보리분이라고 했다. 깨달음(bujjhana)이라는 뜻에서 보리(bodhi)라고 하는 이것을 얻은 성자(ariya-puggala)나 혹은 도의 지혜를 가진 자(magga- ñāṇa)의 편에 존재한다고 해서 보리분이라고 한다. 보리의 항목(bodhi- koṭṭhāsiyā)이라는 뜻이다."(ItA.73)

"보리라는 것은 도(혹은 도를 얻은 자)의 바른 견해(magga-sammādiṭṭhi)이다. 그가 네 가지 성스러운 진리[四聖諦]를 깨달은 뒤에 고유성질(sabhāva)에 의해서 그 [깨달음의] 편에 존재한다고 해서 보리분이라고 하는데 [네 가지] 마음챙김과 [네 가지] 정진(바른 노력) 등의 법들을 말한다. 이것이 보리분이다."(DAṬ.iii.63)

"보리분법이란 네 가지 진리[四諦]를 깨달았다고 말해지는 도(혹은 도를 얻은 자)의 지혜의 편에 존재하는 법들이다."(VbhA.347)

이처럼 여기서 보리(菩提, bodhi)라는 것은 사성제를 깨닫거나 도를 얻은 성자(예류부터 아라한까지)의 지혜나 바른 견해를 뜻하고 보리분법(菩提分法)들 즉 깨달음의 편에 있는 법들은 이러한 깨달음을 성취한 자들의 편에 있으면서 깨달음을 도와주고 장엄하는 37가지 법들을 말한다. 당연히 아직 성자가 되지 못한 사람들은 이러한 37가지 보리분법들을 닦아서 성자가 되는 것이며, 이미 성자의 지위를 증득한 분들은 이 37가지 보리분법들을 구족하여 깨달음을 드러내는 것이다.

그런데 위의 인용들에서 보듯이 주석서 문헌들은 모두 이 37보리분법들을 깨달음을 얻은 성자들이 구족하는 출세간적인 것으로 설명하고 있는데 이것이 아비담마나 주석서 문헌들의 입장이다. 아비담마는 실참수행보다는 법수들을 정확하게 정의하고 이러한 법들이 어디에 속하는가를 밝히고 정의하는 것을 생명으로 삼기 때문에 그런 입장에서 보자면 이러한 법들은 이미 그 주제어가 깨달음의 편에 속하는 법들이고 깨달은 자들이 구족하는 법들이라서 이렇게 설명할 수밖에 없을 것이다.

그러나 아직 깨달음을 성취하지 못하였으며, 부처님 가르침을 수행해서 깨달음을 실현하려는 우리들의 입장에서 보자면 이 37보리분법들은 깨달음을 실현하도록 도와주는 법들로 이해하고 받아들일 수밖에 없다. 그래야 실참수행을 하려는 불자들에게 도움이 되고 의미가 있는 것이다. 그리고 본 『상윳따 니까야』에 모은 37보리분법에 대한 가르침(S45~S51)에서도 이런 측면이 절대적으로 강조되고 있다.

한편 『청정도론』 XXII.39에 의하면 "성스러운 도가 일어나기 전에 세간적인 위빳사나가 일어날 때 이 [37가지 깨달음의 편에 있는 법]들은 여러 가지 마음들에서 발견되지만 … 이 네 가지 [도의] 지혜 가운데 어느 하나가 일어날 때 이 [37가지 깨달음의 편에 있는 법]들은 하나의 마음에서 모두 다 발견된다."라고 적고 있다.

37보리분법에 대한 설명은 『청정도론』 XXII.33~43과 『아비담마 길라잡이』 제7장 §24이하도 참조할 것.

제1장 무명 품

Avijjā-vagga

무명 경(S45:1)[69]

Avijjā-sutta

1. 이와 같이 나는 들었다. 한때 세존께서는 사왓티에서 제따 숲의 아나타삔디까 원림에 머무셨다.

2. 거기서 세존께서는 "비구들이여."라고 비구들을 부르셨다. "세존이시여."라고 비구들은 세존께 응답했다. 세존께서는 이렇게 말씀하셨다.

3. "비구들이여, 무명이 선구자가 되어[70] 해로운 법[不善法]들

---

69) 『앙굿따라 니까야』 「명지 경」(A10:105)도 본경과 같은 방법의 가르침을 담고 있다. 다만 그곳에는 그릇된 지혜와 그릇된 해탈, 바른 지혜와 바른 해탈이 각각에 더 나타나는 것이 다르다. 바른 지혜와 바른 해탈에 대해서는 『맛지마 니까야』 「위대한 사십 가지 경」(M117/iii.76) §§34~35도 참조할 것.

70) "'선구자가 된다(pubbaṅgamā).'는 것은 함께 생김(sahajāta)과 강하게 의지함(upanissaya)인 두 가지 측면에서 선구자가 된다는 뜻이다."(SA.iii. 116)
즉 무명과 불선법은 서로가 함께 생긴 조건[俱生緣, sahajāta-paccaya]과 강하게 의지하는 조건[親依止緣, upanissaya-paccaya]으로 조건이 되어 생기는 것이라는 말이다. 함께 생긴 조건과 강하게 의지하는 조건에 대해서는 『아비담마 길라잡이』 제8장 §11과 §17과 §20의 해설을 참조할 것.
"'선구자가 된다.'는 것은 앞에서 가는 것(pubbe-carā)을 말한다. 무명은 알지 못하는 특징을 가졌고(aññāṇa-lakkhaṇā) 미혹하게 만듦(sammuyhan-ākāra)을 통해서 대상에 대해서 생긴다. 그러므로 함께 결합되어 있는 법(sampayutta-dhamma)들에 대해서 그러한 형태로 수순하기 때문에(tad-ākāra-anuvidhānatā) 조건이 된다. 그렇게 해서 사람들은 무상이요 부정

이 일어남으로써 양심 없음과 수치심 없음[71]이 이것을 따르게 된다.[72] 비구들이여, 무명에 빠진 현명하지 못한 자에게 삿된 견해가 생긴다. 삿된 견해를 가진 자에게 삿된 사유가 생긴다. 삿된 사유를 하는 자에게 삿된 말이 생긴다. 삿된 말을 하는 자에게 삿된 행위가 생긴다. 삿된 행위를 하는 자에게 삿된 생계가 생긴다. 삿된 생계를 가진 자에게 삿된 정진이 생긴다. 삿된 정진을 하는 자에게 삿된 마음챙김이 생긴다. 삿된 마음챙김을 가진 자에게 삿된 삼매가 생긴다."

4. "비구들이여, 명지(明知)가 선구자가 되어[73] 유익한 법[善法]들이 일어남으로써 양심과 수치심[74]이 이것을 따르게 된다. 비구들

이요 괴로움이요 무아의 고유성질(sabhāva)을 가진 법들을 항상한 것 등으로 거머쥔다. 이것이 함께 생긴 조건(sahajāta)으로 선구자가 되는 것이다. 사람이 미혹에 압도되어 사악한 행위(pāpa-kiriya)에 있는 위험함(ādīnava)을 보지 못하고 살생 등을 저지르고 남에게 여러 가지 나쁜 행위를 저지르는 것은 함께 생긴 조건(sahajāta)과 강하게 의지하는 조건(upanissaya)으로 선구자가 되는 것이다."(SAṬ.iii.103)

71) "'양심 없음(ahirika)'이란 도덕관념 없음에 확고한 것(alajjan-ākāra-saṇṭhita)을 말하고 '수치심 없음(anottappa)'이란 [악행에 대한] 두려움 없음에 확고한 것(abhāyan-ākāra-saṇṭhita)을 말한다."(SA.iii.116)

72) '따르게 된다.'는 Ee: anudeva(Be: anvadeva)를 옮긴 것인데 주석서에서 "그것과 함께, 하나가 되어, 그것이 없이 되지 않아서 일어난다(sah'eva ekato'va, na vinā tena uppajjati)."(SA.iii.116)라고 설명하고 있어서 이렇게 옮겼다.

73) "밝은 측면(sukka-pakkha)에서 보자면, '명지(vijjā)'란 업이 자신의 주인임을 아는 지혜(kammassakata-ñāṇa)이다. 여기서도 함께 생김(sahajāta)과 강하게 의지함(upanissaya)인 두 가지 측면에서 선구자가 된다고 알아야 한다."(SA.iii.117)

74) "'양심(hirī)'이란 도덕관념에 확고한 것(lajjan-ākāra-saṇṭhita)을 말하고 '수치심(ottappa)'이란 [악행에 대한] 두려움에 확고한 것(bhāyan-ākāra-saṇṭhita)을 말한다. 이것은 여기서 간략하게 설명한 것이고 상세한 것은 『청정도론』(XIV.142)에서 설명되었다."(SA.iii.117)

이여, 명지를 가진 [2] 현명한 자에게 바른 견해가 생긴다. 바른 견해를 가진 자에게 바른 사유가 생긴다. 바른 사유를 하는 자에게 바른 말이 생긴다. 바른 말을 하는 자에게 바른 행위가 생긴다. 바른 행위를 하는 자에게 바른 생계가 생긴다. 바른 생계를 가진 자에게 바른 정진이 생긴다. 바른 정진을 하는 자에게 바른 마음챙김이 생긴다. 바른 마음챙김을 가진 자에게 바른 삼매가 생긴다."75)

절반 경(S45:2)

Upaḍḍha-sutta

1. 이와 같이 나는 들었다. 한때 세존께서는 삭까에서 나가라까76)라는 삭까들의 성읍에 머무셨다.

2. 그때 아난다 존자가 세존께 다가갔다. 가서는 세존께 절을 올리고 한 곁에 앉았다. 한 곁에 앉은 아난다 존자는 세존께 이렇게 말씀드렸다.

3. "세존이시여, 좋은 친구와 사귀는 것, 좋은 동료와 사귀는

---

75) "세간적인 도의 순간(lokiya-magga-kkhaṇa)에는 이 여덟 가지 모두는 함께 일어나지 않는다(na ekato sabbāni labbhanti). 그러나 출세간도의 순간(lokuttara-magga-kkhaṇa)에는 함께 일어난다."(SA.iii.117)
그리고 세간적인 도가 일어날 때 이 여덟 가지가 순차적으로 일어난다고 보는 것도 잘못이라 해야 한다. 예를 들면 바른 견해는 나머지 일곱 가지 요소 모두에 대해서 안내자가 되고 바른 사유의 직접적인 조건이 되는 것이지 바른 견해가 일어나고 그 다음에 바른 사유가 일어나는 것으로만 이해하면 안 된다. 그리고 바른 견해와 바른 사유는 함께 다음의 바른 말, 바른 행위, 바른 생계라는 계의 항목의 조건이 된다. 이들 다섯은 함께 다음의 바른 정진과 바른 마음챙김의 토대가 되며, 바른 정진은 네 가지 마음챙김의 확립을 닦는 원동력이 된다. 바른 정진과 바른 마음챙김의 결과가 바른 삼매이다.

76) Ee에는 Sakkara로 나타나고 있다.

것, 좋은 벗과 사귀는 것[77]은 청정범행의 절반에 해당합니다."

"그렇게 말하지 말라, 아난다여. 그렇게 말하지 말라, 아난다여. 좋은 친구와 사귀는 것, 좋은 동료와 사귀는 것, 좋은 벗과 사귀는 것은 청정범행의 전부이다. 아난다여, 비구가 좋은 친구와 사귀고[78] 좋은 동료와 사귀고 좋은 벗과 사귀면, 그는 여덟 가지 구성요소를 가진 성스러운 도[八支聖道=팔정도][79]를 닦을 것이고 여덟 가지 구성요소

---

77) '좋은 친구와 사귀는 것', '좋은 동료와 사귀는 것', '좋은 벗을 사귀는 것'은 각각 kalyāṇa-mittatā, kalyāna-sahāyatā, kalyāṇa-sampavaṅkatā를 옮긴 것이며 이 셋은 동의어다.
"아난다 장로가 혼자 있는 중에 이런 생각이 떠올랐다고 한다. '이 사문의 법은 좋은 친구(kalyāṇa-mitta)와 각자의 남자다운 노력(paccatta-purisa-kāra) 때문에 성취된다. 그러므로 절반(upaḍḍha)은 좋은 친구에서 기인하고 절반은 각자의 남자다운 노력에서 기인한다.'라고."(SA.i.156)

78) '비구가 좋은 친구와 사귀고'를 주격으로 환원하면 kalyāṇamitto bhikkhu가 된다. 이것을 C.Rh.D는 '*a bhikkhu who is a friend of righteosness*'(KS 1:113)로 옮겼고, Woodward는 '*a monk who is a friend of what is lovely*'(KS 5:2)로, Ireland는 '*a bhikkhu who is a friend of the good*'(SN-Anth 1:75)로 옮겼다. 보디 스님이 지적하고 있듯이 이것은 잘못된 번역이다. 이 경우에 kalyāṇa-mitta는 소유복합어[有財釋, bahuvrīhi]로 bhikkhu를 수식하기 때문이다. 그러므로 '좋은 친구가 되어주는' 비구가 아니라 '좋은 친구를 가진' 비구라는 뜻이다. 보디 스님의 설명처럼 yassa bhikkhuno kalyāṇamittaṁ hoti(yo bhikkhu kalyāṇassa mittaṁ hoti가 아님), so kalyāṇamitto bhikkhū ti vuccati로 해석해야 한다.
좋은 친구의 중요성은 아래 S45:49, 63, 77과 『앙굿따라 니까야』「깨달음 경」(A9:1/iv.351~353 = Ud.34~37)을 참조할 것.

79) 여기서 '여덟 가지 구성요소를 가진 성스러운 도[八支聖道=팔정도]'는 ariya aṭṭhaṅgika magga를 직역한 것이다. 니까야에서 팔정도의 표제어는 모두 이렇게 나타난다. 한역하면 팔지성도(八支聖道)로 직역할 수 있다. 그런데 왜 이것이 우리에게는 팔정도로 정착이 되었을까? 이것은 한역 4아함에서 그 이유를 찾을 수 있을 것이다. 팔정도는 한역 『장아함』의 「십상경」(十上經, 『디가 니까야』「십상경」(D34)에 해당함)에서는 현성팔도(賢聖八道)로 옮겨졌으며, 역시 『장아함』의 「산타나경」(散陀那經, 『디가 니까야』「우둠바리까 사자후경」(D25)에 해당함)에서는 팔성도(八聖道)로 옮

겨졌다. 그러나 한역『중아함』과『잡아함』과『증일아함』에 포함된 여러 경에서는 거의 대부분 팔정도(八正道)로 옮겨져서 정착이 되었고 그 외 여러 단행본 경들과 대승경전들과 논서들에서도 팔정도로 정착이 되었다. 그래서 우리에게도 팔정도로 완전히 정착이 된 것이다. 내용으로 볼 때 정견부터 정정까지 모두 정(正)을 강조하고 있기 때문에 팔정도로 의역한 것은 올바름[正]을 부각시킨 번역어라 할 수 있겠다.

역자는 본서 전체에서 경의 원문은 "여덟 가지 구성요소를 가진 성스러운 도[八支聖道=八正道]"로 직역을 하였지만 주해 등에서 팔정도를 언급할 때는 모두 우리에게 익숙한 팔정도라는 술어를 사용하고 있음을 밝힌다.

그리고 여기서 살펴봐야 할 것이 '도'로 옮기고 있는 magga와 '도닦음'으로 옮기고 있는 paṭipadā의 차이점이다.

여기서 paṭipadā는 prati(~에 대하여)+√pad(*to go*)에서 파생된 여성명사로서 '그것을 밟고 지나가는 것'이란 의미에서 '길, 도, 도닦음' 등을 뜻한다. 이 paṭipadā는 일반적으로 道로 옮기는 magga와 동의어로 취급한다.

그러나 니까야에서 magga는 여기서 보듯이 팔정도의 표제어로 즉 ariya aṭṭhaṅgika magga로 나타나고 있다. 그리고 초기불전들에서 사성제의 도성제는 예외 없이 '괴로움의 소멸로 인도하는 도닦음(dukkha-nirodha-gāminī paṭipadā)'으로 나타나지만(본서 제6권 「진리 상윳따」(S56)의 여러 경들을 참조할 것) 주석서 문헌들에서 사성제의 도성제는 대부분 magga-sacca(도의 진리, 道諦)로 줄여서 정착시키고 있으며 우리에게도 도성제로 정착이 되었다.

그리고 더 중요한 것은 니까야에서 magga는 도(道, magga)와 과(果, phala)의 문맥에서도 나타나고 있다. 즉 예류도, 일래도, 불환도, 아라한도의 도는 모두 magga로 나타나며 이를 토대로 증득된 예류과부터 아라한과까지의 과는 phala(결실, 열매)라 불린다.

반면에 paṭipadā는 사성제 가운데 도성제의 내용을 말할 때 초기불전에서는 예외 없이 모두 '괴로움의 소멸로 인도하는 도닦음(dukkha-nirodha-gāminī paṭipadā)'으로 나타나고 있다. 그러나 주석서 문헌들에서는 대부분 이것을 magga-sacca(도의 진리, 道諦)로 부르고 있다.

그리고 중요한 것은 중도(中道)는 'majjhimā(중간) paṭipadā(도닦음)'의 역어라는 것이다. 중도의 도는 magga가 아니다. 본서 제6권 「초전법륜 경」(S56:11) §3 등에서는 "이러한 두 가지 극단을 의지하지 않고 여래는 중도를 철저하고 바르게 깨달았나니(ubho ante anupagamma majjhimā paṭipadā tathāgatena abhisambuddhā)"라고 나타나고 있으며 이 중도의 내용은 §4에서 보듯이 바로 팔정도이다. 이곳뿐만 아니라 초기불전 전체에서 중도는 항상 팔정도이다. 한 곳에서는 37보리분법을 중도라고 들고 있는데 물론 37보리분법은 팔정도를 정점으로 하는 수행체계이다. 이처럼 paṭipadā는 실천적 의미가 강하며, 위에서 보았듯이 paṭipadā는 실제로 길를 가진 성스러운 도를 많이 [공부]지을 것이라는 것을 기대할 수 있다."[80]

4. "아난다여, 그러면 비구가 좋은 친구와 사귀고 좋은 동료와 사귀고 좋은 벗과 사귀면 어떻게 여덟 가지 구성요소를 가진 성스러운 도를 닦고 여덟 가지 구성요소를 가진 성스러운 도를 많이 [공부]짓는가?

아난다여, 여기[81] 비구는 떨쳐버림[82]을 의지하고[83] 탐욕의 빛바

위를 걸어가는 것, 혹은 실제 길을 밟고 지나가는 것(√pad, *to go*)을 뜻하는 어원에서 파생된 술어이기도 하다. 그래서 초기불전연구원에서는 이것을 '도닦음'으로 정착한 것이다.

그리고 상좌부에서 수행의 세 가지 과정으로 언급하는 ① 교학(빠리얏띠, pariyatti, 배움) ② 도닦음(빠띠빳띠, paṭipatti, 수행) ③ 통찰(빠띠웨다, paṭivedha, 꿰뚫음)의 두 번째인 paṭipatti도 같은 어원(prati+√pad)에서 파생된 단어이며 paṭipadā와 동의어이다.

이처럼 magga와 paṭipadā는 동의어로 간주하지만 magga는 도닦음을 통해서 증득된 도의 경지, 즉 예류도부터 아라한도까지의 문맥에서 많이 쓰이고 팔정도나 도성제의 표제어로 쓰이며, paṭipadā는 중도로 표방되는 실제적인 팔정도 수행 즉 도닦음을 강조하는 어법으로 쓰이고 있다.

80) "자식에게 '어머니로부터는 이만큼의 이익이 생기고 아버지로부터는 이만큼의 이익이 생긴다.'라고 분리해서(vinibbhoga) 말할 수 없는 것처럼 좋은 친구로부터는 이만큼의 바른 견해 등이 생기고 각자의 남자다운 노력으로부터는 이만큼이 생긴다고 분리해서 말할 수 없다. … 세존께서는 실제로 네 가지 도와 네 가지 과와 세 가지 명지(삼명)와 육신통은 모두 좋은 친구에 뿌리한 것(kalyāṇamitta-mūlaka)이라고 말씀하시는 것이다."(SA.i.157)

81) 여기에 나타나는 '떨쳐버림을 의지하고'와 '탐욕의 빛바램을 의지하고'와 '소멸을 의지하고'와 '철저한 버림으로 기우는'은 각각 viveka-nissita, virāga-nissita, nirodha-nissita, vossagga-pariṇāmi를 옮긴 것이다. 이것은 '떨쳐버림을 의지하는(viveka-nissita)' 정형구로 여기 『상윳따 니까야』 제5권의 도처에 많이 나타나고 있으며 『위방가』(Vbh.236)에서도 팔정도의 구성요소로 첨부되어 나타난다.

주석서는 이렇게 설명한다.

"여기서 '떨쳐버림(viveka)', '탐욕의 빛바램(virāga)', '소멸(nirodha)'의 이 셋은 열반의 이름이다. 열반은 재생의 근거를 떨쳐버렸기 때문에(upadhi

램을 의지하고 소멸을 의지하고 철저한 버림[84]으로 기우는[85] 바른

-vivekattā) 떨쳐버림이요, 그렇게 해서 탐욕(rāga) 등이 빛바랬다고 해서 탐욕의 빛바램이요, 소멸했다고 해서 소멸이다."(DA.iii.1019)

한편 본서 「비구 경」(S46:5)에 해당하는 복주서는 "'떨쳐버림을 의지하고 탐욕의 빛바램을 의지하고'라는 구문으로 모든 도의 역할(magga-kicca)과 과(phala)를 보이신 것이다. '소멸을 의지하고'라는 구문으로는 열반의 실현(nibbāna-sacchikiriyā)을 말씀하신 것이다."(SAṬ.ii.130)라고 설명하고 있다.

82) 주석서는 다음의 다섯 가지 떨쳐버림(viveka)을 설하고 있다.

① 반대되는 것으로 대체하여 떨쳐버림(tadaṅga-viveka, 위빳사나를 닦음으로 인해서 생기는 일시적인 떨쳐버림), ② 억압에 의한 떨쳐버림(vikkhambhana-viveka, 禪의 증득에서 생기는 일시적인 떨쳐버림), ③ 근절에 의한 떨쳐버림(samuccheda-viveka, 출세간도의 증득에 의한 떨쳐버림), ④ 가라앉힘에 의한 떨쳐버림(paṭippassaddhi-viveka, 출세간과의 증득에 의한 떨쳐버림), ⑤ 완전히 벗어남에 의한 떨쳐버림(nissaraṇa-viveka, 열반의 실현에 의한 떨쳐버림)(SA.i.158)

초기불전연구원에서는 여기서 '떨쳐버림'으로 옮긴 viveka를 문맥에 따라서 '멀리 여읨'으로 옮기기도 하였다.

83) "여기서 '떨쳐버림을 의지한(viveka-nissita) 바른 견해를 닦는다.'는 것은 ① 반대되는 것으로 대체하여 떨쳐버림(tadaṅga-viveka)과 ③ 근절에 의한 떨쳐버림(samuccheda-viveka)과 ⑤ 완전히 벗어남에 의한 떨쳐버림(nissaraṇa-viveka)에 의지하여 바른 견해를 닦는다는 뜻이라고 알아야 한다.

왜냐하면 성스러운 도를 닦는데 몰두한 수행자(ariya-magga-bhāvana-anuyutta yogi)는 위빳사나를 하는 순간에는 역할(kicca)로는 ① 반대되는 것으로 대체하여 떨쳐버림에 의지하고, 의향(ajjhāsaya)으로는 ⑤ 완전히 벗어남에 의한 떨쳐버림에 의지하여 바른 견해를 닦기 때문이다. 그리고 도의 시간(magga-kāla)에는 역할로는 ③ 근절에 의한 떨쳐버림을 의지하고, 대상(ārammaṇa)으로는 ⑤ 완전히 벗어남에 의한 떨쳐버림을 의지하여 바른 견해를 닦기 때문이다.

이 방법은 '탐욕의 빛바램을 의지함(virāga-nissita)'과 '소멸을 의지함(nirodha-nissita)'에도 적용된다."(SA.iii.158)

84) "'철저한 버림(vossagga)'은 두 가지이니 버림에 의한 철저한 버림(pariccāga-vossagga)과 들어감에 의한 철저한 버림(pakkhandana-vossagga)이다.

① 버림에 의한 철저한 버림이란 위빳사나의 순간(vipassanā-kkhaṇa)에

견해를 닦는다. … 바른 사유를 닦는다. … 바른 말을 닦는다. … 바른 행위를 닦는다. … 바른 생계를 닦는다. … 바른 정진을 닦는다. … 바른 마음챙김을 닦는다. … 바른 삼매를 닦는다.86)

아난다여, 이와 같이 비구가 좋은 친구와 사귀고 좋은 동료와 사귀고 좋은 벗과 사귀면 이러한 여덟 가지 구성요소를 가진 성스러운 도를 닦고 여덟 가지 구성요소를 가진 성스러운 도를 많이 [공부]짓는다."

는 반대되는 것으로 대체하여 오염원을 제거(kilesa-ppahāna)하고, 도의 순간(magga-kkhaṇa)에는 근절에 의하여 오염원을 제거하는 것이다. ② 들어감에 의한 철저한 버림이란 위빳사나의 순간에는 그것으로 기욺(tan-ninna-bhāva)에 의해서 열반으로 들어가고(nibbāna-pakkhandana), 도의 순간에는 그것을 대상으로 삼아서(ārammaṇa-karaṇa) 열반으로 들어가는 것이다.

이 두 가지는 이 세간적인 것(즉 위빳사나)과 출세간적인 것(즉 도)이 섞인(lokiya-lokuttara-missaka) 경우에 다 적합하다(attha-vaṇṇana). 여기서 바른 견해는 위에서 설한 대로 오염원을 제거하고(pariccajati) 열반에 들어가기(pakkhandati) 때문이다."(SA.i.159)

85) "'철저한 버림으로 기우는(vossagga-pariṇāmi)'이란 철저한 버림을 위해서 기울고 잘 익는다(paripakka)는 말이다. 왜냐하면 이 성스러운 도를 닦는데 몰두한 비구는 그의 바른 견해가 오염원을 제거하는 철저한 버림을 위하고(kilesa-pariccāga-vossagg-attha) 열반에 들어가는 철저한 버림을 위해서(nibbāna-pakkhandana-vossagg-attha) 기울고 잘 익기 때문이다. 이 방법은 팔정도의 나머지 구성요소에도 다 적용된다."(SA.i.159)

철저한 버림(vossāga)과 같은 어근(√sṛj, *to send forth*)에서 파생된 술어로 놓아버림(paṭinissagga)이 있다. 놓아버림이 위빳사나 수행을 통해서 유위법들이 모두 무상함을 통찰해 들어가서 오염원들을 놓아버리는 수행을 뜻하는 것이라면, 철저한 버림은 여기서 보듯이 모든 취착이 완전히 버려져서 도의 목적지인 열반에 아주 가까워진 경지를 나타낸다고 할 수 있다. 본서 제6권 「하나의 법 경」(S54:1) §8에서 놓아버림은 들숨날숨에 대한 마음챙김의 16단계 가운데서 마지막 단계를 나타내는 술어로 쓰이고 있다. 물론 이 경우에 그곳의 주석서(S54:1 §8의 주해 참조)는 철저한 버림과 같은 방법으로 설명하고 있지만 경에서 철저한 버림과 놓아버림은 그 뉘앙스가 다르다고 할 수 있다.

86) 팔정도의 여덟 가지 구성요소에 대한 설명은 본서 「분석 경」(S45:8)과 주해들을 참조할 것.

5. "아난다여, [3] 다음과 같은 방법을 통해서도 좋은 친구와 사귀는 것, 좋은 동료와 사귀는 것, 좋은 벗을 사귀는 것은 청정범행의 전부라는 것을 알 수 있다.

아난다여, 나를 좋은 친구로 삼아서, 태어나기 마련인 중생들은 태어남으로부터 벗어나고, 늙기 마련인 중생들이 늙음으로부터 벗어나고, 병들기 마련인 중생들이 병으로부터 벗어나고, 죽기 마련인 중생들이 죽음으로부터 벗어나고, 근심·탄식·육체적 고통·정신적 고통·절망에 빠지기 마련인 중생들이 근심·탄식·육체적 고통·정신적 고통·절망으로부터 벗어난다.

아난다여, 이와 같은 방법을 통해서도 좋은 친구와 사귀는 것, 좋은 동료와 사귀는 것, 좋은 벗을 사귀는 것은 청정범행의 전부라는 것을 알 수 있다."87)

사리뿟따 경(S45:3)

Sāriputta-sutta

1. <사왓티의 아나타삔디까 원림(급고독원)에서>

2. 그때 사리뿟따 존자가 세존께 다가갔다. 가서는 세존께 절을 올리고 한 곁에 앉았다. 한 곁에 앉은 사리뿟따 존자는 세존께 이렇게 말씀드렸다.

3. "세존이시여, 좋은 친구와 사귀는 것, 좋은 동료와 사귀는 것, 좋은 벗을 사귀는 것은 청정범행의 전부에 해당합니다."88)

---

87) 본경의 내용 전체는 본서 제1권 「불방일 경」 2(S3:18) §§4~7에서 세존께서 빠세나디 꼬살라 왕에게 법을 설하시는 가운데 그대로 인용되어 나타나고 있다.

4. "장하고 장하구나 사리뿟따여. 사리뿟따여, 좋은 친구와 사귀는 것, 좋은 동료와 사귀는 것, 좋은 벗을 사귀는 것은 청정범행의 전부이다. 사리뿟따여, 비구가 좋은 친구와 사귀고 좋은 동료와 사귀고 좋은 벗과 사귀면, 그는 여덟 가지 구성요소를 가진 성스러운 도[八支聖道=팔정도]를 닦을 것이고 여덟 가지 구성요소를 가진 성스러운 도를 많이 [공부]지을 것이라는 것을 기대할 수 있다."

5. "사리뿟따여, 그러면 비구가 좋은 친구와 사귀고 좋은 동료와 사귀고 좋은 벗과 사귀면 어떻게 여덟 가지 구성요소를 닦고 여덟 가지 구성요소를 가진 성스러운 도를 많이 [공부]짓는가? …

[4] <이하 앞의 「절반 경」(S45:2)과 같은 내용임.>

바라문 경(S45:4)

Brāhmaṇa-sutta

2. 그때 아난다 존자는 오전에 옷매무새를 가다듬고 발우와 가사를 수하고 걸식을 위해서 사왓티로 들어갔다.

아난다 존자는 자눗소니 바라문[89]이 암말이 끄는 전체가 흰 마차

---

88) "아난다 장로는 제자가 완성해야 할 지혜(sāvaka-pāramī-ñāṇa)의 꼭대기(matthaka)에 도달하지 못했기 때문에 도의 청정범행(magga-brahma-cariya)이 전적으로 좋은 친구와 사귀는 것에 의해서 얻어지는 것(kalyāṇa-mitta-sannissaya)을 완전하게 알지 못하였다. 그러나 법의 장군(dhamma-senāpati, 사리뿟따 존자)은 제자가 완성해야 할 지혜의 꼭대기에 서 있기 때문에 완전하게 알았다(aññāsi). 그래서 이렇게 대답한 것이다."(SA.iii.118)

89) 자눗소니 바라문(Jāṇussonī brāhmaṇa)은 꼬살라의 유명한 바라문 마을이었던 잇차낭깔라(Icchānaṅkala 혹은 Icchānaṅgala)라는 곳에 살고 있었다고 한다. 그는 빠세나디 꼬살라 왕의 궁중제관(purohita)이었다. 주석서에

를 타고 사왓티를 나가는 것을 보았다. 참으로 그것은 흰 장신구를 단 흰 말에 흰 멍에를 얹었으며, 흰 장식을 한 흰 수레에, 흰 고삐에, 흰 몰이막대에, 흰 일산에, 흰 터번에, 흰 옷에, 흰 신발을 신고 있었으며, 흰 부채로 부채질을 받고 있었다. 이런 그를 보고 사람들은 '존자들이여, 참으로 저 마차는 신령스럽습니다. 참으로 저 마차는 신령스러운 모습을 하고 있습니다.'90)라고 말했다.

3. 그때 아난다 존자는 사왓티에서 걸식을 하여 공양을 마치고 걸식에서 돌아와서 세존께 [5] 다가갔다. 가서는 세존께 절을 올리고 한 곁에 앉았다. 한 곁에 앉은 아난다 존자는 세존께 이렇게 말씀드렸다.

"세존이시여, 여기 저는 오전에 옷매무새를 가다듬고 발우와 가사를 수하고 걸식을 위해서 사왓티로 들어갔습니다. 거기서 저는 자눗소니 바라문이 암말이 끄는 전체가 흰 마차를 타고 사왓티를 나가는 것을 보았습니다. 참으로 그것은 흰 장신구를 단 흰 말에 멍에를 얹었으며, 흰 장식을 한 흰 수레에, 흰 고삐에, 흰 몰이막대에, 흰 일산에, 흰 터번에, 흰 옷에, 흰 신발을 신고 있었으며, 흰 부채로 부채질을 받고 있었습니다. 이런 그를 보고 사람들은 '존자들이여, 참으로 저 마차는 신령스럽습니다. 참으로 저 마차는 신령스러운 모습을 하

의하면 자눗소니는 그의 부모가 지어준 개인 이름이 아니라 꼬살라 왕이 지은 궁중제관의 서열을 나타내는 작위명이라고 한다.(MA.i.109) 『맛지마 니까야』 「두려움과 공포 경」(Bhayabherava Sutta, M4)과 『앙굿따라 니까야』 「무외 경」(A4:184) 등 적지 않은 경들이 그와 세존이 나눈 대화를 기록한 것이다. 그는 세존에 대한 큰 신뢰를 가진 재가신도였다.

90) 여기서 '신령스럽다'는 brahma를 옮긴 것이고 '신령스러운 마차'는 brahma-yāna를 옮긴 것이다. 주석서는 "'신령스러움(brahama)'은 으뜸과 동의어(seṭṭha-adhivacana)다. '신령스러운 마차(brahama-yāna)'란 으뜸가는 마차(seṭṭha-yāna)라는 뜻이다."(SA.iii.120)라고 설명하고 있다.

고 있습니다.'라고 말하였습니다.

세존이시여, 그런데 이 법과 율에서도 신령스러운 마차를 천명할 수가 있습니까?"

"아난다여, 천명할 수 있다. 아난다여, 신령스러운 마차는 바로 여덟 가지 구성요소를 가진 성스러운 도[八支聖道=팔정도]를 두고 한 말이다. 그리고 그것은 법의 마차라고도 하고 전쟁에서의 위없는 승리[無上戰勝]라고도 한다."

4. "아난다여, 바른 견해를 닦고 많이 [공부]지으면 그것은 탐욕을 길들임으로 귀결되고, 성냄을 길들임으로 귀결되고, 어리석음을 길들임으로 귀결된다. 바른 사유를 … 바른 말을 … 바른 행위를 … 바른 생계를 … 바른 정진을 … 바른 마음챙김을 … 바른 삼매를 닦고 많이 [공부]지으면 [6] 그것은 탐욕을 길들임으로 귀결되고, 성냄을 길들임으로 귀결되고, 어리석음을 길들임으로 귀결된다."

5. "아난다여, 이러한 방법을 통해서, 신령스러운 마차는 바로 여덟 가지 구성요소를 가진 성스러운 도[八支聖道=팔정도]를 두고 한 말이다. 그것은 법의 마차라고도 하고 전쟁에서의 위없는 승리[無上戰勝]라고도 한다고 알아야 한다."

6. 세존께서는 이렇게 말씀하셨다. 스승이신 선서께서는 이렇게 말씀하신 뒤 다시 [게송으로] 이와 같이 설하셨다.

"믿음과 통찰지는 그것(마차)의 특질
항상 굳게 매어져 있도다.[91]

---

91) 게송의 문법구조로 보면 첫 번째 게송의 제일 첫 구에 나타나는 관계대명사 yassa는 맨 마지막 게송의 '이것이(etad)'에 걸리고 있다. 역자는 편의상 여기서 한 번 끊어서 옮기고 있다. 또 다른 마차의 비유는 본서 제1권 「요정

양심은 몰이막대, 마음은 멍에에 묶는 끈
마음챙김은 주의 깊은 마부 {1}

계는 마차의 장신구, 禪은 차축,[92] 바퀴는 정진
평온은 짐의 균형을 잡고 무욕은 자리의 깔개 {2}

악의 없음과 해코지 않음과 한거는 그것의 무기
인욕은 갑옷과 방패,[93] 유가안은으로 나아가도다. {3}

이것이 자신의 내면에서 생겨난 위없고 신령스러운 마차[94]
지자는 이를 타고 세상을 떠나 필연적으로 승리하도다." {4}

경」(S1:46) {150~152}에도 나타나고 있다.

92) "'禪은 차축(jhān-akkha)'이라는 것은 위빳사나와 함께하는 다섯 가지 禪의 구성요소(jhān-aṅga)를 두고 말한 것이다."(SA.iii.121)
다섯 가지 선의 구성요소란 일으킨 생각[尋, vitakka], 지속적인 고찰[伺, vicāra], 희열[喜, pīti], 행복[樂, sukha], 심일경성(心一境性, 마음이 한 끝에 집중됨, cittassa ekaggatā = 집중), 한문으로는 심·사·희·락·정(尋·伺·喜·樂·定)이다. 이 다섯 가지는 초선의 구성요소이지만 위빳사나와 함께하는 삼매에도 나타나는 것으로 여기서 주석서는 설명하고 있다. 다섯 가지 선의 구성요소에 대한 자세한 설명은 『아비담마 길라잡이』 1장 §18의 [해설], 특히 151쪽의 도표를 참조할 것. 禪 혹은 바른 삼매의 정형구에 대한 설명은 본서 「분석 경」(S45:8) §11과 주해를 참조할 것.

93) '갑옷과 방패'는 Ee: dhamma-sannāha(법다운 갑옷)과 Be: camma-sannāha(가죽 갑옷) 대신에 Se: vamma-sannāha(갑옷과 갑옷)로 읽어서 조금 의역하여 옮긴 것이다.

94) "'이것이 자신의 내면에서 생겨난(etad attani sambhūtaṁ)'이라고 한 것은 이 도의 마차(magga-yāna)는 자신의 남자다운 노력(purisa-kāra)에 의지해서 자신에게서 생긴 것이기 때문이다. '신령스러운 마차(brahma-yāna)'란 으뜸가는 마차(seṭṭha-yāna)란 뜻이다."(SA.iii.122)

무슨 목적 경(S45:5)

Kimatthiya-sutta

2. 그때 많은 비구들이 세존께 다가갔다. 가서는 세존께 절을 올리고 한 곁에 앉았다. 한 곁에 앉은 비구들은 세존께 이렇게 말씀드렸다.

3. "세존이시여, 여기 외도 유행승들이 저희들에게 '도반들이여, 무슨 목적을 위해서 사문 고따마 아래서 청정범행을 닦습니까?'라고 질문을 합니다. 이렇게 질문을 받으면 저희들은 그 외도 유행승들에게 '도반들이여, 괴로움을 철저히 알기 위해서 우리는 세존 아래서 청정범행을 닦습니다.'라고 설명합니다.

세존이시여, 저희들이 이렇게 질문을 받았을 때 이렇게 설명하면 세존께서 말씀하신 대로 말한 것입니까? 세존을 거짓으로 헐뜯지 않고 [7] 세존께서 설하신 것을 반복한 것입니까? [세존께서 설하셨다고 전해진 이것을 반복하더라도] 어떤 동료수행자도 나쁜 견해에 빠져 비난의 조건을 만나지 않겠습니까?"

4. "참으로 그러하다, 비구들이여. 그대들이 이렇게 질문을 받았을 때 이렇게 설명하면 내가 말한 대로 말한 것이다. 나를 거짓으로 헐뜯지 않고 내가 설한 것을 반복한 것이다. [내가 설했다고 전해진 이것을 반복하더라도] 어떤 동료수행자도 나쁜 견해에 빠져 비난의 조건을 만나지 않는다. 비구들이여, 참으로 괴로움을 철저히 알기 위해서 내 아래서 청정범행을 닦기 때문이다.

비구들이여, 그리고 만일 외도 유행승들이 그대들에게 '도반들이여, 그러면 이러한 괴로움을 철저히 알기 위한 도가 있고 도닦음이 있습니까?'라고 질문하면 그대들은 그 외도 유행승들에게 '도반들이여, 이러한 괴로움을 철저히 알기 위한 도가 있고 도닦음이 있습니다.'라고 설명해야 한다."

5. "비구들이여, 그러면 어떤 것이 이러한 괴로움을 철저히 알기 위한 도이고 어떤 것이 도닦음인가?

그것은 바로 여덟 가지 구성요소를 가진 성스러운 도[八支聖道]이니, 바른 견해, 바른 사유, 바른 말, 바른 행위, 바른 생계, 바른 정진, 바른 마음챙김, 바른 삼매이다.

비구들이여, 이것이 이러한 괴로움을 철저히 알기 위한 도이고 이것이 도닦음이다.

비구들이여, 이렇게 질문을 받았을 때 그대들은 그 외도 유행승들에게 이렇게 설명해야 한다."

어떤 비구 경1(S45:6)

Aññatarabhikkhu-sutta

2. 그때 어떤 비구가 세존께 다가갔다. 가서는 세존께 절을 올리고 한 곁에 앉았다. 한 곁에 앉은 그 비구는 세존께 이렇게 여쭈었다.

3. "세존이시여, '청정범행, 청정범행'이라고들 합니다. 세존이시여, 도대체 어떤 것이 청정범행입니까? 도대체 어떤 것이 청정범행의 완성입니까?"

"비구여, 바로 이 여덟 가지 구성요소를 가진 성스러운 도[八支聖道]가 청정범행이니, 그것은 바른 견해, 바른 사유, 바른 말, 바른 행위, 바른 생계, 바른 정진, 바른 마음챙김, 바른 삼매이다. [8] 비구여, 그리고 탐욕의 멸진, 성냄의 멸진, 어리석음의 멸진이 바로 청정범행의 완성이다."

어떤 비구 경2(S45:7)

2. 그때 어떤 비구가 세존께 다가갔다. 가서는 세존께 절을 올리고 한 곁에 앉았다. 한 곁에 앉은 그 비구는 세존께 이렇게 여쭈었다.

3. "세존이시여, '탐욕을 길들임, 성냄을 길들임, 어리석음을 길들임'이라고들 합니다. 세존이시여, 도대체 탐욕을 길들임, 성냄을 길들임, 어리석음을 길들임은 무엇을 두고 한 말입니까?"

"비구여, 탐욕을 길들임, 성냄을 길들임, 어리석음을 길들임은 바로 열반의 요소를 두고 한 말이다. 그러므로 그것은 모든 번뇌의 멸진이라 부른다."95)

4. 이렇게 말씀하시자 그 비구는 세존께 이렇게 여쭈었다.

"세존이시여, '불사(不死), 불사'라고들 합니다. 세존이시여, 도대체 어떤 것이 불사며 도대체 어떤 것이 불사에 이르는 길입니까?"

"비구여, 탐욕의 멸진, 성냄의 멸진, 어리석음의 멸진을 일러 불사라 한다. 그리고 바로 이 여덟 가지 구성요소를 가진 성스러운 도[八支聖道]가 불사에 이르는 길이니, 그것은 바른 견해, 바른 사유, 바른 말, 바른 행위, 바른 생계, 바른 정진, 바른 마음챙김, 바른 삼매이다."

분석 경(S45:8)

Vibhaṅga-sutta

2. "비구들이여, 그대들에게 여덟 가지 구성요소를 가진 성스러

---

95) "'탐욕을 길들임(rāga-vinaya)' 등은 형성되지 않고[無爲, asaṅkhatā] 죽음이 없는[不死, amatā] 열반의 요소(nibbāna-dhātu)의 동의어이다. 그리고 '번뇌의 멸진(āsava-kkhaya)'은 아라한됨(arahatta)을 일컫고, 탐욕을 길들임 등도 역시 아라한됨을 뜻한다."(SA.iii.123)

운 도[八支聖道]를 설하고 분석하리라. 이제 그것을 들어라. 듣고 마음에 잘 새겨라. 나는 설할 것이다."

"그렇게 하겠습니다, 세존이시여."라고 비구들은 세존께 응답했다. 세존께서는 이렇게 말씀하셨다.

3. "비구들이여, 어떤 것이 여덟 가지 구성요소를 가진 성스러운 도인가?

그것은 바른 견해, 바른 사유, 바른 말, 바른 행위, 바른 생계, 바른 정진, 바른 마음챙김, 바른 삼매이다."[96)]

4. "비구들이여, 그러면 무엇이 바른 견해[正見]인가?

비구들이여, 괴로움에 대한 지혜,[97)] 괴로움의 일어남에 대한 지혜, 괴로움의 소멸에 대한 [9] 지혜, 괴로움의 소멸로 인도하는 도닦음에 대한 지혜 — 이를 일러 바른 견해라 한다."[98)]

---

96) 아래에 나타나는 팔정도의 구성요소에 대한 정의는 『디가 니까야』 「대념처경」(D22/ii.311~313) §21과 『맛지마 니까야』 「진리의 분석 경」(M141/iii.251~252) §§23~31에도 나타나고 있다. 아래에 달고 있는 주해들은 역자가 옮긴 「대념처경」(D22)의 주해들 가운데서 뽑은 것이다. 경에 나타나는 팔정도의 구성요소에 대한 정의는 『논장』의 『위방가』(분별론)에서도 경의 분류방법(Sutanta-bhājanīya)으로 반영되어 나타난다.(Vbh. 235~236) 그러나 아비담마의 분류방법(Abhidhamma-bhājanīya)에 의하면 팔정도의 구성요소들은 예외 없이 모두 출세간적인 것(lokuttara)으로 여겨지고 있다.

97) "괴로움에 대한 지혜(dukkhe ñāṇaṁ)라는 등으로 네 가지 진리의 명상주제를 보이셨다. 여기서 처음의 두 가지 진리(고와 집)는 윤회하는 것(vaṭṭa)이고 나중의 둘(멸과 도)은 윤회에서 물러나는 것(vivaṭṭa)이다. 이들 가운데서 비구가 윤회하는 것을 명상주제로 하여 명상하면 윤회에서 물러나는 것에 대해서는 명상하지 못한다."(DA.iii.801)

98) "여기서 [괴로움과 일어남의] 두 가지 진리는 보기 어렵기 때문에 심오하고, [소멸과 도의] 두 가지는 심오하기 때문에 보기 어렵다.
괴로움의 진리는 일어날 때 분명하다. 몽둥이나 가시 등으로 때릴 때 '아, 괴

5. "비구들이여, 그러면 무엇이 바른 사유[正思惟]인가?

비구들이여, 출리(出離)에 대한 사유, 악의 없음에 대한 사유, 해코지 않음[不害]에 대한 사유 — 이를 일러 바른 사유라 한다."99)

6. "비구들이여, 그러면 무엇이 바른 말[正語]인가?

비구들이여, 거짓말을 삼가고 중상모략을 삼가고 욕설을 삼가고 잡담을 삼가는 것 — 이를 일러 바른 말이라 한다."100)

롭다.'라는 말이 절로 나온다. 일어남의 진리는 먹고 싶어함 등을 통해서 일어날 때 분명하다. 그러나 특징을 통찰하는 것으로는 이 둘은 모두 심오하다. 이처럼 이 둘은 보기 어렵기 때문에 심오하다.

나머지 둘을 보기 위해 노력하는 것은 마치 우주의 꼭대기를 거머쥐려고 손을 펴는 것과 같고, 무간지옥에 닿으려고 발을 뻗는 것과 같고, 일곱 가닥으로 쪼갠 머리털 끝을 떼어내려는 것과 같다. 이처럼 이 둘은 심오하기 때문에 보기 어렵다.

이와 같이 보기 어렵기 때문에 심오하고, 심오하기 때문에 보기 어려운 네 가지 진리들에 대해서 공부짓는 등을 통해서 처음 단계의 지혜가 일어남을 두고 괴로움에 대한 지혜(dukkhe ñāṇa) 등으로 설하셨다. [그러나] 통찰하는 순간에는 그 지혜는 오직 하나이다."(DA.iii.802)

99) '출리(出離)에 대한 사유'와 '악의 없음에 대한 사유'와 '해코지 않음[不害]에 대한 사유'는 각각 nekkhamma-saṅkappa, abyāpāda-saṅkappa, avihiṁsā-saṅkappa를 옮긴 것이다.

"출리에 대한 사유 등은 감각적 욕망과 악의와 해코지를 삼가는 인식들의 다양함 때문에 처음에는 여럿이다. 그렇지만 도의 순간에는 이들 세 경우에 대해서 일어난 해로운 사유의 다리를 잘라버리기 때문에 이들은 더 이상 일어나지 않게 된다. 이렇게 도의 구성요소를 완성할 때에는 오직 하나의 유익한 사유가 일어난다. 이것을 '바른 사유[正思惟, sammā-saṅkappa]'라 한다." (DA.iii.802)

한편 여기서 사유로 옮기고 있는 saṅkappa는 생각이나 일으킨 생각으로 옮기고 있는 vitakka[尋]와 동의어이다.(『앙굿따라 니까야』「사밋디 경」(A9:14) §1 참조) 주석서들도 이렇게 밝히고 있다.(saṅkappā ti vitakkā – SnA.i.201 등) 『아비담마 길라잡이』 7장 §33 [해설]도 참조할 것.

100) "거짓말을 금하는 것 등도 거짓말 등을 삼가는 인식들의 다양함 때문에 처음에는 여럿이지만 도의 순간에는 이 네 경우에 대해서 일어난 해롭고 나쁜 행실을 가진 의도의 다리를 잘라버리기 때문에 이들은 더 이상 일어나지 않게

7. "비구들이여, 그러면 무엇이 바른 행위[正業]인가?

비구들이여, 살생을 삼가고 도둑질을 삼가고 삿된 음행을 삼가는 것[101] — 이를 일러 바른 행위라 한다."[102]

8. "비구들이여, 그러면 무엇이 바른 생계[正命]인가?

비구들이여, 성스러운 제자는 삿된 생계를 제거하고 바른 생계로 생명을 영위한다.

비구들이여, 이를 일러 바른 생계라 한다."[103]

된다. 이처럼 도의 구성요소를 완성할 때는 오직 하나의 유익한 절제(kusala-veramaṇi)가 일어난다. 이것을 '바른 말[正語, sammā-vācā]'이라 한다." (DA.iii.802)

절제(veramaṇi 혹은 virati)는 주석서와 아비담마에서부터 쓰이는 전문술어로서 팔정도 가운데서 바른 말[正語], 바른 행위[正業] 바른 생계[正命]의 셋을 지칭한다. 자세한 것은 『아비담마 길라잡이』 2장 §6을 참조할 것.

101) '삿된 음행을 삼가는 것'으로 옮긴 원어는 Ee, Be, Se에 모두 다 abrahma-cariyā veramaṇī(순결하지 못한 삶을 삼가는 것)으로 나타난다. 이것은 성생활을 완전히 금하는 것으로 비구와 비구니 계목에 속한다. 그러나 「대념처경」(D22) §21과 「진리의 분석 경」(M141) §27과 『분별론』(Vbh.235) 등의 같은 부분에는 모두 kāmesu micchācārā veramaṇī(삿된 음행을 삼가는 것)으로 나타나고 있는데, 이것은 재가자들이 지키는 계목에 속한다. 그러나 본경에 해당하는 주석서는 왜 본경에서는 이렇게 나타나는지에 대한 설명이 없다. 이로 미루어 볼 때 본경의 이 부분은 주석서 문헌이 생긴 후에 벌어진 필사상의 오기가 아닌가 여겨지기도 한다. 그렇지 않다면 분명히 주석서는 그 이유를 설명했을 것이기 때문이다. 그래서 역자는 「대념처경」(D22) §21 등과 같이 '삿된 음행을 삼가는 것'으로 옮겼다.

102) "산목숨을 죽이는 것(살생)을 금하는 것 등도 산목숨을 죽이는 것 등을 삼가는 인식들의 다양함 때문에 처음에는 여럿이지만 도의 순간에는 이 세 경우에 대해서 일어난 해롭고 나쁜 행실을 가진 의도의 다리를 잘라버리기 때문에 이들은 더 이상 일어나지 않게 된다. 이처럼 도의 구성요소를 완성할 때에는 오직 하나의 유익한 절제가 일어난다. 이것을 '바른 행위[正業, sammā-kammanta]'라 한다."(DA.iii.803)

103) "'삿된 생계(micchā-ājīva)'란 먹는 것 등을 위해 일어난 몸과 말의 나쁜 행실이다. '제거하고(pahāya)'라는 것은 없애고 라는 말이다. '바른 생계로

9. "비구들이여, 그러면 무엇이 바른 정진[正精進]인가?

비구들이여, 여기 비구는 아직 일어나지 않은[104] 사악하고 해로운 법[不善法]들을 일어나지 못하게 하기 위해서 열의를 생기게 하고[105] 정진하고 힘을 내고 마음을 다잡고 애를 쓴다.[106] 이미 일어난[107] 사악하고 해로운 법들을 제거하기 위하여 열의를 생기게 하고 정진하고 힘을 내고 마음을 다잡고 애를 쓴다. 아직 일어나지 않은 유익한[108] 법[善法]들을 일어나게 하기 위해서 열의를 생기게 하고 정진하고 힘을 내고 마음을 다잡고 애를 쓴다. 이미 일어난[109] 유익한 법

(sammā-ājīvena)'라는 것은 부처님께서 칭송하신 생계를 통해서라는 말이다. '생명을 영위한다(jīvitaṁ kappeti).'는 것은 생명을 지속하고 유지한다는 말이다. 바른 생계는 음모 등을 삼가는 인식들의 다양함 때문에 처음에는 여럿이지만 도의 순간에는 이 일곱 경우에 대해서 일어난 삿된 생계라는 나쁜 행실을 가진 의도의 다리를 잘라버리기 때문에 더 이상 일어나지 않게 된다. 이처럼 도의 구성요소를 완성할 때에는 오직 하나의 유익한 절제가 일어난다. 이것을 '바른 생계[正命, sammā-ājīva]'라 한다."(DA.iii.803)

104) "'아직 일어나지 않은(anuppanna)'이라는 것은 '하나의 존재에 대해서나 그와 같은 대상에 대해서 아직 자신에게 일어나지 않은'이란 말이다. 남에게서 일어나는 것을 보고서 '오, 참으로 나에게는 이런 사악하고 해로운 법들이 일어나지 않기를'이라고 이와 같이 아직 일어나지 않은 사악한 해로운 법들을 일어나지 않게 하기 위해서 [열의를 생기게 한다.]"(DA.iii.803)

105) "'열의를 생기게 하고(chandaṁ janeti)'라는 것은 그들을 일어나지 않도록 하는 도닦음을 성취하는 정진의 열의를 생기게 한다는 말이다."(DA.iii.803)

106) "'애를 쓴다(padahati).'는 것은 '피부와 힘줄과 뼈만 남은들 무슨 상관이랴.'라고 생각하면서 노력하는 것이다."(DA.iii.803)

107) "'이미 일어난(uppanna)'이란 습관적으로 자신에게 이미 일어난 것이다. 이제 이런 것들을 일어나게 하지 않으리라고 생각하면서 이들을 버리기 위해서 열의를 생기게 한다."(DA.iii.803)

108) "'아직 일어나지 않은 유익한(anuppanna kusala)'이란 것은 아직 얻지 못한 초선(初禪) 등을 말한다."(DA.iii.803)

109) "'이미 일어난(uppanna)'이란 것은 이들을 이미 얻은 것이다."(DA.iii.803)

들을 지속시키고[110] 사라지지 않게 하고 증장시키고 충만하게 하고 닦아서 성취하기 위해서 열의를 생기게 하고 정진하고 힘을 내고 마음을 다잡고 애를 쓴다.

비구들이여, 이를 일러 바른 정진이라 한다."[111]

10. "비구들이여, 그러면 무엇이 바른 마음챙김[正念]인가?

비구들이여, 여기 비구는 몸에서 몸을 관찰하며[身隨觀] 머문다. 세상에 대한 욕심과 싫어하는 마음을 버리면서 근면하게, 분명히 알아차리고 마음챙기면서 머문다. 느낌에서 … 마음에서 … [10] 법에서 법을 관찰하며[法隨觀] 머문다. 세상에 대한 욕심과 싫어하는 마음을 버리면서 근면하게, 분명히 알아차리고 마음챙기면서 머문다.

비구들이여, 이를 일러 바른 마음챙김이라 한다."[112]

11. "비구들이여, 그러면 무엇이 바른 삼매[正定]인가?

비구들이여, 여기 비구는 감각적 욕망들을 완전히 떨쳐버리고 해로운 법[不善法]들을 떨쳐버린 뒤, 일으킨 생각[尋]과 지속적인 고찰[伺]이 있고, 떨쳐버렸음에서 생긴 희열[喜]과 행복[樂]이 있는 초선(初禪)에 들어 머문다.

---

110) "'지속시키고(ṭhiti)'라는 것은 계속해서 일어나게 하여 머물게 하기 위해서라는 뜻이다."(DA.iii.803)

111) "이 바른 정진도 아직 일어나지 않은 해로움을 일어나지 않도록 하는 마음 등의 다양함 때문에 처음에는 여럿이지만, 도의 순간에는 이 네 경우에 대한 역할을 성취하여 도의 구성요소를 완성하면서 오직 하나의 유익한 정진이 일어난다. 이것을 '바른 정진[正精進, sammā-vāyāma]'이라 한다."(DA.iii.803)

112) "바른 마음챙김 역시 몸 등을 파악하는 마음의 다양함 때문에 처음에는 여럿이지만, 도의 순간에는 이 네 경우에 대한 역할을 성취하여 도의 구성요소를 완성하면서 오직 하나의 마음챙김이 일어난다. 이것을 '바른 마음챙김[正念, sammā-sati]'이라 한다."(DA.iii.803)

일으킨 생각과 지속적인 고찰을 가라앉혔기 때문에 [더 이상 존재하지 않으며], 자기 내면의 것이고, 확신이 있으며, 마음의 단일한 상태이고, 일으킨 생각과 지속적인 고찰은 없고, 삼매에서 생긴 희열과 행복이 있는 제2선(二禪)에 들어 머문다.

희열이 빛바랬기 때문에 평온하게 머물고, 마음챙기고 알아차리며 몸으로 행복을 경험한다. 이 [禪 때문에] '평온하고 마음챙기며 행복하게 머문다.'고 성자들이 묘사하는 제3선(三禪)에 들어 머문다.

행복도 버리고 괴로움도 버리고, 아울러 그 이전에 이미 기쁨과 슬픔이 소멸되었으므로 괴롭지도 즐겁지도 않으며, 평온으로 인해 마음챙김이 청정한[捨念淸淨] 제4선(四禪)에 들어 머문다.113)

---

113) "禪은 예비단계에도 도의 순간에도 여럿이다. 예비단계에는 [禪의] 증득에 따라 여럿이지만, 도의 순간에는 여러 가지 도(즉 예류도부터 아라한도까지)에 따라 여럿이다. 왜냐하면 어떤 자는 첫 번째 도(예류도)를 초선을 통해서 얻거나 혹은 두 번째 도 등도 초선을 통해 얻거나 혹은 제2선 등 가운데 어느 한 禪을 통해서 얻기 때문이다. 어떤 자는 첫 번째 도를 제2선 등 가운데 어떤 禪을 통해서 얻기도 하고 두 번째 도 등도 제2선 등 가운데 어떤 선을 통해서 얻기도 하고 초선을 통해서 얻기도 하기 때문이다. 이와 같이 [예류도 등의] 네 가지 도는 禪을 통해서 같기도 하고 다르기도 하며 전적으로 같기도 하다. 그런데 이 차이점은 기초가 되는 禪(pādaka-jjhāna)에 의해서 결정된다.

기초가 되는 禪의 결정에 따라 우선 초선을 얻은 자가 초선에서 출정(出定)하여 위빳사나를 할 때 일어난 도가 초선을 통한 것이다. 도의 구성요소와 깨달음의 구성요소는 여기서 성취된다. 제2선에서 출정하여 위빳사나를 할 때 일어난 도가 제2선을 통해서 얻은 것이다.

여기서 도의 구성요소는 일곱 가지이다. 제3선에서 출정하여 위빳사나를 할 때 일어난 도가 제3선을 통해서 얻은 것이다. 여기서는 도의 구성요소는 일곱 가지이고 깨달음의 구성요소는 여섯 가지이다. 이 방법은 제4선에서 출정하는 것에서부터 비상비비상처까지 적용된다.

무색계에서는 '사종선(四種禪)'과 '오종선(五種禪)'이 일어난다. 이것은 출세간이지 세간적인 것이 아니라고 설했다. 왜 그런가? 여기서도 초선 등의 어떤 禪에서 출정하여 예류도를 얻고는 무색계 [禪]의 증득을 닦은 뒤 그는 무색계에 태어난다. 그 禪을 가진 자에게 그곳에서 세 가지 도가 일어난다. 이와 같이 기초가 되는 선에 따라 [도가] 결정된다.

비구들이여, 이를 일러 바른 삼매라 한다."[114]

꺼끄러기 경(S45:9)

Sūka-sutta

3. "비구들이여, 만약 밭벼나 보리의 꺼끄러기가 [위로 향하지 않고 다른 방향으로] 잘못 향하고 있을 때 손이나 발에 밟히면 그것이 손이나 발을 찔러 피를 내게 한다고 하면 그것은 불가능한 일이다. 그것은 무슨 까닭인가? 비구들이여, 꺼끄러기가 [다른 방향으로] 잘못 향하고 있기 때문이다.

비구들이여, 그와 마찬가지로 잘못 향하고 있는 견해와 잘못 향하고 있는 도를 수행하여 '무명을 찔러버리리라, 명지(明知)[115]를 일으

그러나 어떤 장로들은 위빳사나의 대상이 되는 무더기들[蘊]이 [도를] 결정한다고 주장하고 어떤 자들은 개인의 성향이 결정한다고 주장하고 어떤 자들은 [도의] 출현으로 인도하는 위빳사나가 결정한다고 주장하기도 한다. 그들의 주장에 대한 판별은 『청정도론』에서 [도의] 출현으로 인도하는 위빳사나의 해설에서 설한 방법대로 알아야 한다."(DA.iii.803～04)
『청정도론』 XXI.83 이하와 『아비담마 길라잡이』 808～809쪽도 참조할 것.

114) "비구들이여, 이를 일러 '바른 삼매[正定, sammā-samādhi]'라 한다는 것은 이것은 예비단계에서는 세간적이고 나중에는 출세간에 속하는 바른 삼매가 된다고 설하신 것이다."(DA.iii.804)

115) "'명지(vijjā)'는 아라한도의 지혜(arahatta-magga-ñāṇa)이다."(AA.i.55)
『청정도론』에서는 명지를 다음과 같이 설명한다.
"'명지(vijjā)'란 세 가지 명지[三明]도 있고 여덟 가지 명지[八明]도 있다. 세 가지 명지는 『맛지마 니까야』 「두려움과 공포 경」(M4/i.22 이하)에서 설한 방법대로 알아야 하고 여덟 가지는 『디가 니까야』 「암밧타 경」(D3/i.100 이하)에서 설한 대로 알아야 한다. 또 위빳사나의 지혜(「사문과경」 D2 §83)와 마음으로 이루어진 신통(D2 §85)과 함께 여섯 가지 특별한 지혜[六神通]를 더하여 여덟 가지의 명지를 설하셨다."(『청정도론』 VII.30～31)
즉, 천안통, 천이통, 신족통, 타심통, 숙명통, 누진통의 육신통 가운데 뒤의 셋을 세 가지 명지(삼명)라 하고, 이 육신통에다 위빳사나의 지혜와 마음으

키리라, 열반을 실현하리라.'라고 한다면 그것은 불가능한 일이다. 무슨 까닭인가? 비구들이여, 견해가 잘못 향하고 있기 때문이다."

4. "비구들이여, 만약 밭벼나 보리의 꺼끄러기가 바른 방향으로 향하고 있을 때 손이나 발에 밟히면 그것이 손이나 발을 찔러 손이나 발에 피를 내게 한다고 하면 그것은 가능한 일이다. 그것은 무슨 까닭인가? 비구들이여, 꺼끄러기가 바른 방향으로 향하고 있기 때문이다.

비구들이여, [11] 그와 마찬가지로 바르게 향하고 있는 견해와 바르게 향하고 있는 도를 수행하여 '무명을 찔러버리리라, 명지를 일으키리라, 열반을 실현하리라.'라고 한다면 그것은 가능한 일이다. 무슨 까닭인가? 비구들이여, 견해가 바르게 향하고 있기 때문이다."

5. "비구들이여, 그러면 어떻게 비구가 바르게 향하고 있는 견해와 바르게 향하고 있는 도를 수행하여 무명을 찌르고 명지를 일으키고 열반을 실현하는가?

비구들이여, 여기 비구는 떨쳐버림을 의지하고 탐욕의 빛바램을 의지하고 소멸을 의지하고 철저한 버림으로 기우는 바른 견해를 닦는다. … 바른 사유를 닦는다. … 바른 말을 닦는다. … 바른 행위를 닦는다. … 바른 생계를 닦는다. … 바른 정진을 닦는다. … 바른 마음챙김을 닦는다. … 바른 삼매를 닦는다.

비구들이여, 이렇게 하여 그 비구는 바르게 향하고 있는 견해와 바르게 향하고 있는 도를 수행하여 무명을 찌르고 명지를 일으키고 열반을 실현한다."

로 이루어진 신통을 포함시키면 8가지 명지가 된다. 8가지 명지에 대해서는 『디가 니까야』 제1권 「사문과경」(D2) §§83~98을 참조할 것.

난디야 경(S45:10)

Nandiya-sutta

2. 그때 난디야 유행승[116]이 세존께 다가갔다. 가서는 세존과 함께 환담을 나누었다. 유쾌하고 기억할 만한 이야기로 서로 담소를 하고서 한 곁에 앉았다. 한 곁에 앉은 난디야 유행승은 세존께 이렇게 여쭈었다.

3. "고따마 존자시여, 얼마나 많은 법들을 닦고 많이 [공부]지으면 열반으로 가게 되고 열반을 목적지로 하게 되고 열반을 귀결점으로 삼게 됩니까?"

4. "난디야여, 여덟 가지 법들을 닦고 많이 [공부]지으면 열반으로 가게 되고 열반을 목적지로 하게 되고 열반을 귀결점으로 삼게 된다. 그러면 어떤 것이 여덟 가지인가?

그것은 바른 견해, 바른 사유, 바른 말, 바른 행위, 바른 생계, 바른 정진, 바른 마음챙김, 바른 삼매이다.

난디야여, 이러한 여덟 가지 법들을 닦고 많이 [공부]지으면 열반으로 가게 되고 열반을 목적지로 하게 되고 열반을 귀결점으로 삼게 된다."

5. 이렇게 말씀하시자 난디야 유행승은 세존께 이렇게 말씀드

116) 본경에 해당하는 주석서는 난디야 유행승(Nandiya paribbājaka)이 누구인지 설명을 하지 않고 있다. 초기불전에는 세 명의 난디야가 나타난다. 본서 제6권 「난디야 경」(S55.40)과 『앙굿따라 니까야』 「난디야 경」(A11:14)에 나타나는 삭까 사람 난디야(Nandiya Sakka)와, 아누룻다(Anuruddha) 존자와 낌빌라(Kimbila) 존자와 함께 『맛지마 니까야』 「짧은 고싱가살라 경」(M31) 등에서 언급되는 난디야 존자(āyasmā Nandiya)와, 본경의 난디야 유행승이다.

렸다.

"경이롭습니다, 고따마 존자시여. 경이롭습니다, [12] 고따마 존자시여. 마치 넘어진 자를 일으켜 세우시듯, 덮여 있는 것을 걷어내 보이시듯, [방향을] 잃어버린 자에게 길을 가리켜 주시듯, 눈 있는 자 형상을 보라고 어둠 속에서 등불을 비춰 주시듯, 고따마 존자께서는 여러 가지 방편으로 법을 설해 주셨습니다. 저는 이제 고따마 존자께 귀의하옵고 법과 비구 승가에 귀의합니다. 고따마 존자께서는 저를 청신사로 받아주소서. 오늘부터 목숨이 붙어 있는 그날까지 귀의하옵니다."

제1장 무명 품이 끝났다.

첫 번째 품에 포함된 경들의 목록은 다음과 같다.

① 무명 ② 절반 ③ 사리뿟따
④ 바라문 ⑤ 무슨 목적
두 가지 ⑥~⑦ 어떤 비구 ⑧ 분석
⑨ 꺼끄러기 ⑩ 난디야이다.

제2장 머묾 품

Vihāra-vagga

머묾 경1(S45:11)

Vihāra-sutta

3. "비구들이여, 나는 보름 동안 홀로 앉고자 한다. 하루 한 끼 탁발음식을 가져다주는 사람을 제외하고는 아무도 가까이 와서는 안 된다."117)

"그렇게 하겠습니다, 세존이시여."라고 비구들은 세존께 대답한 뒤 하루 한 끼 탁발음식을 가져다드리는 사람을 제외하고는 아무도 가까이 가지 않았다.

4. 그때 세존께서는 그 보름을 보내시고 홀로 앉음으로부터 일어나셔서 비구들을 불러서 말씀하셨다.

"비구들이여, 나는 [보리수 아래서] 처음으로 완전한 깨달음을 증득한 뒤 [49일간]118) 머물던 것의 한 부분에 머물렀다."119)

---

117) "그러면 세존께서는 왜 이렇게 말씀하셨는가? 그 보름 동안에는 훈도해야 할 중생(vinetabba satta)이 없었기 때문이다. 그래서 스승께서는 '나는 이 보름 동안 과의 증득의 행복(phala-samāpatti-sukha)을 누리면서 보낼 것이다. 그래서 나는 행복하게 머물(sukha-vihāra) 것이고 미래의 후대 사람들에게 '스승께서도 무리를 떠나서 홀로 머무셨다. 그런데 우리는 말해 무엇 하겠는가.'라는 본보기(diṭṭha-anugati)가 되도록 할 것이다. 그러면 그것은 오랜 세월 이익(hita)과 행복(sukha)이 될 것이다.'라고 생각하셔서 이렇게 하신 것이다."(SA.iii.128)

118) 주석서는 이것은 부처님께서 처음으로 완전한 깨달음을 성취하신 뒤에 49일 동안(ekūna-paññāsa-divas-abbhantara) 머무시던 것을 말한다고 설명하고 있다.(SA.iii.128) 부처님의 이 49일간의 행적에 대해서는 본서 「범천 경」(S47:18) §1의 주해를 참조할 것.

5. "나는 이와 같이 꿰뚫어 알았다. '삿된 견해를 조건으로 하여 [생기는] 느낌도 있다. 바른 견해를 조건으로 하여 [생기는] 느낌도 있다. … 삿된 사유를 … 바른 사유를 … 삿된 삼매를 조건으로 하여 [생기는] 느낌도 있다. 바른 삼매를 조건으로 하여 [생기는] 느낌도 있다. 욕구를 조건으로 하여 [생기는] 느낌도 있다. 일으킨 생각을 조건으로 하여 [생기는] 느낌도 있다. 인식을 조건으로 하여 [생기는] 느낌도 있다.[120)]

① 욕구도 가라앉지 않고 일으킨 생각도 가라앉지 않고 인식도 가라앉지 않은 것을 조건으로 하여 [생기는] 느낌이 있다. ② 욕구는 가라앉았지만 일으킨 생각도 가라앉지 않고 [13] 인식도 가라앉지 않

---

119) 주석서에 의하면 세존께서는 그 49일 동안에는 오온, 12처(감각장소), 18계(요소), 사성제, 기능[根], 조건[緣], 마음챙김의 확립[念處], 禪, 정신·물질[名色]을 남김없이(nippadesena) 반조하면서 머무셨지만(paccavekkhanto vihāsi) 지금 보름 동안은 부분적으로(padesena) 오온 가운데 느낌[受]만을 반조하면서 머무셨다고 한다.(SA.iii.128~129) 주석서는 어떻게 느낌이 바른 견해와 삿된 견해에 조건 지워져서 일어나는지 그 보기들을 들고 있다.(SA.iii.129~130)
한편 본경은 부처님께서 직접 아비담마를 설하신 증거로 『담마상가니 주석서』(DhsA.30~31)에서 인용되어 나타나고 있으며, 『청정도론』(XVII:9)에서도 '단지 일어남만(uppāda-matta)을 연기라고 주장하는' 잘못된 주장을 논파하기 위해서 본경을 인용하고 있다.
본경은 느낌은 모든 마음과 함께 일어나는 심소법[遍行心所] 즉 '반드시들'이라는 아비담마의 가르침을 뒷받침해 주는 경전적 토대가 된다. '반드시들'에 대해서는 『아비담마 길라잡이』 제2장 §2의 해설을 참조할 것.

120) "'욕구를 조건으로 하여 [생기는] 느낌도 있다(chanda-paccayā pi vedayitaṁ).'는 것은 8가지 탐욕에 뿌리박은 마음(『아비담마 길라잡이』 제1장 §4 참조)과 함께하는 느낌이라고 알아야 한다. '일으킨 생각을 조건으로 하여(vitakka-paccayā) 생긴 느낌'은 초선에 있는 느낌(paṭhama-jjhāna-vedanā)이다. '인식을 조건으로 하여(saññā-paccayā) 생긴 느낌'은 인식이 있는 [제2선부터 무소유처까지의] 6가지 삼매의 증득(samāpatti)에 있는 느낌이다."(SA.iii.130)

은 것을 조건으로 하여 [생기는] 느낌이 있다. ③ 욕구도 가라앉고 일으킨 생각도 가라앉았지만 인식이 가라앉지 않은 것을 조건으로 하여 [생기는] 느낌이 있다. ④ 욕구도 가라앉고 일으킨 생각도 가라앉고 인식도 가라앉은 것을 조건으로 하여 [생기는] 느낌이 있다.[121]

아직 얻지 못한 경지를 얻기 위한 노력이 있다. 그런 경지에 도달하더라도 그것을 조건으로 하여 [생기는] 느낌이 있다.'라고."[122]

머묾 경2(S45:12)

3. "비구들이여, 나는 석 달 동안 홀로 앉고자 한다. 하루 한 끼 탁발음식을 가져다주는 사람을 제외하고는 아무도 가까이 와서는 안 된다."

"그렇게 하겠습니다, 세존이시여." 라고 비구들은 세존께 대답한 뒤 하루 한 끼 탁발음식을 가져다드리는 사람을 제외하고는 아무도 가까이 가지 않았다.

4. 그때 세존께서는 그 석 달을 보내시고 홀로 앉음으로부터 일어나셔서 비구들을 불러서 말씀하셨다.

---

121) 주석서에 의하면 ①은 8가지 탐욕에 뿌리박은 마음과 함께하는 느낌이고 ②는 초선에 있는 느낌이고 ③은 제2선부터 무소유처까지에 있는 느낌이고 ④는 비상비비상처에 있는 느낌이다.(SA.iii.130)

122) "'아직 얻지 못한 경지를 얻음(appattassa patti)'이란 아라한과(arahatta-phala)의 증득을 뜻한다. '노력이 있다(atthi āyāma).'는 것은 정진(vīriya)이 있다는 말이다. '그런 경지에 도달하더라도(tasmimpi ṭhāne anuppatte)'라는 것은 그러한 정진을 통해서 그 아라한과의 이치(kāraṇa)에 도달하더라도 라는 말이다. '그것을 조건으로 하여 [생기는] 느낌이 있다(tappaccayāpi vedayitaṁ).'는 것은 아라한의 경지를 조건으로 한(arahattassa ṭhāna-paccayā) 느낌을 말한다. 이것을 통해서 네 가지 도(catumagga, 예류도부터 아라한도까지)와 함께하여 생긴 출세간의 느낌(nibbattita-lok-uttara-vedanā)을 취한 것이다."(SA.iii.130)

"비구들이여, 나는 [보리수 아래서] 처음으로 완전한 깨달음을 증득한 뒤 [49일간] 머물던 것의 한 부분에 머물렀다."

5. "나는 이와 같이 꿰뚫어 알았다. '삿된 견해를 조건으로 하여 [생기는] 느낌도 있다. 삿된 견해가 가라앉음을 조건으로 하여 [생기는] 느낌도 있다.123) 바른 견해를 조건으로 하여 [생기는] 느낌도 있다. 바른 견해가 가라앉음을 조건으로 하여 [생기는] 느낌도 있다. … 삿된 삼매를 조건으로 하여 [생기는] 느낌도 있다. 삿된 삼매가 가라앉음을 조건으로 하여 [생기는] 느낌도 있다. 바른 삼매를 조건으로 하여 [생기는] 느낌도 있다. 바른 삼매가 가라앉음을 조건으로 하여 [생기는] 느낌도 있다. 욕구를 조건으로 하여 [생기는] 느낌도 있다. 욕구가 가라앉음을 조건으로 하여 [생기는] 느낌도 있다. 일으킨 생각을 조건으로 하여 [생기는] 느낌도 있다. 일으킨 생각이 가라앉음을 조건으로 하여 [생기는] 느낌도 있다. 인식을 조건으로 하여 [생기는] 느낌도 있다. 인식이 가라앉음을 조건으로 하여 [생기는] 느낌도 있다.

① 욕구도 가라앉지 않고 일으킨 생각도 가라앉지 않고 인식도 가라앉지 않은 것을 조건으로 하여 [생기는] 느낌이 있다. ② 욕구는 가라앉았지만 일으킨 생각도 가라앉지 않고 인식도 가라앉지 않은 것을 조건으로 하여 [생기는] 느낌이 있다. ③ 욕구도 가라앉고 일으

---

123) "'삿된 견해가 가라앉음(micchā-diṭṭhi-vūpasama)'이란 것은 바른 견해(sammā-diṭṭhi)를 뜻한다. 그러므로 '삿된 견해가 가라앉음을 조건으로 하여 [생기는] 느낌'은 바로 '바른 견해를 조건으로 하여 [생기는] 느낌'과 같다고 알아야 한다. 왜냐하면 가라앉음을 조건으로 한 것으로 설한 것은 모두 반대가 되는 법을 조건으로 생기는(paṭipakkha-dhamma-paccayā) 느낌이라고 알아야 하기 때문이다. 그런데 [경을 결집한 분들이] 과보로 나타난 느낌(vipāka-vedanā)은 너무 멀다(atidūra)고 생각해서 본경에 포함시키지 않았다."(SA.iii.130~131)

킨 생각도 가라앉았지만 인식이 가라앉지 않은 것을 조건으로 하여 [생기는] 느낌이 있다. [14] ④ 욕구도 가라앉고 일으킨 생각도 가라앉고 인식도 가라앉은 것을 조건으로 하여 [생기는] 느낌이 있다.124)

아직 증득하지 못한 경지를 증득하기 위한 노력이 있다. 그런 경지에 도달하더라도 그것을 조건으로 하여 [생기는] 느낌이 있다.'라고."

유학 경(S45:13)
Sekha-sutta

2. 그때 어떤 비구가 세존께 다가갔다. 가서는 세존께 절을 올리고 한 곁에 앉았다. 한 곁에 앉은 그 비구는 세존께 이렇게 여쭈었다.

3. "세존이시여, '유학(有學), 유학'이라고들 합니다. 어떻게 해서 비구는 유학이 됩니까?"

"비구여, 여기 비구는 유학의 바른 견해를 구족하고, 유학의 바른 사유를 구족하고, 유학의 바른 말을 구족하고, 유학의 바른 행위를 구족하고, 유학의 바른 생계를 구족하고, 유학의 바른 정진을 구족하고, 유학의 바른 마음챙김을 구족하고, 유학의 바른 삼매를 구족한다.

비구여, 비구는 이렇게 해서 유학이 된다."

---

124) 주석서는 여기서 욕구(chanda)가 가라앉은 것을 조건으로 생기는 느낌을 초선에서의 느낌으로, 일으킨 생각(vitakka)이 가라앉은 것을 조건으로 생기는 느낌을 제2선에서의 느낌으로, 인식(saññā)이 가라앉은 것을 조건으로 생기는 느낌을 비상비비상처에서의 느낌으로 설명하고 있다.(SA.iii.131)

일어남 경1(S45:14)
Uppāda-sutta

3. "비구들이여, 아직 일어나지 않은 여덟 가지 법들은 비록 닦고 많이 [공부]짓더라도 여래·아라한·정등각자가 출현하지 않으면 일어나지 않는다. 무엇이 여덟인가?

그것은 바른 견해, 바른 사유, 바른 말, 바른 행위, 바른 생계, 바른 정진, 바른 마음챙김, 바른 삼매이다.

비구들이여, 아직 일어나지 않은 이러한 여덟 가지 법들은 비록 닦고 많이 [공부]짓더라도 여래·아라한·정등각자가 출현하지 않으면 일어나지 않는다."

일어남 경2(S45:15)

3. "비구들이여, 아직 일어나지 않은 여덟 가지 법들은 비록 닦고 많이 [공부]짓더라도 선서의 율(律)이 아니면 일어나지 않는다. 무엇이 여덟인가?

그것은 바른 견해, 바른 사유, 바른 말, 바른 행위, 바른 생계, 바른 정진, 바른 마음챙김, [15] 바른 삼매이다.

비구들이여, 아직 일어나지 않은 이러한 여덟 가지 법들은 비록 닦고 많이 [공부]짓더라도 선서의 율이 아니면 일어나지 않는다."

청정 경1(S45:16)
Parisuddha-sutta

3. "비구들이여, 아직 일어나지 않은 여덟 가지 법들은 비록 청정하고, 깨끗하고, 흠이 없고 오염원이 사라졌다 하더라도 여래·아

라한·정등각자가 출현하지 않으면 일어나지 않는다. 무엇이 여덟인가?

그것은 바른 견해, 바른 사유, 바른 말, 바른 행위, 바른 생계, 바른 정진, 바른 마음챙김, 바른 삼매이다.

비구들이여, 아직 일어나지 않은 이러한 여덟 가지 법들은 비록 청정하고, 깨끗하고, 흠이 없고 오염원이 사라졌다 하더라도 여래·아라한·정등각자가 출현하지 않으면 일어나지 않는다."

청정 경2(S45:17)

3. "비구들이여, 아직 일어나지 않은 여덟 가지 법들은 비록 청정하고, 깨끗하고, 흠이 없고 오염원이 사라졌다 하더라도 선서의 율이 아니면 일어나지 않는다. 무엇이 여덟인가?

그것은 바른 견해, 바른 사유, 바른 말, 바른 행위, 바른 생계, 바른 정진, 바른 마음챙김, 바른 삼매이다.

비구들이여, 아직 일어나지 않은 이러한 여덟 가지 법들은 비록 청정하고, 깨끗하고, 흠이 없고 오염원이 사라졌다 하더라도 선서의 율이 아니면 일어나지 않는다."

꾹꾸따 원림[鷄林] **경**1(S45:18)

Kukkuṭārāma-sutta

1. 이와 같이 나는 들었다. 한때 아난다 존자와 밧다 존자[125]는

125) 본경은 본서 「계 경」(S47:21)과 같은 방법으로 이루어져 있다. 두 경 모두 밧다 존자(āyasmā Bhadda)와 아난다 존자가 꾹꾸따 원림에서 대화를 나누는 방법으로 구성되어 있다. 「계 경」(S47:21)에서는 사념처가 나타나고 여기서는 팔정도가 나타나는 것이 다르다. 이 두 경에 해당하는 주석서와 복주서는 밧다 존자에 대한 설명이 없다.

빠딸리뿟따에서 꾹꾸따 원림[鷄林]에 머물렀다.126)

2. 그때 밧다 존자는 해거름에 홀로 앉음을 풀고 일어나 아난다 존자에게 다가갔다. 가서는 아난다 존자와 함께 환담을 나누었다. 유쾌하고 기억할 만한 이야기로 서로 담소를 하고서 한 곁에 앉았다. 한 곁에 앉은 밧다 존자는 아난다 존자에게 이렇게 말했다.

3. "도반 아난다여, '청정범행이 아닌 것', '청정범행이 아닌 것'이라고 말합니다. 도반이여, 그러면 어떤 것이 청정범행이 아닌 것입

그런데 DPPN은 이 밧다 존자가 『장로게』(Thag) {473~479}를 지은 밧다 장로일 거라고 추측하고 있다. 『장로게 주석서』에 의하면 밧다 존자는 사왓티의 상인(seṭṭhi) 집안에서 태어났는데 그를 임신하기 전에 그의 부모가 세존께 가서 만일 아이를 가지게 되면 세존의 하인으로 삼겠다고 말씀드렸다. 그들은 아이를 낳아서 일곱 살이 되었을 때 세존께 데리고 갔으며 세존께서는 아난다 존자를 시켜서 아이를 출가시켰다. 아이는 출가하던 날에 아라한이 되었다고 한다. 세존께서는 그 아이에게 '오라, 밧다여(ehi bhadda).'라고 하셨고 그는 세존께 다가갔다. 이것이 그가 구족계를 받은 것(upasam-padā)이다. 그래서 그 아이의 이름은 밧다가 되었다고 한다.(ThagA.ii.119) 밧다(bhadda, Sk. bhadra)는 문자적으로 '경이로운, 행운의'라는 뜻을 가진 형용사이다.

126) 빠딸리뿟따(Pāṭaliputta, Sk. 빠딸리뿌뜨라, Paṭaliputra)는 지금 인도 비하르 주의 주도인 빠뜨나(Patna)의 옛이름이다. 『디가 니까야』 「대반열반경」(D16) §1.19이하와 §1.26에는 빠딸리 마을(Pāṭaligāma)을 확장하여 빠딸리뿟따 도시가 건설되는 것이 언급되고 있으며, 세존께서는 이 도시는 번창한 최고의 도시가 될 것이라고 예언하셨다.(D16 §1.28) 세존의 예언대로 그 후 빠딸리 마을(gāma)은 빠딸리뿟따(Sk. Paṭaliputra)로 불리게 되며 마우리야(Maurya) 왕조, 굽따(Gupta) 왕조 등 역대 인도 통일 국가의 수도로 그 이름을 떨쳤다.

빠딸리뿟따의 꾹꾸따 원림(Kukkuṭārāma)은 『맛지마 니까야』 「앗타까나가라 경」(M52)과 『앙굿따라 니까야』 「다사마 경」(A11:17)에도 나타나는데 주석서는 꾹꾸따 상인이 지은 승원이라고 설명하고 있다.(MA.iii.13; AA.v.84) 이들 외에도 『앙굿따라 니까야』 「나라다 경」(A5:50) 등 몇몇 경이 여기서 설해진 것으로 나타나고 있다. 꾹꾸따 원림은 아소까 대왕이 불교로 개종한 뒤에 증건하여 아소까 원림(Asokārāma)으로도 불리었던 것 같다.(DPPN) 빠뜨나에는 지금도 꾹꾸따 원림의 유적지가 남아있다.

니까?" [16]

"장하고 장합니다, 도반 밧다여. 도반 밧다여, 참으로 그대의 용솟음치는 [통찰지][127]는 경사스럽습니다.[128] 그대의 영감은 경사스럽고 그대의 질문은 좋습니다. 도반 밧다여, 그대는 참으로 '도반 아난다여, '청정범행이 아닌 것', '청정범행이 아닌 것'이라고 말합니다. 도반이여, 그러면 어떤 것이 청정범행이 아닌 것입니까?'라고 물었습니까?"

"그렇습니다, 도반이여."

4. "도반이여, 바로 이 여덟 가지 구성요소를 가진 삿된 도가 청정범행이 아닌 것이니, 그것은 삿된 견해, 삿된 사유, 삿된 말, 삿된 행위, 삿된 생계, 삿된 정진, 삿된 마음챙김, 삿된 삼매입니다."

꾹꾸따 원림[鷄林] **경**2(S45:19)

1. <빠딸리뿟따의 꾹꾸따 원림[鷄林]에서>

3. "도반 아난다여, '청정범행', '청정범행'이라고 말합니다. 도반이여, 그러면 어떤 것이 청정범행이며, 어떤 것이 청정범행의 완성입니까?"

"장하고 장합니다, 도반 밧다여. 도반 밧다여, 참으로 그대의 용솟음치는 [통찰지]는 경사스럽습니다. 그대의 영감은 경사스럽고 그대

---

127) "'용솟음(ummagga)'이란 솟구쳐 오름(ummujjana)이다. 통찰지가 생겼음(paññā-gamana)을 뜻한다."(AA.iii.163)
Se 주석서에는 통찰지가 생겼음(paññā-gamana) 대신에 질문이 생겼음(pañha-ummagga)으로 나타나고 있다. 역자는 Be 주석서를 따라서 옮겼다.

128) '경사스럽다.'는 bhaddaka를 옮긴 것인데 이것은 밧다 존자의 이름인 Bhadda에다 '-ka'어미를 붙인 것으로 뜻은 같다.

의 질문은 좋습니다. 도반 밧다여, 그대는 참으로 '도반 아난다여, '청정범행', '청정범행'이라고 말합니다. 도반이여, 그러면 어떤 것이 청정범행이며, 어떤 것이 청정범행의 완성입니까?'라고 물었습니까?"

"그렇습니다, 도반이여."

4. "도반이여, 바로 이 여덟 가지 구성요소를 가진 성스러운 도[八支聖道]가 청정범행이니, 그것은 바른 견해, … 바른 삼매입니다. 도반이여, 그리고 탐욕의 멸진, 성냄의 멸진, 어리석음의 멸진이 바로 이 청정범행의 완성입니다."

꾹꾸따 원림[鷄林] **경**3(S45:20)

1. <빠딸리뿟따의 꾹꾸따 원림[鷄林]에서>

3. "도반 아난다여, '청정범행', '청정범행'이라고 말합니다. 도반이여, 그러면 어떤 것이 청정범행이며, 누가 청정범행을 닦는 자이며, 어떤 것이 청정범행의 완성입니까?"

"장하고 장합니다, [17] 도반 밧다여. 도반 밧다여, 참으로 그대의 용솟음치는 [통찰지]는 경사스럽습니다. 그대의 영감은 경사스럽고 그대의 질문은 좋습니다. 도반 밧다여, 그대는 참으로 '도반 아난다여, '청정범행', '청정범행'이라고 말합니다. 도반이여, 그러면 어떤 것이 청정범행이며, 누가 청정범행을 닦는 자이며, 어떤 것이 청정범행의 완성입니까?'라고 물었습니까?"

"그렇습니다, 도반이여."

4. "도반이여, 바로 이 여덟 가지 구성요소를 가진 성스러운 도[八支聖道]가 청정범행이니, 그것은 바른 견해, … 바른 삼매입니다.

도반이여, 이 여덟 가지 구성요소를 가진 성스러운 도를 구족한 자를 일러 청정범행을 닦는 자라 합니다. 도반이여, 그리고 탐욕의 멸진, 성냄의 멸진, 어리석음의 멸진이 바로 이 청정범행의 완성입니다."

제2장 머묾 품이 끝났다.

두 번째 품에 포함된 경들의 목록은 다음과 같다.

두 가지 ①~② 머묾 ③ 유학
두 가지 ④~⑤ 일어남
두 가지 ⑥~⑦ 청정
세 가지 ⑧~⑩ 꾹꾸따 원림[鷄林]이다.

제3장 삿됨 품

Micchatta-vagga

삿됨 경(S45:21)

Micchatta-sutta

1. <사왓티의 아나타삔디까 원림(급고독원)에서>

2. "비구들이여, [18] 그대들에게 삿됨과 바름에 대해서 설하리라. 이제 그것을 들어라. 듣고 마음에 잘 새겨라. 나는 설할 것이다."

"그렇게 하겠습니다, 세존이시여."라고 비구들은 세존께 응답했다. 세존께서는 이렇게 말씀하셨다.

3. "비구들이여, 그러면 무엇이 삿됨인가?

그것은 삿된 견해, … 삿된 삼매이다. 비구들이여, 이를 일러 삿됨이라 한다.

비구들이여, 그러면 무엇이 바름인가?

그것은 바른 견해, … 바른 삼매이다. 비구들이여, 이를 일러 바름이라 한다."

불선법 경(S45:22)

2. "비구들이여, 그대들에게 해로운 법들[不善法]과 유익한 법들[善法]에 대해서 설하리라. … <S45:21 §3> …

3. "비구들이여, 그러면 무엇이 해로운 법들인가?

그것은 삿된 견해, … 삿된 삼매이다. 비구들이여, 이를 일러 해로운 법들이라 한다.

비구들이여, 그러면 무엇이 유익한 법들인가?

그것은 바른 견해, … 바른 삼매이다. 비구들이여, 이를 일러 유익한 법들이라 한다."

도닦음 경1(S45:23)

Paṭipadā-sutta

2. "비구들이여, 그대들에게 삿된 도닦음과 바른 도닦음에 대해서 설하리라. … <S45:21 §3> …

3. "비구들이여, 그러면 무엇이 삿된 도닦음인가?

그것은 삿된 견해, … 삿된 삼매이다. 비구들이여, 이를 일러 삿된 도닦음이라 한다.

비구들이여, 그러면 무엇이 바른 도닦음인가?

그것은 바른 견해, … 바른 삼매이다. 비구들이여, 이를 일러 바른 도닦음이라 한다."

도닦음 경2(S45:24)

Paṭipadā-sutta

3. "비구들이여, 재가자건 출가자건 나는 삿되게 도닦는 자를 칭찬하지 않는다. [19] 비구들이여, 재가자건 출가자건 삿되게 도닦으면 삿된 도닦음으로 인해 그는 바른 방법인 유익한 법[129]을 얻지 못

---

129) "'바른 방법인 유익한 법(ñāya dhamma kusala)'이란 성스러운 도의 법(ariya-magga-dhamma)을 말한다."(SA.iii.132)

『디가 니까야』 「대념처경」(D22)에 대한 주석서에서도 "옳은 방법(ñāya)이란 성스러운 팔정도를 말한다."(DA.iii.750)고 설명하고 있다. 『앙굿따라

한다.

비구들이여, 그러면 무엇이 삿된 도닦음인가?

그것은 삿된 견해, … 삿된 삼매이다. 비구들이여, 이를 일러 삿된 도닦음이라 한다.

비구들이여, 재가자건 출가자건 나는 이처럼 삿되게 도닦는 자를 칭찬하지 않는다. 비구들이여, 재가자건 출가자건 이처럼 삿되게 도닦으면 삿된 도닦음으로 인해 그는 올바르고 유익한 법을 얻지 못한다."

4. "비구들이여, 재가자건 출가자건 나는 바르게 도닦는 자를 칭찬한다. 비구들이여, 재가자건 출가자건 바르게 도닦으면 바른 도닦음으로 인해 그는 올바르고 유익한 법을 얻는다.

비구들이여, 그러면 무엇이 바른 도닦음인가?

그것은 바른 견해, … 바른 삼매이다. 비구들이여, 이를 일러 바른 도닦음이라 한다.

비구들이여, 재가자건 출가자건 나는 이처럼 바르게 도닦는 자를 칭찬한다. 비구들이여, 재가자건 출가자건 이처럼 바르게 도닦으면 바른 도닦음으로 인해 그는 올바르고 유익한 법을 얻는다."

참되지 못한 사람 경1(S45:25)

Asappurisa-sutta

2. "비구들이여, 그대들에게 참되지 못한 사람과 참된 사람에

니까야』 「도닦음 경」(A2:4:9)에 대한 주석서에서는 '바른 방법인 유익한 법'을 "위빳사나와 함께한 도(saha-vipassanaka magga)"(AA.ii.143)라고 설명하고 있다.

그리고 본경의 이 부분은 『밀린다빤하』(Mil.242~243)에서 '진퇴양난인 질문(meṇḍaka-pañha)' 가운데 하나로 나타나고 있다.

대해서 설하리라. … <S45:21 §3> …

3. "비구들이여, 그러면 어떤 자가 참되지 못한 사람인가?

비구들이여, 여기 어떤 자는 삿된 견해를 가졌다. … 삿된 삼매를 가졌다. 비구들이여, 이를 일러 참되지 못한 사람이라 한다.

비구들이여, 그러면 어떤 자가 참된 사람인가?

비구들이여, 여기 어떤 자는 바른 견해를 가졌다. … [20] 바른 삼매를 가졌다. 비구들이여, 이를 일러 참된 사람이라 한다."

참되지 못한 사람 경2(S45:26)

2. "비구들이여, 그대들에게 참되지 못한 사람과 참되지 못한 사람보다 더 참되지 못한 사람과 참된 사람과 참된 사람보다 더 참된 사람에 대해서 설하리라. … <S45:21 §3> …

3. "비구들이여, 그러면 어떤 자가 참되지 못한 사람인가?

비구들이여, 여기 어떤 자는 삿된 견해를 가졌다. … 삿된 삼매를 가졌다. 비구들이여, 이를 일러 참되지 못한 사람이라 한다.

비구들이여, 그러면 어떤 자가 참되지 못한 사람보다 더 참되지 못한 사람인가?

비구들이여, 여기 어떤 자는 삿된 견해를 가졌다. … 삿된 삼매를 가졌다. 삿된 지혜를 가졌다. 삿된 해탈을 가졌다.[130] 비구들이여,

---

130) 여기서는 '삿된 지혜를 가진 자(micchā-ñāṇī)'와 '삿된 해탈을 가진 자(micchā-vimutti)'의 두 가지가 더 첨가되었다. 주석서는 전자를 "삿된 반조를 가진 자(micchā-paccavekkhaṇa)"(SA.iii.132)라고 설명하고 있다. 여기에 대해서 복주서는 "사악한 짓(pāpa)을 하고나서 그것을 잘한 행위(sukata)라고 여기는 것"(SAṬ.iii.115)이라고 풀이하고 있다.
주석서는 후자를 확실하지 못한 해탈(ayāthāvavimutti)과 출리로 인도하지 못하는 해탈(aniyyānika-vimutti)이라고 설명하고 있다.(SA.iii.132)

이를 일러 참되지 못한 사람보다 더 참되지 못한 사람이라 한다."

4. "비구들이여, 그러면 어떤 자가 참된 사람인가?

비구들이여, 여기 어떤 자는 바른 견해를 가졌다. … 바른 삼매를 가졌다. 비구들이여, 이를 일러 참된 사람이라 한다.

비구들이여, 그러면 어떤 자가 참된 사람보다 더 참된 사람인가?

비구들이여, 여기 어떤 자는 바른 견해를 가졌다. … 바른 삼매를 가졌다. 바른 지혜를 가졌다. 바른 해탈을 가졌다. 비구들이여, 이를 일러 참된 사람보다 더 참된 사람이라 한다."

항아리 경(S45:27)

Kumbha-sutta

3. "비구들이여, 예를 들면 버팀목이 없는 항아리는 쉽게 엎어지지만 버팀목을 가진 것은 잘 엎어지지 않는 것처럼 버팀목이 없는 마음은 쉽게 엎어지지만 버팀목을 가진 마음은 잘 엎어지지 않는다.

비구들이여, [21] 그러면 어떤 것이 마음의 버팀목인가?

바로 이 여덟 가지 구성요소를 가진 성스러운 도이니, 그것은 바른 견해, … 바른 삼매이다. 비구들이여, 이것이 마음의 버팀목이다."

4. "비구들이여, 예를 들면 버팀목이 없는 항아리는 쉽게 엎어지지만 버팀목을 가진 것은 잘 엎어지지 않는 것처럼 버팀목이 없는 마음은 쉽게 엎어지지만 버팀목을 가진 마음은 잘 엎어지지 않는다."

여기에 대해서는 본서 제2권 「열 가지 구성 요소 경」(S14:29) §3의 주해도 참조할 것.

삼매 경(S45:28)

Samādhi-sutta

2. "비구들이여, 그대들에게 기반을 가졌고 필수품을 가진[131] 성스러운 바른 삼매에 대해서 설하리라. … <S45:21 §3> …

3. "비구들이여, 그러면 성스러운 바른 삼매는 어떤 기반을 가졌고 어떤 필수품을 가졌는가?

그것은 바른 견해, 바른 사유, 바른 말, 바른 행위, 바른 생계, 바른 정진, 바른 마음챙김이다. 비구들이여, 마음이 한 끝에 집중됨[心一境性][132]이 이런 일곱 가지 구성요소들을 장비로 갖출 때 이를 일러 성스러운 바른 삼매가 기반을 가졌다고 하고 필수품을 가졌다고 한다."

---

131) '기반을 가졌고'와 '필수품을 가진'은 각각 saupanisa와 saparikkhāra를 옮긴 것이다. 기반을 가졌고 필수품을 가진 성스러운 바른 삼매에 대한 더 자세한 분석은 『맛지마 니까야』「위대한 사십 가지 경」(M117)에 나타나므로 참조할 것.

132) '마음이 한 끝에 집중됨'은 cittassa ekaggatā를 옮긴 것이다. 『맛지마 니까야』「짧은 방등경」(M44)에서 "마음이 한 끝에 집중됨이 바로 삼매다(cittassa ekaggatā ayaṁ samādhi)."(M44 §12)라고 정의하고 있듯이 이것은 이미 니까야에서부터 삼매를 정의하는 구문으로 잘 알려져 있다. 중국에서는 心一境性으로 정착되었다. ekaggatā는 eka(하나)+agga(끝, 정점, 으뜸)+tā(추상명사형 어미)로 분석된다. 아래 『무애해도 주석서』의 설명에 나타나듯이 여기서 끝(agga)은 대상(ārammaṇa)을 뜻한다.

"'마음이 한 끝에 집중됨(cittassa ekaggatā)'이란 여러 대상으로 흩어짐이 존재하지 않기(nānārammaṇa-vikkhepa-abhāva) 때문에 하나의 대상(eka ārammaṇa)이라는 궁극적인 끝(agga uttama)에 [집중되어] 있다고 해서 하나의 끝(ekagga)이라 한다. 하나의 끝인 상태(ekaggassa bhāva)를 한 끝에 집중됨(ekaggatā)이라 한다. 그런데 이것은 마음이 한 끝에 집중됨이지 중생(satta)이 한 끝에 집중됨이 아니기 때문에 마음이 한 끝에 집중됨이라고 설한 것이다."(PsA.230)

느낌 경(S45:29)

Vedanā-sutta

3. "비구들이여, 세 가지 느낌이 있다. 무엇이 셋인가?

즐거운 느낌, 괴로운 느낌, 괴롭지도 즐겁지도 않은 느낌이다. 비구들이여, 이러한 세 가지 느낌이 있다.

비구들이여, 이러한 세 가지 느낌을 철저히 알기 위해서는 여덟 가지 구성요소를 가진 성스러운 도를 닦아야 한다. 그러면 어떤 것이 여덟 가지 구성요소를 가진 성스러운 도인가?

그것은 바른 견해, … 바른 삼매이다. [22]

비구들이여, 이러한 세 가지 느낌을 철저히 알기 위해서는 이러한 여덟 가지 구성요소를 가진 성스러운 도를 닦아야 한다."

웃띠야 경(S45:30)

2. 그때 웃띠야 존자133)가 세존께 다가갔다. 가서는 세존께 절을 올리고 한 곁에 앉았다. 한 곁에 앉은 웃띠야 존자는 세존께 이렇게 말씀드렸다.

3. "세존이시여, 여기 저는 한적한 곳에 가서 홀로 앉아있는 중에 문득 이런 생각이 일어났습니다. '세존께서는 다섯 가닥의 감각적

---

133) 웃띠야 존자(āyasmā Uttiya)는 본경과 본서 「웃띠야 경」(S47:16)에 등장하고 있는데 주석서와 복주서는 그에 대한 설명을 하지 않고 있다. 『앙굿따라 니까야』 「웃띠야 경」(A10:95)에 웃띠야 유행승(Uttiya paribbāja-ka)이 나타나는데 그가 누구인지 주석서와 복주서는 아무런 언급이 없다. DPPN은 본경의 웃띠야 존자가 이 웃띠야 유행승과 동일인일지도 모른다고 적고 있다. 둘 다 사왓티의 급고독원에서 설해진 것을 보면 그럴 가능성이 있어 보이지만, 한 사람은 유행승이고 다른 한 사람은 부처님 제자로 언급되고 있어 다른 사람일 가능성이 높다.

욕망을 말씀하셨다. 그러면 세존께서 말씀하신 다섯 가닥의 감각적 욕망이란 무엇인가?'라고."

4. "장하고도 장하구나, 웃띠야여. 웃띠야여, 나는 다섯 가닥의 감각적 욕망을 설하였다. 어떤 것이 다섯 가닥의 감각적 욕망인가?

웃띠야여, 눈으로 인식되는 형상들이 있으니, 원하고 좋아하고 마음에 들고 사랑스럽고 감각적 욕망을 짝하고 매혹적인 것들이다. 귀로 인식되는 소리들이 있으니, … 코로 인식되는 냄새들이 있으니, … 혀로 인식되는 맛들이 있으니, … 몸으로 인식되는 감촉들이 있으니, 원하고 좋아하고 마음에 들고 사랑스럽고 감각적 욕망을 짝하고 매혹적인 것들이다. 웃띠야여, 나는 이러한 다섯 가닥의 감각적 욕망을 설하였다."

5. "웃띠야여, 이러한 다섯 가닥의 감각적 욕망을 제거하기 위해서는 여덟 가지 구성요소를 가진 성스러운 도를 닦아야 한다. 그러면 어떤 것이 여덟 가지 구성요소를 가진 성스러운 도인가? 그것은 바른 견해, … 바른 삼매이다.

웃띠야여, 이러한 다섯 가닥의 감각적 욕망을 제거하기 위해서는 이러한 여덟 가지 구성요소를 가진 성스러운 도를 닦아야 한다."

제3장 삿됨 품이 끝났다.

세 번째 품에 포함된 경들의 목록은 다음과 같다.

① 삿됨 ② 불선법, 두 가지 ③~④ 도닦음
두 가지 ⑤~⑥ 참되지 못한 사람
⑦ 항아리 ⑧ 삼매 ⑨ 느낌 ⑩ 웃띠야이다.

제4장 도닦음 품

Paṭipatti-vagga

도닦음 경1(S45:31)

Paṭipatti-sutta

2. "비구들이여, [23] 그대들에게 삿된 도닦음과 바른 도닦음에 대해서 설하리라. … <S45:21 §3> …

3. "비구들이여, 그러면 무엇이 삿된 도닦음인가?

그것은 삿된 견해, … 삿된 삼매이다. 비구들이여, 이를 일러 삿된 도닦음이라 한다.

비구들이여, 그러면 무엇이 바른 도닦음인가?

그것은 바른 견해, … 바른 삼매이다. 비구들이여, 이를 일러 바른 도닦음이라 한다."

도닦음 경2(S45:32)

2. "비구들이여, 그대들에게 삿되게 도닦는 자와 바르게 도닦는 자에 대해서 설하리라. … <S45:21 §3> …

3. "비구들이여, 그러면 어떤 자가 삿되게 도닦는 자인가?

비구들이여, 여기 어떤 자는 삿된 견해를 가졌다. … 삿된 삼매를 가졌다. 비구들이여, 이를 일러 삿되게 도닦는 자라 한다.

비구들이여, 그러면 어떤 자가 바르게 도닦는 자인가?

비구들이여, 여기 어떤 자는 바른 견해를 가졌다. … 바른 삼매를 가졌다. 비구들이여, 이를 일러 바르게 도닦는 자라 한다."[134]

게을리함 경(S45:33)

Viraddha-sutta

3. "비구들이여, 여덟 가지 구성요소를 가진 성스러운 도를 게을리하는 사람들은 누구든지 괴로움의 멸진으로 바르게 인도하는 성스러운 도[135]를 게을리 하는 것이다. 비구들이여, 여덟 가지 구성요소를 가진 성스러운 도를 열심히 행하는 자들은 누구든지 괴로움의 멸진으로 인도하는 성스러운 도를 열심히 행하는 것이다.

비구들이여, [24] 그러면 어떤 것이 여덟 가지 구성요소를 가진 성스러운 도인가?

그것은 바른 견해, … 바른 삼매이다.

비구들이여, 이러한 여덟 가지 구성요소를 가진 성스러운 도를 게을리하는 사람들은 누구든지 괴로움의 멸진으로 바르게 인도하는 성스러운 도를 게을리하는 것이다. 비구들이여, 이러한 여덟 가지 구성요소를 가진 성스러운 도를 열심히 행하는 자들은 누구든지 괴로움의 멸진으로 인도하는 성스러운 도를 열심히 행하는 것이다."

저 언덕에 도달함 경(S45:34)

Pāraṅgama-sutta

---

134) "앞의 경은 법의 측면(dhamma-vasa) [즉 도닦음의 측면(paṭipatti-vasa) – SAṬ]에서 설하신 것이고 본경은 인간의 측면(puggala-vasa) [즉 도닦는 자의 측면(paṭipannaka-vasa) – SAṬ]에서 설하신 것이다."(SA.iii.132)

135) Ee, Be, Se의 원문에는 모두 '여덟 가지 구성요소를 가진 성스러운 도(ariyo aṭṭhaṅgiko maggo)'로 나타나지만 본서 「게을리 함 경」(S46:18) §3과 「게을리 함 경」(S47:33) §3과 제6권 「게을리 함 경」(S51:2) §3에는 모두 '성스러운 도(ariyo maggo)'로 나타난다. 이 경들과 일치시키기 위해서 '여덟 가지 구성요소를 가진(aṭṭhaṅgiko)'을 생략하여 옮겼다.

3. "비구들이여, 여덟 가지 법들을 닦고 많이 [공부]지으면 이 언덕에서 저 언덕으로 건너가게 된다. 무엇이 여덟인가?

그것은 바른 견해, … 바른 삼매이다.

비구들이여, 이러한 여덟 가지 법들을 닦고 많이 [공부]지으면 이 언덕에서 저 언덕으로 건너가게 된다."136)

4. 세존께서는 이렇게 말씀하셨다. 스승이신 선서께서는 이렇게 말씀하신 뒤 다시 [게송으로] 이와 같이 설하셨다.

"인간들 가운데서 저 언덕에 도달한 자 드물고
대부분 사람들은 이 언덕에서 치달리고 있노라.

법을 따르는 자들에게 법이 바르게 설해질 때
그들은 건너기 어려운 죽음의 영역 건너
저 언덕에 도달하노라.
현자는 검은 법을 제거하고 흰 법을 닦으라.

윤회에서 벗어나 윤회 없음에 이르러
기쁨 없는 한거에서 기쁨 찾아야 하리.
감각적 욕망을 버려 무소유 되어
현자는 마음의 오염원들로부터 자신을 청정하게 할지라.

깨달음의 구성요소들로 바르게 마음 잘 닦아서
취착을 놓아버려 취착 없음 기뻐하나니
번뇌 다한 광휘로운 자들 세상에서 완전한 평화 얻노라."137)

---

136) "'이 언덕에서 저 언덕으로(apārā pāraṁ)'라는 것은 윤회로부터 열반에(vaṭṭato nibbānaṁ)라는 뜻이다."(SA.iii.132)

137) 이 게송은 『앙굿따라 니까야』 「상가라와 경」(A10:117) §3과 『법구경』

사문됨 경1(S45:35)

Sāmañña-sutta

2. "비구들이여, [25] 그대들에게 사문됨과 사문됨의 결실에 대해서 설하리라. … <S45:21 §3> …

3. "비구들이여, 그러면 무엇이 사문됨인가?

그것은 바른 견해, … 바른 삼매이다. 비구들이여, 이를 일러 사문됨이라 한다.

비구들이여, 그러면 무엇이 사문됨의 결실인가?

예류과, 일래과, 불환과, 아라한과 — 비구들이여, 이를 일러 사문됨의 결실이라 한다."

사문됨 경2(S45:36)

2. "비구들이여, 그대들에게 사문됨과 사문됨의 목적에 대해서 설하리라. … <S45:21 §3> …

3. "비구들이여, 그러면 무엇이 사문됨인가?

그것은 바른 견해, … 바른 삼매이다. 비구들이여, 이를 일러 사문됨이라 한다.

비구들이여, 그러면 무엇이 사문됨의 목적인가?

비구들이여, 탐욕의 멸진, 성냄의 멸진, 어리석음의 멸진 — 이를 일러 사문됨의 목적이라 한다."

(Dhp) {85~89}로도 나타나고 있다.

바라문됨 경1(S45:37)

Brahmañña-sutta

2. "비구들이여, 그대들에게 바라문됨과 바라문됨의 결실에 대해서 설하리라. … <S45:21 §3> …

3. "비구들이여, 그러면 무엇이 바라문됨인가?

그것은 바른 견해, … 바른 삼매이다. 비구들이여, 이를 일러 바라문됨이라 한다.

비구들이여, 그러면 무엇이 바라문됨의 결실인가?

예류과, [26] 일래과, 불환과, 아라한과 — 비구들이여, 이를 일러 바라문됨의 결실이라 한다."

바라문됨 경2(S45:38)

2. "비구들이여, 그대들에게 바라문됨과 바라문됨의 목적에 대해서 설하리라. … <S45:21 §3> …

3. "비구들이여, 그러면 무엇이 바라문됨인가?

그것은 바른 견해, … 바른 삼매이다. 비구들이여, 이를 일러 바라문됨이라 한다.

비구들이여, 그러면 무엇이 바라문됨의 목적인가?

비구들이여, 탐욕의 멸진, 성냄의 멸진, 어리석음의 멸진 — 이를 일러 바라문됨의 목적이라 한다."

청정범행 경1(S45:39)

Brahmacariya-sutta

2. “비구들이여, 그대들에게 청정범행과 청정범행의 결실에 대해서 설하리라. … <S45:21 §3> …

3. “비구들이여, 그러면 무엇이 청정범행인가?

그것은 바른 견해, … 바른 삼매이다. 비구들이여, 이를 일러 청정범행이라 한다.

비구들이여, 그러면 무엇이 청정범행의 결실인가?

예류과, 일래과, 불환과, 아라한과 — 비구들이여, 이를 일러 청정범행의 결실이라 한다.”

청정범행 경2(S45:40)

2. “비구들이여, 그대들에게 청정범행과 청정범행의 목적에 대해서 설하리라. … <S45:21 §3> …

3. “비구들이여, 그러면 무엇이 청정범행인가?

그것은 바른 견해, … 바른 삼매이다. 비구들이여, 이를 일러 청정범행이라 한다.

비구들이여, [27] 그러면 무엇이 청정범행의 목적인가?

비구들이여, 탐욕의 멸진, 성냄의 멸진, 어리석음의 멸진 — 이를 일러 청정범행의 목적이라 한다.”

제4장 도닦음 품이 끝났다.

네 번째 품에 포함된 경들의 목록은 다음과 같다.

두 가지 ①~② 도닦음 ③ 게을리함
④ 저 언덕에 도달함, 두 가지 ⑤~⑥ 사문됨
두 가지 ⑦~⑧ 바라문됨 두 가지 ⑨~⑩ 청정범행이다.

제5장 외도의 반복

Aññatitthiya-peyyāla[138)]

탐욕의 빛바램 경(S45:41)

Virāga-sutta

2. 그때 많은 비구들이 세존께 다가갔다. 가서는 세존께 절을 올리고 한 곁에 앉았다. 한 곁에 앉은 비구들에게 세존께서는 이렇게 말씀하셨다.

3. "비구들이여, 만일 외도 유행승들이 그대들에게 '도반들이여, 무슨 목적을 위해서 사문 고따마 아래서 청정범행을 닦습니까?'라고 질문을 한다 하자. 이렇게 질문을 받으면 그대들은 그 외도 유행승들에게 '도반들이여, 탐욕을 빛바래게 하기 위해서 우리는 세존 아래서 청정범행을 닦습니다.'라고 이렇게 설명해야 한다."

4. "비구들이여, 그리고 만일 외도 유행승들이 그대들에게 '도반들이여, 그러면 탐욕을 빛바래게 하기 위한 도가 있고 도닦음이 있습니까?'라고 질문하면 그대들은 그 외도 유행승들에게 '도반들이여, 탐욕을 빛바래게 하기 위한 도가 있고 도닦음이 있습니다.'라고 설명해야 한다."

5. "비구들이여, 그러면 어떤 것이 탐욕을 빛바래게 하기 위한 도이고 어떤 것이 도닦음인가? [28]

그것은 바로 여덟 가지 구성요소를 가진 성스러운 도이니, 바른 견

138) Be에는 '외도의 반복 품(Aññatitthiya-peyyāla-vagga)'으로 나타난다.

해, 바른 사유, 바른 말, 바른 행위, 바른 생계, 바른 정진, 바른 마음챙김, 바른 삼매이다.

비구들이여, 이것이 탐욕을 빛바래게 하기 위한 도이고 이것이 도닦음이다.

비구들이여, 이렇게 질문을 받았을 때 그대들은 그 외도 유행승들에게 이렇게 설명해야 한다."

족쇄를 제거함 경 등(S45:42~48)

Saṁyojanapahāna-sutta

2. 그때 많은 비구들이 세존께 다가갔다. 가서는 세존께 절을 올리고 한 곁에 앉았다. 한 곁에 앉은 비구들에게 세존께서는 이렇게 말씀하셨다.

3. "비구들이여, 만일 외도 유행승들이 그대들에게 '도반들이여, 무슨 목적을 위해서 사문 고따마 아래서 청정범행을 닦습니까?'라고 질문을 한다 하자. 이렇게 질문을 받으면 그대들은 그 외도 유행승들에게 '도반들이여, 족쇄를 제거하기 위해서 …(S45:42)

'도반들이여, 잠재성향을 뿌리뽑기 위해서 …(S45:43)

'도반들이여, 도정(道程)을 철저하게 알기 위해서[139] …(S45:44)

'도반들이여, 번뇌들을 멸진하기 위해서 …(S45:45)

'도반들이여, 명지와 해탈의 결실을 실현하기 위해서 …(S45:46)

'도반들이여, 지와 견을 위해서 …(S45:47)

139) "'도정을 철저하게 알기 위해서(addhāna-pariññatthaṁ)'라고 했다. 윤회의 도정(saṁsār-addhāna)은 열반에 도달한 뒤에 철저하게 알아진다(pari-ññāta). 그래서 열반은 도정을 철저히 앎이라 불리는데 바로 그것을 위해서라는 뜻이다."(SA.iii.133)

'도반들이여, [29] 취착 없는 완전한 열반을 위해서 우리는 세존 아래서 청정범행을 닦습니다.'라고 이렇게 설명해야 한다."(S45:48)

4. "비구들이여, 그리고 만일 외도 유행승들이 그대들에게 '도반들이여, 그러면 취착 없는 완전한 열반을 위한 도가 있고 도닦음이 있습니까?'라고 질문하면 그대들은 그 외도 유행승들에게 '도반들이여, 취착 없는 완전한 열반을 위한 도가 있고 도닦음이 있습니다.'라고 설명해야 한다."

"비구들이여, 그러면 어떤 것이 취착 없는 완전한 열반을 위한 도이고 어떤 것이 도닦음인가?

그것은 바로 여덟 가지 구성요소를 가진 성스러운 도이니, 바른 견해, 바른 사유, 바른 말, 바른 행위, 바른 생계, 바른 정진, 바른 마음챙김, 바른 삼매이다.

비구들이여, 이것이 취착 없는 완전한 열반을 위한 도이고 이것이 도닦음이다.

비구들이여, 이렇게 질문을 받았을 때 그대들은 그 외도 유행승들에게 이렇게 설명해야 한다."

제5장 외도의 반복이 끝났다.

다섯 번째 품에 포함된 경들의 목록은 다음과 같다.

① 탐욕의 빛바램 ② 족쇄 ③ 잠재성향
④ 도정 ⑤ 번뇌 ⑥ 명지와 해탈
⑦ 지와 견 ⑧ 완전한 열반이다.

제6장 태양의 반복

Suriya-peyyala

(i) 떨쳐버림을 의지함

Viveka-nissita

선우 경(S45:49)

Kalyāṇamitta-sutta

3. "비구들이여, 태양이 떠오를 때 여명이 앞장서고 그 전조가 되듯이, [30] 비구에게 여덟 가지 구성요소를 가진 성스러운 도가 생길 때에는 좋은 친구[善友]를 가지는 것이 앞장서고 그 전조가 된다.140) 비구들이여, 비구가 좋은 친구를 가지면 '그는 여덟 가지 구성요소를 가진 성스러운 도를 닦을 것이다. 그는 여덟 가지 구성요소를 가진 성스러운 도를 많이 [공부]지을 것이다.'라는 것이 기대된다."

4. "비구들이여, 그러면 좋은 친구를 가진 비구는 어떻게 여덟 가지 구성요소를 가진 성스러운 도를 닦고 어떻게 여덟 가지 구성요소를 가진 성스러운 도를 많이 [공부]짓는가?

비구들이여, 여기 비구는 떨쳐버림을 의지하고 탐욕의 빛바램을 의지하고 소멸을 의지하고 철저한 버림으로 기우는 바른 견해를 닦는다. … 바른 사유를 닦는다. … 바른 말을 닦는다. … 바른 행위를

140) "'좋은 친구를 가지는 것(kalyāṇa-mittatā)'은 태양이 떠오를 때의 여명(aruṇugga)과도 같다. 좋은 친구를 의지하여 위빳사나와 함께한 성스러운 도(savipassanā-ariya-magga)가 생기는데, 이것은 마치 여명을 의지하여 태양이 떠오르는 것(sūriya-pātubhāva)과 같기 때문이다."(SA.iii.133)

닦는다. … 바른 생계를 닦는다. … 바른 정진을 닦는다. … 바른 마음챙김을 닦는다. … 바른 삼매를 닦는다.

비구들이여, 좋은 친구를 가진 비구는 이렇게 여덟 가지 구성요소를 가진 성스러운 도를 닦고 이렇게 여덟 가지 구성요소를 가진 성스러운 도를 많이 [공부]짓는다."

계의 구족 경 등(S45:50~55)

Sīlasampadā-sutta

3. "비구들이여, 태양이 떠오를 때 여명이 앞장서고 그 전조가 되듯이, 비구에게 여덟 가지 구성요소를 가진 성스러운 도가 생길 때에는 계의 구족이 …(S45:50)

열의의 구족이 …(S45:51)

자신의 구족이 …(S45:52)

견해의 구족이 …(S45:53)

불방일의 구족이 …(S45:54)

지혜롭게 [31] 마음에 잡도리함의 구족이[141] 앞장서고 그 전조가

---

141) "'계의 구족(sīla-sampadā)'이란 네 가지 청정한 계(catupārisuddhi-sīla, 『청정도론』 I.42와 『아비담마 길라잡이』 제9장 §28 참조)를 말한다.
'열의의 구족(chanda-sampadā)'이란 유익함을 행하고자 하는 열의(kusala-kattu-kamyatā-chanda)를 말한다.
'자신의 구족(atta-sampadā)'이란 마음을 구족함(sampanna-cittatā)을 말한다.
'견해의 구족(diṭṭhi-sampadā)'이란 지혜의 성취(ñāṇa-sampatti)를 말한다.
'불방일의 구족(appamāda-sampadā)'이란 [진리를 꿰뚫는(sacca-paṭi-vedha) – SAṬ] 능력을 가진 불방일을 성취함(kārāpaka-appamāda-sampatti)을 말한다.
'지혜롭게 마음에 잡도리함의 구족(yoniso-manasikāra-sampadā)'이란 수단을 마음에 잡도리함의 성취(upāya-manasikāra-sampatti)를 말한다.
이 경들은 모두 개인의 성향(puggal-ajjhāsaya)에 따라서 각각 다르게 설

된다.(S45:55)

비구들이여, 비구가 지혜롭게 마음에 잡도리함을 구족하면 '그는 여덟 가지 구성요소를 가진 성스러운 도를 닦을 것이다. 그는 여덟 가지 구성요소를 가진 성스러운 도를 많이 [공부]지을 것이다.'라는 것이 기대된다."

4. "비구들이여, 그러면 지혜롭게 마음에 잡도리함을 구족한 비구는 어떻게 여덟 가지 구성요소를 가진 성스러운 도를 닦고 어떻게 여덟 가지 구성요소를 가진 성스러운 도를 많이 [공부]짓는가?

비구들이여, 여기 비구는 떨쳐버림을 의지하고 탐욕의 빛바램을 의지하고 소멸을 의지하고 철저한 버림으로 기우는 바른 견해를 닦는다. … 바른 사유를 닦는다. … 바른 말을 닦는다. … 바른 행위를 닦는다. … 바른 생계를 닦는다. … 바른 정진을 닦는다. … 바른 마음챙김을 닦는다. … 바른 삼매를 닦는다.

비구들이여, 지혜롭게 마음에 잡도리함을 구족한 비구는 이렇게 여덟 가지 구성요소를 가진 성스러운 도를 닦고 이렇게 여덟 가지 구성요소를 가진 성스러운 도를 많이 [공부]짓는다."

(ii) 탐욕을 길들임

Rāga-vinaya

선우 경(S45:56)

Kalyāṇamitta-sutta

3. "비구들이여, 태양이 떠오를 때 여명이 앞장서고 여명이 전

해진 것이다."(SA.iii.133)

조가 되듯이, 비구에게 여덟 가지 구성요소를 가진 성스러운 도가 생길 때에는 좋은 친구[善友]가 앞장서고 좋은 친구가 전조가 된다. 비구들이여, 비구가 좋은 친구를 가지면 '그는 여덟 가지 구성요소를 가진 성스러운 도를 닦을 것이다. 그는 여덟 가지 구성요소를 가진 성스러운 도를 많이 [공부]지을 것이다.'라는 것이 기대된다."

4. "비구들이여, 그러면 좋은 친구를 가진 비구는 어떻게 여덟 가지 구성요소를 가진 성스러운 도를 닦고 어떻게 여덟 가지 구성요소를 가진 성스러운 도를 많이 [공부]짓는가?

비구들이여, 여기 비구는 탐욕의 길들임으로 귀결되고 성냄의 길들임으로 귀결되고 어리석음의 길들임으로 귀결되는 바른 견해를 닦는다. … 바른 사유를 닦는다. … 바른 말을 닦는다. … 바른 행위를 닦는다. … 바른 생계를 닦는다. … 바른 정진을 닦는다. … 바른 마음챙김을 닦는다. 탐욕의 길들임으로 귀결되고 성냄의 길들임으로 귀결되고 어리석음의 길들임으로 귀결되는 바른 삼매를 닦는다.

비구들이여, 좋은 친구를 가진 비구는 이렇게 여덟 가지 구성요소를 가진 성스러운 도를 닦고 이렇게 여덟 가지 구성요소를 가진 성스러운 도를 많이 [공부]짓는다."

계의 구족 경 등(S45:57~62)

Sīlasampadā-sutta

3. "비구들이여, 태양이 떠오를 때 여명이 앞장서고 여명이 전조가 되듯이, 비구에게 여덟 가지 구성요소를 가진 성스러운 도가 생길 때에는 계의 구족이(S45:57) …

열의의 구족이(S45:58) [32] …

자신의 구족이(S45:59) …

견해의 구족이(S45:60) …

불방일의 구족이(S45:61) …

지혜롭게 마음에 잡도리함의 구족이(S45:62) 앞장서고 지혜롭게 마음에 잡도리함의 구족이 전조가 된다. 비구들이여, 비구가 지혜롭게 마음에 잡도리함의 구족을 가지면 '그는 여덟 가지 구성요소를 가진 성스러운 도를 닦을 것이다. 그는 여덟 가지 구성요소를 가진 성스러운 도를 많이 [공부]지을 것이다.'라는 것이 기대된다."

4. "비구들이여, 그러면 지혜롭게 마음에 잡도리함을 구족한 비구는 어떻게 여덟 가지 구성요소를 가진 성스러운 도를 닦고 어떻게 여덟 가지 구성요소를 가진 성스러운 도를 많이 [공부]짓는가?

비구들이여, 여기 비구는 탐욕의 길들임으로 귀결되고 성냄의 길들임으로 귀결되고 어리석음의 길들임으로 귀결되는 바른 견해를 닦는다. … 탐욕의 길들임으로 귀결되고 성냄의 길들임으로 귀결되고 어리석음의 길들임으로 귀결되는 바른 삼매를 닦는다.

비구들이여, 지혜롭게 마음에 잡도리함을 구족한 비구는 이렇게 여덟 가지 구성요소를 가진 성스러운 도를 닦고 이렇게 여덟 가지 구성요소를 가진 성스러운 도를 많이 [공부]짓는다."

제6장 태양의 반복이 끝났다.

여섯 번째 품에 포함된 경들의 목록은 다음과 같다.

① 선우 ② 계 ③ 열의 ④ 자신 ⑤ 견해
⑥ 불방일, 일곱 번째로 ⑦ 여리작의이다.

제7장 첫 번째 하나의 법의 반복

Ekadhamma-peyyala

(i) 떨쳐버림을 의지함

Viveka-nissita

선우 경(S45:63)

Kalyāṇamitta-sutta

3. "비구들이여, 하나의 법은 여덟 가지 구성요소를 가진 성스러운 도가 생길 때 많은 도움을 준다. 어떤 하나의 법인가? 그것은 좋은 친구이다.

비구들이여, [33] 비구가 좋은 친구를 가지면 '그는 여덟 가지 구성요소를 가진 성스러운 도를 닦을 것이다. 그는 여덟 가지 구성요소를 가진 성스러운 도를 많이 [공부]지을 것이다.'라는 것이 기대된다."

4. "비구들이여, 그러면 좋은 친구를 가진 비구는 어떻게 여덟 가지 구성요소를 가진 성스러운 도를 닦고 어떻게 여덟 가지 구성요소를 가진 성스러운 도를 많이 [공부]짓는가?

비구들이여, 여기 비구는 떨쳐버림을 의지하고 탐욕의 빛바램을 의지하고 소멸을 의지하고 철저한 버림으로 기우는 바른 견해를 닦는다. …… 바른 삼매를 닦는다.

비구들이여, 좋은 친구를 가진 비구는 이렇게 여덟 가지 구성요소를 가진 성스러운 도를 닦고 이렇게 여덟 가지 구성요소를 가진 성스러운 도를 많이 [공부]짓는다."

계의 구족 경 등(S45:64~69)

Sīlasampadā-sutta

3. "비구들이여, 하나의 법은 여덟 가지 구성요소를 가진 성스러운 도가 생길 때 많은 도움을 준다. 어떤 하나의 법인가? 그것은 계의 구족이다.(S45:64) …

열의의 구족이다.(S45:65) …

자신의 구족이다.(S45:66) …

견해의 구족이다.(S45:67) …

불방일의 구족이다.(S45:68) …

지혜롭게 [34] 마음에 잡도리함의 구족이다.(S45:69)

비구들이여, 비구가 지혜롭게 마음에 잡도리함을 구족하면 '그는 여덟 가지 구성요소를 가진 성스러운 도를 닦을 것이다. 그는 여덟 가지 구성요소를 가진 성스러운 도를 많이 [공부]지을 것이다.'라는 것이 기대된다."

4. "비구들이여, 그러면 지혜롭게 마음에 잡도리함을 구족한 비구는 어떻게 여덟 가지 구성요소를 가진 성스러운 도를 닦고 어떻게 여덟 가지 구성요소를 가진 성스러운 도를 많이 [공부]짓는가?

비구들이여, 여기 비구는 떨쳐버림을 의지하고 탐욕의 빛바램을 의지하고 소멸을 의지하고 철저한 버림으로 기우는 바른 견해를 닦는다. … 바른 사유를 닦는다. … 바른 말을 닦는다. … 바른 행위를 닦는다. … 바른 생계를 닦는다. … 바른 정진을 닦는다. … 바른 마음챙김을 닦는다. … 바른 삼매를 닦는다.

비구들이여, 지혜롭게 마음에 잡도리함을 구족한 비구는 이렇게 여덟 가지 구성요소를 가진 성스러운 도를 닦고 이렇게 여덟 가지 구성요소를 가진 성스러운 도를 많이 [공부]짓는다."

(ii) 탐욕을 길들임

Rāga-vinaya

선우 경(S45:70)

Kalyāṇamitta-sutta

3. "비구들이여, 하나의 법은 여덟 가지 구성요소를 가진 성스러운 도가 생길 때 많은 도움을 준다. 어떤 하나의 법인가? 그것은 좋은 친구이다. 비구들이여, 비구가 좋은 친구를 가지면 '그는 여덟 가지 구성요소를 가진 성스러운 도를 닦을 것이다. 그는 여덟 가지 구성요소를 가진 성스러운 도를 많이 [공부]지을 것이다.'라는 것이 기대된다."

4. "비구들이여, 그러면 좋은 친구를 가진 비구는 어떻게 여덟 가지 구성요소를 가진 성스러운 도를 닦고 어떻게 여덟 가지 구성요소를 가진 성스러운 도를 많이 [공부]짓는가?

비구들이여, 여기 비구는 탐욕의 길들임으로 귀결되고 성냄의 길들임으로 귀결되고 어리석음의 길들임으로 귀결되는 바른 견해를 닦는다. … 바른 사유를 닦는다. … 바른 말을 닦는다. … 바른 행위를 닦는다. … 바른 생계를 닦는다. … 바른 정진을 닦는다. … 바른 마음챙김을 닦는다. 탐욕의 길들임으로 귀결되고 성냄의 길들임으로 귀결되고 어리석음의 길들임으로 귀결되는 바른 삼매를 닦는다.

비구들이여, 좋은 친구를 가진 비구는 이렇게 여덟 가지 구성요소를 가진 성스러운 도를 닦고 이렇게 여덟 가지 구성요소를 가진 성스러운 도를 많이 [공부]짓는다."

계의 구족 경 등(S45:71~76)

Sīlasampadā-sutta

3. "비구들이여, 하나의 법은 여덟 가지 구성요소를 가진 성스러운 도가 생길 때 많은 도움을 준다. 어떤 하나의 법인가? 그것은 계의 구족이다.(S45:71) …

열의의 구족이다.(S45:72) … 자신의 구족이다.(S45:73) … 견해의 구족이다.(S45:74) … 불방일의 구족이다.(S45:75) [35] … 지혜롭게 마음에 잡도리함의 구족이다.(S45:76) …"

4. "비구들이여, 그러면 지혜롭게 마음에 잡도리함을 구족한 비구는 어떻게 여덟 가지 구성요소를 가진 성스러운 도를 닦고 어떻게 여덟 가지 구성요소를 가진 성스러운 도를 많이 [공부]짓는가?

비구들이여, 여기 비구는 탐욕의 길들임으로 귀결되고 성냄의 길들임으로 귀결되고 어리석음의 길들임으로 귀결되는 바른 견해를 닦는다. … 바른 사유를 닦는다. … 바른 말을 닦는다. … 바른 행위를 닦는다. … 바른 생계를 닦는다. … 바른 정진을 닦는다. … 바른 마음챙김을 닦는다. 탐욕의 길들임으로 귀결되고 성냄의 길들임으로 귀결되고 어리석음의 길들임으로 귀결되는 바른 삼매를 닦는다.

비구들이여, 지혜롭게 마음에 잡도리함을 구족한 비구는 이렇게 여덟 가지 구성요소를 가진 성스러운 도를 닦고 이렇게 여덟 가지 구성요소를 가진 성스러운 도를 많이 [공부]짓는다."

제7장 첫 번째 하나의 법의 반복이 끝났다.

일곱 번째 품에 포함된 경들의 목록은 다음과 같다.

① 선우 ② 계 ③ 열의 ④ 자신 ⑤ 견해
⑥ 불방일, 일곱 번째로 ⑦ 여리작의이다.

제8장 두 번째 하나의 법의 반복

Ekadhamma-peyyala

(i) 떨쳐버림을 의지함

Viveka-nissita

선우 경(S45:77)

Kalyāṇamitta-sutta

3. "비구들이여, 아직 일어나지 않은 여덟 가지 구성요소를 가진 성스러운 도를 일어나게 하고 이미 일어난 여덟 가지 구성요소를 가진 성스러운 도를 닦아서 성취하게 하는 데에 이것 외에 어떤 다른 하나의 법도 나는 보지 못하나니, 그것은 바로 좋은 친구이다. 비구들이여, 비구가 좋은 친구를 가지면 '그는 여덟 가지 구성요소를 가진 성스러운 도를 닦을 것이다. 그는 여덟 가지 구성요소를 가진 성스러운 도를 많이 [공부]지을 것이다.'라는 것이 기대된다."

4. "비구들이여, 그러면 좋은 친구를 가진 비구는 어떻게 여덟 가지 구성요소를 가진 성스러운 도를 닦고 어떻게 여덟 가지 구성요소를 가진 성스러운 도를 많이 [공부]짓는가?

비구들이여, [36] 여기 비구는 떨쳐버림을 의지하고 탐욕의 빛바램을 의지하고 소멸을 의지하고 철저한 버림으로 기우는 바른 견해를 닦는다. … 바른 삼매를 닦는다.

비구들이여, 좋은 친구를 가진 비구는 이렇게 여덟 가지 구성요소를 가진 성스러운 도를 닦고 이렇게 여덟 가지 구성요소를 가진 성스러운 도를 많이 [공부]짓는다."

계의 구족 경 등(S45:78~83)

Sīlasampadā-sutta

3. “비구들이여, 아직 일어나지 않은 여덟 가지 구성요소를 가진 성스러운 도를 일어나게 하고 이미 일어난 여덟 가지 구성요소를 가진 성스러운 도를 닦아서 성취하게 하는 데에 이것 외에 어떤 다른 하나의 법도 나는 보지 못하나니, 그것은 바로 계의 구족이다.(S45:78) …

그것은 바로 열의의 구족이다.(S45:79) … 그것은 바로 자신의 구족이다.(S45:80) …그것은 바로 견해의 구족이다.(S45:81) … 그것은 바로 불방일의 구족이다.(S45:82) … 그것은 바로 지혜롭게 마음에 잡도리함의 구족이다.(S45:83) …”

4. “비구들이여, 그러면 지혜롭게 마음에 잡도리함을 구족한 비구는 어떻게 여덟 가지 구성요소를 가진 성스러운 도를 닦고 어떻게 여덟 가지 구성요소를 가진 성스러운 도를 많이 [공부]짓는가?

비구들이여, 여기 비구는 떨쳐버림을 의지하고 탐욕의 빛바램을 의지하고 소멸을 의지하고 철저한 버림으로 기우는 바른 견해를 닦는다. … … 바른 삼매를 닦는다.

비구들이여, 지혜롭게 마음에 잡도리함을 구족한 비구는 이렇게 여덟 가지 구성요소를 가진 성스러운 도를 닦고 이렇게 여덟 가지 구성요소를 가진 성스러운 도를 많이 [공부]짓는다.”

(ii) 탐욕을 길들임

Rāga-vinaya

선우 경(S45:84)

Kalyāṇamitta-sutta

3. "비구들이여, [37] 아직 일어나지 않은 여덟 가지 구성요소를 가진 성스러운 도를 일어나게 하고 이미 일어난 여덟 가지 구성요소를 가진 성스러운 도를 닦아서 성취하게 하는 데에 이것 외에 어떤 다른 하나의 법도 나는 보지 못하나니, 그것은 바로 좋은 친구이다. 비구들이여, 비구가 좋은 친구를 가지면 '그는 여덟 가지 구성요소를 가진 성스러운 도를 닦을 것이다. 그는 여덟 가지 구성요소를 가진 성스러운 도를 많이 [공부]지을 것이다.'라는 것이 기대된다."

4. "비구들이여, 그러면 좋은 친구를 가진 비구는 어떻게 여덟 가지 구성요소를 가진 성스러운 도를 닦고 어떻게 여덟 가지 구성요소를 가진 성스러운 도를 많이 [공부]짓는가?

비구들이여, 여기 비구는 탐욕의 길들임으로 귀결되고 성냄의 길들임으로 귀결되고 어리석음의 길들임으로 귀결되는 바른 견해를 닦는다. … 바른 사유를 닦는다. … 바른 말을 닦는다. … 바른 행위를 닦는다. … 바른 생계를 닦는다. … 바른 정진을 닦는다. … 바른 마음챙김을 닦는다. 탐욕의 길들임으로 귀결되고 성냄의 길들임으로 귀결되고 어리석음의 길들임으로 귀결되는 바른 삼매를 닦는다.

비구들이여, 좋은 친구를 가진 비구는 이렇게 여덟 가지 구성요소를 가진 성스러운 도를 닦고 이렇게 여덟 가지 구성요소를 가진 성스러운 도를 많이 [공부]짓는다."

계의 구족 경 등(S45:85~90)

Sīlasampadā-sutta

3. "비구들이여, 아직 일어나지 않은 여덟 가지 구성요소를 가진 성스러운 도를 일어나게 하고 이미 일어난 여덟 가지 구성요소를 가진 성스러운 도를 닦아서 성취하게 하는 데에 이것 외에 어떤 다른 하나의 법도 나는 보지 못하나니, 그것은 바로 계의 구족이다.(S45:85) …

그것은 바로 열의의 구족이다.(S45:86) … 그것은 바로 자신의 구족이다.(S45:87) … 그것은 바로 견해의 구족이다.(S45:88) … 그것은 바로 불방일의 구족이다.(S45:89) … 그것은 바로 지혜롭게 마음에 잡도리함의 구족이다.(S45:90) …"

4. "비구들이여, 그러면 지혜롭게 마음에 잡도리함을 구족한 비구는 어떻게 여덟 가지 구성요소를 가진 성스러운 도를 닦고 어떻게 여덟 가지 구성요소를 가진 성스러운 도를 많이 [공부]짓는가?

비구들이여, [38] 여기 비구는 탐욕의 길들임으로 귀결되고 성냄의 길들임으로 귀결되고 어리석음의 길들임으로 귀결되는 바른 견해를 닦는다. … 탐욕의 길들임으로 귀결되고 성냄의 길들임으로 귀결되고 어리석음의 길들임으로 귀결되는 바른 삼매를 닦는다.

비구들이여, 지혜롭게 마음에 잡도리함을 구족한 비구는 이렇게 여덟 가지 구성요소를 가진 성스러운 도를 닦고 이렇게 여덟 가지 구성요소를 가진 성스러운 도를 많이 [공부]짓는다."

제8장 두 번째 하나의 법의 반복이 끝났다.

여덟 번째 품에 포함된 경들의 목록은 다음과 같다.

① 선우 ② 계 ③ 열의 ④ 자신 ⑤ 견해
⑥ 불방일, 일곱 번째로 ⑦ 여리작의이다.

제9장 첫 번째 강가 강의 반복

Gaṅga-peyyala[142)]

(i) 떨쳐버림을 의지함

Viveka-nissita[143)]

---

142) Ee, Be, Se의 품에 대한 번호 매김은 본장부터 서로 다르게 나타난다. 역자는 Se를 의지하여 일관성 있게 품의 번호를 매기고 있는 보디 스님의 입장을 수용하였다. 사실 보디 스님도 지적하고 있듯이(보디 스님, 1897쪽 36번 주해) 본장(제9장)부터 제12장까지는 네 개의 장으로 분리하지 말고 하나의 반복(peyyala)이나 품(vagga)으로 편집하는 것이 더 합리적이다.

143) 본 상윳따의 제9장「첫 번째 강가 강의 반복」부터 제12장「네 번째 강가 강의 반복」까지의 네 개 품은 각각 (i) 떨쳐버림을 의지함(Viveka-nissita), (ii) 탐욕을 길들임(Rāga-vinaya), (iii) 불사로 귀결됨(Amat-ogadha), (iv) 열반으로 흐름(Nibbāna-ninna)이라는 소제목을 달고 있다.
이들 각 품 안에는 각각 12개의 경들(「동쪽으로 흐름 경」 6개와「바다 경」 6개)이 포함되어 있어서 전체적으로 48개 경들로 구성되어 있다. 이 네 품은 팔정도의 구성요소에 대한 네 가지 각각 다른 정형구들을 포함하고 있기 때문에 이렇게 네 개로 분리하여 편집한 것이다. 그것은 다음과 같다.
(i) 떨쳐버림을 의지함(Viveka-nissita): 떨쳐버림을 의지하고 탐욕의 빛바램을 의지하고 소멸을 의지하고 철저한 버림으로 기우는(vivekanissitaṁ virāganissitaṁ nirodhanissitaṁ vossaggapariṇāmiṁ) 바른 견해 등을 닦는다.
(ii) 탐욕을 길들임(Rāga-vinaya): 탐욕의 길들임으로 귀결되고 성냄의 길들임으로 귀결되고 어리석음의 길들임으로 귀결되는(rāgavinaya-pariyosānam dosavinaya-pariyosānam mohavinaya-pariyosānaṁ) 바른 견해 등을 닦는다.
(iii) 불사로 귀결됨(Amatogadha): 불사(不死)로 귀결되고 불사를 궁극으로 하고 불사로 완결되는(amatogadham amataparāyanam amata-pariyosānaṁ) 바른 견해 등을 닦는다.
(iv) 열반으로 흐름(Nibbāna-ninna): 열반으로 흐르고 열반으로 향하고 열반으로 들어가는(nibbānaninnaṁ nibbānapoṇam nibbānapabbāraṁ) 바른 견해 등을 닦는다.
한편 주석서는 여기서도 부처님께서 같은 내용을 담은 이러한 다른 여러 경들

동쪽으로 흐름 경1(S45:91)

Pācīnaninna-sutta

3. "비구들이여, 예를 들면 강가 강은 동쪽으로 흐르고 동쪽으로 향하고 동쪽으로 들어간다. 비구들이여, 그와 같이 비구가 여덟 가지 구성요소를 가진 성스러운 도를 닦고 여덟 가지 구성요소를 가진 성스러운 도를 많이 [공부]지으면 그는 열반으로 흐르고 열반으로 향하고 열반으로 들어간다."

4. "비구들이여, 그러면 비구가 어떻게 여덟 가지 구성요소를 가진 성스러운 도를 닦고 어떻게 여덟 가지 구성요소를 가진 성스러운 도를 많이 [공부]지으면 그는 열반으로 흐르고 열반으로 향하고 열반으로 들어가는가?

비구들이여, 여기 비구는 떨쳐버림을 의지하고 탐욕의 빛바램을 의지하고 소멸을 의지하고 철저한 버림으로 기우는 바른 견해를 닦는다. …… 바른 삼매를 닦는다.

비구들이여, 비구가 이렇게 여덟 가지 구성요소를 가진 성스러운 도를 닦고 이렇게 여덟 가지 구성요소를 가진 성스러운 도를 많이 [공부]지으면 그는 열반으로 흐르고 열반으로 향하고 열반으로 들어간다."

동쪽으로 흐름 경2~6(S45:92~96)

3. "비구들이여, 예를 들면 야무나 강은(S45:92) …

아찌라와띠 강은(S45:93) [39] …

을 설하신 것은 모두 깨달을 사람(bujjhanaka)들의 개인적인 성향(puggal-ajjhāsaya)이 다르기 때문에 다르게 말씀하신 것이라고 설명하고 있다. (SA.iii.133)

사라부 강은(S45:94) …

마히 강은(S45:95) …

강가, 야무나, 아찌라와띠, 사라부, 마히 같은 큰 강들은 모두 (S45:96) 동쪽으로 흐르고 동쪽으로 향하고 동쪽으로 들어간다. 비구들이여, 그와 같이 비구가 여덟 가지 구성요소를 가진 성스러운 도를 닦고 여덟 가지 구성요소를 가진 성스러운 도를 많이 [공부]지으면 그는 열반으로 흐르고 열반으로 향하고 열반으로 들어간다." …

바다 경1~6(S45:97~102)

Samuddaninna-sutta

3. "비구들이여, 예를 들면 강가 강은 바다로 흐르고 바다로 향하고 바다로 들어간다.(S45:97) …

야무나 강은(S45:98) …

아찌라와띠 강은(S45:99) …

사라부 강은(S45:100) [40] …

마히 강은(S45:101) …

강가, 야무나, 아찌라와띠, 사라부, 마히 같은 큰 강들은 모두 (S45:102) 바다로 흐르고 바다로 향하고 바다로 들어간다. 비구들이여, 그와 같이 비구가 여덟 가지 구성요소를 가진 성스러운 도를 닦고 여덟 가지 구성요소를 가진 성스러운 도를 많이 [공부]지으면 그는 열반으로 흐르고 열반으로 향하고 열반으로 들어간다." …

제9장 첫 번째 강가 강의 반복이 끝났다.

아홉 번째 품에 포함된 경들의 목록은 다음과 같다.

여섯 가지 ①~⑥ 동쪽으로 흐름, 여섯 가지 ⑦~⑫ 바다
이렇게 모두 12가지가 하나의 반복에서 반복되었다.

제10장 두 번째 강가 강의 반복

Gaṅga-peyyala

(ii) 탐욕을 길들임

Rāga-vinaya

동쪽으로 흐름 경1~6(S45:103~108)

Pācīnaninna-sutta

3. "비구들이여, 예를 들면 강가 강은 동쪽으로 흐르고 동쪽으로 향하고 동쪽으로 들어간다.(S45:103) …

야무나 강은(S45:104) …

아찌라와띠 강은(S45:105) …

사라부 강은(S45:106) …

마히 강은(S45:107) …

강가, 야무나, 아찌라와띠, 사라부, 마히 같은 큰 강들은 모두(S45:108) 동쪽으로 흐르고 동쪽으로 향하고 동쪽으로 들어간다. 비구들이여, 그와 같이 비구가 여덟 가지 구성요소를 가진 성스러운 도를 닦고 여덟 가지 구성요소를 가진 성스러운 도를 많이 [공부]지으면 그는 열반으로 흐르고 열반으로 향하고 열반으로 들어간다."

4. "비구들이여, 그러면 비구가 어떻게 여덟 가지 구성요소를 가진 성스러운 도를 닦고 어떻게 여덟 가지 구성요소를 가진 성스러운 도를 많이 [공부]지으면 그는 열반으로 흐르고 열반으로 향하고 열반으로 들어가는가?

비구들이여, 여기 비구는 탐욕의 길들임으로 귀결되고 성냄의 길들임으로 귀결되고 어리석음의 길들임으로 귀결되는 바른 견해를 닦는다. … 탐욕의 길들임으로 귀결되고 성냄의 길들임으로 귀결되고 어리석음의 길들임으로 귀결되는 바른 삼매를 닦는다.

비구들이여, 비구가 이렇게 여덟 가지 구성요소를 가진 성스러운 도를 닦고 이렇게 여덟 가지 구성요소를 가진 성스러운 도를 많이 [공부]지으면 그는 열반으로 흐르고 열반으로 향하고 열반으로 들어간다."

바다 경1~6(S45:109~114)

Samuddaninna-sutta

3. "비구들이여, 예를 들면 강가 강은 바다로 흐르고 바다로 향하고 바다로 들어간다.(S45:109) …

야무나 강은(S45:110) …

아찌라와띠 강은(S45:111) …

사라부 강은(S45:112) …

마히 강은(S45:113) …

강가, 야무나, 아찌라와띠, 사라부, 마히 같은 큰 강들은 모두(S45:114) 바다로 흐르고 바다로 향하고 바다로 들어간다. 비구들이여, 그와 같이 비구가 여덟 가지 구성요소를 가진 성스러운 도를 닦고 여덟 가지 구성요소를 가진 성스러운 도를 많이 [공부]지으면 그는 열반으로 흐르고 열반으로 향하고 열반으로 들어간다." …

제11장 세 번째 강가 강의 반복

Gaṅga-peyyala

(iii) 불사로 귀결됨

Amatogadha

동쪽으로 흐름 경1～6(S45:115～120)

Pācīnaninna-sutta

3. "비구들이여, [41] 예를 들면 강가 강은 동쪽으로 흐르고 동쪽으로 향하고 동쪽으로 들어간다.(S45:115) …

야무나 강은(S45:116) …

아찌라와띠 강은(S45:117) …

사라부 강은(S45:118) …

마히 강은(S45:119) …

강가, 야무나, 아찌라와띠, 사라부, 마히 같은 큰 강들은 모두(S45:120) 동쪽으로 흐르고 동쪽으로 향하고 동쪽으로 들어간다. 비구들이여, 그와 같이 비구가 여덟 가지 구성요소를 가진 성스러운 도를 닦고 여덟 가지 구성요소를 가진 성스러운 도를 많이 [공부]지으면 그는 열반으로 흐르고 열반으로 향하고 열반으로 들어간다."

4. "비구들이여, 그러면 비구가 어떻게 여덟 가지 구성요소를 가진 성스러운 도를 닦고 어떻게 여덟 가지 구성요소를 가진 성스러운 도를 많이 [공부]지으면 그는 열반으로 흐르고 열반으로 향하고 열반으로 들어가는가?

비구들이여, 여기 비구는 불사(不死)로 귀결되고[144] 불사를 궁극으로 하고 불사로 완결되는 바른 견해를 닦는다. … 불사(不死)로 귀결되고 불사를 궁극으로 하고 불사로 완결되는 바른 삼매를 닦는다.

비구들이여, 비구가 이렇게 여덟 가지 구성요소를 가진 성스러운 도를 닦고 이렇게 여덟 가지 구성요소를 가진 성스러운 도를 많이 [공부]지으면 그는 열반으로 흐르고 열반으로 향하고 열반으로 들어간다."

바다 경1~6(S45:121~126)

Samuddaninna-sutta

3. "비구들이여, 예를 들면 강가 강은 바다로 흐르고 바다로 향하고 바다로 들어간다.(S45:121) …

야무나 강은(S45:122) …

아찌라와띠 강은(S45:123) …

사라부 강은(S45:124) …

마히 강은(S45:125) …

강가, 야무나, 아찌라와띠, 사라부, 마히 같은 큰 강들은 모두(S45:126) 바다로 흐르고 바다로 향하고 바다로 들어간다. 비구들이여, 그와 같이 비구가 여덟 가지 구성요소를 가진 성스러운 도를 닦고 여덟 가지 구성요소를 가진 성스러운 도를 많이 [공부]지으면 그는 열반으로 흐르고 열반으로 향하고 열반으로 들어간다." …

---

144) '불사로 귀결되고'는 amat-ogadha를 옮긴 것이다. ogadha에 대해서는 본서 제3권 「마라 경」(S23:1) §6의 주해를 참조할 것.

제12장 네 번째 강가 강의 반복

Gaṅga-peyyala

(iv) 열반으로 흐름

Nibbāna-ninna

동쪽으로 흐름 경1~6(S45:127~132)

Pācīnaninna-sutta

3. "비구들이여, 예를 들면 강가 강은 동쪽으로 흐르고 동쪽으로 향하고 동쪽으로 들어간다.(S45:127) …

야무나 강은(S45:128) …

아찌라와띠 강은(S45:129) …

사라부 강은(S45:130) …

마히 강은(S45:131) …

강가, 야무나, 아찌라와띠, 사라부, 마히 같은 큰 강들은 모두(S45:132) 동쪽으로 흐르고 동쪽으로 향하고 동쪽으로 들어간다. 비구들이여, 그와 같이 비구가 여덟 가지 구성요소를 가진 성스러운 도를 닦고 여덟 가지 구성요소를 가진 성스러운 도를 많이 [공부]지으면 그는 열반으로 흐르고 열반으로 향하고 열반으로 들어간다."

4. "비구들이여, 그러면 비구가 어떻게 여덟 가지 구성요소를 가진 성스러운 도를 닦고 어떻게 여덟 가지 구성요소를 가진 성스러운 도를 많이 [공부]지으면 그는 열반으로 흐르고 열반으로 향하고 열반으로 들어가는가?

비구들이여, 여기 비구는 열반으로 흐르고 열반으로 향하고 열반으로 들어가는 바른 견해를 닦는다. … 열반으로 흐르고 열반으로 향하고 열반으로 들어가는 바른 삼매를 닦는다.

비구들이여, 비구가 이렇게 여덟 가지 구성요소를 가진 성스러운 도를 닦고 이렇게 여덟 가지 구성요소를 가진 성스러운 도를 많이 [공부]지으면 그는 열반으로 흐르고 열반으로 향하고 열반으로 들어간다."

바다 경1~6(S45:133~138)

Samuddaninna-sutta

3. "비구들이여, 예를 들면 강가 강은 바다로 흐르고 바다로 향하고 바다로 들어간다.(S45:133) …

야무나 강은(S45:134) …

아찌라와띠 강은(S45:135) …

사라부 강은(S45:136) …

마히 강은(S45:137) …

강가, 야무나, 아찌라와띠, 사라부, 마히 같은 큰 강들은 모두(S45:138) 바다로 흐르고 바다로 향하고 바다로 들어간다. 비구들이여, 그와 같이 비구가 여덟 가지 구성요소를 가진 성스러운 도를 닦고 여덟 가지 구성요소를 가진 성스러운 도를 많이 [공부]지으면 그는 열반으로 흐르고 열반으로 향하고 열반으로 들어간다." …

제12장 네 번째 강가 강의 반복이 끝났다.

열두 번째 품에 포함된 경들의 목록은 다음과 같다.

여섯 가지 ①~⑥ 동쪽으로 흐름, 여섯 가지 ⑦~⑫ 바다
이런 12가지가 네 개의 반복에서 모두 48가지로 나타났다.

제13장 불방일의 반복

Appamāda-peyyāla

여래 경(S45:139)

Tathāgata-sutta

(i) 떨쳐버림을 의지함(Viveka-nissita)

3. "비구들이여, 예를 들면 중생이 발이 없건, 두 발이건, 네 발이건, 여러 발이건, 물질을 가졌건, 물질을 갖지 않았건, 인식이 있건, [42] 인식이 없건, 인식이 있는 것도 아니고 없는 것도 아니건, 그 모든 중생들에 관한 한, 여래·아라한·정등각자가 그들 가운데서 으뜸이라 불린다.

비구들이여, 그와 같이 유익한 법[善法]들은 그것이 어떤 것이든 간에 모두 불방일을 뿌리로 하고 불방일로 모이고 불방일이 그들 가운데 으뜸이라 불린다.145) 비구들이여, 비구가 방일하지 않으면 '그는 여덟 가지 구성요소를 가진 성스러운 도를 닦을 것이다. 그는 여덟 가지 구성요소를 가진 성스러운 도를 많이 [공부]지을 것이다.'라는 것이 기대된다."

4. "비구들이여, 그러면 방일하지 않는 비구는 어떻게 여덟 가지 구성요소를 가진 성스러운 도를 닦고 어떻게 여덟 가지 구성요소를 가진 성스러운 도를 많이 [공부]짓는가?

---

145) "마치 모든 중생들 가운데서 정등각자가 으뜸이듯이 모든 유익한 법들[善法, kusala-dhammā] 가운데서 [진리를 꿰뚫는] 능력을 가진 불방일(kārāpaka-appamāda)이 으뜸이라고 봐야 한다. 세간적(lokiya)이고 출세간적(lok-uttara)인 모든 유익한 법들은 불방일로써 얻어지기 때문이다."(SA.iii.133)

비구들이여, 여기 비구는 떨쳐버림을 의지하고 탐욕의 빛바램을 의지하고 소멸을 의지하고 철저한 버림으로 기우는 바른 견해를 닦는다. … 바른 삼매를 닦는다.

비구들이여, 방일하지 않는 비구는 이렇게 여덟 가지 구성요소를 가진 성스러운 도를 닦고 이렇게 여덟 가지 구성요소를 가진 성스러운 도를 많이 [공부]짓는다."

(ii) 탐욕을 길들임(Rāga-vinaya)

5. "비구들이여, 예를 들면 중생이 발이 없건, 두 발이건, 네 발이건, 여러 발이건, 물질을 가졌건, 물질을 갖지 않았건, 인식이 있건, 인식이 없건, 인식이 있는 것도 아니고 없는 것도 아니건, 그 모든 중생들에 관한 한, 여래·아라한·정등각자가 그들 가운데서 으뜸이라 불린다.

비구들이여, 그와 같이 유익한 법[善法]들은 그것이 어떤 것이든 간에 모두 불방일을 뿌리로 하고 불방일로 모이고 불방일이 그들 가운데 으뜸이라 불린다. 비구들이여, 비구가 방일하지 않으면 '그는 여덟 가지 구성요소를 가진 성스러운 도를 닦을 것이다. 그는 여덟 가지 구성요소를 가진 성스러운 도를 많이 [공부]지을 것이다.'라는 것이 기대된다."

6. "비구들이여, 그러면 방일하지 않는 비구는 어떻게 여덟 가지 구성요소를 가진 성스러운 도를 닦고 어떻게 여덟 가지 구성요소를 가진 성스러운 도를 많이 [공부]짓는가?

비구들이여, 여기 비구는 탐욕의 길들임으로 귀결되고 성냄의 길들임으로 귀결되고 어리석음의 길들임으로 귀결되는 바른 견해를 닦는다. … 탐욕의 길들임으로 귀결되고 성냄의 길들임으로 귀결되고 어리석음의 길들임으로 귀결되는 바른 삼매를 닦는다.

비구들이여, 방일하지 않는 비구는 이렇게 여덟 가지 구성요소를 가진 성스러운 도를 닦고 이렇게 여덟 가지 구성요소를 가진 성스러운 도를 많이 [공부]짓는다."

(iii) 불사로 귀결됨(Amatogadha)

7. "비구들이여, 중생이 발이 없건, 두 발이건, 네 발이건, 여러 발이건, 물질을 가졌건, 물질을 갖지 않았건, 인식이 있건, 인식이 없건, 인식이 있는 것도 아니고 없는 것도 아니건, 그 모든 중생들에 관한 한, 여래·아라한·정등각자가 그들 가운데서 으뜸이라 불린다.

비구들이여, 그와 같이 유익한 법[善法]들은 그것이 어떤 것이든 간에 모두 불방일을 뿌리로 하고 불방일로 모이고 불방일이 그들 가운데 으뜸이라 불린다. 비구들이여, 비구가 방일하지 않으면 '그는 여덟 가지 구성요소를 가진 성스러운 도를 닦을 것이다. 그는 여덟 가지 구성요소를 가진 성스러운 도를 많이 [공부]지을 것이다.'라는 것이 기대된다."

8. "비구들이여, 그러면 방일하지 않는 비구는 어떻게 여덟 가지 구성요소를 가진 성스러운 도를 닦고 어떻게 여덟 가지 구성요소를 가진 성스러운 도를 많이 [공부]짓는가?

비구들이여, 여기 [43] 비구는 불사(不死)로 귀결되고 불사를 궁극으로 하고 불사로 완결되는 바른 견해를 닦는다. … 불사(不死)로 귀결되고 불사를 궁극으로 하고 불사로 완결되는 바른 삼매를 닦는다.

비구들이여, 방일하지 않는 비구는 이렇게 여덟 가지 구성요소를 가진 성스러운 도를 닦고 이렇게 여덟 가지 구성요소를 가진 성스러운 도를 많이 [공부]짓는다."

(iv) 열반으로 흐름(Nibbāna-ninna)

9. "비구들이여, 예를 들면 중생이 발이 없건, 두 발이건, 네 발이건, 여러 발이건, 물질을 가졌건, 물질을 갖지 않았건, 인식이 있건,

인식이 없건, 인식이 있는 것도 아니고 없는 것도 아니건, 그 모든 중생들에 관한 한, 여래·아라한·정등각자가 그들 가운데서 으뜸이라 불린다.

비구들이여, 그와 같이 유익한 법[善法]들은 그것이 어떤 것이든 간에 모두 불방일을 뿌리로 하고 불방일로 모이고 불방일이 그들 가운데 으뜸이라 불린다. 비구들이여, 비구가 방일하지 않으면 '그는 여덟 가지 구성요소를 가진 성스러운 도를 닦을 것이다. 그는 여덟 가지 구성요소를 가진 성스러운 도를 많이 [공부]지을 것이다.'라는 것이 기대된다."

10. "비구들이여, 그러면 방일하지 않는 비구는 어떻게 여덟 가지 구성요소를 가진 성스러운 도를 닦고 어떻게 여덟 가지 구성요소를 가진 성스러운 도를 많이 [공부]짓는가?

비구들이여, 여기 비구는 열반으로 흐르고 열반으로 향하고 열반으로 들어가는 바른 견해를 닦는다. … 열반으로 흐르고 열반으로 향하고 열반으로 들어가는 바른 삼매를 닦는다.

비구들이여, 방일하지 않는 비구는 이렇게 여덟 가지 구성요소를 가진 성스러운 도를 닦고 이렇게 여덟 가지 구성요소를 가진 성스러운 도를 많이 [공부]짓는다."

발자국 경(S45:140)

Pada-sutta

3. "비구들이여, 예를 들면 [땅 위에서] 걸어 다니는 생명체들의 발자국들은 그것이 어떤 것이든 간에 모두 코끼리 발자국에 포함되나니, 코끼리 발자국이야말로 그 크기가 으뜸이라 불리는 것과 같다. 그와 같이 유익한 법[善法]들은 그것이 무엇이든 간에 모두 불방일을 뿌리로 하고 불방일로 모이고 불방일이 그들 가운데 으뜸이라 불

린다. …"

뾰족지붕 경(S45:141)

Kūṭa-sutta

3. "비구들이여, 예를 들면 뾰족지붕이 있는 집의 서까래들은 모두 꼭대기로 이르고 꼭대기로 향하고 꼭대기로 모이나니, 꼭대기가 그들 가운데 으뜸이라 불리는 것과 같다. …"146)

뿌리 경(S45:142)

Mūla-sutta

3. "비구들이여, [44] 예를 들면 뿌리의 향기 가운데 안식향이 으뜸이라 불리는 것과 같다. 그와 같이 유익한 법[善法]들은 그것이 무엇이든 간에 모두 불방일을 뿌리로 하고 불방일로 모이고 불방일이 그들 가운데 으뜸이라 불린다. …"

속재목 경(S45:143)

Sāra-sutta

3. "비구들이여, 예를 들면 속재목[心材]의 향기 가운데 붉은 전단향이 으뜸이라 불리는 것과 같다. …"

재스민 꽃 경(S45:144)

Vāsika-sutta

---

146) 본경부터 아래 147번 경까지(S45:141~147)에 나타나는 7개의 비유는 본서 제2권 「무상의 [관찰로 생긴] 인식 경」(S22:102) §§7~13에도 나타나고 있다.

3. "비구들이여, 예를 들면 꽃향기 가운데 재스민 꽃이 으뜸이라 불리는 것과 같다. …"

왕 경(S45:145)

Rājā-sutta

3. "비구들이여, 예를 들면 어떤 작은 왕이든지 그들은 모두 전륜성왕에 복속되나니, 전륜성왕이 그들 가운데 으뜸이라 불리는 것과 같다. …"

달 경(S45:146)

Canda-sutta

3. "비구들이여, 예를 들면 어떤 별빛이든지 그것은 모두 달빛의 16분의 1에도 미치지 못하나니, 달빛은 그들 가운데 으뜸이라 불리는 것과 같다. …"

태양 경(S45:147)

Suriya-sutta

3. "비구들이여, 예를 들면 가을의 구름 한 점 없는 높은 창공에 떠오르는 태양은 허공의 모든 어두움을 흩어버리면서 빛나고 반짝이고 광휘로운 것과 같다. …"

옷감 경(S45:148)

Vattha-sutta

3. "비구들이여, [45] 예를 들면 어떤 실로 짠 옷감이든지 그것

은 모두 까시에서 만든 옷감에 미치지 못하나니 까시에서 만든 옷감이 그들 가운데 으뜸이라 불리는 것과 같다.

비구들이여, 그와 같이 유익한 법[善法]들은 그것이 무엇이든 간에 모두 불방일을 뿌리로 하고 불방일로 모이고 불방일이 그들 가운데 으뜸이라 불린다. 비구들이여, 비구가 방일하지 않으면 '그는 여덟 가지 구성요소를 가진 성스러운 도를 닦을 것이다. 그는 여덟 가지 구성요소를 가진 성스러운 도를 많이 [공부]지을 것이다.'라는 것이 기대된다."

4. "비구들이여, 그러면 방일하지 않는 비구는 어떻게 여덟 가지 구성요소를 가진 성스러운 도를 닦고 어떻게 여덟 가지 구성요소를 가진 성스러운 도를 많이 [공부]짓는가?

비구들이여, 여기 비구는 떨쳐버림을 의지하고 탐욕의 빛바램을 의지하고 소멸을 의지하고 철저한 버림으로 기우는 바른 견해를 닦는다. … 바른 삼매를 닦는다.

비구들이여, 방일하지 않는 비구는 이렇게 여덟 가지 구성요소를 가진 성스러운 도를 닦고 이렇게 여덟 가지 구성요소를 가진 성스러운 도를 많이 [공부]짓는다."

<앞의 여러 품들과 같은 방법으로 (ii) 탐욕을 길들임(Rāga-vinaya)과 (iii) 불사로 귀결됨(Amat-ogadha)과 (iv) 열반으로 흐름(Nibbāna-ninna)이 이 13장의 모든 경에도 다 적용됨.>

제13장 불방일의 반복이 끝났다.

열세 번째 품에 포함된 경들의 목록은 다음과 같다.

① 여래 ② 발자국 ③ 뾰족지붕 ④ 뿌리 ⑤ 속재목
⑥ 재스민 꽃 ⑦ 왕 ⑧ 달 ⑨ 태양, 열 번째로 ⑩ 옷감이다.

제14장 힘쓰는 일 품

Balakaraṇīya-vagga

힘 경(S45:149)

Bala-sutta

3. "비구들이여, 예를 들면 어떤 일이든 힘쓰는 일들을 할 때는 모두 반드시 땅을 의지하고 땅에 확고하게 서서 힘쓰는 일들을 하는 것과 같다. [46] 비구들이여, 그와 같이 비구는 계를 의지하고 계에 확고하게 서서 여덟 가지 구성요소를 가진 성스러운 도를 닦고 여덟 가지 구성요소를 가진 성스러운 도를 많이 [공부]짓는다."

4. "비구들이여, 그러면 어떻게 비구는 계를 의지하고 계에 확고하게 서서 여덟 가지 구성요소를 가진 성스러운 도를 닦고 여덟 가지 구성요소를 가진 성스러운 도를 많이 [공부]짓는가?

비구들이여, 여기 비구는 떨쳐버림을 의지하고 탐욕의 빛바램을 의지하고 소멸을 의지하고 철저한 버림으로 기우는 바른 견해를 닦는다. … 바른 삼매를 닦는다.

비구들이여, 이와 같이 비구는 계를 의지하고 계에 확고하게 서서 여덟 가지 구성요소를 가진 성스러운 도를 닦고 여덟 가지 구성요소를 가진 성스러운 도를 많이 [공부]짓는다."

<앞의 여러 품들과 같은 방법으로 (ii) 탐욕을 길들임(Rāga-vinaya)과 (iii) 불사로 귀결됨(Amat-ogadha)과 (iv) 열반으로 흐름(Nibbāna-ninna)이 이 14장의 모든 경에도 다 적용됨.>

씨앗 경(S45:150)

Bīja-sutta

3. "비구들이여, 예를 들면 어떤 씨앗이나 어떤 식물일지라도 향상하고 증장하고 충만하게 되는 것은 모두 반드시 땅을 의지하고 땅에 확고하게 서서 그 씨앗이나 식물들이 향상하고 증장하고 충만하게 되는 것과 같다.

비구들이여, 그와 같이 비구는 계를 의지하고 계에 확고하게 서서 여덟 가지 구성요소를 가진 성스러운 도를 닦고 여덟 가지 구성요소를 가진 성스러운 도를 많이 [공부]지어서 법들에 대해서 향상하고 증장하고 충만하게 된다."

4. "비구들이여, 그러면 어떻게 비구는 계를 의지하고 계에 확고하게 서서 여덟 가지 구성요소를 가진 성스러운 도를 닦고 여덟 가지 구성요소를 가진 성스러운 도를 많이 [공부]지어서 법들에 대해서 향상하고 증장하고 충만하게 되는가?

비구들이여, 여기 비구는 떨쳐버림을 의지하고 탐욕의 빛바램을 의지하고 소멸을 의지하고 철저한 버림으로 기우는 바른 견해를 닦는다. … [47] 바른 삼매를 닦는다.

비구들이여, 이와 같이 비구는 계를 의지하고 계에 확고하게 서서 여덟 가지 구성요소를 가진 성스러운 도를 닦고 여덟 가지 구성요소를 가진 성스러운 도를 많이 [공부]지어서 법들에 대해서 향상하고 증장하고 충만하게 된다."

용 경(S45:151)

Nāga-sutta

3. "비구들이여, 예를 들면 산의 왕 히말라야를 의지하여 용들은 자신들의 몸을 양육하고 힘을 얻게 된다.147) 그들은 거기서 몸을 양육하고 힘을 얻은 뒤 작은 못으로 들어간다. 작은 못에 들어간 뒤 다시 큰 못에 들어간다. 큰 못에 들어간 뒤 다시 작은 강에 들어간다. 작은 강에 들어간 뒤 다시 큰 강에 들어간다. 큰 강에 들어간 뒤 다시 바다와 대해에 들어간다. 그들은 거기서 그 몸으로 위대함과 충만함을 성취한다.

비구들이여, 그와 같이 비구는 계를 의지하고 계에 확고하게 서서 여덟 가지 구성요소를 가진 성스러운 도를 닦고 여덟 가지 구성요소를 가진 성스러운 도를 많이 [공부]지어서 법들에 대해서 위대함과 충만함을 성취한다."

4. "비구들이여, 그러면 어떻게 비구는 계를 의지하고 계에 확고하게 서서 여덟 가지 구성요소를 가진 성스러운 도를 닦고 여덟 가지 구성요소를 가진 성스러운 도를 많이 [공부]지어서 법들에 대해서 위대함과 충만함을 성취하는가?

비구들이여, 여기 비구는 떨쳐버림을 의지하고 탐욕의 빛바램을 의지하고 소멸을 의지하고 철저한 버림으로 기우는 바른 견해를 닦는다. … 바른 삼매를 닦는다.

비구들이여, 이와 같이 비구는 계를 의지하고 계에 확고하게 서서

---

147) "임신을 한 암 용(nāgini)들은 새끼를 바다에서 출산하면 새끼들(dārakā)이 수빤나(supaṇṇa, 가루다)들의 공격을 받거나 바다의 세찬 파도에 떠내려 가 버릴 것이라는 것을 잘 안다. 그래서 그들은 강을 타고 히말라야 산으로 들어가서 출산을 한다. 거기 산의 호수에서 그들은 새끼들이 헤엄을 잘 칠 때까지 훈련시킨다."(SA.iii.135)
'용(nāga)'에 대해서는 본서 제3권 「용 상윳따」(S29)의 「간단한 설명 경」(S29:1) §3의 주해를 참조할 것.

여덟 가지 구성요소를 가진 성스러운 도를 닦고 여덟 가지 구성요소를 가진 성스러운 도를 많이 [공부]지어서 법들에 대해서 위대함과 충만함을 성취한다."

나무 경(S45:152)
Rukkha-sutta

3. "비구들이여, 예를 들면 나무가 동쪽으로 기울고 동쪽으로 향하고 동쪽으로 굽어 있다 하자. 비구들이여, 만일 이 나무의 뿌리를 자르면 어떤 곳으로 넘어지겠는가?" [48]

"세존이시여, 그것이 기울고 향하고 들어간 곳으로 넘어질 것입니다."

"비구들이여, 그와 같이 비구가 여덟 가지 구성요소를 가진 성스러운 도를 닦고 여덟 가지 구성요소를 가진 성스러운 도를 많이 [공부]지으면 그는 열반으로 기울고 열반으로 향하고 열반으로 들어간다."

4. "비구들이여, 그러면 어떻게 비구는 여덟 가지 구성요소를 가진 성스러운 도를 닦고 여덟 가지 구성요소를 가진 성스러운 도를 많이 [공부]지어서 열반으로 기울고 열반으로 향하고 열반으로 들어가는가?

비구들이여, 여기 비구는 떨쳐버림을 의지하고 탐욕의 빛바램을 의지하고 소멸을 의지하고 철저한 버림으로 기우는 바른 견해를 닦는다. … 바른 삼매를 닦는다.

비구들이여, 이와 같이 비구는 여덟 가지 구성요소를 가진 성스러운 도를 닦고 여덟 가지 구성요소를 가진 성스러운 도를 많이 [공부]지어서 열반으로 기울고 열반으로 향하고 열반으로 들어간다."

항아리 경(S45:153)

Kumbha-sutta

3. "비구들이여, 예를 들면 항아리를 거꾸로 하게 되면 물을 쏟아내고 그것을 다시 주워 담을 수 없는 것과 같다.

그와 같이 비구가 여덟 가지 구성요소를 가진 성스러운 도를 닦고 여덟 가지 구성요소를 가진 성스러운 도를 많이 [공부]지으면 그는 사악하고 해로운 법들을 쏟아내고 그것을 다시 주워 담지 않게 된다."

4. "비구들이여, 그러면 어떻게 비구는 여덟 가지 구성요소를 가진 성스러운 도를 닦고 여덟 가지 구성요소를 가진 성스러운 도를 많이 [공부]지어서 사악하고 해로운 법들을 쏟아내고 그것을 다시 주워 담지 않게 되는가?

비구들이여, 여기 비구는 떨쳐버림을 의지하고 탐욕의 빛바램을 의지하고 소멸을 의지하고 철저한 버림으로 기우는 바른 견해를 닦는다. … 바른 삼매를 닦는다.

비구들이여, 이와 같이 비구는 여덟 가지 구성요소를 가진 성스러운 도를 닦고 여덟 가지 구성요소를 가진 성스러운 도를 많이 [공부]지어서 사악하고 해로운 법들을 쏟아내고 그것을 다시 주워 담지 않게 된다."

꺼끄러기 경(S45:154)

Sūka-sutta

3. "비구들이여, 예를 들면 밭벼나 보리의 꺼끄러기가 바른 방향으로 향하고 있을 때 손이나 발에 밟히면 그것이 손이나 발을 찔러 손이나 발에 피를 내게 하는 것은 가능한 일이다. 그것은 무슨 까닭

인가? 비구들이여, 꺼끄러기가 바른 방향으로 향하고 있기 때문이다.

비구들이여, [49] 그와 마찬가지로 바르게 향하고 있는 견해와 바르게 향하고 있는 도를 수행하여 '무명을 찔러버리리라, 명지를 일으키리라, 열반을 실현하리라.'라고 한다면 그것은 가능한 일이다. 무슨 까닭인가? 비구들이여, 견해가 바르게 향하고 있기 때문이다."

4. "비구들이여, 그러면 어떻게 비구가 바르게 향하고 있는 견해와 바르게 향하고 있는 도를 수행하여 무명을 찌르고 명지를 일으키고 열반을 실현하는가?

비구들이여, 여기 비구는 떨쳐버림을 의지하고 탐욕의 빛바램을 의지하고 소멸을 의지하고 철저한 버림으로 기우는 바른 견해를 닦는다. … 바른 삼매를 닦는다.

비구들이여, 이렇게 하여 비구는 바르게 향하고 있는 견해와 바르게 향하고 있는 도를 수행하여 무명을 찌르고 명지를 일으키고 열반을 실현한다."

허공 경(S45:155)

Ākāsa-sutta

3. "비구들이여, 예를 들면 허공 중에는 갖가지 바람이 불고 있다. 동에서 불어오는 바람, 서에서 불어오는 바람, 북에서 불어오는 바람, 남에서 불어오는 바람, 먼지 섞인 바람, 먼지 없는 바람, 더운 바람, 찬 바람, 부드러운 바람, 거센 바람들이다.148)

비구들이여, 그와 같이 비구가 여덟 가지 구성요소를 가진 성스러운 도를 닦고 여덟 가지 구성요소를 가진 성스러운 도를 많이 [공부]

---

148) 본서 제4권 「허공 경」 1(S36:12) §3과 같다.

지으면 네 가지 마음챙김의 확립[四念處]을 닦아서 성취하게 되고, 네 가지 바른 노력[四正勤]을 닦아서 성취하게 되고, 네 가지 성취수단[四如意足]을 닦아서 성취하게 되고, 다섯 가지 기능[五根]을 닦아서 성취하게 되고, 다섯 가지 힘[五力]을 닦아서 성취하게 되고, 일곱 가지 깨달음의 구성요소[七覺支]를 닦아서 성취하게 된다."

4. "비구들이여, 그러면 어떻게 비구가 여덟 가지 구성요소를 가진 성스러운 도를 닦고 여덟 가지 구성요소를 가진 성스러운 도를 많이 [공부]지어서 네 가지 마음챙김의 확립[四念處]을 … 일곱 가지 깨달음의 구성요소[七覺支]를 닦아서 성취하게 되는가?

비구들이여, 여기 비구는 떨쳐버림을 의지하고 탐욕의 빛바램을 의지하고 소멸을 의지하고 철저한 버림으로 기우는 바른 견해를 닦는다. … 바른 삼매를 닦는다.

비구들이여, 이와 같이 비구는 [50] 여덟 가지 구성요소를 가진 성스러운 도를 닦고 여덟 가지 구성요소를 가진 성스러운 도를 많이 [공부]지어서 네 가지 마음챙김의 확립[四念處]을 … 일곱 가지 깨달음의 구성요소[七覺支]를 닦아서 성취하게 된다."

구름 경1(S45:156)
Megha-sutta

3. "비구들이여, 예를 들면 무더운 여름의 마지막 달에 뜨거운 먼지 덩이들이 소용돌이치고 있는데 때 아닌 큰 먹구름이 몰려들어 그 자리에서 그것을 사라지게 하고 가라앉게 하는 것과 같다.

비구들이여, 그와 같이 비구가 여덟 가지 구성요소를 가진 성스러운 도를 닦고 여덟 가지 구성요소를 가진 성스러운 도를 많이 [공부]지으면 그는 사악하고 해로운 법들을 그 자리에서 사라지게 하고 가라앉게 한다."

4. "비구들이여, 그러면 어떻게 비구는 여덟 가지 구성요소를 가진 성스러운 도를 닦고 여덟 가지 구성요소를 가진 성스러운 도를 많이 [공부]지어서 사악하고 해로운 법들을 그 자리에서 사라지게 하고 가라앉게 하는가?

비구들이여, 여기 비구는 떨쳐버림을 의지하고 탐욕의 빛바램을 의지하고 소멸을 의지하고 철저한 버림으로 기우는 바른 견해를 닦는다. … 바른 삼매를 닦는다.

비구들이여, 이와 같이 비구는 여덟 가지 구성요소를 가진 성스러운 도를 닦고 여덟 가지 구성요소를 가진 성스러운 도를 많이 [공부]지어서 사악하고 해로운 법들을 그 자리에서 사라지게 하고 가라앉게 한다."

구름 경2(S45:157)

3. "비구들이여, 예를 들면 생겨난 큰 구름을 큰 바람이 사라지게 하고 가라앉게 하는 것과 같다.

비구들이여, 그와 같이 비구가 여덟 가지 구성요소를 가진 성스러운 도를 닦고 여덟 가지 구성요소를 가진 성스러운 도를 많이 [공부]지으면 그는 이미 일어난 사악하고 해로운 법들을 사라지게 하고 가라앉게 한다."

4. "비구들이여, 그러면 어떻게 비구는 여덟 가지 구성요소를 가진 성스러운 도를 닦고 여덟 가지 구성요소를 가진 성스러운 도를 많이 [공부]지어서 이미 일어난 사악하고 해로운 법들을 사라지게 하고 가라앉게 하는가?

비구들이여, 여기 비구는 떨쳐버림을 의지하고 탐욕의 빛바램을 의지하고 소멸을 의지하고 철저한 버림으로 기우는 바른 견해를 닦는다. … [51] 바른 삼매를 닦는다.

비구들이여, 이와 같이 비구는 여덟 가지 구성요소를 가진 성스러운 도를 닦고 여덟 가지 구성요소를 가진 성스러운 도를 많이 [공부]지어서 이미 일어난 사악하고 해로운 법들을 사라지게 하고 가라앉게 한다."

배 경(S45:158)

Nāvā-sutta

3. "비구들이여, 예를 들면 돛대와 밧줄을 장착하여 바다로 항해하는 배가 육 개월 동안 항해한 뒤 겨울철에 해안에 닿는다 하자. 그러면 그 밧줄들은 바람과 햇볕으로 약해지고 다시 우기에 많은 비에 젖으면 쉽게 푸석푸석해질 것이고 썩어버릴 것이다.[149]

비구들이여, 그와 같이 비구가 여덟 가지 구성요소를 가진 성스러운 도를 닦고 여덟 가지 구성요소를 가진 성스러운 도를 많이 [공부]지으면 그의 [열 가지] 족쇄는 쉽게 푸석푸석해지고 썩어버린다."

4. "비구들이여, 그러면 어떻게 비구는 여덟 가지 구성요소를 가진 성스러운 도를 닦고 여덟 가지 구성요소를 가진 성스러운 도를 많이 [공부]지어서 [열 가지] 족쇄를 쉽게 푸석푸석해지고 썩어버리게 하는가?

비구들이여, 여기 비구는 떨쳐버림을 의지하고 탐욕의 빛바램을 의지하고 소멸을 의지하고 철저한 버림으로 기우는 바른 견해를 닦

149) 본서 제3권 「까뀌자루 경」(S22:101/iii.155) §11과 같다. 설명은 그곳의 주해를 참조할 것.

는다. … 바른 삼매를 닦는다.

비구들이여, 이와 같이 비구는 여덟 가지 구성요소를 가진 성스러운 도를 닦고 여덟 가지 구성요소를 가진 성스러운 도를 많이 [공부] 지어서 [열 가지] 족쇄를 쉽게 푸석푸석해지고 썩어버리게 한다."

객사(客舍) **경**(S45:159)
Āgantukāgāra-sutta

3. "비구들이여, 예를 들면 객사에는 동에서 온 사람들이 묵기도 하고, 서에서 온 사람들이 묵기도 하며, 북에서 온 사람들이 묵기도 하며, 남에서 온 사람들이 묵기도 한다. 끄샤뜨리야 사람들이 와서 묵기도 하고, 바라문들이 [52] 와서 묵기도 하며, 와이샤(평민)들이 와서 묵기도 하며, 수드라들이 와서 묵기도 한다.150)

비구들이여, 그와 같이 비구가 여덟 가지 구성요소를 가진 성스러운 도를 닦고 여덟 가지 구성요소를 가진 성스러운 도를 많이 [공부] 지으면 최상의 지혜로 철저하게 알아야 하는 법들을 최상의 지혜로 철저하게 알게 된다. 최상의 지혜로 버려야 하는 법들을 최상의 지혜로 버리게 된다. 최상의 지혜로 실현해야 하는 법들을 최상의 지혜로 실현하게 된다. 최상의 지혜로 닦아야 하는 법들을 최상의 지혜로 닦게 된다."

4. "비구들이여, 그러면 어떤 것이 최상의 지혜로 철저하게 알아야 하는 법들인가?

취착의 [대상이 되는] 다섯 가지 무더기[五取蘊]이다. 어떤 것이 다섯인가? 그것은 취착의 [대상이 되는] 물질의 무더기, 취착의 [대상

150) 본서 제4권 「객사(客舍) 경」(S36:14) §3과 같다.

이 되는] 느낌의 무더기, 취착의 [대상이 되는] 인식의 무더기, 취착의 [대상이 되는] 심리현상들의 무더기, 취착의 [대상이 되는] 알음알이의 무더기이다.

비구들이여, 이것이 최상의 지혜로 철저하게 알아야 하는 법들이다."

5. "비구들이여, 그러면 어떤 것이 최상의 지혜로 버려야 하는 법들인가?

무명과 존재에 대한 갈애이다. 비구들이여, 이것이 최상의 지혜로 버려야 하는 법들이다."

6. "비구들이여, 그러면 어떤 것이 최상의 지혜로 실현해야 하는 법들인가?

명지와 해탈이다. 비구들이여, 이것이 최상의 지혜로 실현해야 하는 법들이다."

7. "비구들이여, 그러면 어떤 것이 최상의 지혜로 닦아야 하는 법들인가?

사마타와 위빳사나이다. 비구들이여, 이것이 최상의 지혜로 닦아야 하는 법들이다."

8. "비구들이여, 그러면 어떻게 비구는 여덟 가지 구성요소를 가진 성스러운 도를 닦고 여덟 가지 구성요소를 가진 성스러운 도를 많이 [공부]지어서 최상의 지혜로 철저하게 알아야 하는 법들을 최상의 지혜로 철저하게 알게 되고 … 최상의 지혜로 닦아야 하는 법들을 최상의 지혜로 닦게 되는가?

비구들이여, 여기 비구는 떨쳐버림을 의지하고 탐욕의 빛바램을 의지하고 소멸을 의지하고 철저한 버림으로 기우는 바른 견해를 닦는다. … 바른 삼매를 닦는다.

비구들이여, 이와 같이 비구는 여덟 가지 구성요소를 가진 성스러운 도를 닦고 여덟 가지 구성요소를 가진 성스러운 도를 많이 [공부] 지어서 최상의 지혜로 철저하게 알아야 하는 법들을 최상의 지혜로 철저하게 알게 되고 … [53] … 최상의 지혜로 닦아야 하는 법들을 최상의 지혜로 닦게 된다."

강 경(S45:160)

Nadī-sutta

3. "비구들이여, 예를 들면 강가 강은 동쪽으로 흐르고 동쪽으로 향하고 동쪽으로 들어간다. 그런데 많은 무리의 사람들이 괭이와 바구니를 가지고 와서 '우리는 이 강가 강을 서쪽으로 흐르고 서쪽으로 향하고 서쪽으로 들어가게 할 것이다.'라고 한다 하자.[151] 비구들이여, 이를 어떻게 생각하는가? 저 많은 무리의 사람들이 강가 강을 서쪽으로 흐르고 서쪽으로 향하고 서쪽으로 들어가게 할 수 있겠는가?"

"없습니다, 세존이시여. 그것은 무슨 이유 때문일까요? 세존이시여, 동쪽으로 흐르고 동쪽으로 향하고 동쪽으로 들어가는 것을 서쪽으로 흐르고 서쪽으로 향하고 서쪽으로 들어가게 하기란 결코 쉽지 않기 때문입니다. 저 많은 무리의 사람들은 분명 지치고 고생만 할 것입니다."

4. "비구들이여, 그와 같이 비구가 여덟 가지 구성요소를 가진 성스러운 도를 닦고 여덟 가지 구성요소를 가진 성스러운 도를 많이

151) 이 비유와 적용은 본서 제4권 「괴로움을 일으키는 법 경」(S35:244/iv.191) §21과 같다.

[공부]짓고 있는데, 왕이나 왕의 대신들이나 친구들이나 동료들이나 친지들이나 혈육들이 그 비구로 하여금 재물을 가져가도록 초청하여 말하기를, '이리 오시오. 왜 이 가사가 그대를 짓누르도록 내버려둡니까? 왜 머리를 깎고 발우를 들고 돌아다닙니까? 오십시오. 낮은 [재가자의] 삶으로 되돌아와서 재물을 즐기고 공덕을 지으시오.'라고 한다 하자.

비구들이여, 그러나 그 비구는 여덟 가지 구성요소를 가진 성스러운 도를 닦고 여덟 가지 구성요소를 가진 성스러운 도를 많이 [공부]짓기 때문에 그가 공부지음을 버리고 낮은 [재가자의] 삶으로 되돌아가는 경우란 있지 않다."

5. "비구들이여, 그러면 그 비구는 어떻게 여덟 가지 구성요소를 가진 성스러운 도를 닦고 여덟 가지 구성요소를 가진 성스러운 도를 많이 [공부]짓는가?

비구들이여, [54] 여기 비구는 떨쳐버림을 의지하고 탐욕의 빛바램을 의지하고 소멸을 의지하고 철저한 버림으로 기우는 바른 견해를 닦는다. … 바른 삼매를 닦는다.

비구들이여, 이와 같이 비구는 여덟 가지 구성요소를 가진 성스러운 도를 닦고 여덟 가지 구성요소를 가진 성스러운 도를 많이 [공부]짓는다."

제14장 힘쓰는 일 품이 끝났다.

열네 번째 품에 포함된 경들의 목록은 다음과 같다.

① 힘 ② 씨앗 ③ 용 ④ 나무 ⑤ 항아리 ⑥ 꺼끄러기 ⑦ 허공,
두 가지 ⑧~⑨ 구름 ⑩ 배 ⑪ 객사(客舍) ⑫ 강이다.

제15장 추구 품

Esanā-vagga

추구 경(S45:161)

Esanā-sutta

(i) 최상의 지혜(abhiññā)

3. "비구들이여, 세 가지 추구가 있다. 무엇이 셋인가?

감각적 욕망의 추구, 존재의 추구, 청정범행의 추구이다.[152]

비구들이여, 이러한 세 가지 추구가 있다."

4. "비구들이여, 이러한 세 가지 추구를 최상의 지혜로 알기 위해서는 여덟 가지 구성요소를 가진 성스러운 도를 닦아야 한다. 그러면 어떤 여덟 가지 구성요소를 가진 성스러운 도를 닦아야 하는가?

비구들이여, 여기 비구는 떨쳐버림을 의지하고 탐욕의 빛바램을 의지하고 소멸을 의지하고 철저한 버림으로 기우는 바른 견해를 닦는다. … 바른 삼매를 닦는다.

이러한 세 가지 추구를 최상의 지혜로 알기 위해서는 이러한 여덟 가지 구성요소를 가진 성스러운 도를 닦아야 한다."

… "비구들이여, 여기 비구는 탐욕의 길들임으로 귀결되고 성냄의 길들임으로 귀결되고 어리석음의 길들임으로 귀결되는 바른 견해를

---

152) "'청정범행의 추구(brahmacariy-esanā)'란 삿된 견해라 불리는(micchā-diṭṭhi-saṅkhāta) 청정범행을 추구하는 것이다."(SA.iii.136)
"삿된 견해는 삿된 견해에 빠진 자가 궁리해낸(diṭṭhigatika-parikappita) 청정범행의 표상이 되기(nimitta-bhāva) 때문이다."(SAṬ.iii.121)
즉 여기서 말하는 청정범행은 삿된 견해를 뜻한다.

닦는다. … 바른 삼매를 닦는다.” …

… “비구들이여, 여기 비구는 불사(不死)로 귀결되고 불사를 궁극으로 하고 불사로 완결되는 바른 견해를 닦는다. … 바른 삼매를 닦는다.” …

… “비구들이여, 여기 비구는 열반으로 흐르고 열반으로 향하고 열반으로 들어가는 바른 견해를 닦는다. … [55] 바른 삼매를 닦는다.

비구들이여, 이러한 세 가지 추구를 최상의 지혜로 알기 위해서는 이러한 여덟 가지 구성요소를 가진 성스러운 도를 닦아야 한다.”

(ii) 철저히 앎(pariññā)

5. “비구들이여, 세 가지 추구가 있다. 무엇이 셋인가?

감각적 욕망의 추구, 존재의 추구, 청정범행의 추구이다.

비구들이여, 이러한 세 가지 추구가 있다.

비구들이여, 이러한 세 가지 추구를 철저히 알기 위해서는 여덟 가지 구성요소를 가진 성스러운 도를 닦아야 한다. 그러면 어떤 여덟 가지 구성요소를 가진 성스러운 도를 닦는가?

비구들이여, 여기 비구는 떨쳐버림을 의지하고 탐욕의 빛바램을 의지하고 소멸을 의지하고 철저한 버림으로 기우는 … 탐욕의 길들임으로 귀결되고 성냄의 길들임으로 귀결되고 어리석음의 길들임으로 귀결되는 … 불사(不死)로 귀결되고 불사를 궁극으로 하고 불사로 완결되는 … 열반으로 흐르고 열반으로 향하고 열반으로 들어가는 바른 견해를 닦는다. … 바른 삼매를 닦는다.

비구들이여, 이러한 세 가지 추구를 철저히 알기 위해서는 이러한 여덟 가지 구성요소를 가진 성스러운 도를 닦아야 한다.”

(iii) 철저하게 멸진함(parikkhaya)

6. "비구들이여, 세 가지 추구가 있다. 무엇이 셋인가? 감각적 욕망의 추구, 존재의 추구, 청정범행의 추구이다. 비구들이여, 이러한 세 가지 추구가 있다.

비구들이여, 이러한 세 가지 추구를 철저하게 멸진하기 위해서는 여덟 가지 구성요소를 가진 성스러운 도를 닦아야 한다. 그러면 어떤 여덟 가지 구성요소를 가진 성스러운 도를 닦는가?

비구들이여, 여기 비구는 떨쳐버림을 의지하고 탐욕의 빛바램을 의지하고 소멸을 의지하고 철저한 버림으로 기우는 … 탐욕의 길들임으로 귀결되고 성냄의 길들임으로 귀결되고 어리석음의 길들임으로 귀결되는 … 불사(不死)로 귀결되고 불사를 궁극으로 하고 불사로 완결되는 … 열반으로 흐르고 열반으로 향하고 열반으로 들어가는 바른 견해를 닦는다. … 바른 삼매를 닦는다.

비구들이여, 이러한 세 가지 추구를 철저하게 멸진하기 위해서는 이러한 여덟 가지 구성요소를 가진 성스러운 도를 닦아야 한다."

(iv) 제거(pahāna)

7. "비구들이여, 세 가지 추구가 있다. 무엇이 셋인가? 감각적 욕망의 추구, 존재의 추구, 청정범행의 추구이다. 비구들이여, 이러한 세 가지 추구가 있다.

비구들이여, 이러한 세 가지 추구를 제거하기 위해서는 여덟 가지 구성요소를 가진 성스러운 도를 닦아야 한다. 그러면 어떤 여덟 가지 구성요소를 가진 성스러운 도를 닦는가?

비구들이여, 여기 비구는 떨쳐버림을 의지하고 탐욕의 빛바램을 의지하고 소멸을 의지하고 철저한 버림으로 기우는 … 탐욕의 길들임으로 귀결되고 성냄의 길들임으로 귀결되고 어리석음의 길들임으로 귀결되는 … 불사(不死)로 귀결되고 불사를 궁극으로 하고 불사로 완결되는 … 열반으로 흐르고 열반으로 향하고 열반으로 들어가는 바른 견해를 닦는다. … 바른 삼매를 닦는다.

비구들이여, 이러한 세 가지 추구를 제거하기 위해서는 이러한 여덟 가지 구성요소를 가진 성스러운 도를 닦아야 한다."

자만심 경(S45:162)

Vidhā-sutta

3. "비구들이여, [56] 세 가지 자만심153)이 있다. 무엇이 셋인가? '내가 더 뛰어나다.'는 자만심, '나와 동등하다.'는 자만심, '내가 더 못하다.'는 자만심이다. 비구들이여, 이러한 세 가지 자만심이 있다."

4. "비구들이여, 이러한 세 가지 자만심을 최상의 지혜로 알기 위해서는 … 철저히 알기 위해서는 … 철저하게 멸진하기 위해서는 … 제거하기 위해서는 여덟 가지 구성요소를 가진 성스러운 도를 닦아야 한다. 그러면 어떤 여덟 가지 구성요소를 가진 성스러운 도를 닦는가?

비구들이여, 여기 비구는 떨쳐버림을 의지하고 탐욕의 빛바램을 의지하고 소멸을 의지하고 철저한 버림으로 기우는 … 탐욕의 길들임으로 귀결되고 성냄의 길들임으로 귀결되고 어리석음의 길들임으

---

153) 여러 가지 뜻으로 해석할 수 있는 vidhā는 외관(ākāra-saṇṭhāna)과 부분(koṭṭhāsa)과 자만(māna)의 세 가지 측면이 있는데 여기서는 자만(māna)을 뜻한다고 주석서는 밝히고 있다. [경에서] 자만은 뛰어나다(seyya), 비슷하다(sādisa), 못하다(hīna)라고 정리되기 때문에(vidahanato) vidhā라 한다고 주석서는 설명한다.(DA.iii.990) 여기에 대해서는 본서 제1권 「사밋디 경」(S1:20) §11의 주해를 참조할 것.

로 귀결되는 … 불사(不死)로 귀결되고 불사를 궁극으로 하고 불사로 완결되는 … 열반으로 흐르고 열반으로 향하고 열반으로 들어가는 바른 견해를 닦는다. … 바른 삼매를 닦는다.

비구들이여, 이러한 세 가지 자만심을 최상의 지혜로 알기 위해서는 … 철저히 알기 위해서는 … 철저하게 멸진하기 위해서는 … 제거하기 위해서는 이러한 여덟 가지 구성요소를 가진 성스러운 도를 닦아야 한다."

<앞의 「추구 경」(S45:161)에서처럼 모든 것이 적용됨.>

번뇌 경(S45:163)

Āsava-sutta

3. "비구들이여, 세 가지 번뇌가 있다. 무엇이 셋인가? 감각적 욕망의 번뇌, 존재의 번뇌, 무명의 번뇌이다. 비구들이여, 이러한 세 가지 번뇌가 있다."

4. "비구들이여, 이러한 세 가지 번뇌를 최상의 지혜로 알기 위해서는 … 철저히 알기 위해서는 … 철저하게 멸진하기 위해서는 … 제거하기 위해서는 여덟 가지 구성요소를 가진 성스러운 도를 닦아야 한다. …"

존재 경(S45:164)

Bhava-sutta

3. "비구들이여, 세 가지 존재가 있다. 무엇이 셋인가? 욕계의 존재, 색계의 존재, 무색계의 존재이다. 비구들이여, 이러한 세 가지 존재가 있다."

4. "비구들이여, 이러한 세 가지 존재를 최상의 지혜로 알기 위해서는 … 철저히 알기 위해서는 … 철저하게 멸진하기 위해서는 … 제거하기 위해서는 여덟 가지 구성요소를 가진 성스러운 도를 닦아야 한다. …"

괴로움의 성질 경(S45:165)
Dukkhatā-sutta

3. "비구들이여, 세 가지 괴로움의 성질이 있다. 무엇이 셋인가? 고통스런 괴로움의 성질[苦苦性], 형성된 괴로움의 성질[行苦性], 변화에 기인한 괴로움의 성질[壞苦性]이다.154) 비구들이여, 이러한 세 가지 괴로움의 성질이 있다."

4. "비구들이여, 이러한 세 가지 괴로움의 성질을 최상의 지혜로 알기 위해서는 … 철저히 알기 위해서는 … 철저하게 멸진하기 위해서는 … 제거하기 위해서는 여덟 가지 구성요소를 가진 성스러운 도를 닦아야 한다. …"

삭막함 경(S45:166)
Khila-sutta

3. "비구들이여, [57] 세 가지 삭막함이 있다. 무엇이 셋인가? 탐욕의 삭막함, 성냄의 삭막함, 어리석음의 삭막함이다. 비구들이여, 이러한 세 가지 삭막함이 있다."

4. "비구들이여, 이러한 세 가지 삭막함을 최상의 지혜로 알기

154) 본서 제4권 「괴로움 경」(S38:14) §3의 주해를 참조할 것.

위해서는 … 철저히 알기 위해서는 … 철저하게 멸진하기 위해서는 … 제거하기 위해서는 여덟 가지 구성요소를 가진 성스러운 도를 닦아야 한다. …"

때 경(S45:167)
Mala-sutta

3. "비구들이여, 세 가지 때가 있다. 무엇이 셋인가? 탐욕의 때, 성냄의 때, 어리석음의 때이다. 비구들이여, 이러한 세 가지 때가 있다."

4. "비구들이여, 이러한 세 가지 때를 최상의 지혜로 알기 위해서는 … 철저히 알기 위해서는 … 철저하게 멸진하기 위해서는 … 제거하기 위해서는 여덟 가지 구성요소를 가진 성스러운 도를 닦아야 한다. …"

근심 경(S45:168)
Nigha-sutta

3. "비구들이여, 세 가지 근심이 있다. 무엇이 셋인가? 탐욕의 근심, 성냄의 근심, 어리석음의 근심이다. 비구들이여, 이러한 세 가지 근심이 있다."

4. "비구들이여, 이러한 세 가지 근심을 최상의 지혜로 알기 위해서는 … 철저히 알기 위해서는 … 철저하게 멸진하기 위해서는 … 제거하기 위해서는 여덟 가지 구성요소를 가진 성스러운 도를 닦아야 한다. …"

느낌 경(S45:169)
Vedanā-sutta

3. “비구들이여, 세 가지 느낌이 있다. 무엇이 셋인가? 즐거운 느낌, 괴로운 느낌, 괴롭지도 즐겁지도 않은 느낌이다. 비구들이여, 이러한 세 가지 느낌이 있다.”

4. “비구들이여, 이러한 세 가지 느낌을 최상의 지혜로 알기 위해서는 … 철저히 알기 위해서는 … 철저하게 멸진하기 위해서는 … 제거하기 위해서는 여덟 가지 구성요소를 가진 성스러운 도를 닦아야 한다. …”

갈애 경(S45:170)

Taṇhā-sutta

3. “비구들이여, [58] 세 가지 갈애가 있다. 무엇이 셋인가? 감각적 욕망에 대한 갈애, 존재에 대한 갈애, 비존재에 대한 갈애이다. 비구들이여, 이러한 세 가지 갈애가 있다.”

4. “비구들이여, 이러한 세 가지 갈애를 최상의 지혜로 알기 위해서는 … 철저히 알기 위해서는 … 철저하게 멸진하기 위해서는 … 제거하기 위해서는 여덟 가지 구성요소를 가진 성스러운 도를 닦아야 한다. …”

목마름 경(S45:170-1)

Tasinā-sutta[155)]

---

155) 본경은 Se와 SS에는 나타나지 않고 있다. Ee는 본경의 번호를 170으로 달아서 앞의 「갈애 경」(S45:170)과 같은 번호를 매기고 있다. Be는 170-1로 경번호를 매기고 있다. Ee의 경의 목록(uddāna)에도 두 개가 다 나타나고 있다. 그런데 갈애(taṇhā)와 목마름(tasinā)은 산스끄리뜨로는 같이 tṛṣṇā (√tṛṣ, *to be thirsty*)이기 때문에 본래는 같은 경이었을 것으로 추측된다.

3\. "비구들이여, 세 가지 목마름이 있다. 무엇이 셋인가? 감각적 욕망에 대한 목마름, 존재에 대한 목마름, 비존재에 대한 목마름이다. 비구들이여, 이러한 세 가지 목마름이 있다."

4\. "비구들이여, 이러한 세 가지 목마름을 최상의 지혜로 알기 위해서는 … 철저히 알기 위해서는 … 철저하게 멸진하기 위해서는 … 제거하기 위해서는 여덟 가지 구성요소를 가진 성스러운 도를 닦아야 한다. 그러면 어떤 여덟 가지 구성요소를 가진 성스러운 도를 닦는가?

비구들이여, 여기 비구는 떨쳐버림을 의지하고 탐욕의 빛바램을 의지하고 소멸을 의지하고 철저한 버림으로 기우는 … 탐욕의 길들임으로 귀결되고 성냄의 길들임으로 귀결되고 어리석음의 길들임으로 귀결되는 … 불사(不死)로 귀결되고 불사를 궁극으로 하고 불사로 완결되는 … 열반으로 흐르고 열반으로 향하고 열반으로 들어가는 바른 견해를 닦는다. … 바른 삼매를 닦는다. …

비구들이여, 이러한 갈애를 최상의 지혜로 알기 위해서는 … 철저히 알기 위해서는 … 철저하게 멸진하기 위해서는 … 제거하기 위해서는 이러한 여덟 가지 구성요소를 가진 성스러운 도를 닦아야 한다."

제15장 추구 품이 끝났다.

열다섯 번째 품에 포함된 경들의 목록은 다음과 같다.

① 추구 ② 자만심 ③ 번뇌 ④ 존재 ⑤ 괴로움의 성질
⑥ 삭막함 ⑦ 때 ⑧ 근심 ⑨ 느낌 ⑩ 갈애 ⑪ 목마름이다.

역자는 Ee와 보디 스님을 따랐지만 엄연히 경이 두 개로 존재하기 때문에 「목마름 경」은 Be를 따라서 번호를 S45:170-1로 매겼다.

제16장 폭류 품

Ogha-vagga

폭류 경(S45:171)

Ogha-sutta

3. "비구들이여, [59] 네 가지 폭류가 있다. 무엇이 넷인가?
감각적 욕망의 폭류, 존재의 폭류, 견해의 폭류, 무명의 폭류이다.
비구들이여, 이러한 네 가지 폭류가 있다."

4. "비구들이여, 이러한 네 가지 폭류를 최상의 지혜로 알기 위해서는 … 철저히 알기 위해서는 … 철저하게 멸진하기 위해서는 … 제거하기 위해서는 여덟 가지 구성요소를 가진 성스러운 도를 닦아야 한다. …"

속박 경(S45:172)

Yoga-sutta

3. "비구들이여, 네 가지 속박이 있다. 무엇이 넷인가?
감각적 욕망의 속박, 존재의 속박, 견해의 속박, 무명의 속박이다.
비구들이여, 이러한 네 가지 속박이 있다."

4. "비구들이여, 이러한 네 가지 속박을 최상의 지혜로 알기 위해서는 … 철저히 알기 위해서는 … 철저하게 멸진하기 위해서는 … 제거하기 위해서는 여덟 가지 구성요소를 가진 성스러운 도를 닦아야 한다. …"

취착 경(S45:173)

Upādāna-sutta

3. "비구들이여, 네 가지 취착이 있다. 무엇이 넷인가?

감각적 욕망에 대한 취착, 견해에 대한 취착, 계율과 의례의식에 대한 취착[戒禁取], 자아의 교리에 대한 취착이다.

비구들이여, 이러한 네 가지 취착이 있다."

4. "비구들이여, 이러한 네 가지 취착을 최상의 지혜로 알기 위해서는 … 철저히 알기 위해서는 … 철저하게 멸진하기 위해서는 … 제거하기 위해서는 여덟 가지 구성요소를 가진 성스러운 도를 닦아야 한다. …"

매듭 경(S45:174)

Ganthā-sutta

3. "비구들이여, 네 가지 매듭이 있다. 무엇이 넷인가?

간탐의 몸의 매듭, 악의의 몸의 매듭, 계율과 의례의식에 대한 취착의 몸의 매듭, 이것만이 진리라고 천착하는 몸의 매듭이다.156)

비구들이여, 이러한 네 가지 매듭이 있다."

4. "비구들이여, [60] 이러한 네 가지 매듭을 최상의 지혜로 알

---

156) "'몸의 매듭(kāya-gantha)'이란 정신적인 몸(nāma-kāya)의 매듭이니 매듭짓고 얽어매는 오염원(ganthana-ghaṭana-kilesa)을 말한다."(SA.iii.137)
"매듭짓고 얽어매는 오염원(ganthana-ghaṭana-kilesa)이란 원인(hetu)을 결과(phala)에 얽어매고 업의 회전(kamma-vaṭṭa)을 과보의 회전(vipāka-vaṭṭa)에 얽어매어서 괴로움에 묶어버리는 것이라고 알려진 것(dukkha-ppabandha-saññita)을 뜻한다."(SAṬ.iii.121)
네 번째인 '이것만이 진리라고 천착하는 몸의 매듭'은 idaṁ-sacca-abhinivesa kāya-gantha를 옮긴 것이다.

기 위해서는 … 철저히 알기 위해서는 … 철저하게 멸진하기 위해서는 … 제거하기 위해서는 여덟 가지 구성요소를 가진 성스러운 도를 닦아야 한다. …"

잠재성향 경(S45:175)

Anusaya-sutta

3. "비구들이여, 일곱 가지 잠재성향이 있다. 무엇이 일곱인가?

감각적 욕망의 잠재성향,157) 적의(敵意)의 잠재성향, 자만의 잠재성향, 사견(邪見)의 잠재성향, 의심의 잠재성향, 존재에 대한 탐욕의 잠재성향, 무명의 잠재성향 이다.

비구들이여, 이러한 일곱 가지 잠재성향이 있다."

4. "비구들이여, 이러한 일곱 가지 잠재성향을 최상의 지혜로 알기 위해서는 … 철저히 알기 위해서는 … 철저하게 멸진하기 위해서는 … 제거하기 위해서는 여덟 가지 구성요소를 가진 성스러운 도를 닦아야 한다. …"

감각적 욕망의 가닥 경(S45:176)

Kāmaguṇa-sutta

3. "비구들이여, 다섯 가닥의 감각적 욕망이 있다. 무엇이 다섯인가?

---

157) "활력을 얻는다는 뜻(thāmagataṭṭha)에서 감각적 욕망 자체가 잠재성향이기 때문에 '감각적 욕망의 잠재성향(kāmarāga-anusaya)'이라고 한 것인데 나머지 경우에도 다 적용된다."(SA.iii.137)
"이것은 조건을 얻으면(sati paccaya-lābhe) 생겨날 수 있기(uppajjana-arahatā) 때문에 [정신적] 흐름에 잠재해 있다(santāne anuseti)고 해서 잠재성향이라 한다."(SAṬ.iii.121)

눈으로 인식되는 형상들이 있으니, 원하고 좋아하고 마음에 들고 사랑스럽고 감각적 욕망을 짝하고 매혹적인 것들이다. 귀로 인식되는 소리들이 있으니, … 코로 인식되는 냄새들이 있으니, … 혀로 인식되는 맛들이 있으니, … 몸으로 인식되는 감촉들이 있으니, 원하고 좋아하고 마음에 들고 사랑스럽고 감각적 욕망을 짝하고 매혹적인 것들이다.

비구들이여, 이러한 다섯 가닥의 감각적 욕망이 있다."

4. "비구들이여, 이러한 다섯 가닥의 감각적 욕망을 최상의 지혜로 알기 위해서는 … 철저히 알기 위해서는 … 철저하게 멸진하기 위해서는 … 제거하기 위해서는 여덟 가지 구성요소를 가진 성스러운 도를 닦아야 한다. …"

장애 경(S:45:177)

Nīvaraṇa-sutta

3. "비구들이여, 다섯 가지 장애가 있다. 무엇이 다섯인가?

감각적 욕망에 대한 욕구의 장애, 악의의 장애, 해태·혼침의 장애, 들뜸·후회의 장애, 의심의 장애이다.[158]

비구들이여, 이러한 다섯 가지 장애가 있다."

4. "비구들이여, 이러한 다섯 가지 장애를 최상의 지혜로 알기 위해서는 … 철저히 알기 위해서는 … 철저하게 멸진하기 위해서는 … 제거하기 위해서는 여덟 가지 구성요소를 가진 성스러운 도를 닦아야 한다. …"

---

158) 다섯 가지 장애에 대한 자세한 설명은 『네 가지 마음챙기는 공부』 214~228쪽과 본서 제6권 「혼란스러움 경」(S54:12) §4의 주해를 참조할 것.

무더기[蘊] 경(S45:178)

Khanda-sutta

3\. "비구들이여, 취착의 [대상이 되는] 다섯 가지 무더기[五取蘊]가 있다. 무엇이 다섯인가?

취착의 [대상이 되는] 물질의 무더기, 취착의 [대상이 되는] 느낌의 무더기, [61] 취착의 [대상이 되는] 인식의 무더기, 취착의 [대상이 되는] 심리현상들의 무더기, 취착의 [대상이 되는] 알음알이의 무더기이다.

비구들이여, 이러한 취착의 [대상이 되는] 다섯 가지 무더기가 있다."

4\. "비구들이여, 이러한 취착의 [대상이 되는] 다섯 가지 무더기를 최상의 지혜로 알기 위해서는 … 철저히 알기 위해서는 … 철저하게 멸진하기 위해서는 … 제거하기 위해서는 여덟 가지 구성요소를 가진 성스러운 도를 닦아야 한다. …"

낮은 단계의 족쇄 경(S45:179)

Orambhāgiyasaṁyojana-sutta

3\. "비구들이여, 다섯 가지 낮은 단계의 족쇄[下分結][159]가 있다. 무엇이 다섯인가?

---

159) '다섯 가지 낮은 단계의 족쇄[五下分結, pañca orambhāgiyāni saṁyojan-āni]'는 존재를 욕계(kāma-dhātu)에 묶어두는 족쇄이다. 이 가운데 처음의 셋은 예류자와 일래자에 의해서 제거되고 다섯 가지 모두는 불환자에 의해서 제거된다.
이 다섯 가지 낮은 단계의 족쇄와 다음 경의 다섯 가지 높은 단계의 족쇄를 합쳐서 열 가지 족쇄(saṁyojana)라 부른다. 열 가지 족쇄에 대한 설명은 본서 제1권 「얼마나 끊음 경」(S1:5) {8}의 주해를 참조할 것.

유신견(有身見), 의심, 계율과 의례의식에 대한 취착, 감각적 욕망, 악의이다.

비구들이여, 이러한 다섯 가지 낮은 단계의 족쇄가 있다."

4. "비구들이여, 이러한 다섯 가지 낮은 단계의 족쇄를 최상의 지혜로 알기 위해서는 … 철저히 알기 위해서는 … 철저하게 멸진하기 위해서는 … 제거하기 위해서는 여덟 가지 구성요소를 가진 성스러운 도를 닦아야 한다. …"

높은 단계의 족쇄 경(S45:180)

Uddhambhāgiyasaṁyojana-sutta

3. "비구들이여, 다섯 가지 높은 단계의 족쇄[上分結][160]가 있다. 무엇이 다섯인가?

색계에 대한 탐욕, 무색계에 대한 탐욕, 자만, 들뜸, 무명이다.

비구들이여, 이러한 다섯 가지 높은 단계의 족쇄가 있다."

4. "비구들이여, 이러한 다섯 가지 높은 단계의 족쇄를 [62] 최상의 지혜로 알기 위해서는 … 철저히 알기 위해서는 … 철저하게 멸진하기 위해서는 … 제거하기 위해서는 여덟 가지 구성요소를 가진 성스러운 도를 닦아야 한다. 어떤 여덟 가지 구성요소를 가진 성스러운 도를 닦는가?

비구들이여, 여기 비구는 떨쳐버림을 의지하고 탐욕의 빛바램을

---

160) '다섯 가지 높은 단계의 족쇄[五上分結, pañca uddhambhāgiyāni saṁyojanāni]'는 존재를 색계(rūpa-dhātu)와 무색계(arūpa-dhātu)에 묶어두는 족쇄인데, 이 둘은 각각 네 가지 禪(jhāna) 즉 색계 삼매와 네 가지 무색의 증득(공무변처부터 비상비비상처까지의 무색계 삼매)을 통해서 도달하게 된다. 오직 아라한만이 이 다섯 가지 높은 단계의 족쇄들을 모두 제거한다.

의지하고 소멸을 의지하고 철저한 버림으로 기우는 … 탐욕의 길들임으로 귀결되고 성냄의 길들임으로 귀결되고 어리석음의 길들임으로 귀결되는 … 불사(不死)로 귀결되고 불사를 궁극으로 하고 불사로 완결되는 … 열반으로 흐르고 열반으로 향하고 열반으로 들어가는 바른 견해를 닦는다. … 바른 삼매를 닦는다. …

비구들이여, 이러한 다섯 가지 높은 단계의 족쇄를 최상의 지혜로 알기 위해서는 … 철저히 알기 위해서는 … 철저하게 멸진하기 위해서는 … 제거하기 위해서는 이러한 여덟 가지 구성요소를 가진 성스러운 도를 닦아야 한다."

제16장 폭류 품이 끝났다.

열여섯 번째 품에 포함된 경들의 목록은 다음과 같다.

① 폭류 ② 속박 ③ 취착
④ 매듭 ⑤ 잠재성향
⑥ 감각적 욕망 ⑦ 장애 ⑧ 무더기
⑨ 낮은 단계의 족쇄 ⑩ 높은 단계의 족쇄이다.

도 상윳따(S45)가 끝났다.

제46주제

깨달음의 구성요소 상윳따(S46)

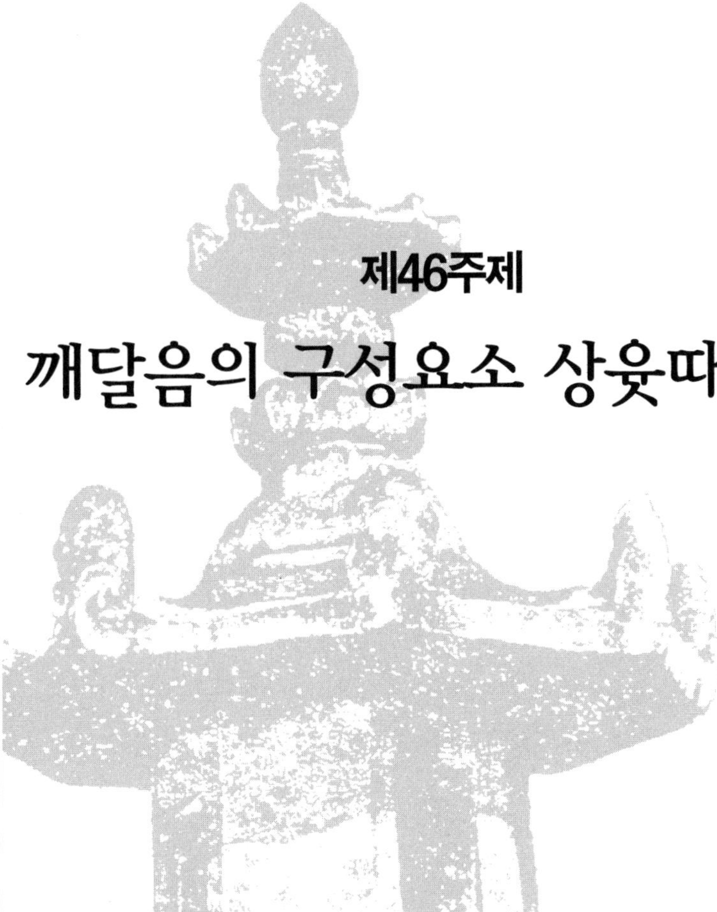

제46주제(S46)

깨달음의 구성요소 상윳따

Bojjhaṅga-saṁyutta

제1장 산 품

Pabbata-vagga

히말라야 경(S46:1)

Himavanta-sutta

1. 이와 같이 [63] 나는 들었다. 한때 세존께서는 사왓티에서 제따 숲의 아나타삔디까 원림(급고독원)에 머무셨다.

2. 거기서 세존께서는 "비구들이여."라고 비구들을 부르셨다. "세존이시여."라고 비구들은 세존께 응답했다. 세존께서는 이렇게 말씀하셨다.

3. "비구들이여, 예를 들면 산의 왕 히말라야를 의지하여 용들은 자신들의 몸을 양육하고 힘을 얻게 된다. 그들은 거기서 몸을 양육하고 힘을 얻은 뒤 작은 못으로 들어간다. 작은 못에 들어간 뒤 다시 큰 못에 들어간다. 큰 못에 들어간 뒤 다시 작은 강에 들어간다. 작은 강에 들어간 뒤 다시 큰 강에 들어간다. 큰 강에 들어간 뒤 다시 바다와 대해에 들어간다. 그들은 거기서 그 몸으로 위대함과 충만함을 성취한다."161)

4. "비구들이여, 그와 같이 비구는 계를 의지하고 계에 확고하게 서서 일곱 가지 깨달음의 구성요소[七覺支]162)를 닦고 일곱 가지

---

161) 본서 「용 경」(S45:151) §3과 같다. 그곳의 주해를 참조할 것.

162) '깨달음의 구성요소[覺支]'로 옮긴 bojjhaṅga는 bodhi + aṅga로 된 합성어이다. 주석서는 bodhiyā bodhissa vā aṅga로, 즉 ① 깨달음의 구성요소(bodhiyā aṅga)와 ② 깨달은 분의 구성요소(bodhissa aṅga)의 두 가지로 이 합성어를 풀이하고 있다.(SA.iii.138) 계속해서 주석서는 설명한다.

"이것은 무슨 의미인가? 세간적이고 출세간적인 도의 순간(lokiya-lokuttara-magga-kkhaṇa)에 일어나고, 게으름과 들뜸과 [갈애의 – SAṬ] 확고함과 [사견의 – SAṬ] 적집(līn-uddhacca-patiṭṭhān-āyūhana) 과 감각적 욕망의 즐거움과 자기 학대에 몰두하는 것(kāma-sukh-atta-kilamatha-anuyoga)과 단견과 상견의 천착(uccheda-sassata-abhinivesa) 등의 여러 가지 재앙(upaddava)들의 반대편이 되는(paṭipakkha-bhūtā) 마음챙김과 법의 간택과 정진과 희열과 고요함과 삼매와 평온이라 불리는 법들의 집합(dhamma-sāmaggi)을 통해서 성스러운 제자는 깨닫는다(bujjhati). 그래서 깨달음이라 부른다. 깨닫는다는 것은 오염원들의 지속적인 흐름인 잠(kilesa-santāna-niddā)으로부터 일어난다(uṭṭhahati)는 말이니, 네 가지 성스러운 진리[四聖諦]를 꿰뚫거나(paṭivijjhati) 열반의 실현(nibbānam eva vā sacchikaroti)을 뜻한다.

깨달음의 구성요소(bojjhaṅga)란 ① 이러한 법들의 집합으로 구성된 깨달음의 구성요소들을 말하나니 禪의 구성요소와 도의 구성요소(jhānaṅga-maggaṅga)라는 용법과 같다. ② 그리고 이러한 법들의 집합을 통해서 깨달은 성스러운 제자(ariya-sāvaka)도 깨달음(bodhi, 남성명사로 해석하면 깨달은 자가 됨)이라 부른다. 이 경우에는 그 깨달은 자의 구성요소(bodhissa aṅga)라고 해서 깨달음의 구성요소라 하는데 이것은 군대의 구성요소와 전차병의 구성요소(senaṅga-rathaṅga)라는 용법과 같다. 그래서 주석가들(Aṭṭhakathā-cariyā)은 '혹은 깨달은 인간의 구성요소라고 해서 깨달음의 구성요소라 한다(bujjhanakassa puggalassa aṅgāti vā bojjhaṅgā).'라고 설명하였다."(SA.iii.138)

한편 『논장』에서는 『경장』 즉 본서 「계 경」(S46:3)과 「방법 경」(S46:52)(ii)와 순수한 떨쳐버림을 의지함(Viveka-nissita)의 세 가지 방법으로 <깨달음의 구성요소의 분석>(Bojjhaṅga-vibhaṅga, Vbh.227~229)에서 칠각지를 설명하고 있다. 그런 뒤에 그것을 아비담마의 방법으로 분석하고 있는데, 중요한 것은 이 칠각지를 오직 출세간적인 도(lokuttara-magga)로만 설명하고 있다는 사실이다.(Vbh.229~232) 이런 이유 때문에 『논

깨달음의 구성요소를 많이 [공부]지어서 법들에 대해서 위대함과 충만함을 성취한다.

비구들이여, 그러면 어떻게 비구는 계를 의지하고 계에 확고하게 서서 일곱 가지 깨달음의 구성요소[七覺支]를 닦고 일곱 가지 깨달음의 구성요소를 많이 [공부]지어서 법들에 대해서 위대함과 충만함을 성취하는가?"

5. "비구들이여, 여기 비구는 떨쳐버림을 의지하고 탐욕의 빛바램을 의지하고 소멸을 의지하고 철저한 버림으로 기우는[163] 마음챙김의 깨달음의 구성요소[念覺支][164]를 닦는다. … [64] 법을 간택하는

장』의 주석서들(DhsA.217, VbhA.310)은 위의 『상윳따 니까야 주석서』(SA.iii.138)에 나타난 세간적이고 출세간적인 도의 순간(lokiya-lokuttara-magga-kkhaṇa) 가운데서 세간적이고를 제외하여 출세간적인 도의 순간(lokuttara-magga-kkhaṇa)이라고 설명하고 있다.

깨달음의 구성요소에 대한 부처님의 정의는 아래 「비구 경」(S46:5) §3에 나타나고 있다. 그런데 이 경을 통해서 보자면 칠각지는 주석가들이 이해하듯이 '깨달음을 구성하고 있는' 요소(bodhiyā aṅga)로 설명되지 않고 있으며, 오히려 '깨달음으로 인도하는(bodhāya saṁvattanti)' 요소들로, 즉 세간적인 도로 설명되고 있다. 그리고 아래 「계(戒) 경」(S46:3)에서 칠각지가 순서대로 발생한다는 설명은 이러한 사실을 더 잘 뒷받침해 주고 있다. 이런 측면에서 보자면 초기불교 문헌에서 불교술어들은 일반적이고 실용적인 용법에서 특별하고 전문적인 용법으로 바뀌어 가고 있다고 여겨진다.

163) 여기에 나타나는 '떨쳐버림을 의지하는(viveka-nissita)' 정형구에 대한 설명은 본서 「절반 경」(S45:2) §4의 주해들을 참조할 것.

164) '마음챙김의 깨달음의 구성요소'는 sati-**sambojjhaṅga**로 나타나지 sati-**bojjhaṅga**로는 나타나지 않음을 유념해서 봐야 한다. 니까야 전체에서 깨달음의 구성요소가 합성어로 쓰이지 않고 단독으로 나타날 때는 모두 bojjhaṅga로 나타난다. 그러므로 '일곱 가지 깨달음의 구성요소[七覺支]'는 satta bojjhaṅga로 나타나지 satta sambojjhaṅga가 아니다.
그러나 sati-sambojjhaṅga(마음챙김의 깨달음의 구성요소)나 dhamma-vicaya-sambojjhaṅga(법을 간택하는 깨달음의 구성요소) 등으로 합성어로 나타날 때는 예외 없이 모두 sambojjhaṅga로 나타나고 있다. 이런 차이

깨달음의 구성요소[擇法覺支]를 … 정진의 깨달음의 구성요소[精進覺支]를 … 희열의 깨달음의 구성요소[喜覺支]를 … 고요함의 깨달음의 구성요소[輕安覺支]를 … 삼매의 깨달음의 구성요소[定覺支]를 … 평온의 깨달음의 구성요소[捨覺支]를 닦는다."

6. "비구들이여, 이와 같이 비구는 계를 의지하고 계에 확고하게 서서 일곱 가지 깨달음의 구성요소[七覺支]를 닦고 일곱 가지 깨달음의 구성요소를 많이 [공부]지어서 법들에 대해서 위대함과 충만함을 성취한다."

몸 경(S46:2)

Kāya-sutta

(i) 다섯 가지 장애의 자양분

3. "비구들이여, 예를 들면 이 몸은 자양분165)으로 지탱되나니 자양분을 반연하여 지탱이 되고 자양분이 없으면 지탱되지 않는 것과 같다. 비구들이여, 그와 같이 다섯 가지 장애도 자양분으로 지탱되나니 자양분을 반연하여 지탱이 되고 자양분이 없으면 지탱되지 않는다."166)

만 있을 뿐이지 bojjhaṅga와 sambojjhaṅga는 동의어이다.
그리고 이것은 본서 제2권 「감각접촉 경」(S14:2) §3 등에서 나타나고 있는 samphassa와 phassa의 용례와도 같다.(S14:2 §3의 주해를 참조할 것.)

165) 본서 전체에서 '자양분'으로 옮기고 있는 원어는 āhāra인데 이것은 일반적으로 '음식'으로 옮겨지는 술어이다. 그런데 아래 주해에서 보듯이 이것이 전문적인 술어로 사용되면 조건[緣, paccaya]을 뜻하기 때문에 여기서는 자양분으로 옮기고 있음을 밝힌다.

166) 여기서 '자양분(음식, āhāra)'은 조건[緣, paccaya]의 뜻을 가지고 있다고 주석서는 설명한다.(SA.iii.139) 본경의 가르침은 아래 「자양분 경」(S46:

4. "비구들이여, 그러면 무엇이 아직 일어나지 않은 감각적 욕망에 대한 욕구를 일어나게 하고 이미 일어난 감각적 욕망에 대한 욕구를 더욱 증장하게 하고 충만하게 만드는 자양분인가?

비구들이여, 아름다운 표상[167]이 있어 거기에 지혜롭지 못하게 마음에 잡도리하기를[168] 많이 지으면, 이것이 아직 일어나지 않은 감

---

51)에서도 반복되어 나타난다. 여기에 대해서 주석서는 각각의 깨달음의 구성요소에 대한 자양분에 대해서 자세한 설명을 하고 있다.(아래 주해들을 참조할 것.) 본경의 다섯 가지 장애의 자양분에 대한 부분은 『앙굿따라 니까야』 「하나의 모음」(A1:2:1~5/i.3~5)과 유사하다.

167) "'아름다운 표상(subha-nimitta)'이라고 했다. 아름다움도 아름다운 표상이고, 아름다움의 대상도 아름다운 표상이다(subhampi subhanimittaṁ, subhassa ārammaṇampi subhanimittaṁ)."(SA.iii.139)
"'아름다운 표상(subha-nimitta)'이란 욕망이 깃드는(rāgaṭṭhāniya) 대상이다. [경에서 표상은 주로 다음과 같은 의미로 쓰인다.] ① "비구들이여, 표상이 있기 때문에 나쁜 불선법들이 일어난다. 표상 없이는 나쁜 불선법들이 일어나지 않는다."(A2:8:1/i.82)는 말씀에서 표상은 조건[緣, paccaya]의 이름이다. ② "비구들이여, 고결한 마음[增上心]에 몰두하는 비구는 다섯 가지 [마음의] 표상을 시간 나는 대로 마음에 잡도리해야 한다."(M20/i.119)라는 말씀에서는 이유(kāraṇa)를 뜻한다. ③ "그는 그 표상을 받들어 행하고 닦는다."(A.iv.419)는 말씀에서는 삼매(samādhi)를 뜻한다. ④ "그 표상을 근거로 하고 그 표상을 마음에 잡도리하여 즉시에 번뇌들이 멸진하는"(A.iii.319)이라는 말씀에서는 위빳사나를 뜻한다. 그러나 여기 [본경]에서는 욕망이 깃드는 원하는 대상(ārammaṇa)이라는 법이 바로 아름다운 표상의 의미이다."(AA.i.32)

168) "'지혜롭지 못하게 마음에 잡도리함(ayoniso-manasikāra)'이란 잘못된 방법(anupāya)으로 마음에 잡도리하는 것이고 바른 길을 벗어나서(uppatha) 마음에 잡도리하는 것이다. 무상한 것(anicca)에 대해서 항상하다[常]고, 괴로움(dukkha)에 대해서 즐겁다[樂]고, 자아가 없는 것(anatta)에 대해서 자아[我]라고, 부정한 것(asubha)에 대해서 깨끗하다[淨 subha]고 마음에 잡도리하는 것이다. 이런 것을 많이 일으키기 때문에 감각적 욕망에 대한 욕구가 일어난다."(SA.iii.139)
이러한 설명은 이미 『논장』의 『위방가』(Vbh.373)에 다음과 같이 나타나고 있다.
"여기서 어떤 것이 지혜롭지 못하게 마음에 잡도리함인가? 무상에서 항상하

각적 욕망에 대한 욕구를 일어나게 하고 이미 일어난 감각적 욕망에 대한 욕구를 더욱 증장하게 하고 충만하게 만드는 자양분이다."

5. "비구들이여, 그러면 무엇이 아직 일어나지 않은 악의를 일어나게 하고 이미 일어난 악의를 더욱 증장하게 하고 충만하게 만드는 자양분인가?

비구들이여, 적의를 일으키는 표상[169]이 있어 거기에 지혜롭지 못하게 마음에 잡도리하기를 많이 지으면, 이것이 아직 일어나지 않은 악의를 일어나게 하고 이미 일어난 악의를 더욱 증장하게 하고 충만하게 만드는 자양분이다."

6. "비구들이여, 그러면 무엇이 아직 일어나지 않은 해태와 혼침을 일어나게 하고 이미 일어난 해태와 혼침을 더욱 증장하게 하고 충만하게 만드는 자양분인가?

비구들이여, 권태로움, 나른함, 무기력함, 식곤증, 정신적 태만[170]

다고, 괴로움에서 즐거움이라고, 무아에서 자아라고, 부정함에서 깨끗하다고 지혜롭지 못하게 마음에 잡도리하고 길을 벗어나서 마음에 잡도리한다. 사실(sacca)에 어긋나게 마음이 향하고 기울고 관심을 기울이고 경도되는 것을 말한다."(Vbh.373)

169) '악의'는 byāpāda를 옮긴 것이고 '적의'는 paṭigha를 옮긴 것이다. 『위방가』(Vbh.86 등)에 의하면 이 둘은 동의어이고 『담마상가니』(Dhs.190 등)에 의하면 이 둘은 성냄(dosa)과도 같은 의미이다. 한편 paṭigha는 물질의 문맥에 나타날 때는 '부딪힘'으로 옮긴다. 본서 제1권 「엉킴 경」(S1:23) {58}의 주해와 『청정도론』 X.12의 주해를 참조할 것.
"'적의를 일으키는 표상(paṭigha-nimitta)'이라고 했다. 적의 그 자체도 적의를 일으키는 표상이고 적의를 일으키는 대상(paṭigh-ārammaṇa)도 적의를 일으키는 표상이다."(SA.iii.139)

170) '권태로움', '나른함', '무기력함', '식곤증', '정신적 태만'은 각각 arati, tandi, vijambhitā, bhattasammada, cetaso līnatta를 옮긴 것인데 『위방가』(Vbh.352)에서는 이 다섯에 대한 동의어들을 많이 나열하고 있고 본경에 해당하는 주석서(SA.iii.139~140)에도 이것이 인용되어 있다.

이 있어 거기에 지혜롭지 못하게 마음에 잡도리하기를 많이 지으면 [65] 이것이 아직 일어나지 않은 해태와 혼침을 일어나게 하고 이미 일어난 해태와 혼침을 더욱 증장하게 하고 충만하게 만드는 자양분이다."

7. "비구들이여, 그러면 무엇이 아직 일어나지 않은 들뜸과 후회를 일어나게 하고 이미 일어난 들뜸과 후회를 더욱 증장하게 하고 충만하게 만드는 자양분인가?

비구들이여, 마음이 고요하지 못한 것171)에 대해 지혜롭지 못하게 마음에 잡도리하기를 많이 지으면 이것이 아직 일어나지 않은 들뜸과 후회를 일어나게 하고 이미 일어난 들뜸과 후회를 더욱 증장하게 하고 충만하게 만드는 자양분이다."

8. "비구들이여, 그러면 무엇이 아직 일어나지 않은 의심을 일어나게 하고 이미 일어난 의심을 더욱 증장하게 하고 충만하게 만드는 자양분인가?

비구들이여, 의심스러운 것들이 있어 거기에 지혜롭지 못하게 마음에 잡도리하기를 많이 지으면 이것이 아직 일어나지 않은 의심을 일어나게 하고 이미 일어난 의심을 더욱 증장하게 하고 충만하게 만드는 자양분이다."

9. "비구들이여, 예를 들면 이 몸은 자양분으로 지탱되나니 자양분을 반연하여 지탱이 되고 자양분이 없으면 지탱되지 않는 것과 같다. 비구들이여, 그와 같이 이러한 다섯 가지 장애도 자양분으로 지탱되나니 자양분을 반연하여 지탱이 되고 자양분이 없으면 지탱되

---

171) "'마음이 고요하지 못한 것(cetaso avūpasama)'이란 마음이 고요하지 못한 모습(avūpasant-ākāra)인데 뜻으로는 들뜸과 후회(uddhacca-kukku-cca) 그 자체를 말한다."(SA.iii.140)

지 않는다."

(ii) 깨달음의 구성요소의 자양분

10. "비구들이여, 예를 들면 이 몸은 자양분으로 지탱되나니 자양분을 반연하여 지탱이 되고 자양분이 없으면 지탱되지 않는 것과 같다. 비구들이여, 그와 같이 일곱 가지 깨달음의 구성요소도 자양분으로 지탱되나니 자양분을 반연하여 지탱이 되고 자양분이 없으면 지탱되지 않는다."

11. "비구들이여, 그러면 무엇이 아직 일어나지 않은 마음챙김의 깨달음의 구성요소를 일어나게 하고 이미 일어난 마음챙김의 깨달음의 구성요소를 닦아서 성취하게 하는 자양분인가?

비구들이여, 마음챙김의 깨달음의 구성요소를 확립시키는 법들[172]이 있어 거기에 지혜롭게 마음에 잡도리하기[173]를 많이 [공부]지으

---

172) "'마음챙김의 깨달음의 구성요소를 확립시키는 법들(sati-sambojjhaṅga-ṭṭhānīyā dhammā)'이란 마음챙김의 대상이 되는 법들[즉, 네 가지 마음챙김의 토대 = 몸[身], 느낌[受], 마음[心], 법(法) – SAṬ]과 37가지 깨달음의 편에 있는 법들(보리분법, 조도품)과 9가지 출세간법들(예류도부터 아라한과까지의 네 가지 도와 네 가지 과와 열반)이다."(SA.iii.141)

173) '지혜롭게 마음에 잡도리함'은 중국에서 여리작의(如理作意)로 옮긴 yoniso-manasikāra이다. 주석서는 다음과 같이 설명한다.
"'지혜롭게 마음에 잡도리함[如理作意, yoniso manasikāra]'이란 [바른] 방법에 의해서 마음에 잡도리함(upāya-manasikāra)이고 길에 따라 마음(patha-manasikāra)에 잡도리함이고 [일어남에 대해서 마음에 잡도리함(uppādaka-manasikāra) – SA.iii.165]이다. 이것은 무상한 [것]에 대해서 무상이라고, 괴로운 [것]에 대해서 괴로움이라고, 무아인 [것]에 대해서 무아라고, 더러운 것[부정]에 대해서 부정이라고 마음에 잡도리하는 것이다."(MA.i.281)
지혜롭게 마음에 잡도리함은 초기불전의 여러 곳에서 강조되고 있는 덕목이다. 그래서 "지혜롭게 마음에 잡도리하기 때문에 아직 생겨나지 않은 번뇌들은 생겨나지 않고 이미 생겨난 번뇌들은 버려진다."(M2/i.7)고도 설하셨고,

면174) 이것이 아직 일어나지 않은 마음챙김의 깨달음의 구성요소를 일어나게 하고 이미 일어난 마음챙김의 깨달음의 구성요소를 닦아서 성취하게 하는 자양분이다."

12. "비구들이여, [66] 그러면 무엇이 아직 일어나지 않은 법을 간택하는 깨달음의 구성요소를 일어나게 하고 이미 일어난 법을 간택하는 깨달음의 구성요소를 닦아서 성취하게 하는 자양분인가?

비구들이여, 유익하거나 해로운 법들, 나무랄 데 없는 것과 나무라야 마땅한 법들175), 받들어 행해야 하는 것과 받들어 행하지 말아야

"지혜롭게 마음에 잡도리함을 반연하여(paccaya) 정견(正見)이 생겨난다." (M43/i.294)고도 하셨다. 그리고 본서 제2권 「위빳시 경」 등(S12:4~10)에서는 위빳시 부처님 등 칠불이 지혜롭게 마음에 잡도리함을 통해서 12연기를 통찰지로 관통하여(paññāya abhisamaya) 일어남과 사라짐에 대한 눈[眼], 지혜[智], 통찰지[慧], 명지[明], 광명[光]이 생겼다고 나타나고 있다.

한편 초기불전연구원에서는 이 술어를 문맥이나 역자에 따라 '근원적으로 마음에 잡도리함'이나 '지혜로운 주의' 등으로도 옮겼다. 그리고 manasi-kāra가 단독으로 나타날 때는 주로 '마음에 잡도리함'으로 옮겼으며, 동사 manasikaroti는 대부분 '마음에 잘 새기다'로 옮겼다. 그리고 지혜롭게 마음에 잡도리함과 반대되는 ayoniso manasikāra는 본서에서는 '지혜롭지 못하게 마음에 잡도리함'으로 옮기고 있으며(본경 §4와 주해 참조), 다른 곳에서는 '지혜롭지 못한 주의[非如理作意]'나 '근원을 벗어나서 마음에 잡도리함' 등으로도 옮겼다.

174) '많이 [공부]지음'은 bahulī-kāra를 옮긴 것인데 '많이 지음'으로 직역할 수 있다. 위의 다섯 가지 장애의 문맥에서는 '많이 지음'으로 옮겼고 여기 칠각지 등의 수행과 관계된 문맥에서는 모두 '많이 [공부]지음'으로 옮긴다.
한편 초기불전에서 이 단어는 bhāvitā bahulīkatā라는 문맥으로도 아주 많이 나타나는데 이 경우에도 '닦고 많이 [공부]짓는'으로 통일해서 옮기고 있음을 밝힌다.(본서 「히말라야 경」 1(S46:1) §4 등 참조)
한편 본서 전체에서 '공부짓다.'와 '공부하다.'로 옮기고 있는 동사는 sikhati이고, 이것의 명사 sikhā는 '공부' 혹은 '공부지음'으로 옮겼다. 예를 들면 본서 제2권 「깟사빠 상윳따」 (S16) 등에 많이 나타나는 '공부짓다.'와 '공부지어야 한다.'는 모두 이 sikhati와 sikkhitabba의 번역이다.

175) 주석서는 여기에 나타나는 쌍들 가운데 첫 번째는 모두 유익한 법과 동의어

하는 법들, 고상한 것과 천박한 법들, 흑백으로 상반되는 갖가지 법들[176]이 있어 거기에 지혜롭게 마음에 잡도리하기를 많이 [공부]지으면 이것이 아직 일어나지 않은 법을 간택하는 깨달음의 구성요소를 일어나게 하고 이미 일어난 법을 간택하는 깨달음의 구성요소를 닦아서 성취하게 하는 자양분이다."

13. "비구들이여, 그러면 무엇이 아직 일어나지 않은 정진의 깨달음의 구성요소를 일어나게 하고 이미 일어난 정진의 깨달음의 구성요소를 닦아서 성취하게 하는 자양분인가?

비구들이여, [정진을] 시작하는 요소와 벗어나는 요소와 분발하는

이고 두 번째는 모두 해로운 법과 동의어라고 설명하고 있다.(SA.iii.141)

176) "'흑백으로 상반되는 갖가지 법들(kaṇha-sukka-sappatibhāgā dhammā)'이라고 했다. ① 검은 것(흑)은 검은 과보를 낳고(kaṇha-vipāka-dāna) 흰 것(백)은 흰 과보를 낳기 때문에 상반된다고 하는데 같은 과보를 가진 것들(sadisa-vipāka-koṭṭhāsā)이라는 뜻이다. ② 혹은 반대되는 부분을 가지고 있다고 해서(paṭipakkhabhūtassa bhāgassa atthitā) 상반되는 것들이라고 한다. 검은 것은 흰 것과 반대되는 부분(paṭipakkha-bhāgā)이고 흰 것은 검은 것의 반대되는 부분이기 때문이다. ③ 혹은 배제한다는 뜻(sa-ppaṭibāhit-aṭṭha)에서 상반되는 것들이라고 한다. 해로운 것은 유익한 것을 배제하고 자신의 과보를 낳고, 유익한 것은 해로운 것을 배제하고 자신의 과보를 낳기 때문이다. 이와 같이 흑백은 상반된다."(SA.iii.141)
한편 세존께서는 『맛지마 니까야』 「말소경」(M8)에서 해롭고 유익한 것으로 서로 상반되는 44가지 법들을 열거하신 뒤에 §13에서 "유익한 법[善法]들에 대해서 마음을 일으키는 것[發心]만으로도 큰 도움이 된다고 나는 설하나니 몸과 말로 따라 실천하는 것은 다시 더 말해서 무엇 하겠는가?"라고 말씀하고 계신다.
'법을 간택하는 깨달음의 구성요소(dhamma-vicaya-sambojjhaṅga)'에서 설하는 법의 간택(dhamma-vicaya)은 통찰지[慧, paññā]와 동일하다고 할 수 있다. 여기서 보듯이 깨달음의 구성요소로서의 이러한 통찰지가 처음 일어날 때는 바로 무상·고·무아의 삼특상을 꿰뚫어 아는 것이 아니라 유익하고 해로운 심리현상들(선법·불선법)을 제대로 구분하는 것이라 할 수 있는데 이러한 것은 첫 번째 깨달음의 구성요소인 마음챙김이 깊어질수록 더욱 분명하게 되는 것이다.

요소[177]가 있어 거기에 지혜롭게 마음에 잡도리하기를 많이 [공부]지으면 이것이 아직 일어나지 않은 정진의 깨달음의 구성요소를 일어나게 하고 이미 일어난 정진의 깨달음의 구성요소를 닦아서 성취하게 하는 자양분이다."

14. "비구들이여, 그러면 무엇이 아직 일어나지 않은 희열의 깨달음의 구성요소를 일어나게 하고 이미 일어난 희열의 깨달음의 구성요소를 닦아서 성취하게 하는 자양분인가?

비구들이여, 희열의 깨달음의 구성요소를 확립시키는 법들[178]이 있어 거기에 지혜롭게 마음에 잡도리하기를 많이 [공부]지으면 이것이 아직 일어나지 않은 희열의 깨달음의 구성요소를 일어나게 하고 이미 일어난 희열의 깨달음의 구성요소를 닦아서 성취하게 하는 자양분이다."

15. "비구들이여, 그러면 무엇이 아직 일어나지 않은 고요함의 깨달음의 구성요소[179]를 일어나게 하고 이미 일어난 고요함의 깨달

---

177) "'시작하는 요소[發勤界, ārambha-dhātu]'는 처음 시작한 정진(paṭham-ārambha-vīriya)이다. '벗어나는 요소[出離界, nikkama-dhātu]'는 게으름(kosajja)에서 빠져나오는 것이기 때문에 그보다 더 강하다(balavatara). '분발하는 요소[勇猛界, parakkama-dhātu]'는 더욱더 높은 경지(paraṁ paraṁ ṭhānaṁ)로 나아가기 때문(akkamanatā)에 그보다 더 강하다. 이런 세 가지 구절을 통해서 정진(vīriya)을 설하셨다."(SA.iii.141)

178) "'희열의 깨달음의 구성요소를 확립시키는 법들(pīti-sambojjhaṅg-aṭṭhān-īyā dhammā)'이란 희열의 대상이 되는 법들(ārammaṇa-dhammā)을 말한다."(SA.iii.141)

179) '고요함의 깨달음의 구성요소'는 passaddhi-saṁbojjhaṅga를 옮긴 것이고 경안각지(輕安覺支)로 한역되었다. 초기불전연구원의 이전의 번역서들에서 이것은 '고요함의 깨달음의 구성요소'로도 옮기고 '편안함의 깨달음의 구성요소'로도 옮겼다. 본서에서는 passaddhi를 모두 '고요함'으로 통일해서 옮기고 있는데 본서 제4권 「한적한 곳에 감 경」(S36:11) §7의 다음 구절을

음의 구성요소를 닦아서 성취하게 하는 자양분인가?

비구들이여, 몸의 고요함과 마음의 고요함180)이 있어 거기에 지혜롭게 마음에 잡도리하기를 많이 [공부]지으면 이것이 아직 일어나지 않은 고요함의 깨달음의 구성요소를 일어나게 하고 이미 일어난 고요함의 깨달음의 구성요소를 닦아서 성취하게 하는 자양분이다."

16. "비구들이여, 그러면 무엇이 아직 일어나지 않은 삼매의 깨달음의 구성요소를 일어나게 하고 이미 일어난 삼매의 깨달음의 구성요소를 닦아서 성취하게 하는 자양분인가?

비구들이여, 사마타의 표상 혹은 산란함이 없는 표상181)이 있어

참조했기 때문이다. 그러나 passaddha는 문맥에 따라서 대부분 '편안한'으로 옮기고 있다.

"비구여, 여섯 가지 고요함(passaddhi)이 있다. 초선을 증득한 자에게는 말이 고요해진다. 제2선을 증득한 자에게는 일으킨 생각과 지속적인 고찰이 고요해진다. 제3선을 증득한 자에게는 희열이 고요해진다. 제4선을 증득한 자에게는 들숨날숨이 고요해진다. 상수멸을 증득한 자에게는 인식과 느낌이 고요해진다. 번뇌가 다한 비구에게는 탐욕[貪]이 고요해지고, 성냄[瞋]이 고요해지고, 어리석음[癡]이 고요해진다."

180) "'몸의 고요함(kāya-passaddhi)'이란 세 가지 무더기들[三蘊, 즉 느낌(수), 인식(상), 심리현상들(행)]의 둔감함이 가라앉음(daratha-passaddhi)이다. '마음의 고요함(citta-pasaddhi)'이란 알음알이의 무더기[識蘊]의 둔감함이 가라앉음이다."(SA.iii.141)

여기서 보듯이 주석서 문헌들은 여기서 나타나는 '몸(kāya)'과 '마음(citta)'을 아비담마적인 관점에서 해석하여 몸을 수·상·행의 삼온인 심소법에 배대하고 있다. 아비담마에는 마음(citta)과 마음부수[心所, cetasikā]는 분명하게 대비가 되어 나타난다. 마음은 대상을 아는 것(ārammaṇaṁ cinteti)이라고 정의 되는데, 이러한 인식과정에서 마음은 대상을 아는 가장 중요한 요인이 되고 마음부수들은 보조적인 요인으로 작용하여 마음이 대상을 아는 것을 돕는 관계로 설명된다. 그래서 주석서는 본문의 몸과 마음을 이러한 심소법들과 심으로 해석하는 것이다.

그러나 본문은 문자적인 뜻 그대로 육체적인 몸과 마음으로 이해하여 육체적인 고요함과 정신적인 고요함으로 이해해도 무방할 것이다.

181) "'사마타의 표상(samatha-nimitta)'에서 사마타 자체도 사마타의 표상이

거기에 지혜롭게 마음에 잡도리하기를 많이 [공부]지으면 이것이 아직 일어나지 않은 삼매의 깨달음의 구성요소를 일어나게 하고 이미 일어난 삼매의 깨달음의 구성요소를 닦아서 성취하게 하는 자양분이다."

17. "비구들이여, [67] 그러면 무엇이 아직 일어나지 않은 평온의 깨달음의 구성요소를 일어나게 하고 이미 일어난 평온의 깨달음의 구성요소를 닦아서 성취하게 하는 자양분인가?

비구들이여, 평온의 깨달음의 구성요소를 확립시키는 법들이 있어 거기에 지혜롭게 마음에 잡도리하기를 많이 [공부]지으면 이것이 아직 일어나지 않은 평온의 깨달음의 구성요소를 일어나게 하고 이미 일어난 평온의 깨달음의 구성요소를 닦아서 성취하게 하는 자양분이다."

18. "비구들이여, 예를 들면 이 몸은 자양분으로 지탱되나니 자양분을 반연하여 지탱이 되고 자양분이 없으면 지탱되지 않는 것과 같다. 비구들이여, 그와 같이 이러한 일곱 가지 깨달음의 구성요소도 자양분으로 지탱되나니 자양분을 반연하여 지탱이 되고 자양분이 없으면 지탱되지 않는다."

계(戒) **경**(S46:3)
Sīla-sutta

3. "비구들이여, 비구가 계를 구족하고, 삼매를 구족하고, 통찰지를 구족하고, 해탈을 구족하고, 해탈지견을 구족한 비구들을 뵙는

고 대상(ārammaṇa) [즉, 닮은 표상(paṭibhāga-nimitta) – SAṬ]도 사마타의 표상이다. '산란함이 없는 표상(abyagga-nimitta)'은 이것과 동의어(vevacana)이다."
닮은 표상에 대해서는 『청정도론』 IV.31 이하와 『아비담마 길라잡이』 제9장 §5의 [해설]과 제1장 §17의 [해설]을 참조할 것.

것은 많은 도움이 된다고 나는 말한다."182)

4. "비구들이여, 그러한 비구들의 말을 듣는 것도 … 가까이 하는 것도 … 섬기는 것도 … 계속해서 생각하는 것도 … 따라서 출가하는 것도 많은 도움이 된다고 나는 말한다."

5. "그것은 무슨 이유 때문인가? 비구들이여, 그러한 비구들로부터 법을 배워서 그는 몸이 멀리 떠남과 마음이 멀리 떠남이라는 두 가지 멀리 떠남을 갖추어 머물기 때문이다. 그는 이처럼 멀리 떠남을 갖추어 머물면서 그 법을 계속해서 생각하고 계속해서 고찰한다."

6. "비구들이여, 비구가 이처럼 멀리 떠남을 갖추어 머물면서 그 법을 계속해서 생각하고 계속해서 고찰하면 비구에게는 마음챙김의 깨달음의 구성요소가 [68] 자리 잡기 시작한다.183) 그래서 비구는 마음챙김의 깨달음의 구성요소를 [꾸준히] 닦는다. 그러면 비구의 마음챙김의 깨달음의 구성요소는 이러한 닦음을 통해서 성취된다.184)

---

182) "'계를 구족한(sīla-sampannā)'이란 번뇌 다한 자의 세간적이거나 출세간적인 계(lokiya-lokuttara-sīla)를 구족한 자라는 뜻이다. '삼매(samādhi)'와 '통찰지(paññā)'의 경우도 같다. 그러나 '해탈(vimutti)'은 과의 해탈(phala-vimutti)이다. '해탈지견(vimutti-ñāṇa-dassana)'은 반조의 지혜(paccavekkhaṇa-ñāṇa)이다. 그러므로 계와 삼매와 통찰지는 세간적이거나 출세간적인 것이고, 해탈은 출세간적인 것이고, 해탈지견은 세간적인 것이다."(SA.iii.141~142)

183) 여기서 보듯이 마음챙김(sati)은 들은 법을 계속해서 생각하는 것(dhammam anussarati)과 연관이 있는 것으로 설해지고 있다. '계속해서 생각함(anu-saraṇa)'은 마음챙김과 같은 어근인 √smṛ(*to remember*)에다 접두어 'anu-'가 붙은 것이다. 물론 마음챙김(sati)은 초기불전의 도처에서 현재를 알아채는 전문적인 의미가 더 강한 것이 분명하지만 본서 「분석 경」1(S48:9) §6의 마음챙김의 기능[念根]의 정의에서 보듯이 마음챙김에는 이러한 기억의 의미가 남아있는 것도 사실이다.

184) 이처럼 본경에서는 칠각지의 각각을 닦는 것이 처음 일어나는 단계(자리 잡

그는 이처럼 마음챙겨 머물면서 법을 통찰지로 조사하고 고찰하고 철저하게 검증한다."

7. "비구들이여, 비구가 이처럼 마음챙겨 머물면서 그런 법을 통찰지로 조사하고 고찰하고 철저하게 검증하면 비구에게는 법을 간택하는 깨달음의 구성요소가 자리 잡기 시작한다. 그래서 비구는 법을 간택하는 깨달음의 구성요소를 [꾸준히] 닦는다. 그러면 비구의 법을 간택하는 깨달음의 구성요소는 이러한 닦음을 통해서 성취된다. 그가 이처럼 법을 통찰지로 조사하고 고찰하고 철저하게 검증할 때 불굴의 정진이 일어난다."

8. "비구들이여, 비구가 이처럼 법을 통찰지로 조사하고 고찰하고 철저하게 검증하여 불굴의 정진이 일어나면 비구에게는 정진의 깨달음의 구성요소가 자리 잡기 시작한다. 그래서 비구는 정진의 깨달음의 구성요소를 [꾸준히] 닦는다. 그러면 비구의 정진의 깨달음의 구성요소는 이러한 닦음을 통해서 성취된다. 정진을 시작한 자에게는 비세속적인 희열이 일어난다."

9. "비구들이여, 비구가 이처럼 정진을 시작하여 비세속적인 희열이 일어나면 비구에게는 희열의 깨달음의 구성요소가 자리 잡기 시작한다. 그래서 비구는 희열의 깨달음의 구성요소를 [꾸준히] 닦는다. 그래서 비구의 희열의 깨달음의 구성요소는 이러한 닦음을 통해서 성취된다. 마음이 희열로 가득한 자는 몸도 고요하고 마음도 고요하다."

기 시작함, āraddho hoti)와 성숙하는 단계(닦음, bhāveti)와 정점에 도달하는 단계(완성, pāripūri)의 세 단계로 묘사되어 이해되고 있다.

10. "비구들이여, 비구가 이처럼 마음이 희열로 가득하여 몸도 고요하고 마음도 고요하면 비구에게는 고요함의 깨달음의 구성요소가 자리 잡기 시작한다. 그래서 비구는 고요함의 깨달음의 구성요소를 [꾸준히] 닦는다. 그래서 비구의 고요함의 깨달음의 구성요소는 이러한 닦음을 통해서 [69] 성취된다. 몸이 고요하고 행복한 자의 마음은 삼매에 든다."185)

11. "비구들이여, 비구가 이처럼 몸이 고요하고 행복하여 마음이 삼매에 들면 비구에게는 삼매의 깨달음의 구성요소가 자리 잡기 시작한다. 그래서 비구는 삼매의 깨달음의 구성요소를 [꾸준히] 닦는다. 그래서 비구의 삼매의 깨달음의 구성요소는 이러한 닦음을 통해서 성취된다. 그는 이처럼 삼매에 든 마음을 아주 평온하게 한다."

12. "비구들이여, 비구가 이처럼 삼매에 든 마음을 아주 평온하게 하면 비구에게는 평온의 깨달음의 구성요소가 자리 잡기 시작한다. 그래서 비구는 평온의 깨달음의 구성요소를 [꾸준히] 닦는다. 그래서 비구의 평온의 깨달음의 구성요소는 이러한 닦음을 통해서 성취된다."

---

185) '몸이 편안하고 행복한 자의 마음은 삼매에 든다.'는 Be: passaddha-kāyassa sukhino cittaṁ samādhiyati를 옮긴 것이다. Ee, Se에는 passaddha-kāyassa sukhaṁ hoti, sukhino cittaṁ samādhiyati(몸이 편안한 자는 행복하다. 행복한 자의 마음은 삼매에 든다.)로 나타나는데 이것은 보디 스님의 생각처럼 아마 본서 「비구니 거처 경」(S47:10) §6이나 『앙굿따라 니까야』 「의도 경」(A10:2/v.3) §1에서 행복(sukha)이 수행의 진전의 하나의 특별한 단계로 설명되고 있는 것과 혼동된 것이 아닌가 여겨진다. 여기 채용하고 있는 Be는 본서 제6권 「아난다 경」 1(S54:13) §16에 나타나는 Ee와 Se의 문장과 동일하기 때문에 본경에서도 Be를 따르는 것이 옳다고 생각된다.

13. "비구들이여, 이와 같이 일곱 가지 깨달음의 구성요소를 닦고 이와 같이 일곱 가지 깨달음의 구성요소를 많이 [공부]지으면 일곱 가지 결실과 일곱 가지 이익이 기대된다. 어떤 것이 일곱 가지 결실과 일곱 가지 이익인가?

(1) 지금·여기[現法]에서 구경의 지혜를 성취한다.186)

(2) 만일 지금·여기에서 구경의 지혜를 성취하지 못하면, 죽을 때에 구경의 지혜를 성취한다.

(3) 만일 지금·여기에서 구경의 지혜를 성취하지 못하고, 죽을 때에도 구경의 지혜를 성취하지 못하면, 그는 다섯 가지 낮은 단계의 족쇄를 완전히 없애고187) 수명의 중반쯤에 이르러 완전한 열반에 드는 자가 된다.188)

---

186) "지금 이 몸에서(imasmiṁyeva attabhāve) 아라한과(arahatta)를 얻는다는 뜻이다."(SA.iii.143)

187) 위의 (1)과 (2) 두 가지는 아라한의 경지이다. 그리고 이 이하 본경에는 다섯 가지 유형의 불환자가 언급되는데 이것은 본서 S48:15, 24, 66과 제6권 S51:26; S54:5; S55:25에도 나타나고 있다. 이 다섯 가지는 다음과 같이 정리된다.
① 더 높은 세계에 화현하여 수명의 중반쯤에 이르러 완전한 열반에 드는 자(antarā-parinibbāyī)
② 수명의 반이 지나서, 때로는 죽음이 임박해서 완전한 열반에 드는 자(upahacca-parinibbāyī)
③ 노력 없이 쉽게 완전한 열반에 드는 자(asaṅkhāra-parinibbāyī)
④ 노력하여 어렵게 완전한 열반에 드는 자(saṅkhāra-parinibbāyī)
⑤ 더 높은 세계로 재생하여 정거천 가운데서 제일 높은 색구경천(Aka-niṭṭha)에 이르러서 거기서 완전한 열반에 드는 자(uddhanisoto Akaniṭṭha-gāmī)
이 다섯 유형의 불환자는 『청정도론』 XXIII.56~57에서 설명되고 있다.

188) "'[수명의] 중반쯤에 이르러 완전한 열반에 드는 자(antarā-parinibbāyi)'는 수명의 중반을 넘기지 않고(āyu-vemajjhaṁ anatikkamitvā) 완전한 열반에 드는 자인데 이것은 세 가지가 있다. ① 어떤 자는 1000겁(kappa)의 수명을 가진 무번천(Avihā)에 태어나는 날에 아라한과를 얻거나 첫 날에

(4) 만일 지금・여기에서 구경의 지혜를 성취하지 못하고, 죽을 때에도 구경의 지혜를 성취하지 못하고, 다섯 가지 낮은 단계의 족쇄를 완전히 없애고 수명의 중반쯤에 이르러 완전한 열반에 드는 자가 되지 못하면, 그는 다섯 가지 낮은 단계의 족쇄를 완전히 없애고 [수명의] 반이 지나서 완전한 열반에 드는 자가 된다.

(5) 만일 지금・여기에서 구경의 지혜를 성취하지 못하고, 죽을 때에도 구경의 지혜를 성취하지 못하고, 다섯 가지 [70] 낮은 단계의 족쇄를 완전히 없애고 수명의 중반쯤에 이르러 완전한 열반에 드는 자가 되지 못하고, 다섯 가지 낮은 단계의 족쇄를 완전히 없애고 [수명의] 반이 지나서 완전한 열반에 드는 자가 되지 못하면, 그는 다섯 가지 낮은 단계의 족쇄를 완전히 없애고 노력 없이 쉽게 완전한 열반에 드는 자[189]가 된다.

(6) 만일 지금・여기에서 구경의 지혜를 성취하지 못하고, 죽을 때에도 구경의 지혜를 성취하지 못하고, 다섯 가지 낮은 단계의 족쇄를 완전히 없애고 수명의 중반쯤에 이르러 완전한 열반에 드는 자가 되지 못하고, 다섯 가지 낮은 단계의 족쇄를 완전히 없애고 [수명의] 반이 지나서 완전한 열반에 드는 자가 되지 못하고, 다섯 가지 낮은 단계의 족쇄를 완전히 없애고 노력 없이 쉽게 완전한 열반에 드는 자가 되지 못하면, 그는 다섯 가지 낮은 단계의 족쇄를 완전히 없애고

얻지 못하면 처음의 100겁 안에 얻는다. 이것이 첫 번째 경우이다. ② 그렇지 못하면 200겁 안에 얻는다. 이것이 두 번째 경우이다. ③ 그렇지 못하면 400겁 안에 얻는다. 이것이 세 번째 경우이다."(SA.iii.143)

189) "'노력 없이 쉽게 완전한 열반에 드는 자(asaṅkhāra-parinibbāyi)'란 노력 없이(appayoga), 피로함이 없이(akilamanta), 쉽게(sukhena) 열반에 드는 자란 말이다."(DA.iii.1030)
"이것은 노력 없이(appayoga) 아라한과(arahatta)를 얻는 것을 말한다."(SA.iii.143)

노력하여 어렵게 완전한 열반에 드는 자[190]가 된다.

(7) 만일 지금·여기에서 구경의 지혜를 성취하지 못하고, 죽을 때에도 구경의 지혜를 성취하지 못하고, 다섯 가지 낮은 단계의 족쇄를 완전히 없애고 수명의 중반쯤에 이르러 완전한 열반에 드는 자가 되지 못하고, 다섯 가지 낮은 단계의 족쇄를 완전히 없애고 [수명의] 반이 지나서 완전한 열반에 드는 자가 되지 못하고, 다섯 가지 낮은 단계의 족쇄를 완전히 없애고 노력 없이 쉽게 완전한 열반에 드는 자가 되지 못하고, 다섯 가지 낮은 단계의 족쇄를 완전히 없애고 노력하여 어렵게 완전한 열반에 드는 자가 되지 못하면, 그는 다섯 가지 낮은 단계의 족쇄를 완전히 없애고 더 높은 세계로 재생하여 색구경천에 이르는 자가 된다."[191]

---

190) "'노력하여 어렵게 완전한 열반에 드는 자(sasaṅkhāra-parinibbāyi)'란 노력을 하여(sappayoga), 피로하고, 어렵게(dukkhena) 열반에 드는 자란 뜻이다.(DA.iii.1030)
한편『앙굿따라 니까야』「정력적인 노력 경」(A4:169/ii.155~156) §2에서 세존께서는 "몸에 대해서 부정함을 관찰하면서 머물고, 음식에 혐오하는 인식을 가지고, 온 세상에 대해 기쁨이 없다는 인식을 가지고, 모든 형성된 것들에 대해서 무상하다고 관찰하고, 안으로 죽음의 인식이 잘 확립되어 있는" 자를 노력하여 어렵게 완전한 열반에 드는 자라고 설하고 계시고, 네 가지 禪을 잘 닦은 자를 노력 없이 쉽게 완전한 열반에 드는 자라고 말씀하고 계신다.

191) 이러한 다섯 유형의 불환자에 대한 주석서적인 설명은 이미『인시설론』(Pug.16~17)에 나타나고 있으며,『인시설론 주석서』(PugA.198~201)에서 설명되고 있다.
그런데 보디 스님은 이 다섯 유형의 불환자를 문자적으로 해석하여 ① 더 높은 세계에 화현하여 수명의 중반쯤에 이르러 완전한 열반에 드는 자(antarā-parinibbāyī)를 중유(中有, antara-bhava)의 단계에서 반열반에 드는 것으로, ② 수명의 반이 지나서, 때로는 죽음이 임박해서 완전한 열반에 드는 자(upahacca-parinibbāyī)를 내생에 닿자마자(upahacca) 즉 다음 생에 태어나자마자 반열반에 드는 것으로 이해할 수도 있다는 북방의 몇몇 부파들의 견해를 들고 있다.『앙굿따라 니까야』「불환자가 태어날 곳 경」(A7:52/iv.70~74)과「족쇄 경」(A4:131/ii.134)도 이 견해를 뒷받침할 수 있다고 한다. 예를 들면「족쇄 경」의 "태어남을 얻게 하는 족쇄들은 제거하

14. "비구들이여, 이와 같이 일곱 가지 깨달음의 구성요소를 닦고 이와 같이 일곱 가지 깨달음의 구성요소를 많이 [공부]지으면 이러한 일곱 가지 결실과 일곱 가지 이익이 기대된다."192)

옷 경(S46:4)

Vatta-sutta

1. 이와 같이 나는 들었다. 한때 사리뿟따 존자는 사왓티에서 제따 숲의 아나타삔디까 원림(급고독원)에 머물렀다.

2. 거기서 사리뿟따 존자는 "비구들이여."라고 비구들을 불렀다. [71] "도반이시여."라고 비구들은 사리뿟따 존자에게 응답했다. 사리뿟따 존자는 이렇게 말했다.

3. "도반들이여, 일곱 가지 깨달음의 구성요소가 있습니다. 무엇이 일곱인가요?

마음챙김의 깨달음의 구성요소[念覺支], 법을 간택하는 깨달음의 구성요소[擇法覺支], 정진의 깨달음의 구성요소[精進覺支], 희열의 깨

였지만 [재생으로서의] 존재를 얻게 하는 [조건의] 족쇄들은 제거하지 못했다(uppattipaṭilābhikāni saṁyojanāni pahīnāni honti. bhavapaṭilābhi-kāni appahīnāni honti)."는 구절을 들 수 있다.(보디 스님, 1902~1903쪽 65번 주해 참조) 더 자세한 논의는 Harvey, *The Selfless Mind*, pp.98~108을 참조할 것.

192) "본경에서 깨달음의 구성요소들은 전도 아니고 후도 아니고(apubba acarima) 하나의 마음 순간에 존재하는(eka-citta-kkhaṇikā) 여러 가지 특징을 가진(nānā-lakkhaṇā) 아라한도의 예비단계의 위빳사나(pubbabhāga-vipassanā)로 설해졌다."(SA.iii.144)
이런 양식의 칠각지의 설명은 본서 제6권 「아난다 경」1(S54:13)의 (ii)에도 나타나고 있는데 거기서는 마음챙김의 깨달음의 구성요소를 일으키는 수단으로 네 가지 마음챙김의 확립[四念處]이 설해지고 있는 것만 다르다.

달음의 구성요소[喜覺支], 고요함의 깨달음의 구성요소[輕安覺支], 삼매의 깨달음의 구성요소[定覺支], 평온의 깨달음의 구성요소[捨覺支]입니다.

도반들이여, 이러한 일곱 가지 깨달음의 구성요소가 있습니다."193)

4. "도반들이여, 나는 이러한 일곱 가지 깨달음의 구성요소 가운데 어떤 깨달음의 구성요소로든지 오전에 머무르기를 원하면 그 깨달음의 구성요소로 오전에 머무릅니다. 어떤 깨달음의 구성요소로든지 한낮을 머무르기를 원하면 그 깨달음의 구성요소로 한낮을 머무릅니다. 어떤 깨달음의 구성요소로든지 오후에 머무르기를 원하면 그 깨달음의 구성요소로 오후에 머무릅니다."

5. "도반들이여, 만일 내게 마음챙김의 깨달음의 구성요소가 일어나 있으면 '이것은 무량하다.'라는 생각도 있고 '이것은 아주 잘 닦아졌다.'라는 생각도 있습니다. 그리고 이것이 지속되면 '지속되고 있다.'라고 꿰뚫어 알고 만일 이것이 내게서 줄어들면 '이러한 조건 때문에 이것은 내게서 줄어든다.'라고 꿰뚫어 압니다.

도반들이여, 만일 내게 법을 간택하는 깨달음의 구성요소가 … 정진의 깨달음의 구성요소가 … 희열의 깨달음의 구성요소가 … 고요함의 깨달음의 구성요소가 … 삼매의 깨달음의 구성요소가 … 평온의 깨달음의 구성요소가 일어나 있으면 '이것은 무량하다.'라는 생각도 있고 '이것은 아주 잘 닦아졌다.'라는 생각도 있습니다. 그리고 이

---

193) "본경은 [사리뿟따] 장로의 과의 깨달음의 구성요소들(phala-bojjhaṅgā)에 대해서 설하고 있다. 왜냐하면 만일 장로 자신이 마음챙김의 깨달음의 구성요소를 머리(sīsa)로 하여 과의 증득(phala-samāpatti)을 성취하면 나머지 여섯 가지도 그것을 뒤따르기 때문이다. 나머지 구성요소들 각각을 상수로 할 때도 마찬가지이다. 이와 같이 본경은 장로 자신이 과의 증득에 능통함(ciṇṇa-vasita)을 보여주기 위해서 설한 것이다."(SA.iii.144)

것이 지속되면 '지속되고 있다.'라고 꿰뚫어 알고 만일 이것이 내게서 줄어들면 '이러한 조건 때문에 이것은 내게서 줄어든다.'라고 꿰뚫어 압니다."

6. "도반들이여, 예를 들면 왕이나 왕의 대신에게 여러 가지로 염색 된 옷으로 가득한 옷상자가 있다 합시다. 만일 왕이나 왕의 대신이 그 가운데서 어떤 것이든 옷 한 벌을 오전에 입기를 원하면 그는 그 옷을 오전에 입을 것입니다. 그 가운데서 어떤 것이든 옷 한 벌을 한낮에 입기를 원하면 그는 그 옷을 한낮에 입을 것입니다. 그 가운데서 어떤 것이든 옷 한 벌을 오후에 입기를 원하면 그는 그 옷을 오후에 입을 것입니다."

7. "도반들이여, [72] 그와 같이 만일 내게 마음챙김의 깨달음의 구성요소가 일어나 있으면 '이것은 무량하다.'라는 생각도 있고 '이것은 아주 잘 닦아졌다.'라는 생각도 있습니다. 그리고 이것이 지속되면 '지속되고 있다.'라고 꿰뚫어 알고 만일 이것이 내게서 줄어들면 '이러한 조건 때문에 이것은 내게서 줄어든다.'라고 꿰뚫어 압니다.

도반들이여, 만일 내게 법을 간택하는 깨달음의 구성요소가 … 정진의 깨달음의 구성요소가 … 희열의 깨달음의 구성요소가 … 고요함의 깨달음의 구성요소가 … 삼매의 깨달음의 구성요소가 … 평온의 깨달음의 구성요소가 일어나 있으면 … 만일 이것이 내게서 줄어들면 '이러한 조건 때문에 이것은 내게서 줄어든다.'라고 꿰뚫어 압니다."

비구 경(S46:5)

Bhikkhu-sutta

2. 그때 어떤 비구가 세존께 다가갔다. 가서는 세존께 절을 올리고 한 곁에 앉았다. 한 곁에 앉은 그 비구는 세존께 이렇게 여쭈었다.

3. "세존이시여, '깨달음의 구성요소, 깨달음의 구성요소'라고들 합니다. 세존이시여, 어째서 깨달음의 구성요소라고 합니까?"

"비구여, '깨달음으로 인도한다.'고 해서 깨달음의 구성요소라 한다.

비구여, 여기 비구는 떨쳐버림을 의지하고 탐욕의 빛바램을 의지하고 소멸을 의지하고 철저한 버림으로 기우는 마음챙김의 깨달음의 구성요소를 닦는다. … 법을 간택하는 깨달음의 구성요소를 닦는다. … 정진의 깨달음의 구성요소를 닦는다. … 희열의 깨달음의 구성요소를 닦는다. … 고요함의 깨달음의 구성요소를 닦는다. … 삼매의 깨달음의 구성요소를 닦는다. … 평온의 깨달음의 구성요소를 닦는다."

4. "그가 이러한 일곱 가지 깨달음의 구성요소를 닦으면 감각적 욕망의 번뇌[慾漏]로부터 마음이 해탈한다. 존재의 번뇌[有漏]로부터 마음이 해탈한다. 무명의 번뇌[無明漏]로부터 마음이 해탈한다. 해탈했을 때 해탈했다는 지혜가 있다. '태어남은 다했다. 청정범행은 성취되었다. 할 일을 다 해 마쳤다. 다시는 어떤 존재로도 돌아오지 않을 것이다.'라고 꿰뚫어 안다."

5. "비구여, '깨달음으로 인도한다.'고 해서 깨달음의 구성요소라 한다."

꾼달리야 경(S46:6)

Kuṇḍaliya-sutta

1. 이와 같이 나는 들었다. 한때 [73] 세존께서는 사께따194)에서 안자나 숲195)의 녹야원에서 머무셨다.

2. 그때 꾼달리야 유행승196)이 세존께 다가갔다. 가서는 세존과 함께 환담을 나누었다. 유쾌하고 기억할 만한 이야기로 서로 담소를 하고서 한 곁에 앉았다. 한 곁에 앉은 꾼달리야 유행승은 세존께 이렇게 여쭈었다.

3. "고따마 존자시여, 저는 원림에 머무는 자인데 [이런저런] 회중에 자주 참여합니다. 고따마 존자시여, 이런 제가 아침 식사를 하고 난 후에 이 원림에서 저 원림으로 이 공원에서 저 공원으로 포행하고 배회하는 것이 저의 습관입니다. 저는 거기서 어떤 사문·바라문들이 단지 자기 교리를 주장하는 이익을 위해 토론을 하고 [다른 학설들을] 논박하는 이익을 위해서 토론을 하는197) 것을 봅니다.

---

194) 사께따(Sāketa)는 꼬살라(Kosala)에 있는 도시였다. 『디가 니까야』 「대반열반경」(D16) §5.17에서는 당시 가장 번창했던 6대 도시(짬빠, 라자가하, 사왓티, 사께따, 꼬삼비, 바라나시) 가운데 하나로 언급되고 있다.

195) "'안자나 숲(añjanavana)'이란 안자나(눈에 바르는 검은색 안료) 색깔의 꽃(añjana-vaṇṇa-puppha)을 가진 나무(rukkha)들이 자라는 숲이라는 뜻이다."(SA.iii.247)

196) 니까야에서 꾼달리야 유행승(Kuṇḍaliya paribbājaka)은 본경에만 나타나는데 주석서와 복주서는 그에 대한 설명을 하지 않고 있다.

197) '단지 자기 교리를 주장하는 이익을 위해 토론을 하고 [다른 학설들을] 논박하는 이익을 위해서 토론을 하는'은 itivādapamokkhānisaṁsaṁ c'eva katham kathente upārambhānisaṁsañ ca를 풀어서 옮긴 것인데 여기에 해당하는 주석서의 설명은 분명하지가 않다.
그런데 비슷한 문장이 『맛지마 니까야』 「뱀의 비유 경」(M22) §11에 "na

그런데 고따마 존자께서는 무슨 이익을 위해서 머무십니까?"

"꾼달리야여, 여래는 명지와 해탈의 결실과 이익을 위해서 머문다."198)

4. "고따마 존자시여, 그러면 어떤 법들을 닦고 많이 [공부]지으면 명지와 해탈을 완성합니까?"

"꾼달리야여, 일곱 가지 깨달음의 구성요소를 닦고 많이 [공부]지으면 명지와 해탈을 완성한다."

"고따마 존자시여, 그러면 어떤 법들을 닦고 많이 [공부]지으면 일곱 가지 깨달음의 구성요소를 완성합니까?"

"꾼달리야여, 네 가지 마음챙김의 확립을 닦고 많이 [공부]지으면

---

ceva upārambhānisaṁsā dhammaṁ pariyāpuṇanti na itivāda-ppamokkhānisaṁsā ca(그들은 오직 다른 이들을 논박하는 이익과 자기 교리를 주장하는 이익을 위해서 법을 배우지 않으므로)"라고 나타난다. 여기에 대해서 『맛지마 니까야 주석서』는 "'[다른 학설들을] 논박하는 이익(upārambh-ānisaṁsā)'이란 그들은 남들의 주장(vāda)에 있는 결점을 제기하는 이익(dos-āropan-ānisaṁsā)을 위해서 배운다는 뜻이다. '자기 교리를 주장하는 이익(iti-vāda-ppamokkh-ānisaṁsā)'이란 남들이 자기주장(saka-vāda)의 결점(dosa)을 제기하면 그 결점을 풀어내리라(mocessā-ma)고 하면서 배운다는 뜻이다."(MA.ii.106~107)라고 설명하고 있다. 이를 참조해서 위와 같이 옮긴 것이다.

본서 제3권 「할릿디까니 경」 1(S22:3/iii.12) §10과 본서 제6권 「논쟁의 소지가 있음 경」(S56:9/v.419) §3에 나타나는 논쟁의 정형구를 통해서 살펴보면 이 뜻이 분명하게 드러날 것이다.

198) '명지와 해탈의 결실과 이익'은 vijjā-vimutti-phal-ānisaṁsa를 옮긴 것이다. Woodward는 여기서 vijā-vimutti를 "*release by knowledge*(명지에 의한 해탈)"로 격한정복합어[依主釋, tat-puruṣa]로 옮겼는데 이는 잘못이다. 이미 본서 「객사(客舍) 경」(S45:159/v.52)에서 vijjā ca vimutti ca(명지와 해탈)로 병렬복합어[相違釋, dvandva]로 나타나고 있으며, 『디가 니까야』 「십상경」(D34) §3.4와 「탁발의 청정 경」(M151) §20과 「최상의 지혜 경」(A4:251) 등에서도 마찬가지이다.

"'명지(vijjā)'는 도를, '해탈(vimutti)'은 과를 뜻한다."(Pm.237)

일곱 가지 깨달음의 구성요소를 완성한다.”

“고따마 존자시여, 그러면 어떤 법들을 닦고 많이 [공부]지으면 네 가지 마음챙김의 확립을 완성합니까?”

“꾼달리야여, 세 가지 좋은 행위를 닦고 많이 [공부]지으면 네 가지 마음챙김의 확립을 완성한다.”

“고따마 존자시여, 그러면 어떤 법들을 닦고 많이 [공부]지으면 세 가지 좋은 행위를 완성합니까?”

“꾼달리야여, [74] 감각기능의 단속을 닦고 많이 [공부]지으면 세 가지 좋은 행위를 완성한다.”

5. “꾼달리야여, 그러면 어떻게 감각기능의 단속을 닦고 어떻게 많이 [공부]지으면 세 가지 좋은 행위를 완성하는가?

꾼달리야여, 여기 비구가 눈으로 마음에 드는 형상을 본 뒤 그것을 탐하지 않고 흥분하지 않고 탐욕을 일으키지 않는다. 그러면 그의 몸도 안정되고 마음도 안정되고 안으로 아주 차분하게 되고 잘 해탈하게 된다. 그는 눈으로 마음에 들지 않는 형상을 본 뒤 의기소침하지 않고 마음이 주춤하지 않고 기가 죽지 않고 악의를 일으키지 않는다.[199] 그러면 그의 몸도 안정되고 마음도 안정되고 안으로 아주 차

---

199) '의기소침하지 않고 마음이 주춤하지 않고 기가 죽지 않고 악의를 일으키지 않는다.'는 Ee, Be: na maṅku hoti apatiṭṭhitacitto adīnamānaso avyāpannacetaso를 옮긴 것이다. 여기서 보디 스님은 ap(p)atiṭṭhita-citta(주춤하지 않는 마음) 대신에 SA(Se)에 나타나는 a-patitthīna-citta(분개하지 않는 마음)로 읽는 것이 좋다고 제안하고 있다.
한편 patitthita의 동사인 patitthīyati는 『앙굿따라 니까야』 「나쁜 이야기 경」(A5:157) 등에서 abhisajjati kuppati vyāpajjati patitthīyati(노여워하고 화를 내고 분노하고 분개한다.)로 나타나고 있다. 주석서는 "'분개하다(patitthīyati)'라는 것은 분노(kodha) 때문에 둔감해진 상태(thīna-bhāva)나 완고해진 상태(thaddha-bhāva)가 된 것이다."(AA.iii.183)라고 설명하고 있다.

분하게 되고 잘 해탈하게 된다.

꾼달리야여, 다시 비구가 귀로 마음에 드는 소리를 들은 뒤 … 코로 마음에 드는 냄새를 맡은 뒤 … 혀로 마음에 드는 맛을 본 뒤 … 몸으로 마음에 드는 감촉을 느낀 뒤 … 마노로 마음에 드는 [마노의 대상인] 법을 안 뒤 그것을 탐하지 않고 흥분하지 않고 탐욕을 일으키지 않는다. 그러면 그의 몸도 안정되고 마음도 안정되고 안으로 아주 차분하게 되고 잘 해탈하게 된다. 그는 마노로 마음에 들지 않는 [마노의 대상인] 법을 본 뒤 의기소침하지 않고 마음이 흔들리지 않고 기가 죽지 않고 악의를 일으키지 않는다. 그러면 그의 몸도 안정되고 마음도 안정되고 안으로 아주 차분하게 되고 잘 해탈하게 된다."

6. "꾼달리야여, 이처럼 비구가 눈으로 마음에 들거나 마음에 들지 않는 형상을 보기 때문에 … 귀로 … 코로 … 혀로 … 몸으로 … 마노로 마음에 들거나 마음에 들지 않는 [마노의 대상인] 법을 알기 때문에 그의 몸도 안정되고 마음도 안정되고 안으로 아주 차분하게 되고 [75] 잘 해탈하게 된다. 이와 같이 그는 감각기능의 단속을 닦고 많이 [공부]짓는다. 이와 같이 그는 세 가지 좋은 행위를 완성한다."

7. "꾼달리야여, 그러면 어떻게 세 가지 좋은 행위를 닦고 어떻게 많이 [공부]지으면 네 가지 마음챙김의 확립을 완성하는가?

꾼달리야여, 여기 비구는 몸의 나쁜 행위를 버리고 몸의 좋은 행위를 닦는다. 말의 나쁜 행위를 버리고 말의 좋은 행위를 닦는다. 마음의 나쁜 행위를 버리고 마음의 좋은 행위를 닦는다.

꾼달리야여, 이와 같이 세 가지 좋은 행위를 닦고 이와 같이 많이

PED에는 나타나지 않는다. 역자는 apatiṭṭhita로 읽어서 '주춤하지 않고'로 옮겼다.

[공부]지으면 네 가지 마음챙김의 확립을 완성한다."

8. "꾼달리야여, 그러면 어떻게 네 가지 마음챙김의 확립을 닦고 어떻게 많이 [공부]지으면 일곱 가지 깨달음의 구성요소를 완성하는가?

꾼달리야여, 여기 비구는 몸에서 몸을 관찰하며[身隨觀] 머문다. 세상에 대한 욕심과 싫어하는 마음을 버리고 근면하게, 분명히 알아차리고 마음챙기면서 머문다. 느낌에서 느낌을 관찰하며[受隨觀] 머문다. … 마음에서 마음을 관찰하며[心隨觀] 머문다. … 법에서 법을 관찰하며[法隨觀] 머문다. 세상에 대한 욕심과 싫어하는 마음을 버리고 근면하게, 분명히 알아차리고 마음챙기면서 머문다.

꾼달리야여, 이와 같이 네 가지 마음챙김의 확립을 닦고 이와 같이 많이 [공부]지으면 일곱 가지 깨달음의 구성요소를 완성한다."

9. "꾼달리야여, 그러면 어떻게 일곱 가지 깨달음의 구성요소를 닦고 어떻게 많이 [공부]지으면 명지와 해탈을 완성하는가?

꾼달리야여, 여기 비구는 떨쳐버림을 의지하고 탐욕의 빛바램을 의지하고 소멸을 의지하고 철저한 버림으로 기우는 마음챙김의 깨달음의 구성요소를 닦는다. … 법을 간택하는 깨달음의 구성요소를 닦는다. … 정진의 깨달음의 구성요소를 닦는다. … 희열의 깨달음의 구성요소를 닦는다. … 고요함의 깨달음의 구성요소를 닦는다. … 삼매의 깨달음의 구성요소를 닦는다. … 평온의 깨달음의 구성요소를 닦는다.

꾼달리야여, 이와 같이 일곱 가지 깨달음의 구성요소를 닦고 이와 같이 많이 [공부]지으면 명지와 해탈을 완성한다."

10. 이렇게 말씀하시자 꾼달리야 유행승은 세존께 이렇게 말씀 드렸다.

"경이롭습니다, 고따마 존자시여. 경이롭습니다, 고따마 존자시여. 마치 넘어진 자를 일으켜 세우시듯, 덮여 있는 것을 걷어내 보이시듯, [방향을] 잃어버린 자에게 길을 가리켜 주시듯, 눈 있는 자 형상을 보라고 어둠 속에서 등불을 비춰 주시듯, 고따마 존자께서는 여러 가지 방편으로 법을 설해 주셨습니다. 저는 이제 고따마 존자께 귀의하옵고 법과 비구 승가에 귀의합니다. 고따마 존자께서는 저를 청신사로 받아주소서. 오늘부터 목숨이 붙어 있는 그날까지 귀의하옵니다."

뾰족지붕 경(S46:7)

Kūṭa-sutta

3. "비구들이여, 예를 들면 뾰족지붕이 있는 집의 서까래들은 모두 꼭대기로 기울고 꼭대기로 향하고 꼭대기로 들어가는 것과 같다.

비구들이여, 그와 같이 비구가 일곱 가지 깨달음의 구성요소를 닦고 일곱 가지 깨달음의 구성요소를 많이 [공부]지으면 그는 열반으로 기울고 열반으로 향하고 열반으로 들어간다."

4. "비구들이여, [76] 그러면 비구가 어떻게 일곱 가지 깨달음의 구성요소를 닦고 어떻게 일곱 가지 깨달음의 구성요소를 많이 [공부]지으면 그는 열반으로 흐르고 열반으로 향하고 열반으로 들어가는가?

비구들이여, 여기 비구는 떨쳐버림을 의지하고 탐욕의 빛바램을 의지하고 소멸을 의지하고 철저한 버림으로 기우는 마음챙김의 깨달음의 구성요소를 닦는다. … 법을 간택하는 깨달음의 구성요소를 닦는다. … 정진의 깨달음의 구성요소를 닦는다. … 희열의 깨달음의 구성요소를 닦는다. … 고요함의 깨달음의 구성요소를 닦는다. … 삼매의 깨달음의 구성요소를 닦는다. … 평온의 깨달음의 구성요소를 닦는다.

비구들이여, 비구가 이렇게 일곱 가지 깨달음의 구성요소를 닦고 이렇게 일곱 가지 깨달음의 구성요소를 많이 [공부]지으면 그는 열반으로 흐르고 열반으로 향하고 열반으로 들어간다."

우빠와나 경(S46:8)

Upavāna-sutta

1. 이와 같이 나는 들었다. 한때 우빠와나 존자[200]와 사리뿟따 존자는 꼬삼비에서 고시따 원림에 머물렀다.

2. 그때 사리뿟따 존자는 해거름에 홀로 앉음으로부터 일어나서 우빠와나 존자에게 갔다. 가서는 유쾌하고 기억할 만한 이야기로 서로 담소를 하고서 한 곁에 앉았다. 한 곁에 앉은 사리뿟따 존자는 우빠와나 존자에게 이렇게 말했다.

3. "도반 우빠와나여, 비구는 자기 스스로 '나는 지혜롭게 마음에 잡도리함을 통해서 일곱 가지 깨달음의 구성요소를 아주 잘 닦았다. 그래서 나는 편안하게 머물 것이다.'라고 알 수 있습니까?"

4. "도반 사리뿟따여, 비구는 자기 스스로 '나는 지혜롭게 마음에 잡도리함을 통해서 일곱 가지 깨달음의 구성요소를 아주 잘 닦았다. 그래서 나는 편안하게 머물 것이다.'라고 알 수 있습니다. 도반이여, 비구가 마음챙김의 깨달음의 구성요소를 잘 닦기 시작하면 [77]

200) 우빠와나 존자(āyasmā Upavāna)에 대해서는 본서 제2권 「우빠와나 경」(S12:26) §2의 주해를 참조할 것.

그는 '나의 마음은 잘 해탈했다. 나의 해태와 혼침은 잘 뿌리 뽑혔다. 나의 들뜸과 후회는 잘 길들여졌다. 나의 정진은 시작되었다. 나는 깊이 새기고 마음에 잡도리할 것이고 게으르지 않을 것이다.'라고 압니다.

도반 사리뿟따여, 이와 같이 비구는 자기 스스로 '나는 지혜롭게 마음에 잡도리함을 통해서 일곱 가지 깨달음의 구성요소를 아주 잘 닦았다. 그래서 나는 편안하게 머물 것이다.'라고 알 수 있습니다."

일어남 경1(S46:9)

Uppanna-sutta

3. "비구들이여, 아직 일어나지 않은 일곱 가지 깨달음의 구성요소는 비록 닦고 많이 [공부]짓더라도 여래·아라한·정등각자가 출현하지 않으면 일어나지 않는다. 무엇이 일곱인가?

그것은 마음챙김의 깨달음의 구성요소, 법을 간택하는 깨달음의 구성요소, 정진의 깨달음의 구성요소, 희열의 깨달음의 구성요소, 고요함의 깨달음의 구성요소, 삼매의 깨달음의 구성요소, 평온의 깨달음의 구성요소이다.

비구들이여, 아직 일어나지 않은 이러한 일곱 가지 깨달음의 구성요소는 비록 닦고 많이 [공부]짓더라도 여래·아라한·정등각자가 출현하지 않으면 일어나지 않는다."

일어남 경2(S46:10)

3. "비구들이여, 아직 일어나지 않은 일곱 가지 깨달음의 구성요소는 비록 닦고 많이 [공부]짓더라도 선서의 율이 아니면 일어나

지 않는다. 무엇이 일곱인가?

그것은 마음챙김의 깨달음의 구성요소, 법을 간택하는 깨달음의 구성요소, 정진의 깨달음의 구성요소, 희열의 깨달음의 구성요소, 고요함의 깨달음의 구성요소, 삼매의 깨달음의 구성요소, 평온의 깨달음의 구성요소이다.

비구들이여, 아직 일어나지 않은 이러한 일곱 가지 깨달음의 구성요소는 비록 닦고 많이 [공부]짓더라도 선서의 율이 아니면 일어나지 않는다."

제1장 산 품이 끝났다.

첫 번째 품에 포함된 경들의 목록은 다음과 같다.

① 히말라야 ② 몸 ③ 계(戒)
④ 옷 ⑤ 비구 ⑥ 꾼달리야
⑦ 뾰족지붕 ⑧ 우빠와나
두 가지 ⑨ ~⑩ 일어남이다.

제2장 병 품

Gilāna-vagga

생명 경(S46:11)

Pāṇā-sutta

3. "비구들이여, [78] 예를 들면 어떤 생명이든 네 가지 자세로 [삶을] 영위하나니, 어떤 때는 가고 어떤 때는 서고 어떤 때는 앉고 어떤 때는 눕는다. 그런데 이런 모든 자세는 반드시 땅을 의지하고 땅에 확립되어서 유지된다.

비구들이여, 그와 같이 비구는 계를 의지하고 계에 확립되어서 일곱 가지 깨달음의 구성요소를 닦고 일곱 가지 깨달음의 구성요소를 많이 [공부]짓는다."

4. "비구들이여, 그러면 어떻게 비구는 계를 의지하고 계에 확립되어서 일곱 가지 깨달음의 구성요소를 닦고 일곱 가지 깨달음의 구성요소를 많이 [공부]짓는가?

비구들이여, 여기 비구는 떨쳐버림을 의지하고 탐욕의 빛바램을 의지하고 소멸을 의지하고 철저한 버림으로 기우는 마음챙김의 깨달음의 구성요소를 닦는다. … 법을 간택하는 깨달음의 구성요소를 닦는다. … 정진의 깨달음의 구성요소를 닦는다. … 희열의 깨달음의 구성요소를 닦는다. … 고요함의 깨달음의 구성요소를 닦는다. … 삼매의 깨달음의 구성요소를 닦는다. … 평온의 깨달음의 구성요소를 닦는다.

비구들이여, 이와 같이 비구는 계를 의지하고 계에 확립되어서 일곱 가지 깨달음의 구성요소를 닦고 일곱 가지 깨달음의 구성요소를 많이 [공부]짓는다."

태양의 비유 경1(S46:12)

Suriyūpama-sutta

3. "비구들이여, 태양이 떠오를 때 여명이 앞장서고 여명이 전조가 되듯이, 비구에게 일곱 가지 깨달음의 구성요소가 생길 때에는 좋은 친구[善友]가 앞장서고 좋은 친구가 전조가 된다.

비구들이여, 비구가 좋은 친구를 가지면 '그는 일곱 가지 깨달음의 구성요소를 닦을 것이다. 그는 일곱 가지 깨달음의 구성요소를 많이 [공부]지을 것이다.'라는 것이 기대된다."

4. "비구들이여, 그러면 좋은 친구를 가진 비구는 어떻게 일곱 가지 깨달음의 구성요소를 닦고 어떻게 일곱 가지 깨달음의 구성요소를 많이 [공부]짓는가?

비구들이여, 여기 비구는 떨쳐버림을 의지하고 탐욕의 빛바램을 의지하고 소멸을 의지하고 철저한 버림으로 기우는 마음챙김의 깨달음의 구성요소를 닦는다. … 법을 간택하는 깨달음의 구성요소를 닦는다. … 정진의 깨달음의 구성요소를 닦는다. … 희열의 깨달음의 구성요소를 닦는다. … 고요함의 깨달음의 구성요소를 닦는다. … 삼매의 깨달음의 구성요소를 닦는다. … 평온의 깨달음의 구성요소를 닦는다.

비구들이여, [79] 좋은 친구를 가진 비구는 이렇게 일곱 가지 깨달음의 구성요소를 닦고 이렇게 일곱 가지 깨달음의 구성요소를 많이 [공부]짓는다."

태양의 비유 경2(S46:13)

Suriyūpama-sutta

3. "비구들이여, 태양이 떠오를 때 여명이 앞장서고 여명이 전조가 되듯이, 비구에게 일곱 가지 깨달음의 구성요소가 생길 때에는 지혜롭게 마음에 잡도리함의 구족이 앞장서고 지혜롭게 마음에 잡도리함의 구족이 전조가 된다.

비구들이여, 비구가 지혜롭게 마음에 잡도리함을 구족하면 '그는 일곱 가지 깨달음의 구성요소를 닦을 것이다. 그는 일곱 가지 깨달음의 구성요소를 많이 [공부]지을 것이다.'라는 것이 기대된다."

4. "비구들이여, 그러면 지혜롭게 마음에 잡도리함을 구족한 비구는 어떻게 일곱 가지 깨달음의 구성요소를 닦고 어떻게 일곱 가지 깨달음의 구성요소를 많이 [공부]짓는가?

비구들이여, 여기 비구는 떨쳐버림을 의지하고 탐욕의 빛바램을 의지하고 소멸을 의지하고 철저한 버림으로 기우는 마음챙김의 깨달음의 구성요소를 닦는다. … 법을 간택하는 깨달음의 구성요소를 닦는다. … 정진의 깨달음의 구성요소를 닦는다. … 희열의 깨달음의 구성요소를 닦는다. … 고요함의 깨달음의 구성요소를 닦는다. … 삼매의 깨달음의 구성요소를 닦는다. … 평온의 깨달음의 구성요소를 닦는다.

비구들이여, 지혜롭게 마음에 잡도리함을 구족한 비구는 이렇게 일곱 가지 깨달음의 구성요소를 닦고 이렇게 일곱 가지 깨달음의 구성요소를 많이 [공부]짓는다."

병 경1(S46:14)[201]

Gilānā-sutta

1. 이와 같이 나는 들었다. 한때 세존께서는 라자가하에서 대나무 숲의 다람쥐 보호구역에 머무셨다.

2. 그 무렵 마하깟사빠 존자[202]가 삡팔리 동굴에 머물고 있었는데 중병에 걸려 아픔과 고통에 시달리고 있었다. 그때 세존께서는 해거름에 홀로 머묾에서 일어나셔서 마하깟사빠 존자에게 다가가셨다. 가셔서는 마련된 자리에 앉으셨다. 자리에 앉으셔서 세존께서는 마하깟사빠 존자에게 이렇게 말씀하셨다.

3. "깟사빠여, 어떻게 견딜 만한가? 그대는 편안한가? 괴로운 느낌이 물러가고 더 심하지는 않는가? 차도가 있고 더 심하지 않다는 것을 알겠는가?"

"세존이시여, [80] 저는 견디기가 힘듭니다. 편안하지 않습니다. 괴로운 느낌은 더 심하기만 하고 물러가지 않습니다. 더 심하기만 하고 물러가지 않는다고 알아질 뿐입니다."

4. "깟사빠여, 나는 일곱 가지 깨달음의 구성요소를 바르게 설하였다. 이것을 닦고 많이 [공부]지으면 최상의 지혜와 바른 깨달음과 열반으로 인도한다. 무엇이 일곱인가?

---

201) 본경과 다음 경은 스리랑카에서 보호주 혹은 호주(護呪, paritta)로 여겨져서 싱할리어로 된 Maha Pirit Pota(대 보호주를 모은 책)에 포함되어 나타난다고 한다. 스님들이 환자들을 위해서 자주 독송하는 경이다. 보호주(paritta)에 대해서는 본서 제1권 「깃발 경」(S11:3)의 경제목에 대한 주해를 참조할 것.

202) 마하깟사빠 존자(āyasmā Mahā-Kassapa)에 대해서는 본서 제2권 「만족 경」(S16:1) §3의 주해를 참조할 것.

깟사빠여, 나는 마음챙김의 깨달음의 구성요소를 바르게 설하였다. 이것을 닦고 많이 [공부]지으면 최상의 지혜와 바른 깨달음과 열반으로 인도한다. 나는 법을 간택하는 깨달음의 구성요소를 바르게 설하였다. … 나는 정진의 깨달음의 구성요소를 바르게 설하였다. … 나는 희열의 깨달음의 구성요소를 바르게 설하였다. … 나는 고요함의 깨달음의 구성요소를 바르게 설하였다. … 나는 삼매의 깨달음의 구성요소를 바르게 설하였다. … 나는 평온의 깨달음의 구성요소를 바르게 설하였다. 이것을 닦고 많이 [공부]지으면 최상의 지혜와 바른 깨달음과 열반으로 인도한다."

"세존이시여, 참으로 그러합니다. 이것이 깨달음의 구성요소입니다. 선서시여, 참으로 그러합니다. 이것이 깨달음의 구성요소입니다."

5. 세존께서는 이렇게 말씀하셨다. 마하깟사빠 존자는 마음이 흡족해져서 세존의 말씀을 크게 기뻐하였다. 그리고 마하깟사빠 존자는 그 병에서 일어났다.[203] 이렇게 하여 마하깟사빠 존자는 완쾌되었다.

병 경2(S46:15)

1. 이와 같이 나는 들었다. 한때 세존께서는 라자가하에서 대나무 숲의 다람쥐 보호구역에 머무셨다.

---

203) "이 깨달음의 구성요소를 닦는 가르침을 잘 듣고 장로에게는 이런 생각이 들었다고 한다. '내가 출가한 지 칠 일째 되던 날 진리들을 꿰뚫으면서(paṭi-vijjhanta) 이 깨달음의 구성요소들이 드러났다.(본서 제2권 「의복 경」(S16:11) §12 참조) 참으로 스승의 가르침은 [해탈의] 출구(niyyānika, 벗어남)로다.' 그가 이렇게 생각하자 그의 피는 정화가 되었고 파생된 물질(upādā-rūpa)이 청정하게 되어 마치 연잎에 떨어진 물처럼 병(roga)이 그의 몸에서 사라져버렸다."(SA.iii.148)

2. 그 무렵 마하목갈라나 존자가 독수리봉 산에 머물고 있었는데 중병에 걸려 아픔과 고통에 시달리고 있었다. 그때 세존께서는 해거름에 홀로 머묾에서 일어나셔서 마하목갈라나 존자에게 다가가셨다. …

<이하 앞의 「병 경」 1(S46:14)의 내용과 동일함.>

병 경3(S46:16)

1. 이와 같이 나는 들었다. [81] 한때 세존께서는 라자가하에서 대나무 숲의 다람쥐 보호구역에 머무셨다.

2. 그 무렵 세존께서는 중병에 걸려 아픔과 고통에 시달리고 계셨다. 그때 마하쭌다 존자[204]가 세존께 다가갔다. 가서는 세존께 절을 올리고 한 곁에 앉았다. 한 곁에 앉은 마하쭌다 존자에게 세존께서는 이렇게 말씀하셨다.

"쭌다여, 깨달음의 구성요소를 외워보라."

3. "세존이시여, 세존께서는 일곱 가지 깨달음의 구성요소를 바르게 설하셨습니다. 이것을 닦고 많이 [공부]지으면 최상의 지혜와 바른 깨달음과 열반으로 인도합니다. 무엇이 일곱인가요?

세존이시여, 세존께서는 마음챙김의 깨달음의 구성요소를 바르게 설하셨습니다. 이것을 닦고 많이 [공부]지으면 최상의 지혜와 바른 깨달음과 열반으로 인도합니다. … 세존께서는 평온의 깨달음의 구성요소를 바르게 설하셨습니다. 이것을 닦고 많이 [공부]지으면 최상

---

204) 마하쭌다 존자(āyasmā Mahā-Cunda)에 대해서는 본서 제4권 「찬나 경」(S35:87) §2의 주해를 참조할 것.

의 지혜와 바른 깨달음과 열반으로 인도합니다."

4. "쭌다여, 참으로 그러하다. 이것이 깨달음의 구성요소이다. 쭌다여, 참으로 그러하다. 이것이 깨달음의 구성요소이다."

마하쭌다 존자는 이렇게 말하였고 스승께서는 인정하셨다. 그리고 세존께서는 그 병에서 일어나셨다. 이렇게 하여 세존께서는 그 병에서 완쾌하셨다.

저 언덕에 도달함 경(S46:17)

Pāraṅgama-sutta

3. "비구들이여, 일곱 가지 깨달음의 구성요소를 닦고 많이 [공부]지으면 이 언덕에서 저 언덕으로 건너가게 된다. 무엇이 일곱인가?

그것은 마음챙김의 깨달음의 구성요소, … 평온의 깨달음의 구성요소이다.

비구들이여, 이러한 일곱 가지 깨달음의 구성요소를 닦고 많이 [공부]지으면 이 언덕에서 저 언덕으로 건너가게 된다."

4. 세존께서는 이렇게 말씀하셨다. 스승이신 선서께서는 이렇게 말씀하신 뒤 다시 [게송으로] 이와 같이 설하셨다. [82]

"인간들 가운데서 저 언덕에 도달한 자는 드물고
대부분 사람들은 이 언덕에서 치달리고 있노라. …"

<이하 본서 「저 언덕에 도달함 경」(S45:34)과 같은 내용임.>

게을리함 경(S46:18)

Viraddha-sutta

3. "비구들이여, 일곱 가지 깨달음의 구성요소를 게을리하는 사람들은 누구든지 괴로움의 멸진으로 바르게 인도하는 성스러운 도를 게을리 하는 것이다. 비구들이여, 일곱 가지 깨달음의 구성요소를 열심히 행하는 자들은 누구든지 괴로움의 멸진으로 인도하는 성스러운 도를 열심히 행하는 것이다."

4. "비구들이여, 그러면 어떤 것이 일곱 가지 깨달음의 구성요소인가?

마음챙김의 깨달음의 구성요소, … 평온의 깨달음의 구성요소이다.

비구들이여, 이러한 일곱 가지 깨달음의 구성요소를 게을리하는 사람들은 누구든지 괴로움의 멸진으로 바르게 인도하는 성스러운 도를 게을리 하는 것이다. 비구들이여, 이러한 일곱 가지 깨달음의 구성요소를 열심히 행하는 자들은 누구든지 괴로움의 멸진으로 인도하는 성스러운 도를 열심히 행하는 것이다."

성스러움 경(S46:19)

Ariya-sutta

3. "비구들이여, 일곱 가지 깨달음의 구성요소를 닦고 많이 [공부]지으면 그것은 성스러운 것이고 출리로 인도하며, 그리고 그대로 실천하면 괴로움의 멸진으로 인도한다. 무엇이 일곱인가?

그것은 마음챙김의 깨달음의 구성요소, … 평온의 깨달음의 구성요소이다.

비구들이여, 이러한 일곱 가지 깨달음의 구성요소를 닦고 많이 [공부]지으면 그것은 성스러운 것이고 출리로 인도하며, 그리고 그대로 실천하면 괴로움의 멸진으로 인도한다."

염오 경(S46:20)

Nibbidā-sutta

3. "비구들이여, 일곱 가지 깨달음의 구성요소를 닦고 많이 [공부]지으면 그것은 염오[205]로 인도하고, 탐욕의 빛바램으로 인도하고, 소멸로 인도하고, 고요함으로 인도하고, 최상의 지혜로 인도하고, 바른 깨달음으로 인도하고, 열반으로 인도한다. 무엇이 일곱인가?

그것은 마음챙김의 깨달음의 구성요소, … 평온의 깨달음의 구성요소이다.

비구들이여, 이러한 일곱 가지 깨달음의 구성요소를 닦고 많이 [공부]지으면 그것은 염오로 인도하고, 탐욕의 빛바램으로 인도하고, 소멸로 인도하고, 고요함으로 인도하고, 최상의 지혜로 인도하고, 바른 깨달음으로 인도하고, 열반으로 인도한다."

제2장 병 품이 끝났다. [83]

두 번째 품에 포함된 경들의 목록은 다음과 같다.

① 생명, 두 가지 ②~③ 태양의 비유
세 가지 ④~⑥ 병 ⑦ 저 언덕에 도달함
⑧ 게을리함 ⑨ 성스러움 ⑩ 염오이다.

---

205) 초기불전연구원의 기존의 번역에서는 이 정형구에 포함된 nibbidā를 '역겨워함'으로 옮긴 곳이 많은데 본서에서는 모두 '염오'로 통일해서 옮기고 있다. 자세한 것은 본서 제2권 「풀과 나무 경」(S15:1) §4의 주해를 참조할 것.

제3장 우다이 품

Udāyi-vagga

깨달음 경(S46:21)

Bodhanā-sutta

2. 그때 어떤 비구가 세존께 다가갔다. 가서는 세존께 절을 올리고 한 곁에 앉았다. 한 곁에 앉은 그 비구는 세존께 이렇게 여쭈었다.

3. "세존이시여, '깨달음의 구성요소, 깨달음의 구성요소'라고들 합니다. 세존이시여, 어째서 깨달음의 구성요소라고 합니까?"

4. "비구여, '깨달음으로 인도한다.'고 해서 깨달음의 구성요소라 한다.

비구여, 여기 비구는 떨쳐버림을 의지하고 탐욕의 빛바램을 의지하고 소멸을 의지하고 철저한 버림으로 기우는 마음챙김의 깨달음의 구성요소를 닦는다. … 법을 간택하는 깨달음의 구성요소를 닦는다. … 정진의 깨달음의 구성요소를 닦는다. … 희열의 깨달음의 구성요소를 닦는다. … 고요함의 깨달음의 구성요소를 닦는다. … 삼매의 깨달음의 구성요소를 닦는다. … 평온의 깨달음의 구성요소를 닦는다.

비구여, '깨달음으로 인도한다.'고 해서 깨달음의 구성요소라 한다."

가르침 경(S46:22)

Desanā-sutta

3. "비구들이여, 그대들에게 일곱 가지 깨달음의 구성요소를 설하리라. 이제 그것을 들어라. …

비구들이여, 그러면 무엇이 일곱 가지 깨달음의 구성요소인가?

마음챙김의 깨달음의 구성요소, … 평온의 깨달음의 구성요소이다.

비구들이여, 이것이 일곱 가지 깨달음의 구성요소이다."

토대 경(S46:23)

Ṭhāniya-sutta

3. "비구들이여, [84] 욕탐의 토대가 되는 법들을 마음에 잡도리하기를 많이 지으면 아직 일어나지 않은 감각적 욕망에 대한 욕구가 일어나고 이미 일어난 감각적 욕망에 대한 욕구는 더욱 증장하고 충만하게 된다.

비구들이여, 악의의 토대가 되는 법들을 마음에 잡도리하기를 많이 지으면 아직 일어나지 않은 악의가 일어나고 이미 일어난 악의는 더욱 증장하고 충만하게 된다.

비구들이여, 해태와 혼침의 토대가 되는 법들을 마음에 잡도리하기를 많이 지으면 아직 일어나지 않은 해태와 혼침이 일어나고 이미 일어난 해태와 혼침은 더욱 증장하고 충만하게 된다.

비구들이여, 들뜸과 후회의 토대가 되는 법들을 마음에 잡도리하기를 많이 지으면 아직 일어나지 않은 들뜸과 후회가 일어나고 이미 일어난 들뜸과 후회는 더욱 증장하고 충만하게 된다.

비구들이여, 의심의 토대가 되는 법들을 마음에 잡도리하기를 많이 지으면 아직 일어나지 않은 의심이 일어나고 이미 일어난 의심은 더욱 증장하고 충만하게 된다."

4. "비구들이여, 마음챙김의 깨달음의 구성요소의 토대가 되는 법들을 마음에 잡도리하기를 많이 [공부]지으면 아직 일어나지 않은 마음챙김의 깨달음의 구성요소가 일어나고 이미 일어난 마음챙김의 깨달음의 구성요소는 닦음을 통해서 성취된다.

법을 간택하는 깨달음의 구성요소의 토대가 되는 법들을 …

정진의 깨달음의 구성요소의 토대가 되는 법들을 …

희열의 깨달음의 구성요소의 토대가 되는 법들을 …

고요함의 깨달음의 구성요소의 토대가 되는 법들을 …

삼매의 깨달음의 구성요소의 토대가 되는 법들을 …

비구들이여, 평온의 깨달음의 구성요소의 토대가 되는 법들을 마음에 잡도리하기를 많이 [공부]지으면 아직 일어나지 않은 평온의 깨달음의 구성요소가 일어나고 이미 일어난 평온의 깨달음의 구성요소는 닦음을 통해서 성취된다."

지혜롭지 못함 경(S46:24)

Ayoniso-sutta

3. "비구들이여, 지혜롭지 못하게 마음에 잡도리하면 아직 일어나지 않은 감각적 욕망에 대한 욕구가 일어나고 이미 일어난 감각적 욕망에 대한 욕구는 더욱 증장하고 충만하게 된다. [85] 아직 일어나지 않은 악의가 … 아직 일어나지 않은 해태와 혼침이 … 아직 일어나지 않은 들뜸과 후회가 … 아직 일어나지 않은 의심이 일어나고 이미 일어난 의심은 더욱 증장하고 충만하게 된다."

4. "아직 일어나지 않은 마음챙김의 깨달음의 구성요소는 일어나지 않고 이미 일어난 마음챙김의 깨달음의 구성요소는 소멸한다. … 아직 일어나지 않은 법을 간택하는 깨달음의 구성요소는 … 아직 일어나지 않은 정진의 깨달음의 구성요소는 … 아직 일어나지 않은 희열의 깨달음의 구성요소는 … 아직 일어나지 않은 고요함의 깨달음의 구성요소는 … 아직 일어나지 않은 삼매의 깨달음의 구성요소는 … 아직 일어나지 않은 평온의 깨달음의 구성요소는 일어나지 않고 이미 일어난 평온의 깨달음의 구성요소는 소멸한다."

5. "비구들이여, 지혜롭게 마음에 잡도리하면 아직 일어나지 않은 감각적 욕망에 대한 욕구는 일어나지 않고 이미 일어난 감각적 욕망에 대한 욕구는 제거된다. 아직 일어나지 않은 악의가 … 아직 일어나지 않은 해태와 혼침이 … 아직 일어나지 않은 들뜸과 후회가 … 아직 일어나지 않은 의심은 일어나지 않고 이미 일어난 의심은 제거된다."

6. "아직 일어나지 않은 마음챙김의 깨달음의 구성요소가 일어나고 이미 일어난 마음챙김의 깨달음의 구성요소는 닦음을 통해서 성취된다. 아직 일어나지 않은 법을 간택하는 깨달음의 구성요소가 … 아직 일어나지 않은 정진의 깨달음의 구성요소가 … 아직 일어나지 않은 희열의 깨달음의 구성요소가 … 아직 일어나지 않은 고요함의 깨달음의 구성요소가 … 아직 일어나지 않은 삼매의 깨달음의 구성요소가 … 아직 일어나지 않은 평온의 깨달음의 구성요소가 일어나고 이미 일어난 평온의 깨달음의 구성요소는 닦음을 통해서 성취된다."

쇠퇴하지 않음 경(S46:25)

Aparihāniya-sutta

2. "비구들이여, 그대들에게 일곱 가지 쇠퇴하지 않는 법을 설하리라.206) 이제 그것을 들어라." …

3. "비구들이여, [86] 그러면 무엇이 일곱 가지 쇠퇴하지 않는 법인가? 그것은 바로 이 일곱 가지 깨달음의 구성요소이다. 무엇이 일곱인가?

마음챙김의 깨달음의 구성요소, … 평온의 깨달음의 구성요소이다.

비구들이여, 이것이 일곱 가지 쇠퇴하지 않는 법이다."

갈애의 멸진 경(S46:26)

Taṇhakkhaya-sutta

3. "비구들이여, 갈애의 멸진으로 인도하는 도와 도닦음이 있나니 그대들은 그 도와 도닦음을 수행하라.

비구들이여, 그러면 어떤 도와 어떤 도닦음이 갈애의 멸진으로 인도하는가?

그것은 바로 일곱 가지 깨달음의 구성요소이다. 무엇이 일곱인가?

마음챙김의 깨달음의 구성요소, … 평온의 깨달음의 구성요소이다."

4. 이렇게 말씀하시자 우다이 존자가 세존께 이렇게 여쭈었다.

"세존이시여, 일곱 가지 깨달음의 구성요소를 어떻게 닦고 어떻게 많이 [공부]지으면 갈애의 멸진으로 인도합니까?"

---

206) 이것은 『디가 니까야』 「대반열반경」(D16/ii.79) §1.9에서도 일곱 가지 쇠퇴(퇴보)하지 않는 법들(aparihāniyā dhamma)로 나타나고 있다.

5. “우다이여, 여기 비구는 떨쳐버림을 의지하고 탐욕의 빛바램을 의지하고 소멸을 의지하고 철저한 버림으로 기울며 충만하고 광대하고 무량하고 원한 없고 악의 없는 마음챙김의 깨달음의 구성요소를 닦는다. 그가 이처럼 떨쳐버림을 의지하고 탐욕의 빛바램을 의지하고 소멸을 의지하고 철저한 버림으로 기울며 충만하고 광대하고 무량하고 원한 없고 악의 없는 마음챙김의 깨달음의 구성요소를 닦으면 갈애가 제거된다. 갈애가 제거되기 때문에 업이 제거된다. 업이 제거되기 때문에 괴로움이 제거된다.

떨쳐버림을 의지하고 탐욕의 빛바램을 의지하고 소멸을 의지하고 철저한 버림으로 기울며 충만하고 광대하고 무량하고 원한 없고 악의 없는 법을 간택하는 깨달음의 구성요소를 닦는다. …

정진의 깨달음의 구성요소를 닦는다. …

희열의 깨달음의 구성요소를 닦는다. …

고요함의 깨달음의 구성요소를 닦는다. …

삼매의 깨달음의 구성요소를 닦는다. …

평온의 깨달음의 구성요소를 닦는다. 그가 이처럼 떨쳐버림을 의지하고 탐욕의 빛바램을 의지하고 소멸을 의지하고 철저한 버림으로 기울며 충만하고 광대하고 무량하고 원한 없고 악의 없는 평온의 깨달음의 구성요소를 닦으면 갈애가 [87] 제거된다. 갈애가 제거되기 때문에 업이 제거된다. 업이 제거되기 때문에 괴로움이 제거된다.”

6. “우다이여, 이와 같이 갈애가 멸진되면 업이 멸진되고 업이 멸진되기 때문에 괴로움이 멸진된다.”

갈애의 소멸 경(S46:27)

Taṇhānirodha-sutta

3. "비구들이여, 갈애의 소멸로 인도하는 도와 도닦음이 있나니 그대들은 그 도와 도닦음을 수행하라.

비구들이여, 그러면 어떤 도와 어떤 도닦음이 갈애의 소멸로 인도하는가?

그것은 바로 일곱 가지 깨달음의 구성요소이다. 무엇이 일곱인가?

마음챙김의 깨달음의 구성요소, … 평온의 깨달음의 구성요소이다."

4. "비구들이여, 그러면 일곱 가지 깨달음의 구성요소를 어떻게 닦고 어떻게 많이 [공부]지으면 갈애의 소멸로 인도하는가?

비구들이여, 여기 비구는 떨쳐버림을 의지하고 탐욕의 빛바램을 의지하고 소멸을 의지하고 철저한 버림으로 기우는 마음챙김의 깨달음의 구성요소를 닦는다. … 법을 간택하는 깨달음의 구성요소를 닦는다. … 정진의 깨달음의 구성요소를 닦는다. … 희열의 깨달음의 구성요소를 닦는다. … 고요함의 깨달음의 구성요소를 닦는다. … 삼매의 깨달음의 구성요소를 닦는다. … 평온의 깨달음의 구성요소를 닦는다.

비구들이여, 일곱 가지 깨달음의 구성요소를 이와 같이 닦고 이와 같이 많이 [공부]지으면 갈애의 소멸로 인도한다."

꿰뚫음에 동참함 경(S46:28)

Nibbedhabhāgiya-sutta

3. "비구들이여, 그대들에게 꿰뚫음에 동참하는 도[207]를 설하

207) "'꿰뚫음(nibbedha)'이란 열반이고, 이것(꿰뚫음)에 참여한다, 다가간다고

리라. 이제 그것을 들어라. …

비구들이여, 그러면 어떤 것이 꿰뚫음에 동참하는 도인가?

그것은 바로 일곱 가지 깨달음의 구성요소이다. 무엇이 일곱인가? 마음챙김의 깨달음의 구성요소, … 평온의 깨달음의 구성요소이다."

4. 이렇게 말씀하시자 우다이 존자가 세존께 이렇게 여쭈었다.

"세존이시여, 일곱 가지 깨달음의 구성요소를 어떻게 닦고 어떻게 많이 [공부]지으면 꿰뚫음으로 인도합니까?"

5. "우다이여, 여기 비구는 떨쳐버림을 의지하고 탐욕의 빛바램을 의지하고 소멸을 의지하고 철저한 버림으로 기울며 충만하고 광대하고 [88] 무량하고 원한 없고 악의 없는 마음챙김의 깨달음의 구성요소를 닦는다. 그는 마음챙김의 깨달음의 구성요소를 닦은 마음으로 전에 미처 부수지 못하고 전에 미처 쪼개버리지 못했던 탐욕의 무더기를 부수고 쪼개버린다. 전에 미처 부수지 못하고 전에 미처 쪼개버리지 못했던 성냄의 무더기를 부수고 쪼개버린다. 전에 미처 부수지 못하고 전에 미처 쪼개버리지 못했던 어리석음의 무더기를 부수고 쪼개버린다.

떨쳐버림을 의지하고 탐욕의 빛바램을 의지하고 소멸을 의지하고 철저한 버림으로 기울며 충만하고 광대하고 무량하고 원한 없고 악의 없는 법을 간택하는 깨달음의 구성요소를 닦는다. …

정진의 깨달음의 구성요소를 닦는다. …

희열의 깨달음의 구성요소를 닦는다. …

고요함의 깨달음의 구성요소를 닦는다. …

해서 '꿰뚫음에 동참하는 것(nibbedha-bhāgiya)'이라 한다."(DA.iii.1038) 이 일곱 가지를 '꿰뚫음에 동참하는 도(nibbedha-bhāgiya magga)'라 부르는 이유는 본경 안에 나타난다.

삼매의 깨달음의 구성요소를 닦는다. …

평온의 깨달음의 구성요소를 닦는다. 그는 평온의 깨달음의 구성요소를 닦은 마음으로 전에 미처 부수지 못하고 전에 미처 쪼개버리지 못했던 탐욕의 무더기를 부수고 쪼개버린다. 전에 미처 부수지 못하고 전에 미처 쪼개버리지 못했던 성냄의 무더기를 부수고 쪼개버린다. 전에 미처 부수지 못하고 전에 미처 쪼개버리지 못했던 어리석음의 무더기를 부수고 쪼개버린다."

6. "우다이여, 일곱 가지 깨달음의 구성요소를 이와 같이 닦고 이와 같이 많이 [공부]지으면 꿰뚫음으로 인도한다."

하나의 법 경(S46:29)

Ekadhamma-sutta

3. "비구들이여, 이렇게 닦고 이렇게 많이 [공부]지으면 족쇄가 되는 법들을 버리도록 인도하는 다른 어떤 하나의 법도 나는 아직 보지 못하나니, 그것은 바로 일곱 가지 깨달음의 구성요소이다. 무엇이 일곱인가?

마음챙김의 깨달음의 구성요소, … 평온의 깨달음의 구성요소이다."

4. "비구들이여, 그러면 일곱 가지 깨달음의 구성요소를 어떻게 닦고 어떻게 많이 [공부]지으면 족쇄가 되는 법들을 버리도록 인도하는가?

비구들이여, 여기 비구는 떨쳐버림을 의지하고 탐욕의 빛바램을 의지하고 소멸을 의지하고 철저한 버림으로 기우는 마음챙김의 깨달음의 구성요소를 닦는다. … 법을 간택하는 깨달음의 구성요소를 닦는다. … 정진의 깨달음의 구성요소를 닦는다. … 희열의 깨달음의 구성요소를 닦는다. … 고요함의 깨달음의 구성요소를 닦는다. … 삼매의 깨달음의 구성요소를 닦는다. … 평온의 깨달음의 구성요소를 닦는다.

비구들이여, 일곱 가지 깨달음의 구성요소를 이와 같이 닦고 이와 같이 많이 [공부]지으면 족쇄가 되는 법들을 버리도록 인도한다."

5. "비구들이여, [89] 그러면 어떤 것이 족쇄가 되는 법들인가? 비구들이여, 눈은 족쇄가 되는 법이다. 여기서 족쇄와 속박과 탐착이 일어난다. 귀는 … 코는 … 혀는 … 몸은 … 마노는 족쇄가 되는 법이다. 여기서 족쇄와 속박과 탐착이 일어난다.

비구들이여, 이를 일러 족쇄가 되는 법들이라 한다."

우다이 경(S46:30)

Udāyi-sutta

1. 이와 같이 나는 들었다. 한때 세존께서는 숨바에서 세다까[208]라는 숨바들의 성읍에 머무셨다.[209]

2. 그때 우다이 존자가 세존께 다가갔다. 가서는 세존께 절을 올리고 한 곁에 앉았다. 한 곁에 앉은 우다이 존자는 세존께 이렇게 말씀드렸다.

---

208) Ee, Be에는 Setaka(세따까)로 나타나지만 본서 「세다까 경」(S47:19) §1과 「경국지색 경」(S47:20) §1에서 꼭 같은 지명이 Sedaka(세다까)로 나타나고 있어서 세다까로 통일해서 옮겼다. 『자따까』(J.i.393)에는 Desaka(데사까)로 나타난다.

209) 주석서는 숨바(Sumbha)에 대해서 이런 이름을 가진 지방(jana-pada)이라고만 언급하고 있으며(SA.iii.226), 세다까(Sedaka)에 대한 설명은 나타나지 않는다. DPPN도 별다른 설명을 하지 않고 있다. 주석서는 본경에 나타나는 우다이 존자(āyasmā Udāyi)에 대해서도 아무 설명을 하지 않고 있다.

3. "경이롭습니다, 세존이시여. 놀랍습니다, 세존이시여. 세존이시여, 세존께 대한 공경과 존중과, [잘못에 대한] 양심과 수치심은 제게 많은 것을 주고 있습니다. 세존이시여, 제가 전에 재가자였을 때 저는 법에도 많은 관심이 없었고 승가에도 많은 관심이 없었습니다.210) 그런 저는 세존께 대한 공경과 존중과, [잘못에 대한] 양심과 수치심을 보면서 집에서 나와 출가하였습니다. 그런 제게 세존께서는 '이것이 물질이요, 이것이 물질의 일어남이요, 이것이 물질의 사라짐이다. 이것이 느낌이요 … 인식이요 … 심리현상들이요 … 알음알이요, 이것이 알음알이의 일어남이요, 이것이 알음알이의 사라짐이다.'라고 법을 설해 주셨습니다."

4. "세존이시여, 그런 저는 빈집에 가서 이러한 취착의 [대상이 되는] 다섯 가지 무더기[五取蘊]가 솟아오르고 떨어지면서 전개되는211) 것을 [보면서] '이것이 괴로움이다.'라고 있는 그대로 최상의 지혜로 알았습니다. '이것이 괴로움의 일어남이다.'라고 [90] 있는 그대로 최상의 지혜로 알았습니다. '이것이 괴로움의 소멸이다.'라고 있는 그대로 최상의 지혜로 알았습니다. '이것이 괴로움의 소멸로 인도하는 도닦음이다.'라고 있는 그대로 최상의 지혜로 알았습니다."

---

210) 여기서 '많은 것을 주는'은 bahu-kataṁ을 옮긴 것이고, '많은 관심이 없는'은 이것의 부정 형태인 a-bahu-kato를 옮긴 것이다. 이 a-bahu-kato는 ahaṁ(나)에 걸리는 구조로 되어 있다. 주석서는 이것을 "[나는] 많은 존중을 하지 않았다(akata-bahu-māno)."(SA.iii.150)로 설명하고 있다. 이런 것을 참조해서 많은 관심이 없었다로 옮겼다.

211) "'솟아오르고 떨어지면서 전개되는(ukkujja-avakujjam samparivattento)'이라고 하였다. 여기서 '솟아오름(ukkujja)'은 일어남(udaya)을 말하고 '떨어짐(avakujja)'은 사라짐(vaya)을 말한다. 그는 일어나고 사라짐을 통해서 [무상이라고 고라고 무아라고 – SAṬ] 전개시키고(parivattenta) 명상하면서(sammasanta) [사성제를] 밝혔다(dīpeti)는 뜻이다."(SA.iii.150)

5. "세존이시여, 저는 법을 관통하였고 도를 증득하였습니다.[212] 그래서 제가 그대로 머무르면 '태어남은 다했다. 청정범행(梵行)은 성취되었다. 할 일을 다 해 마쳤다. 다시는 어떤 존재로도 돌아오지 않을 것이다.'라고 꿰뚫어 알게 될 것입니다. 저는 이런 [아라한의] 경지로 인도하게 될 그런 도를 닦고 많이 [공부]지어서 증득하였습니다."[213]

6. "세존이시여, 저는 마음챙김의 깨달음의 구성요소를 증득하였습니다. 그래서 제가 그대로 머무르면 '태어남은 다했다. … 다시는 어떤 존재로도 돌아오지 않을 것이다.'라고 꿰뚫어 알게 될 것입니다. 저는 이런 [아라한의] 경지로 인도하게 될 그런 도를 닦고 많이 [공부]지어서 증득하였습니다.

… …

세존이시여, 저는 평온의 깨달음의 구성요소를 증득하였습니다. 그래서 제가 그대로 머무르면 '태어남은 다했다. … 다시는 어떤 존

---

212) '세존이시여, 저는 법을 관통하였고 도를 증득하였습니다.'는 dhammo ca me bhante abhisamito, maggo ca paṭiladdho를 옮긴 것이다. abhisameti(관통하다)의 정상적인 과거분사는 abhisameta인데 여기서는 abhi-samita로 나타나고 있다.
"'법을 관통하였고(dhammo abhisamito)'란 위빳사나의 법(vipassanā-dhamma)을 관통하였다는 말이다. 여기서 '도(magga)'는 위빳사나의 도(vipassanā-magga)이다. 만일 장로가 그때 예류자였으면 뒤의 세 가지 도(일래도, 불환도, 아라한도)를 위한 것(atthāya)이고, 만일 불환자였으면 아라한됨을 위한 것이기 때문에 이것은 위빳사나의 [도]라고 알아야 한다." (SA.iii.150) 본경에서 우다이 존자가 얻은 경지가 분명하게 언급되고 있지 않아서 주석서는 이렇게 설명하고 있는 듯하다.

213) 여기서 '인도하게 될'은 upanessati를 옮긴 것인데 이것은 upa+√nī(*to lead*)의 미래형이다. 즉 우다이 존자가 증득한 경지는 미래에 아라한의 경지로 인도하게 될 도라는 말이다. 그러므로 그가 얻은 경지는 아라한됨이 아닌 것이 분명하다. 그래서 주석서는 바로 위의 주해처럼 설명을 하고 있는 것이다.

재로도 돌아오지 않을 것이다.'라고 꿰뚫어 알게 될 것입니다. 저는 이런 [아라한의] 경지로 인도하게 될 그런 도를 닦고 많이 [공부]지어서 증득하였습니다.

세존이시여, 저는 이러한 법을 관통하였고 도를 증득하였습니다. 그래서 제가 그대로 머무르면 '태어남은 다했다. … 다시는 어떤 존재로도 돌아오지 않을 것이다.'라고 꿰뚫어 알게 될 것입니다. 저는 이런 [아라한의] 경지로 인도하게 될 그런 도를 닦고 많이 [공부]지어서 증득하였습니다."

7. "장하구나, 우다이여. 우다이여, 그것이 바로 그대가 증득한 도이다. 그래서 그대가 그대로 머무르면 '태어남은 다했다. … 다시는 어떤 존재로도 돌아오지 않을 것이다.'라고 꿰뚫어 알게 될 것이다. 그대는 이런 [아라한의] 경지로 인도하게 될 그런 도를 닦고 많이 [공부]지어서 증득하였다."

제3장 우다이 품이 끝났다.

세 번째 품에 포함된 경들의 목록은 다음과 같다.

① 깨달음 ② 가르침 ③ 토대
④ 지혜롭지 못함 ⑤ 쇠퇴하지 않음
⑥ 갈애의 멸진 ⑦ 갈애의 소멸
⑧ 꿰뚫음에 동참함 ⑨ 하나의 법 ⑩ 우다이이다.

제4장 장애 품

Nīvaraṇa-vagga

유익함 경1(S46:31)

Kusala-sutta

3. "비구들이여, [91] 유익하고 유익함에 동참하고 유익함의 편에 있는 법들은 무엇이든지 모두 불방일을 뿌리로 하고 불방일로 모이고 불방일이 그들 가운데 으뜸이라 불린다.

비구들이여, 비구가 방일하지 않으면 '그는 일곱 가지 깨달음의 구성요소를 닦을 것이다. 그는 일곱 가지 깨달음의 구성요소를 많이 [공부]지을 것이다.'라는 것이 기대된다."

4. "비구들이여, 그러면 방일하지 않는 비구는 어떻게 일곱 가지 깨달음의 구성요소를 닦고 어떻게 일곱 가지 깨달음의 구성요소를 많이 [공부]짓는가?

비구들이여, 여기 비구는 떨쳐버림을 의지하고 탐욕의 빛바램을 의지하고 소멸을 의지하고 철저한 버림으로 기우는 마음챙김의 깨달음의 구성요소를 닦는다. … 법을 간택하는 깨달음의 구성요소를 닦는다. … 정진의 깨달음의 구성요소를 닦는다. … 희열의 깨달음의 구성요소를 닦는다. … 고요함의 깨달음의 구성요소를 닦는다. … 삼매의 깨달음의 구성요소를 닦는다. … 평온의 깨달음의 구성요소를 닦는다.

비구들이여, 방일하지 않는 비구는 이와 같이 일곱 가지 깨달음의 구성요소를 닦고 이와 같이 일곱 가지 깨달음의 구성요소를 많이 [공부]짓는다."

유익함 경2(S46:32)

3. "비구들이여, 유익하고 유익함에 동참하고 유익함 편에 있는 법들은 무엇이든지 모두 지혜롭게 마음에 잡도리함을 뿌리로 하고 지혜롭게 마음에 잡도리함으로 모이나니, 지혜롭게 마음에 잡도리함이 그들 가운데 으뜸이라 불린다.

비구들이여, 비구가 지혜롭게 마음에 잡도리하면 '그는 일곱 가지 깨달음의 구성요소를 닦을 것이다. 그는 일곱 가지 깨달음의 구성요소를 많이 [공부]지을 것이다.'라는 것이 기대된다."

4. "비구들이여, 그러면 지혜롭게 마음에 잡도리하는 비구는 어떻게 일곱 가지 깨달음의 구성요소를 닦고 어떻게 일곱 가지 깨달음의 구성요소를 많이 [공부]짓는가?

비구들이여, 여기 비구는 떨쳐버림을 의지하고 탐욕의 빛바램을 의지하고 소멸을 의지하고 철저한 버림으로 기우는 마음챙김의 깨달음의 구성요소를 닦는다. … 평온의 깨달음의 구성요소를 닦는다.

비구들이여, 지혜롭게 마음에 잡도리하는 비구는 이와 같이 일곱 가지 깨달음의 구성요소를 닦고 이와 같이 일곱 가지 깨달음의 구성요소를 많이 [공부]짓는다."

오염원 경(S46:33)

Upakilesa-sutta

3. "비구들이여, [92] 금에는 다섯 가지 오염원(불순물)이 있나니, 그 오염원에 오염되면 금은 부드럽지도 않고 다루기에 적합하지도 않고 빛나지도 않고 잘 부서지며 세공하기에 적절하지가 않다. 무엇이 다섯인가?

비구들이여, 쇠는 금의 오염원이다. 이러한 오염원에 오염되면 금은 부드럽지도 않고 다루기에 적합하지도 않고 빛나지도 않고 잘 부서지며 세공하기에 적절하지가 않다.

비구들이여, 구리는 … 주석은 … 납은 … 은은 금의 오염원이다. 이러한 오염원에 오염되면 금은 부드럽지도 않고 다루기에 적합하지도 않고 빛나지도 않고 잘 부서지며 세공하기에 적절하지가 않다.

비구들이여, 이러한 다섯 가지 오염원이 있나니, 그 오염원에 오염되면 금은 부드럽지도 않고 다루기에 적합하지도 않고 빛나지도 않고 잘 부서지며 세공하기에 적절하지가 않다."

4. "비구들이여, 그와 같이 마음에는 다섯 가지 오염원(불순물)이 있나니, 그 오염원에 오염되면 마음은 부드럽지도 않고 다루기에 적합하지도 않고 빛나지도 않고 잘 부서지며 번뇌들을 멸진하기 위한 바른 삼매에 들지 못한다. 무엇이 다섯인가?

비구들이여, 감각적 욕망에 대한 욕구는 마음의 오염원이다. 이러한 오염원에 오염되면 마음은 부드럽지도 않고 다루기에 적합하지도 않고 빛나지도 않고 잘 부서지며 번뇌들을 멸진하기 위한 바른 삼매에 들지 못한다.

[비구들이여, 악의는 … 해태와 혼침은 … 들뜸과 후회는 … 의심은 마음의 오염원이다. 이러한 오염원에 오염되면 마음은 부드럽지도 않고 다루기에 적합하지도 않고 빛나지도 않고 잘 부서지며 번뇌들을 멸진하기 위한 바른 삼매에 들지 못한다.][214]

비구들이여, [93] 이러한 다섯 가지 오염원이 있나니, 그 오염원에 오염되면 마음은 부드럽지도 않고 다루기에 적합하지도 않고 빛나

214) [ ] 안의 부분은 Se에만 나타나고 Ee와 Be에는 생략되어 있고, 단지 생략부호(pe = peyyala)만 나타나고 있다.

지도 않고 잘 부서지며 번뇌들을 멸진하기 위한 바른 삼매에 들지 못한다."[215]

오염원 아님 경(S46:34)

Anupakkilesa-sutta

3. "비구들이여, 일곱 가지 깨달음의 구성요소는 덮개가 아니요 장애가 아니며 마음의 오염원이 아니니 이를 닦고 많이 [공부]지으면 명지와 해탈의 결실을 실현함으로 인도한다. 무엇이 일곱인가?

비구들이여, 마음챙김의 깨달음의 구성요소는 덮개가 아니요 장애가 아니며 마음의 오염원이 아니니 이를 닦고 많이 [공부]지으면 명지와 해탈의 결실을 실현함으로 인도한다. … 평온의 깨달음의 구성요소는 덮개가 아니요 장애가 아니며 마음의 오염원이 아니니 이를 닦고 많이 [공부]지으면 명지와 해탈의 결실을 실현함으로 인도한다.

비구들이여, 이러한 일곱 가지 깨달음의 구성요소는 덮개가 아니요 장애가 아니며 마음의 오염원이 아니니 이를 닦고 많이 [공부]지으면 명지와 해탈의 결실을 실현함으로 인도한다."

지혜롭게 마음에 잡도리함 경(S46:35)[216]

Yonisomanasikāra-sutta

---

215) 본경은 「깨달음의 구성요소 상윳따」(S46)에 포함되어 있으면서도 칠각지가 언급되고 있지 않다. 이로 미루어 볼 때 본경과 다음 경(S46:34)은 원래 하나의 경으로 구성되었던 듯하다. 아래 「지혜롭게 마음에 잡도리함 경」(S46:35)과 그 다음 두 개 경들의 주해들을 참조할 것.

216) Ee와 Be에는 본경이 S46:33과 S46:34처럼 두 개의 경으로 분리되어 나타나는데 Se는 하나의 경으로 편집하였다. 보디 스님은 Se를 따랐고 역자도 이를 따라 하나의 경으로 여겨서 옮겼다.

3. "비구들이여, 지혜롭지 않게 마음에 잡도리하면 아직 일어나지 않은 감각적 욕망에 대한 욕구를 일어나게 하고 이미 일어난 감각적 욕망에 대한 욕구를 늘리고 드세게 만든다.

지혜롭지 않게 마음에 잡도리하면 아직 일어나지 않은 악의를 일어나게 하고 이미 일어난 악의를 늘리고 드세게 만든다.

지혜롭지 않게 마음에 잡도리하면 아직 일어나지 않은 해태와 혼침을 일어나게 하고 이미 일어난 해태와 혼침을 늘리고 드세게 만든다.

지혜롭지 않게 마음에 잡도리하면 아직 일어나지 않은 들뜸과 후회를 일어나게 하고 이미 일어난 들뜸과 후회를 늘리고 드세게 만든다.

지혜롭지 않게 [94] 마음에 잡도리하면 아직 일어나지 않은 의심을 일어나게 하고 이미 일어난 의심을 늘리고 드세게 만든다."

4. "비구들이여,217) 그리고 지혜롭게 마음에 잡도리하면 아직 일어나지 않은 마음챙김의 깨달음의 구성요소를 일어나게 하고 이미 일어난 마음챙김의 깨달음의 구성요소를 닦음을 통해서 성취하게 한다. … 법을 간택하는 깨달음의 구성요소를 … 정진의 깨달음의 구성요소를 … 희열의 깨달음의 구성요소를 … 고요함의 깨달음의 구성요소를 … 삼매의 깨달음의 구성요소를 … 비구들이여, 지혜롭게 마음에 잡도리하면 아직 일어나지 않은 평온의 깨달음의 구성요소를 일어나게 하고 이미 일어난 평온의 깨달음의 구성요소를 닦음을 통해서 성취한다."

---

217) Ee와 Be에는 여기서부터 다른 경, 즉 「지혜롭게 마음에 잡도리함 경」 2(S46:36)로 편집되어 나타난다.

증장 경(S46:36)

Vuddhi-sutta

3. "비구들이여, 일곱 가지 깨달음의 구성요소를 닦고 많이 [공부]지으면 증장하게 되고 쇠퇴하지 않게 된다. 무엇이 일곱인가?

마음챙김의 깨달음의 구성요소, … 평온의 깨달음의 구성요소이다.

비구들이여, 이러한 일곱 가지 깨달음의 구성요소를 닦고 많이 [공부]지으면 증장하게 되고 쇠퇴하지 않게 된다."

덮개 경(S46:37)[218]

Āvaraṇa-sutta

3. "비구들이여, 다섯 가지 덮개와 장애[219]가 있나니, 이것은 마음을 압도하고 통찰지를 무력하게 만든다.[220] 무엇이 다섯인가?

비구들이여, 감각적 욕망에 대한 욕구는 덮개요 장애이니, 이것은 마음을 압도하고 통찰지를 무력하게 만든다. 비구들이여, 악의는 덮개요 장애이니, 이것은 마음을 압도하고 통찰지를 무력하게 만든다.

---

218) Ee와 Be에는 본경과 다음 경이 합쳐져서 하나의 경, 즉 「덮개와 장애 경」(Āvaraṇanīvaraṇa Sutta, S46:38)으로 나타나고 있다.

219) "덮는다는 뜻에서 '덮개(āvaraṇa)'이다. 이것은 유익한 법[善法]이 일어나는 것을 처음부터 방해한다(ādito parivārenti)는 뜻이다. 막는다는 뜻에서 '장애(nīvaraṇa)'이다. 이것은 남김없이 모두 제지한다(niravasesato vāra-yanti)는 뜻이다."(AAṬ.iii.22)

220) '통찰지를 무력하게 만든다(paññāya dubbalī-karaṇā).'는 것은 통찰지를 멍청한 상태로 만든다(manda-bhāva-karā)는 말이다. 장애들이 끊이지 않고 일어나면(abhiṇh-uppāda) 사이사이에 일어나는 통찰지가 무력하게 되고 멍청하게 되고 분명하지 못하다(avisadā)는 말이다."(SA.iii.151)
"위빳사나의 통찰지와 도의 통찰지가 일어나는 것을 막는다는 뜻(uppatti-nivāraṇ-aṭṭha)에서 '무력하게 한다(dubbalī-karaṇā).'고 했다."(AA.iii.256)

비구들이여, 해태와 혼침은 덮개요 장애이니, 이것은 마음을 압도하고 통찰지를 무력하게 만든다. 비구들이여, 들뜸과 후회는 [95] 덮개요 장애이니, 이것은 마음을 압도하고 통찰지를 무력하게 만든다. 비구들이여, 의심은 덮개요 장애이니, 이것은 마음을 압도하고 통찰지를 무력하게 만든다.

비구들이여, 이러한 다섯 가지 덮개와 장애가 있나니, 이것은 마음을 압도하고 통찰지를 무력하게 만든다."

4. "비구들이여, 일곱 가지 깨달음의 구성요소는 덮개가 아니요 장애가 아니며 마음의 오염원이 아니니 이를 닦고 많이 [공부]지으면 명지와 해탈의 결실을 실현함으로 인도한다. 무엇이 일곱인가?

비구들이여, 마음챙김의 깨달음의 구성요소는 덮개가 아니요 장애가 아니며 마음의 오염원이 아니니 이를 닦고 많이 [공부]지으면 명지와 해탈의 결실을 실현함으로 인도한다. … 평온의 깨달음의 구성요소는 덮개가 아니요 장애가 아니며 마음의 오염원이 아니니 이를 닦고 많이 [공부]지으면 명지와 해탈의 결실을 실현함으로 인도한다.

비구들이여, 이러한 일곱 가지 깨달음의 구성요소는 덮개가 아니요 장애가 아니며 마음의 오염원이 아니니 이를 닦고 많이 [공부]지으면 명지와 해탈의 결실을 실현함으로 인도한다."

장애 없음 경(S46:38)[221]

Anīvaraṇa-sutta

---

221) Ee와 Be에는 앞의 경에 포함된 것으로 편집되어 있으나 Se에는 독립된 경으로 편집되어 Anīvaraṇa-sutta(장애 없음 경)로 나타난다. 앞의 경과 본 경은 그 주제가 확연히 다르다. 그래서 역자는 보디 스님을 따라서 이것을 독립된 경으로 옮겼다.

3. “비구들이여, 성스러운 제자가 깊이 새기고 마음에 잡도리하고 온 마음을 다하여 몰두하고 귀를 기울여 법을 들으면 그때 그에게는 다섯 가지 장애가 없게 된다. 그리고 그때 그는 일곱 가지 깨달음의 구성요소를 닦아서 성취하게 된다.”

4. “그러면 그때 어떤 다섯 가지 장애가 없게 되는가?

그때 감각적 욕망에 대한 욕구의 장애가 없게 된다. … 그때 의심의 장애가 없게 된다. 그때 이러한 다섯 가지 장애가 없게 된다.”

5. “그러면 그때 어떤 일곱 가지 깨달음의 구성요소를 닦아서 성취하게 되는가?

그때 그는 마음챙김의 깨달음의 구성요소를 닦아서 성취하게 된다. … 법을 간택하는 깨달음의 구성요소를 … 정진의 깨달음의 구성요소를 … 희열의 깨달음의 구성요소를 … 고요함의 깨달음의 구성요소를 … 삼매의 깨달음의 구성요소를 … 그때 그는 평온의 깨달음의 구성요소를 닦아서 성취하게 된다. 그때 그는 이러한 일곱 가지 깨달음의 구성요소를 닦아서 성취하게 된다.”

6. “비구들이여, [96] 성스러운 제자가 깊이 새기고 마음에 잡도리하고 온 마음을 다하여 몰두하고 귀를 기울여 법을 들으면 그때 그에게는 이러한 다섯 가지 장애가 없게 된다. 그리고 그때 그는 이러한 일곱 가지 깨달음의 구성요소를 닦아서 성취하게 된다.”

나무 경(S46:39)
Rukkha-sutta

3. “비구들이여, 자그마한 씨앗을 가졌지만 덩치는 아주 큰 거

목들이 있어서 다른 나무들을 에워싼다. 그러면 에둘러 싸인 나무들은 굽히고 뒤틀려서 파멸하고 만다.

비구들이여, 그러면 자그마한 씨앗을 가졌지만 덩치는 아주 큰 거목들로는 어떤 것이 있는가? 예를 들면 앗사타 나무, 니그로다 나무, 삘락카 나무, 우둠바라 나무, 깟차까 나무, 끼삣타까 나무이다.222) 비구들이여, 자그마한 씨앗을 가졌지만 덩치는 아주 큰 이러한 거목들이 있어서 다른 나무들을 에워싼다. 그러면 에둘러 싸인 나무들은 굽히고 뒤틀려서 파멸하고 만다."

4. "비구들이여, 그와 같이 여기 어떤 좋은 가문의 아들은 감각적 욕망을 버리고 집에서 나와 출가하였지만 그런 감각적 욕망이나 그보다 못한 감각적 욕망 때문에 굽히고 뒤틀려서 파멸하고 만다.'"

5. "비구들이여, 다섯 가지 덮개와 장애가 있어서 그것은 마음을 에워싸고 통찰지를 무력하게 만든다. 무엇이 다섯인가?

비구들이여, 감각적 욕망에 대한 욕구는 덮개이고 장애이니 이것은 마음을 에워싸고 통찰지를 무력하게 만든다. 악의는 … 해태와 혼침은 … 들뜸과 후회는 … 의심은 덮개이고 장애이니 이것은 마음을 에워싸고 통찰지를 무력하게 만든다.

비구들이여, [97] 이러한 다섯 가지 덮개와 장애가 있어서 그것은

---

222) 이러한 나무들은 줄기로 다른 나무를 칭칭 감아서 죽인다. 이런 나무들을 영어로는 *strangling figs*라고 한다. 이런 나무들의 씨앗은 아주 작아서 새나 다람쥐나 원숭이들이 이것을 먹고 다른 나무 위에 똥을 싸면 그 씨앗은 거기서 발아하여 기생하다가 점점 원래 나무를 감아서 죽이고 땅에 뿌리를 내린다고 한다. Emeneau, "The Strangling Figs in Sanskrit Literature," pp. 347~349 참조(보디 스님, 1906쪽 81번 주해 참조).
한편 부처님의 본생담을 담고 있는 『자따까』(Jātaka)에 나타나는 두 개의 이야기(J370과 J412)는 이러한 나무에 비유하여 아무리 작은 것일지라도 악행(pāpa)을 관대하게 대하지 말 것을 설하고 있다. 그것은 처음에는 무해한 것으로 보이지만 나중에는 치명적인 것이 될 수 있기 때문이다.

마음을 에워싸고 통찰지를 무력하게 만든다."

6. "비구들이여, 일곱 가지 깨달음의 구성요소는 덮개가 아니요 장애가 아니며 마음을 에워싸지 않나니 이를 닦고 많이 [공부]지으면 그것은 명지와 해탈의 결실을 실현함으로 인도한다. 무엇이 일곱인가?

비구들이여, 마음챙김의 깨달음의 구성요소는 덮개가 아니요 장애가 아니며 마음을 에워싸지 않나니 이를 닦고 많이 [공부]지으면 명지와 해탈의 결실을 실현함으로 인도한다. … 법을 간택하는 깨달음의 구성요소는 … 정진의 깨달음의 구성요소는 … 희열의 깨달음의 구성요소는 … 고요함의 깨달음의 구성요소는 … 삼매의 깨달음의 구성요소는 … 평온의 깨달음의 구성요소는 덮개가 아니요 장애가 아니며 마음을 에워싸지 않나니 이를 닦고 많이 [공부]지으면 명지와 해탈의 결실을 실현함으로 인도한다.

비구들이여, 이러한 일곱 가지 깨달음의 구성요소는 덮개가 아니요 장애가 아니며 마음을 에워싸지 않나니 이를 닦고 많이 [공부]지으면 명지와 해탈의 결실을 실현함으로 인도한다."

장애 경(S46:40)

Nīvaraṇa-sutta

3. "비구들이여, 다섯 가지 장애는 어둠을 만들고 안목을 없애버리고 무지를 만들고 통찰지를 소멸시키고 곤혹스러움에 빠지게 하고 열반으로 인도하지 못한다. 무엇이 다섯인가?

비구들이여, 감각적 욕망에 대한 욕구는 어둠을 만들고 안목을 없애버리고 무지를 만들고 통찰지를 소멸시키고 곤혹스러움에 빠지게 하고 열반으로 인도하지 못한다. 악의는 … 해태와 혼침은 … 들뜸과 후회는 … 의심은 어둠을 만들고 안목을 없애버리고 무지를 만들고 통찰지를 소멸시키고 곤혹스러움에 빠지게 하고 열반으로 인도하지 못한다.

비구들이여, 이러한 다섯 가지 장애는 어둠을 만들고 안목을 없애버리고 무지를 만들고 통찰지를 소멸시키고 곤혹스러움에 빠지게 하고 열반으로 인도하지 못한다."

4. "비구들이여, 일곱 가지 깨달음의 구성요소는 안목을 만들고 지혜를 만들고 통찰지를 증장시키고 곤혹스러움에 빠지지 않게 하고 열반으로 인도한다. 무엇이 일곱인가?

비구들이여, 마음챙김의 깨달음의 구성요소는 안목을 만들고 지혜를 만들고 통찰지를 증장시키고 곤혹스러움에 빠지지 않게 하고 열반으로 인도한다. … 법을 간택하는 깨달음의 구성요소는 … 정진의 깨달음의 구성요소는 … 희열의 깨달음의 구성요소는 … 고요함의 깨달음의 구성요소는 … 삼매의 깨달음의 구성요소는 … 평온의 깨달음의 구성요소는 안목을 만들고 지혜를 만들고 통찰지를 증장시키고 곤혹스러움에 빠지지 않게 하고 열반으로 인도한다.

비구들이여, 이러한 [98] 일곱 가지 깨달음의 구성요소는 안목을 만들고 지혜를 만들고 통찰지를 증장시키고 곤혹스러움에 빠지지 않게 하고 열반으로 인도한다."

제4장 장애 품이 끝났다.

네 번째 품에 포함된 경들의 목록은 다음과 같다.

두 가지 ①~② 유익함 ③ 오염원 ④ 오염원 아님
⑤ 지혜롭게 마음에 잡도리함 ⑥ 증장 ⑦ 덮개
⑧ 장애 없음 ⑨ 나무 ⑩ 장애 — 이러한 열 가지이다.

제5장 전륜성왕 품

Cakkavatti-vagga

자만심 경(S46:41)

Vidhā-sutta

3. "비구들이여, 과거의 사문들이나 바라문들은 세 가지 자만심223)을 제거하였고 그들은 모두 일곱 가지 깨달음의 구성요소를 닦고 많이 [공부]지었다. 비구들이여, 미래의 사문들이나 바라문들은 세 가지 자만심을 제거할 것이고 그들은 모두 일곱 가지 깨달음의 구성요소를 닦고 많이 [공부]지을 것이다. 비구들이여, 현재의 사문들이나 바라문들은 세 가지 자만심을 제거하고 그들은 모두 일곱 가지 깨달음의 구성요소를 닦고 많이 [공부]짓는다. 그러면 어떤 일곱 가지 깨달음의 구성요소를 닦고 많이 [공부]짓는가?

그것은 마음챙김의 깨달음의 구성요소, … 평온의 깨달음의 구성요소이다.

비구들이여, 과거의 … 미래의 … 현재의 사문들이나 바라문들은 세 가지 자만심을 제거하고 그들은 모두 이러한 일곱 가지 깨달음의 구성요소를 닦고 많이 [공부]짓는다."

전륜성왕 경(S46:42)

Cakkavatti-sutta

3. "비구들이여, [99] 전륜성왕224)이 출현하면 일곱 가지 보배

---

223) '세 가지 자만심'(tisso vidhā)은 본서 「자만심 경」(S45:162)과 주해를 참조할 것.

[七寶]가 출현한다. 어떤 일곱 가지가 출현하는가?

윤보(輪寶)가 출현한다. 상보(象寶)가 출현한다. … 마보(馬寶)가 출현한다. … 보배보(寶貝寶)가 출현한다. … 여인보(女人寶)가 출현한다. … 장자보(長子寶)가 출현한다. … 주장신보(主將臣寶)가 출현한다.

비구들이여, 전륜성왕이 출현하면 이러한 일곱 가지 보배가 출현한다."

4. "비구들이여, 여래·아라한·정등각자가 출현하면 일곱 가지 깨달음의 구성요소가 출현한다. 어떤 일곱 가지가 출현하는가?

마음챙김의 깨달음의 구성요소가 출현한다. … 법을 간택하는 깨달음의 구성요소가 … 정진의 깨달음의 구성요소가 … 희열의 깨달음의 구성요소가 … 고요함의 깨달음의 구성요소가 … 삼매의 깨달음의 구성요소가 … 평온의 깨달음의 구성요소가 출현한다.

비구들이여, 여래·아라한·정등각자가 출현하면 이러한 일곱 가지 깨달음의 구성요소가 출현한다."

마라 경(S46:43)
Māra-sutta

2. "비구들이여, 그대들에게 마라의 군대를 정복하는 도를 설하리라. … <S45:21 §3> …

3. "비구들이여, 그러면 어떤 것이 마라의 군대를 정복하는 도인가? 그것은 바로 일곱 가지 깨달음의 구성요소이다. 무엇이 일곱

---

224) '전륜성왕(rāja cakkavati)'은 불교문헌에 나타나는 이상적인 왕이다. 전륜성왕에 대한 자세한 묘사는 『디가 니까야』 「마하수닷사나 경」(D17/ii.172~177)과 『맛지마 니까야』 「현우경」(M129/iii.172~176) 등을 참조할 것.

인가?

마음챙김의 깨달음의 구성요소, … 평온의 깨달음의 구성요소이다. 비구들이여, 이것이 바로 마라의 군대를 정복하는 도이다."

통찰지 없음 경(S46:44)

Duppañña-sutta

2. 그때 어떤 비구가 세존께 다가갔다. 가서는 세존께 절을 올리고 한 곁에 앉았다. 한 곁에 앉은 그 비구는 세존께 이렇게 여쭈었다.

3. "세존이시여, '통찰지가 없는 멍청이'라고들 합니다. 세존이시여, 어째서 통찰지가 없는 멍청이라고 합니까?"

4. "비구여, 일곱 가지 깨달음의 구성요소를 닦지 않고 많이 [공부]짓지 않기 때문에 통찰지가 없는 멍청이라고 한다. 어떤 것이 [100] 일곱인가?

마음챙김의 깨달음의 구성요소, … 평온의 깨달음의 구성요소이다. 비구여, 이러한 일곱 가지 깨달음의 구성요소를 닦지 않고 많이 [공부]짓지 않기 때문에 통찰지가 없는 멍청이라고 한다."

통찰지를 가짐 경(S46:45)

Paññavā-sutta

3. "세존이시여, '통찰지를 가진 멍청하지 않은 자'라고들 합니다. 세존이시여, 어째서 통찰지를 가진 멍청하지 않은 자라고 합니까?"

4. "비구여, 일곱 가지 깨달음의 구성요소를 닦고 많이 [공부]

짓기 때문에 통찰지를 가진 멍청하지 않은 자라고 한다. 어떤 것이 일곱인가?

마음챙김의 깨달음의 구성요소, … 평온의 깨달음의 구성요소이다.

비구여, 이러한 일곱 가지 깨달음의 구성요소를 닦고 많이 [공부]짓기 때문에 통찰지를 가진 멍청하지 않은 자라고 한다."

가난뱅이 경(S46:46)

Dalidda-sutta

3. "세존이시여, '가난뱅이, 가난뱅이'라고들 합니다. 세존이시여, 어째서 가난뱅이라고 합니까?"

4. "비구여, 일곱 가지 깨달음의 구성요소를 닦지 않고 많이 [공부]짓지 않기 때문에 가난뱅이라고 한다. 어떤 것이 일곱인가?

마음챙김의 깨달음의 구성요소, … 평온의 깨달음의 구성요소이다.

비구여, 이러한 일곱 가지 깨달음의 구성요소를 닦지 않고 많이 [공부]짓지 않기 때문에 가난뱅이라고 한다."

부자 경(S46:47)

Adalidda-sutta

3. "세존이시여, '부자, 부자'라고들 합니다. 세존이시여, 어째서 부자라고 합니까?"

4. "비구여, 일곱 가지 깨달음의 구성요소를 닦고 많이 [공부]짓기 때문에 부자라고 한다. 어떤 것이 일곱인가?

마음챙김의 깨달음의 구성요소, … 평온의 깨달음의 구성요소이다.

비구여, 이러한 일곱 가지 깨달음의 구성요소를 닦고 많이 [공부]

짓기 때문에 부자라고 한다.”

태양 경(S46:48)

Ādicca-sutta

3. “비구들이여, [101] 태양이 떠오를 때 여명이 앞장서고 여명이 전조가 되듯이, 비구에게 일곱 가지 깨달음의 구성요소가 생길 때에는 좋은 친구[善友]가 앞장서고 좋은 친구가 전조가 된다.

비구들이여, 비구가 좋은 친구를 가지면 ‘그는 일곱 가지 깨달음의 구성요소를 닦을 것이다. 그는 일곱 가지 깨달음의 구성요소를 많이 [공부]지을 것이다.’라는 것이 기대된다.”

4. “비구들이여, 그러면 좋은 친구를 가진 비구는 어떻게 일곱 가지 깨달음의 구성요소를 닦고 어떻게 일곱 가지 깨달음의 구성요소를 많이 [공부]짓는가?

비구들이여, 여기 비구는 떨쳐버림을 의지하고 탐욕의 빛바램을 의지하고 소멸을 의지하고 철저한 버림으로 기우는 마음챙김의 깨달음의 구성요소를 닦는다. … 법을 간택하는 깨달음의 구성요소를 닦는다. … 정진의 깨달음의 구성요소를 닦는다. … 희열의 깨달음의 구성요소를 닦는다. … 고요함의 깨달음의 구성요소를 닦는다. … 삼매의 깨달음의 구성요소를 닦는다. … 평온의 깨달음의 구성요소를 닦는다.

비구들이여, 좋은 친구를 가진 비구는 이렇게 일곱 가지 깨달음의 구성요소를 닦고 이렇게 일곱 가지 깨달음의 구성요소를 많이 [공부]짓는다.”

내적인 구성요소 경(S46:49)

Ajjhattikaṅga-sutta

3. "비구들이여, 일곱 가지 깨달음의 구성요소를 생기게 하는 내적인 구성요소에 관한 한 나는 이것 외에 다른 어떤 하나의 구성요소도 보지 못하나니, 그것은 바로 지혜롭게 마음에 잡도리함이다.

비구들이여, 비구가 지혜롭게 마음에 잡도리하면 '그는 일곱 가지 깨달음의 구성요소를 닦을 것이다. 그는 일곱 가지 깨달음의 구성요소를 많이 [공부]지을 것이다.'라는 것이 기대된다."

4. "비구들이여, 그러면 지혜롭게 마음에 잡도리하는 비구는 어떻게 일곱 가지 깨달음의 구성요소를 닦고 어떻게 일곱 가지 깨달음의 구성요소를 많이 [공부]짓는가?

비구들이여, 여기 비구는 떨쳐버림을 의지하고 탐욕의 빛바램을 의지하고 소멸을 의지하고 철저한 버림으로 기우는 마음챙김의 깨달음의 구성요소를 닦는다. … 법을 간택하는 깨달음의 구성요소를 닦는다. … 정진의 깨달음의 구성요소를 닦는다. … 희열의 깨달음의 구성요소를 닦는다. … 고요함의 깨달음의 구성요소를 닦는다. … 삼매의 깨달음의 구성요소를 닦는다. … 평온의 깨달음의 구성요소를 닦는다.

비구들이여, 지혜롭게 마음에 잡도리하는 비구는 이와 같이 일곱 가지 깨달음의 구성요소를 닦고 이와 같이 일곱 가지 깨달음의 구성요소를 많이 [공부]짓는다."

외적인 구성요소 경(S46:50)

Bāhiraṅga-sutta

3. "비구들이여, [102] 일곱 가지 깨달음의 구성요소를 생기게 하는 외적인 구성요소에 관한 한 나는 이것 외에 다른 어떤 하나의 구성요소도 보지 못하나니, 그것은 바로 좋은 친구[善友]를 가짐이다.

비구들이여, 비구가 좋은 친구를 가지면 '그는 일곱 가지 깨달음의 구성요소를 닦을 것이다. 그는 일곱 가지 깨달음의 구성요소를 많이 [공부]지을 것이다.'라는 것이 기대된다."

4. "비구들이여, 그러면 좋은 친구를 가진 비구는 어떻게 일곱 가지 깨달음의 구성요소를 닦고 어떻게 일곱 가지 깨달음의 구성요소를 많이 [공부]짓는가?

비구들이여, 여기 비구는 떨쳐버림을 의지하고 탐욕의 빛바램을 의지하고 소멸을 의지하고 철저한 버림으로 기우는 마음챙김의 깨달음의 구성요소를 닦는다. … 평온의 깨달음의 구성요소를 닦는다.

비구들이여, 좋은 친구를 가진 비구는 이와 같이 일곱 가지 깨달음의 구성요소를 닦고 이와 같이 일곱 가지 깨달음의 구성요소를 많이 [공부]짓는다."

제5장 전륜성왕 품이 끝났다.

다섯 번째 품에 포함된 경들의 목록은 다음과 같다.

① 자만심 ② 전륜성왕 ③ 마라
④ 통찰지 없음 ⑤ 통찰지를 가짐
⑥ 가난뱅이 ⑦ 부자 ⑧ 태양
⑨ 내적인 구성요소 ⑩ 외적인 구성요소이다.

제6장 담론 품

Sākaccha-vagga

자양분 경(S46:51)

Āhāra-sutta

3. "비구들이여, 다섯 가지 장애와 일곱 가지 깨달음의 구성요소의 자양분225)과 자양분이 아닌 것을 설하리라. 그것을 잘 들어라." …

(i) 장애의 자양분(Āhāro nīvaraṇānaṁ)226)

4. "비구들이여, 그러면 무엇이 아직 일어나지 않은 감각적 욕망에 대한 욕구를 일어나게 하고 이미 일어난 감각적 욕망에 대한 욕구를 늘리고 [103] 드세게 만드는 자양분인가?

비구들이여, 아름다운 표상이 있어 거기에 지혜롭지 못하게 마음에 잡도리하기를 많이 지으면, 이것이 아직 일어나지 않은 감각적 욕망에 대한 욕구를 일어나게 하고 이미 일어난 감각적 욕망에 대한 욕구를 더욱 증장하게 하고 충만하게 만드는 자양분이다."

5. "비구들이여, 그러면 무엇이 아직 일어나지 않은 악의를 일어나게 하고 이미 일어난 악의를 더욱 증장하게 하고 충만하게 만드

---

225) 이미 본서 「몸 경」(46:2) §3의 주해에서 밝혔듯이 본서 전체에서 '자양분'으로 옮기고 있는 원어는 āhāra인데 이것은 일반적으로 '음식'으로 옮겨지는 술어이다. 그런데 이것이 전문적인 술어로 사용되면 조건[緣]을 뜻하기 때문에 자양분으로 옮기고 있음을 밝힌다.

226) 본경의 (i)과 (ii)는 본서 「몸 경」(46:2)과 일치한다.

는 자양분인가?

비구들이여, 적의를 일으키는 표상이 있어 거기에 지혜롭지 못하게 마음에 잡도리하기를 많이 지으면 아직 일어나지 않은 악의를 일어나게 하고 이미 일어난 악의를 더욱 증장하게 하고 충만하게 만드는 자양분이다.

6. "비구들이여, 그러면 무엇이 아직 일어나지 않은 해태와 혼침을 일어나게 하고 이미 일어난 해태와 혼침을 더욱 증장하게 하고 충만하게 만드는 자양분인가?

비구들이여, 권태로움, 나른함, 무기력함, 식곤증, 정신적 태만이 있어 거기에 지혜롭지 못하게 마음에 잡도리하기를 많이 지으면 이것이 아직 일어나지 않은 해태와 혼침을 일어나게 하고 이미 일어난 해태와 혼침을 더욱 증장하게 하고 충만하게 만드는 자양분이다.

7. "비구들이여, 그러면 무엇이 아직 일어나지 않은 들뜸과 후회를 일어나게 하고 이미 일어난 들뜸과 후회를 더욱 증장하게 하고 충만하게 만드는 자양분인가?

비구들이여, 마음이 고요하지 못한 것에 대해 지혜롭지 못하게 마음에 잡도리하기를 많이 지으면 이것이 아직 일어나지 않은 들뜸과 후회를 일어나게 하고 이미 일어난 들뜸과 후회를 더욱 증장하게 하고 충만하게 만드는 자양분이다.

8. "비구들이여, 그러면 무엇이 아직 일어나지 않은 의심을 일어나게 하고 이미 일어난 의심을 더욱 증장하게 하고 충만하게 만드는 자양분인가?

비구들이여, 의심스러운 것들이 있어 거기에 지혜롭지 못하게 마음에 잡도리하기를 많이 지으면 이것이 아직 일어나지 않은 의심을 일어나게 하고 이미 일어난 의심을 더욱 증장하게 하고 충만하게 만드는 자양분이다."

(ii) 깨달음의 구성요소의 자양분(Āhāro bojjhaṅgānaṁ)[227]

9. "비구들이여, 그러면 무엇이 아직 일어나지 않은 마음챙김의 깨달음의 구성요소를 일어나게 하고 이미 일어난 마음챙김의 깨달음의 구성요소를 닦아서 성취하게 하는 자양분인가?

비구들이여, 마음챙김의 깨달음의 구성요소를 확립시키는 [104] 법들이 있어 거기에 지혜롭게 마음에 잡도리하기를 많이 [공부]지으면 이것이 아직 일어나지 않은 마음챙김의 깨달음의 구성요소를 일어나게 하고 이미 일어난 마음챙김의 깨달음의 구성요소를 닦아서 성취하게 하는 자양분이다."[228]

10. "비구들이여, 그러면 무엇이 아직 일어나지 않은 법을 간택하는 깨달음의 구성요소를 일어나게 하고 이미 일어난 법을 간택하는 깨달음의 구성요소를 닦아서 성취하게 하는 자양분인가?

---

227) 주석서는 깨달음의 구성요소들을 성취하는 자양분으로 새로운 내용을 덧붙이고 있다. 이것은 『디가 니까야』 「대념처경」(D22)에 해당하는 『디가 니까야 주석서』(DA)에도 그대로 나타나고 있기도 하다. 역자는 이미 「대념처경」(D22)과 그 주석서(DA.iii.741~806)를 함께 엮어서 『네 가지 마음챙기는 공부』로 번역·출간한 바 있다. 그러므로 이 책의 해당부분을 참조하기를 바란다. 이하 본경을 주해하면서 역자는 이 가운데 제목만을 주해에서 인용할 것이다. 더 자세한 내용을 알기를 원하는 분들은 『네 가지 마음챙기는 공부』 235~258쪽을 참조하기 바란다. 그리고 Soma Thera, *The Way of Mindfulness*, pp.174~190도 참조할 것. 아울러 이 제목은 간단한 설명과 함께 『청정도론』 IV.54~62에도 나타나고 있다.

228) "나아가서 네 가지 법이 있어 마음챙김의 깨달음의 구성요소를 일어나게 한다. 그것은 (1) 마음챙기고 분명하게 알아차림(正念正知) (2) 마음챙김을 잊어버린 사람을 피함 (3) 마음챙김을 확립한 사람을 친근함 (4) 이것을 확신함이다."(SA.iii.155)

비구들이여, 유익하거나 해로운 법들, 나무랄 데 없는 것과 나무라야 마땅한 법들, 받들어 행해야 하는 것과 받들어 행하지 말아야 하는 법들, 고상한 것과 천박한 법들, 흑백으로 상반되는 갖가지 법들이 있어 거기에 지혜롭게 마음에 잡도리하기를 많이 [공부]지으면 이것이 아직 일어나지 않은 법을 간택하는 깨달음의 구성요소를 일어나게 하고 이미 일어난 법을 간택하는 깨달음의 구성요소를 닦아서 성취하게 하는 자양분이다."[229]

11. "비구들이여, 그러면 무엇이 아직 일어나지 않은 정진의 깨달음의 구성요소를 일어나게 하고 이미 일어난 정진의 깨달음의 구성요소를 닦아서 성취하게 하는 자양분인가?

비구들이여, [정진을] 시작하는 요소와 벗어나는 요소와 분발하는 요소가 있어 거기에 지혜롭게 마음에 잡도리하기를 많이 [공부]지으면 이것이 아직 일어나지 않은 정진의 깨달음의 구성요소를 일어나게 하고 이미 일어난 정진의 깨달음의 구성요소를 닦아서 성취하게 하는 자양분이다."[230]

12. "비구들이여, 그러면 무엇이 아직 일어나지 않은 희열의 깨달음의 구성요소를 일어나게 하고 이미 일어난 희열의 깨달음의 구

229) "나아가서 일곱 가지 법들이 있어 법을 간택하는 깨달음의 구성요소를 일어나게 한다. 그것은 (1) 탐구함 (2) 토대를 깨끗하게 함 (3) 기능(五根)을 조화롭게 닦음 (4) 지혜 없는 사람을 피함 (5) 지혜로운 사람을 친근함 (6) 심오한 지혜로 행해야 할 것에 대해 반조함 (7) 이것을 확신함이다."(SA.iii.156)

230) "나아가서 11가지 법이 있어 정진의 깨달음의 구성요소를 일어나게 한다. (1) 악처 등의 두려움을 반조함 (2) 이점을 봄 (3) 가야 할 길의 과정을 반조함 (4) 탁발한 음식을 공경함 (5) [정법의] 유산의 위대함을 반조함 (6) 스승의 위대함을 반조함 (7) 태생의 위대함을 반조함 (8) 동료수행자들의 위대함을 반조함 (9) 게으른 사람을 멀리함 (10) 부지런히 정진하는 자를 친근함 (11) 그것에 대해 마음을 기울임이다."(SA.iii.158)

성요소를 닦아서 성취하게 하는 자양분인가?

비구들이여, 희열의 깨달음의 구성요소를 확립시키는 법들이 있어 거기에 지혜롭게 마음에 잡도리하기를 많이 [공부]지으면 이것이 아직 일어나지 않은 희열의 깨달음의 구성요소를 일어나게 하고 이미 일어난 희열의 깨달음의 구성요소를 닦아서 성취하게 하는 자양분이다."231)

13. "비구들이여, 그러면 무엇이 아직 일어나지 않은 고요함의 깨달음의 구성요소를 일어나게 하고 이미 일어난 고요함의 깨달음의 구성요소를 닦아서 성취하게 하는 자양분인가?

비구들이여, 몸의 고요함과 마음의 고요함이 있어 거기에 지혜롭게 마음에 잡도리하기를 많이 [공부]지으면 이것이 아직 일어나지 않은 고요함의 깨달음의 구성요소를 일어나게 하고 이미 일어난 고요함의 깨달음의 구성요소를 닦아서 성취하게 하는 자양분이다."232)

14. "비구들이여, [105] 그러면 무엇이 아직 일어나지 않은 삼매의 깨달음의 구성요소를 일어나게 하고 이미 일어난 삼매의 깨달음의 구성요소를 닦아서 성취하게 하는 자양분인가?

---

231) "나아가서 11가지 법이 희열의 깨달음의 구성요소를 일어나게 한다. (1) 부처님을 계속해서 생각함(佛隨念) (2) 법을 계속해서 생각함(法隨念) (3) 승가를 계속해서 생각함(僧隨念) (4) 계를 계속해서 생각함(戒隨念) (5) 관대함을 계속해서 생각함(捨隨念) (6) 천신을 계속해서 생각함(天隨念) (7) 고요함을 계속해서 생각함(止息隨念) (8) 거친 자를 멀리 함 (9) 인자한 자를 섬김 (10) 신심을 일으키는 경들을 반조함 (11) 그것에 대해 마음을 기울임이다."(SA.iii.161)

232) "나아가서 일곱 가지 법이 고요함의 깨달음의 구성요소를 일어나게 한다. 그것은 (1) 좋은 음식을 수용함 (2) 안락한 기후에 삶 (3) 편안한 자세를 취함 (4) 적절한 노력 (5) 포악한 사람을 멀리함 (6) 몸이 고요한 사람을 친근함 (7) 그것에 대해 마음을 기울임이다."(SA.iii.162)

비구들이여, 사마타의 표상과 산란함이 없는 표상이 있어 거기에 지혜롭게 마음에 잡도리하기를 많이 [공부]지으면 이것이 아직 일어나지 않은 삼매의 깨달음의 구성요소를 일어나게 하고 이미 일어난 삼매의 깨달음의 구성요소를 닦아서 성취하게 하는 자양분이다."[233]

15. "비구들이여, 그러면 무엇이 아직 일어나지 않은 평온의 깨달음의 구성요소를 일어나게 하고 이미 일어난 평온의 깨달음의 구성요소를 닦아서 성취하게 하는 자양분인가?

비구들이여, 평온의 깨달음의 구성요소를 확립시키는 법들이 있어 거기에 지혜롭게 마음에 잡도리하기를 많이 [공부]지으면 이것이 아직 일어나지 않은 평온의 깨달음의 구성요소를 일어나게 하고 이미 일어난 평온의 깨달음의 구성요소를 닦아서 성취하게 하는 자양분이다."[234]

(iii) 장애의 자양분이 아닌 것(Anāhāro nīvaraṇānaṁ)[235]

---

233) "나아가서 11가지 법이 있어 삼매의 깨달음의 구성요소를 일어나게 한다. 그것은 (1) 토대들을 깨끗하게 함 (2) 모든 기능들을 고르게 조절함 (3) 표상에 대한 능숙함 (4) 적당한 때에 마음을 분발함 (5) 적당한 때에 마음을 절제함 (6) 적당한 때에 격려함 (7) 적당한 때에 평온하게 함 (8) 삼매에 들지 않은 사람을 멀리함 (9) 삼매에 든 사람을 친근함 (10) 禪과 해탈을 반조함 (11) 그것에 대해 마음을 기울임이다."(SA.iii.163)

234) "나아가서 다섯 가지 법이 있어 평온의 깨달음의 구성요소를 일어나게 한다. 그것은 (1) 중생에 대한 중립적인 태도 (2) 상카라(行)에 대한 중립적인 태도 (3) 중생과 상카라에 대해 애착을 가지는 사람을 멀리함 (4) 중생과 상카라에 대해 중립을 지키는 사람을 친근함 (5) 그것에 대해 마음을 기울임이다."(SA.iii. 164)

235) 여기서도 주석서는 다섯 가지 장애를 제거하는 새로운 내용을 덧붙이고 있다. 이것은 『디가 니까야』 「대념처경」(D22)에 해당하는 『디가 니까야 주석서』(DA)에도 그대로 나타나고 있기도 하다. 역자는 본경을 주해하면서 여기서도 이 가운데 제목만을 주해에서 인용할 것이다. 더 자세한 내용을 알기를 원하는 분들은 『네 가지 마음챙기는 공부』 214~228쪽을 참조하기 바

16. "비구들이여, 그러면 무엇이 아직 일어나지 않은 감각적 욕망에 대한 욕구를 일어나게 하고 이미 일어난 감각적 욕망에 대한 욕구를 더욱 증장하게 하고 충만하게 만드는 자양분이 아닌 것인가?

비구들이여, 부정한 표상[不淨相][236]이 있어 거기에 지혜롭게 마음에 잡도리하기를 많이 [공부]지으면, 이것이 아직 일어나지 않은 감각적 욕망에 대한 욕구를 일어나게 하고 이미 일어난 감각적 욕망에 대한 욕구를 더욱 증장하게 하고 충만하게 만드는 자양분이 아닌 것이다."[237]

란다. 그리고 Soma Thera, *The Way of Mindfulness*, pp.155~167도 참조할 것.

236) "'부정한 표상[不淨相, asubha-nimitta]'이란 부푼 것 등의 열 가지 부정함의 대상(dasa asubh-ārammaṇā)인 법들이다."(SA.iii.165)
이것은 시체의 부패 정도에 따라서 10가지로 나눈 것이다. 그 열 가지는 ① 부푼 것 ② 검푸른 것 ③ 문드러진 것 ④ 끊어진 것 ⑤ 뜯어 먹힌 것 ⑥ 흩어져 있는 것 ⑦ 난도질당하여 뿔뿔이 흩어진 것 ⑧ 피가 흐르는 것 ⑨ 벌레가 버글거리는 것 ⑩ 해골이 된 것인데 『청정도론』 VI.1~11에 상세하게 설명되어 있다.
그런데 경에서 부정의 인식(asubha-saññā)은 『앙굿따라 니까야』 「기리마난다 경」(A10:60/v.109) 등에서 몸의 31가지 부위(『무애해도』와 주석서 문헌에서 32가지가 됨, 「대념처경」(D22) §5의 주해 참조)를 주시하는 것이라고 설명되고 있다.

237) "나아가서 감각적 욕망에 대한 욕구(kāmacchanda)를 제거하기 위한 여섯 가지 법들이 있나니 그것은 (1) 부정한 표상(不淨相, asubhanimitta)을 지님(배움) (2) 부정함을 닦기(asubha-bhāvanā)에 전념함 (3) 감각의 문들을 잘 단속함 (4) 음식에서 적당함을 앎 (5) 훌륭한 도반(선지식)을 만남 (6) 적절한 대화이다.
이러한 여섯 가지 방법으로 [일시적으로] 제거된 감각적 욕망에 대한 욕구는 아라한도에 의해서 완전히 제거된다.(여기서 말하는 감각적 욕망에 대한 욕구는 아비담마의 방법(abhidhamma-pariyāya)에 의하면 모든 탐욕[貪, lobha]을 나타내기 때문이다. – SAṬ.iii.148)"(SA.iii.165)

17. "비구들이여, 그러면 무엇이 아직 일어나지 않은 악의를 일어나게 하고 이미 일어난 악의를 더욱 증장하게 하고 충만하게 만드는 자양분이 아닌 것인가?

비구들이여, 자애를 통한 마음의 해탈[慈心解脫]이 있어 거기에 지혜롭게 마음에 잡도리하기를 많이 [공부]지으면, 이것이 아직 일어나지 않은 악의를 일어나게 하고 이미 일어난 악의를 더욱 증장하게 하고 충만하게 만드는 자양분이 아닌 것이다.[238)]

18. "비구들이여, 그러면 무엇이 아직 일어나지 않은 해태와 혼침을 일어나게 하고 이미 일어난 해태와 혼침을 더욱 증장하게 하고 충만하게 만드는 자양분이 아닌 것인가?

비구들이여, [정진을] 시작하는 요소와 벗어나는 요소와 분발하는 요소[239)]가 있어 거기에 지혜롭게 마음에 잡도리하기를 많이 [공부]지으면 이것이 아직 일어나지 않은 해태와 혼침을 [106] 일어나게 하고 이미 일어난 해태와 혼침을 더욱 증장하게 하고 충만하게 만드는 자양분이 아닌 것이다.[240)]

---

238) "나아가서 악의(byāpāda)를 제거하기 위한 여섯 가지 법들이 있나니 그것은 (1) 자애의 표상을 지님(배움) (2) 자애를 닦기에 전념함 (3) 자기 자신이 바로 자기 업의 주인이며, 상속자임을 명심함 (4) 이에 관해 거듭해서 숙고함 (5) 훌륭한 도반 (6) 적절한 대화이다. 악의는 불환도에 의해서 완전하게 제거된다."(SA.iii.166)

239) 세 가지 정진을 구성하는 요소에 대한 설명은 본서 「몸 경」(S46:2) §13의 주해를 참조할 것.

240) "나아가서 해태와 혼침(thīna-middha)을 제거하기 위한 여섯 가지 법들이 있다. 그것은 (1) 과식이 그 원인이라는 것을 아는 것 (2) 자세를 바꿈 (3) 광명상(光明想, āloka-saññā)을 마음에 잡도리함 (4) 옥외에 머묾 (5) 훌륭한 도반 (6) 적절한 대화이다. 해태와 혼침은 아라한도에 의해서 완전히 제거된다."(SA.iii.166)

19. "비구들이여, 그러면 무엇이 아직 일어나지 않은 들뜸과 후회를 일어나게 하고 이미 일어난 들뜸과 후회를 더욱 증장하게 하고 충만하게 만드는 자양분이 아닌 것인가?

비구들이여, 마음이 고요한 것에 대해 지혜롭게 마음에 잡도리하기를 많이 [공부]지으면 이것이 아직 일어나지 않은 들뜸과 후회를 일어나게 하고 이미 일어난 들뜸과 후회를 더욱 증장하게 하고 충만하게 만드는 자양분이 아닌 것이다.[241]

20. "비구들이여, 그러면 무엇이 아직 일어나지 않은 의심을 일어나게 하고 이미 일어난 의심을 더욱 증장하게 하고 충만하게 만드는 자양분이 아닌 것인가?

비구들이여, 유익하거나 해로운 법들, 나무랄 데 없는 것과 나무라야 마땅한 법들, 받들어 행해야 하는 것과 받들어 행하지 말아야 하는 법들, 고상한 것과 천박한 법들, 흑백으로 상반되는 갖가지 법들이 있어 거기에 지혜롭게 마음에 잡도리하기를 많이 [공부]지으면 이것이 아직 일어나지 않은 의심을 일어나게 하고 이미 일어난 의심을 더욱 증장하게 하고 충만하게 만드는 자양분이 아닌 것이다."[242]

---

241) "나아가서 들뜸과 후회(uddhacca-kukkucca)를 제거하기 위한 여섯 가지 법들이 있다. 그것은 (1) [경을] 많이 배움 (2) [경을] 탐구함 (3) 계율을 숙지함 (4) 연륜과 경험이 풍부한 분들을 친근함 (5) 훌륭한 도반 (6) 적절한 대화이다. 들뜸은 아라한도에서 완전히 제거되고 후회는 불환도에서 완전히 제거 된다."(SA.iii.167)

242) "나아가서 의심(vicikicchā)을 제거하기 위한 여섯 가지 법들이 있다. 그것은 (1) [경을] 많이 배움 (2) [경을] 탐구함 (3) 계율을 숙지함 (4) [불·법·승 삼보에 대한] 확고한 믿음을 가짐 (5) 훌륭한 도반 (6) 적절한 대화이다. 의심은 예류도에서 완전히 제거된다."(SA.iii.167)

(iv) 깨달음의 구성요소의 자양분이 아닌 것(Anāhāro bojjhaṅgānaṁ)

21. "비구들이여, 그러면 무엇이 아직 일어나지 않은 마음챙김의 깨달음의 구성요소를 일어나게 하고 이미 일어난 마음챙김의 깨달음의 구성요소를 닦아서 성취하게 하는 자양분이 아닌 것인가?

비구들이여, 마음챙김의 깨달음의 구성요소를 확립시키는 법들이 있는데 이것을 자주 마음에 잡도리하지 않으면 이것이 아직 일어나지 않은 마음챙김의 깨달음의 구성요소를 일어나게 하고 이미 일어난 마음챙김의 깨달음의 구성요소를 닦아서 성취하게 하는 자양분이 아닌 것이다."

22. "비구들이여, 그러면 무엇이 아직 일어나지 않은 법을 간택하는 깨달음의 구성요소를 일어나게 하고 이미 일어난 법을 간택하는 깨달음의 구성요소를 닦아서 성취하게 하는 자양분이 아닌 것인가?

비구들이여, 유익하거나 해로운 법들, 나무랄 데 없는 것과 나무라야 마땅한 법들, 받들어 행해야 하는 것과 받들어 행하지 말아야 하는 법들, 고상한 것과 천박한 법들, 흑백으로 상반되는 갖가지 법들이 있는데 이것을 자주 마음에 잡도리하지 않으면 이것이 아직 일어나지 않은 법을 간택하는 깨달음의 구성요소를 일어나게 하고 이미 일어난 법을 간택하는 깨달음의 구성요소를 닦아서 성취하게 하는 자양분이 아닌 것이다."

23. "비구들이여, 그러면 무엇이 아직 일어나지 않은 정진의 깨달음의 구성요소를 일어나게 하고 이미 일어난 정진의 깨달음의 구성요소를 닦아서 성취하게 하는 [107] 자양분이 아닌 것인가?

비구들이여, [정진을] 시작하는 요소와 벗어나는 요소와 분발하는 요소가 있는데 이것을 자주 마음에 잡도리하지 않으면 이것이 아직 일어나지 않은 정진의 깨달음의 구성요소를 일어나게 하고 이미 일어난 정진의 깨달음의 구성요소를 닦아서 성취하게 하는 자양분이 아닌 것이다."

24. "비구들이여, 그러면 무엇이 아직 일어나지 않은 희열의 깨달음의 구성요소를 일어나게 하고 이미 일어난 희열의 깨달음의 구성요소를 닦아서 성취하게 하는 자양분이 아닌 것인가?

비구들이여, 희열의 깨달음의 구성요소를 확립시키는 법들이 있는데 이것을 자주 마음에 잡도리하지 않으면 이것이 아직 일어나지 않은 희열의 깨달음의 구성요소를 일어나게 하고 이미 일어난 희열의 깨달음의 구성요소를 닦아서 성취하게 하는 자양분이 아닌 것이다."

25. "비구들이여, 그러면 무엇이 아직 일어나지 않은 고요함의 깨달음의 구성요소를 일어나게 하고 이미 일어난 고요함의 깨달음의 구성요소를 닦아서 성취하게 하는 자양분이 아닌 것인가?

비구들이여, 몸의 고요함과 마음의 고요함이 있는데 이것을 자주 마음에 잡도리하지 않으면 이것이 아직 일어나지 않은 고요함의 깨달음의 구성요소를 일어나게 하고 이미 일어난 고요함의 깨달음의 구성요소를 닦아서 성취하게 하는 자양분이 아닌 것이다."

26. "비구들이여, 그러면 무엇이 아직 일어나지 않은 삼매의 깨달음의 구성요소를 일어나게 하고 이미 일어난 삼매의 깨달음의 구성요소를 닦아서 성취하게 하는 자양분이 아닌 것인가?

비구들이여, 사마타의 표상과 산란함이 없는 표상이 있는데 이것을 자주 마음에 잡도리하지 않으면 이것이 아직 일어나지 않은 삼매의 깨달음의 구성요소를 일어나게 하고 이미 일어난 삼매의 깨달음의 구성요소를 닦아서 성취하게 하는 자양분이 아닌 것이다."

27. "비구들이여, 그러면 무엇이 아직 일어나지 않은 평온의 깨달음의 구성요소를 일어나게 하고 이미 일어난 평온의 깨달음의 구성요소를 닦아서 성취하게 하는 자양분이 아닌 것인가?

비구들이여, 평온의 깨달음의 구성요소를 확립시키는 법들이 있는데 이것을 자주 마음에 잡도리하지 않으면 이것이 아직 일어나지 않은 평온의 깨달음의 구성요소를 일어나게 하고 이미 일어난 평온의 깨달음의 구성요소를 닦아서 성취하게 하는 자양분이 아닌 것이다."

방법 경(S46:52)

Pariyāya-sutta

2. 그때 [108] 많은 비구들이 오전에 옷매무새를 가다듬고 발우와 가사를 수하고 걸식을 위해서 사왓티로 들어갔다. 그때 비구들에게 이런 생각이 들었다. '지금 사왓티로 걸식을 가는 것은 너무 이르다. 우리는 지금 외도 유행승들의 원림으로 가는 것이 좋겠다.'

그래서 비구들은 외도 유행승들의 원림으로 갔다. 가서는 외도 유행승들과 함께 환담을 나누었다. 유쾌하고 기억할 만한 이야기로 서로 담소를 하고서 한 곁에 앉았다. 한 곁에 앉은 비구들에게 외도 유행승들은 이렇게 말했다.

3. "도반들이여, 사문 고따마는 제자들에게 '오라, 비구들이여, 그대들은 다섯 가지 장애[五蓋]를 제거하고, 통찰지로써 마음의 오염원들을 무력하게 만들고, 일곱 가지 깨달음의 구성요소를 있는 그대로 닦아라.'라고 법을 설합니다. 도반들이여, 우리도 제자들에게 '오라, 도반들이여, 그대들은 다섯 가지 장애를 제거하고, 통찰지로써

마음의 오염원들을 무력하게 만들고, 일곱 가지 깨달음의 구성요소를 있는 그대로 닦아라.'라고 법을 설합니다. 도반들이여, 그러면 법을 설하는 것과 교훈을 주는 것에 관한 한 사문 고따마와 우리 사이에 차이점은 무엇이고, 특별한 점은 무엇이고, 다른 점은 무엇입니까?"243)

4. 그때 비구들은 외도 유행승들의 말을 인정하지도 못하고 공박하지도 못했다. 인정하지도 공박하지도 못한 채로 '우리는 세존의 곁에 가서 이 말의 뜻을 [여쭈어서] 정확하게 알아보리라.'라고 [생각하며] 자리에서 일어나서 나왔다.

그때 비구들은 사왓티에서 걸식을 하여 공양을 마치고 걸식에서 돌아와서 세존께 다가갔다. 가서는 세존께 절을 올리고 한 곁에 앉았다. [109] 한 곁에 앉은 비구들은 세존께 이렇게 말씀드렸다.

5. "세존이시여, 저희는 오전에 옷매무새를 가다듬고 발우와 가사를 수하고 걸식을 위해서 사왓티로 들어갔습니다. … 한 곁에 앉은 저희들에게 외도 유행승들은 이렇게 말했습니다. '도반들이여, 사문 고따마는 제자들에게 '오라, 비구들이여, 그대들은 다섯 가지 장애[五蓋]를 제거하고, 통찰지로써 마음의 오염원들을 무력하게 만들고, 일곱 가지 깨달음의 구성요소를 있는 그대로 닦아라.'라고 법을 설합니다. 도반들이여, 우리도 제자들에게 '오라, 도반들이여, 그대들은 다

243) 주석서에 의하면 외도들에게는 원래 다섯 가지 장애와 일곱 가지 깨달음의 구성요소에 대한 가르침이 없었다고 한다. 그러나 그들은 승원(ārāma)에 가서 세존의 설법을 듣고 '사문 고따마는 이것을 제거하고 이것을 닦아라고 말하는구나.'라고 알고는 그들의 거처로 가서 이것을 그들의 것인 양 가르쳤다고 주석서는 적고 있다.(SA.iii.168~169)
그런데 Gethin의 지적처럼 본경에서는 이렇게 설하지 않고 있다. 단지 그들의 가르침과 불교의 가르침의 차이를 강조하고 있을 뿐이다.(*Buddhist Path to Awakening*, p.180 참조)

섯 가지 장애를 제거하고, 통찰지로써 마음의 오염원들을 무력하게 만들고, 일곱 가지 깨달음의 구성요소를 있는 그대로 닦아라.'라고 법을 설합니다. 도반들이여, 그러면 법을 설하는 것과 교훈을 주는 것에 관한 한 사문 고따마와 우리 사이에 차이점은 무엇이고, 특별한 점은 무엇이고, 다른 점은 무엇입니까?'라고.

그때 저희들은 외도 유행승들의 말을 인정하지도 못하고 공박하지도 못했습니다. 인정하지도 공박하지도 못한 채로 '저희는 세존의 곁에 가서 이 말의 뜻을 [여쭈어서] 정확하게 알아보리라.'라고 [생각하며] 자리에서 일어나서 나왔습니다."

6. "비구들이여, 그렇게 말하는 외도 유행승들에게는 이와 같이 되물어야 한다. '도반들이여, 그런데 [그대들에게는] 다섯 가지 장애가 열 가지가 되고 일곱 가지 깨달음의 구성요소가 열네 가지가 되는 그런 방법이 있습니까?'라고.

비구들이여, 이렇게 되물으면 외도 유행승들은 아무 대답을 하지 못할 뿐만 아니라 더 큰 곤경에 처하게 될 것이다. 그것은 무슨 이유 때문인가? 그들의 영역을 벗어났기 때문이다. 비구들이여, 나는 마라와 범천을 포함한 신의 세상에서, 혹은 사문·바라문과 신과 사람을 포함한 인간의 세상에서 이 질문들에 대한 설명으로 마음을 흡족하게 할 자는 여래나 여래의 제자나 혹은 여래나 여래의 제자로부터 그것을 들은 자가 아니고는 그 누구도 보지 못한다."

(i) 다섯이 열이 되는 방법(Pañca dasa honti)

7. "비구들이여, [110] 그러면 어떤 것이 다섯 가지 장애가 열 가지가 되는 방법인가?

비구들이여, 내적인 감각적 욕망에 대한 욕구는 무엇이든지 장애이고 외적인 감각적 욕망에 대한 욕구도 무엇이든지 장애이다.244) 그러므로 감각적 욕망에 대한 욕구의 장애라는 이러한 개요로 표현된 것은 이런 방법에 의해서 두 가지가 된다.

비구들이여, 내적인 악의는 무엇이든지 장애이고 외적인 악의도 무엇이든지 장애이다.245) 그러므로 악의의 장애라는 이러한 개요로 표현된 것은 이런 방법에 의해서 두 가지가 된다.

비구들이여, 해태는 무엇이든지 장애이고 혼침도 무엇이든지 장애이다.246) 그러므로 해태와 혼침의 장애라는 이러한 개요로 표현된 것은 이런 방법에 의해서 두 가지가 된다.

비구들이여, 들뜸은 무엇이든지 장애이고 후회도 무엇이든지 장애이다.247) 그러므로 들뜸과 후회의 장애라는 이러한 개요로 표현된

---

244) "'내적인 감각적 욕망에 대한 욕구(ajjhattaṁ kāma-cchanda)'란 자신의 오온(pañca-kkhandha)에 대해서 생긴 욕탐(chanda-rāga)을 말하고, '외적인 감각적 욕망에 대한 욕구(bahiddhā kāma-cchanda)'란 남들의 오온과 [무정물 등]에 대한 욕탐이다."(SA.iii.170)

245) "'내적인 악의(ajjhattaṁ byāpāda)'란 자신의 손이나 발 등에 대해서 생긴 적의(paṭigha)를 말하고, '외적인 악의'란 남들의 것들에 대해서 생긴 적의를 말한다."(SA.iii.170)

246) 『청정도론』은 다음과 같이 해태와 혼침을 구분해서 설명하고 있다.
"나태함이 '해태(thīna)'이고, 무기력함이 '혼침(middha)'이다. 분발심이 없어 무기력하고 활기가 없어 피로하다는 뜻이다. 'thīna-middhaṁ(해태·혼침)'은 'thīnañ ca middhañ ca(해태와 혼침)'로 풀이해야 한다. 이 가운데서 해태는 분발이 없는 특징을 가진다. 정진을 없애는 역할을 한다. 처지는 것으로 나타난다. 혼침은 일에 적합하지 못한 특징을 가진다. [마음의 문을] 덮어버리는 역할을 한다. 게으름으로 나타난다. 혹은 졸음과 수면으로 나타난다. 권태, 하품 등에 대해 지혜롭지 못하게 마음에 잡도리함이 이 둘의 가까운 원인이다."(『청정도론』 XIV.167)

247) "들뜬 상태가 '들뜸(uddhacca)'이다. 그것의 특징은 바람결에 출렁이는 물처럼 고요하지 않음이다. 마치 바람에 부딪혀 흔들리는 깃발처럼 동요하는 역할을 한다. 마치 돌에 맞아 흩어지는 재처럼 산란한 움직임으로 나타난다. 마음이 동요할 때 그것에 대해 지혜롭지 못하게 마음에 잡도리함이 가까운

것은 이런 방법에 의해서 두 가지가 된다.

비구들이여, 내적인 법들에 대한 의심은 무엇이든지 장애이고 외적인 법들에 대한 의심도 무엇이든지 장애이다.[248] 그러므로 의심의 장애라는 이러한 개요로 표현된 것은 이런 방법에 의해서 두 가지가 된다.

비구들이여, 이것이 다섯 가지 장애가 열 가지가 되는 방법이다."

(ii) 일곱이 열넷이 되는 방법

8. "비구들이여, 그러면 어떤 것이 일곱 가지 깨달음의 구성요소가 열네 가지가 되는 방법인가?[249]

비구들이여, 내적인 법들에 대한 마음챙김은 무엇이든지 마음챙김의 깨달음의 구성요소이고 외적인 법들에 대한 마음챙김도 무엇이든지 마음챙김의 깨달음의 구성요소이다. 그러므로 마음챙김의 깨달음의 구성요소라는 이러한 개요로 표현된 것은 이런 방법에 의해서 두 가지가 된다.

원인이다. 마음의 산만함이라고 알아야 한다."(『청정도론』 XIV.165)
"악한 것(kucchita)을 행하였음(kata)이 악행을 했음(kukkata)이다. 그것의 상태가 '후회[惡作, kukkucca]' 이다. 나중에 속을 태우는 특징을 가진다. [좋은 일을] 행하지 않은 것과 [나쁜 일을] 행한 것을 슬퍼하는 역할을 한다. 뉘우침으로 나타난다. 행함과 행하지 아니함이 가까운 원인이다. 노예의 근성과 같다고 보아야 한다."(『청정도론』 XIV.173)

248) "'내적인 법들에 대한 의심(ajjhattaṁ dhammesu vicikicchā)'이란 ['나는 누구인가?'하는 등의 – SAṬ] 자신의 오온에 대해 혼란함(vimati)을 말하고, '외적인 법들에 대한 의심'이란 여덟 가지 외적인 경우에 대한 큰 의심(mahā-vicikicchā)을 말한다."(SA.iii.170)
여덟 가지 큰 의심이란 불, 법, 승, 계, 과거, 현재, 미래, 연기(緣起)를 회의하고 의심하는(kaṅkhati vicikicchati) 것을 말한다.(Dhs.183)

249) 칠각지를 두 갈래로 나누는 것은 『위방가』(Vbh.228)에도 나타나는데 본경을 본뜬 것이라 할 수 있다.

비구들이여, [111] 내적인 법들에 대해서 통찰지로 조사하고 고찰하고 철저하게 검증하는 것은 무엇이든지 법을 간택하는 깨달음의 구성요소이고 외적인 법들에 대해서 통찰지로 조사하고 고찰하고 철저하게 검증하는 것도 무엇이든지 법을 간택하는 깨달음의 구성요소이다. 그러므로 법을 간택하는 깨달음의 구성요소라는 이러한 개요로 표현된 것은 이런 방법에 의해서 두 가지가 된다.

비구들이여, 육체적인 정진도 무엇이든지 정진의 깨달음의 구성요소이고 정신적인 정진도 무엇이든지 정진의 깨달음의 구성요소이다. 그러므로 정진의 깨달음의 구성요소라는 이러한 개요로 표현된 것은 이런 방법에 의해서 두 가지가 된다.

비구들이여, 일으킨 생각과 지속적인 고찰이 있는 희열도 무엇이든지 희열의 깨달음의 구성요소이고 일으킨 생각이 없고 지속적인 고찰이 없는 희열도 무엇이든지 희열의 깨달음의 구성요소이다.[250] 그러므로 희열의 깨달음의 구성요소라는 이러한 개요로 표현된 것은 이런 방법에 의해서 두 가지가 된다.

비구들이여, 몸의 고요함은 무엇이든지 고요함의 깨달음의 구성요소이고 마음의 고요함은 무엇이든지 고요함의 깨달음의 구성요소이다.[251] 그러므로 고요함의 깨달음의 구성요소라는 이러한 개요로 표현된 것은 이런 방법에 의해서 두 가지가 된다.

비구들이여, 일으킨 생각과 지속적인 고찰이 있는 삼매도 무엇이

---

250) 전자는 초선(初禪)에 있는 희열(pīti)이고 후자는 제2선에 있는 희열이다.

251) "'몸의 고요함(kāya-ppassaddhi)'이란 [느낌, 인식, 심리현상들의] 세 가지 무더기들의 둔감함을 가라앉힘(daratha-paṭippassaddhi)을 말하고, '마음의 고요함(citta-ppassaddhi)'이란 알음알이의 무더기(식온)의 둔감함을 가라앉힘을 말한다."(SA.iii.170)
본서 「몸 경」(S46:2) §15의 주해도 참조할 것.

든지 삼매의 깨달음의 구성요소이고 일으킨 생각이 없고 지속적인 고찰이 없는 삼매도 무엇이든지 삼매의 깨달음의 구성요소이다.[252] 그러므로 삼매의 깨달음의 구성요소라는 이러한 개요로 표현된 것은 이런 방법에 의해서 두 가지가 된다.

비구들이여, 내적인 법들에 대한 평온도 무엇이든지 평온의 깨달음의 구성요소이고 외적인 법들에 대한 평온도 무엇이든지 평온의 깨달음의 구성요소이다. 그러므로 평온의 깨달음의 구성요소라는 이러한 개요로 표현된 것은 이런 방법에 의해서 두 가지가 된다.

비구들이여, 이것이 일곱 가지 깨달음의 구성요소가 열네 가지가 되는 방법이다."

불[火] **경**(S46:53)

Aggi-sutta

2. 그때 [112] 많은 비구들이 오전에 옷매무새를 가다듬고 발우와 가사를 수하고 걸식을 위해서 사왓티로 들어갔다. 그때 비구들에게 이런 생각이 들었다. '지금 사왓티로 걸식을 가는 것은 너무 이르다. 우리는 지금 외도 유행승들의 원림으로 가는 것이 좋겠다.'

그래서 비구들은 외도 유행승들의 원림으로 갔다. 가서는 외도 유행승들과 함께 환담을 나누었다. 유쾌하고 기억할 만한 이야기로 서로 담소를 하고서 한 곁에 앉았다. 한 곁에 앉은 비구들에게 외도 유행승들은 이렇게 말했다.

… <이하 앞의 「방법 경」(S46:52) §5까지와 동일함.> …

---

252) 전자는 초선(初禪)에 있는 삼매(samādhi)이고 후자는 제2선과 그보다 더 높은 단계의 禪에 있는 삼매이다.

6. "비구들이여, 그렇게 말하는 외도 유행승들에게는 이와 같이 되물어야 한다. '도반들이여, 그런데 마음이 해이해져 있을 때에는 어떤 깨달음의 구성요소를 닦는 것이 때가 아닌 때에 닦는 것이고, 어떤 깨달음의 구성요소를 닦는 것이 올바른 때에 닦는 것입니까? 마음이 들떠 있을 때에는 어떤 깨달음의 구성요소를 닦는 것이 때가 아닌 때에 닦는 것이고, 어떤 깨달음의 구성요소를 닦는 것이 올바른 때에 닦는 것입니까?'라고.

비구들이여, 이렇게 되물으면 외도 유행승들은 아무 대답을 하지 못할 뿐만 아니라 더 큰 곤경에 처하게 될 것이다. 그것은 무슨 이유 때문인가? 그들의 영역을 벗어났기 때문이다. 비구들이여, 나는 마라와 범천을 포함한 신의 세상에서, 혹은 사문·바라문과 신과 사람을 포함한 인간의 세상에서 이 질문들에 대한 설명으로 마음을 흡족하게 할 자는 여래나 여래의 제자나 혹은 여래나 여래의 제자로부터 그것을 들은 자가 아니고는 그 누구도 보지 못한다."

(i) 때가 아닌 때(Akāla)

7. "비구들이여, 마음이 해이해져 있을 때에는 고요함의 깨달음의 구성요소를 닦는 것이 때가 아닌 때에 닦는 것이고, 삼매의 깨달음의 구성요소를 닦는 것이 때가 아닌 때에 닦는 것이고, 평온의 깨달음의 구성요소를 닦는 것이 때가 아닌 때에 닦는 것이다. 그것은 무슨 이유 때문인가? 비구들이여, 이러한 법들에 의해서 해이해져 있는 마음을 [적극적인 마음으로] 일으켜 세우기가 어렵기 때문이다.

비구들이여, 예를 들면 작은 불을 활활 타오르게 하고자 하는 사람이 있다 하자. 만일 그가 그 불에다가 젖은 풀을 던져 넣고 젖은 쇠똥을 던져 넣고 젖은 장작을 던져 넣고 [113] 물을 끼얹고 흙을 뿌린다면 그 사람은 작은 불을 활활 타오르게 할 수 있겠는가?"

"그렇지 않습니다, 세존이시여."

"비구들이여, 그와 같이 마음이 해이해져 있을 때에는 고요함의 깨달음의 구성요소를 닦는 것이 때가 아닌 때에 닦는 것이고, 삼매의 깨달음의 구성요소를 닦는 것이 때가 아닌 때에 닦는 것이고, 평온의 깨달음의 구성요소를 닦는 것이 때가 아닌 때에 닦는 것이다. 그것은 무슨 이유 때문인가? 비구들이여, 이러한 법들에 의해서 해이해져 있는 마음을 [적극적인 마음으로] 일으켜 세우기가 어렵기 때문이다."[253]

(ii) 올바른 때(Kāla)

8. "비구들이여, 마음이 해이해져 있을 때에는 법을 간택하는 깨달음의 구성요소를 닦는 것이 올바른 때에 닦는 것이고, 정진의 깨달음의 구성요소를 닦는 것이 올바른 때에 닦는 것이고, 희열의 깨달음의 구성요소를 닦는 것이 올바른 때에 닦는 것이다. 그것은 무슨 이유 때문인가? 비구들이여, 이러한 법들에 의해서 해이해져 있는 마음을 [적극적인 마음으로] 일으켜 세우기가 쉽기 때문이다.

비구들이여, 예를 들면 작은 불을 활활 타오르게 하고자 하는 사람이 있다 하자. 만일 그가 그 불에다가 마른 풀을 던져 넣고 마른 쇠똥을 던져 넣고 마른 장작을 던져 넣고 입으로 바람을 불고 흙을 뿌리지 않는다면 그 사람은 작은 불을 활활 타오르게 할 수 있겠는가?"

"그렇습니다, 세존이시여."

"비구들이여, 그와 같이 마음이 해이해져 있을 때에는 법을 간택하는 깨달음의 구성요소를 닦는 것이 올바른 때에 닦는 것이고, 정진

---

253) '비구들이여, 예를 들면 작은 불을'부터 여기 까지는 『청정도론』 IV.51에 인용되어 나타난다.

의 깨달음의 구성요소를 닦는 것이 올바른 때에 닦는 것이고, 희열의 깨달음의 구성요소를 닦는 것이 올바른 때에 닦는 것이다. 그것은 무슨 이유 때문인가? 비구들이여, 이러한 법들에 의해서 해이해져 있는 마음을 [적극적인 마음으로] 일으켜 세우기가 쉽기 때문이다."

(iii) 때가 아닌 때

9. "비구들이여, 마음이 들떠 있을 때에는 법을 간택하는 깨달음의 구성요소를 닦는 것이 때가 아닌 때에 닦는 것이고, 정진의 깨달음의 구성요소를 닦는 것이 때가 아닌 때에 닦는 것이고, [114] 희열의 깨달음의 구성요소를 닦는 것이 때가 아닌 때에 닦는 것이다. 그것은 무슨 이유 때문인가? 비구들이여, 이러한 법들에 의해서 들떠 있는 마음을 고요하게 하기가 어렵기 때문이다.

비구들이여, 예를 들면 큰 불무더기를 끄고자 하는 사람이 있다 하자. 만일 그가 그 불에다가 마른 풀을 던져 넣고 마른 쇠똥을 던져 넣고 마른 장작을 던져 넣고 입으로 바람을 불고 흙을 뿌리지 않는다면 그 사람은 큰 불무더기를 끌 수 있겠는가?"

"그렇지 않습니다, 세존이시여."

"비구들이여, 그와 같이 마음이 들떠 있을 때에는 법을 간택하는 깨달음의 구성요소를 닦는 것이 때가 아닌 때에 닦는 것이고, 정진의 깨달음의 구성요소를 닦는 것이 때가 아닌 때에 닦는 것이고, 희열의 깨달음의 구성요소를 닦는 것이 때가 아닌 때에 닦는 것이다. 그것은 무슨 이유 때문인가? 비구들이여, 이러한 법들에 의해서 들떠 있는 마음을 고요하게 하기가 어렵기 때문이다."

(iv) 올바른 때

10. "비구들이여, 마음이 들떠 있을 때에는 고요함의 깨달음의 구성요소를 닦는 것이 올바른 때에 닦는 것이고, 삼매의 깨달음의 구성요소를 닦는 것이 올바른 때에 닦는 것이고, 평온의 깨달음의 구성요소를 닦는 것이 올바른 때에 닦는 것이다. 그것은 무슨 이유 때문인가? 비구들이여, 이러한 법들에 의해서 들떠 있는 마음을 고요하게 하기가 쉽기 때문이다.

비구들이여, 예를 들면 큰 불무더기를 끄고자 하는 사람이 있다 하자. 만일 그가 그 불에다가 젖은 풀을 던져 넣고 젖은 쇠똥을 던져 넣고 젖은 장작을 던져 넣고 물을 끼얹고 흙을 뿌린다면 그 사람은 큰 불무더기를 끌 수 있겠는가?"

"그렇습니다, 세존이시여."254)

"비구들이여, 그와 같이 [115] 마음이 들떠 있을 때에는 고요함의 깨달음의 구성요소를 닦는 것이 올바른 때에 닦는 것이고, 삼매의 깨달음의 구성요소를 닦는 것이 올바른 때에 닦는 것이고, 평온의 깨달음의 구성요소를 닦는 것이 올바른 때에 닦는 것이다. 그것은 무슨 이유 때문인가? 비구들이여, 이러한 법들에 의해서 들떠 있는 마음을 고요하게 하기가 쉽기 때문이다.255)

비구들이여, 그러나 마음챙김은 항상 유익한 것이라고 나는 말한다."256)

---

254) '비구들이여, 예를 들면 큰 불무더기를 끄고자 하는 사람이 있다 하자. 만일 그가 그 불에다가 마른 풀을 던져 넣고'부터 여기까지는 『청정도론』 IV.57에 인용되어 나타난다.

255) 불의 비유를 통해서 칠각지를 올바른 때(kāla)에 닦을 것(bhāvana)을 말씀하시는 본경의 가르침은 『앙굿따라 니까야』 「소나 경」(A6:55) §1에서 류트(vīṇā)의 비유로 다섯 가지 기능[五根, pañca-indriya]의 균등함을 꿰뚫을 것(samataṁ paṭivijjha)을 설하신 가르침과 비교된다.

자애가 함께 함 경(S46:54)

Mettāsahagata-sutta

1. 이와 같이 나는 들었다. 한때 세존께서는 꼴리야[257]에서 할릿다와사나라는 꼴리야들의 성읍에 머무셨다.[258]

2. 그때 많은 비구들이 오전에 옷매무새를 가다듬고 발우와 가사를 수하고 걸식을 위하여 할릿다와사나로 들어갔다. 그때 비구들에게 이런 생각이 들었다. '지금 할릿다와사나로 걸식을 가는 것은 너무 이르다. 우리는 지금 외도 유행승들의 원림으로 가는 것이 좋겠다.'

그래서 비구들은 외도 유행승들의 원림으로 갔다. 가서는 외도 유행승들과 함께 환담을 나누었다. 유쾌하고 기억할 만한 이야기로 서

---

256) "소금과 향료(loṇa-dhūpana)처럼, 다방면에 유능한 대신(sabba-kammika-amacca)처럼, 마음챙김은 모든 곳에서 필요하다(icchitabba)고 나는 말한다는 뜻이다. 마치 소금과 향료가 모든 요리에 맛을 내는 것처럼, 마치 다방면에 유능한 대신이 전쟁의 업무든 정치적인 업무든 호위하는 업무든 모든 것에 능통한 것처럼, 들뜬 마음을 가라앉히고 가라앉은 마음을 분발하게 하는 이런 모든 것은 마음챙김에 의해서 성취된다(ijjhati). 마음챙김이 없이는 이러한 것을 성취할 수 없다. 그래서 이렇게 말씀하신 것이다."(SA.iii.171)
마음챙김에 대한 비슷한 설명이 『청정도론』 IV.49에서 믿음, 정진, 삼매, 통찰지를 균등하게 하는 것으로 설명되어 나타나고 있다.

257) 꼴리야(Koḷiya/Koliya)에 대해서는 본서 제4권 「빠딸리야 경」(S42:13) §1의 주해를 참조할 것.

258) 『청정도론』(IX.119)은 본경을 「할릿다와사나 경」(Haliddavasana Sutta)으로 부르면서 다음과 같이 본경을 인용하고 있다.
"비구들이여, 자애를 통한 마음의 해탈[慈心解脫]은 깨끗함이 정점이라고 나는 설한다. … 비구들이여, 연민을 통한 마음의 해탈은 공무변처가 정점이라고 나는 설한다. … 비구들이여, 더불어 기뻐함을 통한 마음의 해탈은 식무변처가 정점이라고 나는 설한다. … 비구들이여, 평온을 통한 마음의 해탈은 무소유처가 정점이라고 나는 설한다."(S.v.119~21)

로 담소를 하고서 한 곁에 앉았다. 한 곁에 앉은 비구들에게 외도 유행승들은 이렇게 말했다.

3. "도반들이여, 사문 고따마는 제자들에게 '오라, 비구들이여, 그대들은 자애가 함께한 [116] 마음으로 한 방향을 가득 채우면서 머물러라. 그처럼 두 번째 방향을, 그처럼 세 번째 방향을, 그처럼 네 번째 방향을 가득 채우면서 머물러라. 이와 같이 위로, 아래로, 주위로, 모든 곳에서 모두를 자신처럼 여기고, 충만하고 광대하고 무량하고 원한 없고 악의 없고 자애가 함께한 마음으로 모든 세상을 가득 채우고 머물러라. 연민이 함께한 마음으로 … 더불어 기뻐함이 함께한 마음으로 … 평온이 함께한 마음으로 한 방향을 가득 채우면서 머물러라. 그처럼 두 번째 방향을, 그처럼 세 번째 방향을, 그처럼 네 번째 방향을 가득 채우면서 머물러라. 이와 같이 위로, 아래로, 주위로, 모든 곳에서 모두를 자신처럼 여기고, 충만하고 광대하고 무량하고 원한 없고 악의 없고 평온이 함께한 마음으로 모든 세상을 가득 채우고 머물러라.'라고 법을 설합니다."

4. "도반들이여, 우리도 제자들에게 '오라, 도반들이여, 그대들은 자애가 함께한 마음으로 … 연민이 함께한 마음으로 … 더불어 기뻐함이 함께한 마음으로 … 평온이 함께한 마음으로 한 방향을 가득 채우면서 머물러라. 그처럼 두 번째 방향을, 그처럼 세 번째 방향을, 그처럼 네 번째 방향을 가득 채우면서 머물러라. 이와 같이 위로, 아래로, 주위로, 모든 곳에서 모두를 자신처럼 여기고, 충만하고 광대하고 무량하고 원한 없고 악의 없고 평온이 함께한 마음으로 모든 세상을 가득 채우고 머물러라.'라고 법을 설합니다.

도반들이여, 그러면 법을 설하는 것과 교훈을 주는 것에 관한 한 사문 고따마와 우리 사이에 [116] 차이점은 무엇이고, 특별한 점은 무엇이고, 다른 점은 무엇입니까?"259)

5. 그때 비구들은 외도 유행승들의 말을 인정하지도 못하고 공박하지도 못했다. 인정하지도 공박하지도 못한 채로 '우리는 세존의 곁에 가서 이 말의 뜻을 [여쭈어서] 정확하게 알아보리라.'라고 [생각하며] 자리에서 일어나서 나왔다.

그때 비구들은 할릿다와사나에서 걸식을 하여 공양을 마치고 걸식에서 돌아와서 세존께 다가갔다. 가서는 세존께 절을 올리고 한 곁에 앉았다. 한 곁에 앉은 비구들은 세존께 이렇게 말씀드렸다.

6. "세존이시여, 저희는 오전에 옷매무새를 가다듬고 발우와 가사를 수하고 걸식을 위하여 할릿다와사나로 들어갔습니다. … [118] …

그때 저희들은 외도 유행승들의 말을 인정하지도 못하고 공박하지도 못했습니다. 인정하지도 공박하지도 못한 채로 '저희는 세존의 곁에 가서 이 말의 뜻을 [여쭈어서] 정확하게 알아보리라.'라고 [생각하며] 자리에서 일어나서 나왔습니다."

7. "비구들이여, 그렇게 말하는 외도 유행승들에게는 이와 같이 되물어야 한다. '도반들이여, 그런데 자애를 통한 마음의 해탈을 어떻게 닦아야 합니까? 무엇이 그것의 목적지이고 무엇이 그것의 궁극적 경지이고 무엇이 그것의 결실이고 무엇이 그것의 귀결점입니

---

259) 주석서는 본서 「방법 경」(S46:52) §3의 주해에서 소개한 것을 여기서도 반복하고 있다. 주석서에 의하면 외도들에게는 다섯 가지 장애를 버림과 네 가지 거룩한 마음가짐[四梵住, cattaro brahma-vihāra]을 닦음에 대한 가르침이 없었는데 세존의 설법(dhamma-desana)을 듣고 표절한 것이라고 한다.(SA.iii.171)

까?[260] 도반들이여, 그런데 연민을 통한 마음의 해탈을 … 더불어 기뻐함을 통한 마음의 해탈을 … 평온을 통한 마음의 해탈을 어떻게 닦아야 합니까? 무엇이 그것의 목적지이고 무엇이 그것의 궁극적 경지이고 무엇이 그것의 결실이고 무엇이 그것의 귀결점입니까?'라고."

8. "비구들이여, 이렇게 되물으면 외도 유행승들은 아무 대답을 하지 못할 뿐만 아니라 더 큰 곤경에 처하게 될 것이다. 그것은 무슨 이유 때문인가? 그들의 영역을 벗어났기 때문이다. 비구들이여, 나는 마라와 범천을 포함한 신의 세상에서, 혹은 사문·바라문과 신과 사람을 포함한 인간의 세상에서 이 질문들에 대한 설명으로 마음을 흡족하게 할 자는 여래나 여래의 제자나 혹은 여래나 여래의 제자로부터 그것을 들은 자가 아니고는 그 누구도 보지 못한다."

9. "비구들이여, [119] 그러면 자애를 통한 마음의 해탈을 어떻게 닦아야 하는가? 무엇이 그것의 목적지이고 무엇이 그것의 궁극적 경지이고 무엇이 그것의 결실이고 무엇이 그것의 귀결점인가?

비구들이여, 여기 비구는 자애가 함께하고 떨쳐버림을 의지하고 탐욕의 빛바램을 의지하고 소멸을 의지하고 철저한 버림으로 기우는 마음챙김의 깨달음의 구성요소를 닦는다. … 법을 간택하는 깨달음의 구성요소를 닦는다. … 정진의 깨달음의 구성요소를 닦는다. … 희열의 깨달음의 구성요소를 닦는다. … 고요함의 깨달음의 구성요소를 닦는다. … 삼매의 깨달음의 구성요소를 닦는다. … 평온의 깨달음의 구성요소를 닦는다.[261]

---

260) '무엇이 그것의 목적지이고 무엇이 그것의 궁극적 경지이고 무엇이 그것의 결실이고 무엇이 그것의 귀결점입니까?'는 kiṅ-gatikā hoti kim-paramā kim-phalā kim-pariyosānā를 옮긴 것이다.

261) 초기불전의 전체적인 입장에서 보자면 칠각지를 네 가지 거룩한 마음가짐

만일 그가 '나는 혐오스럽지 않은 [대상]에 대해서 혐오하는 인식을 가져 머무르리라.'[262]라고 원하면 그는 거기서 혐오하는 인식을 가진 자로 머문다. 만일 그가 '나는 혐오스러운 [대상]에 대해서 혐오하지 않는 인식을 가져 머무르리라.'[263]라고 원하면 그는 거기서 혐오하지 않는 인식을 가진 자로 머문다. 만일 그가 '나는 혐오스럽지 않은 [대상]과 혐오스러운 [대상]에 대해서 혐오하는 인식을 가져 머무르리라.'라고 원하면 그는 거기서 혐오하는 인식을 가진 자로 머문다. 만일 그가 '나는 혐오스럽지 않은 [대상]과 혐오스러운 [대상]에 대해서 혐오하지 않는 인식을 가져 머무르리라.'라고 원하면 그는 거기서 혐오하지 않는 인식을 가진 자로 머문다. 만일 그가 '나는 혐오스럽지 않은 [대상]과 혐오스러운 [대상] 둘 다를 피한 뒤 마음챙기

[四梵住, 사무량]과 연결짓는 것은 특이하다고 할 수 있다. 네 가지 거룩한 마음가짐을 닦으면 열반을 실현하기 보다는 범천의 세상(brahma-loka)에 태어난다는 것이 일반적이기 때문이다.(예를 들면 D17 §2.13; M83 §6; A5:192 §3 등을 참조할 것)

그렇지만 네 가지 거룩한 마음가짐이 수행법의 영역에 들어오게 되면 이는 깨달음을 실현하는 위빳사나의 기초가 되는 강한 힘을 낳는 토대가 된다. 이런 측면에서 『맛지마 니까야』 「앗타까나가라 경」(M52/i.351~352) §8~11은 중요한 의미를 가진다. 비구들은 네 가지 거룩한 마음가짐 가운데 하나를 토대로 해서 번뇌를 모두 멸진하여 아라한이 되거나 불환자가 되고 위없는 유가안은을 얻게 된다고 이 경에서 아난다 존자는 설명하고 있기 때문이다.

262) "'혐오스럽지 않은 것(appaṭikūla)'에는 두 가지가 있으니, 중생에 대한 혐오스럽지 않음(satta-appaṭikūla)과 형성된 것[行]에 대한 혐오스럽지 않음(saṅkhāra-appaṭikūla)이다. 여기서 혐오스럽지 않은 것이란 원하는 대상(iṭṭha vatthu)을 뜻한다. '혐오하는 인식을 가져(paṭikūla-saññi)'라는 것은 원하지 않는 인식을 가지는 것(aniṭṭha-saññi)이다. 그러면 어떻게 해서 이와 같이 머무는가? 부정상(不淨想)으로 충만하거나(asubha-pharaṇa) 무상이라고 마음에 잡도리한다(aniccanti manasikāra)."(SA.iii.171)

263) "원하지 않는 대상에 대해 자애(mettā)를 가득 펴거나 혹은 요소[界, dhātu]일 뿐이라는 생각을 염두에 둔다. 이렇게 '혐오스런 대상에 대해 혐오하지 않는 인식을 가지고(paṭikkūle appaṭikkūla-saññi)' 머문다."(AA.iii.290)

고 알아차리면서 평온하게 머무르리라.'라고 원하면 그는 거기서 마음챙기고 알아차리면서 평온하게 머문다.[264)]

혹은 그는 깨끗함을 통한 해탈[265)]에 들어 머문다. 비구들이여, 이런 통찰지를 가진[266)] 비구가 여기서 더 높은 해탈을 꿰뚫지 못했을 때 자애를 통한 마음의 해탈은 깨끗함이 그 정점이라고[267)] 나는 말

---

264) 『앙굿따라 니까야』 「띠깐다끼 경」(A5:144/iii.169~170)은 이러한 네 가지 방법의 주시가 가져다주는 이익을 설명하고 있으며, 『디가 니까야』 「확신경」(D28/iii.112~113) §18에서 사리뿟따 존자는 이것을 "번뇌가 없고 취착이 없으며 성스러운 것이라 불리는 신통(iddhi anāsavā anupadhi-kā ariyā)"이라 부르고 있고, 『무애해도』(Ps.ii.212~213)에서는 성자들의 신통(ariya-iddhi)이라 부르고 있다. 더 자세한 설명은 『청정도론』 XII. 36~38에 나타나고 있다.
한편 본경에 해당하는 주석서는 이렇게 설명하고 있다.
"이렇게 하여 비구는 자애를 통해서 세 가지나 네 가지 禪(tika-catukka-jjhāna)을 성취한 뒤 그것을 기초(pādaka)로 삼아서 위빳사나를 증장시켜서 아라한됨을 증득하게 된다. 이렇게 하여 위빳사나와 더불어 도의 깨달음의 구성요소(magga-sambojjhaṅga)들에 대한 성자들의 신통(ariy-iddhi)을 보여준다."(SA.iii.172)

265) '깨끗함을 통한 해탈(subha-vimokkha)'은 여덟 가지 해탈[八解脫] 가운데 세 번째이다. 『무애해도』(Ps.ii.39)에서도 네 가지 거룩한 마음가짐[四梵住]을 닦아서 이것을 얻을 수 있다고 언급하고 있으며, 『맛지마 니까야 주석서』(MA.iii.256)에서는 색깔의 까시나들을 닦아서 이것을 얻을 수 있다고 설명한다. 팔해탈은 『디가 니까야』 「대인연경」(D15) §35와 『앙굿따라 니까야』 「해탈 경」(A8:66)과 『맛지마 니까야』 「긴 사꿀루다이 경」(M77/ii.12-13) §22 등을 참조할 것.

266) '이런 통찰지를 가진'은 idha-paññassa를 옮긴 것이다. 본경에 해당하는 주석서는 이것을 '세간적인 통찰지를 가진(lokiya-paññassa)'으로 소유복합어[有財釋, bahuvrīhi]로 설명하고 있다. 이것은 『법구경』(Dhp) {375}b와 『앙굿따라 니까야』 「업에서 생긴 몸 경」(A10:208)에도 나타난다. 『앙굿따라 니까야 주석서』는 이것을 이 교법에 있는 통찰지(imasmiṁ sāsane paññā)로 설명하고 있다.(AA.v.78)

267) "자애에 머무는 자에게는 중생들이 혐오스럽지 않다. 그때 혐오감이 없는 것에 친숙해져 있기 때문에 혐오감이 없는 청정한 푸른 색깔 등에 대해 마음을 가져갈 때 어려움 없이 마음이 그곳에 들어간다. 이와 같이 자애는 깨끗함을

한다."268)

10. "비구들이여, 그러면 연민을 통한 마음의 해탈을 어떻게 닦아야 하는가? 무엇이 그것의 목적지이고 무엇이 그것의 궁극적 경지이고 무엇이 그것의 결실이고 무엇이 그것의 귀결점인가?

비구들이여, 여기 비구는 연민이 함께하고 떨쳐버림을 의지하고 탐욕의 빛바램을 의지하고 소멸을 의지하고 철저한 버림으로 기우는 마음챙김의 깨달음의 구성요소를 닦는다. … 법을 간택하는 깨달음의 구성요소를 닦는다. … 정진의 깨달음의 구성요소를 닦는다. … 희열의 깨달음의 구성요소를 닦는다. … 고요함의 깨달음의 구성요소를 닦는다. … 삼매의 깨달음의 구성요소를 닦는다. … 평온의 깨달음의 구성요소를 닦는다.

만일 그가 '나는 혐오스럽지 않은 [대상]에 대해서 혐오하는 인식을 가져 머무르리라.'라고 원하면 그는 거기서 혐오하는 인식을 가진 자로 머문다. 만일 그가 '나는 혐오스러운 [대상]에 대해서 혐오하지 않는 인식을 가져 머무르리라.'라고 원하면 그는 거기서 혐오하지 않는 인식을 가진 자로 머문다. 만일 그가 '나는 혐오스럽지 않은 [대상]과 혐오스러운 [대상]에 대해서 혐오하는 인식을 가져 머무르리라.'라고 원하면 그는 거기서 혐오하는 인식을 가진 자로 머문다. 만일 그가 '나는 혐오스럽지 않은 [대상]과 혐오스러운 [대상]에 대해

통한 해탈을 위한 강하게 의지하는 [조건이] 된다. 그러나 그것을 넘어서는 [다른 해탈의 조건은] 되지 않는다. 그러므로 깨끗함이 정점이라고 설하셨다." (『청정도론』 IX.120)

268) 주석서에 의하면 이 가르침은 자애를 통한 禪(mettā-jhāna)을 기초로 한 뒤 형성된 것들을 명상하여(sammasanta) 아라한됨을 증득할 수 없는 자를 위해서 설하신 것이라고 한다. 같은 방법은 아래의 연민, 더불어 기뻐함, 평온을 통한 공무변처, 식무변처, 무소유처의 경우에도 적용된다고 주석서는 밝히고 있다.(SA.iii.172)

서 혐오하지 않는 인식을 가져 머무르리라.'라고 원하면 그는 거기서 혐오하지 않는 인식을 가진 자로 머문다. 만일 그가 '나는 혐오스럽지 않은 [대상]과 혐오스러운 [대상] 둘 다를 피한 뒤 마음챙기고 알아차리면서 평온하게 머무르리라.'라고 원하면 그는 거기서 마음챙기고 알아차리면서 평온하게 머문다.

혹은 그는 물질[色]에 대한 인식(산냐)을 완전히 초월하고 부딪힘의 인식을 소멸하고 갖가지 인식을 마음에 잡도리하지 않기 때문에 '무한한 허공'이라고 하면서 공무변처에 들어 머문다. [120] 비구들이여, 나는 연민을 통한 마음의 해탈은 공무변처를 궁극으로 한다고 말한다.269) 이런 통찰지를 가진 비구는 더 높은 해탈을 꿰뚫지 못했기 때문이다."

11. "비구들이여, 그러면 더불어 기뻐함을 통한 마음의 해탈을 어떻게 닦아야 하는가? 무엇이 그것의 목적지이고 무엇이 그것의 궁극적 경지이고 무엇이 그것의 결실이고 무엇이 그것의 귀결점인가?

비구들이여, 여기 비구는 더불어 기뻐함이 함께하고 떨쳐버림을 의지하고 탐욕의 빛바램을 의지하고 소멸을 의지하고 철저한 버림으로 기우는 마음챙김의 깨달음의 구성요소를 닦는다. … 법을 간택하는 깨달음의 구성요소를 닦는다. … 정진의 깨달음의 구성요소를 닦는다. … 희열의 깨달음의 구성요소를 닦는다. … 고요함의 깨달음의 구성요소를 닦는다. … 삼매의 깨달음의 구성요소를 닦는다. … 평온

---

269) "연민에 머무는 자가 몽둥이로 때리는 등 물질로 인한 중생의 고통을 관찰할 때 연민이 일어나기 때문에 물질에 대한 위험을 잘 알게 된다. 그가 물질에 대한 위험을 잘 알기 때문에 땅의 까시나 등 가운데서 [그가 명상했던] 어떤 까시나를 제거하여 물질로부터 벗어남인 허공에 마음을 가져갈 때 어려움 없이 마음이 그곳에 들어간다. 이와 같이 연민은 공무변처를 위한 강하게 의지하는 [조건이] 된다. 그러나 그것을 넘어서는 [다른 해탈의 조건은] 되지 않는다. 그러므로 공무변처가 정점이라고 설하셨다."(『청정도론』 IX.121)

의 깨달음의 구성요소를 닦는다.

만일 그가 '나는 혐오스럽지 않은 [대상]에 대해서 혐오하는 인식을 가져 머무르리라.'라고 원하면 그는 거기서 혐오하는 인식을 가진 자로 머문다. 만일 그가 '나는 혐오스러운 [대상]에 대해서 혐오하지 않는 인식을 가져 머무르리라.'라고 원하면 그는 거기서 혐오하지 않는 인식을 가진 자로 머문다. 만일 그가 '나는 혐오스럽지 않은 [대상]과 혐오스러운 [대상]에 대해서 혐오하는 인식을 가져 머무르리라.'라고 원하면 그는 거기서 혐오하는 인식을 가진 자로 머문다. 만일 그가 '나는 혐오스럽지 않은 [대상]과 혐오스러운 [대상]에 대해서 혐오하지 않는 인식을 가져 머무르리라.'라고 원하면 그는 거기서 혐오하지 않는 인식을 가진 자로 머문다. 만일 그가 '나는 혐오스럽지 않은 [대상]과 혐오스러운 [대상] 둘 다를 피한 뒤 마음챙기고 알아차리면서 평온하게 머무르리라.'라고 원하면 그는 거기서 마음챙기고 알아차리면서 평온하게 머문다.

혹은 그는 공무변처를 완전히 초월하여 '무한한 알음알이[識]'라고 하면서 식무변처에 들어 머문다. 비구들이여, 나는 더불어 기뻐함을 통한 마음의 해탈은 식무변처를 궁극으로 한다고 말한다.270) 이런 통찰지를 가진 비구는 여기서 더 높은 해탈을 꿰뚫지 못했기 때문이다."

---

270) "더불어 기뻐함에 머무는 자가 갖가지 기쁨을 가져올 원인으로 인해 기쁨이 일어난 중생의 알음알이를 관찰할 때 더불어 기뻐함이 일어나기 때문에 더불어 기뻐함에 머무는 자의 마음은 알음알이(識)를 이해하는데 친숙해져 있다. 그가 순서에 따라 얻은 공무변처를 초월한 뒤 허공의 표상을 자기의 영역으로 삼는 알음알이로 마음을 가져갈 때 어려움 없이 마음이 그곳에 들어간다. 이와 같이 더불어 기뻐함은 식무변처를 위한 강하게 의지하는 [조건이] 된다. 그러나 그것을 넘어서는 [다른 해탈의 조건은] 되지 않는다. 그러므로 식무변처가 정점이라고 설하셨다."(『청정도론』 IX.122)

12. "비구들이여, 그러면 평온을 통한 마음의 해탈을 어떻게 닦아야 하는가? 무엇이 그것의 목적지이고 무엇이 그것의 궁극적 경지이고 무엇이 그것의 결실이고 무엇이 그것의 귀결점인가?

비구들이여, 여기 비구는 평온이 함께하고 떨쳐버림을 의지하고 탐욕의 빛바램을 의지하고 소멸을 의지하고 철저한 버림으로 기우는 마음챙김의 깨달음의 구성요소를 닦는다. … 법을 간택하는 깨달음의 구성요소를 닦는다. … 정진의 깨달음의 구성요소를 닦는다. … 희열의 깨달음의 구성요소를 닦는다. … 고요함의 깨달음의 구성요소를 닦는다. … 삼매의 깨달음의 구성요소를 닦는다. … 평온의 깨달음의 구성요소를 닦는다.

만일 그가 '나는 혐오스럽지 않은 [대상]에 대해서 혐오하는 인식을 가져 머무르리라.'라고 원하면 그는 거기서 혐오하는 인식을 가진 자로 머문다. 만일 그가 '나는 혐오스러운 [대상]에 대해서 혐오하지 않는 인식을 가져 머무르리라.'라고 원하면 그는 거기서 혐오하지 않는 인식을 가진 자로 머문다. 만일 그가 '나는 혐오스럽지 않은 [대상]과 혐오스러운 [대상]에 대해서 혐오하는 인식을 가져 머무르리라.'라고 원하면 그는 거기서 혐오하는 인식을 가진 자로 머문다. 만일 그가 '나는 혐오스럽지 않은 [대상]과 혐오스러운 [대상]에 대해서 혐오하지 않는 인식을 가져 머무르리라.'라고 원하면 그는 거기서 혐오하지 않는 인식을 가진 자로 머문다. 만일 그가 '나는 혐오스럽지 않은 [대상]과 혐오스러운 [대상] 둘 다를 피한 뒤 마음챙기고 알아차리면서 평온하게 머무르리라.'라고 원하면 그는 거기서 마음챙기고 알아차리면서 평온하게 머문다.

혹은 [121] 그는 식무변처를 완전히 초월하여 '아무것도 없다.'라고 하면서 무소유처에 들어 머문다. 비구들이여, 나는 평온을 통한 마음의 해탈은 무소유처를 궁극으로 한다고 말한다.[271] 이런 통찰지를 가진 비구는 여기서 더 높은 해탈을 꿰뚫지 못했기 때문이다."

상가라와 경(S46:55)[272]

Sāṅgarava-sutta

1. <사왓티의 아나타삔디까 원림(급고독원)에서>

2. 그때 상가라와 바라문[273]이 세존께 다가갔다. 가서는 세존과 함께 환담을 나누었다. 유쾌하고 기억할 만한 이야기로 서로 담소를 하고서 한 곁에 앉았다. 한 곁에 앉은 상가라와 바라문은 세존께 이렇게 여쭈었다.

3. "고따마 존자시여, 무슨 원인과 무슨 조건 때문에 어떤 때에는 암송하지 않은 것들은 말할 것도 없고 오래 암송한 만뜨라들조차도 분명하지 않습니까? 고따마 존자여, 하지만 무슨 원인과 무슨 조

---

271) "평온에 머무는 자는 '중생들이 행복하기를. 고통으로부터 벗어나기를. 이미 얻은 행복으로부터 벗어나지 말기를.'이라는 관심이 없기 때문에, 행복(즐거움)과 괴로움 등의 구경법(paramattha)의 순서에 따라 얻은 식무변처를 초월한 뒤 구경법인 알음알이의 부재(abhava) — 이 부재에는 고유성질이 없다 — 에 마음을 가져갈 때 어려움 없이 마음이 그곳에 들어간다. 이와 같이 평온은 무소유처를 위한 강하게 의지하는 [조건이] 된다. 그러나 그것을 넘어서는 [다른 해탈의 조건은] 되지 않는다. 그러므로 무소유처가 정점이라고 설하셨다."(『청정도론』 IX.123)

272) 본경의 마지막에 나타나는 칠각지 부분을 제외하면 본경은 『앙굿따라 니까야』 「상가라와 경」(A5:193/iii.230~236)과 같다. 『자따까』(J185/ii.99~101)도 참조할 것.

273) 본서 제1권 「상가라와 경」(S7:21/i.182)에 의하면 상가라와 바라문(Saṅgārava brāhmaṇa)은 물을 통한 청정을 닦는 자(udaka-suddhika)였다. 이 경에 해당하는 주석서에 의하면 그는 아난다 존자가 재가자였을 때 친구(gihi-sahāya)였다고 한다.(SA.i.266)

건 때문에 어떤 때에는 오래 암송하지 않은 만뜨라들도 분명해집니까? 하물며 암송한 것들은 말해 무엇 하겠습니까?"

(i)

4. "바라문이여, 마음이 감각적 욕망에 대한 욕구에 사로잡히고 감각적 욕망에 대한 욕구에 압도되어 머물고 또한 이미 일어난 감각적 욕망에 대한 욕구로부터 벗어남을 있는 그대로 꿰뚫어 알지 못할 때,[274] 그는 자기의 이익을 있는 그대로 꿰뚫어 알지 못하고 보지 못하고, 남의 이익을 있는 그대로 꿰뚫어 알지 못하고 보지 못하고, 둘 모두의 이익을 있는 그대로 꿰뚫어 알지 못하고 보지 못하고, 오래 암송한 만뜨라들도 분명해지지 않나니 암송하지 않은 것들은 말해 무엇 하겠는가.

바라문이여, 예를 들면 물이 가득 담긴 그릇에 붉은 랙이나 노란

---

274) 주석서는 다섯 가지 장애의 각각에 대해서 세 가지 '벗어남(nissaraṇa)'을 말하고 있다. 그 세 가지는 ① 禪을 통해서 억압하여 벗어남(vikkhambhana-nissaraṇa) ② 위빳사나를 통해서 반대되는 것으로 대체하여 벗어남(tadaṅga-nissaraṇa) ③ 도를 통해서 근절하여 벗어남(samuccheda-nissaraṇa)이다.

⑴ 감각적 욕망에 대한 욕구(kāma-cchanda)는 부정함[不淨, asubha]에 의한 초선을 통해서 억압하여 벗어나고, 아라한도를 통해서 근절하여 벗어난다.(여기서 감각적 욕망에 대한 욕구는 단지 감각적인 것뿐만 아니라 모든 대상에 대한 욕망을 다 포함하는 것으로 해석한 것이다.)

⑵ 악의(byāpāda)는 자애에 의한 초선을 통해서 억압하고, 불환도를 통해서 근절한다.

⑶ 해태와 혼침(thīna-middha)은 광명상(āloka-saññā, 즉 태양이나 보름달의 원반 같은 밝은 빛을 가시화하는 것을 뜻함)을 통해서 억압하고, 아라한도를 통해서 근절한다.

⑷ 들뜸과 후회(uddhacca-kukkucca)는 사마타(samatha)을 통해서 억압한다. 들뜸은 아라한도를 통해서, 후회는 불환도를 통해서 근절한다.

⑸ 의심(vicikicchā)은 법의 구분(dhamma-vavatthāna, 『청정도론』 XVIII.3~8 참조)을 통해서 억압하여 벗어나고, 예류도를 통해서 근절한다. (SA.iii.174)

심황이나 남색의 쪽이나 심홍색의 꼭두서니가 섞여 있으면 눈을 가진 사람이 거기에 자신의 얼굴 영상을 비춰보더라도 있는 그대로 꿰뚫어 알지 못하고 보지 못하는 것과 같다.

그와 같이 마음이 감각적 욕망에 대한 욕구에 사로잡히고 감각적 욕망에 대한 욕구에 압도되어 머물고 또한 이미 일어난 감각적 욕망에 대한 욕구로부터 벗어남을 있는 그대로 꿰뚫어 알지 못할 때, [122] 그는 자기의 이익을 있는 그대로 꿰뚫어 알지 못하고 보지 못하고, 남의 이익을 있는 그대로 꿰뚫어 알지 못하고 보지 못하고, 둘 모두의 이익을 있는 그대로 꿰뚫어 알지 못하고 보지 못하고, 오래 암송한 만뜨라들도 분명해지지 않나니 암송하지 않은 것들은 말해 무엇 하겠는가."

5. "다시 바라문이여, 마음이 악의에 사로잡히고 악의에 압도되어 머물고 또한 이미 일어난 악의로부터 벗어남을 있는 그대로 꿰뚫어 알지 못할 때, 자기의 이익을 있는 그대로 꿰뚫어 알지 못하고 보지 못하고, 남의 이익을 있는 그대로 꿰뚫어 알지 못하고 보지 못하고, 둘 모두의 이익을 있는 그대로 꿰뚫어 알지 못하고 보지 못하고, 오래 암송한 만뜨라들도 분명해지지 않나니 암송하지 않은 것들은 말해 무엇 하겠는가.

바라문이여, 예를 들면 물이 가득 담긴 그릇을 타오르는 불 위에 놓아서 물이 끓고 있으면 눈을 가진 사람이 거기에 자신의 얼굴 영상을 비춰보더라도 있는 그대로 꿰뚫어 알지 못하고 보지 못하는 것과 같다.

그와 같이 마음이 악의에 사로잡히고 악의에 압도되어 머물고 또한 이미 일어난 악의로부터 벗어남을 있는 그대로 꿰뚫어 알지 못할 때, 그는 자기의 이익을 있는 그대로 꿰뚫어 알지 못하고 보지 못하고, 남의 이익을 있는 그대로 꿰뚫어 알지 못하고 보지 못하고, 둘 모두의 이익을 있는 그대로 꿰뚫어 알지 못하고 보지 못하고, 오래 암송한 만뜨라들도 분명해지지 않나니 암송하지 않은 것들은 말해 무엇 하겠는가."

6. "다시 바라문이여, 마음이 해태와 혼침에 사로잡히고 해태와 혼침에 압도되어 머물고 또한 이미 일어난 해태와 혼침으로부터 벗어남을 있는 그대로 꿰뚫어 알지 못할 때, 그는 자기의 이익을 있는 그대로 꿰뚫어 알지 못하고 보지 못하고, 남의 이익을 있는 그대로 꿰뚫어 알지 못하고 보지 못하고, 둘 모두의 이익을 있는 그대로 꿰뚫어 알지 못하고 보지 못하고, 오래 암송한 만뜨라들도 분명해지지 않나니 암송하지 않은 것들은 말해 무엇 하겠는가.

바라문이여, 예를 들면 물이 가득 담긴 그릇이 이끼와 수초로 덮여 있으면 눈을 가진 사람이 거기에 자신의 얼굴 영상을 [123] 비춰보더라도 있는 그대로 꿰뚫어 알지 못하고 보지 못하는 것과 같다.

그와 같이 마음이 해태와 혼침에 사로잡히고 해태와 혼침에 압도되어 머물고 또한 이미 일어난 해태와 혼침으로부터 벗어남을 있는 그대로 꿰뚫어 알지 못할 때, 그는 자기의 이익을 있는 그대로 꿰뚫어 알지 못하고 보지 못하고, 남의 이익을 있는 그대로 꿰뚫어 알지 못하고 보지 못하고, 둘 모두의 이익을 있는 그대로 꿰뚫어 알지 못하고 보지 못하고, 오래 암송한 만뜨라들도 분명해지지 않나니 암송하지 않은 것들은 말해 무엇 하겠는가."

7. "다시 바라문이여, 마음이 들뜸과 후회에 사로잡히고 들뜸과 후회에 압도되어 머물고 또한 이미 일어난 들뜸과 후회로부터 벗어남을 있는 그대로 꿰뚫어 알지 못할 때, 그는 자기의 이익을 있는 그

대로 꿰뚫어 알지 못하고 보지 못하고, 남의 이익을 있는 그대로 꿰뚫어 알지 못하고 보지 못하고, 둘 모두의 이익을 있는 그대로 꿰뚫어 알지 못하고 보지 못하고, 오래 암송한 만뜨라들도 분명해지지 않나니 암송하지 않은 것들은 말해 무엇 하겠는가.

바라문이여, 예를 들면 물이 가득 담긴 그릇이 바람에 흔들리고 움직이고 소용돌이치고 물결치면 눈을 가진 사람이 거기에 자신의 얼굴 영상을 비춰보더라도 있는 그대로 꿰뚫어 알지 못하고 보지 못하는 것과 같다.

그와 같이 마음이 들뜸과 후회에 사로잡히고 들뜸과 후회에 압도되어 머물고 또한 이미 일어난 들뜸과 후회로부터 벗어남을 있는 그대로 꿰뚫어 알지 못할 때, 그는 자기의 이익을 있는 그대로 꿰뚫어 알지 못하고 보지 못하고, 남의 이익을 있는 그대로 꿰뚫어 알지 못하고 보지 못하고, 둘 모두의 이익을 있는 그대로 꿰뚫어 알지 못하고 보지 못하고, 오래 암송한 만뜨라들도 분명해지지 않나니 암송하지 않은 것들은 말해 무엇 하겠는가."

8. "다시 바라문이여, 마음이 의심에 사로잡히고 의심에 압도되어 머물고 또한 이미 일어난 의심으로부터 벗어남을 있는 그대로 꿰뚫어 알지 못할 때, 그는 자기의 이익을 있는 그대로 꿰뚫어 알지 못하고 보지 못하고, 남의 이익을 있는 그대로 꿰뚫어 알지 못하고 보지 못하고, 둘 모두의 이익을 있는 그대로 꿰뚫어 알지 못하고 보지 못하고, 오래 암송한 만뜨라들도 분명해지지 않나니 암송하지 않은 것들은 말해 무엇 하겠는가.

바라문이여, 예를 들면 물이 가득 담긴 그릇이 흐리고 혼탁하고 진흙투성이고 어둠속에 놓여 있으면 눈을 가진 사람이 거기에 자신의 얼굴 영상을 비춰보더라도 있는 그대로 꿰뚫어 알지 못하고 [124] 보지 못하는 것과 같다.

그와 같이 마음이 의심에 사로잡히고 의심에 압도되어 머물고 또한 이미 일어난 의심으로부터 벗어남을 있는 그대로 꿰뚫어 알지 못할 때, 그는 자기의 이익을 있는 그대로 꿰뚫어 알지 못하고 보지 못하고, 남의 이익을 있는 그대로 꿰뚫어 알지 못하고 보지 못하고, 둘 모두의 이익을 있는 그대로 꿰뚫어 알지 못하고 보지 못하고, 오래 암송한 만뜨라들도 분명해지지 않나니 암송하지 않은 것들은 말해 무엇 하겠는가."

9. "바라문이여, 이런 원인과 이런 조건 때문에 어떤 때에는 오래 암송한 만뜨라들도 분명하지 않다. 하물며 암송하지 않은 것들은 말해 무엇 하겠는가."

(ii)

10. "바라문이여, 그러나 마음이 감각적 욕망에 대한 욕구에 사로잡히지도 않고 감각적 욕망에 대한 욕구에 압도되지도 않고서 머물고 또한 이미 일어난 감각적 욕망에 대한 욕구로부터 벗어남을 있는 그대로 꿰뚫어 알 때, 그는 자기의 이익을 있는 그대로 꿰뚫어 알고 보고, 남의 이익을 있는 그대로 꿰뚫어 알고 보고, 둘 모두의 이익을 있는 그대로 꿰뚫어 알고 보고, 오래 암송하지 않은 만뜨라들도 분명해지나니, 암송한 것들은 말해 무엇 하겠는가.

바라문이여, 예를 들면 물이 가득 담긴 그릇이 붉은 랙이나 노란 심황이나 남색의 쪽이나 심홍색의 꼭두서니와 섞여 있지 않으면 눈을 가진 사람이 거기에 자신의 얼굴 영상을 비춰보면 있는 그대로 꿰뚫어 알고 보는 것과 같다.

그와 같이 마음이 감각적 욕망에 대한 욕구에 사로잡히지도 않고 감각적 욕망에 대한 욕구에 압도되지도 않고서 머물고 또한 이미 일어난 감각적 욕망에 대한 욕구로부터 벗어남을 있는 그대로 꿰뚫어 알 때, 그는 자기의 이익을 있는 그대로 꿰뚫어 알고 보고, 남의 이익을 있는 그대로 꿰뚫어 알고 보고, 둘 모두의 이익을 있는 그대로 꿰뚫어 알고 보고, 오래 암송하지 않은 만뜨라들도 분명해지나니, 암송한 것들은 말해 무엇 하겠는가."

11. "다시 바라문이여, 마음이 악의에 사로잡히지도 않고 악의에 압도되지도 않고서 머물고 또한 이미 일어난 악의로부터 벗어남을 있는 그대로 꿰뚫어 알 때, 그는 자기의 이익을 있는 그대로 꿰뚫어 알고 보고, 남의 이익을 있는 그대로 꿰뚫어 알고 보고, 둘 모두의 이익을 있는 그대로 꿰뚫어 알고 보고, 그때 오래 암송하지 않은 만뜨라들도 분명해지나니, 암송한 것들은 말해 무엇 하겠는가.

바라문이여, 예를 들면 물이 가득 담긴 그릇을 타오르는 불 위에 놓지 않아서 물이 끓지 않으면 눈을 가진 사람이 거기에 자신의 얼굴 영상을 비춰보면 있는 그대로 꿰뚫어 알고 보는 것과 같다. [125]

그와 같이 마음이 악의에 사로잡히지도 않고 악의에 압도되지도 않고서 머물고 또한 이미 일어난 악의로부터 벗어남을 있는 그대로 꿰뚫어 알 때, 그는 자기의 이익을 있는 그대로 꿰뚫어 알고 보고, 남의 이익을 있는 그대로 꿰뚫어 알고 보고, 둘 모두의 이익을 있는 그대로 꿰뚫어 알고 보고, 오래 암송하지 않은 만뜨라들도 분명해지나니, 암송한 것들은 말해 무엇 하겠는가."

12. "다시 바라문이여, 마음이 해태와 혼침에 사로잡히지도 않고 해태와 혼침에 압도되지도 않고서 머물고 또한 이미 일어난 해태와 혼침으로부터 벗어남을 있는 그대로 꿰뚫어 알 때, 그는 자기의 이익

을 있는 그대로 꿰뚫어 알고 보고, 남의 이익을 있는 그대로 꿰뚫어 알고 보고, 둘 모두의 이익을 있는 그대로 꿰뚫어 알고 보고, 오래 암송하지 않은 만뜨라들도 분명해지나니, 암송한 것들은 말해 무엇 하겠는가.

바라문이여, 예를 들면 물이 가득 담긴 그릇이 이끼와 수초로 덮여 있지 않으면 눈을 가진 사람이 거기에 자신의 얼굴 영상을 비춰보면 있는 그대로 꿰뚫어 알고 보는 것과 같다.

그와 같이 마음이 해태와 혼침에 사로잡히지도 않고 해태와 혼침에 압도되지도 않고서 머물고 또한 이미 일어난 해태와 혼침으로부터 벗어남을 있는 그대로 꿰뚫어 알 때, 그는 자기의 이익을 있는 그대로 꿰뚫어 알고 보고, 남의 이익을 있는 그대로 꿰뚫어 알고 보고, 둘 모두의 이익을 있는 그대로 꿰뚫어 알고 보고, 오래 암송하지 않은 만뜨라들도 분명해지나니, 암송한 것들은 말해 무엇 하겠는가."

13. "다시 바라문이여, 마음이 들뜸과 후회에 사로잡히지도 않고 들뜸과 후회에 압도되지도 않고서 머물고 또한 이미 일어난 들뜸과 후회로부터 벗어남을 있는 그대로 꿰뚫어 알 때, 그는 자기의 이익을 있는 그대로 꿰뚫어 알고 보고, 남의 이익을 있는 그대로 꿰뚫어 알고 보고, 둘 모두의 이익을 있는 그대로 꿰뚫어 알고 보고, 오래 암송하지 않은 만뜨라들도 분명해지나니, 암송한 것들은 말해 무엇 하겠는가.

바라문이여, 예를 들면 물이 가득 담긴 그릇이 바람에 흔들리지 않고 움직이지 않고 소용돌이치지 않고 물결치지 않으면 눈을 가진 사람이 거기에 자신의 얼굴 영상을 비춰보면 있는 그대로 꿰뚫어 알고 보는 것과 같다.

그와 같이 마음이 들뜸과 후회에 사로잡히지도 않고 들뜸과 후회에 압도되지도 않고서 머물고 또한 이미 일어난 들뜸과 후회로부터 벗어남을 있는 그대로 꿰뚫어 알 때, 그는 자기의 이익을 있는 그대로 꿰뚫어 알고 보고, 남의 이익을 있는 그대로 꿰뚫어 알고 보고, 둘 모두의 이익을 있는 그대로 꿰뚫어 알고 보고, 오래 암송하지 않은 만뜨라들도 분명해지나니, 암송한 것들은 말해 무엇 하겠는가."

14. "다시 바라문이여, 마음이 의심에 사로잡히지도 않고 의심에 압도되지도 않고서 머물고 또한 이미 일어난 의심으로부터 벗어남을 있는 그대로 꿰뚫어 알 때, 그는 자기의 이익을 있는 그대로 꿰뚫어 알고 보고, 남의 이익을 있는 그대로 꿰뚫어 알고 보고, 둘 모두의 이익을 있는 그대로 꿰뚫어 알고 보고, 오래 암송하지 않은 만뜨라들도 분명해지나니, 암송한 것들은 말해 무엇 하겠는가.

바라문이여, 예를 들면 물이 가득 담긴 그릇이 흐리지 않고 혼탁하지 않고 진흙투성이가 아니고 어둠속에 놓여 있지 않으면 눈을 가진 사람이 거기에 자신의 얼굴 영상을 비춰보면 있는 그대로 꿰뚫어 알고 보는 것과 같다.

그와 같이 마음이 의심에 사로잡히지도 않고 의심에 압도되지도 않고서 머물고 또한 이미 일어난 의심으로부터 벗어남을 있는 그대로 꿰뚫어 알 때, 그는 자기의 이익을 있는 그대로 꿰뚫어 알고 보고, 남의 이익을 있는 그대로 꿰뚫어 알고 보고, 둘 모두의 이익을 있는 그대로 꿰뚫어 알고 보고, 오래 암송하지 않은 만뜨라들도 분명해지나니, 암송한 것들은 말해 무엇 하겠는가."

15. "바라문이여, [126] 이런 원인과 이런 조건 때문에 어떤 때에는 오래 암송하지 않은 만뜨라들도 분명해지나니, 하물며 암송한 것들은 말해 무엇 하겠는가."

16. "바라문이여, 일곱 가지 깨달음의 구성요소는 덮개가 아니요 장애가 아니며 마음의 오염원이 아니니 이를 닦고 많이 [공부]지으면 그것은 명지와 해탈의 결실을 실현함으로 인도한다. 무엇이 일곱인가?

바라문이여, 마음챙김의 깨달음의 구성요소는 덮개가 아니요 장애가 아니며 마음의 오염원이 아니니 이를 닦고 많이 [공부]지으면 그것은 명지와 해탈의 결실을 실현함으로 인도한다. … 평온의 깨달음의 구성요소는 덮개가 아니요 장애가 아니며 마음의 오염원이 아니니 이를 닦고 많이 [공부]지으면 그것은 명지와 해탈의 결실을 실현함으로 인도한다.

바라문이여, 이러한 일곱 가지 깨달음의 구성요소는 덮개가 아니요 장애가 아니며 마음의 오염원이 아니니 이를 닦고 많이 [공부]지으면 그것은 명지와 해탈의 결실을 실현함으로 인도한다."

17. 이렇게 말씀하시자 상가라와 바라문은 세존께 이렇게 말씀드렸다.

"경이롭습니다, 고따마 존자시여. 경이롭습니다, 고따마 존자시여. 마치 넘어진 자를 일으켜 세우시듯, 덮여 있는 것을 걷어내 보이시듯, [방향을] 잃어버린 자에게 길을 가리켜 주시듯, 눈 있는 자 형상을 보라고 어둠 속에서 등불을 비춰 주시듯, 고따마 존자께서는 여러 가지 방편으로 법을 설해 주셨습니다. 저는 이제 고따마 존자께 귀의하옵고 법과 비구 승가에 귀의합니다. 고따마 존자께서는 저를 재가신자로 받아주소서. 오늘부터 목숨이 붙어 있는 그날까지 귀의하옵니다."

아바야 경(S46:56)

Abhaya-sutta

1. 이와 같이 나는 들었다. 한때 세존께서는 라자가하에서 독수리봉 산에 머무셨다.

2. 그때 아바야 왕자[275]가 세존께 다가갔다. 가서는 세존께 절을 올리고 한 곁에 앉았다. 한 곁에 앉은 아바야 왕자는 세존께 이렇게 여쭈었다.

3. "세존이시여, 뿌라나 깟사빠는 이렇게 말합니다. '알지 못하고 보지 못하는 것에는 어떤 원인도 어떤 조건도 없다. 어떤 원인도 어떤 조건도 없이 알지 못하고 보지 못한다. 알고 보는 것에는 어떤 원인도 어떤 조건도 없다. 어떤 원인도 어떤 조건도 없이 알고 본다.' 라고.[276] 여기에 대해서 세존께서는 어떻게 말씀하십니까?"

"왕자여, 알지 못하고 보지 못하는 것에는 원인도 있고 조건도 있

---

275) 아바야 왕자(Abhaya rājakumāra)는 라자가하의 빔비사라 왕과 웃제니(Ujjeni)의 미인이었던 빠두마와띠(Padumavatī)사이에서 난 아들이었으며, 그가 일곱 살 때 왕궁으로 보내졌다고 한다.(ThigA.39) 뒤에 아버지를 시해하고 왕이 된 아자따삿뚜와는 이복형제였다. 『율장』(Vin.i.269)에 의하면 그는 부처님의 주치의로 우리에게 잘 알려진 지와까 꼬마라밧짜(Jīvaka Komārabhacca)가 갓난아기로 버려진 것을 주워서 기른 사람이기도 하다. 그런데 『앙굿따라 니까야 주석서』는 그의 친아들이라는 식으로 언급하고 있다.(AA.i.399)

『맛지마 니까야』「아바야 왕자 경」(M58)에 의하면 그는 니간타 나따뿟따의 신도였는데 사문 고따마를 논파하라는 니간타 나따뿟따의 말에 따라 세존을 논파하러 갔지만 오히려 세존의 말씀을 듣고 부처님의 재가 신도가 되었다. 그는 훗날 아버지가 시해되자 마음이 심란하여 출가하였으며 아라한이 되었다. 그의 어머니 빠두마와띠도 출가한 아들의 설법을 듣고 출가하여 무애해를 갖춘 아라한이 되었다고 한다.(ThigA. 39, Ap.ii.502~4)

276) 여기에 대해서는 본서 제3권「마할리 경」(S22:60) §3의 주해를 참조할 것.

다. 원인과 조건과 더불어 알지 못하고 보지 못한다. [127] 알고 보는 것에는 원인도 있고 조건도 있다. 원인과 조건과 더불어 알고 본다."

(i)

4. "세존이시여, 그러면 어떤 원인과 어떤 조건 때문에 알지 못하고 보지 못합니까? 어떻게 원인과 조건과 더불어 알지 못하고 보지 못합니까?"

"왕자여, 마음이 감각적 욕망에 대한 욕구에 사로잡히고 감각적 욕망에 대한 욕구에 압도되어 머물고 또한 이미 일어난 감각적 욕망에 대한 욕구로부터 벗어남을 있는 그대로 알고 보지 못하면, 이러한 원인과 이러한 조건 때문에 그는 알지 못하고 보지 못한다. 이와 같이 그는 원인과 조건과 더불어 알지 못하고 보지 못한다.

다시 왕자여, 마음이 악의에 사로잡히고 …

해태와 혼침에 사로잡히고 …

들뜸과 후회에 사로잡히고 …

의심에 사로잡히고 의심에 압도되어 머물고 또한 이미 일어난 의심으로부터 벗어남을 있는 그대로 알고 보지 못하면, 이러한 원인과 이러한 조건 때문에 그는 알지 못하고 보지 못한다. 이와 같이 그는 원인과 조건과 더불어 알지 못하고 보지 못한다."

5. "세존이시여, 그러면 이 법문은 무엇이라 부릅니까?"

"왕자여, '장애'라 부른다."

"세존이시여, 참으로 그러합니다. 이것이 바로 장애입니다. 선서시여, 참으로 그러합니다. 이것이 바로 장애입니다. 세존이시여, 각각 하나씩의 장애에만 압도되어도 있는 그대로 알지 못할 것이고 보지 못할 것인데 다섯 가지 장애들 모두에 압도되는 것은 말해 무엇 하겠습니까?"

(ii)

6. "세존이시여, 그러면 어떤 원인과 어떤 조건 때문에 알고 봅니까? 어떻게 원인과 조건과 더불어 알고 봅니까?"

"왕자여, [128] 여기 비구는 떨쳐버림을 의지하고 탐욕의 빛바램을 의지하고 소멸을 의지하고 철저한 버림으로 기우는 마음챙김의 깨달음의 구성요소를 닦는다. 그는 마음챙김의 깨달음의 구성요소를 닦은 마음으로 있는 그대로 알고 본다. 왕자여, 이러한 원인과 이러한 조건 때문에 그는 알고 본다. 이와 같이 그는 원인과 조건과 더불어 알고 본다.

다시 왕자여, 여기 비구는 떨쳐버림을 의지하고 탐욕의 빛바램을 의지하고 소멸을 의지하고 철저한 버림으로 기우는 법을 간택하는 깨달음의 구성요소를 닦는다. …

정진의 깨달음의 구성요소를 닦는다. …

희열의 깨달음의 구성요소를 닦는다. …

고요함의 깨달음의 구성요소를 닦는다. …

삼매의 깨달음의 구성요소를 닦는다. …

평온의 깨달음의 구성요소를 닦는다. 그는 평온의 깨달음의 구성요소를 닦은 마음으로 있는 그대로 알고 본다. 왕자여, 이러한 원인과 이러한 조건 때문에 그는 알고 본다. 이와 같이 그는 원인과 조건과 더불어 알고 본다."

7. "세존이시여, 그러면 이 법문은 무엇이라 부릅니까?"

"왕자여, '깨달음의 구성요소'라 부른다."

"세존이시여, 참으로 그러합니다. 이것이 바로 깨달음의 구성요소입니다. 선서시여, 참으로 그러합니다. 이것이 바로 깨달음의 구성요소입니다. 세존이시여, 각각 하나씩의 깨달음의 구성요소만 갖추어도 있는 그대로 알고 볼 것인데 일곱 가지 깨달음의 구성요소들 모두를 갖추는 것은 말해 무엇 하겠습니까? 세존이시여, 저는 독수리봉산에 올라오느라 몸도 피곤하고 마음도 피곤했는데 이제 다 가라앉았습니다. 그리고 이제 저는 법을 관통했습니다."[277]

제6장 담론 품이 끝났다.

여섯 번째 품에 포함된 경들의 목록은 다음과 같다.

① 자양분 ② 방법 ③ 불 ④ 자애가 함께함
⑤ 상가라와 ⑥ 아바야 — 이러한 여섯 가지이다.

277) 본서 제3권 「아난다 경」(S22:83) §8의 주해 등에 의하면 '법을 관통했다(dhamma abhisameta).'는 것은 결과적으로 그가 예류자가 되었다는 말이다. 관통(abhisamaya)은 사성제를 관통하는 것을 말한다. 관통에 대해서는 본서 제2권 「사꺄무니 고따마 경」(S12:10) §4의 주해를 참조할 것.

제7장 들숨날숨 품

Ānāpāna-vagga

해골 경(S46:57)

Aṭṭhika-sutta

(i) 큰 결실과 큰 이익

1. <사왓티의 아나타삔디까 원림(급고독원)에서> [129]

3. "비구들이여, 해골이 된 것의 인식[278]을 닦고 많이 [공부]지으면 큰 결실과 큰 이익이 있다. 비구들이여, 그러면 어떻게 해골이 된 것의 인식을 닦고 어떻게 많이 [공부]지으면 큰 결실과 큰 이익이 있는가?

비구들이여, 여기 비구는 해골이 된 것의 인식과 함께하고 떨쳐버

---

278) "'해골이 된 것(aṭṭhika)': 뼈다귀(aṭṭhi)가 바로 해골이 된 것(aṭṭhika)이다. 혹은 뼈다귀는 혐오스러워서 넌더리나기 때문에 해골이 된 것이다. 이것은 뼈다귀가 연이어진 것과 하나의 뼈다귀의 동의어이다."(『청정도론』 VI.10)

한편 '해골이 된 것의 인식(aṭṭhika-saññā)'은 『청정도론』 VI장에 나타나는 10가지 부정(不淨)의 명상주제(asubha-kammaṭṭhāna) 가운데 맨 마지막에 나타난다. 아래 S46:58~61에 나타나는 4가지도 여기에 포함된다. (아래 해당 주해들을 참조할 것)
10가지 부정의 명상주제는 ① 부푼 것 ② 검푸른 것 ③ 문드러진 것 ④ 끊어진 것 ⑤ 뜯어 먹힌 것 ⑥ 흩어져 있는 것 ⑦ 난도질당하여 뿔뿔이 흩어진 것 ⑧ 피가 흐르는 것 ⑨ 벌레가 버글거리는 것 ⑩ 해골이 된 것이고 원어로는 각각 uddhumātaka, vinīlaka, vipubbaka, vicchiddaka, vikkhāyitaka, vikkhittaka, hatavikkhittaka, lohitaka, puḷavaka, aṭṭhika이다. 그리고 이들은 삼매를 닦는 40가지 명상주제에 포함된다.
본경을 통해서 볼 때 이들 각각은 이것과 연결된 삼매가 위빳사나의 토대가 될 때 깨달음의 구성요소들이 되고 출세간도에 도달하게 된다.

림을 의지하고 탐욕의 빛바램을 의지하고 소멸을 의지하고 철저한 버림으로 기우는 마음챙김의 깨달음의 구성요소를 닦는다. … 법을 간택하는 깨달음의 구성요소를 닦는다. … 정진의 깨달음의 구성요소를 닦는다. … 희열의 깨달음의 구성요소를 닦는다. … 고요함의 깨달음의 구성요소를 닦는다. … 삼매의 깨달음의 구성요소를 닦는다. … 평온의 깨달음의 구성요소를 닦는다.

비구들이여, 이와 같이 해골이 된 것의 인식을 닦고 이와 같이 많이 [공부]지으면 큰 결실과 큰 이익이 있다."

(ii) 두 가지 가운데 하나의 결실

4. "비구들이여, 해골이 된 것의 인식을 닦고 많이 [공부]지으면 두 가지 결실 가운데 하나의 결실이 예상되나니, 지금 · 여기(금생)에서 구경의 지혜를 얻거나, 취착의 자취가 남아 있으면[279] 다시는

---

279) "'취착의 자취가 남아 있으면(sati vā upādisese)'이란 거머쥠이 남아있으면(gahaṇa-sese), 취착이 남아있으면(upādāna-sese), 존재하고 있으면(vijjamānamhi)이라는 뜻이다."(SA.iii.175)
'취착의 자취가 남아 있는'은 upādi-sesa를 옮긴 것이다. 먼저 upādi는 upa(위로)+ā(이 쪽으로)+√dā(*to give*)에서 파생된 남성명사로서 거머쥐고 있음, 남아 있음을 뜻한다. 이것은 12연기와 오취온에 나타나는 upādāna(취착)와 같은 어원이기도 하다. 그래서 '취착의 자취'로 옮겼다. sesa는 √śiṣ(*to leave*)에서 파생된 형용사로 문자적인 뜻 그대로 '남아 있는'을 뜻한다.
주석서들은 우빠디(upādi)를 "갈애 등에 의해서 결과의 상태(phala-bhāva)로 취착되어 있다고 해서 취착의 자취(upādi)라 하는데 이것은 다섯 가지 무더기들[五蘊, khandha-pañcaka]을 말한다."(ItA.i.165)라거나, "취착(upādāna)들에 의해서 취착되어 있다고 해서 취착의 자취라 하는데 이것은 오취온(upādāna-kkhandha-pañcaka)을 말한다."(Pm.568)라는 등으로 설명하여 모두 오온 혹은 오취온을 뜻한다고 주석하고 있다.
초기불전에서 우빠디세사(upādi-sesa)는 두 가지의 전문적인 술어로 나타나고 있다.
① 여기서처럼 구경의 지혜(aññā)와 대조가 되어 나타난다. 이 경우에는 불환자가 아라한과를 증득하기 위해서 없애야 하는 번뇌의 자취를 뜻한다. 그

돌아오지 않는 경지[不還果]가 예상된다.

비구들이여, 그러면 어떻게 해골이 된 것의 인식을 닦고 어떻게 많이 [공부]지으면 두 가지 결실 가운데 하나의 결실이 예상되어, 지금·여기(금생)에서 구경의 지혜를 얻거나, 취착의 자취가 남아 있으면 다시는 돌아오지 않는 경지[不還果]가 예상되는가?

비구들이여, 여기 비구는 해골이 된 것의 인식과 함께하고 떨쳐버림을 의지하고 탐욕의 빛바램을 의지하고 소멸을 의지하고 철저한 버림으로 기우는 마음챙김의 깨달음의 구성요소를 닦는다. … 법을 간택하는 깨달음의 구성요소를 닦는다. … 정진의 깨달음의 구성요소를 닦는다. … 희열의 깨달음의 구성요소를 닦는다. … 고요함의 깨달음의 구성요소를 닦는다. … 삼매의 깨달음의 구성요소를 닦는다. … 평온의 깨달음의 구성요소를 닦는다.

비구들이여, 이와 같이 해골이 된 것의 인식을 닦고 이와 같이 많이 [공부]지으면 두 가지 결실 가운데 하나의 결실이 예상되나니, 지금·여기(금생)에서 구경의 지혜를 얻거나, 취착의 자취가 남아 있으면 다시는 돌아오지 않는 경지[不還果]가 예상된다."

래서 '취착의 자취가 남음'으로 옮겼다.

② 열반의 문맥에서 나타난다. 이 경우에는 열반을 실현하여 아라한이 되었으나 아직 반열반에 들지 않은 경우에 남아있는 오온을 말한다. 중국에서는 유여(有餘)로 옮겼다. 이 경우에 우빠디(upādi)는 업으로 받은(upādiyati) [몸]이라는 뜻이 된다. 이렇게 하여 아라한이 아직 몸이 남아있는 경우에 체험하는 열반을 유여열반계(有餘涅槃界, saupādisesa-nibbāna-dhātu)라 하고, 아라한이 임종하여 얻는 열반을 무여열반계(無餘涅槃界, anupādisesa-nibbāna-dhātu)라 한다.

그리고 『맛지마 니까야』 「수낙캇따 경」(M105/ii.257) §§19~20에는 독기(毒氣, visa-dosa)의 흔적이 남아있는 것을 saupādisesa라 부르고 있고 흔적이 없는 경우를 anupādisesa라 부르고 있다. 이런 것을 볼 때 이 술어는 그 당시 의학용어였던 것을 세존께서 불교술어로 채택하신 것이 아닌가 생각된다.

(iii) 큰 이익

5. "비구들이여, [130] 해골이 된 것의 인식을 닦고 많이 [공부]지으면 큰 이익으로 인도된다. 비구들이여, 그러면 어떻게 해골이 된 것의 인식을 닦고 어떻게 많이 [공부]지으면 큰 이익으로 인도되는가?

비구들이여, 여기 비구는 해골이 된 것의 인식과 함께하고 떨쳐버림을 의지하고 탐욕의 빛바램을 의지하고 소멸을 의지하고 철저한 버림으로 기우는 마음챙김의 깨달음의 구성요소를 닦는다. … 법을 간택하는 깨달음의 구성요소를 닦는다. … 정진의 깨달음의 구성요소를 닦는다. … 희열의 깨달음의 구성요소를 닦는다. … 고요함의 깨달음의 구성요소를 닦는다. … 삼매의 깨달음의 구성요소를 닦는다. … 평온의 깨달음의 구성요소를 닦는다.

비구들이여, 이와 같이 해골이 된 것의 인식을 닦고 이와 같이 많이 [공부]지으면 큰 이익으로 인도된다."

(iv) 큰 유가안은

6. "비구들이여, 해골이 된 것의 인식을 닦고 많이 [공부]지으면 큰 유가안은으로 인도된다. 비구들이여, 그러면 어떻게 해골이 된 것의 인식을 닦고 어떻게 많이 [공부]지으면 큰 유가안은으로 인도되는가?

비구들이여, 여기 비구는 해골이 된 것의 인식과 함께하고 떨쳐버림을 의지하고 탐욕의 빛바램을 의지하고 소멸을 의지하고 철저한 버림으로 기우는 마음챙김의 깨달음의 구성요소를 닦는다. … 법을 간택하는 깨달음의 구성요소를 닦는다. … 정진의 깨달음의 구성요소를 닦는다. … 희열의 깨달음의 구성요소를 닦는다. … 고요함의 깨달음의 구성요소를 닦는다. … 삼매의 깨달음의 구성요소를 닦는다. … 평온의 깨달음의 구성요소를 닦는다.

비구들이여, 이와 같이 해골이 된 것의 인식을 닦고 이와 같이 많이 [공부]지으면 큰 유가안은으로 인도된다."

(v) 큰 절박함

7. "비구들이여, 해골이 된 것의 인식을 닦고 많이 [공부]지으면 크게 절박함으로 인도된다. 비구들이여, 그러면 어떻게 해골이 된 것의 인식을 닦고 어떻게 많이 [공부]지으면 크게 절박함으로 인도되는가?

비구들이여, 여기 비구는 해골이 된 것의 인식과 함께하고 떨쳐버림을 의지하고 탐욕의 빛바램을 의지하고 소멸을 의지하고 철저한 버림으로 기우는 마음챙김의 깨달음의 구성요소를 닦는다. … 법을 간택하는 깨달음의 구성요소를 닦는다. … 정진의 깨달음의 구성요소를 닦는다. … 희열의 깨달음의 구성요소를 닦는다. … 고요함의 깨달음의 구성요소를 닦는다. … 삼매의 깨달음의 구성요소를 닦는다. … 평온의 깨달음의 구성요소를 닦는다.

비구들이여, 이와 같이 해골이 된 것의 인식을 닦고 이와 같이 많이 [공부]지으면 크게 절박함으로 인도된다."

(vi) 편안하게 머묾

8. "비구들이여, [131] 해골이 된 것의 인식을 닦고 많이 [공부]지으면 아주 편안하게 머묾으로 인도된다. 비구들이여, 그러면 어떻게 해골이 된 것의 인식을 닦고 어떻게 많이 [공부]지으면 아주 편안하게 머묾으로 인도되는가?

비구들이여, 여기 비구는 해골이 된 것의 인식과 함께하고 떨쳐버림을 의지하고 탐욕의 빛바램을 의지하고 소멸을 의지하고 철저한 버림으로 기우는 마음챙김의 깨달음의 구성요소를 닦는다. … 법을 간택하는 깨달음의 구성요소를 닦는다. … 정진의 깨달음의 구성요소를 닦는다. … 희열의 깨달음의 구성요소를 닦는다. … 고요함의 깨달음의 구성요소를 닦는다. … 삼매의 깨달음의 구성요소를 닦는다. … 평온의 깨달음의 구성요소를 닦는다.

비구들이여, 이와 같이 해골이 된 것의 인식을 닦고 이와 같이 많이 [공부]지으면 아주 편안하게 머묾으로 인도된다."

벌레가 버글거리는 것 경 등(S46:58~61)

Puḷavaka-suttādi

"비구들이여, 벌레가 버글거리는 것280)의 인식을 닦고 많이 [공부]지으면(S46:58) …"

"비구들이여, 검푸른 것281)의 인식을 닦고 많이 [공부]지으면(S46:59) …"

"비구들이여, 끊어진 것282)의 인식을 닦고 많이 [공부]지으면

280) "'벌레가 버글거리는 것(puḷavaka)': 벌레라고 하는 것은 구더기다. 구더기들이 뿌려져 있기 때문에 벌레가 버글거리는 것(puḷavaka)이다. 이것은 구더기가 가득 찬 시체의 동의어다."(『청정도론』 VI.9)

281) "'검푸른 것(vinīlaka)': 퇴색되어 가는 것이다. 검푸름(vinīla)이 바로 검푸른 것(vinīlaka)이다. 혹은 검푸름은 혐오스러워서 넌더리난다. 그러므로 검푸른 것이다. 이것은 살점이 많은 곳에서는 붉은 색이고 고름이 모여 있는 곳에서는 흰색이다. 그러나 대부분 검푸른 곳에 검푸른 천으로 싸놓은 것과 같은 검푸른 시체의 동의어이다."(『청정도론』 VI.2)

282) "'끊어진 것(vicchiddaka)': 두 동강으로 끊어지면서 벌어져 있는 것이다. 끊어짐(vicchidda)이 바로 끊어진 것(vicchiddaka)이다. 혹은 끊어짐은 혐오스러워서 넌더리난다. 그러므로 끊어진 것이다. 이것은 중간이 끊어진 시체의 동의어이다."(『청정도론』 VI.4)

(S46:60) …"

"비구들이여, 부푼 것[283]의 인식을 닦고 많이 [공부]지으면(S46:61) …"

자애 경 등(S46:62~65)

Mettā-suttādi

"비구들이여, 자애를 닦고 많이 [공부]지으면(S46:62) …"

"비구들이여, 연민을 닦고 많이 [공부]지으면(S46:63) …"

"비구들이여, 더불어 기뻐함을 닦고 많이 [공부]지으면(S46:64) …"

"비구들이여, 평온을 닦고 많이 [공부]지으면(S46:65) …"

들숨날숨 경(S46:66)

Ānāpāna-sutta

"비구들이여, [132] 들숨날숨에 대한 마음챙김을 닦고 많이 [공부]지으면 … "

제7장 들숨날숨 품이 끝났다.

일곱 번째 품에 포함된 경들의 목록은 다음과 같다.

① 해골 ② 벌레가 버글거리는 것 ③ 검푸른 것
④ 부푼 것 ⑤ 끊어진 것 ⑥ 자애 ⑦ 연민
⑧ 더불어 기뻐함 ⑨ 평온 ⑩ 들숨날숨이다.

---

283) "'부푼 것(uddhumātaka)': 마치 바람에 의해 풀무가 팽창하듯이 생명이 끝난 후부터 서서히 팽창하고 부어서 부풀었기 때문에 부풀음(uddhumāta)이다. 부풀음이 바로 부푼 것(uddhumātaka)이다. 혹은 부풀음(uddhumāta)은 혐오스러워서 넌더리난다(kucchita). 그러므로 부푼 것(uddhumātaka)이다. 이것은 이와 같은 상태에 놓여 있는 시체의 동의어이다."(『청정도론』 VI.1)

제8장 소멸 품

Nirodha-vagga

부정 경 등(S46:67~75)[284]

Asubha-suttādi

"비구들이여, 부정(不淨)이라고 [관찰하는 지혜에서 생긴] 인식[285]을 닦고 많이 [공부]지으면(S46:67) …"

"비구들이여, 죽음에 대한 인식[286]을 닦고 많이 [공부]지으면(S46:68) …"

"비구들이여, 음식에 혐오하는 인식[287]을 닦고 많이 [공부]지으면(S46:69) …"

"비구들이여, 온 세상에 대해 기쁨이 없다는 인식[288]을 닦고 많이

---

284) 본품에 개별적인 경으로 나타나는 이 열 가지 주제는 『앙굿따라 니까야』 「인식 경」 1(A10:56)에 모두 모아져서 나타나고 있다.

285) '부정의 인식[不淨想, asubha-saññā]'은 『앙굿따라 니까야』 「기리마난다 경」(A10:60/v.109) §6 등에서 몸의 31가지 부위(『무애해도』와 주석서 문헌에서 32가지가 됨, 「대념처경」(D22) §5의 주해 참조)를 주시하는 것이라고 언급되고 있고, 『청정도론』 VIII.42~144에서 자세하게 설명되어 나타난다.

286) '죽음에 대한 인식(maraṇa-saññā)'은 죽음에 대한 마음챙김(maraṇa-sati)으로 잘 알려져 있다. 이것은 『앙굿따라 니까야』 「죽음에 대한 마음챙김 경」 1(A6:19/iii.304~308) 등에서 설해지고 있으며, 『청정도론』 VIII.1~41에 상세히 설명되어 있다.

287) '음식에 혐오하는 인식(āhāre paṭikkūla-saññā)'은 「부정(不淨) 경」(A4:163)이나 「인식 경」 1(A10:56) 등, 주로 『앙굿따라 니까야』에 언급되어 나타나는데 『청정도론』 XI.1~26에 상세히 설명되어 있다.

288) '온 세상에 대해 기쁨이 없다는 인식(sabbaloke anabhirati-saññā)'은 『앙굿따라 니까야』 「기리마난다 경」(A10:60/v.111) §11에서 "여기 비구는

[공부]지으면(S46:70) …”

“비구들이여, [오온에 대해서] 무상(無常)이라고 [관찰하는 지혜에서 생긴] 인식을 닦고 많이 [공부]지으면(S46:71) …”

“비구들이여, 무상한 [오온에 대해] 괴로움이라고 [관찰하는 지혜에서 생긴] 인식을 닦고 많이 [공부]지으면(S46:72) …”

“비구들이여, [133] 괴로움인 [오온에 대해] 무아라고 [관찰하는 지혜에서 생긴] 인식을 닦고 많이 [공부]지으면(S46:73) …”

“비구들이여, 버림을 [관찰하는 지혜에서 생긴] 인식[289]을 닦고 많이 [공부]지으면(S46:74) …”

“비구들이여, 탐욕이 빛바램을 [관찰하는 지혜에서 생긴] 인식[290]을 닦고 많이 [공부]지으면(S46:75) …”

세상에 대한 집착과 취착, 그리고 그런 마음의 결심과 천착과 잠재성향들을 제거하고 기뻐하지 않고 취착하지 않는다. 이를 일러 온 세상에 대해 기쁨이 없다는 인식이라 한다.”라고 정의되고 있다.

289) ‘버림의 인식(pahāna-saññā)’은 「기리마난다 경」(A10:60/v.110) §8에서 일어난 다섯 가지 장애[五蓋]를 버리는 것으로 설명되고 있다.

290) ‘탐욕이 빛바램의 인식(virāga-saññā)’과 ‘소멸의 인식(nirodha-saññā)’은 「기리마난다 경」(A10:60/v.110~111) §9~10에서 열반에 대해서 “이것은 고요하고 이것은 수승하나니, 그것은 바로 모든 형성된 것들[行]이 가라앉음이요, 모든 재생의 근거를 놓아버림이요, 갈애의 멸진이요, 탐욕의 빛바램이요, 열반이다.”라고 주시하는 것으로 설명되고 있다.
‘탐욕의 빛바램(virāga)’과 ‘소멸(nirodha)’에 대해서는 본서 제3권 「과거·현재·미래 경」 1(S22:9) §3의 주해들과 제2권 「연기 경」(S12:1) §4의 주해 등을 참조할 것. 그리고 ‘소멸(nirodha)’에 대한 여러 논의는 본서 제3권 「할릿디까니 경」 2(S22:4) §4의 주해를 참조할 것.

소멸 경(S46:76)
Nirodha-sutta

(i) 큰 결실과 큰 이익

3. "비구들이여, 소멸을 [관찰하는 지혜에서 생긴] 인식을 닦고 많이 [공부]지으면 큰 결실과 큰 이익이 있다. 비구들이여, 그러면 어떻게 소멸을 [관찰하는 지혜에서 생긴] 인식을 닦고 어떻게 많이 [공부]지으면 큰 결실과 큰 이익이 있는가?

비구들이여, 여기 비구는 소멸을 [관찰하는 지혜에서 생긴] 인식과 함께하고 떨쳐버림을 의지하고 탐욕의 빛바램을 의지하고 소멸을 의지하고 철저한 버림으로 기우는 마음챙김의 깨달음의 구성요소를 닦는다. … 법을 간택하는 깨달음의 구성요소를 닦는다. … 정진의 깨달음의 구성요소를 닦는다. … 희열의 깨달음의 구성요소를 닦는다. … 고요함의 깨달음의 구성요소를 닦는다. … 삼매의 깨달음의 구성요소를 닦는다. … 평온의 깨달음의 구성요소를 닦는다.

비구들이여, 이와 같이 소멸을 [관찰하는 지혜에서 생긴] 인식을 닦고 이와 같이 많이 [공부]지으면 아주 편안하게 머묾으로 인도된다."

(ii) 두 가지 가운데 하나의 결실

4. "비구들이여, 소멸을 [관찰하는 지혜에서 생긴] 인식을 닦고 많이 [공부]지으면 두 가지 결실 가운데 하나의 결실이 예상되나니, 지금 · 여기(금생)에서 구경의 지혜를 얻거나, 취착의 자취가 남아 있으면 다시는 돌아오지 않는 경지[不還果]가 예상된다. …"

(iii) 큰 이익

5. "비구들이여, 소멸을 [관찰하는 지혜에서 생긴] 인식을 닦고 많이 [공부]지으면 큰 이익으로 인도된다. 비구들이여, 그러면 어떻게 소멸을 [관찰하는 지혜에서 생긴] 인식을 닦고 [134] 어떻게 많이 [공부]지으면 큰 이익으로 인도되는가? …"

(iv) 큰 유가안은

6. "비구들이여, 소멸을 [관찰하는 지혜에서 생긴] 인식을 닦고 많이 [공부]지으면 큰 유가안은으로 인도된다. 비구들이여, 그러면 어떻게 소멸을 [관찰하는 지혜에서 생긴] 인식을 닦고 어떻게 많이 [공부]지으면 큰 유가안은으로 인도되는가? …"

(v) 큰 절박함

7. "비구들이여, 소멸을 [관찰하는 지혜에서 생긴] 인식을 닦고 많이 [공부]지으면 크게 절박함으로 인도된다. 비구들이여, 그러면 어떻게 소멸을 [관찰하는 지혜에서 생긴] 인식을 닦고 어떻게 많이 [공부]지으면 크게 절박함으로 인도되는가? …"

(vi) 편안하게 머묾

8. "비구들이여, 소멸을 [관찰하는 지혜에서 생긴] 인식을 닦고 많이 [공부]지으면 아주 편안하게 머묾으로 인도된다. 비구들이여, 그러면 어떻게 소멸을 [관찰하는 지혜에서 생긴] 인식을 닦고 어떻게 많이 [공부]지으면 아주 편안하게 머묾으로 인도되는가?

비구들이여, 여기 비구는 소멸을 [관찰하는 지혜에서 생긴] 인식과 함께하고 떨쳐버림을 의지하고 탐욕의 빛바램을 의지하고 소멸을 의지하고 철저한 버림으로 기우는 마음챙김의 깨달음의 구성요소를 닦는다. … 법을 간택하는 깨달음의 구성요소를 닦는다. … 정진의 깨달음의 구성요소를 닦는다. … 희열의 깨달음의 구성요소를 닦는다. … 고요함의 깨달음의 구성요소를 닦는다. … 삼매의 깨달음의 구성요소를 닦는다. … 평온의 깨달음의 구성요소를 닦는다.

비구들이여, 이와 같이 소멸을 [관찰하는 지혜에서 생긴] 인식을 닦고 이와 같이 많이 [공부]지으면 아주 편안하게 머묾으로 인도된다."

제8장 소멸 품이 끝났다.

여덟 번째 품에 포함된 경들의 목록은 다음과 같다.

① 부정(不淨) ② 죽음 ③ 음식에 대한 혐오
④ 온 세상에 대한 기쁨 없음 ⑤ 무상
⑥ 괴로움 ⑦ 무아 ⑧ 버림
⑨ 탐욕이 빛바램 ⑩ 소멸 — 이러한 열 가지이다.

제9장 강가 강의 반복

Gaṅgā-peyyāla[291)]

291) 이미 본서 해제 §5-⑶-③ 등에서 설명하였듯이, 37보리분법(조도품)을 담고 있는 본서 S45부터 제6권 S51까지의 일곱 개 상윳따와 제6권 「선(禪) 상윳따」(S53)의 구성에 관한 가장 큰 특징을 들라면 이들 상윳따는 모두 다섯 가지 반복되는 품을 담고 있다는 것이다.

이 다섯 가지 반복되는 품은 ⑴ 「강가 강의 반복」(Gaṅgā-peyyāla), ⑵ 「불방일 품」(Appamāda-vagga), ⑶ 「힘쓰는 일 품」(Balakaraṇīya-vagga), ⑷ 「추구 품」(Esanā-vagga), ⑸ 「폭류 품」(Ogha-vagga)이다. 이들 품에서 「강가 강의 반복」과 「불방일 품」에는 각각 12개, 나머지 세 품에는 각각 10개씩, 모두 54개의 경들이 포함되어 있다.

그리고 이들 8개 상윳따들 가운데서 「바른 노력 상윳따」(S49)와 「힘 상윳따」(S50)와 「선(禪) 상윳따」(S53)의 세 상윳따는 전적으로 이러한 반복되는 품들만으로 구성되어 있다.

그런데 이 다섯 가지 반복되는 품들은 본 「깨달음의 구성요소 상윳따」(S46)와 아래 「기능 상윳따」(S48)와 「힘 상윳따」(S50)에서는 각각 두 번씩이 나타나서 모두 10개의 품으로 되어 있고 포함된 경의 개수도 배로 되어 108개가 되고 있다.

이 경우에 전반부 다섯 품에는 "**떨쳐버림을 의지하고 탐욕의 빛바램을 의지하고 소멸을 의지하고 철저한 버림으로 기우는 마음챙김의 깨달음의 구성요소**" 등으로 나타나지만 후반부 다섯 품에는 이 부분 대신에 "**탐욕의 길들임으로 귀결되고 성냄의 길들임으로 귀결되고 어리석음의 길들임으로 귀결되는 마음챙김의 깨달음의 구성요소**" 등으로 나타난다. 이것만 다르고 나머지 구문은 같다.

그러나 「마음챙김의 확립 상윳따」(S47)와 「바른 노력 상윳따」(S49)와 「성취수단 상윳따」(S51)와 「선(禪) 상윳따」(S53)에는 모두 한 번씩만 나타나고 있다. 이들 다섯 품에는 모두 "떨쳐버림을 의지하고 탐욕의 빛바램을 의지하고 소멸을 의지하고 철저한 버림으로 기우는 마음챙김의 깨달음의 구성요소" 등으로 나타난다.

그리고 「도 상윳따」(S45)에는 특이하게 「강가 강의 반복」은 모두 네 품이 나타나고 나머지는 한 번씩 나타나서 모두 8개의 반복되는 품이 나타나고 있다.

이들 8개 상윳따를 제외한 4개의 상윳따들, 즉 본서 제6권 「아누룻다 상윳따」(S52), 「들숨날숨 상윳따」(S54), 「예류 상윳따」(S55), 「진리 상윳따」(S56)에는 이러한 다섯 가지 반복되는 품들이 나타나지 않는다.

동쪽으로 흐름 경1~6(S46:77~82)[292]

Pācīnaninna-sutta

3. "비구들이여, 예를 들면 강가 강은 동쪽으로 흐르고 동쪽으로 향하고 동쪽으로 들어간다.(S46:77) …

야무나 강은(S46:78) … 아찌라와띠 강은(S46:79) … 사라부 강은(S46:80) … 마히 강은(S46:81) … 강가, 야무나, 아찌라와띠, 사라부, 마히 같은 큰 강들은 모두(S46:82) 동쪽으로 흐르고 동쪽으로 향하고 동쪽으로 들어간다.

비구들이여, 그와 같이 비구가 일곱 가지 깨달음의 구성요소를 닦고 일곱 가지 깨달음의 구성요소를 많이 [공부]지으면 그는 열반으로 흐르고 열반으로 향하고 열반으로 들어간다."

4. "비구들이여, 그러면 비구가 어떻게 일곱 가지 깨달음의 구성요소를 닦고 어떻게 일곱 가지 깨달음의 구성요소를 많이 [공부]지으면 그는 열반으로 흐르고 열반으로 향하고 열반으로 들어가는가?

비구들이여, 여기 비구는 떨쳐버림을 의지하고 탐욕의 빛바램을 의지하고 소멸을 의지하고 철저한 버림으로 기우는 마음챙김의 구성요소를 닦는다. … 평온의 깨달음의 구성요소를 닦는다.

비구들이여, 비구가 이렇게 일곱 가지 깨달음의 구성요소를 닦고 이렇게 일곱 가지 깨달음의 구성요소를 많이 [공부]지으면 그는 열반으로 흐르고 열반으로 향하고 열반으로 들어간다."

---

292) 여기 나타나는 12개의 경들은 모두 본서 「도 상윳따」(S45) 제9장 「첫 번째 강가 강의 반복」(Gaṅga-peyyala)에 포함된 12개의 경들(S45:91~102)과 같은 방법으로 설해지고 있다.

바다 경1~6(S46:83~88)

Samuddaninna-sutta

3. "비구들이여, 예를 들면 강가 강은 바다로 흐르고 바다로 향하고 바다로 들어간다.(S46:83) … 야무나 강은(S46:84) … 아찌라와띠 강은(S46:85) … 사라부 강은(S46:86) … 마히 강은(S46:87) …

강가, 야무나, 아찌라와띠, 사라부, 마히 같은 큰 강들은 모두 (S46:88) 바다로 흐르고 바다로 향하고 바다로 들어간다.

비구들이여, 그와 같이 비구가 일곱 가지 깨달음의 구성요소를 닦고 일곱 가지 깨달음의 구성요소를 많이 [공부]지으면 그는 열반으로 흐르고 열반으로 향하고 열반으로 들어간다."

4. "비구들이여, 그러면 비구가 어떻게 일곱 가지 깨달음의 구성요소를 닦고 어떻게 일곱 가지 깨달음의 구성요소를 많이 [공부]지으면 그는 열반으로 흐르고 열반으로 향하고 열반으로 들어가는가?

비구들이여, 여기 비구는 떨쳐버림을 의지하고 탐욕의 빛바램을 의지하고 소멸을 의지하고 철저한 버림으로 기우는 마음챙김의 구성요소를 닦는다. … 평온의 깨달음의 구성요소를 닦는다.

비구들이여, 비구가 이렇게 일곱 가지 깨달음의 구성요소를 닦고 이렇게 일곱 가지 깨달음의 구성요소를 많이 [공부]지으면 그는 열반으로 흐르고 열반으로 향하고 열반으로 들어간다."

제9장 강가 강의 반복이 끝났다. [135]

아홉 번째 품에 포함된 경들의 목록은 다음과 같다.

여섯 가지 ①~⑥ 동쪽으로 흐름, 여섯 가지 ⑦~⑫ 바다
이처럼 6가지가 두 번 있어서 모두 12가지가 설해졌다.

제10장 불방일 품

Appamāda-vagga

여래 경 등(S46:89~98)[293]

3. "비구들이여, 예를 들면 중생이 발이 없건, 두 발이건, 네 발이건, 여러 발이건, 물질을 가졌건, 물질을 갖지 않았건, 인식이 있건, 인식이 없건, 인식이 있는 것도 아니고 없는 것도 아니건, 그 모든 중생들에 관한 한, 여래·아라한·정등각이 그들 가운데서 으뜸이라 불린다.

비구들이여, 그와 같이 유익한 법[善法]들은 그것이 어떤 것이든 간에 모두 불방일을 뿌리로 하고 불방일로 모이고 불방일이 그들 가운데 으뜸이라 불린다.

비구들이여, 비구가 방일하지 않으면 '그는 일곱 가지 깨달음의 구성요소를 닦을 것이다. 그는 일곱 가지 깨달음의 구성요소를 많이 [공부]지을 것이다.'라는 것이 기대된다."

4. "비구들이여, 그러면 방일하지 않는 비구는 어떻게 일곱 가지 깨달음의 구성요소를 닦고 어떻게 일곱 가지 깨달음의 구성요소를 많이 [공부]짓는가?

비구들이여, 여기 비구는 떨쳐버림을 의지하고 탐욕의 빛바램을 의지하고 소멸을 의지하고 철저한 버림으로 기우는 마음챙김의 깨달

293) 본품에 포함된 10개의 경들은 본서 「도 상윳따」(S45) 제13장 「불방일의 반복」(Appamāda-peyyāla)에 포함된 10개의 경들(S45:139~148)과 같은 방법으로 설해지고 있어서 첫 번째 경의 앞부분만 옮기고 나머지는 생략한다. Ee에도 이렇게 편집되어 있다.

음의 구성요소를 닦는다. … 평온의 깨달음의 구성요소를 닦는다.

비구들이여, 방일하지 않는 비구는 이렇게 일곱 가지 깨달음의 구성요소를 닦고 이렇게 일곱 가지 깨달음의 구성요소를 많이 [공부] 짓는다."

… …

제10장 불방일 품이 끝났다.

열 번째 품에 포함된 경들의 목록은 다음과 같다.

① 여래 ② 발자국 ③ 뾰족지붕
④ 뿌리 ⑤ 속재목
⑥ 재스민 꽃 ⑦ 왕 ⑧ 달
⑨ 태양, 열 번째로 ⑩ 옷감이다.

제11장 힘쓰는 일 품

Balakaraṇīya-vagga

힘 경 등(S46:99~110)[294)]

3. "비구들이여, 예를 들면 어떤 일이든 힘쓰는 일들을 할 때는 모두 반드시 땅을 의지하고 땅에 확고하게 서서 힘쓰는 일들을 하는 것과 같다.

비구들이여, 그와 같이 비구는 계를 의지하고 계에 확고하게 서서 일곱 가지 깨달음의 구성요소를 닦고 일곱 가지 깨달음의 구성요소를 많이 [공부]짓는다."

4. "비구들이여, 그러면 어떻게 비구는 계를 의지하고 계에 확고하게 서서 일곱 가지 깨달음의 구성요소를 닦고 어떻게 일곱 가지 깨달음의 구성요소를 많이 [공부]짓는가?

비구들이여, 여기 비구는 떨쳐버림을 의지하고 탐욕의 빛바램을 의지하고 소멸을 의지하고 철저한 버림으로 기우는 마음챙김의 구성요소를 닦는다. … 평온의 깨달음의 구성요소를 닦는다.

비구들이여, 이와 같이 비구는 계를 의지하고 계에 확고하게 서서

---

294) 본품에 포함된 12개의 경들은 본서 「도 상윳따」(S45) 제14장 「힘쓰는 일 품」(Balakaraṇīya-vagga)의 「힘 경」(S45:149) 등의 12개 경들(S45:149~160)과 같은 방법으로 설해지고 있어서 첫 번째 경의 앞부분만 옮기고 나머지는 생략한다. Ee에도 이렇게 편집되어 있다.
한편 Ee는 본품에 포함된 경들의 번호를 단순히 "99~100"으로 잘못 매기고 있으며, 그래서 나머지 경들의 번호도 잘못 매기고 있다.(편집자인 Feer는 Part V 서문 p. v.에서 이 잘못을 수정하고 있음) 그러므로 Ee의 "100~110"은 본 번역의 "111~120"에, Ee의 "154~164"는 본 번역의 "165~174"에 해당한다.

이렇게 일곱 가지 깨달음의 구성요소를 닦고 이렇게 일곱 가지 깨달음의 구성요소를 많이 [공부]짓는다."

…… ……

제11장 힘쓰는 일 품이 끝났다. [136]

열한 번째 품에 포함된 경들의 목록은 다음과 같다.

① 힘 ② 씨앗 ③ 용 ④ 나무 ⑤ 항아리
⑥ 꺼끄러기 ⑦ 허공, 두 가지 ⑧~⑨ 구름
⑩ 배 ⑪ 객사(客舍) ⑫ 강이다.

제12장 추구 품

Esanā-vagga

추구 경 등(S46:111~120)[295]

3. "비구들이여, 세 가지 추구가 있다. 무엇이 셋인가?
감각적 욕망의 추구, 존재의 추구, 청정범행의 추구이다.
비구들이여, 이러한 세 가지 추구가 있다."

4. "비구들이여, 이러한 세 가지 추구를 최상의 지혜로 알기 위해서는 … 철저히 알기 위해서는 … 철저하게 멸진하기 위해서는 … 제거하기 위해서는 일곱 가지 깨달음의 구성요소를 닦아야 한다. 그러면 어떤 일곱 가지 깨달음의 구성요소를 닦아야 하는가?

비구들이여, 여기 비구는 떨쳐버림을 의지하고 탐욕의 빛바램을 의지하고 소멸을 의지하고 철저한 버림으로 기우는 마음챙김의 구성요소를 닦는다. … 평온의 깨달음의 구성요소를 닦는다.

비구들이여, 이러한 세 가지 추구를 최상의 지혜로 알기 위해서는 … 철저히 알기 위해서는 … 철저하게 멸진하기 위해서는 … 제거하기 위해서는 이러한 일곱 가지 깨달음의 구성요소를 닦아야 한다."

… …

---

295) 본품에 포함된 10개의 경들은 본서 「도 상윳따」(S45) 제15장 「추구 품」(Esanā-vagga)에 포함된 10개의 경들(S45:161~170)과 같은 방법으로 설해지고 있어서 첫 번째 경의 앞부분만 옮기고 나머지는 생략한다. Ee에도 이렇게 편집되어 있다.

제12장 추구 품이 끝났다.

열두 번째 품에 포함된 경들의 목록은 다음과 같다.

① 추구 ② 자만심 ③ 번뇌
④ 존재 ⑤ 괴로움의 성질
⑥ 삭막함 ⑦ 때 ⑧ 근심
⑨ 느낌 ⑩ 갈애 ⑪ 목마름이다.

제13장 폭류 품

Ogha-vagga

폭류 경 등(S46:121~130)[296]

3. "비구들이여, 네 가지 폭류가 있다. 무엇이 넷인가?

감각적 욕망의 폭류, 존재의 폭류, 견해의 폭류, 무명의 폭류이다.

비구들이여, 이러한 네 가지 폭류가 있다.

비구들이여, 이러한 네 가지 폭류를 최상의 지혜로 알기 위해서는 … 철저히 알기 위해서는 … 철저하게 멸진하기 위해서는 … 제거하기 위해서는 일곱 가지 깨달음의 구성요소를 닦아야 한다. …"

… [137] …

제13장 폭류 품이 끝났다.

열세 번째 품에 포함된 경들의 목록은 다음과 같다.

① 폭류 ② 속박 ③ 취착

④ 매듭 ⑤ 잠재성향

⑥ 감각적 욕망 ⑦ 장애 ⑧ 무더기

⑨ 낮은 단계의 족쇄 ⑩ 높은 단계의 족쇄이다.

---

296) 본품에 포함된 10개의 경들은 본서 「도 상윳따」(S45) 제16장 「폭류 품」(Ogha-vagga)에 포함된 10개의 경들(S45:171~180)과 같은 방법으로 설해지고 있어서 첫 번째 경의 앞부분만 옮기고 나머지는 생략한다. Ee에도 이렇게 편집되어 있다.

제14장 강가 강의 반복

Gaṅgā-peyyāla

탐욕을 길들임 편

Rāgavinaya[297)]

동쪽으로 흐름 경 등(S46:131~142)

3. "비구들이여, 예를 들면 강가 강은 동쪽으로 흐르고 동쪽으로 향하고 동쪽으로 들어간다.

비구들이여, 그와 같이 비구가 일곱 가지 깨달음의 구성요소를 닦고 일곱 가지 깨달음의 구성요소를 많이 [공부]지으면 그는 열반으로 흐르고 열반으로 향하고 열반으로 들어간다. …"

4. "비구들이여, 여기 비구는 탐욕의 길들임으로 귀결되고 성냄의 길들임으로 귀결되고 어리석음의 길들임으로 귀결되는 마음챙김의 깨달음의 구성요소를 닦는다. … 법을 간택하는 깨달음의 구성요

---

297) 여기 나타나는 12개의 경들은 모두 본 「깨달음의 구성요소 상윳따」(S46) 제9장 「강가 강의 반복」(Gaṅgā-peyyāla)의 12개 경들과 같은 순서로 되어 있다. 그리고 본서 「도 상윳따」(S45) 제10장 「두 번째 강가 강의 반복」(Gaṅga-peyyala)에 포함된 12개의 경들(S45:103~114)과 같은 방법으로 설해지고 있어서 첫 번째 경만 옮기고 나머지는 생략한다. Ee에도 이렇게 편집되어 있다.
본품은 제9장의 §4에서 '떨쳐버림을 의지하고 탐욕의 빛바램을 의지하고 소멸을 의지하고 철저한 버림으로 기우는 마음챙김의 깨달음의 구성요소' 등으로 나타나는 부분 대신에 '탐욕의 길들임으로 귀결되고 성냄의 길들임으로 귀결되고 어리석음의 길들임으로 귀결되는 마음챙김의 깨달음의 구성요소' 등으로 나타나는 것만 다르다.

소를 닦는다. … 정진의 깨달음의 구성요소를 닦는다. … 희열의 깨달음의 구성요소를 닦는다. … 고요함의 깨달음의 구성요소를 닦는다. … 삼매의 깨달음의 구성요소를 닦는다. … 평온의 깨달음의 구성요소를 닦는다.

비구들이여, 비구가 이렇게 일곱 가지 깨달음의 구성요소를 닦고 이렇게 일곱 가지 깨달음의 구성요소를 많이 [공부]지으면 그는 열반으로 흐르고 열반으로 향하고 열반으로 들어간다."

… [138] …

제14장 강가 강의 반복(탐욕을 길들임 편)이 끝났다.

열네 번째 품에 포함된 경들의 목록은 다음과 같다.

여섯 가지 ①~⑥ 동쪽으로 흐름
여섯 가지 ⑦~⑫ 바다
이처럼 6가지가 두 번 있어서
모두 12가지가 설해졌다.

제15장 불방일 품

Appamāda-vagga

탐욕을 길들임 편

Rāgavinaya[298)]

여래 경 등(S46:143~152)

3. "비구들이여, 예를 들면 중생이 발이 없건, 두 발이건, 네 발이건, 여러 발이건, 물질을 가졌건, 물질을 갖지 않았건, 인식이 있건, 인식이 없건, 인식이 있는 것도 아니고 없는 것도 아니건, 그 모든 중생들에 관한 한, 여래·아라한·정등각이 그들 가운데서 으뜸이라 불린다.

비구들이여, 그와 같이 유익한 법[善法]들은 그것이 어떤 것이든 간에 모두 불방일을 뿌리로 하고 불방일로 모이고 불방일이 그들 가운데 으뜸이라 불린다.

비구들이여, 비구가 방일하지 않으면 '그는 일곱 가지 깨달음의 구성요소를 닦을 것이다. 그는 일곱 가지 깨달음의 구성요소를 많이

298) 본품에 포함된 10개의 경들은 본 「깨달음의 구성요소 상윳따」(S46) 제10장 「불방일 품」(Appamāda-vagga)과 같은 방법으로 설해지고 있어서 첫 번째 경의 앞부분만 옮기고 나머지는 생략한다. Ee에도 이렇게 편집되어 있다.
본품도 제10장의 §4에서 '떨쳐버림을 의지하고 탐욕의 빛바램을 의지하고 소멸을 의지하고 철저한 버림으로 기우는 마음챙김의 깨달음의 구성요소' 등으로 나타나는 부분 대신에 '탐욕의 길들임으로 귀결되고 성냄의 길들임으로 귀결되고 어리석음의 길들임으로 귀결되는 마음챙김의 깨달음의 구성요소' 등으로 나타나는 것만 다르다.

[공부]지을 것이다.'라는 것이 기대된다."

4. "비구들이여, 그러면 방일하지 않는 비구는 어떻게 일곱 가지 깨달음의 구성요소를 닦고 어떻게 일곱 가지 깨달음의 구성요소를 많이 [공부]짓는가?

비구들이여, 여기 비구는 탐욕의 길들임으로 귀결되고 성냄의 길들임으로 귀결되고 어리석음의 길들임으로 귀결되는 마음챙김의 깨달음의 구성요소를 닦는다. … 평온의 깨달음의 구성요소를 닦는다.

비구들이여, 비구가 이렇게 일곱 가지 깨달음의 구성요소를 닦고 이렇게 일곱 가지 깨달음의 구성요소를 많이 [공부]지으면 그는 열반으로 흐르고 열반으로 향하고 열반으로 들어간다."

… …

제15장 불방일 품(탐욕을 길들임 편)이 끝났다.

열다섯 번째 품에 포함된 경들의 목록은 다음과 같다.

① 여래 ② 발자국 ③ 뾰족지붕
④ 뿌리 ⑤ 속재목
⑥ 재스민 꽃 ⑦ 왕 ⑧ 달
⑨ 태양, 열 번째로 ⑩ 옷감이다.

제16장 힘쓰는 일 품

Balakaraṇīya-vagga

탐욕을 길들임 편

Rāgavinaya[299)]

힘 경 등(S46:153~164)

3. "비구들이여, 예를 들면 어떤 일이든 힘쓰는 일들을 할 때는 모두 반드시 땅을 의지하고 땅에 확고하게 서서 힘쓰는 일들을 하는 것과 같다.

비구들이여, 그와 같이 비구는 계를 의지하고 계에 확고하게 서서 일곱 가지 깨달음의 구성요소를 닦고 일곱 가지 깨달음의 구성요소를 많이 [공부]짓는다."

4. "비구들이여, 그러면 어떻게 비구는 계를 의지하고 계에 확고하게 서서 일곱 가지 깨달음의 구성요소를 닦고 어떻게 일곱 가지 깨달음의 구성요소를 많이 [공부]짓는가?

비구들이여, 여기 비구는 탐욕의 길들임으로 귀결되고 성냄의 길

---

299) 본품에 포함된 12개의 경들은 본 「깨달음의 구성요소 상윳따」(S46) 제11장 「힘쓰는 일 품」(Balakaraṇīya-vagga)과 같은 방법으로 설해지고 있어서 첫 번째 경의 앞부분만 옮기고 나머지는 생략한다. Ee에도 이렇게 편집되어 있다.
본품도 제11장의 §4에서 '떨쳐버림을 의지하고 탐욕의 빛바램을 의지하고 소멸을 의지하고 철저한 버림으로 기우는 마음챙김의 깨달음의 구성요소' 등으로 나타나는 부분 대신에 '탐욕의 길들임으로 귀결되고 성냄의 길들임으로 귀결되고 어리석음의 길들임으로 귀결되는 마음챙김의 깨달음의 구성요소' 등으로 나타나는 것만 다르다.

들임으로 귀결되고 어리석음의 길들임으로 귀결되는 마음챙김의 깨달음의 구성요소를 닦는다. … 평온의 깨달음의 구성요소를 닦는다.

비구들이여, 이와 같이 비구는 계를 의지하고 계에 확고하게 서서 일곱 가지 깨달음의 구성요소를 닦고 일곱 가지 깨달음의 구성요소를 많이 [공부]짓는다."

… …

제16장 힘쓰는 일 품(탐욕을 길들임 편)이 끝났다.

열여섯 번째 품에 포함된 경들의 목록은 다음과 같다.

① 힘 ② 씨앗 ③ 용 ④ 나무 ⑤ 항아리
⑥ 꺼끄러기 ⑦ 허공, 두 가지 ⑧~⑨ 구름
⑩ 배 ⑪ 객사(客舍) ⑫ 강이다.

제17장 추구 품

Esanā-vagga

탐욕을 길들임 편

Rāgavinaya[300)]

추구 경 등(S46:165~174)

3. "비구들이여, [139] 세 가지 추구가 있다. 무엇이 셋인가? 감각적 욕망의 추구, 존재의 추구, 청정범행의 추구이다. 비구들이여, 이러한 세 가지 추구가 있다."

4. "비구들이여, 이러한 세 가지 추구를 최상의 지혜로 알기 위해서는 … 철저히 알기 위해서는 … 철저하게 멸진하기 위해서는 … 제거하기 위해서는 일곱 가지 깨달음의 구성요소를 닦아야 한다. 그러면 어떤 일곱 가지 깨달음의 구성요소를 닦아야 하는가?

비구들이여, 여기 비구는 탐욕의 길들임으로 귀결되고 성냄의 길들임으로 귀결되고 어리석음의 길들임으로 귀결되는 마음챙김의 구성요소를 닦는다. … 평온의 구성요소를 닦는다.

---

300) 본품에 포함된 10개의 경들은 본 「깨달음의 구성요소 상윳따」(S46) 제12장 「추구 품」(Esanā-vagga)과 같은 방법으로 설해지고 있어서 첫 번째 경의 앞부분만 옮기고 나머지는 생략한다. Ee에도 이렇게 편집되어 있다. 본품도 제12장의 §4에서 '떨쳐버림을 의지하고 탐욕의 빛바램을 의지하고 소멸을 의지하고 철저한 버림으로 기우는 마음챙김의 깨달음의 구성요소' 등으로 나타나는 부분 대신에 '탐욕의 길들임으로 귀결되고 성냄의 길들임으로 귀결되고 어리석음의 길들임으로 귀결되는 마음챙김의 깨달음의 구성요소' 등으로 나타나는 것만 다르다.

비구들이여, 이러한 세 가지 추구를 최상의 지혜로 알기 위해서는 … 철저히 알기 위해서는 … 철저하게 멸진하기 위해서는 … 제거하기 위해서는 이러한 일곱 가지 깨달음의 구성요소를 닦아야 한다."

… …

제17장 추구 품(탐욕을 길들임 편)이 끝났다.

열일곱 번째 품에 포함된 경들의 목록은 다음과 같다.

① 추구 ② 자만심 ③ 번뇌
④ 존재 ⑤ 괴로움의 성질
⑥ 삭막함 ⑦ 때 ⑧ 근심
⑨ 느낌 ⑩ 갈애 ⑪ 목마름이다.

제18장 폭류 품

Ogha-vagga

탐욕을 길들임 편

Rāgavinaya[301)]

폭류 경 등(S46:175~183)

3. "비구들이여, 네 가지 폭류가 있다. 무엇이 넷인가? 감각적 욕망의 폭류, 존재의 폭류, 견해의 폭류, 무명의 폭류이다. 비구들이여, 이러한 네 가지 폭류가 있다."

4. "비구들이여, 이러한 네 가지 폭류를 최상의 지혜로 알기 위해서는 … 철저히 알기 위해서는 … 철저하게 멸진하기 위해서는 … 제거하기 위해서는 일곱 가지 깨달음의 구성요소를 닦아야 한다. 그러면 어떤 일곱 가지 깨달음의 구성요소를 닦아야 하는가? …"

… …

---

301) 본품에 포함된 10개의 경들은 본 「깨달음의 구성요소 상윳따」(S46) 제13장 「폭류 품」(Ogha-vagga)과 같은 방법으로 설해지고 있다. Ee를 따라 첫 번째 경의 앞부분과 맨 마지막 경만 옮기고 나머지는 생략한다.
본품도 제13장의 §4에서 '떨쳐버림을 의지하고 탐욕의 빛바램을 의지하고 소멸을 의지하고 철저한 버림으로 기우는 마음챙김의 깨달음의 구성요소' 등으로 나타나는 부분 대신에 '탐욕의 길들임으로 귀결되고 성냄의 길들임으로 귀결되고 어리석음의 길들임으로 귀결되는 마음챙김의 깨달음의 구성요소' 등으로 나타나는 것만 다르다.

높은 단계의 족쇄 경(S46:184)

Uddhambhāgiyasaṁyojana-sutta

3. "비구들이여, 다섯 가지 높은 단계의 족쇄[上分結]가 있다. 무엇이 다섯인가?

색계에 대한 탐욕, 무색계에 대한 탐욕, 자만, 들뜸, 무명이다.

비구들이여, 이러한 다섯 가지 높은 단계의 족쇄가 있다."

4. "비구들이여, 이러한 다섯 가지 높은 단계의 족쇄를 최상의 지혜로 알기 위해서는 … 철저히 알기 위해서는 … 철저하게 멸진하기 위해서는 … 제거하기 위해서는 일곱 가지 깨달음의 구성요소를 닦아야 한다. 그러면 어떤 일곱 가지 깨달음의 구성요소를 닦아야 하는가?

비구들이여, 여기 비구는 탐욕의 길들임으로 귀결되고 성냄의 길들임으로 귀결되고 어리석음의 길들임으로 귀결되는 … 불사(不死)로 귀결되고 불사를 궁극으로 하고 불사로 완결되는 … 열반으로 흐르고 열반으로 향하고 열반으로 들어가는[302] 마음챙김의 깨달음의

---

302) 본서 「도 상윳따」(S45)에 의하면 제9장 「강가 강의 반복」부터 제12장 「네 번째 강가 강의 반복」까지의 네 개 품은 각각 (i) 떨쳐버림을 의지함(Viveka-nissita) (ii) 탐욕을 길들임(Rāga-vinaya)과 (iii) 불사로 귀결됨(Amat-ogadha)과 (iv) 열반으로 흐름(Nibbāna-ninna)이라는 네 가지 방법으로 설해지고 있다. 이것을 정형구로 적어보면 각각 다음과 같다.
① '떨쳐버림을 의지하고 탐욕의 빛바램을 의지하고 소멸을 의지하고 철저한 버림으로 기우는(vivekanissitaṁ virāganissitaṁ nirodhanissitaṁ vossaggapariṇāmiṁ)'
② '탐욕의 길들임으로 귀결되고 성냄의 길들임으로 귀결되고 어리석음의 길들임으로 귀결되는(rāgavinayapariyosānam dosavinayapariyosānam mohavinayapariyosānaṁ)'
③ '불사(不死)로 귀결되고 불사를 궁극으로 하고 불사로 완결되는(amat-ogadham amataparāyanam amatapariyosānaṁ)'과
④ '열반으로 흐르고 열반으로 향하고 열반으로 들어가는(nibbānaninnaṁ

구성요소를 닦는다. … 평온의 깨달음의 구성요소를 닦는다.

비구들이여, 이러한 다섯 가지 높은 단계의 족쇄를 최상의 지혜로 알기 위해서는 … 철저히 알기 위해서는 … 철저하게 멸진하기 위해서는 … 제거하기 위해서는 이러한 일곱 가지 깨달음의 구성요소를 닦아야 한다."

제18장 폭류 품(탐욕을 길들임 편)이 끝났다. [140]

열여덟 번째 품에 포함된 경들의 목록은 다음과 같다.

① 폭류 ② 속박 ③ 취착
④ 매듭 ⑤ 잠재성향
⑥ 감각적 욕망 ⑦ 장애 ⑧ 무더기
⑨ 낮은 단계의 족쇄 ⑩ 높은 단계의 족쇄이다.

깨달음의 구성요소 상윳따(S46)가 끝났다.

---

nibbānapoṇam nibbānapabbāraṁ)'이다.
여기에 대해서는 본서 「동쪽으로 흐름 경」 1(S45:91)의 (i) 떨쳐버림을 의지함(Viveka-nissita)에 대한 주해를 참조할 것.
그런데 Ee에 의하면 본 「깨달음의 구성요소 상윳따」(S46)의 본품(제18장)의 맨 마지막 경인 「높은 단계의 족쇄 경」(S46:184)에는 이러한 ①~④의 넷 가운데 ②~④ 세 가지만이 나타나는 것으로 편집되어 있다. 보디 스님도 이를 따라서 옮겼고 역자도 이를 따랐다.

제47주제

마음챙김의 확립 상윳따(S47)

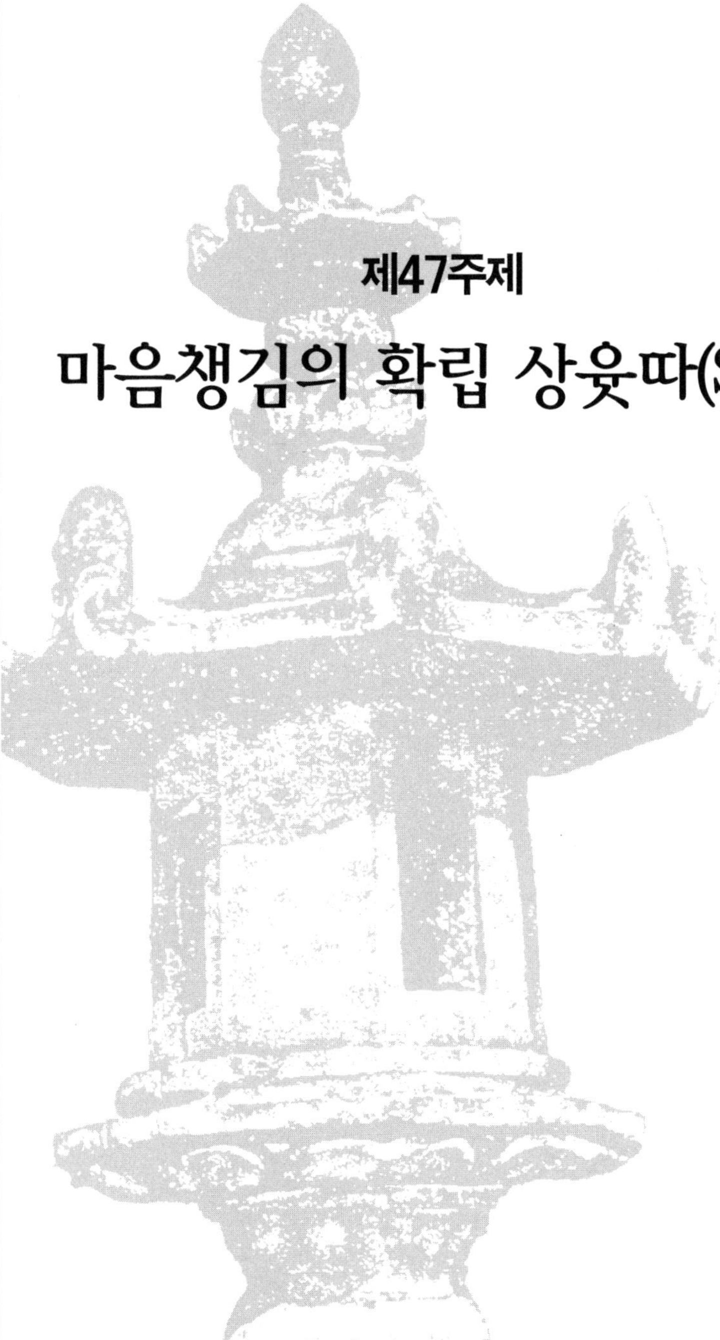

제47주제(S47)

마음챙김의 확립 상윳따

Satipaṭṭhāna-saṁyutta

제1장 암바빨리 품

Ambapāli-vagga

암바빨리 경(S47:1)

Ambapāli-sutta

1. 이와 같이 나는 들었다. [141] 한때 세존께서는 웨살리에서 암바빨리 숲303)에 머무셨다.

---

303) 암바빨리 숲(Ambapāli-vana)은 웨살리의 유명한 기녀(妓女, gaṇikā)였으며 부처님의 신도였던 암바빨리의 소유였는데 나중에 그녀가 승단에 기증하여 원림을 만들었다.
『테리가타 주석서』에 의하면 암바빨리(Ambapāli)는 전생에 닦은 공덕의 힘으로 스스로 화현하여(opapātikā) 웨살리의 왕의 정원(rājuyyāna)에 나타났다고 한다. 정원지기가 그녀를 망고 나무 아래서(amba-rukkha-mūle) 발견하였기 때문에 암바빨리라고 이름을 지어서 웨살리 시내로 데리고 왔다고 한다. 그녀는 너무나 아름다웠기 때문에 많은 왕자들로부터 청혼을 받았다. 그래서 그들은 분쟁을 막기 위해서 그녀를 기녀(gaṇikā)로 만들었다고 한다.(ThigA.207)
부처님의 열렬한 재가 신도였던 그녀는 부처님께서 마지막 여정에 웨살리를 방문하셨을 때 바로 이 망고 숲을 기증하여 승원을 만들었다. 이 이야기는 「대반열반경」(D16 §§2.11~2.19)에 자세하게 나타난다.
암바빨리에게는 위말라 꼰단냐(Vimala-Koṇḍañña)라는 아들이 있었는데 빔비사라 왕과의 사이에서 난 아들이라고 한다.(ThagA.i.156) 그는 출가하여 아라한이 되었다. 그녀도 후에 아들인 이 스님의 법문을 듣고 출가하였다고 한다. 그녀는 자기 자신의 몸이 늙어가는 것에 대해서 무상함(aniccatā)

2. 거기서 세존께서는 "비구들이여."라고 비구들을 부르셨다. "세존이시여."라고 비구들은 세존께 응답했다. 세존께서는 이렇게 말씀하셨다.

3. "비구들이여, 이 도는 유일한 길이니,304) 중생들의 청정을

을 절감하였으며(ThigA.207), 그래서 삼계의 모든 법이 무상하고 괴롭고 무아인 것을 통찰하는 위빳사나를 증장하여 아라한과를 얻었다고 한다. (ThigA.213) 그녀가 지은 19개의 게송이 『장로니게』(Thig) {252~270}으로 전해 온다.

304) '이 도는 유일한 길이니'는 ekāyano ayaṁ maggo를 옮긴 것이다. 주석서는 다음과 같은 다섯 가지로 '유일한 길'의 의미를 설명한다.
"(1) '비구들이여, 이것은 유일한 길이어서 두 갈래로 갈라지지 않았다.'고 그 뜻을 보아야 한다.
(2) 혹은, '혼자서 가야 한다(ekena ayitabbo).'고 해서 유일한 길(ekāyano)이다. '혼자서'라는 것은 무리(gaṇa)짓는 것을 버리고 은둔하는 한적한 마음으로라는 말이며, '가야 한다.'라는 것은 '도를 따라가야 한다.' 혹은 '이 길을 따라서 간다.'는 말로서 윤회로부터 열반으로 간다는 뜻이다.
(3) 한 사람의(ekassa) 길이 유일한 길이다. '한 사람의'라는 것은 '최고로 수승한 분의'라는 말로 모든 존재들 가운데 최고로 수승하신 세존이시다. 그러므로 '세존의 [길]'이라고 말한 것이다. 비록 다른 사람들이 이 [길을] 따라간다 하더라도 이것은 세존의 길이다. 그분께서 일으키셨기 때문이다. 그래서 "바라문이여, 그분 세존께서는 아직 일어나지 않은 도를 일어나게 하는 분이십니다.(M108/iii.8)"는 등으로 말씀하셨다.
(4) 혹은, '간다'고 해서 '길'이다. '가다, 나아가다'라는 뜻이다. 하나에 있는 길이라고 해서 유일한 길이다. '이 법과 율에 존재하는 것이며 다른 곳에 있는 것이 아니다.'라고 말한 것이다. 그래서 "수밧다여, 참으로 이 법과 율에서 성스러운 팔정도를 얻게 된다.(D16/ii.151)"라고 말씀하셨다. 이것은 설명 방법만 다를 뿐 뜻으로는 같다.
(5) 하나를 향해서 간다(ekaṁ ayati)고 해서 유일한 길이다. 처음에는 여러 방면으로 수행하는 방법이 존재하지만 결국은 하나인 열반으로 간다라는 말이다."(DA.iii.743)
한편 ekāyana magga는 『맛지마 니까야』 「긴 사자후 경」(M12/i.74) §§37~42에서 목적지로 바로 인도하는 길(곧고 바른 길) 혹은 외길이라는 의미로 쓰이고 있다. 이렇게 볼 때 마음챙김의 확립은 둘러 가지 않고 곧장 중생들의 청정으로 인도하는 곧고 바른 길이라는 의미라고 할 수 있겠다. 마

위하고, 근심과 탄식을 다 건너기 위한 것이며, 육체적 고통과 정신적 고통을 사라지게 하고, 옳은 방법[305]을 터득하고, 열반을 실현하기 위한 것이다. 그것은 바로 네 가지 마음챙김의 확립[四念處][306]이

음챙김은 다른 종류의 삼매나 명상 수행과는 달리 목적지인 열반으로 바로 인도하는 길이라는 의미가 아닌가 생각된다. 여기에 대해서는 Gethin, *The Buddhist Path to Awakening*, pp.59~66을 참조할 것.
그리고 단어가 같다고 해서 여기서 말하는 ekāyana를 대승의 『법화경』에서 근본으로 삼고 있는 일승(一乘, ekāyana)과 혼동하면 곤란하다.

305) "'옳은 방법(naya)'이란 성스러운 팔정도를 말한다. 그것을 터득하기 위해서, 증득하기 위해서라는 말이다. 예비단계요 세간적인(pubba-bhāga lokiya) 마음챙김의 확립인 이 도를 닦으면 출세간도(lokuttara-magga)를 터득하게 된다. 그래서 '옳은 방법을 터득하고(ñāyassa adhigamāya)'라고 말씀하셨다."(DA.iii.750)

306) '마음챙김의 확립'으로 옮긴 sati-paṭṭhāna는 주석서에서 두 가지로 해석된다. 첫째는 sati+upaṭṭhāna이고 둘째는 sati+paṭṭhāna이다. 전자는 마음챙김의 확립으로 옮겨지고 후자는 마음챙김의 토대로 옮겨진다. 전자는 마음챙김을 일으키는 행위를 강조하고 후자는 마음챙김의 대상을 강조한다. 주석서들은 다분히 후자의 의미를 의지하지만 전자의 의미가 더 원래적이라 할 수 있다. 왜냐하면 sati+upaṭṭhāna로 이해한 것이 이미 초기불전 등에 나타나고 있기 때문이다. 예를 들면 upaṭṭhita-sati(마음챙김을 확립한, S54: 13/v.331 등)와 parimukhaṁ satiṁ upaṭṭhapetvā(전면에 마음챙김을 확립하고, S54: 1/v.311 등) 등의 표현이 경에서 드물지 않게 나타나고, 『무애해도』(Ps)에서 sati와 upaṭṭhāna가 계속해서 같이 설명되고 있으며, 산스끄리뜨 문헌에 smṛty-upasthāna로 나타나고 있다. 그래서 역자는 마음챙김의 확립으로 옮기고 있다.
한편 『청정도론』은 다음과 같이 네 가지 마음챙김의 확립을 설명하고 있다. "각각의 대상들에 내려가고 들어가서 확립되기 때문에(upaṭṭhānato) 확립(paṭṭhāna)이라 한다. 마음챙김 그 자체가 확립이기 때문에(sati yeva paṭṭhānaṁ) 마음챙김의 확립(念處)이라고 한다. 몸과 느낌과 마음과 법에서 그들을 각각 더러움(不淨, asubha), 괴로움, 무상, 무아라고 파악하면서, 또 깨끗함, 행복, 항상함, 자아라는 인식(saññā)을 버리는 역할을 성취하면서 일어나기 때문에 네 가지로 분류된다. 그러므로 네 가지 마음챙김의 확립(四念處)이라 한다."(Vis.XXII.34)
그리고 네 가지 마음챙김의 확립은 『디가 니까야』 「대념처경」(D22)과 『맛지마 니까야』 「염처경」(M10)에서 완성된 형태로 나타나고 있으며, 『디가 니까야 주석서』(DA.iii.741~764)와 『맛지마 니까야 주석서』

다. 무엇이 넷인가?"

4. "비구들이여, 여기 비구는 몸에서 몸을 관찰하며[身隨觀] 머문다. 세상에 대한 욕심과 싫어하는 마음을 버리면서[307] 근면하게, 분명히 알아차리고 마음챙기면서 머문다. 느낌에서 … 마음에서 … 법에서 법을 관찰하며[法隨觀] 머문다. 세상에 대한 욕심과 싫어하는 마음을 버리면서 근면하게, 분명히 알아차리고 마음챙기면서 머문다."[308]

(MA.ii.244~266)에 자세히 설명되어 있다. 그리고 「대념처경」(D22)과 여기에 해당되는 주석서는 역자가 『네 가지 마음챙기는 공부』(개정판 3쇄, 2008, 초기불전연구원)로 출간하였다. 그러나 본 니까야(S47)에 해당하는 주석서에는 설명이 축약된 형태로 나타나고 있기 때문에 역자는 『네 가지 마음챙기는 공부』와 「대념처경」(D22)의 주해에서 발췌하여 주석을 달고 있음을 밝힌다.

307) '버리면서(vineyya)'에 대한 설명은 「대념처경」(D22)에 해당하는 주석서 등에는 나타나지 않는다. 본경에 해당하는 주석서는 "① 반대되는 것으로 대체하여 버림(tadaṅga-vinaya, 의도적인 단속이나 위빳사나를 닦음으로 인해서 생기는 일시적인 버림)과 ② 억압에 의한 버림(vikkhambhanavinaya, 禪의 증득에서 생기는 일시적인 버림)으로 버리면서"(SA.iii.180)라고 설명하고 있다.
물론 이것은 마음챙기는 공부를 하기 전에 먼저 세상에 대한 욕심과 싫어하는 마음으로 대표되는 장애들을 다 버려야 한다는 뜻이 아니라, 마음챙기는 공부를 하면서 이들을 버려나가는 것을 뜻하는 것으로 이해해야 할 것이다.

308) 마음챙김의 확립의 기본이 되는 이 정형구에 대한 주석서적인 설명은 『네 가지 마음챙기는 공부』 103~116쪽을 참조할 것. 몇 가지 주요한 점을 인용하면 다음과 같다.
"'몸에 대해서'라고 말하고 또 다시 '몸을 관찰하며'라고 몸[이라는 단어]를 취한 것은 (1) [대상이] 섞이지 않도록 확정짓는 것과 단단하게 덩어리진 것을 분해하는 것 등을 보이기 위해서라고 알아야 한다. … (2) 혹은 몸에 대해서 '나'라거나 '내 것'이라고 거머쥘 만한 그 어떤 것도 보지 않고 오히려 머리털, 몸털 등 여러 것의 집합이라고 관찰하기 때문에 몸에서 머리털 등의 현상의 집합이라 불리는 몸을 관찰한다고 그 뜻을 알아야 한다. (3) 나아가서 "이 몸에서 무상함을 관찰하고 항상함을 관찰하지 않는다."는 등의 순서대로 『무애해도』에 전해 오는 방법인 무상의 특징에서부터 시작하여 모든 특

5. "비구들이여, 이 도는 유일한 길이니, 중생들의 청정을 위하고, 근심과 탄식을 다 건너기 위한 것이며, 육체적 고통과 정신적 고통을 사라지게 하고, 옳은 방법을 터득하고, 열반을 실현하기 위한 것이다. 그것은 바로 네 가지 마음챙김의 확립[四念處]이다."309)

6. 세존께서는 이렇게 말씀하셨다. 비구들은 마음이 흡족해져서 세존의 말씀을 크게 기뻐하였다.

마음챙김 경(S47:2)

Sati-sutta

1. 이와 같이 나는 들었다. 한때 [142] 세존께서는 웨살리에서

징들을 가진 집합이라는 몸을 관찰하기 때문에 몸에서 몸을 관찰한다고 그 뜻을 보아야 한다."(DA.iii.756~57)
"'근면하고(ātāpī, 근면한 자)'는 정진의 다른 이름이다."(DA.iii.758)
"'분명히 알아차리고(sampajāna)'란 지혜(ñāṇa)를 구족한 것이다."(*Ibid*)
"'세상에 대한(loke)'이라고 했다. 바로 이 몸(kāya)이 세상이다. 다섯 가지 취착하는 무더기(五取蘊)들도 또한 세상이다."(*Ibid*)
"'욕심(abhijjhā)'은 감각적 욕망을 포함하고 '싫어하는 마음(domanassa)'은 악의를 포함한다. 그러므로 여기서 [다섯 가지] 장애(五蓋)에 포함된 이 두 가지 강한 법을 보여줌으로써 장애를 버리는 것을 설하신 것이라고 알아야 한다."(DA.iii.759)
이렇게 해서 신·정진·염·정·혜의 다섯 가지 기능[오근] 가운데 믿음을 제외한 네 가지가 설해졌다. 당연히 믿음은 수행에 있어서 첫 번째로 전제되는 것이다. Gethin은 *The Buddhist Path to Awakening*, pp. 47~53에서 이 정형구를 논의하고 있다.

309) "세존께서는 마음챙김의 확립을 가르치시면서 중생들로 하여금 다양한 형태의 수승함을 터득하게 하시려고 하나인 바른 마음챙김[正念, sammā-sati]을 가지고 먼저 대상에 따라 그것을 네 등분으로 자르셨다. 그래서 '네 가지 마음챙김이 있나니 무엇이 네 가지인가? 비구들이여, 여기 비구는 몸에서 몸을 관찰하며[身隨觀] 머문다.'라는 등의 방법으로 설하신 것이다."(DA.iii.761~762)

암바빨리 숲에 머무셨다.

2. 거기서 세존께서는 "비구들이여."라고 비구들을 부르셨다. "세존이시여."라고 비구들은 세존께 응답했다. 세존께서는 이렇게 말씀하셨다.

3. "비구들이여, 비구는 마음챙기고 분명히 알아차리면서 머물러야 한다. 이것이 그대들에게 주는 나의 간곡한 당부이다."310)

4. "비구들이여, 그러면 비구는 어떻게 마음챙기는가?

비구들이여, 여기 비구는 몸에서 몸을 관찰하며[身隨觀] 머문다. 세상에 대한 욕심과 싫어하는 마음을 버리면서 근면하게, 분명히 알아차리고 마음챙기면서 머문다. 느낌에서 느낌을 관찰하며[受隨觀] 머문다. 세상에 대한 욕심과 싫어하는 마음을 버리면서 근면하게, 분명히 알아차리고 마음챙기면서 머문다. 마음에서 마음을 관찰하며[心隨觀] 머문다. 세상에 대한 욕심과 싫어하는 마음을 버리면서 근면하게, 분명히 알아차리고 마음챙기면서 머문다. 법에서 법을 관찰하며[法隨觀] 머문다. 세상에 대한 욕심과 싫어하는 마음을 버리면서 근면하

---

310) 같은 당부가 본서 제4권 「간병실 경」 1(S36:7/iv.211) §3에도 나타나고 있다.
한편 『맛지마 니까야 주석서』는 '분명히 알아차림(sampajāna)'을 다음의 넷으로 나누어서 아주 길게 설명하고 있다. 상세한 것은 『네 가지 마음챙기는 공부』 136~169쪽을 참조할 것.
(1) 이익됨을 분명히 알아차림(sātthaka-sampajañña)
(2) 적당함을 분명히 알아차림(sappāya-sampajañña)
(3) 영역을 분명히 알아차림(gocara-sampajañña)
(4) 미혹하지 않음인 분명히 알아차림(asammoha-sampajañña)"(MA.i.253)
복주서에서는 미혹하지 않음인 분명히 알아차림이란 나아감과 물러감 등에 대해서 미혹하지 않는 그 자체가 바로 분명히 알아차림이라 설명하고 있다. (DAṬ.ii.315)

게, 분명히 알아차리고 마음챙기면서 머문다.

비구들이여, 비구는 이와 같이 마음챙긴다."

5. "비구들이여, 그러면 비구는 어떻게 알아차리는가?

비구들이여, 여기 비구는 나아갈 때도 물러날 때도 [자신의 거동을] 분명히 알아차리면서[正知] 행한다. 앞을 볼 때도 돌아볼 때도 분명히 알아차리면서 행한다. 구부릴 때도 펼 때도 분명히 알아차리면서 행한다. 가사·발우·의복을 지닐 때도 분명히 알아차리면서 행한다. 먹을 때도 마실 때도 씹을 때도 맛볼 때도 분명히 알아차리면서 행한다. 대소변을 볼 때도 분명히 알아차리면서 행한다. 걸을 때도 설 때도 앉을 때도 잠들 때도 잠에서 깰 때도 말할 때도 침묵할 때도 분명히 알아차리면서 행한다.

비구들이여, 비구는 이와 같이 알아차린다."

6. "비구들이여, 비구는 마음챙기고 알아차리면서 머물러야 한다. 이것이 그대들에게 주는 나의 간곡한 당부이다."

비구 경(S47:3)
Bhikkhu-sutta

1. <사왓티의 아나타삔디까 원림(급고독원)에서>

2. 그때 어떤 비구가 세존께 다가갔다. 가서는 세존께 절을 올리고 한 곁에 앉았다. 한 곁에 앉은 그 비구는 세존께 이렇게 여쭈었다.

3. "세존이시여, 세존께서 제게 간략하게 법을 설해 주시면 감사하겠습니다. 그러면 저는 세존으로부터 법을 들은 뒤 혼자 [143] 은

둔하여 방일하지 않고 열심히, 스스로 독려하며 지내고자 합니다."

"그런데 여기 어떤 쓸모없는 인간은 이와 같이 나에게 법을 설해 주기를 청한다. 그러나 그에게 법을 설하여 주면 그는 나를 따르려고만 생각한다."[311]

"세존이시여, 세존께서는 제게 간략하게 법을 설해 주소서. 선서께서는 제게 간략하게 법을 설해 주소서. 참으로 저는 세존께서 말씀하신 뜻을 잘 이해할 것입니다. 참으로 저는 세존께서 해 주신 말씀의 상속자가 될 것입니다."

4. "비구여, 그렇다면 그대는 유익한 법들[善法]의 처음 시작점을 청정하게 해야 한다. 그러면 어떤 것이 유익한 법들의 처음 시작점인가? 아주 청정한 계와 올곧은 견해이다.[312] 비구여, 그런 다음 그대는 계를 의지하고 계에 굳게 서서 세 가지 방법으로 네 가지 마음챙김의 확립을 닦아야 한다. 무엇이 넷인가?

비구여, 여기 그대는 안으로[313] 몸에서 몸을 관찰하며 머물러야

---

311) "이 비구는 세존께 명상주제(kamma-ṭṭhāna)를 설해 주시기를 간청해놓고는 여기저기로 배회하면서 몸으로 한거하기(kāya-viveka)에 몰두하지 않았다고 한다. 그래서 세존께서는 그를 제지하시기 위해서 이렇게 말씀하신 것이다."(SA.iii.199)

312) "'올곧은 견해(diṭṭhi ujukā)'란 업이 자신의 주인임(kammassa-katā)에 대한 견해이다."(SA.iii.199) 다시 말하면, 업과 과보에 대한 믿음, 즉 윤회에 대한 믿음을 말한다.
여기서 세존께서 아주 청정한 계(suvisuddha sīla)와 올곧은 견해를 말씀하시는 것은 팔정도의 첫 번째인 바른 견해와 세 번째부터 다섯 번째까지에 해당되는 바른 행위야말로 마음챙기는 공부의 토대가 됨을 강조하시는 것이다.

313) 본경에 해당하는 주석서는 '안(ajjhattaṁ)'과 '밖(bahiddhā)'에 대한 설명이 없다. 그러나 「대념처경」(D22)에 해당하는 주석서는 이렇게 설명하고 있다. 들숨날숨에 관한 부분을 옮긴다.
"'이와 같이 안으로(iti ajjhattaṁ vā)'라는 것은 이와 같이 자신의 들숨과 날숨이라는 몸에 대해서 몸을 관찰하며 머무는 것을 말한다. '혹은 밖으로

한다. 세상에 대한 욕심과 싫어하는 마음을 버리면서 근면하게, 분명히 알아차리고 마음챙기면서 머물러야 한다. 혹은 밖으로 몸에서 몸을 관찰하며 머물러야 한다. 세상에 대한 욕심과 싫어하는 마음을 버리면서 근면하게, 분명히 알아차리고 마음챙기면서 머물러야 한다. 혹은 안팎으로 몸에서 몸을 관찰하며 머물러야 한다. 세상에 대한 욕심과 싫어하는 마음을 버리면서 근면하게, 분명히 알아차리고 마음챙기면서 머물러야 한다.

안으로 느낌에서 … 혹은 밖으로 느낌에서 … 혹은 안팎으로 느낌에서 …

안으로 마음에서 … 혹은 밖으로 마음에서 … 혹은 안팎으로 마음에서 …

안으로 법에서 … 혹은 밖으로 법에서 … 혹은 안팎으로 법에서 법을 관찰하며 머물러야 한다. 세상에 대한 욕심과 싫어하는 마음을 버리면서 근면하게, 분명히 알아차리고 마음챙기면서 머물러야 한다.

비구여, 그대가 계를 의지하고 계에 굳게 서서 이처럼 세 가지 방법으로 이러한 네 가지 마음챙김의 확립을 닦으면 밤이 오건 낮이 오건 유익한 법들에서 쇠퇴는 예상되지 않고 오직 향상이 예상된다."

5. 그때 그 비구는 세존의 말씀을 기뻐하고 [144] 감사드린 뒤 자리에서 일어나 세존께 절을 올리고 오른쪽으로 [세 번] 돌아 [경의를 표한] 뒤에 물러갔다.

(bahiddhā vā)'라는 것은 남의 들숨과 날숨이라는 몸에 대해서이다. '혹은 안팎으로(ajjhatta-bahiddhā vā)'라는 것은 때로는 자신의 들숨과 날숨, 때로는 남의 들숨과 날숨이라는 몸에 대해서이다. 이것은 [수행자의 마음이] 아주 능숙해진 명상주제를 내려놓지 않고 [안팎으로 대상을 따라] 거듭해서 움직이는 때를 말하는 것이다. 그러나 [안팎을 관찰하는] 이 두 가지는 같은 시간엔(ekasmiṁ kāle) 일어나지 못한다."(DA.iii.765)

6. 그때 그 비구는 혼자 은둔하여 방일하지 않고 열심히, 스스로 독려하며 지냈다. 그는 오래지 않아 좋은 가문의 아들들이 집에서 나와 출가하는 목적인 그 위없는 청정범행의 완성을 지금 · 여기에서 스스로 최상의 지혜로 알고 실현하고 구족하여 머물렀다. '태어남은 다했다. 청정범행은 성취되었다. 할 일을 다 해 마쳤다. 다시는 어떤 존재로도 돌아오지 않을 것이다.'라고 최상의 지혜로 알았다.

7. 그 비구는 아라한들 중의 한 분이 되었다.

살라 경(S47:4)
Sālā-sutta

1. 이와 같이 나는 들었다. 한때 세존께서는 꼬살라에서 살라[314]라는 바라문 마을에 머무셨다.

2. 거기서 세존께서는 비구들을 불러서 말씀하셨다. …

3. "비구들이여, 출가한 지 얼마 되지 않았고 근래에 이 법과 율에 들어온 신참 비구들이 있나니, 그들이 네 가지 마음챙김의 확립을 닦는 것에 대해서 유념하도록 해 주어야 하고 들게 해 주어야 하고 확고하게 머물도록 해 주어야 한다. 무엇이 넷인가?"

4. "그것은 '오시오, 도반들이여. 그대들은 몸에서 몸을 관찰하면서 머무시오. 근면하고 분명히 알아차리고 하나에 몰입되고, 마음은 맑고, 삼매에 들고, 마음이 하나에 집중되어[315] 몸을 있는 그대로

---

314) 주석서와 복주서는 살라(Sālā)라는 지명에 대해서 아무 설명을 하지 않고 있다. 본서 「살라 경」(S48:51)도 이곳에서 설하신 경이다.

315) '하나에 몰입되고, 마음은 맑고, 삼매에 들고, 마음이 하나에 집중되어'는 각

알기 위해서 머무시오. 느낌에서 느낌을 관찰하면서 … 마음에서 마음을 관찰하면서 … 법에서 법을 관찰하면서 머무시오. 근면하고 분명히 알아차리고 하나에 몰입되고, 마음은 맑고, 삼매에 들고, 마음이 하나에 집중되어 법을 있는 그대로 알기 위해서 머무시오.'라는 것이다."

5. "비구들이여, [145] 아직 마음의 이상인 [아라한과를] 얻지 못한 유학들은 위없는 유가안은을 원하며 머무나니, 그들도 몸에서 몸을 관찰하면서 머문다. 근면하고 분명히 알아차리고 하나에 몰입되고, 마음은 맑고, 삼매에 들고, 마음이 하나에 집중되어 몸을 철저하게 알기 위해서 머문다. 느낌에서 느낌을 관찰하면서 … 마음에서 마음을 관찰하면서 … 법에서 법을 관찰하면서 머문다. 근면하고 분명히 알아차리고 하나에 몰입되고, 마음은 맑고, 삼매에 들고, 마음이 하나에 집중되어 법을 철저하게 알기 위해서 머문다."

6. "비구들이여, 아라한들은 번뇌가 다했고 삶을 완성했으며 할 바를 다했고 짐을 내려놓았으며 참된 이상을 실현했고 삶의 족쇄를 부수었으며 바른 구경의 지혜로 해탈하였나니, 그들도 몸에서 몸을 관찰하면서 머문다. 근면하고 분명히 알아차리고 하나에 몰입되고, 마음은 맑고, 삼매에 들고, 마음이 하나에 집중되어 몸에 초연한 채

각 ekodibhūtā vippasannacittā samāhitā ekaggacittā를 옮긴 것이다. 주석서는 다음과 같이 설명하고 있다.

"'하나에 몰입되고(ekodi-bhūtā)'란 찰나삼매(khaṇika-samādhi)로 하나에 몰입되는 것이다. '삼매에 들고, 마음이 하나에 집중되어(samāhitā ekaggacittā)'란 근접삼매와 본삼매(upacār-appanā)를 통해서 마음이 바르게 확립되고 하나에 집중된 것이다. 본경에서는 신참 비구들과 번뇌 다한 자들이 닦는 예비단계(pubba-bhāgā)의 마음챙김의 확립이며 일곱 단계의 유학(sekha)들이 닦는 혼합된 것이다."(SA.iii.200)

로 머문다.[316] 느낌에서 느낌을 관찰하면서 … 마음에서 마음을 관찰하면서 … 법에서 법을 관찰하면서 머문다. 근면하고 분명히 알아차리고 하나에 몰입되고, 마음은 맑고, 삼매에 들고, 마음이 하나에 집중되어 법에 초연한 채로 머문다."

7. "비구들이여, 출가한 지 얼마 되지 않았고 근래에 이 법과 율에 들어온 신참 비구들이 있나니, 그들이 이러한 네 가지 마음챙김의 확립을 닦는 것에 대해서 유념하도록 해 주어야 하고 들게 해 주어야 하고 확고하게 머물도록 해 주어야 한다."

유익함 덩어리 경(S47:5)

Kusalarasi-sutta

1. <사왓티의 아나타삔디까 원림(급고독원)에서>

2. 거기서 세존께서는 이렇게 말씀하셨다. …

3. "비구들이여, '해로움 덩어리'라고 하는 것은 바로 다섯 가지 장애를 두고 하는 말이라고 바르게 말하는 자는 말해야 한다. 비구들이여, 이 다섯 가지 장애라는 것은 전적으로 해로움 덩어리이기 때문이다. 무엇이 다섯인가? [146]

감각적 욕망에 대한 욕구의 장애, 악의의 장애, 해태와 혼침의 장애, 들뜸과 후회의 장애, 의심의 장애이다.

비구들이여, '해로움 덩어리'라고 하는 것은 바로 이러한 다섯 가

---

316) 앞의 §4에서 범부인 신참 비구의 경우에는 몸 [등]을 '있는 그대로 알기 위해서(yathābhūtaṁ ñāṇāya)' 머문다고 표현하였고, 유학의 경우에는 §5에서 몸 [등]을 '철저하게 알기 위해서(pariññāya)' 머문다고 표현하였으며, 여기 §6의 아라한(무학)의 경우는 몸 [등]에 '초연한 채로(visaṁyuttā)' 머문다고 표현하고 있다.

지 장애를 두고 하는 말이라고 바르게 말하는 자는 말해야 한다. 비구들이여, 이 다섯 가지 장애라는 것은 전적으로 해로움 덩어리이기 때문이다."

4. "비구들이여, '유익함 덩어리'라고 하는 것은 바로 네 가지 마음챙김의 확립을 두고 하는 말이라고 바르게 말하는 자는 말해야 한다. 비구들이여, 이 네 가지 마음챙김의 확립이라는 것은 전적으로 유익함 덩어리이기 때문이다. 무엇이 넷인가?

비구들이여, 여기 비구는 몸에서 몸을 관찰하며 머문다. 세상에 대한 욕심과 싫어하는 마음을 버리면서 근면하게, 분명히 알아차리고 마음챙기면서 머문다. 느낌에서 … 마음에서 … 법에서 법을 관찰하며 머문다. 세상에 대한 욕심과 싫어하는 마음을 버리면서 근면하게, 분명히 알아차리고 마음챙기면서 머문다.

비구들이여, '유익함 덩어리'라고 하는 것은 바로 이러한 네 가지 마음챙김의 확립을 두고 하는 말이라고 바르게 말하는 자는 말해야 한다. 비구들이여, 이 네 가지 마음챙김의 확립이라는 것은 전적으로 유익함 덩어리이기 때문이다."

새매 경(S47:6)

Sakuṇagghi-sutta

3. "비구들이여, 옛날에 새매가 급강하하여 메추리를 채어갔다.[317] 비구들이여, 그러자 메추리는 새매에 잡혀가면서 이와 같이

317) '새매(sakuṇagghi)'와 '메추리(lāpa)'의 우화는 「새매 자따까」(J168/ii.58~59)와 관련이 있다. 거기서 새매는 데와닷따였고 메추리는 보살이었다. '급강하하여'는 ajjhapattā를 옮긴 것인데 이 단어는 중복 아오리스트 과거형인데 빠알리에서는 과거분사로 쓰인다.(Hinüber, "Traces of the Reduplicated Aorist in Pāli," *Selected Papers*, pp.52~61 참조)

탄식했다.

'아 참으로 우리는 이처럼 보호받지 못하는구나. 우리의 공덕은 이처럼 작구나. 참으로 우리는 우리의 행동영역이 아닌 남의 세력범위를 헤매고 다녔구나. 만일 우리가 자신의 고향동네318)인 우리의 행동영역에서 다녔더라면 이 새매는 싸움에서 나를 낚아채지는 못했을 텐데.'

'메추리여, 그러면 어떤 것이 자신의 고향동네인 그대들의 행동영역인가?'

'흙덩이로 덮여 있는 쟁기질한 저 들판이라오.'"

4. "비구들이여, [147] 그런데 그때 새매는 자기 자신의 힘을 과신하지만 자신의 힘을 자랑하지 않으면서319) 메추리를 놓아 주었다. '메추리여, 그대는 가거라. 그러나 거기 가더라도 그대는 나로부터 벗어나지는 못할 것이로다.'라고 하면서.

비구들이여, 그러자 메추리는 흙덩이로 덮여 있는 쟁기질한 들판으로 가서 큰 흙덩이 위로 올라가서 새매에게 '새매여, 이제 내게로 오시오. 새매여, 이제 내게로 오시오.'라고 하면서 서 있었다.

---

318) '자신의 고향동네인'으로 옮긴 원어는 sake(자신의) pettike(아버지에 속하는) visaye(대상에)이다. 그래서 이렇게 옮겼다. 한편 '남의 세력범위'는 para-visaya를, '행동영역'은 gocara를 옮긴 것이다.

319) '자기 자신의 힘을 과신하지만 자신의 힘을 자랑하지 않으면서'는 sake bale apatthaddhā sake bale asaṁvadamānā를 옮긴 것이다. '과신하는'으로 옮긴 apatthaddhā는 PED에는 나타나지 않지만 CPD에는 apa+√stambh (*to prop*)의 과거분사로 나타난다.
'자랑하지 않으면서'는 Ee, Be: asaṁvadamānā(Se: avacamānā)를 옮긴 것이다. 그런데 주석서에는 saṁvadamānā(자랑하면서)로 나타나고 있고 "자신의 힘을 아주 칭송하여 말하는 것을 뜻한다."(SA.iii.200)라고 설명하고 있는데 문맥상 더 좋은 듯하다. 그러나 역자는 본문을 존중하여 부정으로 옮겼다.

비구들이여, 그러자 새매는 자기 자신의 힘을 과신하지만 자신의 힘을 자랑하지 않으면서 두 날개를 접고 메추리에게 급강하하였다. 메추리는 '새매가 내 가까이 왔구나.'라고 알고는 그 흙덩이 안으로 들어 가 버렸고 새매는 바로 그 자리에서 가슴이 찢어져 버렸다."

5. "비구들이여, 자신의 행동영역이 아닌 남의 세력범위를 헤매고 다니는 자도 이와 같다. 비구들이여, 그러므로 그대들은 그대들의 행동영역이 아닌 남의 세력범위를 헤매고 다니지 말라. 자신의 행동영역이 아닌 남의 세력범위를 헤매고 다니는 자에게서 마라는 내려앉을 곳을 얻을 것이고 마라는 대상을 얻을 것이다."[320]

6. "비구들이여, 그러면 어떤 것이 자신의 행동영역이 아닌 남의 세력범위인가?

바로 이 다섯 가닥의 감각적 욕망이다. 무엇이 다섯인가?

눈으로 인식되는 형상들이 있으니, 원하고 좋아하고 마음에 들고 사랑스럽고 감각적 욕망을 짝하고 매혹적인 것들이다. 귀로 인식되는 소리들이 있으니, … 코로 인식되는 냄새들이 있으니, … 혀로 인식되는 맛들이 있으니, … 몸으로 인식되는 감촉들이 있으니, 원하고 좋아하고 마음에 들고 사랑스럽고 감각적 욕망을 짝하고 매혹적인 것들이다.

비구들이여, 이것이 자신의 행동영역이 아닌 남의 세력범위이다."

7. "비구들이여, 자신의 고향동네인 행동영역에서 다녀라. 자신의 고향동네인 행동영역에서 다니는 자에게 마라는 내려앉을 곳을 얻지 못할 것이고 마라는 대상을 얻지 못할 것이다.[321] [148] 비구들

---

320) 본서 제4권 「오염원들이 흐름에 대한 법문 경」(S35:243/iv.185; 186) §§12~13과 §§15~16을 참조할 것.

이여, 그러면 어떤 것이 자신의 고향동네인 행동영역인가? 바로 이 네 가지 마음챙김의 확립이다. 무엇이 넷인가?

비구들이여, 여기 비구는 몸에서 몸을 관찰하며 머문다. 세상에 대한 욕심과 싫어하는 마음을 버리면서 근면하게, 분명히 알아차리고 마음챙기면서 머문다. 느낌에서 … 마음에서 … 법에서 법을 관찰하며 머문다. 세상에 대한 욕심과 싫어하는 마음을 버리면서 근면하게, 분명히 알아차리고 마음챙기면서 머문다.

비구들이여, 이것이 자신의 고향동네인 행동영역이다."

원숭이 경(S47:7)

Makkaṭa-sutta

3. "비구들이여, 산의 왕 히말라야에는 원숭이도 다니기 어렵고 사람도 다니기 어려운 험난하고 울퉁불퉁한 지대가 있다. 비구들이여, 산의 왕 히말라야에는 원숭이는 다닐 수 있으나 사람은 다니기 어려운 험난하고 울퉁불퉁한 지대가 있다.

비구들이여, 산의 왕 히말라야에는 원숭이도 다닐 수 있고 사람도 다닐 수 있는 평탄하고 아름다운 지역이 있다. 비구들이여, 거기서 사냥꾼들은 원숭이를 포획하기 위해서 원숭이가 다니는 길에 송진

---

321) 이 문장은 『디가 니까야』 「전륜성왕 사자후 경」(D26) §1에도 나타나고 있는데, 이 경에서도 네 가지 마음챙김의 확립을 자신의 고향동네로 밝히고 계신다.

「전륜성왕 사자후 경」(D26)은 도도한 물처럼 흘러가는 유장한 우주의 질서 속에서 인간들이 어떻게 타락하여 수명이 줄어들고, 인간들이 어떻게 다시 마음을 다잡아 향상하여 수명이 증장하는가를 밝히고 있다. 그런데 이 경을 통해서 부처님께서 광활하고도 도도한 우주의 흐름을 말씀하시기 전에 마음챙김이야말로 진정한 비구들의 고향동네라고 먼저 확실하게 밝히고 계시는 것이다. 마음챙김이야말로 세상의 기원을 살펴보는 우리의 근본 마음가짐이어야 한다고 세존께서는 강조하시는 것이다.

칠을 한 덫을 놓는다.

그러면 어리석지 않고 욕심이 없는 원숭이들은 그 송진을 보고 조심하여 그것을 멀리한다. 그러나 어리석고 욕심이 생긴 원숭이는 그 송진에 다가가서 손으로 거머쥔다. 그러면 거기에 달라붙어버린다. 그는 '손을 빼내야겠다.'라고 하면서 다른 한 손으로 그것을 거머쥔다. 그러면 그것도 거기에 달라붙어버린다. '양손을 다 빼내야겠다.' 라고 하면서 그는 한 발로 그것을 거머쥔다. 그러면 그것도 거기에 달라붙어버린다. '양손도 빼내고 한 발도 빼내야겠다.'라고 하면서 그는 나머지 발로 그것을 거머쥔다. 그러면 그것도 거기에 달라붙어버린다. 그는 '양손과 양발을 다 빼내야겠다.'라고 하면서 주둥이로 그것을 잡는다. 그러면 그것도 거기에 달라붙어버린다.

4. "비구들이여, 이처럼 그 원숭이는 다섯 곳이 덫에 걸려 비명을 지르며 거기에 누워 있다. 그는 곤경에 처하고 재앙에 처하였으며, [149] 사냥꾼은 자기가 하고자 하는 대로 할 수 있게 되었다. 비구들이여, 사냥꾼은 그 원숭이를 꿰찔러 그 나무토막에 묶어 가지고322) 그가 원하는 곳으로 간다."

---

322) '그 나무토막에 묶어 가지고'는 Be, Ee: tasmiṁ yeva kaṭṭhakataṅgāre avasajjetvā를 옮긴 것이다. Se에는 tasmiṁ yeva makkaṭaṁ uddharitvā avissajjetvā(그것에 원숭이를 걸어서 묶어)로 나타난다.
주석서도 복주서도 kaṭṭhakataṅgāra에 대해서 설명을 하지 않으며, PED에도 나타나지 않고 있다. 빠사디까 스님(Bhikkhu Pāsādika)은 최근에 kaṭṭhaṅgāra는 *Sanskrit Wörterbuch*에 나타나는 kāṣṭhakaḍambara와 상응한다고 밝히면서 kaṭṭhakataṅgāre avasajjetvā는 kaṭṭha-kaliṅgare āvajjetvā로 고쳐 읽어야 한다고 주장했다고 한다. kaliṅgara는 나무토막 혹은 목침을 나타내는데 본서 제2권 「목침 경」(S20:8) §4(주해 참조)와 『법구경』(Dhp.7) {41}에도 나타나고 있다.(보디 스님, 1918~1919쪽 133번 주해 참조)

5. "비구들이여, 자신의 행동영역이 아닌 남의 세력범위를 헤매고 다니는 자도 이와 같다. 비구들이여, 그러므로 그대들은 그대들의 행동영역이 아닌 남의 세력범위를 헤매고 다니지 말라. 자신의 행동영역이 아닌 남의 세력범위를 헤매고 다니는 자에게서 마라는 내려앉을 곳을 얻을 것이고 마라는 대상을 얻을 것이다."

6. "비구들이여, 그러면 어떤 것이 자신의 행동영역이 아닌 남의 세력범위인가? 바로 이 다섯 가닥의 감각적 욕망이다. 무엇이 다섯인가?

눈으로 인식되는 형상들이 있으니, 원하고 좋아하고 마음에 들고 사랑스럽고 감각적 욕망을 짝하고 매혹적인 것들이다. 귀로 인식되는 소리들이 있으니, … 코로 인식되는 냄새들이 있으니, … 혀로 인식되는 맛들이 있으니, … 몸으로 인식되는 감촉들이 있으니, 원하고 좋아하고 마음에 들고 사랑스럽고 감각적 욕망을 짝하고 매혹적인 것들이다.

비구들이여, 이것이 자신의 행동영역이 아닌 남의 세력범위이다."

7. "비구들이여, 자신의 고향동네인 행동영역에서 다녀라. 자신의 고향동네인 행동영역에서 다니는 자에게서 마라는 내려앉을 곳을 얻지 못할 것이고 마라는 대상을 얻지 못할 것이다. 비구들이여, 그러면 어떤 것이 자신의 고향동네인 행동영역인가? 바로 이 네 가지 마음챙김의 확립이다. 무엇이 넷인가?

비구들이여, 여기 비구는 몸에서 몸을 관찰하며 머문다. 세상에 대한 욕심과 싫어하는 마음을 버리면서 근면하게, 분명히 알아차리고 마음챙기면서 머문다. 느낌에서 … 마음에서 … 법에서 법을 관찰하며 머문다. 세상에 대한 욕심과 싫어하는 마음을 버리면서 근면하게,

분명히 알아차리고 마음챙기면서 머문다.
비구들이여, 이것이 자신의 고향동네인 행동영역이다."

요리사 경(S47:8)
Sūda-sutta

(i) 능숙하지 못한 요리사

3. "비구들이여, 예를 들면 어리석고 슬기롭지 못하고 능숙하지 못한 요리사가 왕이나 대신에게 신 것, 쓴 것, 자극이 있는 것, 단 것, 얼얼하게 매운 것, 맵지 않은 것, 짠 것, 싱거운 것으로 된 갖가지 맛있는 국을 받들어 올렸다고 하자.

비구들이여, [150] 그런데 이 어리석고 슬기롭지 못하고 능숙하지 못한 요리사는 다음과 같이 자기 주인의 표정을 살피지 못한다 하자.[323] '오늘은 이 국이 내 주인의 구미에 맞았다. 이것을 집으려고 손을 내밀었다. 이것을 많이 집었다. 이것을 격찬했다. 오늘은 신 것이 내 주인의 구미에 맞았다. 신 것을 집으려고 손을 내밀었다. 신 것을 많이 집었다. 신 것을 격찬했다. … 싱거운 것을 격찬했다.'라고.

비구들이여, 그러면 그 어리석고 슬기롭지 못하고 능숙하지 못한 요리사는 옷가지를 타지 못하고, 급료를 받지 못하고, 선물을 얻지 못할 것이다. 무슨 이유인가? 비구들이여, 그 어리석고 슬기롭지 못하고 능숙하지 못한 요리사는 이와 같이 자기 주인의 표정을 살피지 못했기 때문이다."

---

323) '자기 주인의 표정'은 Se: sakassa bhattu nimittaṁ을 옮긴 것이다. Ee, Be에는 bhattu 대신에 bhattassa로 나타난다. bhattu는 bhattar(Sk. bhartṛ, 남편, 주인)의 소유격 단수이다. bhattassa는 bhatta(음식, 밥)의 소유격 단수라서 문맥상 옳지 않다.

4. "비구들이여, 그와 같이 여기 어리석고 슬기롭지 못하고 능숙하지 못한 비구는 몸에서 몸을 관찰하며 머문다. 세상에 대한 욕심과 싫어하는 마음을 버리면서 근면하게, 분명히 알아차리고 마음챙기면서 머문다. 그는 이처럼 몸에서 몸을 관찰하며 머물지만 마음은 삼매에 들지 못하고 오염원들은 제거되지 않는다. 그는 그 표상[324]을 취하지 못한다.

느낌에서 … 마음에서 … 법에서 법을 관찰하며 머문다. 세상에 대한 욕심과 싫어하는 마음을 버리면서 근면하게, 분명히 알아차리고 마음챙기면서 머문다. 그는 이처럼 법에서 법을 관찰하면서 머물지만 마음은 삼매에 들지 못하고 오염원들은 제거되지 않는다. 그는 그 표상을 취하지 못한다."

---

324) 여기서 '표상'은 nimitta를 옮긴 것인데 본경 §1에서 '주인의 표정'으로 옮긴 표정과 같은 단어이다. 같은 단어가 요리사의 비유와 수행에서 핵심 단어로 쓰이고 있다. 명상주제에 대한 익힌 표상(uggaha-nimitta)을 취하고 이것을 닮은 표상(paṭibhāga-nimitta)으로 승화시키는 것이 삼매수행의 핵심인데(『아비담마 길라잡이』 147쪽과 763~764쪽(제9장 §16)과 『청정도론』 IV.31 이하 참조) 본경도 이를 잘 표현하고 있다 하겠다.
한편 주석서는 이렇게 설명하고 있다.
"'표상을 취하지 못한다(nimittaṁ na uggaṇhāti).'는 것은 나의 이 명상주제(kamma-ṭṭhāna)는 수순(anuloma)이나 종성(種姓, gotrabhu)에 도달하여 머문다고 알지 못한다. 자신의 마음의 표상(cittassa nimitta)을 취할 수가 없다는 뜻이다."(SA.iii.201)
여기서 수순과 종성은 욕계의 마음이 禪이나 출세간도에 들기 직전의 욕계의 마지막 마음의 순간들을 뜻한다. 물론 여기서는 禪에 들기 직전을 뜻한다. 禪의 수순과 종성에 대해서는 『아비담마 길라잡이』 제4장 §14 [해설]을, 출세간도의 수순과 종성에 대해서는 제9장 §§33~34를 참조할 것.
한편 『앙굿따라 니까야』 「무리지어 삶 경」(A6:68) §1에는 "마음의 표상을 취할 것이다(cittassa nimittaṁ gahessati)."라는 구절이 나타나는데, 주석서는 "'마음의 표상(cittassa nimitta)'이란 삼매와 위빳사나의 마음의 표상인데 이것이 삼매와 위빳사나를 일으킨다."(AA.iii.410)고 설명하고 있다.

5. "비구들이여, 이러한 어리석고 슬기롭지 못하고 능숙하지 못한 비구는 지금·여기에서 행복하게 머묾을 얻지 못하고 [151] 마음챙김과 알아차림을 얻지 못한다. 무슨 이유인가? 비구들이여, 그 어리석고 슬기롭지 못하고 능숙하지 못한 비구는 이와 같이 자기 마음의 표상을 취하지 못하기 때문이다."

(ii) 능숙한 요리사

6. "비구들이여, 예를 들면 현명하고 슬기롭고 능숙한 요리사가 왕이나 대신에게 신 것, 쓴 것, 자극이 있는 것, 단 것, 얼얼하게 매운 것, 맵지 않은 것, 짠 것, 싱거운 것으로 된 갖가지 맛있는 국을 받들어 올렸다고 하자.

비구들이여, 그런데 이 현명하고 슬기롭고 능숙한 요리사는 다음과 같이 자기 주인의 표정을 살핀다 하자. '오늘은 이 국이 내 주인의 구미에 맞았다. 이것을 집으려고 손을 내밀었다. 이것을 많이 집었다. 이것을 격찬했다. 오늘은 신 것이 내 주인의 구미에 맞았다. 신 것을 집으려고 손을 내밀었다. 신 것을 많이 집었다. 신 것을 격찬했다. … 싱거운 것을 격찬했다.'라고.

비구들이여, 그러면 그 현명하고 슬기롭고 능숙한 요리사는 옷가지를 타고, 급료를 받고, 선물을 얻을 것이다. 무슨 이유 때문인가? 비구들이여, 그것은 그 현명하고 슬기롭고 능숙한 요리사가 이와 같이 자기 주인의 표정을 살폈기 때문이다."

7. "비구들이여, 그와 같이 여기 현명하고 슬기롭고 능숙한 비구는 몸에서 몸을 관찰하며 머문다. 세상에 대한 욕심과 싫어하는 마음을 버리면서 근면하게, 분명히 알아차리고 마음챙기면서 머문다. 그가 이처럼 몸에서 몸을 관찰하며 머물 때 마음은 삼매에 들고 오염

원들은 [152] 제거된다. 그는 표상을 취한다.

느낌에서 … 마음에서 … 법에서 법을 관찰하며 머문다. 세상에 대한 욕심과 싫어하는 마음을 버리면서 근면하게, 분명히 알아차리고 마음챙기면서 머문다. 그가 법에서 법을 관찰하면서 머물 때 마음은 삼매에 들고 오염원들은 제거된다. 그는 표상을 취한다."

8. "비구들이여, 이러한 현명하고 슬기롭고 능숙한 비구는 지금·여기에서 행복하게 머묾을 얻고 마음챙김과 알아차림을 얻는다. 무슨 이유인가? 비구들이여, 그것은 그 현명하고 슬기롭고 능숙한 비구가 이와 같이 자기 마음의 표상을 취하기 때문이다."325)

병 경(S47:9)326)

Gilāna-sutta

1. 이와 같이 나는 들었다. 한때 세존께서는 웨살리에서 벨루와가마까에 머무셨다.

2. 거기서 세존께서는 비구들을 불러서 말씀하셨다.

---

325) 본경의 능숙한 요리사에 해당하는 전문은 『청정도론』 IV.122에 인용되어 나타나고 있다.
한편 주석서는 "본경에서 마음챙김의 확립은 예비단계로서의 위빳사나(pubbabhāga-vipassanā)로 설해졌다."(SA.iii.201)고 밝히고 있다.

326) 본경은 『디가 니까야』 「대반열반경」(D16) §§2.22~2.26(D.ii.98~101)에도 꼭 같이 나타난다.
한편 세존께서는 '나는 10개월 정도만(dasa-māsa-matta) 머문 뒤에 반열반할 것이다.'라고 하셨다고 주석서는 적고 있다.(SA.iii.202) 그러므로 이 사건은 세존께서 반열반하시기 10달 전에 일어났다고 할 수 있다.
그리고 같은 제목을 한 경(Gilāna-sutta)이 본서 제4권 S35:74~75와 『앙굿따라 니까야』(A3:22)에도 나타나는데 거기서는 문맥에 따라 「환자 경」으로 옮겼다.

3. "비구들이여, 이제 그대들은 도반을 따르거나 지인을 따르거나 후원자를 따라서 웨살리 전역으로 흩어져서 안거[327]를 하여라. 나는 여기 이 벨루와가마에서 안거를 할 것이다."

"그렇게 하겠습니다, 세존이시여."라고 세존께 응답한 뒤 비구들은 도반을 따르거나 지인을 따르거나 후원자를 따라서 웨살리 전역으로 흩어져서 안거를 하였다. 세존께서는 거기 벨루와가마에서 안거를 하셨다.

4. 그때 세존께서는 안거를 하시는 도중에 혹독한 병[328]에 걸려서 죽음에 다다르는 극심한 고통이 생기셨다. 거기서 세존께서는 마음챙기고 알아차리시면서 흔들림 없이 그것을 감내하셨다. 그때 세존께 이런 생각이 드셨다.

'내가 신도들에게 아무런 말도 하지 않고, 비구 승가에게 알리지도 않고 완전한 열반에 드는 것은 어울리지 않는다. 그러니 나는 이 병을 정진으로 다스리고 생명의 형성을 [153] 굳세게 하여[329] 머무

---

327) '안거(安居)'로 옮긴 원어는 vassa이다. 이 단어는 √vṛṣ(*to rain*)에서 파생된 명사로 '비, 소나기'를 뜻한다. 그리고 우기철이란 뜻으로도 쓰이고 전문술어로 쓰이면 여기서처럼 안거를 뜻한다. 안거란 비구들이 우기철에는 유행(遊行)을 하지 않고 한 곳에 머물면서 하는 수행 전통을 말한다. 일반적으로 인도의 우기철은 다섯 달로 구성된다. 그것은 ① 아살하(Āsāḷha) ② 사와나(Sāvaṇa) ③ 밧다라(Bhaddara 혹은 Poṭṭhapāda) ④ 앗사유자(Assayuja, 혹은 앞의 깟띠까, Pubba-kattikā) ⑤ 뒤의 깟띠까(Pacchima-kattika)이다. 대충 양력 6월부터 10월까지인데 지금 인도의 우기철과도 일치한다. 안거(vassa)는 이 가운데서 아살하 달의 보름에 시작해서 앗사유자 달의 보름에 마치는데 이렇게 되면 석 달간 결제를 하는 것이 된다. 대중이 동의를 하면 결제를 한 달 더 연장해서 깟띠까의 보름까지 하기도 한다. (『들숨날숨에 마음챙기는 공부』 22~23쪽 참조)

328) 복주서에서는 이 '혹독한 병(khara ābādha)'은 그냥 단순한 병이 아니라 사대(四大, dhātu)의 조화가 극도로 혼란스럽게 되어 생긴 아주 심한 병이라고 설명한다.(DAṬ.ii.186)

르리라.'

5. 세존께서는 그 병을 정진으로 다스리고 생명의 형성을 굳세게 하여 머무셨다. 그래서 세존께서는 그 병을 가라앉히셨다.

세존께서는 병이 나으신 지 얼마 되지 않아서 간병실에서 나와 승원의 그늘에 마련된 자리에 앉으셨다. 그러자 아난다 존자는 세존께 다가가서 절을 올리고 한 곁에 앉았다. 한 곁에 앉은 아난다 존자는 세존께 이렇게 말씀드렸다.

6. "세존이시여, 저는 세존께서 인내하시는 모습을 뵈었습니다. 저는 세존께서 회복하시는 모습을 뵈었습니다. 세존이시여, 세존께서 아프셨을 때 저의 몸은 마치 술에 취한 것과 같이 되어버렸고, 방향 감각을 잃어버렸고, 어떠한 법들도[330] 제게 분명히 나타나지 않았습니다. 그래도 제게는 '세존께서는 비구 승가를 두고 아무런 분부도 없으신 채로 완전한 열반에 들지는 않으실 것이다.'라는 어떤 안심이 있었습니다."

7. "아난다여, 비구 승가는 나에 대해서 무엇을 [더] 바라는가?

---

329) "'생명의 형성을 굳세게 하여(jīvita-saṅkhāraṁ adhiṭṭhāya)'라고 하셨다. 여기서 생명 자체가 생명의 형성이다.[생명은 자기 존재가 무너지게 하지 않고 계속 형성하게 하기 때문이다. – SAṬ] 혹은 과의 증득이라는 법(phala-samāpatti-dhamma)이 생명의 형성이다. 이것 때문에 [지금 세존의] 생명은 형성되고 유지되고 연장되고 있기 때문이다. 여기서는 후자의 뜻이다. 간략하게 말하면, '나는 생명을 지속시킬 수 있는(jīvita-ṭhapana-samattha) 과의 증득에 들 것이다.'라는 뜻이다. 그래서 병은 과의 증득에 의해서 가라앉았고 10개월 동안 일어나지 않았다."(SA.iii.202)

330) 주석서는 여기서 '법들(dhammā)'은 마음챙김의 확립에 대한 법들(sati-paṭṭhāna-dhammā)이라고 설명하고 있다.(SA.iii.203) 그러나 문맥상으로 볼 때 어떤 '것'도 제게 분명하지 않았다는 일반적인 뜻으로 해석하는 것이 더 타당할 듯하다.

아난다여, 나는 안과 밖이 없이[331] 법을 설하였다. 아난다여, 여래가 [가르친] 법들에는 스승의 주먹[師拳][332]과 같은 것이 따로 없다. 아난다여, '나는 비구 승가를 거느린다.'거나 '비구 승가는 나의 지도를 받는다.'라고 생각하는 자는 비구 승가에 대해서 무엇인가를 당부할 것이다. 아난다여, 그러나 여래에게는 '나는 비구 승가를 거느린다.'거나 '비구 승가는 나의 지도를 받는다.'라는 생각이 없다. 그러므로 여래가 비구 승가에 대해서 무엇을 당부한단 말인가? 아난다여, 이제 나는 늙어서 나이 들고 노쇠하고, 긴 세월을 보냈고 노후하여, 내 나이가 여든이 되었다. 아난다여, 마치 낡은 수레가 가죽 끈에 묶여서 겨우 움직이는 것처럼 여래의 몸도 가죽 끈에 묶여서 겨우 [살아]간다고 여겨진다.[333] [154] 아난다여, 여래가 모든 표상들[334]을 마음

331) 주석서에서는 법과 사람 둘 다에 안과 밖을 두지 않으신 것을 뜻한다고 설명한다. 즉 법을 남김없이 드러내셨을 뿐만 아니라, 사람을 차별하지 않고 법을 설하셨다는 말이다.(DA.ii.547~48; SA.iii.203)

332) '스승의 주먹[師拳]'은 ācariya-muṭṭhi를 직역한 것이다. '부처님 가르침에는 스승의 주먹이 없다.'는 이 말씀은 중요하다. 인도의 전통적인 『우빠니샤드』의 가르침은 비밀리에 전수함[秘傳]을 중시했기 때문이다. '우빠니샤드(Upaniśad)'라는 단어 자체가 upa(근처에)+ni(아래로)+√śad(*to sit*)에서 파생된 명사로 '[스승의] 가까이 앉아서 전수받은 가르침'이라는 의미이다. 부처님께서는 이러한 비전을 인정하지 않으신다는 말씀이다. 당당하게 눈 있는 자는 와서 보라(ehi-passika)고 숨김없이 설하셨다는 뜻이다. 한편 주석서에서는 "외도들에게는 스승의 주먹[師拳]이 있다. 젊었을 때는 설하지 않다가 노년이 되어 마지막 침상에 누워서 좋아하는 측근 제자에게 말해 주는 것이다."(DA.ii.548)라고 설명하고 있다.
법에는 안팎이 없고 스승의 주먹이 없다는 이 두 가지는 『밀린다빤하』(Mil. 144~145; 159~160)에서도 설명되고 있다.

333) "'가죽 끈에 묶여서(veṭha-missakena)'라는 것은 [수레의] 손잡이를 묶고 바퀴를 묶는 등의 수선에 의해서라는 말이다. … [이러한] 낡은 수레가 가죽 끈에 묶여서 움직이는 것처럼 여래도 아라한과라는 가죽 끈에 묶여서(arahatta-phala-veṭhana) [행·주·좌·와의] 네 가지 행동거지를 행하시는 것을 말씀하시는 것이다."(DA.ii.548)

에 잡도리하지 않고 이런 [세속적인] 명확한 느낌들을[335] 소멸하여 표상 없는 마음의 삼매[336]에 들어 머무는 그런 때에는 여래의 몸은 더욱더 편안해진다."

8. "아난다여, 그러므로 여기서[337] 그대들은 자신[338]을 섬[339]

한편 원어는 Ee: vedhamissakena, Be: vekhamissakena, Se: vegha-missakena로 모두 다르다. 역자는 보디 스님과 노만(Norman)의 제언을 따라서 주석서(Be, Se)에 나타나는 veṭha-missakena로 읽었다. vedha는 떨림, 동요를 뜻하고 veṭha는 가죽 끈을 뜻한다.

334) "모든 표상들이란 물질 등의 표상이다."(DA.ii.548)

335) "'명확한 느낌들'이란 세속적인 느낌들이다."(DA.ii.548)

336) '표상 없는 마음의 삼매'는 animitta cetosamādhi를 옮긴 것이다. 그런데 이 삼매는 본서 제4권 「표상 없음 경」(S40:9) §3 이하에 나타나는 표상 없는 마음의 삼매와는 다른 것으로 봐야 한다. 그곳의 주석서는 "'표상 없는 마음의 삼매(animitta cetosamādhi)'란 항상하다[常]는 표상 등을 제거하고 생긴 위빳사나를 통한 삼매를 두고 한 말이다."(SA.iii.190)라고 설명하고 있다. 그렇지만 이곳의 표상 없는 마음의 삼매는 주석서에서 과의 증득(phala-samāpatti)이라고 설명되고 있다.(SA.iii.204) 그러면 이것은 본서 제4권 「고닷따 경」(S41:7/iv.297) §8에 나타나는 표상 없는 마음의 해탈(a-nimitta cetovimutti)과 같은 것으로 볼 수 있다. 이 부분에 해당하는 한역 『장아함』의 「유행경」(遊行經)에는 무상정(無想定)으로 번역되어 나타난다.

337) "'그러므로 여기서'라는 것은 [바로 위에서 말씀하신] 과(果)의 증득에 머묾에 의해서 편안하듯이, 그대들도 그것을 위해서 이제 다음과 같이 머물러라고 말씀하시는 것이다."(DA.ii.548)

338) '자신'은 atta의 역어이다. atta는 문맥에 따라 자아(Sk. ātman)라고 옮기기도 한다. 그러나 이 문맥에서 atta는 자기 자신이라는 일반적인 의미를 나타내는 것이지 자아라는 전문술어로 쓰인 것이 아니다. 왜냐하면 자신에 의지하는 방법으로 아래에서 네 가지 마음챙김의 확립을 설하고 계시는데, 네 가지 마음챙김의 확립은 자신을 몸, 느낌, 마음, 심리현상들로 해체해서 불변하는 실체 즉 자아가 없음을 관찰하는 수행법이기 때문이다. 그러므로 세존께서 여기서 자아를 섬으로 삼아라고 말씀하셨을 리가 없다.
한편 복주서는 "'자신을 섬으로 삼고(atta-diipā)'에서 자신(atta)이란 바로 법(dhamma)을 두고 말씀하신 것이다."(SAṬ.ii.175)라고 하여 여기서 자으로 삼고[自燈明] 자신을 귀의처로 삼아[自歸依] 머물고, 남을 귀의처로 삼아 머물지 말라. 법[340]을 섬으로 삼고[法燈明] 법을 귀의처로 삼아[法歸依] 머물고, 다른 것을 귀의처로 삼아 머물지 말라."

9. "아난다여, 그러면 어떻게 비구는 자신을 섬으로 삼고 자신을 귀의처로 삼아 머물고, 남을 귀의처로 삼아 머물지 않는가?

아난다여, 여기 비구는 몸에서 몸을 관찰하며 머문다. 세상에 대한 욕심과 싫어하는 마음을 버리면서 근면하게, 분명히 알아차리고 마음챙기면서 머문다. 느낌에서 느낌을 관찰하며 머문다 … 마음에서 마음을 관찰하며 머문다 … 법에서 법을 관찰하며 머문다. 세상에 대한 욕심과 싫어하는 마음을 버리면서 근면하게, 분명히 알아차리고 마음챙기면서 머문다.

아난다여, 이와 같이 비구는 자신을 섬으로 삼고 자신을 귀의처로

신은 다름 아닌 법이라고 밝히고 있다.

339) '섬'은 dīpa의 역어이다. 빠알리 dīpa에 해당하는 산스끄리뜨는 dvīpa(섬)와 dīpa(등불)이 있다. 상좌부에서는 이 문맥에 나타나는 dīpa를 모두 섬(Sk. dvīpa)으로 해석하고 있다. 그러나 북방에서는 등불(Sk. dīpa)로 이해하였고, 그래서 중국에서는 이 부분을 자등명(自燈明)과 법등명(法燈明)으로 옮겼다. 주석서와 복주서는 다음과 같이 설명하고 있다.
"'자신을 섬으로 삼고(atta-diipā)'란 큰 바다에 있는 섬처럼 자신의 섬으로 확고하게(patiṭṭha) 하여서 머물러라는 말씀이다."(SA.iii.204)
"'자신을 섬으로 삼고'에서 자신(atta)이란 바로 법(dhamma)을 두고 말씀하신 것이다. 이 의미는 바로 아래에서 설명되고 있다. 여기서 법은 아홉 가지 출세간법(lokuttara-dhamma)이라고 알아야 한다. 이것은 네 가지 폭류(ogha, 감각적 욕망의 폭류, 존재의 폭류, 견해의 폭류, 무명의 폭류)에 의해서 뒤덮이지 않기(anajjhottharaṇīya) 때문에 섬이라 한다."(SAṬ.ii.175)

340) "여기서 '법(dhamma)'은 아홉 가지 출세간법이라고 알아야 한다."(SA.iii.204)
아홉 가지 출세간법은 예류도와 예류과부터 아라한도와 아라한과까지의 8가지와 열반을 말한다.

삼아 머물고 남을 귀의처로 삼아 머물지 않으며, 법을 섬으로 삼고 법을 귀의처로 삼아 머물고 다른 것을 귀의처로 삼아 머물지 않는다."

10. "아난다여, 누구든지 지금이나 내가 죽고 난 후에 자신을 섬으로 삼고 자신을 귀의처로 삼아 머물고 남을 귀의처로 삼아 머물지 않으며, 법을 섬으로 삼고 법을 귀의처로 삼아 머물고 다른 것을 귀의처로 삼아 머물지 않으면서 공부짓기를 원하는 비구들은 최고 중의 최고가341) 될 것이다."

비구니 거처 경(S47:10)

Bhikkhunupassaya-sutta

1. <사왓티의 아나타삔디까 원림(급고독원)에서>

2. 그때 아난다 존자는 오전에 옷매무새를 가다듬고 발우와 가사를 수하고 어떤 비구니 처소로 갔다. 가서는 마련된 자리에 앉았다.

---

341) '최고 중의 최고'로 옮긴 원어는 tamatagge인데 이 자체로는 뜻이 통하지 않으며 많은 학자들을 괴롭혀 온 단어이기도 하다. 역자는 주석서를 존중하여 옮겼다. 주석서는 다음과 같이 설명한다.
"tamatagge는 tamāgge이다. 가운데 ta음절은 단어의 연음을 위해서 말한 것이다. 그래서 '이들이 가장 최고(agga-tamā)라고 해서 tamataggā이다.' 라고 말씀하신 것이다. 이와 같이 tama를 모두 잘라낸 뒤 '아난다여, 나의 비구들은 아주(ativiya) 최고인(agga) 최상의 상태(uttama-bhāva)가 될 것이다.'라는 뜻이다."(DA.ii.548~49)
즉 주석서는 tamatagge를 tama-agge로 이해하고 이것을 다시 agga-tama로 이해하였다. 여기서 '-tama'는 최상급을 의미하는 어미이다. 그래서 아주(ativiya)라고 설명하였다. 그래서 역자는 '최고 중의 최고'로 옮겼다. 한편 보디 스님은 tamatagge를 tamato agge(어둠의 꼭대기에)로도 풀이하고 있다. 이것은 ajjatagge와 daharatagge의 용법과도 같다. 그러나 문맥상 그 의미가 불분명하다. 중국의 『장아함』에 포함된 「유행경」(遊行經)에는 이 부분이 "則爲眞我弟子第一學者"로 나타나며 티벳본에도 "*the highest*"의 의미로 옮기고 있다고 한다. 보디 스님도 결국은 *topmost*로 옮기고 있다.

그때 많은 비구니들이 아난다 존자에게 다가갔다. 가서는 아난다 존자에게 절을 올리고 한 곁에 앉았다. 한 곁에 앉은 비구니들은 아난다 존자에게 이렇게 말했다.

3. "아난다 존자시여, 여기 많은 비구니들은 네 가지 마음챙김의 확립에 마음이 잘 확립되어 머물면서 점진적으로 고결해지는 특별한 경지를 잘 인식합니다."342)

"누이들이여, [155] 참으로 그렇습니다. 누이들이여, 어떤 비구든 비구니든 네 가지 마음챙김의 확립에 마음이 잘 확립되어 머물면 그들에게는 점진적으로 고결해지는 특별한 경지를 잘 꿰뚫어 아는 것이 기대됩니다."

4. 그때 아난다 존자는 비구니들에게 법다운 이야기로 가르치고 격려하고 분발하게 하고 기쁘게 한 뒤 자리에서 일어나서 나갔다.

5. 그때 아난다 존자는 사왓티에서 걸식을 하여 공양을 마치고 걸식에서 돌아와서 세존께 다가갔다. 가서는 세존께 절을 올리고 한

---

342) '점진적으로 고결해지는 특별한 경지를 잘 인식합니다.'는 Be, Se: uḷāram pubbenāparam visesaṁ sañjānanti를 옮긴 것이다. Ee에는 ~ sampa-jānanti로 나타난다.
"'점진적으로 고결해지는 특별한 경지(uḷāraṁ pubbena-aparaṁ visesaṁ)'란 이전의 특별한 경지(pubba-visesa)보다도 나중의 더 고결한 특별한 경지(uḷāra-visesa)를 말한다. 여기서 근본물질을 파악하는 것(mahābhūta-pariggaha)은 이전의 특별한 경지이고 파생된 물질(upādā-rūpa)을 파악하는 것은 나중의 특별한 경지라 한다. 전체 물질(sakala-rūpa)을 파악하는 것은 이전의 특별한 경지이고 정신(비물질, arūpa)을 파악하는 것은 나중의 특별한 경지라 한다. 물질과 정신(rūpa-arūpa)을 파악하는 것은 이전의 특별한 경지이고 조건[緣, paccaya]을 파악하는 것은 나중의 특별한 경지라 한다. 조건과 더불어 정신과 물질을 보는 것(sappaccaya-nāma-rūpa-dassana)은 이전의 특별한 경지이고 [무상·고·무아의] 삼특상을 제기하는 것(tilakkhaṇ-āropana)은 나중의 특별한 경지라 한다."(SA.iii.205)

곁에 앉았다. 한 곁에 앉은 아난다 존자는 세존께 이렇게 말씀드렸다.

"세존이시여, 여기 저는 오전에 옷매무새를 가다듬고 발우와 가사를 수하고 어떤 비구니 처소로 갔습니다. … 그 비구니들은 제게 '아난다 존자시여, 여기 많은 비구니들은 네 가지 마음챙김의 확립에 마음이 잘 확립되어 머물면서 점진적으로 고결해지는 특별한 경지를 인식합니다.'라고 말했습니다. 세존이시여, 그래서 저도 '누이들이여, 참으로 그렇습니다. 누이들이여, 어떤 비구든 비구니든 네 가지 마음챙김의 확립에 마음이 잘 확립되어 머물면 그들에게는 점진적으로 고결해지는 특별한 경지를 인식하는 것이 기대됩니다.'라고 말했습니다."

6. "참으로 그러하다, 아난다여. 참으로 그러하다. 아난다여, 어떤 비구든 비구니든 네 가지 마음챙김의 확립에 마음이 잘 확립되어 머물면 그들에게는 점진적으로 고결해지는 특별한 경지를 인식한다. 무엇이 넷인가?"

7. "아난다여, 여기 비구는 몸에서 몸을 관찰하며 머문다. 세상에 대한 욕심과 싫어하는 마음을 버리면서 근면하게, 분명히 알아차리고 마음챙기면서 머문다. [156] 그가 몸에서 몸을 관찰하며 머물면 몸을 대상으로 하여 몸에 열기가 생기거나 정신적으로 태만해지거나 밖으로 마음이 흩어진다. 그러면 그는 청정한 믿음을 고취하는 표상으로 마음을 향하게 해야 한다.343) 그가 청정한 믿음을 고취하는 표

343) "'몸을 대상으로 하여(kāy-ārammaṇa)'란 몸을 관찰할 때 그것을 대상으로 하여 오염원의 열기가 생기는 것을 말한다. '밖으로 마음이 흩어진다(bahiddhā vā cittaṁ vikkhipati).'는 것은 밖에 있는 일상적인 대상(puthutt-ārammaṇa)에 대해서 마음이 일어나서 흩어지는 것을 말한다. 이와 같이 오염원의 열과 게으름과 밖으로 흩어짐이 생길 때 그러한 오염원에 물들지 말고 청정한 믿음을 고취하는(pasādanīya) 어떤 다른 곳(ṭhāna)

상으로 마음을 향하면 환희가 생긴다. 환희가 생기면 희열이 생긴다. 마음에 희열이 있는 자의 몸은 고요하다. 몸이 고요한 자는 행복을 경험한다. 행복한 자의 마음은 삼매에 든다. 그는 이렇게 숙고한다.

'내가 목적을 성취하기 위해서 마음을 향하게 한 그 목적이 이제 성취되었다. 이제 나는 거두어들이리라.'[344]라고. 그래서 그는 [마음을] 거두어들이고 생각을 일으키지 않고 고찰을 하지 않는다. 그는 '생각을 일으키지 않고 고찰을 하지 않고 안으로 마음챙기면서 나는 행복하다.'라고 꿰뚫어 안다."[345]

8~10. "다시 아난다여, 여기 비구는 느낌에서 느낌을 관찰하며 머문다. …

마음에서 마음을 관찰하며 머문다. …

법에서 법을 관찰하며 머문다. 세상에 대한 욕심과 싫어하는 마음을 버리면서 근면하게, 분명히 알아차리고 마음챙기면서 머문다. 그가 법에서 법을 관찰하며 머물면 법을 대상으로 하여 몸에 열이 생기

에, 예를 들면 부처님 등과 같은 곳에 명상주제의 마음(kammaṭṭhāna-citta)을 놓아야 한다."(SA.iii.205)

344) "'이제 나는 거두어들이리라(handa dāni paṭisaṁharāmi).'라는 것은 나는 이제 청정한 믿음을 고취하는 대상(pasādanīya-ṭṭhāna)으로부터 거두어들여서 원래의 명상주제로 향하게 할(mūla-kammaṭṭhāna-abhimukhaṁ) 것이라는 뜻이다."(SA.iii.205)

345) "'생각을 일으키지 않고 고찰을 하지 않고(avitakkomhi avicāro)'란 오염원의 일으킨 생각과 지속적인 고찰(kilesa-vitakka-vicāra)로써 생각하지 않고 고찰하지 않는 것을 말한다."(SA.iii.206)
이것은 일으킨 생각과 지속적인 고찰이 없는 제2선에 도달했음을 뜻하는 것으로 이해하는 것이 좋다. 세존께서는 『맛지마 니까야』 「길들임의 경지 경」(M125/iii.136) §§22~25에서 악기웨사나에게 네 가지 마음챙김의 확립을 초선에 배대하고 이것을 토대로 일으킨 생각과 지속적인 고찰이 없는 경지를 제2선에 배대하시는데, 그것과 같다고 할 수 있기 때문이다.

거나 정신적으로 태만해지거나 밖으로 마음이 흩어진다. 그러면 그는 청정한 믿음을 고취하는 표상으로 마음을 향하게 해야 한다. 그가 청정한 믿음을 고취하는 표상으로 마음을 향하면 환희가 생긴다. 환희가 생기면 희열이 생긴다. 마음에 희열이 있는 자의 몸은 고요하다. 몸이 고요한 자는 행복을 경험한다. 행복한 자의 마음은 삼매에 든다. 그는 이렇게 숙고한다.

'내가 목적을 성취하기 위해서 마음을 향하게 한 그 목적이 이제 성취되었다. 이제 나는 거두어들이리라.'라고. 그래서 그는 [마음을] 거두어들이고 생각을 일으키지 않고 고찰을 하지 않는다. 그는 '생각을 일으키지 않고 고찰을 하지 않고 안으로 마음챙기면서 나는 행복하다.'라고 꿰뚫어 안다.

아난다여, 이와 같이 [다른 대상으로] 향하게 하는 수행346)이 있다."

11. "아난다여, 그러면 어떻게 [다른 대상으로는] 향하지 않게 하여 수행하는가?

아난다여, [157] 비구는 마음을 밖으로 향하지 않게 하면서 '나의 마음은 밖으로 향하지 않는다.'라고 꿰뚫어 안다. 그러면 그는 '이것은 앞과 뒤가 축약되지 않고,347) 풀려났고, [다른 대상으로는] 향하

346) '[다른 대상으로] 향하게 하는 수행'은 paṇidhāya bhāvanā를 옮긴 것이다. 주석서는 내려놓은 뒤에 하는 수행(ṭhapetvā bhāvanā)이라고 설명하고 있다.
"마치 사탕수수(ucchu)를 정제공장(yanta-sāla)으로 나르는 사람이 때때로 쉬어가면서 사탕수수를 내려놓고 그것을 먹어가면서 계속해서 길을 가는 것과 같이 아라한과를 얻기 위해서 명상주제를 들고 있는 자(uggahita-kammaṭṭhāna)가 몸이 피곤하거나 하면 들고 있는 명상주제를 내려놓고 부처님의 공덕 등을 계속해서 생각하여(buddha-guṇādi-anussaraṇa) 마음에 청정한 믿음이 생기게 하여 수행하기에 적합하게(kammaniya) 만든 뒤에 수행(bhāvanā)을 계속하는 것과 같다."(SA.iii. 206)
일반적으로 paṇidhā는 '염원'으로 옮긴다.

지 않았다.'라고 꿰뚫어 안다. 다시 그는 '나는 몸에서 몸을 관찰하면서 머문다. 근면하게, 분명히 알아차리고 마음챙기는 자 되어 나는 행복하다.'라고 꿰뚫어 안다.

아난다여, 비구는 마음을 밖으로 향하지 않게 하면서 '나의 마음은 밖으로 향하지 않는다.'라고 꿰뚫어 안다. 그러면 그는 '이것은 앞과 뒤가 축약되지 않고, 풀려났고, [다른 대상으로는] 향하지 않았다.'라고 꿰뚫어 안다. 다시 그는 '나는 느낌에서 느낌을 관찰하면서 머문다. … 마음에서 마음을 관찰하면서 머문다. … 나는 법에서 법을 관찰하면서 머문다. 근면하게, 분명히 알아차리고 마음챙기는 자 되어 나는 행복하다.'라고 꿰뚫어 안다.

아난다여, 이와 같이 [다른 대상으로는] 향하지 않게 하는 수행이 있다."

12. "아난다여, 이처럼 나는 [마음을 다른 대상으로] 향하게 하여 하는 수행도 설하였고 [마음을 다른 대상으로는] 향하게 하지 않는 수행도 설하였다."

13. "아난다여, 항상 제자들의 이익을 기원하며 제자들을 연민하는 스승이 마땅히 해야 할 바를 이제 나는 연민으로 그대에게 하였다.

아난다여, 여기 나무 밑이 있다. 여기 빈집들이 있다. 참선을 하라. 아난다여, 방일하지 마라. 나중에 후회하지 마라. 이것이 그대에게 주는 나의 간곡한 당부이다."

14. 세존께서는 이렇게 말씀하셨다. 아난다 존자는 마음이 흡족

---

347) 주석서는 '앞과 뒤가 축약되지 않고(pacchā-pure asaṁkhittaṁ)'에 대한 여러 가지 설명을 하고 있다. 여기에 대해서는 본서 제6권 「분석 경」(S51:20/v.277~278) §6과 주해를 참조할 것.

해져서 세존의 말씀을 크게 기뻐하였다.

제1장 암바빨리 품이 끝났다. [158]

첫 번째 품에 포함된 경들의 목록은 다음과 같다.

① 암바빨리 ② 마음챙김 ③ 비구
④ 살라 ⑤ 유익함 덩어리
⑥ 새매 ⑦ 원숭이 ⑧ 요리사
⑨ 병 ⑩ 비구니 거처이다.

제2장 날란다 품

Nālanda-vagga

대인 경(S47:11)

Mahāpurisa-sutta

2. 그때 사리뿟따 존자가 세존께 다가갔다. 가서는 세존께 절을 올리고 한 곁에 앉았다. 한 곁에 앉은 사리뿟따 존자는 세존께 이렇게 여쭈었다.

3. "세존이시여, '대인(大人)[348], 대인'이라고들 합니다. 어떻게 해서 대인이 됩니까?"

4. "사리뿟따여, 마음이 해탈했기 때문에 대인이라고 나는 말한다. 마음이 해탈하지 못했기 때문에 대인이 아니라고 나는 말한다. 사리뿟따여, 그러면 어떻게 해서 마음이 해탈하는가?

사리뿟따여, 여기 비구는 몸에서 몸을 관찰하며 머문다. 세상에 대한 욕심과 싫어하는 마음을 버리면서 근면하게, 분명히 알아차리고 마음챙기면서 머문다. 그가 몸에서 몸을 관찰하며 머물면 마음은 탐욕이 빛바래고, 취착이 없어져서 번뇌들로부터 마음이 해탈한다.

---

348) '대인'은 mahā-purisa를 직역한 것이다. 한편 『앙굿따라 니까야』 「아누룻다 경」(A8:30/iv.228~235) §1은 여덟 가지 대인의 사유(mahā-purisa-vitakka)를 들고 있다. 간추리면 ① 이 법은 원하는 것이 적은[少慾] 자를 위한 것이고 ② 만족하는[知足] 자를 위한 것이고 ③ 한거(閑居)하는 자를 위한 것이고 ④ 열심히 정진하는 자를 위한 것이고 ⑤ 마음챙김을 확립한 자를 위한 것이고 ⑥ 삼매에 든 자를 위한 것이고 ⑦ 통찰지를 갖춘 자를 위한 것이고 ⑧ 사량분별(思量分別) 없음을 좋아하고 사량분별 없음을 즐기는 자를 위한 것이라는 여덟 가지이다.

느낌에서 … 마음에서 … 법에서 법을 관찰하며 머문다. 세상에 대한 욕심과 싫어하는 마음을 버리면서 근면하게, 분명히 알아차리고 마음챙기면서 머문다. 그가 몸에서 몸을 관찰하며 머물면 마음은 탐욕이 빛바래고, 취착이 없어져서 번뇌들로부터 마음이 해탈한다.

사리뿟따여, 이렇게 해서 마음이 해탈한다.

사리뿟따여, 마음이 해탈했기 때문에 대인이라고 나는 말한다. 마음이 해탈하지 못했기 때문에 대인이 아니라고 나는 말한다."

날란다 경(S47:12)349)

Nālanda-sutta

1. 이와 같이 나는 들었다. 한때 [159] 세존께서는 날란다에서 빠와리까의 망고 숲에 머무셨다.

2. 그때 사리뿟따 존자가 세존께 다가갔다. 가서는 세존께 절을 올리고 한 곁에 앉았다. 한 곁에 앉은 사리뿟따 존자는 세존께 이렇게 말씀드렸다.

3. "세존이시여, 저는 세존께 이러한 청정한 믿음이 있습니다. 바른 깨달음에 관한 한 세존을 능가하고 세존을 초월하는 사문이나 바라문은 이전에도 없었고, 앞으로도 없을 것이며, 지금도 없다고."

4. "사리뿟따여, 그대는 '세존이시여, 저는 세존께 이러한 청정한 믿음이 있습니다. 바른 깨달음에 관한 한 세존을 능가하고 세존을 초월하는 사문이나 바라문은 이전에도 없었고, 앞으로도 없을 것이

---

349) 맨 마지막 문단을 제외한 본경은 『디가 니까야』 「대반열반경」(D16/ii.81~83) §§1.16~1.17에 포함되어 있다. 그리고 본경 전체는 『디가 니까야』 「확신경」(D28)의 §§1~2와 같다.

며, 지금도 없습니다.'라고 이처럼 황소같이 우렁찬 목소리350)로 말을 하고 확신에 찬351) 사자후를 토하는구나. 사리뿟따여, 그러면 그대는 '그분 세존들께서는 이러한 계를 가진 분들이셨다. 그분 세존들께서는 이러한 법을 가진 분들352)이셨다. 그분 세존들께서는 이러한 통찰지를 가진 분들이셨다. 그분 세존들께서는 이러한 머묾을 가진 분들353)이셨다. 그분 세존들께서는 이런 해탈을 성취한 분들이셨다.'라고 과거의 모든 아라한・정등각자들의 마음을 그대의 마음으로 알았는가?"

"아닙니다, 세존이시여."

5. "사리뿟따여, 그러면 그대는 '그분 세존들께서는 이러한 계를 가진 분들이실 것이다. 그분 세존들께서는 이러한 법을 가진 분들이실 것이다. 그분 세존들께서는 이러한 통찰지를 가진 분들이실 것

---

350) "'황소같이 우렁찬 목소리(āsabhi vācā)'란 황소(usabha)의 울음소리를 닮아서 흔들리지 않고(acalā) 동요하지 않는 것(asampavedhi)을 말한다." (SA.iii.208)

351) "'확신에 찬(ekaṁsa gahita)'이라고 하였다. 이것은 소문으로 들었다고 해서, 대대로 전승되어 온다고 해서, '그렇다 하더라.'고 해서, [우리의] 성전에 써 있다고 해서, 논리적이라고 해서, 그리고 추론에 의해서 말하지 않는 것이다. 그러나 자기 자신의 지혜(paccakkhato ñāṇa)로 꿰뚫은 것처럼 확신에 찬 것을 말하는 것이다. 분명한 결론(sanniṭṭhāna-kathā)으로 말한 것이라는 뜻이다."(SA.iii.208)

352) "'이러한 법을 가진 분들(evaṁ-dhammā)'이란 삼매에 관계된(samādhi-pakkhā) 법들을 말한다. 도의 삼매나 과의 삼매나 세간적이거나 출세간적인(lokiya-lokuttara) 삼매인 이러한 삼매를 가진 자들이라는 뜻이다." (SA.iii.209)

353) "위에서 삼매에 관계된 법들을 취하여 머묾(vihāra)까지도 언급한 것이 되는데 왜 장로는 다시 여기서 이것을 언급하는가? '이러한 머묾을 가진 분들(evaṁvihārino)'을 여기에 포함시킨 이유는 멸진정을 증득한 분들을 밝히기 위해서(nirodha-samāpatti-dīpan-attha)이다."(SA.iii.209)

이다. 그분 세존들께서는 이러한 머묾을 가진 분들이실 것이다. 그분 세존들께서는 이런 해탈을 성취한 분들이실 것이다.'라고 미래의 모든 아라한·정등각자들의 마음을 그대의 마음으로 알았는가?" [160]

"아닙니다, 세존이시여."

6. "사리뿟따여, 나는 지금 시대에 아라한·정등각자다. 그러면 그대는 '세존께서는 이러한 계를 가진 분이다. 세존께서는 이러한 법을 가진 분이다. 세존께서는 이러한 통찰지를 가진 분이다. 세존께서는 이러한 머묾을 가진 분이다. 세존께서는 이러한 해탈을 성취한 분이다.'라고 나의 마음을 그대의 마음으로 알았는가?"

"아닙니다, 세존이시여."

7. "사리뿟따여, 그렇다면 참으로 그대에게는 과거와 미래와 현재의 아라한·정등각자들에 대해서 [남의] 마음을 아는 지혜[他心通]가 없다. 사리뿟따여, 그런데 어떻게 그대는 '세존이시여, 저는 세존께 이러한 청정한 믿음이 있습니다. 바른 깨달음에 관한 한 세존을 능가하고 세존을 초월하는 사문이나 바라문은 이전에도 없었고, 앞으로도 없을 것이며, 지금도 없습니다.'라고 이처럼 황소같이 우렁찬 목소리로 말을 하고 확신에 찬 사자후를 토하는가?"

8. "세존이시여, 제게는 분명 과거와 미래와 현재의 아라한·정등각자들의 마음을 아는 지혜[他心通]가 없습니다. 그러나 저는 법다운 추론354)으로 알았습니다.

---

354) "'법다운 추론(dhamm-anvaya)'이란 법에 대한 개인적인 지혜(paccakkhato ñāṇa)를 적용(anuyoga)시켜서 생겨난 추론의 지혜(anumāna-ñāṇa)를 말한다. 방법론(naya-ggāha)을 알았기 때문이다. '제자의 완성된 지혜(sāvaka-pāramī-ñāṇa)에 서서 이것을 통해서 알았습니다.'라고 세존께 말씀드리는 것이다. 장로의 방법론은 무량하고(appamāṇa) 끝이 없다

세존이시여, 예를 들면 왕의 국경에 있는 도시는 튼튼한 기초와 튼튼한 성벽과 망루를 가지고 있고, 하나의 대문을 가지고 있습니다. 거기서 지혜롭고 입지가 굳고 현명한 문지기가 모르는 자들은 제지하고 아는 자들만 들어가게 합니다. 그러나 그는 그 도시의 모든 통로를 다 순찰하면서 성벽의 이음매와 갈라진 틈으로 고양이가 지나다니는 것까지는 보지 않습니다. 그에게 이런 생각이 들 것입니다. '이 도시를 들어오고 나가는 큰 생명체는 누구든 모두 이 대문으로 들어오고 나간다.'라고. 세존이시여, 그와 마찬가지로 저는 법다운 추론으로 알았습니다."

9. "세존이시여, 과거의 모든 세존·아라한·정등각자들께서는 다섯 가지 장애들을 제거하셨고, 마음의 오염원들을 통찰지로써 무력하게 만드셨고, 네 가지 마음챙김의 확립에 마음이 잘 확립되셨으며, 일곱 가지 깨달음의 구성요소들을 [161] 있는 그대로 닦으신 뒤, 위없는 정등각을 완전하게 깨달으셨습니다.355)

세존이시여, 미래의 모든 세존·아라한·정등각자들께서도 다섯 가지 장애들을 제거하시고, 마음의 오염원들을 통찰지로써 무력하게 만드시고, 네 가지 마음챙김의 확립에 마음이 잘 확립되시며, 일곱 가지 깨달음의 구성요소들을 있는 그대로 닦으신 뒤, 위없는 정등각을 완전하게 깨달으실 것입니다.

세존이시여, 지금의 세존께서도 아라한·정등각자시니 다섯 가지

(apariyanta). 마치 일체지자의 지혜(sabbaññuta-ññāṇa)가 무량하고 끝이 없듯이 법의 장군(dhamma-senāpati)의 방법론도 그러하다."(SA.iii.210)

355) "여기서 '마음챙김의 확립'은 위빳사나이고, '깨달음의 구성요소'는 도(magga)이며, '위없는 정등각(anuttara-sammāsambodhi)'은 아라한됨이다. 혹은 '깨달음의 구성요소'는 [위빳사나와 도가] 혼합된 것(missakā)이다."(SA.iii.211)

장애들을 제거하셨고, 마음의 오염원들을 통찰지로써 무력하게 만드셨고, 네 가지 마음챙김의 확립에 마음이 잘 확립되셨으며, 일곱 가지 깨달음의 구성요소들을 있는 그대로 닦으신 뒤, 위없는 정등각을 완전하게 깨달으셨습니다."356)

10. "장하고 장하구나, 사리뿟따여. 사리뿟따여, 그러므로 그대는 이 법문을 자주 비구들과 비구니들과 청신사들과 청신녀들에게 설해야 한다. 사리뿟따여, 쓸모없는 인간들에게 여래에 대한 의심과 혼란이 생기게 되면 그들은 이 법문을 듣고 여래에 대한 의심과 혼란이 제거될 것이다."357)

쭌다 경(S47:13)
Cunda-sutta

1. 이와 같이 나는 들었다. 한때 세존께서는 사왓티에서 제따 숲의 아나타삔디까 원림(급고독원)에 머무셨다.358)

356) 사리뿟따 존자가 세존께 표하는 이러한 청정한 믿음이 『디가 니까야』「확신경」(D28)의 내용이다. 더 자세한 것은 「확신경」(D28)을 참조할 것.

357) 이 마지막 문단은 「대반열반경」(D16)에는 나타나지 않고 「확신경」(D28)의 마지막에는 나타나고 있다.

358) 본경에서 보듯이 세존께서는 사리뿟따 존자의 임종소식을 사왓티의 아나타삔디까 원림(급고독원)에서 들으시는 것으로 나타난다. 그런데 바로 앞의 경에 나타난 사리뿟따 존자의 사자후는 「대반열반경」(D16)에 의하면 세존의 일행이 라자가하에서 웨살리로 향하는 마지막 여행 도중에 행한 것으로 나타난다. 그리고 세존께서는 웨살리에서 꾸시나라까지 바로 가신 것으로 나타나지 200㎞ 가까이나 서쪽에 있는 사왓티에는 들르지 않으신 것으로 되어 있다.
그런데 본경에는 세존께서는 사리뿟따의 임종소식을 사왓티에서 들으신 것으로 나타나고 있기 때문에, 이러한 전통적인 연대기를 따르기 위해서 주석서들(SA.iii.213와 DA.ii.550)은 부처님께서 벨루와가마(Beḷuvagāma)에서 안거를 보내신 뒤에(D16/ii.98~99 §2.21) 사왓티로 간단한 여행을 하신

2. 그때 사리뿟따 존자는 마가다의 날라까가마까에 머물고 있었는데 중병에 걸려 아픔과 고통에 시달리고 있었다. 쭌다 사미[359]가 사리뿟따 존자의 시자로 있었다. 그때 사리뿟따 존자는 그 병으로 완전한 열반에 들었다.

3. 그러자 쭌다 사미는 사리뿟따의 발우와 가사를 가지고 사왓티 제따 숲의 아나타삔디까 원림으로 가서 아난다 존자에게 다가갔다. 가서는 아난다 존자에게 절을 올리고 한 곁에 앉았다. 한 곁에 앉은 쭌다 사미는 [162] 아난다 존자에게 이렇게 말했다.

"존자시여, 사리뿟따 존자께서 완전한 열반에 드셨습니다. 이것이 그분의 발우와 가사입니다."

것으로 언급하고 있다. 그러나 「대반열반경」(D16)에는 언급되고 있지 않다. 사리뿟따 존자는 이 여행에 동참했다가 무리에서 떠나서 자신의 고향인 날라까가마에 가서 임종을 하였다고 주석서들은 적고 있다.
사리뿟따 존자의 임종에 대한 주석서에 나타나는 이야기는 『사리뿟따 이야기』와 Nyanaponika, "Sāriputta: The Marshal of the Dhamma," in Nyanaponika and Hecker, *Great Disciples of the Buddha*, pp.47~59를 참조할 것.

359) "쭌다 사미(Cunda samaṇuddesa)는 사리뿟따의 동생(kaniṭṭha-bhātika)이었다. 구족계를 받기 전(anupasampanna-kāla)에 불리던 이름이었는데 장로가 된 후에도 이렇게 불렸기 때문에 쭌다 사미라고 하는 것이다."(SA.iii.213)
쭌다 사미는 마하쭌다 존자(āyasmā Mahā-Cunda)로도, 쭌다 존자로도, 쭌다까(Cundaka) 존자로도 불렸다고 한다. 한때 그는 세존의 시자 소임을 맡기도 하였다.(ThagA.ii.124; J.iv.95, 등)
한편 사리뿟따 존자에게는 세 명의 남동생 즉 쭌다(Cunda), 우빠세나(Upa-sena), 레와따(Revata)와 세 명의 여동생 즉 짤라(Cālā), 우빠짤라(Upa-cālā), 시수빠짤라(Sīsūpacālā)가 있었는데 모두 출가하였다고 한다.(DhpA.ii.188) 짤라와 우빠짤라와 시수빠짤라의 게송은 본서 제1권 「짤라 경」 등(S5:6~8)의 세 개의 경에 나타나고 있다.

4. "도반 쭌다여, 이것은 세존을 뵙고 [말씀드려야 할] 문제입니다. 도반 쭌다여, 같이 세존을 뵈러 갑시다. 뵙고서 이 문제를 세존께 말씀드립시다."

"그렇게 하겠습니다, 존자시여."라고 쭌다 사미는 아난다 존자에게 대답했다.

5. 그때 아난다 존자와 쭌다 사미는 세존께 다가갔다. 가서는 세존께 절을 올리고 한 곁에 앉았다. 한 곁에 앉은 아난다 존자는 세존께 이렇게 말씀드렸다.

"세존이시여, 이 쭌다 사미가 이렇게 말합니다. '존자시여, 사리뿟따 존자께서 완전한 열반에 드셨습니다. 이것이 그분의 발우와 가사입니다.'라고. 세존이시여, 사리뿟따 존자가 완전한 열반에 들었다는 말을 듣고 저의 몸은 무겁기만 합니다. 방향 감각도 잃어버렸고 법들[360]도 제게 분명하게 나타나지 않습니다."[361]

6. "아난다여, 사리뿟따가 완전한 열반에 들면서 그대의 계의 무더기를 가져가 버리기라도 했는가? 아니면 완전한 열반에 들면서 그대의 삼매의 무더기를 가져가 버리기라도 했는가? 아니면 완전한 열반에 들면서 그대의 통찰지의 무더기를 가져가 버리기라도 했는

---

360) "여기서 '법들(dhammā)'이란 개요와 교리문답의 법들(uddesa-paripucchā-dhammā)을 말한다."(SA.iii.223)
이 정형구에 나타나는 '법들'에 대한 주석서의 설명은 각 경들마다 다 다르다. 본서 제3권 「떳사 경」(S22:84) §2의 주해와 본서 「병 경」(S47:9) §6의 주해를 참조할 것.

361) 이 정형구는 본서 제3권 「떳사 경」(S22:84) §2와 본서 「병 경」(S47:9) §6과, 『디가 니까야』 「대반열반경」(D16) §2.24, 『앙굿따라 니까야』 「은사 경」(A5:56) 등에도 나타난다. 설명은 「떳사 경」(S22:84) §2의 주해를 참조할 것.

가? 아니면 완전한 열반에 들면서 그대의 해탈의 무더기를 가져가 버리기라도 했는가? 아니면 완전한 열반에 들면서 그대의 해탈지견의 무더기를 가져가 버리기라도 했는가?"[362]

7. "그렇지 않습니다, 세존이시여. 사리뿟따 존자가 완전한 열반에 들면서 저의 계의 무더기를 … 해탈지견의 무더기를 가져가 버리지 않았습니다. 세존이시여, 그렇지만 사리뿟따는 저를 교계하고 감싸주고[363] 일깨워주고 가르치고 격려하고 분발하게 하고 기쁘게 하였습니다. 법을 가르치기에 피로한 줄 몰랐으며 동료 수행자들에게 큰 도움을 주는 자였습니다. 저희는 사리뿟따 존자가 베풀어준 법의 자양분과 법의 재물과 법의 도움을 기억합니다."

8. "아난다여, 참으로 내가 전에 사랑스럽고 마음에 드는 모든 것과는 헤어지기 마련이고 없어지기 마련이고 달라지기 마련이라고 그처럼 말하지 않았던가? [163] 아난다여, 그러니 여기서 [그대가 슬퍼한들] 무슨 소용이 있겠는가? 아난다여, 태어났고 존재했고 형성된 것은 모두 부서지기 마련인 법이거늘 그런 것을 두고 '절대로 부서지지 말라.'고 한다면 그것은 있을 수 없는 일이다. 그런 경우란 존재하지 않는다."

---

362) 이 다섯 가지는 아라한만이 가지는 다섯 가지 법의 무더기[五法蘊, dhamma-kkhandha]라 부른다. 본서 제1권 「존중 경」(S6:2) §§3~7과 §7의 주해를 참조할 것. 그런데 여기서 아직 예류자인 아난다 존자에게 해탈과 해탈지견의 무더기가 언급되고 있는 것은 혼란스럽다. 그러나 이런 예외는 경에 가끔 나타나기도 한다. 본서 제6권 「아나타삔디까 경」 1(S55:26/v.384) §10에서도 일반적으로 아라한에게만 적용되는 바른 지혜와 바른 해탈이 예류자인 아나타삔디까(Anāthapiṇḍika) 장자에게도 속하는 것으로 나타나고 있다.

363) '감싸주고'는 otiṇṇa를 옮긴 것인데 Ee, Be에만 나타나고 Se에는 나타나지 않는다.

9. "아난다여, 예를 들면 속재목[心材]을 가지고 튼튼하게 서 있는 큰 나무의 가장 큰 가지가 꺾어진 것과 같다.

아난다여, 그와 같이 속재목을 가지고 튼튼하게 서 있는 비구 승가에서 사리뿟따가 완전한 열반에 든 것이다. 아난다여, 그러니 여기서 [그대가 슬퍼한들] 무슨 소용이 있겠는가? 아난다여, 태어났고 존재했고 형성된 것은 모두 부서지기 마련인 법이거늘 그런 것을 두고 '절대로 부서지지 말라.'고 한다면 그것은 있을 수 없는 일이다. 그런 경우란 존재하지 않는다."

10. "아난다여, 그러므로 여기서 그대들은 자신을 섬으로 삼고[自燈明] 자신을 귀의처로 삼아[自歸依] 머물고, 남을 귀의처로 삼아 머물지 말라. 법을 섬으로 삼고[法燈明] 법을 귀의처로 삼아[法歸依] 머물고, 다른 것을 귀의처로 삼아 머물지 말라."

11. "아난다여, 그러면 어떻게 비구는 자신을 섬으로 삼고 자신을 귀의처로 삼아 머물고, 남을 귀의처로 삼아 머물지 않는가?

아난다여, 여기 비구는 몸에서 몸을 관찰하며 머문다. 세상에 대한 욕심과 싫어하는 마음을 버리면서 근면하게, 분명히 알아차리고 마음챙기면서 머문다. 느낌에서 느낌을 관찰하며 머문다 … 마음에서 마음을 관찰하며 머문다 … 법에서 법을 관찰하며 머문다. 세상에 대한 욕심과 싫어하는 마음을 버리면서 근면하게, 분명히 알아차리고 마음챙기면서 머문다.

아난다여, 이와 같이 비구는 자신을 섬으로 삼고 자신을 귀의처로 삼아 머물고 남을 귀의처로 삼아 머물지 않으며, 법을 섬으로 삼고 법을 귀의처로 삼아 머물고 다른 것을 귀의처로 삼아 머물지 않는다."

12. "아난다여, 누구든지 지금이나 내가 죽고 난 후에 자신을 섬으로 삼고 자신을 귀의처로 삼아 머물고 남을 귀의처로 삼아 머물지 않으며, 법을 섬으로 삼고 법을 귀의처로 삼아 머물고 다른 것을 귀의처로 삼아 머물지 않으면서 공부짓기를 원하는 비구들은 최고 중의 최고가 될 것이다."

욱까쩰라 경(S47:14)

Ukkacelā-sutta

1. 이와 같이 나는 들었다. 한때 세존께서는 왓지[364]에서 욱까쩰라의 강가 강 언덕에 고귀한 비구 승가와 함께 머무셨는데 그것은 사리뿟따와 목갈라나가 완전한 열반에 든 뒤 오래지 않았을 때였다.[365]

2. 그 무렵 세존께서는 비구 승가에 둘러싸여서 노지에 앉아 계셨다. 그때 세존께서는 침묵하고 침묵하는 비구 승가를 둘러보신 뒤 비구들을 불러 말씀하셨다.

---

364) 왓지(Vajjī)에 대해서는 본서 제4권 「왓지 경」(S35:125) §1의 주해를 참조할 것.

365) 주석서에 의하면 목갈라나 존자(āyasmā Moggalāna)는 사리뿟따 존자가 임종한 지 보름 후(aḍḍha-māsa)에 반열반했다고 한다. 사리뿟따 존자는 깟띠까 달(음10월)의 보름에 입적하였고 목갈라나 존자는 그 다음 달의 초하루에 입적하였다고 한다.(SA.iii.225) 세존의 입적이 웨사카 달(음4월) 보름이기 때문에(『디가 니까야』 제3권 부록, DA §17 참조) 사리뿟따 존자는 세존보다 6개월 먼저 입적하였고 목갈라나 존자는 5개월 보름 먼저 입적한 셈이다.
목갈라나 존자의 임종에 대해서는 Hecker, "Moggalāna: Master of Psychic Power," in Nyanaponika and Hecker, *Great Disciples of the Buddha*, pp.100~105 참조.

3. "비구들이여, [164] 사리뿟따와 목갈라나가 완전한 열반에 들자 내게는 회중이 텅 빈 것처럼 여겨지지만, 나의 회중은 텅 비지 않았고 사리뿟따와 목갈라나가 머물던 그 방향에 대해서는 아무 관심이 없다.366)

4. "비구들이여, 지금의 나에게 사리뿟따와 목갈라나라는 고결한 두 상수제자가 있듯이 과거의 세존·아라한·정등각자들께도 고결한 두 상수제자가 있었다. 비구들이여, 지금의 나에게 사리뿟따와 목갈라나라는 고결한 두 상수제자가 있듯이 미래의 세존·아라한·정등각자들께도 고결한 두 상수제자가 있을 것이다."

5. "비구들이여, 제자들의 입장에서 보자면 그들은 경이롭다. 비구들이여, 제자들의 입장에서 보자면 그들은 놀랍다. 왜냐하면 그들은 스승의 교법에 따라 행할 것이고 스승의 교계에 따를 것이며, 사부대중367)이 좋아하고 마음에 들어 하며 존중하고 높이 평가할 것이기 때문이다. 비구들이여, 여래의 입장에서 보자면 그들은 경이롭다. 비구들이여, 여래의 입장에서 보자면 그들은 놀랍다. 왜냐하면 이러한 두 제자가 완전한 열반에 들었는데도 여래에게는 근심과 탄식이 없기 때문이다.

비구들이여, 그러니 여기서 [그대들이 슬퍼한들] 무슨 소용이 있겠는가? 비구들이여, 태어났고 존재했고 형성된 것은 모두 부서지기

---

366) 본 문단은 세존께서 두 상수제자의 죽음에 대해서 흔들리지 않고 계심을 드러내고 있다. 그리고 본경의 내용도 그들의 죽음에 흔들리지 말고 자등명·자귀의·법등명·법귀의로 몸·느낌·마음·법에 마음을 챙길 것[四念處]으로 결론 맺고 있다.

367) '사부대중(catu parisā)'은 비구, 비구니, 청신사(upāsaka, 남자신도), 청신녀(upāsikā, 여자신도)를 말한다.

마련인 법이거늘 그런 것을 두고 '절대로 부서지지 말라.'고 한다면 그것은 있을 수 없는 일이다. 그런 경우란 존재하지 않는다."

6. "비구들이여, 예를 들면 속재목을 가지고 튼튼하게 서 있는 큰 나무의 가장 큰 가지가 꺾어진 것과 같다.

비구들이여, 그와 같이 속재목을 가지고 튼튼하게 서 있는 비구 승가에서 사리뿟따와 목갈라나가 완전한 열반에 든 것이다. 비구들이여, 그러니 여기서 [그대가 슬퍼한들] 무슨 소용이 있겠는가? 비구들이여, 태어났고 존재했고 형성된 것은 모두 부서지기 마련인 법이거늘 그런 것을 두고 '절대로 부서지지 말라.'고 한다면 그것은 있을 수 없는 일이다. 그런 경우란 존재하지 않는다."

7. "비구들이여, 그러므로 여기서 그대들은 자신을 섬으로 삼고[自燈明] 자신을 귀의처로 삼아[自歸依] 머물고, 남을 귀의처로 삼아 머물지 말라. 법을 섬으로 삼고[法燈明] 법을 귀의처로 삼아[法歸依] 머물고, 다른 것을 귀의처로 삼아 머물지 말라."

8. "비구들이여, 그러면 어떻게 비구는 자신을 섬으로 삼고 자신을 귀의처로 삼아 머물고, 남을 귀의처로 삼아 머물지 않는가?

비구들이여, 여기 비구는 몸에서 몸을 관찰하며 머문다. 세상에 대한 욕심과 싫어하는 마음을 버리면서 근면하게, 분명히 알아차리고 마음챙기면서 머문다. 느낌에서 느낌을 관찰하며 머문다 … 마음에서 마음을 관찰하며 머문다 … 법에서 법을 관찰하며 머문다. 세상에 대한 욕심과 싫어하는 마음을 버리면서 근면하게, 분명히 알아차리고 마음챙기면서 머문다.

비구들이여, 이와 같이 비구는 자신을 섬으로 삼고 자신을 귀의처로 삼아 머물고 남을 귀의처로 삼아 머물지 않으며, 법을 섬으로 삼고 법을 귀의처로 삼아 머물고 다른 것을 귀의처로 삼아 머물지 않는다."

9. "비구들이여, [165] 누구든지 지금이나 내가 죽고 난 후에 자신을 섬으로 삼고 자신을 귀의처로 삼아 머물고 남을 귀의처로 삼아 머물지 않으며, 법을 섬으로 삼고 법을 귀의처로 삼아 머물고 다른 것을 귀의처로 삼아 머물지 않으면서 공부짓기를 원하는 비구들은 최고 중의 최고가 될 것이다."

바히야 경(S47:15)

Bāhiya-sutta

1. <사왓티의 아나타삔디까 원림(급고독원)에서>

2. 그때 바히야 존자[368]가 세존께 다가갔다. 가서는 세존께 절을 올리고 한 곁에 앉았다. 한 곁에 앉은 바히야 존자는 세존께 이렇게 말씀드렸다.

3. "세존이시여, 세존께서 제게 간략하게 법을 설해 주시면 감사하겠습니다. 그러면 저는 세존으로부터 법을 들은 뒤 혼자 은둔하여 방일하지 않고 열심히, 스스로 독려하며 지내고자 합니다."

4. "바히야여, 그렇다면 그대는 유익한 법들[善法]의 처음 시작점을 청정하게 해야 한다.[369] 그러면 어떤 것이 유익한 법들의 처음 시작점인가? 아주 청정한 계와 올곧은 견해이다.

---

368) 바히야 존자(āyasmā Bāhiya)에 대해서는 본서 제4권 「바히야 경」(S35:89) §2의 주해를 참조할 것.

369) 본경의 §4는 본서 「비구 경」(S47:3) §4와 같다. 그곳의 주해도 참조할 것.

바히야여, 그런 다음 그대는 계를 의지하고 계에 굳게 서서 세 가지 방법으로 네 가지 마음챙김의 확립을 닦아야 한다. 무엇이 넷인가?

바히야여, 여기 그대는 안으로 몸에서 몸을 관찰하며 머물러야 한다. 세상에 대한 욕심과 싫어하는 마음을 버리면서 근면하게, 분명히 알아차리고 마음챙기면서 머물러야 한다. 혹은 밖으로 몸에서 몸을 관찰하며 머물러야 한다. 세상에 대한 욕심과 싫어하는 마음을 버리면서 근면하게, 분명히 알아차리고 마음챙기면서 머물러야 한다. 혹은 안팎으로 몸에서 몸을 관찰하며 머물러야 한다. 세상에 대한 욕심과 싫어하는 마음을 버리면서 근면하게, 분명히 알아차리고 마음챙기면서 머물러야 한다.

안으로 느낌에서 … 혹은 밖으로 느낌에서 … 혹은 안팎으로 느낌에서 …

안으로 마음에서 … 혹은 밖으로 마음에서 … 혹은 안팎으로 마음에서 …

안으로 법에서 … 혹은 밖으로 법에서 … 혹은 안팎으로 법에서 법을 관찰하며 머물러야 한다. 세상에 대한 욕심과 싫어하는 마음을 버리면서 근면하게, 분명히 알아차리고 마음챙기면서 머물러야 한다.

바히야여, 그대가 계를 의지하고 계에 굳게 서서 이처럼 세 가지 방법으로 이러한 네 가지 마음챙김의 확립을 닦으면 밤이 오건 낮이 오건 유익한 법들에서 쇠퇴는 예상되지 않고 오직 향상이 예상된다."

5. 그때 [166] 바히야 존자는 세존의 말씀을 기뻐하고 감사드린 뒤 자리에서 일어나 세존께 절을 올리고 오른쪽으로 [세 번] 돌아 [경의를 표한] 뒤에 물러갔다.

6. 그때 바히야 존자는 혼자 은둔하여 방일하지 않고 열심히,

스스로 독려하며 지냈다. 그는 오래지 않아 좋은 가문의 아들들이 집에서 나와 출가하는 목적인 그 위없는 청정범행의 완성을 지금·여기에서 스스로 최상의 지혜로 알고 실현하고 구족하여 머물렀다. '태어남은 다했다. 청정범행은 성취되었다. 할 일을 다 해 마쳤다. 다시는 어떤 존재로도 돌아오지 않을 것이다.'라고 최상의 지혜로 알았다.

7. 바히야 존자는 아라한들 중의 한 분이 되었다.

웃띠야 경(S47:16)

Uttiya-sutta

2. 그때 웃띠야 존자[370]가 세존께 다가갔다. 가서는 세존께 절을 올리고 한 곁에 앉았다. 한 곁에 앉은 웃띠야 존자는 세존께 이렇게 말씀드렸다.

3~6. "세존이시여, 세존께서 제게 간략하게 법을 설해 주시면 감사하겠습니다. 그러면 저는 세존으로부터 법을 들은 뒤 혼자 은둔하여 방일하지 않고 열심히, 스스로 독려하며 지내고자 합니다."

…… ……

7. 웃띠야 존자는 아라한들 중의 한 분이 되었다.

성스러움 경(S47:17)

Ariya-sutta[371]

---

370) 웃띠야 존자(āyasmā Uttiya)에 대해서는 본서 「웃띠야 경」(S45:30) §2의 주해를 참조할 것.

371) 본서 「성스러움 경」(S46:19)과 같은 방법으로 설해졌다. 「성스러움 경」(S46:19)은 일곱 가지 깨달음의 구성요소에 관한 것이고 본경은 네 가지 마

3. "비구들이여, 네 가지 마음챙김의 확립을 닦고 많이 [공부] 지으면 그것은 성스러운 것이고 출리로 인도하며, 그리고 그대로 실천하면 괴로움의 멸진으로 인도한다. 무엇이 넷인가?"

4. "비구들이여, 여기 비구는 몸에서 몸을 관찰하며 머문다. 세상에 대한 욕심과 싫어하는 마음을 버리면서 근면하게, 분명히 알아차리고 마음챙기면서 머문다. 느낌에서 … 마음에서 … 법에서 법을 관찰하며 머문다. 세상에 대한 욕심과 싫어하는 마음을 버리면서 근면하게, 분명히 알아차리고 마음챙기면서 머문다."

5. "비구들이여, [167] 이러한 네 가지 마음챙김의 확립을 닦고 많이 [공부]지으면 그것은 성스러운 것이고 출리로 인도하며, 그리고 그대로 실천하면 괴로움의 멸진으로 인도한다."

범천 경(S47:18)
Brahmā-sutta

1. 이와 같이 나는 들었다. 한때 세존께서는 처음 완전한 깨달음을 성취하시고 나서 우루웰라의 네란자라 강둑에 있는 염소치기의 니그로다 나무 아래에서 머무셨다.372)

음챙김의 확립에 관한 것이다.

372) '염소치기의 니그로다 나무'로 옮긴 원어는 ajapāla-nigrodha이다. 수자따(Sujātā)가 고행을 그만두신 세존께 우유죽을 공양올린 곳이 바로 이 나무 아래였다.(J.i.16, 69)
부처님의 성도과정과 성도후의 일화를 담고 있는 『맛지마 니까야』「성구경」(M26)에 해당하는 『맛지마 니까야 주석서』(MA.ii.181~186)에는 세존께서 깨달음을 증득하신 뒤 49일 동안에 하셨던 일을 자세하게 적고 있다. 그것을 간단하게 정리하면 다음과 같다.
① 세존께서는 깔라 용왕의 거처가 있는(Kālanāgarājassa bhavana) 만제

리까(Mañjerika, ApA.77)라는 숲에서 깨달으셨는데 첫 번째 칠일은 깨달은 바로 그 장소에서 가부좌한 하나의 자세로 좌정하고 계셨다.
② 두 번째 칠일은 깨달음을 증득하신 바로 그 자리와 그 나무[菩提樹, bodhi-rukkha]를 눈을 깜빡이지 않고 쳐다보면서 보내셨다.
③ 세 번째 칠일은 그곳 가까이에서 동에서 서로 길게 포행을 하시면서 보내셨다.
④ 네 번째 칠일은 신들에게 『논장』(論藏, Abhidhamma-piṭaka)을 자세하게 설하셨다.
⑤ 다섯 번째 칠일은 보리수 아래로부터 염소치기의 니그로다 나무로 가셔서 아비담마에 대한 조직적인 도(naya-magga)를 명상하셨다.
⑥ 여섯 번째 칠일은 무짤린다(Mucalinda) 나무아래서 머무셨다.
⑦ 일곱 번째 칠일은 왕의 처소(Rājāyatana)라 불리는 나무아래서 머무셨다.
이렇게 칠일을 보내신 뒤에 여덟 번째 칠일에는 다시 염소치기의 나무 아래로 가셔서 본서 제1권 「권청(勸請) 경」(S6:1)에 나타나는 전법을 주저하는 사유를 하셨고 사함빠띠 범천은 세존께서 이 세상에 법을 설해 주시기를 간청하게 된다.
이렇게 하여 세존께서는 사함빠띠 범천의 권청을 받아들여 오비구에게 본서 제6권의 「초전법륜 경」(S56:11)을 설하셨고 그들은 그 후에 본서 제3권 「무아의 특징 경」(無我相經, S22:59)을 듣고 모두 아라한이 되었다.
이처럼 부처님께서는 보드가야의 보리수 아래서 깨달음을 이루신 후에 두번 이곳 염소치기의 니그로다 나무로 가셨다. 사함빠띠 범천이 부처님께 법륜을 굴리기를 간청한 곳도 이곳이었으며(본서 제1권 「권청 경」(S6:1) §4; Vin.i.5~7), 마라가 세존이 깨달으신 직후에 바로 열반에 드시기를 간청한 곳도 이곳이었다.(D16. §3.34 참조)
그런데 『율장』의 『대품』(Vin.i.1~4)에는 본 주석서에 나타나는 두 번째 칠일부터 네 번째 칠일까지의 일화는 나타나지 않는다. 『대품』에는 깨달으신 자리에서 칠일, 니그로다 나무 아래에서 칠일, 무짤린다 나무 아래에서 칠일, 왕의 처소라는 나무 아래에서 칠일 동안 머무셨고, 그 뒤에 다시 니그로다 나무 아래로 가셔서 전법에 대한 사유를 하신 것으로 나타나고 있다. 물론 천상의 신들에게 아비담마를 설하신 것과 아비담마 칠론(七論)에 대한 조직적인 명상에 대한 일화도 『율장』의 『대품』에는 나타나지 않는다.
이처럼 『율장』과 주석서에는 세존께서 깨달음을 실현하신 뒤에 염소치기의 니그로다 나무 아래에서 머무신 일화가 두 번 나타나고 있다.
한편 본 『상윳따 니까야』 전체에서 세존께서 깨달음을 성취하신 뒤에 염소치기의 니그로다 나무 아래에서 머무신 일화가 모두 8번이나 나타난다. 주석서는 이 가운데 「칠 년 동안 경」(S4:24)과 「존중 경」(S6:2)은 다섯 번째 칠일의 일화라고 밝히고 있다. 「권청(勸請) 경」(S6:1)은 당연히 이 여덟 번째 칠일의 일화라고 주석서는 밝히고 있다. 그런데 제1권의 마라와 관계된

2. 그때 세존께서 한적한 곳에 가서 홀로 앉아있는 중에 문득 이런 생각이 마음에 일어났다.

'이 도는 유일한 길이니, 중생들의 청정을 위하고, 근심과 탄식을 다 건너기 위한 것이며, 육체적 고통과 정신적 고통을 사라지게 하고, 옳은 방법을 터득하고, 열반을 실현하기 위한 것이다. 그것은 바로 네 가지 마음챙김의 확립이다. 무엇이 넷인가?

여기 비구[373]는 몸에서 몸을 관찰하며 머물러야 한다. 세상에 대한 욕심과 싫어하는 마음을 버리면서 근면하게, 분명히 알아차리고 마음챙기면서 머물러야 한다. 느낌에서 … 마음에서 … 법에서 법을 관찰하며 머물러야 한다. 세상에 대한 욕심과 싫어하는 마음을 버리

「고행 경」(S4:1)과 「코끼리 경」(S4:2)과, 사함빠띠 범천이 네 가지 마음챙김의 확립을 칭송하는 본경과 본서 「도 경」(S47:43)과 다섯 가지 기능을 칭송하는 「사함빠띠 범천 경」(S48:57)은 어느 때인지 분명하지 않다. 그런데 여덟 번째 칠일의 일화는 세존께 법을 설해 주시기를 간청하는 것이기 때문에 이 세 일화도 모두 다섯 번째 칠일의 일화라고 보는 것이 나을 듯하다. 그런데 「고행 경」(S4:1)(S6:1)에 해당하는 주석서는 그 경의 일화를 깨달으신 후 칠일 안에(anto-satta-ahasmiṁ) 있었던 것으로 표현하고 있는데 위 주석서의 문맥과는 잘 맞지 않는다.

그리고 주석서는 왜 이 니그로다 나무를 염소치기의 니그로다 나무라 부르는가에 대해서 몇 가지로 설명을 한다. 첫째, 이 나무의 그늘에서 염소치기들이 쉬었기 때문이며, 둘째 나이든 바라문들이 나이가 들어서 더 이상 베다를 암송하지 못하게 되자(ajapā) 이곳에 거처를 마련하고 살았기 때문이며, 셋째 한밤에 염소들에게 의지처가 되었기 때문이라고 한다.(UdA.51) 그리고 북방불교의 전승에 의하면 이 나무는 부처님께서 육년 고행을 하실 동안 의지처를 마련해드리기 위해서 염소치기가 심은 것이라고 한다.(Mvu.iii.302) 이런 정황을 참작하여 '염소치기의 니그로다 나무'로 옮겼다.

373) "이때는 아직 비구가 존재하지 않았다. 그렇지만 마음챙김의 확립(sati-paṭṭhāna)을 닦는 자는 오염원을 자르기(kilesa-bhindana) 때문에 비구라는 것을 보여주시면서 이렇게 말씀하신 것이다."(SA.iii.225)
주석서는 이처럼 비구(bhikkhu)를 자름(bhindana)과 연결 지어서 설명하고 있다.

면서 근면하게, 분명히 알아차리고 마음챙기면서 머물러야 한다.

이 도는 유일한 길이니, 중생들의 청정을 위하고, 근심과 탄식을 다 건너기 위한 것이며, 육체적 고통과 정신적 고통을 사라지게 하고, 옳은 방법을 터득하고, 열반을 실현하기 위한 것이다. 그것은 바로 네 가지 마음챙김의 확립[四念處]이다.'

3. 그때 사함빠띠 범천이 마음으로 세존께서 마음에 일으키신 생각을 알고서 마치 힘센 사람이 구부렸던 팔을 펴고 폈던 팔을 구부리는 것처럼 범천의 세상에서 사라져서 세존 앞에 나타났다.[374] 그때 사함빠띠 범천은 한쪽 어깨가 드러나게 윗옷을 입고 오른쪽 무릎을 땅에 대고 세존을 향해 합장하여 인사를 올리면서 이렇게 말했다.

4. "참으로 그러하옵니다, 세존이시여. 참으로 그러하옵니다, 선서시여. 세존이시여, 이 도는 유일한 길이니, 중생들의 청정을 위하고, 근심과 탄식을 다 건너기 위한 것이며, 육체적 고통과 정신적 고통을 사라지게 하고, 옳은 방법을 터득하고, 열반을 실현하기 위한 것입니다. 그것은 바로 [168] 네 가지 마음챙김의 확립입니다. 무엇이 넷인가요?

세존이시여, 여기 비구는 몸에서 몸을 관찰하며 머물러야 합니다. 세상에 대한 욕심과 싫어하는 마음을 버리면서 근면하게, 분명히 알아차리고 마음챙기면서 머물러야 합니다. 느낌에서 … 마음에서 … 법에서 법을 관찰하며 머물러야 합니다. 세상에 대한 욕심과 싫어하는 마음을 버리면서 근면하게, 분명히 알아차리고 마음챙기면서 머물러야 합니다.

---

374) 본서 제1권 「권청 경」(S6:1) §4와 「존중 경」(S6:2) §8에 나타나는 것과 같다.

세존이시여, 이 도는 유일한 길이니, 중생들의 청정을 위하고, 근심과 탄식을 다 건너기 위한 것이며, 육체적 고통과 정신적 고통을 사라지게 하고, 옳은 방법을 터득하고, 열반을 실현하기 위한 것입니다. 그것은 바로 네 가지 마음챙김의 확립[四念處]입니다."

5. 사함빠띠 범천은 이렇게 말했다. 이렇게 말한 뒤 다시 [게송으로] 이렇게 말했다.

"태어남의 소멸을 보고 [중생의] 이익을 위하고
연민심을 가진 분께서는 유일한 길인 이 길을 아시도다.
그들은 이전에도 이 길을 따라 저 폭류를 건넜고
[미래에도 이 길을 따라] 건널 것이며 [현재에도] 건너도다."

세다까 경(S47:19)
Sedaka-sutta

1. 이와 같이 나는 들었다. 한때 세존께서는 숨바에서 세다까라는 숨바들의 성읍에 머무셨다.

2. 거기서 세존께서는 비구들을 불러서 말씀하셨다. …

3. "비구들이여, 옛날에 대나무타기 곡예사가 대나무 막대기를 세우고 메다까탈리까375)라는 제자를 불러서 말했다.

'오라, 착한 메다까탈리까여. 그대는 대나무 막대기에 올라가서 나의 어깨위에 서라.'

---

375) '메다까탈리까(Medaka-thālikā)'는 여성명사이다. 주석서에서도 "여성명사로 이름을 얻었다(itthi-liṅga-vasena laddha-nāma)."(SA.iii.226)라고 적고 있는 것으로 볼 때 남자가 아닌가 생각된다. 그러나 본문에서는 그가 남자인지 여자인지를 알 수 있는 대명사가 나타나지 않는다.

'그렇게 하겠습니다, 스승님.'이라고 대나무타기 곡예사에게 대답한 뒤 제자 메다까탈리까는 대나무 막대기에 올라가서 스승의 어깨 위에 섰다.

그러자 대나무타기 곡예사는 제자 메다까탈리까에게 이렇게 말했다.

'착한 메다까탈리까여, 그대는 나를 보호하라. 나는 그대를 보호하리라. 이와 같이 우리는 [169] 서로서로를 지키고 서로서로를 보호하면서 우리의 [곡예]기술을 보여주고 돈을 벌고 안전하게 대나무 막대기로부터 내려오자.'

4. "비구들이여, 이렇게 말하자 제자 메다까탈리까는 대나무타기 곡예사에게 이렇게 말했다.

'스승이시여, 이것은 바른 [방법이] 될 수 없습니다. 스승이시여, 스승께서는 자신을 보호하셔야 하고 저는 제 자신을 보호할 것입니다. 이처럼 우리는 자기 스스로를 지키고 자기 스스로를 보호하면서 우리의 [곡예]기술을 보여주고 돈을 벌고 안전하게 대나무 막대기로부터 내려와야 합니다.'라고."376)

5. 세존께서는 말씀하셨다.

"비구들이여, 제자 메다까탈리까가 스승에게 말한 것이 바로 [바른] 방법이다. 비구들이여, 이와 같이 '나는 나 자신을 보호할 것이다.'라고 하면서 [비구는] 마음챙김의 확립을 받들어 행해야 한다.

---

376) 주석서를 참조해서 보면 스승은 밑에서 대나무(vaṁsa)의 한 끝을 목이나 이마에(galavāṭake vā nalāṭe) 대고 제자는 그의 어깨를 타고 그 대나무의 위쪽 끝으로 올라가는 것으로 여겨진다. 경에서는 스승과 제자가 둘 다 대나무로부터 내려오는 것으로 묘사되고 있지만 그것은 비유적인 표현일 뿐이다. "스승은 대나무 막대기를 꽉 잡고, 제자와 함께 움직이고, 막대기의 위쪽 끝을 계속해서 주시하는 것으로 자신을 보호한다. 제자는 자신의 몸을 곧게 하고, 바람에 대해 자신의 균형을 유지하고, 안정된 마음챙김을 유지하고, 움직이지 않고 앉아있는 것으로 자신을 보호한다."(SA.iii.226)

'나는 남을 보호할 것이다.'라고 하면서 [비구는] 마음챙김의 확립을 받들어 행해야 한다. 비구들이여, [비구는] 자기 자신을 보호하면서 남을 보호하고, 남을 보호하면서 자기 자신을 보호한다."

6. "비구들이여, 그러면 어떻게 자기 자신을 보호하면서 남을 보호하는가?

[네 가지 마음챙김의 확립을] 받들어 행하고 닦고 많이 [공부]지음을 통해서이다. 비구들이여, 이와 같이 자기 자신을 보호하면서 남을 보호한다."377)

7. "비구들이여, 그러면 어떻게 남을 보호하면서 자기 자신을 보호하는가?

인욕과 해코지 않음과 자애와 동정을 통해서이다.378) 비구들이여, 이와 같이 남을 보호하면서 자기 자신을 보호한다."

---

377) "비구가 감각적 욕망을 즐기는 등을 버리고 밤낮으로 자신의 근본 명상주제(mūla-kamma-ṭṭhāna)를 받들어 행하고 닦고 많이 [공부]지으면(āsevan-to bhāvento, bahulī-karonto) 아라한됨을 얻는다. 그러면 남들이 그를 보고 마음에 깨끗한 믿음을 가지게 되고 그래서 천상으로 가게(sagga-parā-yaṇa) 된다. 이것이 '자기 자신을 보호하면서 남을 보호하는 것(attānaṁ rakkhanto paraṁ rakkhati)'이다."(SA.iii.227)

378) '인욕'과 '해코지 않음'과 '자애'와 '동정'은 각각 khanti, avihiṁsā, mettatā, anudayatā를 옮긴 것이다. 주석서는 이 가운데서 해코지 않음과 자애와 동정은 네 가지 거룩한 마음가짐[四梵住, 四無量心, brahma-vihāra] 가운데 연민[悲, karuṇā], 자애[慈, mettā], 더불어 기뻐함[喜, muditā]을 뜻한다고 설명한 뒤 다음과 같이 주해하고 있다.
"비구가 거룩한 마음가짐에 기초한 禪들을 닦은 뒤 이러한 禪들을 기초(padaka)로 하여 형성된 것들[行]을 명상하여(saṅkhāre sammasanto) 위빳사나를 증장시켜 아라한됨을 얻는다. 그는 남을 보호하면서 자기 자신을 보호한다."(SA.iii.227)
여기에 대한 더 자세한 설명은 Nyanaponika, *Protection through Satipaṭṭhāna*를 참조할 것.

8. “비구들이여, 이와 같이 ‘나는 나 자신을 보호할 것이다.’라고 하면서 [비구는] 마음챙김의 확립을 받들어 행해야 한다. ‘나는 남을 보호할 것이다.’라고 하면서 [비구는] 마음챙김의 확립을 받들어 행해야 한다. 비구들이여, [비구는] 자기 자신을 보호하면서 남을 보호하고, 남을 보호하면서 자기 자신을 보호한다.”

경국지색 경(S47:20)
Janapadakalyāṇī-sutta

1. 이와 같이 나는 들었다. 한때 세존께서는 숨바에서 세다까라는 숨바들의 성읍에서 머무셨다.

2. 거기서 [170] 세존께서는 비구들을 불러서 말씀하셨다. …

3. “비구들이여, 예를 들면 ‘나라에서 제일가는 미녀, 나라에서 제일가는 미녀’라는 [말을 듣고] 많은 사람들이 모여든다고 하자. 이제 그 나라에서 제일가는 미녀[傾國之色]379)가 세련되게 춤을 추고 세련되게 노래를 한다고 하자. 그러면 ‘나라에서 제일가는 미녀가 춤을 춘단다, 나라에서 제일가는 미녀가 노래한단다.’라고 하면서 더 많은 사람들이 모여들 것이다. 그때 살기를 바라고 죽기를 바라지 않으며 행복을 바라고 괴로움을 혐오하는 사람이 거기에 온다고 하자. 그때 어떤 사람이 그에게 말하기를 ‘여보게, 이 사람아. 그대는 이 기름으로 가득 찬 단지를 저 많은 사람들과 나라에서 제일가는 미녀 사

379) 주석서에 의하면 ‘나라에서 제일가는 미녀[傾國之色, janapadakalyāṇī]’는 너무 크거나 작거나, 너무 뚱뚱하거나 마르거나, 너무 검거나 흰 여섯 가지 육체적인 결점이 없으며(cha-sarīra-dosa-rahitā), 피부(chavi)와 살점(maṁsa)과 근육(nhāru)과 뼈(aṭṭhi)와 나이(vaya)에 대한 다섯 가지 아름다움을 갖추었다(pañca-kalyāṇa-samannāgatā)고 한다.(SA.iii.227)

이로 가져가시오. 칼을 빼든 사람이 그대 뒤를 따라갈 것이오. 만일 그대가 한 방울의 기름이라도 흘리면 그는 그대의 머리를 잘라버릴 것이오.'[380]라고 한다 하자. 비구들이여, 이를 어떻게 생각하는가? 그런데도 그 사람이 그 기름 단지를 마음에 잡도리하지 않고 밖으로 방일한 채 가져가겠는가?"

"그렇지 않습니다, 세존이시여."

4. "비구들이여, 이 비유는 뜻을 바르게 전달하기 위해서 내가 만든 것이다. 그 뜻은 이와 같다. 비구들이여, 기름으로 가득 찬 단지는 몸에 대한 마음챙김을 두고 한 말이다."

5. "비구들이여, 그러므로 그대들은 참으로 이와 같이 공부지어야 한다. '우리는 몸에 대한 마음챙김을 닦고 많이 [공부]짓고 수레로 삼고 기초로 삼고 확립하고 굳건히 하고 부지런히 정진하리라.'라고 그대들은 이와 같이 공부지어야 한다."

제2장 날란다 품이 끝났다.

두 번째 품에 포함된 경들의 목록은 다음과 같다. [171]

① 대인 ② 날란다 ③ 쭌다 ④ 욱까쩰라 ⑤ 바히야
⑥ 웃띠야 ⑦ 성스러움 ⑧ 범천 ⑨ 세다까 ⑩ 경국지색이다.

---

380) 본경의 이 부분은 『자따까』(J96/i.393~401)의 게송과 관계가 있다. 그 게송은 다음과 같다.
"기름이 언저리까지 가득 찬 단지를
한 방울도 떨어뜨리지 않고 운반하듯이
자신의 마음을 잘 보호해야 하나니,
전에 가본 적 없는 [열반을] 희구하는 사람은.
(samatittikaṁ anavasekaṁ telapattaṁ yathā parihareyya|
evaṁ sacittamanurakkhe patthayāno disaṁ agatapubbanti||)"

제3장 계와 머묾 품

Sīlaṭṭhiti-vagga

계 경(S47:21)

Sīla-sutta

1. 이와 같이 나는 들었다. 한때 아난다 존자와 밧다 존자는 빠딸리뿟따에서 꾹꾸따 원림[鷄林]에 머물렀다.

2. 그때 밧다 존자는 해거름에 홀로 앉음을 풀고 일어나 아난다 존자에게 다가갔다. 가서는 아난다 존자와 함께 환담을 나누었다. 유쾌하고 기억할 만한 이야기로 서로 담소를 하고서 한 곁에 앉았다. 한 곁에 앉은 밧다 존자는 아난다 존자에게 이렇게 말했다.381)

3. "도반 아난다여, 세존께서는 유익한 계들382)에 대해서 말씀하셨습니다. 세존께서는 이러한 유익한 계들의 목적이 무엇이라고 말씀하셨습니까?"

"장하고 장합니다, 도반 밧다여. 도반 밧다여, 참으로 그대의 용솟음치는 [통찰지]는 경사스럽습니다. 그대의 영감은 경사스럽고 그대의 질문은 좋습니다. 도반 밧다여, 그대는 참으로 '도반 아난다여, 세존께서는 유익한 계들에 대해서 말씀하셨습니다. 세존께서는 이러한 유익한 계들의 목적이 무엇이라고 말씀하셨습니까?'라고 물었습

---

381) 본경은 본서 「꾹꾸따 원림[鷄林] 경」1(S45:18)과 같은 방법으로 이루어져 있다. 거기서는 팔정도가 나타나고 여기서는 사념처가 나타나는 것이 다르다.

382) "'유익한 계들(kusalāni sīlāni)'이란 네 가지 청정한 계(catu-pārisuddhi-sīlāni, 『청정도론』 I.42와 『아비담마 길라잡이』 제9장 §28 참조)를 뜻한다."(SA.iii.228)

니까?"

"그렇습니다, 도반이여."

4. "도반 밧다여, 세존께서는 유익한 계들에 대해서 말씀하셨습니다. 세존께서는 네 가지 마음챙김의 확립을 닦는 것이 유익한 계들의 목적이라고 말씀하셨습니다. 무엇이 넷입니까?

도반이여, 여기 비구는 몸에서 몸을 관찰하며 머뭅니다. 세상에 대한 욕심과 싫어하는 마음을 버리면서 근면하게, 분명히 알아차리고 마음챙기면서 머뭅니다. 느낌에서 … 마음에서 … 법에서 법을 관찰하며 머뭅니다. 세상에 대한 욕심과 싫어하는 마음을 버리면서 근면하게, 분명히 알아차리고 마음챙기면서 머뭅니다.

도반 밧다여, [172] 세존께서는 유익한 계들에 대해서 말씀하셨습니다. 세존께서는 이러한 네 가지 마음챙김의 확립을 닦는 것이 유익한 계들의 목적이라고 말씀하셨습니다."

오래 머묾 경(S47:22)

Ciraṭṭhiti-sutta

1. 이와 같이 나는 들었다. 한때 아난다 존자와 밧다 존자는 빠딸리뿟따에서 꾹꾸따 원림[鷄林]에 머물렀다. …

3. "도반 아난다여, 무슨 원인과 무슨 조건 때문에 여래가 완전한 열반에 든 뒤에 정법이 오래 머물지 못합니까? 그리고 무슨 원인과 무슨 조건 때문에 여래가 완전한 열반에 든 뒤에 정법이 오래 머뭅니까?"

"장하고 장합니다, 도반 밧다여. 도반 밧다여, 참으로 그대의 용솟음치는 [통찰지]는 경사스럽습니다. 그대의 영감은 경사스럽고 그대의 질문은 좋습니다. 도반 밧다여, 그대는 참으로 '도반 아난다여, 무슨 원인과 무슨 조건 때문에 여래가 완전한 열반에 든 뒤에 정법이 오래 머물지 못합니까? 그리고 무슨 원인과 무슨 조건 때문에 여래가 완전한 열반에 든 뒤에 정법이 오래 머뭅니까?'라고 물었습니까?"

"그렇습니다, 도반이여."

4. "도반이여, 네 가지 마음챙김의 확립을 닦지 않고 많이 [공부]짓지 않기 때문에 여래가 완전한 열반에 든 뒤에 정법이 오래 머물지 못합니다. 그리고 네 가지 마음챙김의 확립을 닦고 많이 [공부]짓기 때문에 여래가 완전한 열반에 든 뒤에 정법이 오래 머뭅니다. 어떤 것이 넷입니까?

도반이여, 여기 비구는 몸에서 몸을 관찰하며 머뭅니다. 세상에 대한 욕심과 싫어하는 마음을 버리면서 근면하게, 분명히 알아차리고 마음챙기면서 머뭅니다. 느낌에서 … 마음에서 … 법에서 법을 관찰하며 머뭅니다. 세상에 대한 욕심과 싫어하는 마음을 버리면서 근면하게, 분명히 알아차리고 마음챙기면서 머뭅니다.

도반이여, 이러한 네 가지 마음챙김의 확립을 닦지 않고 많이 [공부]짓지 않기 때문에 여래가 완전한 열반에 든 뒤에 정법이 오래 머물지 못합니다. 그리고 이러한 네 가지 마음챙김의 확립을 닦고 많이 [공부]짓기 때문에 여래가 완전한 열반에 든 뒤에 정법이 오래 머뭅니다."

쇠퇴 경(S47:23)
Parihāna-sutta

1. 이와 같이 나는 들었다. 한때 [173] 아난다 존자와 밧다 존자

는 빠딸리뿟따에서 꾹꾸따 원림[鷄林]에 머물렀다. …

3. "도반 아난다여, 무슨 원인과 무슨 조건 때문에 정법이 쇠퇴합니까? 그리고 무슨 원인과 무슨 조건 때문에 정법이 쇠퇴하지 않습니까?"

"장하고 장합니다, 도반 밧다여. 도반 밧다여, 참으로 그대의 용솟음치는 [통찰지]는 경사스럽습니다. 그대의 영감은 경사스럽고 그대의 질문은 좋습니다. 도반 밧다여, 그대는 참으로 '도반 아난다여, 무슨 원인과 무슨 조건 때문에 정법이 쇠퇴합니까? 그리고 무슨 원인과 무슨 조건 때문에 정법이 쇠퇴하지 않습니까?'라고 물었습니까?"

"그렇습니다, 도반이여."

4. "도반이여, 네 가지 마음챙김의 확립을 닦지 않고 많이 [공부]짓지 않기 때문에 정법이 쇠퇴합니다. 그리고 네 가지 마음챙김의 확립을 닦고 많이 [공부]짓기 때문에 정법이 쇠퇴하지 않습니다. 어떤 것이 넷입니까?

도반이여, 여기 비구는 몸에서 몸을 관찰하며 머뭅니다. 세상에 대한 욕심과 싫어하는 마음을 버리면서 근면하게, 분명히 알아차리고 마음챙기면서 머뭅니다. 느낌에서 … 마음에서 … 법에서 법을 관찰하며 머뭅니다. 세상에 대한 욕심과 싫어하는 마음을 버리면서 근면하게, 분명히 알아차리고 마음챙기면서 머뭅니다.

도반이여, 이러한 네 가지 마음챙김의 확립을 닦지 않고 많이 [공부]짓지 않기 때문에 정법이 쇠퇴합니다. 그리고 이러한 네 가지 마음챙김의 확립을 닦고 많이 [공부]짓기 때문에 정법이 쇠퇴하지 않습니다."

간단한 설명 경(S47:24)

Suddhaka-sutta

1. <사왓티의 아나타삔디까 원림(급고독원)에서>

3. "비구들이여, 네 가지 마음챙김의 확립이 있다. 무엇이 넷인가?

비구들이여, 여기 비구는 몸에서 몸을 관찰하며 머문다. 세상에 대한 욕심과 싫어하는 마음을 버리면서 근면하게, 분명히 알아차리고 마음챙기면서 머문다. [174] 느낌에서 … 마음에서 … 법에서 법을 관찰하며 머문다. 세상에 대한 욕심과 싫어하는 마음을 버리면서 근면하게, 분명히 알아차리고 마음챙기면서 머문다.

비구들이여, 이러한 네 가지 마음챙김의 확립이 있다."

바라문 경(S47:25)

Brāhmaṇa-sutta

2. 그때 어떤 바라문이 세존께 다가갔다. 가서는 세존과 함께 환담을 나누었다. 유쾌하고 기억할 만한 이야기로 서로 담소를 하고서 한 곁에 앉았다. 한 곁에 앉은 그 바라문은 세존께 이렇게 여쭈었다.

3. "세존이시여, 무슨 원인과 무슨 조건 때문에 여래가 완전한 열반에 든 뒤에 정법이 오래 머물지 못합니까? 그리고 무슨 원인과 무슨 조건 때문에 여래가 완전한 열반에 든 뒤에 정법이 오래 머뭅니까?"

4. "바라문이여, 네 가지 마음챙김의 확립을 닦지 않고 많이 [공부]짓지 않기 때문에 여래가 완전한 열반에 든 뒤에 정법이 오래

머물지 못한다. 그리고 네 가지 마음챙김의 확립을 닦고 많이 [공부]짓기 때문에 여래가 완전한 열반에 든 뒤에 정법이 오래 머문다. 어떤 것이 넷인가?

바라문이여, 여기 비구는 몸에서 몸을 관찰하며 머문다. 세상에 대한 욕심과 싫어하는 마음을 버리면서 근면하게, 분명히 알아차리고 마음챙기면서 머문다. 느낌에서 … 마음에서 … 법에서 법을 관찰하며 머문다. 세상에 대한 욕심과 싫어하는 마음을 버리면서 근면하게, 분명히 알아차리고 마음챙기면서 머문다.

바라문이여, 이러한 네 가지 마음챙김의 확립을 닦지 않고 많이 [공부]짓지 않기 때문에 여래가 완전한 열반에 든 뒤에 정법이 오래 머물지 못한다. 그리고 이러한 네 가지 마음챙김의 확립을 닦고 많이 [공부]짓기 때문에 여래가 완전한 열반에 든 뒤에 정법이 오래 머문다."

5. 이렇게 말씀하시자 그 바라문은 세존께 이렇게 말씀드렸다.

"경이롭습니다, 고따마 존자시여. 경이롭습니다, 고따마 존자시여. … 고따마 존자께서는 저를 청신사로 받아주소서. 오늘부터 목숨이 붙어 있는 그날까지 귀의하옵니다."

부분적으로 경(S47:26)

Padesa-sutta

1. 이와 같이 나는 들었다. 한때 사리뿟따 존자와 마하목갈라나 존자와 아누룻다 존자는 사께따[383]에서 깐따끼 숲에 머물렀다.

2. 그때 사리뿟따 존자와 마하목갈라나 존자는 해거름에 홀로

---

383) 사께따(Saketa)에 대해서는 본서 「꾼달리야 경」(S46:6) §1의 주해를 참조할 것.

앉음을 풀고 일어나 아누룻다 존자에게 다가갔다. 가서는 아누룻다 존자와 함께 환담을 나누었다. [175] 유쾌하고 기억할 만한 이야기로 서로 담소를 하고서 한 곁에 앉았다. 한 곁에 앉은 사리뿟따 존자는 아누룻다 존자에게 이렇게 말했다.

3. "도반 아누룻다여, '유학, 유학'이라고들 합니다. 어떻게 해서 비구는 유학이 됩니까?"

"도반이여, 네 가지 마음챙김의 확립을 부분적으로 닦았기 때문에 유학이 됩니다. 무엇이 넷입니까?

도반이여, 여기 비구는 몸에서 몸을 관찰하며 머뭅니다. 세상에 대한 욕심과 싫어하는 마음을 버리면서 근면하게, 분명히 알아차리고 마음챙기면서 머뭅니다. 느낌에서 … 마음에서 … 법에서 법을 관찰하며 머뭅니다. 세상에 대한 욕심과 싫어하는 마음을 버리면서 근면하게, 분명히 알아차리고 마음챙기면서 머뭅니다.

도반이여, 이러한 네 가지 마음챙김의 확립을 부분적으로 닦았기 때문에 유학이 됩니다."

완전하게 경(S47:27)

Samatta-sutta

1. 이와 같이 나는 들었다. 한때 사리뿟따 존자와 마하목갈라나 존자와 아누룻다 존자는 사께따에서 깐따끼 숲에 머물렀다. …

3. "도반 아누룻다여, '무학, 무학'이라고들 합니다. 어떻게 해서 비구는 무학이 됩니까?"

"도반이여, 네 가지 마음챙김의 확립을 완전하게 닦았기 때문에 무학이 됩니다. 무엇이 넷입니까?

도반이여, 여기 비구는 몸에서 몸을 관찰하며 머뭅니다. 세상에 대한 욕심과 싫어하는 마음을 버리면서 근면하게, 분명히 알아차리고 마음챙기면서 머뭅니다. 느낌에서 … 마음에서 … 법에서 법을 관찰하며 머뭅니다. 세상에 대한 욕심과 싫어하는 마음을 버리면서 근면하게, 분명히 알아차리고 마음챙기면서 머뭅니다.

도반이여, 이러한 네 가지 마음챙김의 확립을 완전하게 닦았기 때문에 무학이 됩니다."

세상 경(S47:28)

Loka-sutta

1. 이와 같이 나는 들었다. 한때 사리뿟따 존자와 마하목갈라나 존자와 아누룻다 존자는 사께따에서 깐따끼 숲에 머물렀다. …

3. "도반 아누룻다여, 아누룻다 존자는 어떤 법들을 닦고 많이 [공부]지었기 때문에 큰 신통의 지혜를 얻었습니까?"

"도반이여, [176] 저는 네 가지 마음챙김의 확립을 닦고 많이 [공부]지었기 때문에 큰 신통의 지혜를 얻었습니다. 무엇이 넷입니까?

도반이여, 여기 비구는 몸에서 몸을 관찰하며 머뭅니다. 세상에 대한 욕심과 싫어하는 마음을 버리면서 근면하게, 분명히 알아차리고 마음챙기면서 머뭅니다. 느낌에서 … 마음에서 … 법에서 법을 관찰하며 머뭅니다. 세상에 대한 욕심과 싫어하는 마음을 버리면서 근면하게, 분명히 알아차리고 마음챙기면서 머뭅니다.

도반이여, 저는 이러한 네 가지 마음챙김의 확립을 닦고 많이 [공부]지었기 때문에 천(千)의 세상을 신통으로 압니다."384)

---

384) "'천의 세상을 신통으로 안다(sahassaṁ lokam abhijānāmi).'는 것은 그가 지속적으로 머무름(satata-vihāra)을 통해서이다. 장로는 아침에 일어

시리왓다 경(S47:29)

Sirivaḍḍha-sutta

1. 이와 같이 나는 들었다. 한때 아난다 존자는 라자가하에서 대나무 숲의 다람쥐 보호구역에 머물렀다.

2. 그 무렵 시리왓다 장자[385]가 중병에 걸려 아픔과 고통에 시달리고 있었다. 그때 시리왓다 장자는 어떤 사람을 불러서 말했다.

3. "이리 오시오, 아무개 사람이여. 그대는 아난다 존자께 가시오. 가서는 나의 이름으로 아난다 존자의 발에 머리 조아려 절을 올리고 '존자시여, 시리왓다 장자가 중병에 걸려 아픔과 고통에 시달리고 있습니다. 지금 그가 아난다 존자의 발에 머리 조아려 절을 올립니다.'라고 말씀드려 주시오. 그리고 다시 '존자시여, 아난다 존자께서는 연민을 일으키시어 시리왓다 장자에게로 와주시면 감사하겠습니다.'라고 여쭈어 주시오."

"알겠습니다, 주인님."이라고 그 사람은 시리왓다 장자에게 대답한 뒤 아난다 존자에게 다가갔다. 가서는 아난다 존자에게 절을 올리고 한 곁에 앉았다. 한 곁에 앉은 그 사람은 아난다 존자에게 이렇게 말했다.

나서 세수를 하고 자리에 앉아서 과거 천겁(kappa-sahassa)과 미래 천겁을 기억하고 현재의 천의 우주(cakka-vāḷa)들에 대해서 전향(āvajjana)하여 그것의 움직임(gati)을 따라간다. 이처럼 그는 천안(天眼)으로 천의 세상을 아나니 이것이 그가 지속적으로 머무는 것이다."(SA.iii.229)

385) 주석서와 복주서는 시리왓다 장자(Sirivaḍḍha gahapati)에 대해서 아무 설명을 하지 않고 있다. 문자적으로 시리왓다(siri-vaḍḍha)는 행운(siri)의 증장(vaḍḍha)을 뜻한다.

4. "존자시여, 시리왓다 장자가 중병에 걸려 아픔과 고통에 시달리고 있습니다. 지금 그가 아난다 존자의 발에 머리 조아려 절을 올립니다. 그리고 다시 말씀드립니다. '존자시여, 아난다 존자께서는 연민을 일으키시어 시리왓다 장자에게로 와주시면 감사하겠습니다.' 라고." [177]

아난다 존자는 침묵으로 허락하였다.

5. 그때 아난다 존자는 옷매무새를 가다듬고 발우와 가사를 수하고 시리왓다 장자에게로 갔다. 가서는 마련된 자리에 앉았다. 자리에 앉은 아난다 존자는 시리왓다 장자에게 이렇게 말했다.

6. "장자여, 어떻게 견딜만합니까? 그대는 편안합니까? 괴로운 느낌이 물러가고 더 심하지는 않습니까? 차도가 있고 더 심하지 않다는 것을 알겠습니까?"

"존자시여, 저는 견디기가 힘듭니다. 편안하지 않습니다. 괴로운 느낌은 더 심하기만 하고 물러가지 않습니다. 더 심하기만 하고 물러가지 않는다고 알아질 뿐입니다."

7. "장자여, 그렇다면 그대는 참으로 이와 같이 공부지어야 합니다.

'나는 몸에서 몸을 관찰하며 머무를 것이다. 세상에 대한 욕심과 싫어하는 마음을 버리면서 근면하게, 분명히 알아차리고 마음챙기면서 머무를 것이다. 느낌에서 … 마음에서 … 법에서 법을 관찰하며 머무를 것이다. 세상에 대한 욕심과 싫어하는 마음을 버리면서 근면하게, 분명히 알아차리고 마음챙기면서 머무를 것이다.'라고.

장자여, 참으로 그대는 이와 같이 공부지어야 합니다."

8. "존자시여, 세존께서 네 가지 마음챙김의 확립을 설하신 법을 저도 따르고 있습니다. 저는 그 법에 일치하여 지내고 있습니다. 존자시여, 저는 참으로 몸에서 몸을 관찰하며 머무릅니다. 세상에 대한 욕심과 싫어하는 마음을 버리면서 근면하게, 분명히 알아차리고 마음챙기면서 머무릅니다. 느낌에서 … 마음에서 … 법에서 법을 관찰하며 머무릅니다. 세상에 대한 욕심과 싫어하는 마음을 버리면서 근면하게, 분명히 알아차리고 마음챙기면서 머무릅니다.

존자시여, 세존께서 설하신 다섯 가지 낮은 단계의 족쇄 가운데 어떤 것도 제게서 버려지지 않은 것을 보지 못합니다."

9. "장자여, 이것은 참으로 그대에게 이득입니다. 이것은 참으로 그대에게 큰 이득입니다. 장자여, 그대는 불환과를 천명하였습니다."

마나딘나 경(S47:30)

Mānadinna-sutta

1. 이와 같이 나는 들었다. 한때 [178] 아난다 존자는 라자가하에서 대나무 숲의 다람쥐 보호구역에 머물렀다.

2. 그 무렵 마나딘나 장자[386]가 중병에 걸려 아픔과 고통에 시달리고 있었다. …

… <이하 앞의 「시리왓다 경」(S47:29) §§3~7과 동일함.> …

8. "존자시여, 저는 이러한 형태의 괴로운 느낌을 경험하면서

---

386) 마나딘나 장자(Mānadinna gahapati)에 대해서도 주석서와 복주서는 아무 설명을 하지 않는다.

참으로 몸에서 몸을 관찰하며 머무릅니다. 세상에 대한 욕심과 싫어하는 마음을 버리면서 근면하게, 분명히 알아차리고 마음챙기면서 머무릅니다. 느낌에서 … 마음에서 … 법에서 법을 관찰하며 머무릅니다. 세상에 대한 욕심과 싫어하는 마음을 버리면서 근면하게, 분명히 알아차리고 마음챙기면서 머무릅니다.

존자시여, 세존께서 설하신 다섯 가지 낮은 단계의 족쇄 가운데 어떤 것도 제게서 버려지지 않은 것을 보지 못합니다."

9. "장자여, 이것은 참으로 그대에게 이득입니다. 이것은 참으로 그대에게 큰 이득입니다. 장자여, 그대는 불환과를 천명하였습니다."

제3장 계(戒)와 머묾 품이 끝났다.

세 번째 품에 포함된 경들의 목록은 다음과 같다.

① 계 ② 오래 머묾 ③ 쇠퇴
④ 간단한 설명 ⑤ 바라문
⑥ 부분적으로 ⑦ 완전하게 ⑧ 세상
⑨ 시리왓다 ⑩ 마나딘나이다.

제4장 전에 들어보지 못함 품

Ananussuta-vagga

전에 들어보지 못함 경(S47:31)

Ananussuta-sutta

1. <사왓티의 아나타삔디까 원림(급고독원)에서>

3. "비구들이여, 나에게는 '이것이 몸에서 몸을 관찰하는 것이다.'라는, 전에 [179] 들어보지 못한 법들에 대한 눈[眼]이 생겼다. 지혜[智]가 생겼다. 통찰지[慧]가 생겼다. 명지[明]가 생겼다. 광명[光]이 생겼다.[387] 비구들이여, 나에게는 '이러한 몸에서 몸을 관찰하는 것은 닦아져야 한다.'라는, 전에 들어보지 못한 법들에 대한 눈[眼]이 생겼다. 지혜[智]가 생겼다. 통찰지[慧]가 생겼다. 명지[明]가 생겼다. 광명[光]이 생겼다. 비구들이여, 나에게는 '이러한 몸에서 몸을 관찰하는 것은 닦아졌다.'라는, 전에 들어보지 못한 법들에 대한 눈[眼]이 생겼다. 지혜[智]가 생겼다. 통찰지[慧]가 생겼다. 명지[明]가 생겼다. 광명[光]이 생겼다."

4. "비구들이여, 나에게는 '이것이 느낌에서 느낌을 관찰하는

387) 이 정형구는 본서 제2권 「위빳시 경」 등(S12:4~10) §16과 §29(12연기에 대해)와, 「도시 경」(S12:65) §6(12연기에 대해)과, 제4권 「지혜 경」(S36:25) §4 등(느낌에 대해)과, 본서 제6권 「지혜 경」(S51:9) §3 등(4정근에 대해)과, 「초전법륜 경」(S56:11) §9 등(사성제에 대해)과, 「여래 경」(S56:12) §3 등(사성제에 대해)에도 나타난다.
여기서 눈[眼], 지혜[智], 통찰지[慧], 명지[明], 광명[光]에 해당하는 원어는 각각 cakkhu, ñāṇa, paññā, vijjā, āloka이다. 이들에 대해서는 본서 제2권 「사꺄무니 고따마 경」(S12:10) §16의 주해를 참조할 것.

것이다.'라는 … '이러한 느낌에서 느낌을 관찰하는 것이 닦아져야 한다.'라는 … '이러한 느낌에서 느낌을 관찰하는 것은 닦아졌다.'라는 …"

5. "비구들이여, 나에게는 '이것이 마음에서 마음을 관찰하는 것이다.'라는 … '이러한 마음에서 마음을 관찰하는 것이 닦아져야 한다.'라는 … '이러한 마음에서 마음을 관찰하는 것은 닦아졌다.'라는 …"

6. "비구들이여, 나에게는 '이것이 법에서 법을 관찰하는 것이다.'라는 … '이러한 법에서 법을 관찰하는 것이 닦아져야 한다.'라는 … '이러한 법에서 법을 관찰하는 것은 닦아졌다.'라는, 전에 들어보지 못한 법들에 대한 눈[眼]이 생겼다. 지혜[智]가 생겼다. 통찰지[慧]가 생겼다. 명지[明]가 생겼다. 광명[光]이 생겼다."

욕망의 빛바램 경(S47:32)

Virāga-sutta

3. "비구들이여, 네 가지 마음챙김의 확립을 닦고 많이 [공부]지으면 그것은 염오로 인도하고, 탐욕의 빛바램으로 인도하고, 소멸로 인도하고, 고요함으로 인도하고, 최상의 지혜로 인도하고, 바른 깨달음으로 인도하고, 열반으로 인도한다. 무엇이 넷인가?"

4. "비구들이여, 여기 비구는 몸에서 몸을 관찰하며 머문다. 세상에 대한 욕심과 싫어하는 마음을 버리면서 근면하게, 분명히 알아차리고 마음챙기면서 머문다. 느낌에서 … 마음에서 … 법에서 법을 관찰하며 머문다. 세상에 대한 욕심과 싫어하는 마음을 버리면서 근

면하게, 분명히 알아차리고 마음챙기면서 머문다.

비구들이여, 이러한 네 가지 마음챙김의 확립을 닦고 많이 [공부] 지으면 그것은 염오로 인도하고, 탐욕의 빛바램으로 인도하고, 소멸로 인도하고, 고요함으로 인도하고, 최상의 지혜로 인도하고, 바른 깨달음으로 인도하고, 열반으로 인도한다."

게을리함 경(S47:33)

Viraddha-sutta

3. "비구들이여, 네 가지 마음챙김의 확립을 게을리 하는 사람들은 누구든지 괴로움의 멸진으로 바르게 인도하는 성스러운 도를 게을리 하는 것이다. [180] 비구들이여, 네 가지 마음챙김의 확립을 열심히 행하는 자들은 누구든지 괴로움의 멸진으로 인도하는 성스러운 도를 열심히 행하는 것이다. 무엇이 넷인가?"

4. "비구들이여, 여기 비구는 몸에서 몸을 관찰하며 머문다. 세상에 대한 욕심과 싫어하는 마음을 버리면서 근면하게, 분명히 알아차리고 마음챙기면서 머문다. 느낌에서 … 마음에서 … 법에서 법을 관찰하며 머문다. 세상에 대한 욕심과 싫어하는 마음을 버리면서 근면하게, 분명히 알아차리고 마음챙기면서 머문다.

비구들이여, 이러한 네 가지 마음챙김의 확립을 게을리하는 사람들은 누구든지 괴로움의 멸진으로 바르게 인도하는 성스러운 도를 게을리하는 것이다. 비구들이여, 이러한 네 가지 마음챙김의 확립을 열심히 행하는 자들은 누구든지 괴로움의 멸진으로 인도하는 성스러운 도를 열심히 행하는 것이다."

닦음 경(S47:34)

Bhāvanā-sutta

3. "비구들이여, 네 가지 마음챙김의 확립을 닦고 많이 [공부] 지으면 이 언덕에서 저 언덕으로 건너가게 된다. 무엇이 넷인가?

비구들이여, 여기 비구는 몸에서 몸을 관찰하며 머문다. 세상에 대한 욕심과 싫어하는 마음을 버리면서 근면하게, 분명히 알아차리고 마음챙기면서 머문다. 느낌에서 … 마음에서 … 법에서 법을 관찰하며 머문다. 세상에 대한 욕심과 싫어하는 마음을 버리면서 근면하게, 분명히 알아차리고 마음챙기면서 머문다.

비구들이여, 이러한 네 가지 마음챙김의 확립을 닦고 많이 [공부] 지으면 이 언덕에서 저 언덕으로 건너가게 된다."

마음챙김 경(S47:35)

Sati-sutta

3. "비구들이여, 비구는 마음챙기고 알아차리면서 머물러야 한다. 이것이 그대들에게 주는 나의 간곡한 당부이다."

4. "비구들이여, 그러면 비구는 어떻게 마음챙기는가?

비구들이여, 여기 비구는 몸에서 몸을 관찰하며 머문다. 세상에 대한 욕심과 싫어하는 마음을 버리면서 근면하게, 분명히 알아차리고 마음챙기면서 머문다. 느낌에서 … 마음에서 … 법에서 법을 관찰하며 머문다. 세상에 대한 욕심과 싫어하는 마음을 버리면서 근면하게, 분명히 알아차리고 마음챙기면서 머문다.

비구들이여, 비구는 이와 같이 마음챙긴다."

5. "비구들이여, 그러면 비구는 어떻게 알아차리는가?

비구들이여, 여기 비구에게 느낌들은 분명하게 지각되면서 일어나고 분명하게 지각되면서 [181] 머물고 분명하게 지각되면서 꺼진다.[388] 생각들은 분명하게 지각되면서 일어나고 분명하게 지각되면서 머물고 분명하게 지각되면서 꺼진다. 인식들은 분명하게 지각되면서 일어나고 분명하게 지각되면서 머물고 분명하게 지각되면서 꺼진다.[389]

비구들이여, 비구는 이와 같이 알아차린다."

6. "비구들이여, 비구는 마음챙기고 알아차리면서 머물러야 한다. 이것이 그대들에게 주는 나의 간곡한 당부이다."

---

388) "'느낌(vedanā)'을 명상하여(sammasitvā) 아라한됨을 얻는 그런 느낌 등이 분명하게 지각되면서 일어나고, 분명하게 지각되면서 머물고, 분명하게 지각되면서 꺼진다는 말이다."(SA.iii.229)
"'분명하게 지각되면서'로 옮긴 원어는 viditā(알아진)인데 주석서는 분명하게 되어서(pākaṭā hutvā)라고 설명하고 있어서 이렇게 옮겼다.(AA.iii.85)
"여기 비구는 토대(vatthu, 알음알이가 일어나는 토대)를 철저하게 파악하고(pariggaṇhāti) 대상(ārammaṇa)을 철저하게 파악한다. 그가 이처럼 토대와 대상을 철저하게 파악하면 '이와 같이 일어나서 이와 같이 머물다가 이와 같이 멸한다.'라고 분명하게 지각되는 느낌들이 일어나고, 분명하게 지각되는 느낌들이 머물며, 분명하게 지각되는 느낌들이 꺼진다. 이것은 '생각(vitakka)'과 '인식(saññā)'에도 그대로 적용된다."(AA.iii.85; Cf. SA.iii.229)

389) 한편 이 정형구는 『맛지마 니까야』「경이롭고 놀라움 경」(M123/iii.124) §§22~23에서는 부처님의 경이로운 특질로도 나타나고, 『앙굿따라 니까야』「삼매 경」(A4:41/ii.45)과 『디가 니까야』「합송경」(D33/iii.223) §1.11에서는 삼매의 개발로, 『앙굿따라 니까야』「무애해 경」1(A7:37/iv.32~33)에서는 네 가지 무애해로 인도하는 요소로, 「난다 경」(A8:9/iv.168)에서는 마음챙기고 알아차리는 수행으로, 『무애해도』(Ps.i.178~180)에서는 들숨날숨에 대한 마음챙김과 관계된 수행으로도 나타난다.

구경의 지혜 경(S47:36)

Aññā-sutta

3. "비구들이여, 네 가지 마음챙김의 확립이 있다. 무엇이 넷인가? 비구들이여, 여기 비구는 몸에서 몸을 관찰하며 머문다. 세상에 대한 욕심과 싫어하는 마음을 버리면서 근면하게, 분명히 알아차리고 마음챙기면서 머문다. 느낌에서 … 마음에서 … 법에서 법을 관찰하며 머문다. 세상에 대한 욕심과 싫어하는 마음을 버리면서 근면하게, 분명히 알아차리고 마음챙기면서 머문다."

4. "비구들이여, 이러한 네 가지 마음챙김의 확립을 닦고 많이 [공부]지으면 두 가지 결실 가운데 하나의 결실이 예상되나니, 지금·여기에서 구경의 지혜를 얻거나, 취착의 자취가 남아 있으면 다시는 돌아오지 않는 경지[不還果]가 예상된다."

욕구 경(S47:37)

Chanda-sutta

3. "비구들이여, 네 가지 마음챙김의 확립이 있다. 무엇이 넷인가? 비구들이여, 여기 비구는 몸에서 몸을 관찰하며 머문다. 세상에 대한 욕심과 싫어하는 마음을 버리면서 근면하게, 분명히 알아차리고 마음챙기면서 머문다. 그가 몸에서 몸을 관찰하며 머물 때 몸에 대한 욕구가 제거되고, 욕구가 제거되기 때문에 불사(不死)를 실현한다.

느낌에서 … 마음에서 [182] … 법에서 법을 관찰하며 머문다. 세상에 대한 욕심과 싫어하는 마음을 버리면서 근면하게, 분명히 알아차리고 마음챙기면서 머문다. 그가 법에서 법을 관찰하며 머물 때 법에 대한 욕구가 제거되고, 욕구가 제거되기 때문에 불사(不死)를 실현한다."

철저히 앎 경(S37:38)
Pariññā-sutta

3. "비구들이여, 네 가지 마음챙김의 확립이 있다. 무엇이 넷인가?
비구들이여, 여기 비구는 몸에서 몸을 관찰하며 머문다. 세상에 대한 욕심과 싫어하는 마음을 버리면서 근면하게, 분명히 알아차리고 마음챙기면서 머문다. 그가 몸에서 몸을 관찰하며 머물 때 몸을 철저하게 알게 되고, 몸을 철저하게 알기 때문에 불사(不死)를 실현한다.
느낌에서 … 마음에서 … 법에서 법을 관찰하며 머문다. 세상에 대한 욕심과 싫어하는 마음을 버리면서 근면하게, 분명히 알아차리고 마음챙기면서 머문다. 그가 법에서 법을 관찰하며 머물 때 법을 철저하게 알게 되고, 법을 철저하게 알기 때문에 불사(不死)를 실현한다."

닦음 경(S47:39)
Bhāvanā-sutta

2. "비구들이여, 나는 네 가지 마음챙김의 확립을 닦는 것을 설하리라. … <S45:21> §3 …

3. "비구들이여, 그러면 어떤 것이 네 가지 마음챙김의 확립을 닦는 것인가?
비구들이여, 여기 비구는 몸에서 몸을 관찰하며 머문다. 세상에 대한 욕심과 싫어하는 마음을 버리면서 근면하게, 분명히 알아차리고 마음챙기면서 머문다. 느낌에서 … 마음에서 … 법에서 법을 관찰하며 머문다. [183] 세상에 대한 욕심과 싫어하는 마음을 버리면서 근면

하게, 분명히 알아차리고 마음챙기면서 머문다.

비구들이여, 이것이 네 가지 마음챙김의 확립을 닦는 것이다."

분석 경(S47:40)

Vibhaṅga-sutta

2. "비구들이여, 그대들에게 마음챙김의 확립과 마음챙김의 확립을 닦는 것과 마음챙김의 확립을 닦는 것으로 인도하는 도닦음에 대해서 설하리라. … <S45:21> §3 …

3. "비구들이여, 그러면 어떤 것이 마음챙김의 확립인가?

비구들이여, 여기 비구는 몸에서 몸을 관찰하며 머문다. 세상에 대한 욕심과 싫어하는 마음을 버리면서 근면하게, 분명히 알아차리고 마음챙기면서 머문다. 느낌에서 … 마음에서 … 법에서 법을 관찰하며 머문다. 세상에 대한 욕심과 싫어하는 마음을 버리면서 근면하게, 분명히 알아차리고 마음챙기면서 머문다.

비구들이여, 이를 일러 마음챙김의 확립이라 한다."

4. "비구들이여, 그러면 어떤 것이 마음챙김의 확립을 닦는 것인가?

비구들이여, 여기 비구는 몸에서 일어나는 현상[法]을 관찰하며[390] 머문다. 혹은 몸에서 사라지는 현상을 관찰하며[391] 머문다. 혹은 몸

---

390) "'일어나는 현상[法]을 관찰하며(samudaya-dhamma-anupassī)'라는 것은 마치 대장장이의 자루와 풀무의 튜브와 적절한 노력을 반연(攀緣)하여 바람이 계속해서 움직이듯 비구의 육체와 콧구멍과 마음을 반연하여 들숨과 날숨이라는 몸이 계속해서 움직인다. 몸 등의 현상을 일어나는 현상이라 한다. 이런 현상들을 보면서 '혹은 몸에서 일어나는 현상을 관찰하며 머문다.'라고 설하셨다."(DA.iii.765)

391) "'사라지는 현상을 관찰하며(vaya-dhamma-anupassī)'라는 것은 마치 자

에서 일어나기도 하고 사라지기도 하는 현상을 관찰하며[392] 머문다.[393] 세상에 대한 욕심과 싫어하는 마음을 버리면서 근면하게, 분명히 알아차리고 마음챙기면서 머문다.

느낌에서 … 마음에서 … 법에서 일어나는 현상을 관찰하며 머문다. 혹은 법에서 사라지는 현상을 관찰하며 머문다. 혹은 법에서 일어나기도 하고 사라지기도 하는 현상을 관찰하며 머문다. 세상에 대한 욕심과 싫어하는 마음을 버리면서 근면하게, 분명히 알아차리고 마음챙기면서 머문다.

비구들이여, 이를 일러 마음챙김의 확립을 닦는 것이라 한다."

5. "비구들이여, 그러면 어떤 것이 마음챙김의 확립을 닦는 것으로 인도하는 도닦음인가? 그것은 바로 이 여덟 가지 구성요소를

루를 치워버리거나 풀무의 튜브가 부서지거나 적절한 노력이 없으면 그 바람은 생기지 않듯이 몸이 무너지고 콧구멍이 부서지거나 마음이 소멸하면 들숨과 날숨이라는 몸은 생기지 않는다. 그러므로 몸 등이 소멸할 때 들숨과 날숨도 소멸한다고 보면서 '혹은 몸에서 사라지는 현상을 관찰하며 머문다.'라고 설하셨다."(DA.iii.765)

392) "'일어나기도 하고 사라지기도 하는 현상을 관찰하며(samudaya-vaya-dhamma-anupassī)'라는 것은 때로는 일어남을 때로는 사라짐을 관찰하며라는 말이다."(DA.iii.765)

393) 한편 여기서 일어나는 현상을 관찰하며 등으로 옮겨지는 samudayadhammānupassī와 vaya-dhammānupassī와 samudaya-vaya-dhammānupassī에 포함되어 있는 samudaya-dhamma/ā 등을 samudaya-dhammā로 즉 복수로 읽어야 할지 아니면 samudaya-dhamma로 즉 단수로 읽어야 할지가 하나의 관점이 된다. MLDB p.149에서는 *its arising factors*라고 복수로 읽었다. 역자는 보디 스님의 제안을 받아들여서 단수로 읽었다.(보디 스님, 1927~1928쪽 178번 주해 참조)
그리고 본서 제3권「일어나기 마련임 경」1(S22:126) §11에 의하면 samudaya-dhamma와 vaya-dhamma와 samudaya-vaya-dhamma는 분명히 오온 각각을 수식하는 소유복합어[有財釋, bahuvrīhi]이다. 그래서 거기서는 '일어나기 마련인 물질' 등으로 옮겼다. 분명하게 드러나지는 않지만 여기서도 소유복합어로 이해하는 것이 타당하다고 본다.

가진 성스러운 도[八支聖道]이니, 그것은 바른 견해, 바른 사유, 바른 말, 바른 행위, 바른 생계, 바른 정진, 바른 마음챙김, 바른 삼매이다.”

비구들이여, 이를 일러 마음챙김의 확립을 닦는 것으로 인도하는 도닦음이다.”

제4장 전에 들어보지 못함 품이 끝났다.

네 번째 품에 포함된 경들의 목록은 다음과 같다. [184]

① 전에 들어보지 못함 ② 욕망의 빛바램
③ 게을리함 ④ 닦음 ⑤ 마음챙김
⑥ 구경의 지혜 ⑦ 욕구 ⑧ 철저히 앎
⑨ 닦음 ⑩ 분석 — 이러한 열 가지이다.

제5장 불사 품

Amata-vagga

불사(不死) **경**(S47:41)

Amata-sutta

3. "비구들이여, 네 가지 마음챙김의 확립에 마음이 잘 확립되어 머물러라. 불사가 그대들을 놓쳐버리지 않게 하라.394) 무엇이 넷인가?

비구들이여, 여기 비구는 몸에서 몸을 관찰하며 머문다. 세상에 대한 욕심과 싫어하는 마음을 버리면서 근면하게, 분명히 알아차리고 마음챙기면서 머문다. 느낌에서 … 마음에서 … 법에서 법을 관찰하며 머문다. 세상에 대한 욕심과 싫어하는 마음을 버리면서 근면하게, 분명히 알아차리고 마음챙기면서 머문다.

비구들이여, 이러한 네 가지 마음챙김의 확립에 마음이 잘 확립되어 머물러라. 불사가 그대들을 놓쳐버리지 않게 하라."

일어남 경(S47:42)

Samudaya-sutta

2. "비구들이여, 네 가지 마음챙김의 확립395)의 일어남과 소멸

---

394) '불사가 그대들을 놓쳐버리지 않게 하라.'는 mā vo amatam panassa를 옮긴 것이다. 여기서 panassa는 panassati(pra+√naś, *to be lost*)의 아오리스트 과거형이다. pan'assa로 즉 pana + assa로 읽으면 안된다.

395) 여기서 '마음챙김의 확립(sati-paṭṭhānā)'은 본문에서 보듯이 마음챙김의 네 가지 대상 즉 몸, 느낌, 마음, 법을 뜻한다.

을 설하리라. … <S45:21> §3 …

3. "비구들이여, 그러면 무엇이 몸의 일어남인가? 자양분의 일어남이 바로 몸의 일어남이고 자양분의 소멸이 바로 몸의 소멸이다.

감각접촉의 일어남이 바로 느낌의 일어남이고 감각접촉의 소멸이 바로 느낌의 소멸이다.

정신·물질의 일어남이 바로 마음의 일어남이고 정신·물질의 소멸이 바로 마음의 소멸이다.396)

마음에 잡도리함의 일어남이 바로 법의 일어남이고397) 마음에 잡도리함의 소멸이 바로 법의 소멸이다."

---

396) '정신·물질[名色, nāma-rūpa]'은 마음(citta) 혹은 알음알이(viññāṇa)의 조건이 된다. 마음은 항상 육체적인 토대(rūpa)를 의지하여 일어나며, 정신(nāma)을 구성하고 있는 감각접촉[觸, phassa], 느낌[受, vedanā], 인식[想, saññā], 의도[思, cetanā], 마음에 잡도리함[作意, 주의, manasikāra] 등과 함께 일어나기 때문이다. 이런 초기불전의 입장이 아비담마에 전승되어서 심(心)과 심소(心所, cetasikā)의 관계는 "함께 일어나고 함께 멸하며 동일한 대상을 가지고 동일한 토대를 가지는 것"으로 정의된다.(『아비담마 길라잡이』 제2장 §1을 참조할 것.

397) "'마음에 잡도리함의 일어남(manasikāra-samudayā)'이라고 하였다. 여기서 지혜롭게 마음에 잡도리함[如理作意, yoniso-manasikāra]이 일어나는 것은 깨달음의 구성요소(칠각지)의 법(bojjhaṅga-dhamma)들이 일어나는 것이고, 지혜롭지 못하게 마음에 잡도리함[非如理作意, ayoniso-manasikāra]이 일어나는 것은 장애[五蓋]의 법(nīvaraṇa-dhamma)들이 일어나는 것이다."(SA.iii.229)
한편 『앙굿따라 니까야』 「뿌리 경」(A10:58)에서도 "모든 법은 마음에 잡도리함을 근원으로 하며, 모든 법은 감각접촉 때문에 일어나며, 모든 법은 느낌에서 마주치며(sabbe dhammā manasikārasambhavā, sabbe dhammā phassasamudayā, sabbe dhammā vedanāsamosaraṇā)" 등으로 설하고 있다.

도 경(S47:43)

Magga-sutta[398)]

2. 거기서 [185] 세존께서는 비구들을 불러서 말씀하셨다.

3. "비구들이여, 한때 나는 처음 완전한 깨달음을 성취하고 나서 우루웰라의 네란자라 강둑에 있는 염소치기의 니그로다 나무 아래에서 머물렀다.

그때 내가 한적한 곳에 가서 홀로 앉아있는 중에 문득 이런 생각이 마음에 일어났다.

'이 도는 유일한 길이니, 중생들의 청정을 위하고, 근심과 탄식을 다 건너기 위한 것이며, 육체적 고통과 정신적 고통을 사라지게 하고, 옳은 방법을 터득하고, 열반을 실현하기 위한 것이다. 그것은 바로 네 가지 마음챙김의 확립이다. 무엇이 넷인가?

여기 비구는 몸에서 몸을 관찰하며 머문다. 세상에 대한 욕심과 싫어하는 마음을 버리면서 근면하게, 분명히 알아차리고 마음챙기면서 머문다. 느낌에서 … 마음에서 … 법에서 법을 관찰하며 머문다. 세상에 대한 욕심과 싫어하는 마음을 버리면서 근면하게, 분명히 알아차리고 마음챙기면서 머문다.

이 도는 유일한 길이니, 중생들의 청정을 위하고, 근심과 탄식을 다 건너기 위한 것이며, 육체적 고통과 정신적 고통을 사라지게 하고, 옳은 방법을 터득하고, 열반을 실현하기 위한 것이다. 그것은 바로 네 가지 마음챙김의 확립이다.'"

---

398) 본경은 세존께서 본서 「범천 경」(S47:18)을 회상하는 형식으로 전개된다. 내용은 「범천 경」(S47:18)과 같다.

4. "비구들이여, 그때 사함빠띠 범천이 마음으로 내가 마음에 일으킨 생각을 알고서 마치 힘센 사람이 구부렸던 팔을 펴고 폈던 팔을 구부리는 것처럼 범천의 세상에서 사라져서 내 앞에 나타났다. 그때 사함빠띠 범천은 한쪽 어깨가 드러나게 윗옷을 입고 오른쪽 무릎을 땅에 대고 나를 향해 합장하여 인사를 올리면서 이렇게 말했다.

'참으로 그러하옵니다, 세존이시여. 참으로 그러하옵니다, 선서시여. 세존이시여, 이 도는 유일한 길이니, 중생들의 청정을 위하고, 근심과 탄식을 다 건너기 위한 것이며, 육체적 고통과 정신적 고통을 사라지게 하고, 옳은 방법을 터득하고, 열반을 실현하기 위한 것입니다. 그것은 바로 [186] 네 가지 마음챙김의 확립입니다. 무엇이 넷인가요?

세존이시여, 여기 비구는 몸에서 몸을 관찰하며 머물러야 합니다. 세상에 대한 욕심과 싫어하는 마음을 버리면서 근면하게, 분명히 알아차리고 마음챙기면서 머물러야 합니다. 느낌에서 … 마음에서 … 법에서 법을 관찰하며 머물러야 합니다. 세상에 대한 욕심과 싫어하는 마음을 버리면서 근면하게, 분명히 알아차리고 마음챙기면서 머물러야 합니다.

세존이시여, 이 도는 유일한 길이니, 중생들의 청정을 위하고, 근심과 탄식을 다 건너기 위한 것이며, 육체적 고통과 정신적 고통을 사라지게 하고, 옳은 방법을 터득하고, 열반을 실현하기 위한 것입니다. 그것은 바로 네 가지 마음챙김의 확립[四念處]입니다.'"

5. 비구들이여, 사함빠띠 범천은 이렇게 말했다. 이렇게 말한 뒤 다시 [게송으로] 이렇게 말했다.

'태어남의 소멸을 보고 [중생의] 이익을 위하고

연민심을 가진 분께서는 유일한 길인 이 길을 아시도다.
그들은 이전에도 이 길을 따라 저 폭류를 건넜고
[미래에도 이 길을 따라] 건널 것이며 [현재에도] 건너도다.'

마음챙김 경(S47:44)
Sati-sutta

3. "비구들이여, 비구는 마음챙기면서 머물러야 한다. 이것이 그대들에게 주는 나의 간곡한 당부이다.

비구들이여, 그러면 비구는 어떻게 마음챙기는가?

비구들이여, 여기 비구는 몸에서 몸을 관찰하며 머문다. 세상에 대한 욕심과 싫어하는 마음을 버리면서 근면하게, 분명히 알아차리고 마음챙기면서 머문다. 느낌에서 … 마음에서 … 법에서 법을 관찰하며 머문다. 세상에 대한 욕심과 싫어하는 마음을 버리면서 근면하게, 분명히 알아차리고 마음챙기면서 머문다.

비구들이여, 비구는 이와 같이 마음챙긴다.

비구들이여, 비구는 마음챙기면서 머물러야 한다. 이것이 그대들에게 주는 나의 간곡한 당부이다."

유익함 덩어리 경(S47:45)
Kusalarāsi-sutta

3. "비구들이여, '유익함 덩어리'라고 하는 것은 바로 네 가지 마음챙김의 확립을 두고 하는 말이라고 바르게 말하는 자는 말해야 한다. 비구들이여, 이 네 가지 마음챙김의 확립이라는 것은 전적으로 유익함 덩어리이기 때문이다. 무엇이 넷인가?

비구들이여, [187] 여기 비구는 몸에서 몸을 관찰하며 머문다. 세상에 대한 욕심과 싫어하는 마음을 버리면서 근면하게, 분명히 알아차리고 마음챙기면서 머문다. 느낌에서 … 마음에서 … 법에서 법을 관찰하며 머문다. 세상에 대한 욕심과 싫어하는 마음을 버리면서 근면하게, 분명히 알아차리고 마음챙기면서 머문다.

비구들이여, '유익함 덩어리'라고 하는 것은 바로 이러한 네 가지 마음챙김의 확립을 두고 하는 말이라고 바르게 말하는 자는 말해야 한다. 비구들이여, 이 네 가지 마음챙김의 확립이라는 것은 전적으로 유익함 덩어리이기 때문이다."

빠띠목카[戒目] **경**(S47:46)

Pātimokkha-sutta

2. 그때 어떤 비구가 세존께 다가갔다. 가서는 세존께 절을 올리고 한 곁에 앉았다. 한 곁에 앉은 그 비구는 세존께 이렇게 말씀드렸다.

3. "세존이시여, 세존께서 제게 간략하게 법을 설해 주시면 감사하겠습니다. 그러면 저는 세존으로부터 법을 들은 뒤 혼자 은둔하여 방일하지 않고 열심히, 스스로 독려하며 지내고자 합니다."

"비구여, 그렇다면 그대는 유익한 법들[善法]의 처음 시작점을 청정하게 해야 한다. 그러면 어떤 것이 유익한 법들의 처음 시작점인가?"

4. "비구여, 여기 그대는 계목의 단속399)으로 단속하면서 머물

399) '계목(戒目)'은 pātimokkha(빠띠목카)를 옮긴 것이다. 『청정도론』에서는 "여기서 빠띠목카란 학습계목의 계율(sikkhāpada-sīla)을 뜻한다. 이것은 이것을 보호하고(pāti) 지키는 사람을 해탈하게 하고(mokkheti), 악처 등의 고통으로부터 벗어나게 한다. 그래서 빠띠목카(pātimokkha)라고 한다." (Vis.I.43)고 설명하고 있다. 한편 '계목의 단속'으로 옮기고 있는 pāti-mokkha-saṁvara는 의미상 '계목(계의 조목)을 통한 단속'의 뜻이 되겠는

러라. 바른 행실과 행동의 영역을 갖추고, 작은 허물에 대해서도 두려움을 보며, 학습계목을 받아 지녀 공부지어라. 비구여, 그대가 계목의 단속으로 단속하면서 머물고 바른 행실과 행동의 영역을 갖추고, 작은 허물에 대해서도 두려움을 보며, 학습계목을 받아 지녀 공부지은 뒤 그대는 계를 의지하고 계에 굳게 서서 네 가지 마음챙김의 확립을 닦아야 한다. 무엇이 넷인가?"

5. "여기 비구는 몸에서 몸을 관찰하며 머물러야 한다. 세상에 대한 욕심과 싫어하는 마음을 버리면서 근면하게, 분명히 알아차리고 마음챙기면서 머물러야 한다. 느낌에서 … 마음에서 … 법에서 법을 관찰하며 머물러야 한다. 세상에 대한 욕심과 싫어하는 마음을 버리면서 근면하게, 분명히 알아차리고 마음챙기면서 머물러야 한다.

비구여, 그대가 계를 의지하고 계에 굳게 서서 이러한 네 가지 마음챙김의 확립을 닦으면 밤이 오건 낮이 오건 유익한 법들에서 쇠퇴는 예상되지 않고 오직 향상이 예상된다."

6. 그때 그 비구는 세존의 말씀을 기뻐하고 감사드린 뒤 자리에서 일어나 세존께 절을 올리고 오른쪽으로 [세 번] 돌아 [경의를 표한] 뒤에 물러갔다. … [188]

7. 그 비구는 아라한들 중의 한 분이 되었다.

데 『청정도론』에서는 "빠띠목카삼와라(pātimokkha-saṁvara, 계목의 단속)라는 합성어는 빠띠목카가 바로 단속이라고 풀이된다."(*Ibid*)라고 설명하고 있다. 그래서 그냥 '계목의 단속'으로 옮기고 있음을 밝힌다. '계목의 단속'은 『청정도론』 I.43 이하에 상세하게 설명되어 있으므로 참조할 것.

나쁜 행위 경(S47:47)

Duccarita-sutta

2. 그때 어떤 비구가 세존께 다가갔다. 가서는 세존께 절을 올리고 한 곁에 앉았다. 한 곁에 앉은 그 비구는 세존께 이렇게 말씀드렸다.

3. "세존이시여, 세존께서 제게 간략하게 법을 설해 주시면 감사하겠습니다. 그러면 저는 세존으로부터 법을 들은 뒤 혼자 은둔하여 방일하지 않고 열심히, 스스로 독려하며 지내고자 합니다."

"비구여, 그렇다면 그대는 유익한 법들[善法]의 처음 시작점을 청정하게 해야 한다. 그러면 어떤 것이 유익한 법들의 처음 시작점인가?"

4. "비구여, 그대는 몸의 나쁜 행위를 버리고 몸의 좋은 행위를 닦아야 한다. 말의 나쁜 행위를 버리고 말의 좋은 행위를 닦아야 한다. 마음의 나쁜 행위를 버리고 마음의 좋은 행위를 닦아야 한다. 비구여, 그대가 몸의 … 말의 … 마음의 나쁜 행위를 버리고 마음의 좋은 행위를 닦은 뒤 그대는 계를 의지하고 계에 굳게 서서 네 가지 마음챙김의 확립을 닦아야 한다. 무엇이 넷인가?"

5. "여기 비구는 몸에서 몸을 관찰하며 머물러야 한다. 세상에 대한 욕심과 싫어하는 마음을 버리면서 근면하게, 분명히 알아차리고 마음챙기면서 머물러야 한다. 느낌에서 … 마음에서 … 법에서 법을 관찰하며 머물러야 한다. 세상에 대한 욕심과 싫어하는 마음을 버리면서 근면하게, 분명히 알아차리고 마음챙기면서 머물러야 한다.

비구여, 그대가 계를 의지하고 계에 굳게 서서 이러한 네 가지 마음챙김의 확립을 닦으면 밤이 오건 낮이 오건 유익한 법들에서 쇠퇴는 예상되지 않고 오직 항상이 예상된다."

6. 그때 그 비구는 세존의 말씀을 기뻐하고 감사드린 뒤 자리에서 일어나 세존께 절을 올리고 오른쪽으로 [세 번] 돌아 [경의를 표한] 뒤에 물러갔다. …

7. 그 비구는 아라한들 중의 한 분이 되었다.

친구 경(S47:48)
Mitta-sutta

3. "비구들이여, [189] 그대들이 연민심을 가지고 있고 그들 또한 그대들 말이라면 귀 기울여야 한다고 생각하고 있는 그런 친구나 동료나 친지나 혈육들에게 그대들은 네 가지 마음챙김의 확립을 닦는 것에 대해서 격려해야 하고 안주하도록 해야 하고 [믿음을] 확립하도록 해야 한다. 무엇이 넷인가?

비구들이여, 여기 비구는 몸에서 몸을 관찰하며 머문다. 세상에 대한 욕심과 싫어하는 마음을 버리면서 근면하게, 분명히 알아차리고 마음챙기면서 머문다. 느낌에서 … 마음에서 … 법에서 법을 관찰하며 머문다. 세상에 대한 욕심과 싫어하는 마음을 버리면서 근면하게, 분명히 알아차리고 마음챙기면서 머문다.

비구들이여, 그대들이 연민심을 가지고 있고 그들 또한 그대들 말이라면 귀 기울여야 한다고 생각하고 있는 그런 친구나 동료나 친지나 혈육들에게 그대들은 이러한 네 가지 마음챙김의 확립을 닦는 것에 대해서 격려해야 하고 안주하도록 해야 하고 [믿음을] 확립하도록 해야 한다."

느낌 경(S47:49)
Vedanā-sutta

3. "비구들이여, 세 가지 느낌이 있다. 무엇이 셋인가?
즐거운 느낌, 괴로운 느낌, 괴롭지도 즐겁지도 않은 느낌이다.
비구들이여, 이러한 세 가지 느낌이 있다."

4. "비구들이여, 이러한 세 가지 느낌을 철저히 알기 위해서는 네 가지 마음챙김의 확립을 닦아야 한다. 무엇이 넷인가?

비구들이여, 여기 비구는 몸에서 몸을 관찰하며 머문다. 세상에 대한 욕심과 싫어하는 마음을 버리면서 근면하게, 분명히 알아차리고 마음챙기면서 머문다. 느낌에서 … 마음에서 … 법에서 법을 관찰하며 머문다. 세상에 대한 욕심과 싫어하는 마음을 버리면서 근면하게, 분명히 알아차리고 마음챙기면서 머문다.

비구들이여, 이러한 세 가지 느낌을 철저히 알기 위해서는 이러한 네 가지 마음챙김의 확립을 닦아야 한다."

번뇌 경(S47:50)
Āsava-sutta

3. "비구들이여, 세 가지 번뇌가 있다. 무엇이 셋인가?
감각적 욕망의 번뇌, 존재의 번뇌, 무명의 번뇌이다.
비구들이여, 이러한 세 가지 번뇌가 있다."

4. "비구들이여, [190] 이러한 세 가지 번뇌를 철저히 알기 위해서는 네 가지 마음챙김의 확립을 닦아야 한다. 무엇이 넷인가?

비구들이여, 여기 비구는 몸에서 몸을 관찰하며 머문다. 세상에 대한 욕심과 싫어하는 마음을 버리면서 근면하게, 분명히 알아차리고 마음챙기면서 머문다. 느낌에서 … 마음에서 … 법에서 법을 관찰하며 머문다. 세상에 대한 욕심과 싫어하는 마음을 버리면서 근면하게, 분명히 알아차리고 마음챙기면서 머문다.

비구들이여, 이러한 세 가지 번뇌를 철저히 알기 위해서는 이러한 네 가지 마음챙김의 확립을 닦아야 한다."

제5장 불사 품이 끝났다.

다섯 번째 품에 포함된 경들의 목록은 다음과 같다.

① 불사 ② 일어남 ③ 도
④ 마음챙김 ⑤ 유익함 덩어리
⑥ 계목 ⑦ 나쁜 행위 ⑧ 친구
⑨ 느낌 ⑩ 번뇌이다.

제6장 강가 강의 반복

Gaṅgā-peyyāla

동쪽으로 흐름 경 등(S47:51~62)

<본품의 12개 경들은 본서 「도 상윳따」(S45) 제9장 「첫 번째 강가 강의 반복」(Gaṅga-peyyala)의 12개 경들(S45:91~102 = S46:77~88)과 같은 방법으로 설해지고 있음.>

여섯 번째 품에 포함된 경들의 목록은 다음과 같다.

여섯 가지 ①~⑥ 동쪽으로 흐름, 여섯 가지 ⑦~⑫ 바다
이처럼 6가지가 두 번 있어서 모두 12가지가 설해졌다.

제7장 불방일 품

Appamāda-vagga

여래 경 등(S47:63~72) [191]

<본품의 10개 경들은 본서 「도 상윳따」(S45) 제13장 「불방일 반복」의 10개 경들(S45:139~148 = S46:89~98)과 같은 방법으로 설해지고 있음.>

일곱 번째 품에 포함된 경들의 목록은 다음과 같다.

① 여래 ② 발자국 ③ 뾰족지붕 ④ 뿌리 ⑤ 속재목
⑥ 재스민 꽃 ⑦ 왕 ⑧ 달 ⑨ 태양, 열 번째로 ⑩ 옷감이다.

제8장 힘쓰는 일 품

Balakaraṇīya-vagga[400)]

힘 경 등(S47:73~84)

<본품의 12개 경들은 본서 「도 상윳따」(S45) 제14장 「힘쓰는 일 품」(Balakaraṇīya-vagga)의 12개 경들(S45:149~160 = S46:99~110)과 같은 방법으로 설해지고 있음.>

여덟 번째 품에 포함된 경들의 목록은 다음과 같다.

① 힘 ② 씨앗 ③ 용 ④ 나무 ⑤ 항아리 ⑥ 꺼끄러기
⑦ 허공, 두 가지 ⑧~⑨ 구름 ⑩ 배 ⑪ 객사(客舍) ⑫ 강이다.

---

400) 본품에 포함된 경도 모두 12개인데 Ee는 경의 번호를 "73-82(1-10)"으로 잘못 매기고 있다.

제9장 추구 품

Esanā-vagga

추구 경 등(S47:85~94)

<본품의 10개 경들은 본서「도 상윳따」(S45) 제15장「추구 품」(Esanā-vagga)의 10개 경들(S45:161~170 = S46:111~120)과 같은 방법으로 설해지고 있음.>

아홉 번째 품에 포함된 경들의 목록은 다음과 같다.

① 추구 ② 자만심 ③ 번뇌 ④ 존재 ⑤ 괴로움의 성질
⑥ 삭막함 ⑦ 때 ⑧ 근심 ⑨ 느낌 ⑩ 갈애 ⑪ 목마름이다.

제10장 폭류 품

Ogha-vagga

폭류 경 등(S47:95~104)

[192] <본품의 10개 경들은 본서「도 상윳따」(S45) 제16장「폭류 품」(Ogha-vagga)의 10개 경들(S45:171~180 = S46:121~130)과 같은 방법으로 설해지고 있음.>

열 번째 품에 포함된 경들의 목록은 다음과 같다.

① 폭류 ② 속박 ③ 취착 ④ 매듭 ⑤ 잠재성향 ⑥ 감각적 욕망
⑦ 장애 ⑧ 무더기 ⑨ 낮은 단계의 족쇄 ⑩ 높은 단계의 족쇄이다.

마음챙김의 확립 상윳따(S47)가 끝났다.

제48주제

기능[根] 상윳따(S48)

제48주제(S48)

기능[根] 상윳따

Indriya-saṁyutta

제1장 간단한 설명 품

Suddhika-vagga

간단한 설명 경(S48:1)

Suddhika-sutta

1. 이와 같이 나는 들었다. 한때 세존께서는 사왓티에서 제따 숲의 아나타삔디까 원림(급고독원)에 머무셨다. [193]

2. 거기서 세존께서는 이렇게 말씀하셨다.

3. "비구들이여, 다섯 가지 기능이 있다. 무엇이 다섯인가?

믿음의 기능[信根], 정진의 기능[精進根], 마음챙김의 기능[念根], 삼매의 기능[定根], 통찰지의 기능[慧根]이다.401)

비구들이여, 이러한 다섯 가지 기능이 있다."402)

---

401) 이 다섯 가지에 대한 정의와 설명은 본서 「분석 경」 1/2(S48:9~10)와 주해들을 참조할 것.

402) 일반적으로 기능[根, indriya]에는 모두 22가지가 포함되어 있다. 그것은 (1) 눈의 기능[眼根] (2) 귀의 기능[耳根] (3) 코의 기능[鼻根] (4) 혀의 기능 [舌根] (5) 몸의 기능[身根] (6) 여자의 기능[女根] (7) 남자의 기능[男根] (8) 생명기능[命根] (9) 마노의 기능[意根] (10) 즐거움의 기능[樂根] (11) 괴로움의 기능[苦根] (12) 기쁨의 기능[喜根] (13) 불만족의 기능 [憂根] (14) 평온의 기능

예류자 경1(S48:2)

Sotāpanna-sutta

3. "비구들이여, 다섯 가지 기능이 있다. 무엇이 다섯인가?

믿음의 기능, 정진의 기능, 마음챙김의 기능, 삼매의 기능, 통찰지의 기능이다."

4. "비구들이여, 성스러운 제자가 이러한 다섯 가지 기능의 달콤함과 위험함과 벗어남을 있는 그대로 꿰뚫어 알 때, 이를 일러 성스러운 제자는 흐름에 든 자[預流者]여서 [악처에] 떨어지지 않는 법을 가졌고 [해탈이] 확실하며 완전한 깨달음으로 나아간다고 한다."

[捨根] ⒂ 믿음의 기능[信根] ⒃ 정진의 기능[精進根] ⒄ 마음챙김의 기능[念根] ⒅ 삼매의 기능[定根] ⒆ 통찰지의 기능[慧根] ⒇ 구경의 지혜를 가지려는 기능[未知當知根] (21) 구경의 지혜의 기능[已知根] (22) 구경의 지혜를 구족한 기능[具知根]이다.

이 가운데서 ⑴~⑸와 ⑼의 여섯 가지 감각기능은 본서 「간단한 설명 경」(S48:25) 등에 나타나고, ⑹~⑻은 「생명기능 경」(S48:22)에, ⑽~⒁는 「간단한 설명 경」 등(S48:31~40)의 10개의 경들에, ⒇~(22)는 「구경의 지혜의 기능 경」(S48:23)에, ⒂~⒆는 그 외 여러 경들에 나타난다. 이렇게 해서 본 「기능 상윳따」(S48)에는 22가지 기능 전부가 다 나타나고 있는 셈이다.

이러한 22가지 기능이 완전하게 나타나는 것은 『위방가』(Vbh.122)인데 『위방가 주석서』(VbhA.125~128)에서 설명되고 있다. 그리고 이것은 『청정도론』 XVI.1~12에서 설명되고 있으며, 『아비담마 길라잡이』 제7장 §18에서 정리되어 있다. 『위방가』에서 법을 설명할 때는 '아비담마의 분류방법(Abhidhamma-bhājanīya)'과 '경에 따른 분류방법(Suttanta-bhāja-nīya)'의 두 가지 방법을 사용하고 있다.

그런데 흥미로운 것은 이 22가지 기능의 분류는 아비담마의 분류방법에만 나타나고 있다는 점이다. 이 22가지 기능은 경에 따른 분류방법에는 나타나지 않는다. 이런 측면에서 보자면 22가지 기능은 경에 따른 분류방법이라기보다는 아비담마의 분류방법에 속하는 것이다. 그러므로 본 상윳따도 『경장』에 속하기 때문에 원래는 ⒂ 믿음의 기능[信根] ⒃ 정진의 기능[精進根] ⒄ 마음챙김의 기능[念根] ⒅ 삼매의 기능[定根] ⒆ 통찰지의 기능[慧根]의 다섯 가지 기능[五根]만이 포함된 것이 아닌가 생각된다.

예류자 경2(S48:3)

3. "비구들이여, 다섯 가지 기능이 있다. 무엇이 다섯인가?

믿음의 기능, 정진의 기능, 마음챙김의 기능, 삼매의 기능, 통찰지의 기능이다."

4. "비구들이여, 성스러운 제자가 이러한 다섯 가지 기능의 일어남과 사라짐과 달콤함과 위험함과 [194] 벗어남을 있는 그대로 꿰뚫어 알 때, 이를 일러 성스러운 제자는 흐름에 든 자[預流者]여서 [악취에] 떨어지지 않는 법을 가졌고 [해탈이] 확실하며 완전한 깨달음으로 나아간다고 한다."

아라한 경1(S48:4)

Arahanta-sutta

3. "비구들이여, 다섯 가지 기능이 있다. 무엇이 다섯인가?

믿음의 기능, 정진의 기능, 마음챙김의 기능, 삼매의 기능, 통찰지의 기능이다."

4. "비구들이여, 성스러운 제자가 이러한 다섯 가지 기능의 달콤함과 위험함과 벗어남을 있는 그대로 분명하게 안 뒤 취착 없이 해탈할 때, 이를 일러 성스러운 제자는 아라한이고 번뇌가 다했고 삶을 완성했으며 할 바를 다했고 짐을 내려놓았으며 참된 이상을 실현했고 삶의 족쇄를 부수었으며 바른 구경의 지혜로 해탈했다고 한다."403)

---

403) 여기서 아라한과 유학의 차이를 설명하는 것은 본서 제3권 「흐름에 든 자[預流者] 경」(S22:109)과 「아라한 경」(S22:110)에서 언급된 것과 상응한다. 「아라한 경」(S22:110) §4의 주해를 참조할 것.

아라한 경2(S48:5)

3. "비구들이여, 다섯 가지 기능이 있다. 무엇이 다섯인가?
믿음의 기능, 정진의 기능, 마음챙김의 기능, 삼매의 기능, 통찰지의 기능이다."

4. "비구들이여, 성스러운 제자가 이러한 다섯 가지 기능의 일어남과 사라짐과 달콤함과 위험함과 벗어남을 있는 그대로 분명하게 안 뒤 취착 없이 해탈할 때, 이를 일러 성스러운 제자는 아라한이고 번뇌가 다했고 삶을 완성했으며 할 바를 다했고 짐을 내려놓았으며 참된 이상을 실현했고 삶의 족쇄를 부수었으며 바른 구경의 지혜로 해탈했다고 한다."

사문·바라문 경1(S48:6)

Samaṇabrāhmaṇa-sutta

3. "비구들이여, 다섯 가지 기능이 있다. 무엇이 다섯인가?
믿음의 기능, 정진의 기능, 마음챙김의 기능, 삼매의 기능, 통찰지의 기능이다."

4. "비구들이여, 어떤 사문이든 바라문이든 이러한 다섯 가지 기능의 달콤함과 위험함과 벗어남을 있는 그대로 꿰뚫어 알지 못하는 자들은 그 누구든지, 사문들 가운데서는 사문이라 불릴 수 없고 바라문들 가운데서는 바라문이라 불릴 수 없다. [195] 그 존자들은 사문 생활의 결실이나 바라문 생활의 결실을 지금·여기에서 스스로 최상의 지혜로 알고 실현하여 드러내지 못한다."

5. "비구들이여, 어떤 사문이든 바라문이든 이러한 다섯 가지

기능의 달콤함과 위험함과 벗어남을 있는 그대로 꿰뚫어 아는 자들은 그 누구든지, 사문들 가운데서는 사문이라 불릴 만하고 바라문들 가운데서는 바라문이라 불릴 만하다. 그 존자들은 사문 생활의 결실이나 바라문 생활의 결실을 지금·여기에서 스스로 최상의 지혜로 알고 실현하여 드러낸다."

사문·바라문 경2(S48:7)

3. "비구들이여, 어떤 사문이든 바라문이든 믿음의 기능을 꿰뚫어 알지 못하고, 믿음의 기능의 일어남을 꿰뚫어 알지 못하고, 믿음의 기능의 소멸을 꿰뚫어 알지 못하고, 믿음의 기능의 소멸로 인도하는 도닦음을 꿰뚫어 알지 못하고,404) 정진의 기능을 … 마음챙김의 기능을 … 삼매의 기능을 … [196] 통찰지의 기능을 꿰뚫어 알지 못하고, 통찰지의 기능의 일어남을 꿰뚫어 알지 못하고, 통찰지의 기능의 소멸을 꿰뚫어 알지 못하고, 통찰지의 기능의 소멸로 인도하는 도닦음을 꿰뚫어 알지 못하는 자들은 그 누구든지, 사문들 가운데서는 사문이라 불릴 수 없고 바라문들 가운데서는 바라문이라 불릴 수 없다.

---

404) 주석서는 여기서 다섯 가지 기능에 대해서 각각 네 가지로 설하는 것은 각각 고·집·멸·도의 사제(四諦)로 알아야 한다고 설명하고 있다.(SA.iii.232) 그리고 다음과 같이 덧붙이고 있다.
"믿음의 기능은 확신을 통해서(adhimokkha-vasena) 전향(āvajjana)하여 일어난다. 정진의 기능은 분발(paggaha)을 통해서 전향하여 일어나고, 마음챙김의 기능은 확립(upaṭṭhāna)을 통해서 전향하여 일어나고, 삼매의 기능은 산란하지 않음(avikkhepa)을 통해서 전향하여 일어나고, 통찰지의 기능은 봄(dassana)을 통해서 전향하여 일어난다. 그리고 이 다섯 가지 기능들은 모두 열의[chanda, 즉 기능들을 일으키고자 하는(kattu-kāmatā) 유익한 열의 – SAṬ]를 통해서 전향하여 일어나고, 마음에 잡도리함[作意, manasikāra, 즉 기능들의 힘이 미약(dubbala)할 때 이러한 전향을 생기게 하는 지혜롭게 마음에 잡도리함 – SAṬ]을 통해서 전향하여 일어난다." (SA.iii.232)

그 존자들은 사문 생활의 결실이나 바라문 생활의 결실을 지금・여기에서 스스로 최상의 지혜로 알고 실현하여 드러내지 못한다."

4. "비구들이여, 어떤 사문이든 바라문이든 믿음의 기능을 꿰뚫어 알고, 믿음의 기능의 일어남을 꿰뚫어 알고, 믿음의 기능의 소멸을 꿰뚫어 알고, 믿음의 기능의 소멸로 인도하는 도닦음을 꿰뚫어 알고, 정진의 기능을 … 마음챙김의 기능을 … 삼매의 기능을 … 통찰지의 기능을 꿰뚫어 알고, 통찰지의 기능의 일어남을 꿰뚫어 알고, 통찰지의 기능의 소멸을 꿰뚫어 알고, 통찰지의 기능의 소멸로 인도하는 도닦음을 꿰뚫어 아는 자들은 그 누구든지, 사문들 가운데서는 사문이라 불릴 만하고 바라문들 가운데서는 바라문이라 불릴 만하다. 그 존자들은 사문 생활의 결실이나 바라문 생활의 결실을 지금・여기에서 스스로 최상의 지혜로 알고 실현하여 드러낸다."

보아야함 경(S48:8)[405]

Daṭṭhabba-sutta

3. "비구들이여, 다섯 가지 기능이 있다. 무엇이 다섯인가?

믿음의 기능, 정진의 기능, 마음챙김의 기능, 삼매의 기능, 통찰지의 기능이다."

4. "비구들이여, 그러면 믿음의 기능은 어디서 봐야 하는가? 믿음의 기능은 여기 네 가지 예류자의 구성요소에서 봐야 한다.[406]

비구들이여, 그러면 정진의 기능은 어디서 봐야 하는가? 정진의

---

405) 본경과 같은 방법으로 다섯 가지 힘[五力, pañca bala]을 설명하는 것이 『앙굿따라 니까야』「보아야 함 경」(A5:15/iii.11~12)에 나타난다.

406) 이 넷은 불・법・승에 대한 청정한 믿음과 계를 지니는 것이다. 구체적인 내용은 본서 제6권「깊이 들어감 경」(S55:2)을 참조할 것.

기능은 여기 네 가지 바른 노력에서 봐야 한다.

비구들이여, 그러면 마음챙김의 기능은 어디서 봐야 하는가? 마음챙김의 기능은 여기 네 가지 마음챙김의 확립에서 봐야 한다.

비구들이여, 그러면 삼매의 기능은 어디서 봐야 하는가? 삼매의 기능은 여기 네 가지 禪에서 봐야 한다.

비구들이여, 그러면 통찰지의 기능은 어디서 봐야 하는가? 통찰지의 기능은 여기 네 가지 성스러운 진리에서 봐야 한다.

비구들이여, 이러한 다섯 가지 기능이 있다."

분석 경1(S48:9)[407]

Vibhaṅga-sutta

3. "비구들이여, 다섯 가지 기능이 있다. 무엇이 다섯인가?

믿음의 기능, 정진의 기능, 마음챙김의 기능, 삼매의 기능, 통찰지의 기능이다."

4. "비구들이여, 그러면 어떤 것이 믿음의 기능인가?

비구들이여, 여기 성스러운 제자는 믿음을 가졌다. [197] 그는 여래의 깨달음을 믿는다. '이런 [이유로] 그분 세존께서는 아라한[應供]이시며, 완전히 깨달은 분[正等覺]이시며, 명지와 실천을 구족한 분[明行足]이시며, 피안으로 잘 가신 분[善逝]이시며, 세간을 잘 알고 계신 분[世間解]이시며, 가장 높은 분[無上士]이시며, 사람을 잘 길들이는 분[調御丈夫]이시며, 하늘과 인간의 스승[天人師]이시며, 깨달은 분[佛]이시며, 세존(世尊)이시다.'라고

---

407) 본경과 같은 방법으로 다섯 가지 힘[五力, pañca bala]을 설명하는 것이 『앙굿따라 니까야』 「상세함 경」(A5:14/iii.10~11)에 나타난다. 단 삼매의 힘은 본경과 달리 네 가지 禪의 정형구로 설명되고 있다.

비구들이여, 이를 일러 믿음의 기능이라 한다."

5. "비구들이여, 그러면 어떤 것이 정진의 기능인가?

비구들이여, 여기 성스러운 제자는 열심히 정진하며 머문다. 그는 해로운 법[不善法]들을 버리고 유익한 법[善法]들을 구족하기 위해서 굳세고 크게 분발하며 유익한 법들에 대한 임무를 내팽개치지 않는다.

비구들이여, 이를 일러 정진의 기능이라 한다."

6. "비구들이여, 그러면 어떤 것이 마음챙김의 기능인가?

비구들이여, 여기 성스러운 제자는 마음챙기는 자이다. 그는 최상의 마음챙김과 슬기로움[408]을 구족하여 오래 전에 행하고 오래 전에 말한 것일지라도 모두 기억하고 생각해낸다.

비구들이여, 이를 일러 마음챙김의 기능이라 한다."[409]

7. "비구들이여, 그러면 어떤 것이 삼매의 기능인가?

비구들이여, 여기 성스러운 제자는 철저한 버림을 대상으로 삼아[410] 삼매를 얻고 마음이 한 끝에 집중됨[心一境性]을 얻는다.

---

408) "'마음챙김과 슬기로움(sati-nepakka)'이라고 하였다. 여기서 슬기로움이란 통찰지[慧, 般若, paññā]의 다른 말이다. 그러면 왜 마음챙김의 설명에서 통찰지가 언급되는가? 마음챙김의 힘이 강함을 보여주기 위해서(balava-bhāva-dassan-attha)이다. 여기서 뜻하는 것은 강한 마음챙김(balava-sati)인데 그것은 통찰지와 함께할 때 강하게 되기 때문이다. 그래서 통찰지와 함께한 마음챙김(paññā-sampayutta-sati)을 보여주시면서 이와 같이 말씀하신 것이다."(SA.iii.234)

409) 여기서 마음챙김의 기능은 알아차림을 강조하는 마음챙김의 측면보다는 기억의 측면을 강조하여 설명하고 있다. sati의 어근 √smṛ(*to remember*)는 기억하다의 뜻이다. 여기에 대해서는 본서 「계(戒) 경」(S46:3) §6의 주해를 참조할 것.

410) "'철저한 버림을 대상으로 삼아(vossagg-ārammanaṁ karitvā)'란 열반을 대상으로 삼아서라는 말이다."(SA.iii.234)

"'철저한 버림(vossagga)'이란 열반(nibbāna)이다."(AA.ii.38)
한편 『앙굿따라 니까야』 「하나의 모음」(A1:19:1/i.36)은 "철저한 버림을 대상으로 삼아 삼매를 얻고 마음이 하나됨을 얻는 중생들은 적고, 삼매를 얻지 못하고 마음이 하나됨을 얻지 못하는 중생들은 많다."고 설하고 있다. 이 경우를 제외하고 '철저한 버림을 대상으로 하는 삼매(vossaggārammana samādhi)'에 관계된 언급은 니까야에는 나타나지 않는 듯하다.
한편 『무애해도』(Ps.ii.96~97)와 『앙굿따라 니까야』 「쌍 경」(A4:170/ii.157)에는 ① "사마타를 먼저 닦고 위빳사나를 닦는(samatha-pubbaṅgamaṁ vipassanaṁ bhāveti)" 경우와 ② "위빳사나를 먼저 닦고 사마타를 닦는(vipassanā-pubbaṅgamaṁ samathaṁ bhāveti)" 경우와 ③ "사마타와 위빳사나를 쌍으로 닦는(samatha-vipassanaṁ yuganaddhaṁ bhāveti)" 경우를 들고 있다. 이들에 대해서 『앙굿따라 니까야 복주서』는 이렇게 주석하고 있다.
① "이것은 사마타 행자(samatha-yānika)를 두고 한 말이다. 그는 첫 번째로 근접삼매(upacāra-samādhi)나 본삼매(appanā-samādhi)를 일으킨다. 이것은 사마타이다. 그는 삼매와 이러한 삼매와 함께하는 법에 대해서 무상 등으로 관찰한다(vipassati). 이것은 위빳사나이다. 이처럼 첫 번째 사마타가 있고 그다음에 위빳사나가 있다. 그래서 '사마타를 먼저 닦고 위빳사나를 닦는다'고 한 것이다."(AAṬ.ii.314)
② "이것은 위빳사나 행자를 두고 한 말이다. 그는 앞서 말한 사마타를 성취하지 않고 취착의 [대상이 되는] 다섯 가지 무더기[五取蘊]에 대해서 무상 등으로 관찰한다(vipassati)."(*Ibid*) 초기불전에서 세존께서 고구정녕하게 강조하시는 것으로 많은 경들에서 거듭 나타나는 '오온의 무상·고·무아를 통찰하라.'는 가르침을 바로 실천하는 것이 위빳사나를 먼저 닦는 수행이라는 설명이다.
③ "사마타와 위빳사나를 쌍으로 닦는" 경우의 설명은 「쌍 경」(A4:170)의 주해를 참조할 것.
그리고 이 가운데 ② "위빳사나를 먼저 닦고 사마타를 닦는" 경우를 『무애해도』(Ps.ii.96~97)는 다음과 같이 설명하고 있다.
"그러면 어떻게 위빳사나를 먼저 닦고 사마타를 닦는가? 무상이라고 괴로움이라고 무아라고 관찰한다는 뜻(anupassan-aṭṭha)에서 위빳사나이다. 그리고 거기서 생긴 법들의(tattha jātānaṁ dhammānaṁ) **철저한 버림을 대상으로 삼기 때문에**(vosaggārammaṇatā) 마음이 한 끝에 집중됨[心一境性]이 있고 흔들림 없는 **삼매가 있나니**(cittassa ekaggatā avikkhepo samādhi) 이처럼 먼저 위빳사나가 있고 나중에 사마타가 있다."(Ps.ii.96)
한편 『무애해도 주석서』는 여기에 대해서 다음과 같은 설명을 덧붙이고 있다.
"'거기서 생긴 법들'이란 위빳사나에 의해서 생긴 마음(심)과 마음부수들(심

비구들이여, 이를 일러 삼매의 기능이라 한다."

8. "비구들이여, 그러면 어떤 것이 통찰지의 기능인가?

비구들이여, 여기 성스러운 제자는 통찰지를 가졌다. 그는 성스럽고, 꿰뚫음을 갖추었으며,411) 괴로움의 멸진으로 바르게 인도하는, 일어나고 사라짐으로 향하는412) 통찰지를 구족했다.

비구들이여, 이를 일러 통찰지의 기능이라 한다."

9. "비구들이여, 이러한 다섯 가지 기능이 있다."413)

소)을 뜻한다. '철저한 버림을 대상으로 삼기 때문'에서 철저한 버림은 열반을 말한다. 조건지워진 것(saṅkhata)을 철저하게 버리기 때문에 열반은 철저한 버림이라 불리기 때문이다. 위빳사나와 이것과 연결된 법들은 열반을 대상으로 하고 열반을 토대로 한다. … 삼매는 근접삼매와 본삼매로 구분되는 흔들림 없음(upacārappanā-bhedo avikkhepo)이니 열반에 확립됨으로 해서 일어나는 마음이 한 끝에 집중됨을 말한다. 이것은 위빳사나 다음에 일어나는 꿰뚫음에 동참하는 삼매(nibbedhabhāgiyo samādhi)를 설한 것이다."(PsA.iii.586～587)

이처럼 본경에 나타나는 '철저한 버림을 대상으로 삼는(vossagg-ārammaṇaṁ karitvā) 삼매'는 ② "위빳사나를 먼저 닦고 사마타를 닦는(vipassanā-pubbaṅgamaṁ samathaṁ bhāveti)" 경우의 설명으로 『무애해도』에 나타나고 있다. 그래서 본경에 해당하는 주석서는 "삼매의 기능은 전적으로 출세간적인 것(nibbattita-lokuttara)으로 설하셨다."(SA.iii.234)라고 설명하고 있다.(아래 본문단의 마지막 주해 참조) 본경에서는 삼매를 열반을 대상으로 한 것으로 정의하기 때문이다.

411) '꿰뚫음을 갖추었으며'로 옮긴 원어는 nibbedhika이다. 주석서는 통찰지를 통해서 이전에 꿰뚫지 못했던 탐·진·치를 꿰뚫는 것이라고 설명하고 있다.(AA.iii.223)

412) '일어나고 사라짐으로 향하는'은 udayattha-gāminiyā를 옮긴 것인데 주석서는 이 합성어를 일어나고 사라짐으로 가는(udayañ ca atthañ ca gacchantiyā)으로 분석하고 있으며, "일어남과 사라짐을 파악하는 것이라는 뜻이다(udayabbaya-pariggahikāyā ti attho)."(SA.iii.234)로 설명하고 있다. 이것은 본서 제2권 「십력 경」 1(S12:21) §4와 제3권 「삼매 경」(S22:5) §3 등에서 오온의 일어남(samudaya)과 사라짐(atthagama)을 관찰하는 통찰지의 정형구와 그대로 일치한다.

분석 경2(S48:10)

3. "비구들이여, 다섯 가지 기능이 있다. 무엇이 다섯인가?

믿음의 기능, 정진의 기능, 마음챙김의 기능, 삼매의 기능, 통찰지의 기능이다."

4. "비구들이여, 그러면 어떤 것이 믿음의 기능인가?

비구들이여, 여기 성스러운 제자는 믿음을 가졌다. 그는 여래의 깨달음을 믿는다. '이런 [이유로] 그분 세존께서는 아라한[應供]이시며, 완전히 깨달은 분[正等覺]이시며, 명지와 실천을 구족한 분[明行足]이시며, 피안으로 잘 가신 분[善逝]이시며, 세간을 잘 알고 계신 분[世間解]이시며, 가장 높은 분[無上士]이시며, 사람을 잘 길들이는 분[調御丈夫]이시며, 하늘과 인간의 스승[天人師]이시며, 깨달은 분[佛]이시며, 세존(世尊)이시다.'라고.

비구들이여, 이를 일러 믿음의 기능이라 한다."

5. "비구들이여, [198] 그러면 어떤 것이 정진의 기능인가?

비구들이여, 여기 성스러운 제자는 열심히 정진하며 머문다. 그는 해로운 법[不善法]들을 버리고 유익한 법[善法]들을 구족하기 위해서 굳세고 크게 분발하며 유익한 법들에 대한 임무를 내팽개치지 않는다.

그는414) 아직 일어나지 않은 사악하고 해로운 법[不善法]들을 일어

---

413) "본경에서 믿음과 마음챙김과 통찰지의 기능은 이전단계(pubba-bhāga, 즉 출세간도를 일어나게 하는 예비단계)이고, 정진의 기능은 혼합된 것(missaka, 예비단계와 출세간도의 혼합)이며, 삼매의 기능은 전적으로 출세간적인 것(nibbattita-lokuttara)으로 설하셨다."(SA.iii.234)

414) 이하 본 문단에 나타나고 있는 정형구는 여기서처럼 다섯 가지 기능[五根, pañca-indriya]과 다섯 가지 힘[五力, pañca-bala, 아래 「힘 상윳따」(S50) 참조]의 두 번째인 정진(精進, viriya)의 내용이면서, 팔정도의 여섯 번째인 바른 노력[正精進, sammā-vāyāma, 본서 「도 상윳따」(S45) 참

나지 못하게 하기 위해서 열의[415]를 생기게 하고 정진하고 힘을 내고 마음을 다잡고 애를 쓴다. 이미 일어난 사악하고 해로운 법들을 제거하기 위하여 열의를 생기게 하고 정진하고 힘을 내고 마음을 다잡고 애를 쓴다. 아직 일어나지 않은 유익한 법[善法]들을 일어나게 하기 위해서 열의를 생기게 하고 정진하고 힘을 내고 마음을 다잡고 애를 쓴다. 이미 일어난 유익한 법들을 지속시키고 사라지지 않게 하

조]의 내용이기도 하며, 네 가지 바른 노력[四正勤, sammap-padhāna, 아래 「노력 상윳따」(S49) 참조]의 내용이기도 하다.

415) 여기서 '열의'로 옮긴 단어는 chanda이다. 초기불전연구원에서 출간한 기존의 책에서 chanda는 대부분 열의로 옮겼다. 예를 들면 아비담마의 공통되는 심소법들 가운데 '때때로들' 여섯 가지에 나타나는 chanda도 열의로 옮겼으며, 네 가지 성취수단[四如意足, iddhi-pāda, 본서 제6권 「성취수단 상윳따」(S51) 참조]에 나타나는 chanda도 마찬가지이다. 그러나 '의욕'으로 옮긴 경우도 있다. 특히 여기에 나타나는 정진 혹은 정정진 혹은 사정근의 정형구에서는 '의욕을 생기게 하고(chandaṁ jāneti)'로 통일해서 옮겼다. 그러나 본 『상윳따 니까야』에서는 이런 경우에는 모두 '열의'로 통일해서 옮기고 있음을 밝힌다.

그리고 그 외에 특히 chanda가 해로운 의미로 쓰일 때나 위의 정형구에 나타나지 않을 때는 대부분 '욕구'로 옮기고 있다. 본서 제1권 「사슴 장딴지 경」(S1:30) {77}의 주해와 제4권 「류트 비유 경」(S35:246) §3의 주해를 참조할 것.

한편 초기불전에서 chanda는 chanda-rāga라는 합성어로도 많이 나타나는데 이 경우에는 문맥에 따라서 욕망과 탐욕이나 욕탐이나 열렬한 욕망 등으로 옮겨왔다. 본서에서는 대부분 욕탐으로 통일해서 옮기고 있다. 여기에 대해서는 본서 제3권 「데와다하 경」(S22:2) §7의 주해를 참조할 것.

그리고 초기불전에 자주 나타나는 단어로 까마찬다(kāma-cchanda)가 있다. 이 단어는 거의 대부분 다섯 가지 장애[五蓋]의 문맥에서 나타나고 있다. 그간 초기불전연구원에서는 이것을 '감각적 욕망'으로만 옮겨왔는데 이것은 chanda(욕구, 열의)의 의미를 제외한 번역이다. 문자대로 옮기면 감각적 욕망(kāma)에 대한 욕구(chanda, 열의)인데, 이것은 감각적 욕망에 대한 탐욕(kāma-rāga), 감각적 욕망을 즐김(kāma-nandī), 감각적 욕망에 대한 갈애(kāma-taṇhā)와 동의어로 나타난다.(Dhs.195) 그래서 본서에서는 chanda의 의미를 적극적으로 살려서 kāma-cchanda를 '감각적 욕망에 대한 욕구'로 통일해서 옮기고 있음을 밝힌다.

고 증장시키고 충만하게 하고 닦아서 성취하기 위해서 열의를 생기게 하고 정진하고 힘을 내고 마음을 다잡고 애를 쓴다.

비구들이여, 이를 일러 정진의 기능이라 한다."

6. "비구들이여, 그러면 어떤 것이 마음챙김의 기능인가?

비구들이여, 여기 성스러운 제자는 마음챙기는 자이다. 그는 최상의 마음챙김과 슬기로움을 구족하여 오래 전에 행하고 오래 전에 말한 것일지라도 모두 기억하고 생각해낸다.

그는 몸에서 몸을 관찰하며 머문다. 세상에 대한 욕심과 싫어하는 마음을 버리면서 근면하게, 분명히 알아차리고 마음챙기며 머문다. 느낌에서 … 마음에서 … 법에서 법을 관찰하며 머문다. 세상에 대한 욕심과 싫어하는 마음을 버리면서 근면하게, 분명히 알아차리고 마음챙기며 머문다.

비구들이여, 이를 일러 마음챙김의 기능이라 한다."

7. "비구들이여, 그러면 어떤 것이 삼매의 기능인가?

비구들이여, 여기 성스러운 제자는 철저한 버림을 대상으로 삼아 삼매를 얻고 마음이 한 끝에 집중됨[心一境性]을 얻는다.

그는 감각적 욕망들을 완전히 떨쳐버리고 해로운 법[不善法]들을 떨쳐버린 뒤, 일으킨 생각[尋]과 지속적인 고찰[伺]이 있고, 떨쳐버렸음에서 생긴 희열[喜]과 행복[樂]이 있는 초선(初禪)에 들어 머문다.

일으킨 생각과 지속적인 고찰을 가라앉혔기 때문에 [더 이상 존재하지 않으며], 자기 내면의 것이고, 확신이 있으며, 마음의 단일한 상태이고, 일으킨 생각과 지속적인 고찰은 없고, 삼매에서 생긴 희열과 행복이 있는 제2선(二禪)에 들어 머문다.

희열이 빛바랬기 때문에 평온하게 머물고, 마음챙기고 알아차리며 몸으로 행복을 경험한다. 이 [禪 때문에] '평온하고 마음챙기며 행복하게 머문다.'고 성자들이 묘사하는 제3선(三禪)에 들어 머문다.

행복도 버리고 괴로움도 버리고, 아울러 그 이전에 이미 기쁨과 슬픔이 소멸되었으므로 괴롭지도 즐겁지도 않으며, 평온으로 인해 마음챙김이 청정한[捨念淸淨] 제4선(四禪)에 들어 머문다.

비구들이여, 이를 일러 삼매의 기능이라 한다."

8. "비구들이여, [199] 그러면 어떤 것이 통찰지의 기능인가?

비구들이여, 여기 성스러운 제자는 통찰지를 가졌다. 그는 성스럽고, 꿰뚫음을 갖추었으며, 괴로움의 멸진으로 바르게 인도하는, 일어나고 사라짐으로 향하는 통찰지를 구족했다.

그는 '이것이 괴로움이다.'라고 있는 그대로 꿰뚫어 안다. '이것이 괴로움의 일어남이다.'라고 있는 그대로 꿰뚫어 안다. '이것이 괴로움의 소멸이다.'라고 있는 그대로 꿰뚫어 안다. '이것이 괴로움의 소멸로 인도하는 도닦음이다.'라고 있는 그대로 꿰뚫어 안다.

비구들이여, 이를 일러 통찰지의 기능이라 한다."

9. "비구들이여, 이러한 다섯 가지 기능이 있다."

제1장 간단한 설명 품이 끝났다.

첫 번째 품에 포함된 경들의 목록은 다음과 같다.

① 간단한 설명, 두 가지 ②~③ 예류자
두 가지 ④~⑤ 아라한
두 가지 ⑥~⑦ 사문·바라문
⑧ 보아야함, 두 가지 ⑨~⑩ 분석이다.

제2장 더 약함 품

Mudutara-vagga

얻음 경(S48:11)

Paṭilābha-sutta

3. "비구들이여, 다섯 가지 기능이 있다. 무엇이 다섯인가?

믿음의 기능, 정진의 기능, 마음챙김의 기능, 삼매의 기능, 통찰지의 기능이다."

4. "비구들이여, 그러면 어떤 것이 믿음의 기능인가?

비구들이여, 여기 성스러운 제자는 믿음을 가졌다. 그는 여래의 깨달음을 믿는다. '이런 [이유로] 그분 세존께서는 아라한이시며, … 깨달은 분[佛]이시며, 세존이시다.'라고.

비구들이여, 이를 일러 믿음의 기능이라 한다."

5. "비구들이여, 그러면 어떤 것이 정진의 기능인가?

비구들이여, 네 가지 바른 노력을 기반으로416) 얻어진 정진이다.

비구들이여, 이를 일러 정진의 기능이라 한다."

6. "비구들이여, [200] 그러면 어떤 것이 마음챙김의 기능인가?

비구들이여, 네 가지 마음챙김의 확립을 기반으로 얻어진 마음챙김이다.

비구들이여, 이를 일러 마음챙김의 기능이라 한다."

---

416) "'바른 노력을 기반으로(sammappadhāne ārabbha)'란 바른 노력을 조건으로(paṭicca), 바른 노력을 닦아서(bhāvento)라는 뜻이다."(SA.iii.234)

7. "비구들이여, 그러면 어떤 것이 삼매의 기능인가?

비구들이여, 여기 성스러운 제자는 철저한 버림을 대상으로 삼아 삼매를 얻고 마음이 한 끝에 집중됨[心一境性]을 얻는다.

비구들이여, 이를 일러 삼매의 기능이라 한다."

8. "비구들이여, 그러면 어떤 것이 통찰지의 기능인가?

비구들이여, 여기 성스러운 제자는 통찰지를 가졌다. 성스럽고, 꿰뚫음을 갖추었으며, 괴로움의 멸진으로 바르게 인도하는, 일어나고 사라짐으로 향하는 통찰지를 구족했다.

비구들이여, 이를 일러 통찰지의 기능이라 한다."

9. "비구들이여, 이러한 다섯 가지 기능이 있다."

간략하게 경1(S48:12)

Saṅkhitta-sutta

3. "비구들이여, 다섯 가지 기능이 있다. 무엇이 다섯인가?

믿음의 기능, 정진의 기능, 마음챙김의 기능, 삼매의 기능, 통찰지의 기능이다.

비구들이여, 이러한 다섯 가지 기능이 있다."

4. "비구들이여, 이러한 다섯 가지 기능을 완전하게 하고 완성하기 때문에 아라한이 된다. 이보다 더 약하면 불환자가 되고, 이보다 더 약하면 일래자가 되고, 이보다 더 약하면 예류자가 되고, 이보다 더 약하면 법을 따르는 자가 되고, 이보다 더 약하면 믿음을 따르는 자가 된다."417)

---

417) '법을 따르는 자(dhamma-anusārī)'와 '믿음을 따르는 자(saddhānusārī)'

간략하게 경2(S48:13)

3. "비구들이여, 다섯 가지 기능이 있다. 무엇이 다섯인가?

믿음의 기능, 정진의 기능, 마음챙김의 기능, 삼매의 기능, 통찰지의 기능이다.

비구들이여, 이러한 다섯 가지 기능이 있다."

4. "비구들이여, 이러한 다섯 가지 기능을 완전하게 하고 완성하기 때문에 아라한이 된다. 이보다 더 약하면 불환자가 되고, 이보다 더 약하면 일래자가 되고, 이보다 더 약하면 예류자가 되고, 이보다 더 약하면 법을 따르는 자가 되고, 이보다 더 약하면 믿음을 따르는 자가 된다."

5. "비구들이여, 이와 같이 기능의 차이 때문에 결실의 차이가 있고, 결실의 차이 때문에[418] 개인의 차이가 있다."

간략하게 경3(S48:14)

3. "비구들이여, [201] 다섯 가지 기능이 있다. 무엇이 다섯인가?

에 대해서는 본서 제3권 「눈[眼] 경」(S25:1) §§4~5와 주해들을 참조할 것. "법을 따르는 자의 도는 예리하며(tikkha), 강한 지혜(sūra ñāṇa)를 수반한다. 그는 자극을 받지 않고(asaṅkhāra) 노력하지 않고(appayoga) 오염원들(kilesā)을 자르는데 마치 날카로운 칼(tikhiṇā asidhārā)로 야자수 줄기(kadali-kkhandha)를 자르는 것과 같다. 믿음을 따르는 자의 도는 예리하지 않으며, 강한 지혜를 수반하지 않는다. 그는 자극을 받고(sasaṅkhāra) 노력하여 오염원들을 자르는데 마치 무딘 칼로 야자수 줄기를 자르는 것과 같다. 그러나 오염원들의 소멸에 있어서 이들의 차이는 없다."(SA.iii.235)

418) Ee에는 bala-vemattatā(힘의 차이 때문에)로 오기되어 나타난다. Be, Se에는 phala-vemattatā로 바르게 나타나고 있다. 주석서는 phalavemattena 즉 도구격(*Instrumental*)으로 해석하고 있다.(SA.iii.235)

믿음의 기능, 정진의 기능, 마음챙김의 기능, 삼매의 기능, 통찰지의 기능이다.

비구들이여, 이러한 다섯 가지 기능이 있다."

4. "비구들이여, 이러한 다섯 가지 기능을 완전하게 하고 완성하기 때문에 아라한이 된다. 이보다 더 약하면 불환자가 되고, 이보다 더 약하면 일래자가 되고, 이보다 더 약하면 예류자가 되고, 이보다 더 약하면 법을 따르는 자가 되고, 이보다 더 약하면 믿음을 따르는 자가 된다."

5. "비구들이여, 이와 같이 완전하게 짓는 자는 완전한 것을 성취하고 부분적으로 짓는 자는 부분적인 것을 성취한다.[419] 비구들이여, 그러므로 다섯 가지 기능은 결코 무익하지 않다고 나는 말한다."

상세하게 경1(S48:15)

Vitthāra-sutta

3. "비구들이여, 다섯 가지 기능이 있다. 무엇이 다섯인가?

믿음의 기능, 정진의 기능, 마음챙김의 기능, 삼매의 기능, 통찰지의 기능이다.

비구들이여, 이러한 다섯 가지 기능이 있다."

---

419) "'완전하게 짓는 자는 완전한 것을 성취하고(paripūraṁ paripūrakārī ārādheti)'란 완전한 아라한도(paripūra arahatta-magga)를 행하는 자는 아라한과(arahatta-phala)를 성취한다는 뜻이다. '부분적으로 짓는 자는 부분적인 것을 성취한다(padesaṁ padesakāri).'는 것은 나머지 세 가지 부분적인 도(tayo padesa-maggā, 예류도부터 불환도까지)를 행하는 자는 부분적인 세 가지 과(果)만을(padesa phala-ttaya-matta) 성취한다는 뜻이다." (SA.iii.235~236)
여기에 대해서는 『앙굿따라 니까야』 「외움 경」 1(A3:85/i.232) §5와 「외움 경」 2(A3:86/i.235) §4도 참조할 것.

4. "비구들이여, 이러한 다섯 가지 기능을 완전하게 하고 완성하기 때문에 아라한이 된다. 이보다 더 약하면 수명의 중반쯤에 이르러 완전한 열반에 드는 자가 되고, 이보다 더 약하면 [수명의] 반이 지나서 완전한 열반에 드는 자가 되고, 이보다 더 약하면 노력 없이 쉽게 완전한 열반에 드는 자가 되고, 이보다 더 약하면 노력하여 어렵게 완전한 열반에 드는 자가 되고, 이보다 더 약하면 더 높은 세계로 재생하여 색구경천에 이르는 자가 되고,[420] 이보다 더 약하면 일래자가 되고, 이보다 더 약하면 예류자가 되고, 이보다 더 약하면 법을 따르는 자가 되고, 이보다 더 약하면 믿음을 따르는 자가 된다."

상세하게 경2(S48:16)

3. "비구들이여, 다섯 가지 기능이 있다. 무엇이 다섯인가?

믿음의 기능, 정진의 기능, 마음챙김의 기능, 삼매의 기능, 통찰지의 기능이다.

비구들이여, 이러한 다섯 가지 기능이 있다."

4. "비구들이여, 이러한 다섯 가지 기능을 완전하게 하고 완성하기 때문에 아라한이 된다. 이보다 더 약하면 수명의 중반쯤에 이르러 완전한 열반에 드는 자가 되고, … 이보다 더 약하면 믿음을 따르는 자가 된다."

5. "비구들이여, 이와 같이 기능의 차이 때문에 결실의 차이가 있고, 결실의 차이 때문에 개인의 차이가 있다."

---

420) 이상 다섯 가지 불환자에 대해서는 본서 「계(戒) 경」(S46:3) §13과 주해들을 참조할 것.

상세하게 경3(S48:17)

3\. "비구들이여, [202] 다섯 가지 기능이 있다. 무엇이 다섯인가?

믿음의 기능, 정진의 기능, 마음챙김의 기능, 삼매의 기능, 통찰지의 기능이다.

비구들이여, 이러한 다섯 가지 기능이 있다."

4\. "비구들이여, 이러한 다섯 가지 기능을 완전하게 하고 완성하기 때문에 아라한이 된다. 이보다 더 약하면 수명의 중반쯤에 이르러 완전한 열반에 드는 자가 되고, … 이보다 더 약하면 믿음을 따르는 자가 된다."

5\. "비구들이여, 이와 같이 완전하게 짓는 자는 완전한 것을 성취하고 부분적으로 짓는 자는 부분적인 것을 성취한다. 비구들이여, 그러므로 다섯 가지 기능은 결코 무익하지 않다고 나는 말한다."

도닦음 경(S48:18)

Paṭipanna-sutta

3\. "비구들이여, 다섯 가지 기능이 있다. 무엇이 다섯인가?

믿음의 기능, 정진의 기능, 마음챙김의 기능, 삼매의 기능, 통찰지의 기능이다.

비구들이여, 이러한 다섯 가지 기능이 있다."

4\. "비구들이여, 이러한 다섯 가지 기능을 완전하게 하고 완성하기 때문에 아라한이 된다. 이보다 더 약하면 아라한과를 실현하기 위해서 도닦는 자가 된다. 이보다 더 약하면 불환자가 되고, 이보다

더 약하면 불환과를 실현하기 위해서 도닦는 자가 된다. 이보다 더 약하면 일래자가 되고, 이보다 더 약하면 일래과를 실현하기 위해서 도닦는 자가 된다. 이보다 더 약하면 예류자가 되고, 이보다 더 약하면 예류과를 실현하기 위해서 도닦는 자가 된다."

5. "비구들이여, 이러한 다섯 가지 기능이 어떤 것에 의해서도 어떤 식으로도 그 어디에도 그 누구에게도 전혀 없다면 그는 범부의 편에 서 있는 국외자라고 나는 말한다."421)

구족 경(S48:19)
Sampanna-sutta

2. 그때 어떤 비구가 세존께 다가갔다. 가서는 세존께 절을 올리고 한 곁에 앉았다. 한 곁에 앉은 그 비구는 세존께 이렇게 여쭈었다.

3. "세존이시여, '기능의 구족, 기능의 구족'이라고들 합니다.422) 어떻게 해야 기능을 구족합니까?"

"비구여, [203] 여기 비구는 고요함으로 인도하고 바른 깨달음으로 인도하는 믿음의 기능을 닦는다. … 정진의 기능을 닦는다. … 마음챙김의 기능을 닦는다. … 삼매의 기능을 닦는다. 고요함으로 인도하

---

421) "'국외자(bāhira)'란 이러한 여덟 가지 인간의 밖에 있는 자(bahi-bhūta)를 말한다. 본경에서는 출세간(lokuttara)의 다섯 가지 기능을 설하셨다."(SA.iii.237)
여기서는 이렇게 예류도를 닦는 자를 다섯 가지 기능의 최저의 경지로 설하고 있지만 상좌부 아비담마에서는 이 다섯 가지 기능을 범부들도 가진 유익한 능력으로 인정하고 있다. 다른 부파들은 더 엄격하게 적용시키고 있다. 여기에 대해서는 Gethin의 *The Buddhist Path to Awakening*, pp.126~138을 참조할 것.

422) '기능의 구족(indriya-sampanna)'에 대해서는 본서 제4권 「감각기능을 구족함 경」(S35:154) §3과 주해를 참조할 것.

고 바른 깨달음으로 인도하는 통찰지의 기능을 닦는다.

비구여, 이렇게 해야 기능을 구족한다."

번뇌의 멸진 경(S48:20)

Āsavakkhaya-sutta

3. "비구들이여, 다섯 가지 기능이 있다. 무엇이 다섯인가?

믿음의 기능, 정진의 기능, 마음챙김의 기능, 삼매의 기능, 통찰지의 기능이다.

비구들이여, 이러한 다섯 가지 기능이 있다."

4. "비구들이여, 이러한 다섯 가지 기능을 닦고 많이 [공부]짓기 때문에 비구는 모든 번뇌가 다하여 아무 번뇌가 없는 마음의 해탈[心解脫]과 통찰지를 통한 해탈[慧解脫]을 바로 지금·여기에서 스스로 최상의 지혜로 알고 실현하고 구족하여 머문다."

제2장 더 약함 품이 끝났다.

두 번째 품에 포함된 경들의 목록은 다음과 같다.

① 얻음, 세 가지 ②~④ 간략하게
세 가지 ⑤~⑦ 상세하게
⑧ 도닦음 ⑨ 구족 ⑩ 번뇌의 멸진이다.

제3장 여섯 가지 감각기능 품

Chaḷindriya-vagga

다시 태어남[再生] **경**(S48:21)423)

Punabbhava-sutta

3. "비구들이여, 다섯 가지 기능이 있다. 무엇이 다섯인가?

믿음의 기능, 정진의 기능, 마음챙김의 기능, 삼매의 기능, 통찰지의 기능이다."

4. "비구들이여, 내가 이러한 다섯 가지 기능의 일어남과 사라짐과 달콤함과 위험함과 벗어남을 있는 그대로 최상의 지혜로 알지 못하였다면, [204] 나는 신과 마라와 범천을 포함한 세상에서, 사문·바라문과 신과 사람을 포함한 무리 가운데에서 내 스스로 위없는 바른 깨달음을 실현하였다고 결코 천명하지 않았을 것이다."

5. "비구들이여, 그러나 내가 이러한 다섯 가지 기능의 일어남과 사라짐과 달콤함과 위험함과 벗어남을 있는 그대로 최상의 지혜로 알았기 때문에, 나는 신과 마라와 범천을 포함한 세상에서, 사문·바라문과 신과 사람을 포함한 무리 가운데에서 내 스스로 위없는 바른 깨달음을 실현하였다고 천명하였다.

그리고 나에게는 '나의 해탈은 확고부동하다. 이것이 나의 마지막 태어남이며, 이제 더 이상의 다시 태어남[再生]은 없다.'라는 지와 견이 일어났다."424)

---

423) Ee: nabbhavo OR ñānavā는 잘못이다. Be, Se: punabbhava로 읽어야 한다.

생명기능 경(S48:22)

Jīvitindriya-sutta

3. "비구들이여, 세 가지 기능이 있다. 무엇이 셋인가? 여자의 기능[女根], 남자의 기능[男根], 생명기능[命根]이다.425) 비구들이여, 이러한 세 가지 기능이 있다."

구경의 지혜의 기능 경(S48:23)426)

Aññindriya-sutta

3. "비구들이여, 세 가지 기능이 있다. 무엇이 셋인가? 구경의 지혜를 가지려는 기능[未知當知根], 구경의 지혜의 기능[已知

---

424) 본 정형구에 대해서는 본서 제2권 「깨닫기 전 경」(S14:31) §7의 주해들을 참조할 것.

425) '여자의 기능[女根, itth-indriya]'과 '남자의 기능[男根, puris-indriya]'은 이 둘이 중요한 의미로 쓰이고 있는 『앙굿따라 니까야』 「속박 경」(A7:48/iv.57~59) §2 이하를 제외한 니까야에서는 거의 언급되지 않는다. 아비담마에서는 파생된 물질(upādā rūpa)에 포함되어 나타나는데, 『담마상가니』(Dhs §§633~634)와 『위방가』(Vbh.122~123)에서 정의되고 있으며 『담마상가니 주석서』(DhsA.321~323)와 『청정도론』 XIV.58에서 설명되고 있다.
본경에 해당하는 주석서에는 "'여자의 기능(itthindriya)'이란 여자의 상태(여자됨, itthi-bhāva, 즉 여자의 외관상의 표시, 속성, 활동, 자세 등)에 대한 통제를 하는 것(indaṭṭhaṁ karoti)을 말한다. '남자의 기능'이란 남자의 상태(남자됨, purisa-bhāva)에 대한 통제를 하는 것을 말한다."(SA.iii.237)라고 설명하고 있다.
'생명기능[命根, jīvitindriya]'은 함께 생겨난 정신과 물질들을 지탱하는 기능을 말한다. 『담마상가니』(Dhs §635)와 『위방가』(Vbh.123)에서 정의되고 『담마상가니 주석서』(DhsA.323)와 『청정도론』 XIV.59에서 설명되고 있다.

426) 본경은 『여시어경』(It.53)에도 나타나고 있다. 『여시어경』에는 게송도 나타나는데 의미를 파악하는데 도움을 준다.

根], 구경의 지혜를 구족한 자의 기능[具知根]이다.427)

비구들이여, 이러한 세 가지 기능이 있다."

한 번만 싹 트는 자 경(S48:24)

Ekabījī-sutta

3. "비구들이여, 다섯 가지 기능이 있다. 무엇이 다섯인가?

믿음의 기능, 정진의 기능, 마음챙김의 기능, 삼매의 기능, 통찰지의 기능이다.

비구들이여, 이러한 다섯 가지 기능이 있다."

4. "비구들이여, 이러한 다섯 가지 기능을 완전하게 하고 완성하기 때문에 아라한이 된다. 이보다 더 약하면 수명의 중반쯤에 이르러 완전한 열반에 드는 자가 되고, 이보다 더 약하면 [수명의] 반이 지나서 완전한 열반에 드는 자가 되고, 이보다 더 약하면 노력 없이 쉽게 완전한 열반에 드는 자가 되고, [205] 이보다 더 약하면 노력하여 어렵게 완전한 열반에 드는 자가 되고, 이보다 더 약하면 더 높은 세계로 재생하여 색구경천에 이르는 자가 되고,428) 이보다 더 약하

---

427) 이 세 가지 기능은 『위방가』(Vbh.124)에서 정의되고 있는데 본경에 해당하는 주석서보다 더 간략하게 나타난다. 본경에 해당하는 주석서는 다음과 같이 설명하고 있다.

"'구경의 지혜를 가지려는 기능[未知當知根, anaññāta-ññassāmīt-indriya]'은 '나는 그 시작을 알지 못하는 윤회에서(anamatagge saṁsāre) 전에 알지 못했던 법을 알게 될 것이다.'라고 도를 닦는 자(paṭipanna)가 예류도의 순간(sotāpatti-magga-kkhaṇa)에 일어난 기능이다. '구경의 지혜의 기능[已知根, aññindriya]'은 그렇게 법을 안 자들에게 속하는 예류과(sotāpatti-phala)로부터 [아라한도까지의] 여섯 경우에 일어난 기능이다. '구경의 지혜를 구족한 자의 기능[具知根, aññātāvindriya]'은 구경의 지혜를 구족한 자들에게 속하는 아라한과의 법(arahatta-phala-dhamma)들에서 일어난 기능이다."(SA.iii.237)

면 일래자가 되고, 이보다 더 약하면 한 번만 싹 트는 자[429]가 되고, 이보다 더 약하면 성스러운 가문에서 성스러운 가문으로 가는 자[430]가 되고, 이보다 더 약하면 최대로 일곱 번만 다시 태어나는 자[431]가 되고, 이보다 더 약하면 법을 따르는 자가 되고, 이보다 더 약하면 믿음을 따르는 자가 된다."

간단한 설명 경(S48:25)

Suddhika-sutta

3. "비구들이여, 여섯 가지 감각기능이 있다. 무엇이 여섯인가? 눈의 감각기능,[432] 귀의 감각기능, 코의 감각기능, 혀의 감각기능,

---

428) 이러한 다섯 가지 불환자에 대해서는 본서 「계(戒) 경」(S46:3) §13과 주해들을 참조할 것.

429) "'한 번만 싹 트는 자(ekabījī)'란 예류자가 된 뒤에 한 번만 더 자기 존재(atta-bhāva)를 태어나게 한 뒤에 아라한됨을 얻는 자를 말한다."(SA.iii.238)

430) "'성스러운 가문에서 성스러운 가문으로 가는 자(kolaṁ-kola)'란 두 번 혹은 세 번 윤회한 뒤에(saṁsaritvā) 괴로움의 끝(dukkhass'anta)을 만드는 자를 말한다."(SA.iii.238)

431) "'최대로 일곱 번만 다시 태어나는 자(sattakkhattu-parama)'란 최대로 일곱 번만 다시 태어나지 여덟 번째 존재(bhava)란 없는 자를 말한다."(SA.iii.238)
예류자에 속하는 이 세 가지 유형은 『인시설론』(Pug.15~16)에서 정의되고 『인시설론 주석서』(PugA.195~197)에 상세히 설명되어 있다.

432) "눈과 그리고 눈의 문(cakkhu-dvāra)에서 생긴 법들의 지배라 불리는(ādhipateyya-saṅkhāta) 통제를 한다는 뜻(indaṭṭha)에서 기능이라고 해서 '눈의 감각기능(cakkhundriya)'이라 한다. 이 방법은 귀의 감각기능 등에도 적용된다."(SA.iii.240)
요약하면 주석서는 눈의 감각기능(cakkhundriya)을 '눈과 그 기능(cakkhu ca taṁ indriyaṁ ca)'으로 병렬복합어[相違釋, dvandva]로 해석하고 있다. 초기불전연구원에서는 눈, 귀 등의 감각기관과 관계된 indriya는 '감각기능'으로 옮기고, 그 외에는 '기능'으로 옮기고 있다.

몸의 감각기능, 마노[意]의 감각기능이다.

비구들이여, 이러한 여섯 가지 감각기능이 있다."

예류자 경(S48:26)

Sotāpanna-sutta

3. "비구들이여, 여섯 가지 감각기능이 있다. 무엇이 여섯인가?

눈의 감각기능, 귀의 감각기능, 코의 감각기능, 혀의 감각기능, 몸의 감각기능, 마노의 감각기능이다."

4. "비구들이여, 성스러운 제자가 이러한 여섯 가지 감각기능의 일어남과 사라짐과 달콤함과 위험함과 벗어남을 있는 그대로 꿰뚫어 알 때, 이를 일러 성스러운 제자는 흐름에 든 자[預流者]여서, [악처에] 떨어지지 않는 법을 가졌고 [해탈이] 확실하며 완전한 깨달음으로 나아간다고 한다."

아라한 경(S48:27)

Arahanta-sutta

3. "비구들이여, 여섯 가지 감각기능이 있다. 무엇이 여섯인가?

눈의 감각기능, 귀의 감각기능, 코의 감각기능, 혀의 감각기능, 몸의 감각기능, 마노의 감각기능이다."

4. "비구들이여, 성스러운 제자가 이러한 여섯 가지 감각기능의 일어남과 사라짐과 달콤함과 위험함과 벗어남을 있는 그대로 분명하게 안 뒤 취착 없이 해탈할 때, 이를 일러 비구는[433] 아라한이고 번

---

433) Ee에 의하면 이 정형구에서는 일반적으로 '비구(bhikkhu)' 대신에 '성스러운 제자(ariya-sāvaka)'로 나타나는데 여기서는 비구로 나타나고 있다. Be

뇌가 다했고 삶을 완성했으며 할 바를 다했고 짐을 내려놓았으며 참된 이상을 실현했고 삶의 족쇄를 부수었으며 바른 구경의 지혜로 해탈했다고 한다."

부처 경(S48:28)

Buddha-sutta

3. "비구들이여, 여섯 가지 감각기능이 있다. 무엇이 여섯인가?

눈의 감각기능, 귀의 감각기능, 코의 감각기능, 혀의 감각기능, 몸의 감각기능, 마노의 감각기능이다."

4. "비구들이여, [206] 내가 이러한 여섯 가지 감각기능의 일어남과 사라짐과 달콤함과 위험함과 벗어남을 있는 그대로 최상의 지혜로 알지 못하였다면, 나는 신과 마라와 범천을 포함한 세상에서, 사문·바라문과 신과 사람을 포함한 무리 가운데에서 내 스스로 위없는 바른 깨달음을 실현하였다고 결코 천명하지 않았을 것이다."

5. "비구들이여, 그러나 내가 이러한 여섯 가지 감각기능의 일어남과 사라짐과 달콤함과 위험함과 벗어남을 있는 그대로 최상의 지혜로 알았기 때문에, 나는 신과 마라와 범천을 포함한 세상에서, 사문·바라문과 신과 사람을 포함한 무리 가운데에서 내 스스로 위없는 바른 깨달음을 실현하였다고 천명하였다.

그리고 나에게는 '나의 해탈은 확고부동하다. 이것이 나의 마지막 태어남이며, 이제 더 이상의 다시 태어남[再生]은 없다.'라는 지와 견이 일어났다."

도 여기서는 비구로 나타난다. 아래 「아라한 경」(S48:33) §4에도 비구로 나타나며, 위 「아라한 경」 1/2(S48:4~5) §4에는 성스러운 제자로 나타났다.

사문 · 바라문 경1(S48:29)
Samaṇabrāhmaṇa-sutta

3. "비구들이여, 여섯 가지 감각기능이 있다. 무엇이 여섯인가? 눈의 감각기능, 귀의 감각기능, 코의 감각기능, 혀의 감각기능, 몸의 감각기능, 마노의 감각기능이다."

4. "비구들이여, 어떤 사문이든 바라문이든 이러한 여섯 가지 감각기능의 일어남과 사라짐과 달콤함과 위험함과 벗어남을 있는 그대로 꿰뚫어 알지 못하는 자들은 그 누구든지, 사문들 가운데서는 사문이라 불릴 수 없고 바라문들 가운데서는 바라문이라 불릴 수 없다. 그 존자들은 사문 생활의 결실이나 바라문 생활의 결실을 지금 · 여기에서 스스로 최상의 지혜로 알고 실현하여 드러내지 못한다."

5. "비구들이여, 어떤 사문이든 바라문이든 이러한 여섯 가지 감각기능의 달콤함과 위험함과 벗어남을 있는 그대로 꿰뚫어 아는 자들은 그 누구든지, 사문들 가운데서는 사문이라 불릴 만하고 바라문들 가운데서는 바라문이라 불릴 만하다. 그 존자들은 사문 생활의 결실이나 바라문 생활의 결실을 지금 · 여기에서 스스로 최상의 지혜로 알고 실현하여 드러낸다."

사문 · 바라문 경2(S48:30)

3. "비구들이여, 어떤 사문이든 바라문이든 눈의 감각기능을 꿰뚫어 알지 못하고, 눈의 감각기능의 일어남을 꿰뚫어 알지 못하고, 눈의 감각기능의 사라짐을 꿰뚫어 알지 못하고, 눈의 감각기능의 달콤함을 꿰뚫어 알지 못하고, 눈의 감각기능의 위험함을 꿰뚫어 알지

못하고, 눈의 감각기능의 벗어남을 꿰뚫어 알지 못하고, 귀의 감각기능을 … 코의 감각기능을 … 혀의 감각기능을 … 몸의 감각기능을 … 마노의 감각기능을 꿰뚫어 알지 못하고, 마노의 감각기능의 일어남을 꿰뚫어 알지 못하고, 마노의 감각기능의 사라짐을 꿰뚫어 알지 못하고, 마노의 감각기능의 달콤함을 꿰뚫어 알지 못하고, 마노의 감각기능의 위험함을 꿰뚫어 알지 못하고, 마노의 감각기능의 벗어남을 꿰뚫어 알지 못하는 자들은 그 누구든지, 사문들 가운데서는 사문이라 불릴 수 없고 바라문들 가운데서는 바라문이라 불릴 수 없다. 그 존자들은 사문 생활의 결실이나 바라문 생활의 결실을 지금 · 여기에서 스스로 최상의 지혜로 알고 실현하여 드러내지 못한다."

4. "비구들이여, [207] 어떤 사문이든 바라문이든 눈의 감각기능을 꿰뚫어 알고, 눈의 감각기능의 일어남을 꿰뚫어 알고, 눈의 감각기능의 사라짐을 꿰뚫어 알고, 눈의 감각기능의 달콤함을 꿰뚫어 알고, 눈의 감각기능의 위험함을 꿰뚫어 알고, 눈의 감각기능의 벗어남을 꿰뚫어 알고, 귀의 감각기능을 … 코의 감각기능을 … 혀의 감각기능을 … 몸의 감각기능을 … 마노의 감각기능을 꿰뚫어 알고, 마노의 감각기능의 일어남을 꿰뚫어 알고, 마노의 감각기능의 사라짐을 꿰뚫어 알고, 마노의 감각기능의 달콤함을 꿰뚫어 알고, 마노의 감각기능의 위험함을 꿰뚫어 알고, 마노의 감각기능의 벗어남을 꿰뚫어 아는 자들은 그 누구든지, 사문들 가운데서는 사문이라 불릴 만하고 바라문들 가운데서는 바라문이라 불릴 만하다. 그 존자들은 사문 생활의 결실이나 바라문 생활의 결실을 지금 · 여기에서 스스로 최상의 지혜로 알고 실현하여 드러낸다."

제3장 여섯 가지 감각기능 품이 끝났다.

세 번째 품에 포함된 경들의 목록은 다음과 같다.

① 다시 태어남 ② 생명기능
③ 구경의 지혜의 기능 ④ 한 번만 싹트는 자
⑤ 간단한 설명 ⑥ 예류자 ⑦ 아라한
⑧ 부처, 두 가지 ⑨~⑩ 사문·바라문이다.

제4장 즐거움의 기능 품

Sukhindriya-vagga

간단한 설명 경(S48:31)

Suddhika-sutta

3. "비구들이여, 다섯 가지 기능이 있다. 무엇이 다섯인가?

육체적 즐거움의 기능[樂根], 육체적 괴로움의 기능[苦根], 정신적 즐거움의 기능[喜根], 정신적 괴로움의 기능[憂根], 평온의 기능[捨根]이다.434)

---

434) 이들 다섯 가지 기능은 모두 다섯 가지 느낌(vedanā)을 말한다. 『경장』에서 느낌은 일반적으로 세 가지 느낌으로 분류되는데 아비담마에서는 본경과 같은 분류법을 적용하여 다섯 가지 느낌으로 분류하고 있다.(『아비담마 길라잡이』 제3장 §2를 참조할 것) 이들의 차이점은 아래 「분석 경」 1/2(S48:36~37)에서 설명되고 있다. sukha를 육체적 즐거움으로, dukkha를 육체적 괴로움으로, somanassa를 정신적 즐거움으로, domanassa를 정신적 괴로움으로 옮긴 것은 아래 「분석 경」 1(S48:36)의 설명을 따랐기 때문이다. 『아비담마 길라잡이』에서는 이 다섯 가지를 각각 즐거움, 고통, 기쁨, 불만족, 평온으로 옮겼다.

그리고 본서 전체에서는 sukha를 즐거움으로 dukkha를 괴로움으로 옮겼다. 여기서처럼 sukha와 somanassa, dukkha와 domanassa를 구분해야 할 필요가 있는 경우에만 육체적 즐거움과 정신적 즐거움 등으로 구분해서 옮겼다. 주석서는 다음과 같이 설명하고 있다.

"육체적 즐거움과 그것과 함께 생겼으며, 지배한다고 불리는(ādhipateyya-saṅkhāta) 통제를 뜻하는(indaṭṭha) 기능이라고 해서 '육체적 즐거움의 기능[樂根, sukkhindriya]'이라 한다. 나머지에도 이 방법이 적용된다. 이 가운데서 육체적 즐거움과 육체적 괴로움과 정신적 괴로움의 기능은 욕계(kāmāvacara)에만 존재하고 정신적 즐거움의 기능은 무색계를 제외한 삼계에 속하는 것(te-bhūmaka)이고 평온의 기능은 네 가지 경지[四界, 삼계와 출세간]에 속하는 것(catu-bhūmaka)이다."(SA.iii.240~241)

여기서도 육체적 즐거움의 기능(sukkhindriya)은 sukhañ ca taṁ indriyañ ca(육체적 즐거움과 그 기능)로 병렬복합어[相違釋, dvandva]로 설명되고 비구들이여, 이러한 다섯 가지 기능이 있다."

예류자 경(S48:32)

Sotāpanna-sutta

3. "비구들이여, 다섯 가지 기능이 있다. 무엇이 다섯인가?

육체적 즐거움의 기능, 육체적 괴로움의 기능, 정신적 즐거움의 기능, 정신적 괴로움의 기능, 평온의 기능이다."

4. "비구들이여, 성스러운 제자가 이러한 다섯 가지 기능의 일어남과 사라짐과 달콤함과 위험함과 벗어남을 있는 그대로 꿰뚫어 알 때, 이를 일러 성스러운 제자는 흐름에 든 자[預流者]여서 [악처에] 떨어지지 않는 법을 가졌고 [해탈이] 확실하며 완전한 깨달음으로 나아간다고 한다."

아라한 경(S48:33)

Arahanta-sutta

3. "비구들이여, [208] 다섯 가지 기능이 있다. 무엇이 다섯인가?

육체적 즐거움의 기능, 육체적 괴로움의 기능, 정신적 즐거움의 기

있다. 네 가지 경지는 욕계, 색계, 무색계의 삼계에다 출세간의 경지(lokuttara)를 포함한 것이다.

그리고 주석서에서 이 다섯 가지 기능을 네 가지 경지에 배대해서 설명하는 것은 아비담마적인 방법이다. 이 가운데서 육체적 즐거움과 육체적 괴로움은 욕계의 마음에 속하는 몸의 알음알이[身識]에서만 일어나고, 정신적 괴로움은 욕계의 마음에 속하는 적의와 함께한 마음에서만 일어난다. 정신적 즐거움은 욕계의 마음들과 초선부터 제3선까지의 색계의 마음들과 출세간에 속하는 특정한 마음들과 함께 일어난다. 평온은 욕계의 마음들과 색계 제4선의 마음과 모든 무색계 마음들과 특정한 출세간 마음들에서 일어난다. 여기에 대해서는 『아비담마 길라잡이』 제3장 §§2~4를 참조할 것.

능, 정신적 괴로움의 기능, 평온의 기능이다."

4. "비구들이여, 성스러운 제자가 이러한 다섯 가지 기능의 일어남과 사라짐과 달콤함과 위험함과 벗어남을 있는 그대로 분명하게 안 뒤 취착 없이 해탈할 때, 이를 일러 비구는 아라한이고 번뇌가 다했고 삶을 완성했으며 할 바를 다했고 짐을 내려놓았으며 참된 이상을 실현했고 삶의 족쇄를 부수었으며 바른 구경의 지혜로 해탈했다고 한다."

사문·바라문 경1(S48:34)

Samaṇabrāhmaṇa-sutta

3. "비구들이여, 다섯 가지 기능이 있다. 무엇이 다섯인가?

육체적 즐거움의 기능, 육체적 괴로움의 기능, 정신적 즐거움의 기능, 정신적 괴로움의 기능, 평온의 기능이다."

4. "비구들이여, 어떤 사문이든 바라문이든 이러한 다섯 가지 기능의 일어남과 사라짐과 달콤함과 위험함과 벗어남을 있는 그대로 꿰뚫어 알지 못하는 자들은 그 누구든지, 사문들 가운데서는 사문이라 불릴 수 없고 바라문들 가운데서는 바라문이라 불릴 수 없다. 그 존자들은 사문 생활의 결실이나 바라문 생활의 결실을 지금·여기에서 스스로 최상의 지혜로 알고 실현하여 드러내지 못한다."

5. "비구들이여, 어떤 사문이든 바라문이든 이러한 다섯 가지 기능의 달콤함과 위험함과 벗어남을 있는 그대로 꿰뚫어 아는 자들은 그 누구든지, 사문들 가운데서는 사문이라 불릴 만하고 바라문들 가운데서는 바라문이라 불릴 만하다. 그 존자들은 사문 생활의 결실

이나 바라문 생활의 결실을 지금·여기에서 스스로 최상의 지혜로 알고 실현하여 드러낸다."

사문·바라문 경2(S48:35)

3. "비구들이여, 다섯 가지 기능이 있다. 무엇이 다섯인가?

육체적 즐거움의 기능, 육체적 괴로움의 기능, 정신적 즐거움의 기능, 정신적 괴로움의 기능, 평온의 기능이다."

4. "비구들이여, 어떤 사문이든 바라문이든 육체적 즐거움의 기능을 꿰뚫어 알지 못하고, 육체적 즐거움의 기능의 일어남을 꿰뚫어 알지 못하고, [209] 육체적 즐거움의 기능의 소멸을 꿰뚫어 알지 못하고, 육체적 즐거움의 기능의 소멸로 인도하는 도닦음을 꿰뚫어 알지 못하고, 육체적 괴로움의 기능을 … 정신적 즐거움의 기능을 … 정신적 괴로움의 기능을 … 평온의 기능을 꿰뚫어 알지 못하고, 평온의 기능의 일어남을 꿰뚫어 알지 못하고, 평온의 기능의 소멸을 꿰뚫어 알지 못하고, 평온의 기능의 소멸로 인도하는 도닦음을 꿰뚫어 알지 못하는 자들은 그 누구든지, 사문들 가운데서는 사문이라 불릴 수 없고 바라문들 가운데서는 바라문이라 불릴 수 없다. 그 존자들은 사문 생활의 결실이나 바라문 생활의 결실을 지금·여기에서 스스로 최상의 지혜로 알고 실현하여 드러내지 못한다."

5. "비구들이여, 어떤 사문이든 바라문이든 육체적 즐거움의 기능을 꿰뚫어 알고, 육체적 즐거움의 기능의 일어남을 꿰뚫어 알고, 육체적 즐거움의 기능의 소멸을 꿰뚫어 알고, 육체적 즐거움의 기능의 소멸로 인도하는 도닦음을 꿰뚫어 알고, 육체적 괴로움의 기능을 … 정신적 즐거움의 기능을 … 정신적 괴로움의 기능을 … 평온의 기

능을 꿰뚫어 알고, 평온의 기능의 일어남을 꿰뚫어 알고, 평온의 기능의 소멸을 꿰뚫어 알고, 평온의 기능의 소멸로 인도하는 도닦음을 꿰뚫어 아는 자들은 그 누구든지, 사문들 가운데서는 사문이라 불릴 만하고 바라문들 가운데서는 바라문이라 불릴 만하다. 그 존자들은 사문 생활의 결실이나 바라문 생활의 결실을 지금 · 여기에서 스스로 최상의 지혜로 알고 실현하여 드러낸다."

분석 경1(S48:36)

Vibhaṅga-sutta

3. "비구들이여, 다섯 가지 기능이 있다. 무엇이 다섯인가?

육체적 즐거움의 기능, 육체적 괴로움의 기능, 정신적 즐거움의 기능, 정신적 괴로움의 기능, 평온의 기능이다."

4. "비구들이여, 그러면 무엇이 육체적 즐거움의 기능인가?

비구들이여, 육체적인[435] 즐거움, 육체적인 편안함, 몸에 닿아서 생긴 즐겁고 편안한 느낌 — 이를 일러 육체적 즐거움의 기능이라 한다."

5. "비구들이여, 그러면 무엇이 육체적 괴로움의 기능인가?

비구들이여, 육체적인 괴로움, 육체적인 편안하지 않음, 몸에 닿아서 생긴 괴롭고 편안하지 않은 느낌 — 이를 일러 육체적 괴로움의 기능이라 한다."

---

435) "'육체적인(kāyika)'이란 육체적인 감성을 토대로 한 것(kāya-pasāda-vatthuka)을 말한다."(SA.iii.241)
감성(pasāda)은 아비담마에서 쓰이는 전문술어로 감각에 민감한 물질을 뜻한다. 『아비담마 길라잡이』 제6장 §3의 [해설]을 참조할 것.

6. "비구들이여, 그러면 무엇이 정신적 즐거움의 기능인가?

비구들이여, 정신적인 즐거움, 정신적인 편안함, 마노[意]에 닿아서 생긴 즐겁고 편안한 느낌 — 이를 일러 정신적 즐거움의 기능이라 한다."

7. "비구들이여, 그러면 무엇이 정신적 괴로움의 기능인가?

비구들이여, 정신적인 괴로움, 정신적인 편안하지 않음, 마노에 닿아서 생긴 괴롭고 편안하지 않은 느낌 — 이를 일러 정신적 괴로움의 기능이라 한다."

8. "비구들이여, 그러면 무엇이 평온의 기능인가?

비구들이여, 육체적이건436) 정신적이건 편안하지도 않고 편안하지 않는 것도 아닌 느낌 — 이를 일러 평온의 기능이라 한다."437)

---

436) "여기서 '육체적인(kāyika)'이란 네 가지 감성의 몸(cattāro pasāda-kāya)을 토대로 하여 일어나는 것을 말한다."(SA.iii.241)
아비담마에 의하면 몸을 토대로 하여 일어난 느낌, 즉 몸의 감성(kāya-pasāda)을 토대로 해서 일어난 느낌은 괴로운 느낌이거나 아니면 즐거운 느낌이다. 몸의 감성에 토대한 평온한 느낌이란 존재하지 않는다. 그래서 주석서는 육체적인 평온한 느낌은 다른 네 가지 감성(즉 눈과 귀와 코와 혀의 감성)을 의지하여 일어난 느낌이라고 설명하는 것이다.

437) '평온(upekkhā)'은 주로 두 가지 의미로 쓰인다. 첫째로 느낌의 문맥에서 나타나면 이것은 중립적인 느낌, 즉 괴롭지도 즐겁지도 않은 느낌(anukkham-asukhā vedanā)이다. 둘째로 심리현상으로 쓰이면 정신적인 중립성이나 공평함이나 공명정대함이나 마음의 평정이나 평온을 뜻한다. 이것은 행온에 속하고 아비담마에서는 이것을 중립(tatra-majjhattatā)이라 부른다. 네 가지 거룩한 마음가짐[四梵住] 가운데 마지막으로 나타나는 평온의 거룩한 마음가짐[捨梵住, upekkhā-brahmavihāra]은 이 두 번째의 의미이며, 칠각지 가운데 마지막인 평온의 깨달음의 구성요소[捨覺支, upekkhā-bojjhaṅga]도, 제4선에 나타나는 평온에 기인한 마음챙김[捨念清淨, upekkhā-sati-pārisuddhi]의 평온도 역시 마찬가지이다.
여러 가지 형태의 평온(upekkhā)에 대해서는 『청정도론』 IV.156~170을 참조할 것. 여기서는 10가지 다른 문맥에서 나타나는 평온을 설명하고 있다.

9. "비구들이여, 이러한 다섯 가지 기능이 있다."

분석 경2(S48:37)

3. "비구들이여, 다섯 가지 기능이 있다. 무엇이 다섯인가?

육체적 즐거움의 기능, 육체적 괴로움의 기능, 정신적 즐거움의 기능, 정신적 괴로움의 기능, 평온의 기능이다."

4. 비구들이여, [210] 그러면 무엇이 육체적 즐거움의 기능인가? …

비구들이여, 그러면 무엇이 평온의 기능인가?

비구들이여, 육체적이건 정신적이건 편안하지도 않고 편안하지 않는 것도 아닌 느낌 — 이를 일러 평온의 기능이라 한다."

5. "비구들이여, 이 가운데서 육체적 즐거움의 기능과 정신적 즐거움의 기능은 즐거운 느낌이라고 보아야 한다. 이 가운데서 육체적 괴로움의 기능과 정신적 괴로움의 기능은 괴로운 느낌이라고 보아야 한다. 이 가운데서 평온의 기능은 괴롭지도 즐겁지도 않은 느낌이라고 보아야 한다."

6. "비구들이여, 이러한 다섯 가지 기능이 있다."

분석 경3(S48:38)

3. "비구들이여, 다섯 가지 기능이 있다. 무엇이 다섯인가?

육체적 즐거움의 기능, 육체적 괴로움의 기능, 정신적 즐거움의 기능, 정신적 괴로움의 기능, 평온의 기능이다."

4. "비구들이여, 그러면 무엇이 육체적 즐거움의 기능인가? … [211] …

비구들이여, 그러면 무엇이 평온의 기능인가?

비구들이여, 육체적이건 정신적이건 편안하지도 않고 편안하지 않는 것도 아닌 느낌 — 이를 일러 평온의 기능이라 한다."

5. "비구들이여, 이 가운데서 육체적 즐거움의 기능과 정신적 즐거움의 기능은 즐거운 느낌이라고 보아야 한다. 이 가운데서 육체적 괴로움의 기능과 정신적 괴로움의 기능은 괴로운 느낌이라고 보아야 한다. 이 가운데서 평온의 기능은 괴롭지도 즐겁지도 않은 느낌이라고 보아야 한다."

6. "비구들이여, 이처럼 [설명의] 방법에 따라서 이러한 다섯 가지 기능은 다섯이면서도 셋이 되고 셋이면서도 다섯이 된다."

나무토막 비유 경(S48:39)

Kaṭṭhopama-sutta

3. "비구들이여, 다섯 가지 기능이 있다. 무엇이 다섯인가?

육체적 즐거움의 기능, 육체적 괴로움의 기능, 정신적 즐거움의 기능, 정신적 괴로움의 기능, 평온의 기능이다."

4. "비구들이여, 육체적 즐거움을 일으킬 감각접촉을 반연하여 육체적 즐거움의 기능이 일어난다.[438] 그는 육체적으로 즐거운 상태

---

438) 본서 제2권 「배우지 못한 자 경」 2(S12:62) §6과 제4권 「감각접촉에 뿌리박음 경」 (S36:10) §§4~6을 참조할 것. 이 두 곳에서도 모두 불붙이는 나무토막의 비유를 들고 있다.

에 있으면서 '나는 육체적으로 즐거운 상태에 있다.'라고 꿰뚫어 안다. 그러나 그는 '육체적 즐거움을 일으킬 감각접촉이 소멸하면 바로 이 육체적 즐거움을 일으킬 감각접촉을 반연하여 생긴 육체적 즐거움의 기능도 소멸하고 고요해진다.'라고 꿰뚫어 안다."

5. "비구들이여, 육체적 괴로움을 일으킬 감각접촉을 반연하여 육체적 괴로움의 기능이 일어난다. 그는 육체적으로 괴로운 상태에 있으면서 '나는 육체적으로 괴로운 상태에 있다.'라고 꿰뚫어 안다. 그러나 그는 '육체적 괴로움을 일으킬 감각접촉이 소멸하면 바로 이 육체적 괴로움을 일으킬 [212] 감각접촉을 반연하여 생긴 육체적 괴로움의 기능도 소멸하고 고요해진다.'라고 꿰뚫어 안다.

6. "비구들이여, 정신적 즐거움을 일으킬 감각접촉을 반연하여 정신적 즐거움의 기능이 일어난다. 그는 정신적으로 즐거운 상태에 있으면서 '나는 정신적으로 즐거운 상태에 있다.'라고 꿰뚫어 안다. 그러나 그는 '정신적 즐거움을 일으킬 감각접촉이 소멸하면 바로 이 정신적 즐거움을 일으킬 감각접촉을 반연하여 생긴 정신적 즐거움의 기능도 소멸하고 고요해진다.'라고 꿰뚫어 안다."

7. "비구들이여, 정신적 괴로움을 일으킬 감각접촉을 반연하여 정신적 괴로움의 기능이 일어난다. 그는 정신적으로 괴로운 상태에 있으면서 '나는 정신적으로 괴로운 상태에 있다.'라고 꿰뚫어 안다. 그러나 그는 '정신적 괴로움을 일으킬 감각접촉이 소멸하면 바로 이 정신적 괴로움을 일으킬 감각접촉을 반연하여 생긴 정신적 괴로움의 기능도 소멸하고 고요해진다.'라고 꿰뚫어 안다."

8. "비구들이여, 평온을 일으킬 감각접촉을 반연하여 평온의 기

능이 일어난다. 그는 평온한 상태에 있으면서 '나는 평온한 상태에 있다.'라고 꿰뚫어 안다. 그러나 그는 '평온을 일으킬 감각접촉이 소멸하면 바로 이 평온을 일으킬 감각접촉을 반연하여 생긴 평온의 기능도 소멸하고 고요해진다.'라고 꿰뚫어 안다."

9. "비구들이여, 예를 들면 두 개의 나무토막을 맞대어 비비고 마찰하면 열이 생기고 불이 붙지만 이러한 두 개의 나무토막을 따로 떼어서 놓아두면 거기서 생긴 열도 꺼지고 가라앉는 것과 같다.

비구들이여, 그와 같이 육체적 즐거움을 일으킬 … [213] … 육체적 괴로움을 일으킬 … 정신적 즐거움을 일으킬 … 정신적 괴로움을 일으킬 … 평온을 일으킬 감각접촉을 반연하여 평온의 기능이 일어난다. 그는 평온한 상태에 있으면서 '나는 평온한 상태에 있다.'라고 꿰뚫어 안다. 그러나 그는 '평온을 일으킬 감각접촉이 소멸하면 바로 이 평온을 일으킬 감각접촉을 반연하여 생긴 평온의 기능도 소멸하고 고요해진다.'라고 꿰뚫어 안다."

이례적인 순서 경(S48:40)439)

Uppaṭipāṭika-sutta

3. "비구들이여, 다섯 가지 기능이 있다. 무엇이 다섯인가?

육체적 즐거움의 기능, 육체적 괴로움의 기능, 정신적 즐거움의 기능, 정신적 괴로움의 기능, 평온의 기능이다."

---

439) "본경은 법의 맛에는 순응하여(yathā-dhamma-rasena paṭipāṭiyā) 설해졌지만 이 기능의 분별(Indriya-vibhaṅga)에 속하는 다른 경들처럼 설해지지 않았기 때문에 「이례적인 순서 경」(Uppaṭipāṭika-sutta)이라는 제목을 가졌다고 알아야 한다."(SA.iii.241)
"즉 본경은 버려야 할 순서(pahāna-kkama)대로 설한 것이지 다른 경들처럼 육체적인 즐거움의 기능부터 시작하는 순서대로 설하지 않았다는 뜻이다."(SAṬ.iii.198)

(i) 육체적 괴로움의 기능

4. "비구들이여, 여기 비구가 방일하지 않고 근면하고 스스로를 독려하며 머물 때 육체적 괴로움의 기능이 일어난다. 그는 이렇게 꿰뚫어 안다.

'나에게는 육체적 괴로움의 기능이 일어났다. 이것은 분명 근거가 있고 이유가 있고 형성됨이 있고 조건이 있다.440) 근거 없이 이유 없이 형성됨 없이 조건 없이 육체적 괴로움의 기능이 일어난다는 것은 불가능하다.'라고.

그는 육체적 괴로움의 기능을 꿰뚫어 알고 육체적 괴로움의 기능의 일어남도 꿰뚫어 알고 육체적 괴로움의 기능의 소멸도 꿰뚫어 안다. 그는 일어난 육체적 괴로움의 기능이 어디서 남김없이 소멸하는지, 그것도 꿰뚫어 안다.

그러면 일어난 육체적 괴로움의 기능은 어디서 남김없이 소멸하는가?441)

비구들이여, 여기 비구는 감각적 욕망들을 완전히 떨쳐버리고 해로운 법[不善法]들을 떨쳐버린 뒤, 일으킨 생각[尋]과 지속적인 고찰

---

440) '근거가 있고 이유가 있고 형성됨이 있고 조건이 있다.'는 sanimittaṁ sanidānaṁ sasaṅkhāraṁ sappaccayaṁ을 옮긴 것인데 주석서는 이 넷은 모두 조건[緣]의 동의어(paccaya-vevacana)라고 설명하고 있다.(SA.iii.241)

441) 여기서부터 시작해서 아래 '(iv) 정신적 즐거움의 기능'의 "일어난 정신적 즐거움의 기능은 여기서 남김없이 소멸한다."까지는 『청정도론』 IV.186에 인용되어 나타난다. 본경에 해당하는 주석서의 설명은 『청정도론』 IV.186~189와 상응한다. 역자는 아래의 주해에서 중요한 점만을 뽑아서 실었다.
그리고 『청정도론』에서도 『아비담마 길라잡이』에서와 마찬가지로 정신적 즐거움의 기능부터 평온의 기능까지의 다섯을 각각 즐거움, 고통, 기쁨, 불만족, 평온으로 옮겼는데 아래 주해들에서 인용할 때는 모두 정신적 즐거움 등으로 바꾸었음을 밝힌다.

[伺]이 있고, 떨쳐버렸음에서 생긴 희열[喜]과 행복[樂]이 있는 초선(初禪)에 들어 머문다. 일어난 육체적 괴로움의 기능은 여기서 남김없이 소멸한다.442)

비구들이여, 이를 일러 '비구는 육체적 괴로움의 소멸을 완전히 이해했다. 그는 이러한 상태로 마음을 향하게 했다.'443)라고 한다."

(ii) 정신적 괴로움의 기능

5. "비구들이여, 여기 비구가 방일하지 않고 근면하고 스스로를 독려하며 머물 때 정신적 괴로움의 기능이 일어난다. [214] 그는 이렇게 꿰뚫어 안다.

---

442) "언제 그들을 버리는가? 네 가지 禪들에 근접하는 순간(upacāra-kkhaṇa)에 버린다. 정신적 즐거움은 제4선의 근접순간에 버려진다. 육체적 괴로움과 정신적 괴로움과 육체적 즐거움은 각각 초선과 제2선과 제3선의 근접순간에 버려진다. …

그런데 왜 오직 그 禪에서 소멸한다고 했는가? … 완전한 소멸(atisaya-nirodha)이기 때문이다. 그들은 초선 등에서 완전히 소멸하기 때문이다. 근접의 순간에도 소멸하지만 완전히 소멸하는 것은 아니다.

여러 가지 전향을 가진(nānāvajjana) 초선의 근접에서 비록 육체적 괴로움의 기능이 소멸했다 하더라도 파리와 모기 등에게 물리거나 혹은 불편한 자리로 인한 피로로 다시 일어날 가능성이 있다. 그러나 본삼매(appanā)에서는 그렇지 않다. 혹은 근접삼매(upacāra)에서 그들이 소멸했다 하더라도 완전히 소멸한 것은 아니다. 반대의 [기능인 육체적 즐거움에] 의해 파괴되지 않았기 때문이다. 그러나 본삼매에서는 희열의 충만으로 온몸이 행복에 흠뻑 젖어 있다. 온몸이 행복에 흠뻑 젖어 있는 사람에게 육체적 괴로움의 기능은 완전히 소멸한다. 반대의 [기능에 의해] 파괴되었기 때문이다."(『청정도론』 IV.185~187에서 발췌)

443) '그는 이러한 상태로 마음을 향하게 했다.'는 Ee, Se: tathattāya cittaṁ upasaṁhāsi를 옮긴 것이다. Be에는 tadatthāya …로 나타나고 있다. 주석서는 이렇게 설명하고 있다.

"여기서 아직 얻지 못한 자(alābhī)는 일어나게 하기 위해서(uppādanatthā-ya), 이미 얻은 자(lābhī)는 그것을 증득하기 위해서(samāpajjanatthā-ya) 마음을 향하게 한다는 뜻이다."(SA.iii.243)

'나에게는 정신적 괴로움의 기능이 일어났다. 이것은 분명 근거가 있고 이유가 있고 형성됨이 있고 조건이 있다. 근거 없이 이유 없이 형성됨 없이 조건 없이 정신적 괴로움의 기능이 일어난다는 것은 불가능하다.'라고.

그는 정신적 괴로움의 기능을 꿰뚫어 알고 정신적 괴로움의 기능의 일어남도 꿰뚫어 알고 정신적 괴로움의 기능의 소멸도 꿰뚫어 안다. 그는 일어난 정신적 괴로움의 기능이 어디서 남김없이 소멸하는지, 그것도 꿰뚫어 안다.

그러면 일어난 정신적 괴로움의 기능은 어디서 남김없이 소멸하는가?

비구들이여, 여기 비구는 일으킨 생각과 지속적인 고찰을 가라앉혔기 때문에 [더 이상 존재하지 않으며], 자기 내면의 것이고, 확신이 있으며, 마음의 단일한 상태이고, 일으킨 생각과 지속적인 고찰은 없고, 삼매에서 생긴 희열과 행복이 있는 제2선(二禪)에 들어 머문다. 일어난 정신적 괴로움의 기능은 여기서 남김없이 소멸한다.[444]

비구들이여, 이를 일러 '비구는 정신적 괴로움의 소멸을 완전히 이해했다. 그는 이러한 상태로 마음을 향하게 했다.'라고 한다."

---

444) "여러 가지 전향(āvajjana)을 가진 제2선의 근접에서 정신적 괴로움의 기능을 버렸다 하더라도 일으킨 생각과 지속적인 고찰을 조건으로 몸이 피로하거나 마음이 상할 때 정신적 괴로움의 기능이 일어난다. 일으킨 생각과 지속적인 고찰이 없을 때 그것은 일어나지 않는다. 그러나 일으킨 생각과 지속적인 고찰이 있는 곳에서는 그것은 일어난다. 제2선의 근접에서 일으킨 생각과 지속적인 고찰은 가시지 않았다. 그러므로 그곳에서는 다시 일어날지도 모른다. 그러나 제2선에서는 그렇지 않다. 조건이 버려졌기 때문이다."(『청정도론』 IV.188)

그런데 초선의 정형구에 의하면 초선을 증득하면 이 정신적 괴로움(domanassa)을 포함한 모든 해로운 법[不善法]들이 이미 다 버려졌다. 그러므로 정신적 괴로움이 제2선에서 소멸한다는 것은 이런 사실과 맞추기가 쉽지 않다.

(iii) 육체적 즐거움의 기능

6. "비구들이여, 여기 비구가 방일하지 않고 근면하고 스스로를 독려하며 머물 때 육체적 즐거움의 기능이 일어난다. 그는 이렇게 꿰뚫어 안다.

'나에게는 육체적 즐거움의 기능이 일어났다. 이것은 분명 근거가 있고 이유가 있고 형성됨이 있고 조건이 있다. 근거 없이 이유 없이 형성됨 없이 조건 없이 육체적 즐거움의 기능이 일어난다는 것은 불가능하다.'라고.

그는 육체적 즐거움의 기능을 꿰뚫어 알고 육체적 즐거움의 기능의 일어남도 꿰뚫어 알고 육체적 즐거움의 기능의 소멸도 꿰뚫어 안다. 그는 일어난 육체적 즐거움의 기능이 어디서 남김없이 소멸하는지, 그것도 꿰뚫어 안다.

그러면 일어난 육체적 즐거움의 기능은 어디서 남김없이 소멸하는가?

비구들이여, 여기 비구는 희열이 빛바랬기 때문에 평온하게 머문다. 마음챙기고 알아차리며 몸으로 행복을 경험하고 또한 이 [禪 때문에] '평온하고 마음챙기며 행복하게 머문다.'고 성자들이 묘사하는 제3선(三禪)에 들어 머문다. 일어난 육체적 즐거움의 기능은 여기서 남김없이 소멸한다.445)

비구들이여, 이를 일러 '비구는 육체적 즐거움의 소멸을 완전히 이해했다. 그는 이러한 상태로 마음을 향하게 했다.'라고 한다."

---

445) "제3선의 근접(upacāra)에서 육체적 즐거움의 기능을 버렸더라도 희열과 [함께한 마음에서] 생긴 수승한 물질로 충만한 몸을 가진 사람에게 육체적 즐거움의 기능은 다시 일어날지도 모른다. 그러나 제3선에서는 그렇지 않다. 제3선에서는 육체적 즐거움의 조건인 희열이 완전히 소멸했기 때문이다." (『청정도론』 IV.189)

(iv) 정신적 즐거움의 기능

7. "비구들이여, [215] 여기 비구가 방일하지 않고 근면하고 스스로를 독려하며 머물 때 정신적 즐거움의 기능이 일어난다. 그는 이렇게 꿰뚫어 안다.

'나에게는 정신적 즐거움의 기능이 일어났다. 이것은 분명 근거가 있고 이유가 있고 형성됨이 있고 조건이 있다. 근거 없이 이유 없이 형성됨 없이 조건 없이 정신적 즐거움의 기능이 일어난다는 것은 불가능하다.'라고.

그는 정신적 즐거움의 기능을 꿰뚫어 알고 정신적 즐거움의 기능의 일어남도 꿰뚫어 알고 정신적 즐거움의 기능의 소멸도 꿰뚫어 안다. 그는 일어난 정신적 즐거움의 기능이 어디서 남김없이 소멸하는지, 그것도 꿰뚫어 안다.

그러면 일어난 정신적 즐거움의 기능은 어디서 남김없이 소멸하는가?

비구들이여, 여기 비구는 행복도 버리고 괴로움도 버리고, 아울러 그 이전에 이미 기쁨과 슬픔이 소멸되었으므로 괴롭지도 즐겁지도 않으며, 평온으로 인해 마음챙김이 청정한[捨念淸淨] 제4선(四禪)에 들어 머문다. 일어난 정신적 즐거움의 기능은 여기서 남김없이 소멸한다.446)

비구들이여, 이를 일러 '비구는 정신적 즐거움의 소멸을 완전히 이해했다. 그는 이러한 상태로 마음을 향하게 했다.'라고 한다."

---

446) "마찬가지로 제4선의 근접에서 정신적 즐거움(기쁨, somanassa)의 기능을 버렸더라도 가깝기 때문에, 또 본삼매를 얻은 평온이 없어 완전하게 극복하지 못했기 때문에 그 [정신적 즐거움의 기능은] 다시 일어날지도 모른다. 그러나 제4선에서는 그렇지 않다."(『청정도론』 IV.189)

(v) 평온의 기능

8. "비구들이여, 여기 비구가 방일하지 않고 근면하고 스스로를 독려하며 머물 때 평온의 기능이 일어난다. 그는 이렇게 꿰뚫어 안다.

'나에게는 평온의 기능이 일어났다. 이것은 분명 근거가 있고 이유가 있고 형성됨이 있고 조건이 있다. 근거 없이 이유 없이 형성됨 없이 조건 없이 평온의 기능이 일어난다는 것은 불가능하다.'라고.

그는 평온의 기능을 꿰뚫어 알고 평온의 기능의 일어남도 꿰뚫어 알고 평온의 기능의 소멸도 꿰뚫어 안다. 그는 일어난 평온의 기능이 어디서 남김없이 소멸하는지, 그것도 꿰뚫어 안다.

그러면 일어난 평온의 기능은 어디서 남김없이 소멸하는가?

비구들이여, 여기 비구는 일체 비상비비상처를 완전히 초월하여 상수멸(想受滅, 인식과 느낌의 그침)에 들어 머문다. 여기서 일어난 평온의 기능은 남김없이 소멸한다.

비구들이여, 이를 일러 '비구는 평온의 소멸을 [216] 완전히 이해했다. 그는 이러한 상태로 마음을 향하게 했다.'라고 한다."

제4장 즐거움의 기능 품이 끝났다.

네 번째 품에 포함된 경들의 목록은 다음과 같다.

① 간단한 설명 ② 예류자 ③ 아라한
두 가지 ④~⑤ 사문·바라문
세 가지 ⑥~⑧ 분석
⑨ 나무토막 비유 ⑩ 이례적인 순서이다.

제5장 늙음 품

Jarā-vagga

늙기 마련임 경(S48:41)

Jarādhamma-sutta

1. 이와 같이 나는 들었다. 한때 세존께서는 사왓티에서 동쪽 원림[東園林]에 있는 미가라마따(녹자모) 강당에 머무셨다.

2. 그 무렵 세존께서는 해거름에 홀로 앉으심으로부터 일어나셔서 지는 햇살에 등을 쪼이며 앉아계셨다. 그때 아난다 존자가 세존께 다가갔다. 가서는 세존께 절을 올리고 세존의 사지를 손으로 어루만지면서 이렇게 말씀드렸다.

3. "경이롭습니다, 세존이시여. 놀랍습니다, 세존이시여. 세존이시여, 이제 세존의 피부색은 맑지 않고 빛이 없습니다. 사지는 모두 연약하게 되었고 주름이 생겼으며 몸은 앞으로 굽었습니다. 눈의 감각기능, 귀의 감각기능, 코의 감각기능, 혀의 감각기능, 몸의 감각기능과 같은 감각기능들은 달라졌습니다."

4. "참으로 그렇다, [217] 아난다여. 젊었다 해도 늙기 마련이고, 건강하다 해도 병들기 마련이며, 살아있다 해도 죽기 마련이다. 피부색은 맑지 않고 빛이 없다. 사지는 모두 연약하게 되고 주름이 생기며 몸은 앞으로 굽는다. 눈의 감각기능, 귀의 감각기능, 코의 감각기능, 혀의 감각기능, 몸의 감각기능과 같은 감각기능들은 달라진다."

5. 세존께서는 이렇게 말씀하셨다. 스승이신 선서께서는 이렇게 말씀하신 뒤 다시 [게송으로] 이와 같이 설하셨다.

> "에잇 나쁜 늙음이여, 늙음은 아름다움을 뺏어 가나니
> 매혹적인 꼭두각시447)도 늙음에는 짓밟히도다.
> 백년을 산 자, 그의 목적지도 죽음이러니
> 죽음은 아무것도 남겨두지 않고 모든 것을 짓밟는구나."448)

운나바 바라문 경(S48:42)

Uṇṇābhabrāhmaṇa-sutta

1. <사왓티의 아나타삔디까 원림(급고독원)에서>

2. 그때 운나바 바라문449)이 세존께 다가갔다. 가서는 세존과 함께 환담을 나누었다. 유쾌하고 기억할 만한 이야기로 서로 담소를 하고서 한 곁에 앉았다. 한 곁에 앉은 운나바 바라문은 세존께 이렇게 여쭈었다.

3. "고따마 존자시여, 다섯 가지 감각기능은 각각 다른 대상과 각각 다른 영역을 가져서 서로 다른 대상과 영역을 경험하지 않습니다. 무엇이 다섯입니까?

눈의 감각기능, 귀의 감각기능, 코의 감각기능, 혀의 감각기능, 몸의 감각기능입니다.450) [218]

---

447) "'매혹적인 꼭두각시(manoramaṁ bimbaṁ)'란 자기 몸(atta-bhāva)을 말한다."(SA.iii.245)

448) 이것과 닮은 게송이 본서 제1권 「산의 비유 경」(S3:25) {442}로 나타난다.

449) 같은 이름을 가진 바라문이 본서 제6권 「운나바 바라문 경」(S51:15)에도 나타난다. 이 두 바라문이 동일인인지는 알 수 없다.

고따마 존자시여, 이처럼 다섯 가지 감각기능은 각각 다른 대상과 각각 다른 영역을 가져서 서로 다른 대상과 영역을 경험하지 않습니다. 그렇다면 이들 다섯 가지 감각기능은 무엇을 의지합니까? 무엇이 그들의 대상과 영역을 경험합니까?"451)

4. "바라문이여, 다섯 가지 감각기능은 각각 다른 대상과 각각 다른 영역을 가져서 서로 다른 대상과 영역을 경험하지 않는다. 무엇이 다섯인가?

눈의 감각기능, 귀의 감각기능, 코의 감각기능, 혀의 감각기능, 몸의 감각기능이다.

바라문이여, 이처럼 다섯 가지 감각기능은 각각 다른 대상과 각각 다른 영역을 가져서 서로 다른 대상과 영역을 경험하지 않는다. 이들 다섯 가지 감각기능은 마노[意]를 의지한다. 마노[意]가 그들의 대상과 영역을 경험한다."452)

---

450) 일반적으로 다섯 가지 감각기능은 다섯 가지 감각기관과 상응하는 것이지만 본경에서 다섯 가지 감각기능은 다섯 가지 알음알이와 상응하는 것으로 여겨진다. 왜냐하면 육체적인 감각기능 자체가 대상(visaya) 혹은 영역(gocara)을 경험한다(paccanubhoti)고 할 수 없기 때문이다. 감각기능은 단지 알음알이가 대상들을 인식하는 매개체 역할을 할 뿐이다.

451) 이상의 대화는 『맛지마 니까야』 「긴 방등경」(M43/i.295) §21에서 마하꼿티따 존자와 사리뿟따 존자의 대화로도 나타나고 있다. 거기서는 오근-마노(의)-수명-온기로 대화가 진전되지만 여기서는 오근-마노(의)-마음챙김-해탈-열반의 순서로 진행이 되고 있다.

452) '마노[意]를 의지한다. 마노[意]가 그들의 대상과 영역을 경험한다.'는 mano-paṭisaraṇam, mano ca nesaṁ gocaravisayam paccanubhoti를 옮긴 것이다. 주석서는 여기서 마노[意, mano]를 속행의 마음(javana-mano)이라고 설명한 뒤에 이렇게 덧붙이고 있다.
"의문전향에 있는 속행의 마음(manodvārika-javana-mano)이 이들 대상과 영역(gocara-visaya)을 탐내는 등으로 경험한다. 눈의 알음알이는 단지 형색을 볼 뿐(rūpa-dassana-matta)이지 여기에 탐냄이나 성냄이나 어리

5. "고따마 존자시여, 그러면 마노는 무엇을 의지합니까?"
"바라문이여, 마노[意]는 마음챙김을 의지한다."453)

6. "고따마 존자시여, 그러면 마음챙김은 무엇을 의지합니까?
"바라문이여, 마음챙김은 해탈을 의지한다."454)

7. "고따마 존자시여, 그러면 해탈은 무엇을 의지합니까?"
"바라문이여, 해탈은 열반을 의지한다."

8. "고따마 존자시여, 그러면 열반은 무엇을 의지합니까?"
"바라문이여, 그대는 질문의 범위를 넘어서버렸다.455) 그대는 질문의 한계를 잡지 못하였구나. 바라문이여, 청정범행을 닦는 것은 열반으로 귀결되고 열반으로 완성되고 열반으로 완결되기 때문이다."456)

석음이 있지 않다. 하나의 문에서(ekasmiṁ dvāre) 속행이 탐내거나 성내거나 어리석은 것이다. 귀의 알음알이 등에도 이 방법이 적용된다."(SA.iii. 245)
아비담마의 인식과정에 의하면 눈의 알음알이 등의 전오식은 과보로 나타난 마음이라서 대상을 알 뿐이지 대상을 탐·진·치 등을 통해서 경험하지는 못한다. 그래서 속행의 마음이 대상과 영역을 경험하는 것이라고 설명하고 있다. 속행에 대해서는 『아비담마 길라잡이』 제3장 §8의 [해설] 12를 참조할 것. 인식과정과 의문전향 등에 대해서는 『아비담마 길라잡이』 제4장을 참조할 것.

453) "'마음챙김을 의지한다(sati-paṭisaraṇaṁ).'는 것은 도의 마음챙김(magga-sati)을 의지한다는 뜻이다."(SA.iii.246)

454) "'해탈(vimutti)'이란 과의 해탈(phala-vimutti)이다."(SA.iii.246)

455) '범위를 넘어서버렸다.'는 Be: accayāsi(ati+√i, *to go*)나 Se: accasarā (ati+√sṛ, *to flow*)로 읽어서 옮긴 것이다. Ee: ajjhaparaṁ은 아무런 뜻을 유추할 수 없다.

456) 이 구절은 본서 제3권 「마라 경」(S23:1) §6에도 나타난다. 그곳의 주해를 참조할 것.

9. 그때 운나바 바라문은 세존의 말씀을 기뻐하고 감사드린 뒤 자리에서 일어나 세존께 절을 올리고 오른쪽으로 [세 번] 돌아 [경의를 표한] 뒤에 물러갔다.

10. 그때 세존께서는 운나바 바라문이 물러 간지 오래지 않아서 비구들을 불러서 말씀하셨다.

"비구들이여, 예를 들면 누각이나 중각강당에 북쪽이나 남쪽이나 동쪽으로 창이 나 있다고 하자. 그러면 태양이 떠오를 때 창을 통해 빛이 들어와 어디에 멈추겠는가?"

"서쪽 벽입니다, 세존이시여."

11. "비구들이여, [219] 그와 같이 운나바 바라문은 여래에 믿음을 가져 흔들리지 않고 뿌리내려 확고하고 굳세다. 어떤 사문도 바라문도 신도 마라도 범천도 이 세상의 그 누구도 그것을 빼앗아갈 수 없다. 비구들이여, 만일 운나바 바라문이 지금 임종을 한다면 그는 이 세상에 다시 돌아오지 않는다. 이 세상에 다시 돌아오도록 그를 묶고 있는 그런 족쇄가 운나바 바라문에게는 없기 때문이다."457)

---

457) 이 말씀은 일반적으로 그가 불환자임을 인정하는 것이다. 그런데 주석서는 그를 禪에 든 불환자의 경지(jhāna-anāgāmitā)에 놓고 있다. 주석서는 다음과 같이 설명한다.
"그는 첫 번째 도(paṭhama-magga, 예류도)에 의해서 다섯 가지 해로운 마음[12가지 해로운 마음들 가운데 사견과 결합된 네 가지 마음과 의심과 결합된 한 가지 마음 – SAṬ]을 제거하였고 초선에 의해서 다섯 가지 장애를 제거하였기 때문에 禪에 든 불환자의 경지(jhāna-anāgāmi-ṭṭhāna)에 선 것이다. 그가 禪을 버리지 않고 임종을 하면 [천상 세계에 태어나] 거기서 반열반할 것이다. 그러나 만일 그가 처자식을 훈육하고 사업에 몰두하느라 禪을 잃게 되면 그의 태어날 곳(gati)은 정해지지 않는다. 그러나 그는 禪을 잃지 않았기 때문에 태어날 곳이 정해진 것이다. 그래서 이것을 두고 禪에 든 불환자의 경지라고 한 것이다."(SA.iii.246)
12가지 해로운 마음은 『아비담마 길라잡이』 제1장 §§4~7을 참조할 것.

사께따 경(S48:43)

Sāketa-sutta

1. 이와 같이 나는 들었다. 한때 세존께서는 사께따에서 안자나 숲의 녹야원에서 머무셨다.

2. 거기서 세존께서는 비구들을 불러서 말씀하셨다.

3. "비구들이여, 다섯 가지 기능이 다섯 가지 힘이 되고 다섯 가지 힘이 다섯 가지 기능이 되는 그러한 방법이 있는가?"

"세존이시여, 저희들의 법은 세존을 근원으로 하며, 세존을 길잡이로 하며, 세존을 귀의처로 합니다. 세존이시여, 세존께서 방금 말씀하신 이 뜻을 [친히] 밝혀주신다면 참으로 감사하겠습니다. 세존으로부터 듣고 비구들은 그것을 잘 호지할 것입니다."

"비구들이여, 그렇다면 이제 그것을 들어라. 듣고 마음에 잘 새겨라. 나는 설할 것이다."

"그렇게 하겠습니다, 세존이시여."라고 비구들은 세존께 응답했다.

4. "비구들이여, 다섯 가지 기능이 다섯 가지 힘이 되고 다섯 가지 힘이 다섯 가지 기능이 되는 그러한 방법이 있다. 그러면 무엇이 다섯 가지 기능이 다섯 가지 힘이 되고 다섯 가지 힘이 다섯 가지 기능이 되는 그러한 방법인가?

5. "비구들이여, 믿음의 기능이 곧 믿음의 힘이고 믿음의 힘이 곧 믿음의 기능이다.458) 정진의 기능이 곧 정진의 힘이고 정진의 힘

---

458) 이러한 말씀은 기능[根, indriya]들과 힘[力, bala]들 사이에는 근본적인 차이점이 없다는 것을 인정하는 것이 되고, 기능들과 힘들은 단지 다른 두 각도에서 같은 요소들을 쳐다보는 차이에 지나지 않는다는 것이 된다. 용어를 가지고만 보면 힘들은 기능들보다 더 발전된 단계인 것처럼 보이지만 경이

이 곧 정진의 기능이다. 마음챙김의 기능이 곧 마음챙김의 힘이고 마음챙김의 힘이 곧 마음챙김의 기능이다. 삼매의 기능이 곧 삼매의 힘이고 삼매의 힘이 곧 삼매의 기능이다. 통찰지의 기능이 곧 통찰지의 힘이고 통찰지의 힘이 곧 통찰지의 기능이다."

6. "비구들이여, 예를 들면 강이 동쪽으로 흐르고 동쪽으로 향하고 동쪽으로 들어가는데 그 가운데 섬이 있다 하자. 비구들이여, 그러면 그 강을 하나의 흐름이라고 헤아리는 방법도 있고, 그 강을 두 개의 흐름이라고 헤아리는 방법도 있다."

7. "비구들이여, [220] 그러면 어떤 것이 그 강을 하나의 흐름이라고 헤아리는 방법인가? 비구들이여, 그 섬의 동쪽의 물과 서쪽의 물을 고려하면 이것은 그 강을 하나의 흐름이라고 헤아리는 방법이 된다.

비구들이여, 그러면 어떤 것이 그 강을 두 개의 흐름이라고 헤아리는 방법인가? 비구들이여, 그 섬의 북쪽 물과 남쪽 물을 고려하면 이것은 그 강을 두 개의 흐름이라고 헤아리는 방법이 된다."

8. 비구들이여, 그와 같이 믿음의 기능이 곧 믿음의 힘이고 믿음의 힘이 곧 믿음의 기능이다. … 통찰지의 기능이 곧 통찰지의 힘

나 주석서에서 이를 뒷받침할 출처를 찾을 수가 없다. 주석서는 다음과 같이 설명한다.

"확신을 특징으로 하는 것에 대해서(adhimokkha-lakkhaṇe) 통제를 한다는 뜻에서(indaṭṭhena) '믿음의 기능'이라 하고, 불신(assaddhiya)에 의해서 흔들리지 않기(akampana) 때문에 '믿음의 힘'이라 한다. 나머지들은 각각 분발(paggaha)과 확립(upaṭṭhāna)과 산란하지 않음(avikkhepa)과 꿰뚫어 앎(pajānana)을 특징으로 하는 것에 대해서 통제를 한다는 뜻에서 '기능[根]'이 되고(indriya-bhāva), 각각 게으름(kosajja)과 마음챙김을 놓아버림(muṭṭha-sacca)과 산란함(vikkhepa)과 무명(avijjā)에 의해서 흔들리지 않기 때문에 '힘[力]'이 된다고(bala-bhāva) 알아야 한다."(SA.iii.247)

이고 통찰지의 힘이 곧 통찰지의 기능이다."

9. "비구들이여, 다섯 가지 기능을 닦고 많이 [공부]지으면 비구는 모든 번뇌가 다하여 아무 번뇌가 없는 마음의 해탈[心解脫]과 통찰지를 통한 해탈[慧解脫]을 바로 지금・여기에서 스스로 최상의 지혜로 알고 실현하고 구족하여 머문다."

동 꿋타까 경(S48:44)
Pubbakoṭṭhaka-sutta

1. 이와 같이 나는 들었다. 한때 세존께서는 사왓티에서 동 꿋타까459)에 머무셨다.

2. 거기서 세존께서는 사리뿟따 존자를 불러서 말씀하셨다.

3. "사리뿟따여, 그대는 믿음의 기능을 닦고 많이 [공부]지으면 불사(不死)로 귀결되고 불사로 완성되고 불사로 완결된다고 믿는가? 그대는 정진의 기능을 … 마음챙김의 기능을 … 삼매의 기능을 … 통찰지의 기능을 닦고 많이 [공부]지으면 불사로 귀결되고 불사로 완성되고 불사로 완결된다고 믿는가?"

"세존이시여, 저는 '믿음의 기능을 … 정진의 기능을 … 마음챙김의 기능을 … 삼매의 기능을 … 통찰지의 기능을 닦고 많이 [공부]지으면 불사로 귀결되고 불사로 완성되고 불사로 완결된다.'고 믿습니다.

---

459) 『맛지마 니까야』 「성구경」(M26) §3과 『앙굿따라 니까야』 「코끼리 경」(A6:43) §1에 의하면 동 꿋타까(Pubbakoṭṭhaka)는 미가라마따(녹자모) 강당(Migāramātu-pāsāda) 가까이에 있었던 목욕(gattāni parisiñcana)하는 곳이었다. 『앙굿따라 니까야 주석서』는 이곳을 강(nadī)이라 부르고 있다.(AA.iii.369)

4. "세존이시여, [221] 저는 여기에 대해서 단지 세존께 대한 믿음으로 '믿음의 기능을 … 정진의 기능을 … 마음챙김의 기능을 … 삼매의 기능을 … 통찰지의 기능을 닦고 많이 [공부]지으면 불사로 귀결되고 불사로 완성되고 불사로 완결된다.'라고 다가가지 않습니다.460)

세존이시여, 이것을 이해하지 못하고 보지 못하고 알지 못하고 실현하지 못하고 통찰지로 체득하지 못한 자들은 이것에 대해 단지 남들을 믿을지도 모릅니다. 세존이시여, 그러나 이것을 이해하고 보고 알고 실현하고 통찰지로 체득한 자들은 '믿음의 기능을 … 정진의 기능을 … 마음챙김의 기능을 … 삼매의 기능을 … 통찰지의 기능을 닦고 많이 [공부]지으면 불사로 귀결되고 불사로 완성되고 불사로 완결된다.'는 것을 의심하지 않고 혼란스러워하지 않습니다.

세존이시여, 저도 이것을 이해하고 보고 알고 실현하고 통찰지로 체득하였습니다. 그러므로 저도 '믿음의 기능을 … 정진의 기능을 … 마음챙김의 기능을 … 삼매의 기능을 … 통찰지의 기능을 닦고 많이 [공부]지으면 불사로 귀결되고 불사로 완성되고 불사로 완결된다.'는 것을 의심하지 않고 혼란스러워하지 않습니다."

5. "장하고 장하구나, 사리뿟따여. 사리뿟따여, 이것을 이해하지 못하고 보지 못하고 알지 못하고 실현하지 못하고 통찰지로 체득하지 못한 자들은 이것에 대해 단지 남들을 믿을지도 모른다. 사리뿟따여, 그러나 이것을 이해하고 보고 알고 실현하고 통찰지로 체득한 자들은 '믿음의 기능을 … [222] … 정진의 기능을 … 마음챙김의 기능을 … 삼매의 기능을 … 통찰지의 기능을 닦고 많이 [공부]지으면

460) '세존께 대한 믿음으로 다가가지 않습니다(na bhagavato saddhāya gacchāmi).'라는 구문에 대해서는 본서 제4권 「니간타 나따뿟따 경」(S41:8) §3의 주해를 참조할 것.

불사로 귀결되고 불사로 완성되고 불사로 완결된다.'는 것을 의심하지 않고 혼란스러워하지 않는다."

동쪽 원림 경1(S48:45)

Pubbārāma-sutta

1. 이와 같이 나는 들었다. 한때 세존께서는 사왓티에서 동쪽 원림[東園林]에 있는 미가라마따(녹자모) 강당에 머무셨다.

2. 거기서 세존께서는 비구들을 불러서 말씀하셨다.

3. "비구들이여, 얼마나 많은 기능을 닦고 많이 [공부]지으면 비구가 '태어남은 다했다. 청정범행은 성취되었다. 할 일을 다 해 마쳤다. 다시는 어떤 존재로도 돌아오지 않을 것이라고 꿰뚫어 안다.'라고 구경의 지혜를 드러내겠는가?"

"세존이시여, 저희들의 법은 세존을 근원으로 하며, …"

4. "비구들이여, 한 가지 기능을 닦고 많이 [공부]지으면 비구가 '태어남은 다했다. 청정범행은 성취되었다. 할 일을 다 해 마쳤다. 다시는 어떤 존재로도 돌아오지 않을 것이라고 꿰뚫어 안다.'라고 구경의 지혜를 드러내게 된다. 무엇이 하나의 기능인가? 통찰지의 기능이다."

5. "비구들이여, 성스러운 제자가 통찰지를 가져야 그의 믿음도 이것을 뒤따라서 공고하게 되고 정진도 이것을 뒤따라서 공고하게 되고 마음챙김도 이것을 뒤따라서 공고하게 되고 삼매도 이것을 뒤따라서 공고하게 된다."461)

---

461) "본경과 다음의 다섯 가지 경들은 과의 기능만(phal-indriyān'eva)을 설하

6. "비구들이여, 이러한 한 가지 기능을 닦고 많이 [공부]지으면 비구가 '태어남은 다했다. 청정범행은 성취되었다. 할 일을 다 해 마쳤다. 다시는 어떤 존재로도 돌아오지 않을 것이다라고 꿰뚫어 안다.'라고 구경의 지혜를 드러내게 된다."

동쪽 원림 경2(S48:46)

1. 이와 같이 나는 들었다. 한때 세존께서는 사왓티에서 동쪽 원림[東園林]에 있는 미가라마따(녹자모) 강당에 머무셨다.

2. 거기서 세존께서는 비구들을 불러서 말씀하셨다.

3. "비구들이여, 얼마나 많은 기능을 닦고 많이 [공부]지으면 비구가 '태어남은 다했다. 청정범행은 성취되었다. 할 일을 다 해 마쳤다. 다시는 어떤 존재로도 돌아오지 않을 것이라고 꿰뚫어 안다.'라고 구경의 지혜를 드러내겠는가?"

"세존이시여, 저희들의 법은 세존을 근원으로 하며, …"

4. "비구들이여, [223] 두 가지 기능을 닦고 많이 [공부]지으면 … 구경의 지혜를 드러내게 된다. 무엇이 둘인가?

성스러운 통찰지와 성스러운 해탈이다. 비구들이여, 성스러운 통찰지란 통찰지의 기능이고 성스러운 해탈이란 삼매의 기능이다.

비구들이여, 이러한 두 가지 기능을 닦고 많이 [공부]지으면 비구가 … 구경의 지혜를 드러내게 된다."

였다. [왜냐하면 최상의 과(agga-phala)를 통해서 가르침이 전승되었기 때문이다. – SAṬ]"(SA.iii.247)

동쪽 원림 경3(S48:47)

1. 이와 같이 나는 들었다. 한때 세존께서는 사왓티에서 동쪽 원림[東園林]에 있는 미가라마따(녹자모) 강당에 머무셨다.

2. 거기서 세존께서는 비구들을 불러서 말씀하셨다.

3. "비구들이여, 얼마나 많은 기능을 닦고 많이 [공부]지으면 비구가 '태어남은 다했다. 청정범행은 성취되었다. 할 일을 다 해 마쳤다. 다시는 어떤 존재로도 돌아오지 않을 것이라고 꿰뚫어 안다.' 라고 구경의 지혜를 드러내겠는가?"

"세존이시여, 저희들의 법은 세존을 근원으로 하며, …"

4. "비구들이여, 네 가지 기능을 닦고 많이 [공부]지으면 … 구경의 지혜를 드러내게 된다. 무엇이 넷인가?

정진의 기능, 마음챙김의 기능, 삼매의 기능, 통찰지의 기능이다.

비구들이여, 이러한 네 가지 기능을 닦고 많이 [공부]지으면 비구가 … 구경의 지혜를 드러내게 된다."

동쪽 원림 경4(S48:48)

1. 이와 같이 나는 들었다. 한때 세존께서는 사왓티에서 동쪽 원림[東園林]에 있는 미가라마따(녹자모) 강당에 머무셨다.

2. 거기서 세존께서는 비구들을 불러서 말씀하셨다.

3. "비구들이여, 얼마나 많은 기능을 닦고 많이 [공부]지으면 비구가 '태어남은 다했다. 청정범행은 성취되었다. 할 일을 다 해 마쳤다. 다시는 어떤 존재로도 돌아오지 않을 것이라고 꿰뚫어 안다.'

라고 구경의 지혜를 드러내겠는가?"

"세존이시여, 저희들의 법은 세존을 근원으로 하며, …"

4. "비구들이여, 다섯 가지 기능을 닦고 많이 [공부]지으면 … 구경의 지혜를 드러내게 된다. 무엇이 다섯인가? [224]

믿음의 기능, 정진의 기능, 마음챙김의 기능, 삼매의 기능, 통찰지의 기능이다.

비구들이여, 이러한 다섯 가지 기능을 닦고 많이 [공부]지으면 비구가 … 구경의 지혜를 드러내게 된다."

삔돌라 경(S48:49)

Piṇḍola-sutta

1. 이와 같이 나는 들었다. 한때 세존께서는 꼬삼비에서 고시따 원림에 머무셨다.

2. 그 무렵 삔돌라 바라드와자 존자[462]가 '태어남은 다했다. 청정범행은 성취되었다. 할 일을 다 해 마쳤다. 다시는 어떤 존재로도 돌아오지 않을 것이라고 꿰뚫어 안다.'라고 구경의 지혜를 천명하였다.

그때 많은 비구들이 세존께 다가갔다. 가서는 세존께 절을 올리고 한 곁에 앉았다. 한 곁에 앉은 비구들은 세존께 이렇게 여쭈었다.

3. "세존이시여, 삔돌라 바라드와자 존자가 '태어남은 다했다. … 돌아오지 않을 것이라고 꿰뚫어 안다.'라고 구경의 지혜를 천명하였습니다. 무슨 이로움을 관찰했기 때문에 삔돌라 바라드와자 존자는 '태어남은 다했다. … 돌아오지 않을 것이라고 꿰뚫어 안다.'라고

---

462) 삔돌라 바라드와자 존자(āyasmā Piṇḍola-Bhāradvāja)에 대해서는 본서 제4권 「바라드와자 경」(S35:127) §1의 주해를 참조할 것.

구경의 지혜를 천명하였습니까?"

4. "비구들이여, 세 가지 기능을 닦고 많이 [공부]지었기 때문에 뻰돌라 바라드와자 비구는 '태어남은 다했다. … 돌아오지 않을 것이라고 꿰뚫어 안다.'라고 구경의 지혜를 천명하였다. 무엇이 셋인가?

마음챙김의 기능, 삼매의 기능, 통찰지의 기능이다.

비구들이여, 이러한 세 가지 기능을 닦고 많이 [공부]지었기 때문에 뻰돌라 바라드와자 비구는 '태어남은 다했다. … 돌아오지 않을 것이라고 꿰뚫어 안다.'라고 구경의 지혜를 천명하였다."

5. "비구들이여, 그러면 이 세 가지 기능은 무엇으로 끝이 나는가? 멸진(滅盡, khaya)으로 끝이 난다. 무엇의 멸진으로 끝이 나는가?

태어남과 늙음과 죽음이다.

비구들이여, 태어남과 늙음과 죽음의 멸진을 관찰했기 때문에 [225] 뻰돌라 바라드와자 비구는 '태어남은 다했다. … 돌아오지 않을 것이라고 꿰뚫어 안다.'라고 구경의 지혜를 천명하였다."

아빠나 경(S48:50)

Āpaṇa-sutta

1. 이와 같이 나는 들었다. 한때 세존께서는 앙가에서 아빠나라는 앙가들의 성읍에 머무셨다.463)

---

463) 앙가(Aṅga)는 옛 인도 중원의 16국(Mahājanapada) 가운데 하나였다. 앙가는 마가다의 동쪽에 있었으며 짬빠(Campā)가 수도였다. 짬빠는 현재 바갈뿌르 부근에 있는 Campānagara와 Campāpura일 것이라고 학자들은 말한다. 경에 언급되는 다른 앙가의 도시로는 밧디야(Bhaddiya, 「욱가하 경」(A5:33) 등)와 앗사뿌라(Assapura, 「앗사뿌라 경」 1/2(M39/40)가 있다.

주석서를 통해서 보면 앙가는 마히(Mahī) 강에 의해서 둘로 나누어져 있는

2. 거기서 세존께서는 사리뿟따 존자를 불러서 말씀하셨다.

3. "사리뿟따여, 여래에 전일(專一)하면서도 지극히 청정한 믿음을 가지고 있는 성스러운 제자가 여래나 여래의 교법에 대해서 의혹을 가지거나 의심을 하겠는가?"

"세존이시여, 여래에 전일하면서도 지극히 청정한 믿음을 가지고 있는 성스러운 제자는 여래나 여래의 교법에 대해서 의혹을 가지거나 의심을 하지 않습니다.

세존이시여, 참으로 믿음을 가진 성스러운 제자에게는 '그는 열심히 정진하며 머물 것이다. 해로운 법[不善法]들을 버리고 유익한 법[善法]들을 구족하기 위해서 굳세고 크게 분발하며 유익한 법들에 대한 임무를 내팽개치지 않을 것이다.'라는 것이 예상됩니다. 세존이시여, 그의 이러한 정진이 바로 그가 가진 정진의 기능입니다."

4. "세존이시여, 참으로 믿음을 가졌고 열심히 정진하는 성스러운 제자에게는 '그는 마음챙기는 자이다. 그는 최상의 마음챙김과 슬기로움을 구족하여 오래 전에 행하고 오래 전에 말한 것일지라도 모두 기억하고 생각해낸다.'라는 것이 예상됩니다. 세존이시여, 그의 이러한 마음챙김이 바로 그가 가진 마음챙김의 기능입니다."

5. "세존이시여, 참으로 믿음을 가졌고 열심히 정진하고 마음챙

데 이 가운데 마히 강 북쪽에 있는 곳을 앙굿따라빠(Aṅguttarāpa, 즉 앙가(Aṅga)의 북쪽(uttara)에 있는 물(āpa=강) 주변(avidūra)의 장소)라 부르고 있다.(SnA.ii.437) 그래서 본경에서는 아빠나(Āpaṇa)가 앙가의 아빠나로 나타나지만, 『맛지마 니까야』 「뽀딸리야 경」(M54) §1과 「메추라기 비유경」(M66) §1과 「셀라 경」(M92) §1에서는 모두 앙굿따라빠(Aṅguttarāpa)의 아빠나로 나타나고 있다. 세 개의 경이 모두 아빠나에서 설해진 것으로 미루어 볼 때 아빠나는 앙가의 북쪽 지방 혹은 앙굿따라빠에서 가장 번창했던 곳이 분명하다.

김을 확립한 성스러운 제자에게는 '그는 철저한 버림을 대상으로 삼아 삼매를 얻고 마음이 한 끝에 집중됨[心一境性]을 얻을 것이다.'라는 것이 예상됩니다. 세존이시여, 그의 이러한 삼매가 바로 그가 가진 삼매의 기능입니다."

6. "세존이시여, 참으로 믿음을 가졌고 열심히 정진하고 마음챙김을 확립했으며 [226] 마음이 삼매에 든 성스러운 제자에게는 '그 시작을 알지 못하는 것이 바로 윤회이다. 중생들은 무명에 덮이고 갈애에 묶여서 치달리고 윤회하기 때문에 [윤회의] 처음 시작점은 결코 식별되지 못한다. 그러나 암흑 덩어리인 무명을 남김없이 빛바래어 소멸하면 이것은 평화로운 경지요 이것은 숭고한 경지이니 이것은 모든 형성된 것들이 가라앉음이요, 모든 재생의 근거를 놓아버림이요, 갈애의 멸진이요, 탐욕이 빛바램이요, 소멸이요, 열반이다.'라고 꿰뚫어 알게 될 것이라는 것이 예상됩니다. 세존이시여, 그의 이러한 통찰지가 바로 그가 가진 통찰지의 기능입니다."

7. "세존이시여, 믿음을 가진[信] 성스러운 제자는 이와 같이 계속해서 노력하고[精進] 이와 같이 계속해서 마음챙기고[念] 이와 같이 계속해서 삼매에 들고[定] 이와 같이 계속해서 꿰뚫어 안 뒤[慧], '나는 이러한 법들을 전에는 단지 듣기만 하였다. 그러나 이제 나는 이것을 몸으로 직접 체득하여 머물고 그리고 통찰지로 꿰뚫어서 본다.'[464]라는 이러한 지극히 청정한 믿음을 가집니다. 세존이시여, 그의 이러한 믿음이 바로 그가 가진 믿음의 기능입니다."[465]

---

464) "'그리고 통찰지로 꿰뚫어서 본다(paññāya ca ativijjha passāmi).'는 것은 반조의 통찰지(paccavekkhaṇa-paññā)로 꿰뚫어서 본다는 말이다." (SA.iii.247)

465) "여기서 '그의 이러한 믿음(saddhā)'은 어떠한 믿음인가? 네 가지 기능들과

8. "장하고 장하구나, 사리뿟따여. 사리뿟따여, 여래에 전일하면서도 지극히 청정한 믿음을 가지고 있는 성스러운 제자는 여래나 여래의 교법에 대해서 의혹을 가지거나 의심을 하지 않는다.

사리뿟따여, 참으로 믿음을 가진 성스러운 제자에게는 '그는 열심히 정진하며 머물 것이다. 해로운 법[不善法]들을 버리고 유익한 법[善法]들을 구족하기 위해서 굳세고 분투하며 유익한 법들에 대한 임무를 내팽개치지 않을 것이다.'라는 것이 예상된다. 사리뿟따여, 그의 이러한 정진이 바로 그가 가진 정진의 기능이다. …

사리뿟따여, 믿음을 가진 성스러운 제자는 이와 같이 계속해서 노력하고 이와 같이 계속해서 마음챙기고 이와 같이 계속해서 삼매에 들고 이와 같이 계속해서 꿰뚫어 안 뒤, '나는 이러한 법들을 전에는 단지 듣기만 하였다. [227] 그러나 이제 나는 이것을 몸으로 직접 체득하여 머물고 통찰지로 꿰뚫어서 본다.'라는 이러한 지극히 청정한 믿음을 가진다. 사리뿟따여, 그의 이러한 믿음이 바로 그가 가진 믿음의 기능이다."

제5장 늙음 품이 끝났다.

다섯 번째 품에 포함된 경들의 목록은 다음과 같다.

① 늙기 마련임 ② 운나바 바라문 ③ 사께따
④ 동 꼿타까, 네 가지 ⑤~⑧ 동쪽 원림
⑨ 삔돌라 ⑩ 아빠나 — 이러한 열 가지이다.

함께한 앞에서 말한 믿음이다. 그러나 여기서는 이것이 반조하는 믿음이다. 앞에서 네 가지 기능들과 함께한 믿음은 [위빳사나와 도와 과와 함께하는 것이기 때문에 – SAṬ] 혼합된 것(missakā)이었고, 여기 반조하는 믿음은 오직 세간적인 것(lokiyā)이기 때문이다."(SA.iii.247~248)
반조는 항상 과의 경지에서 나와서 일어나기 때문에 세간적인 것이다.

제6장 멧돼지 동굴 품

Sūkarakhata-vagga

살라 경(S48:51)

Sālā-sutta

1. 이와 같이 나는 들었다. 한때 세존께서는 꼬살라에서 살라의 바라문 마을에 머무셨다.

2. 거기서 세존께서는 비구들을 불러서 말씀하셨다. …

3. "비구들이여, 예를 들면 그 어떤 동물들이 있던지 간에 동물의 왕 사자가 힘으로든 속력으로든 용감함으로든 그들 가운데 으뜸이라 불리는 것과 같다. 비구들이여, 그와 같이 그 어떤 깨달음의 편에 있는 법들[菩提分法][466]이 있던지 간에 깨달음을 위해서는 통찰지의 기능이 그들 가운데서 으뜸이라 불린다. 비구들이여, 그러면 어떤 것이 깨달음의 편에 있는 법들인가?"

---

466) 일반적으로 '깨달음의 편에 있는 법들[菩提分法, bodhipakkhiyā dhammā]'은 우리에게 37조도품(助道品)으로 잘 알려진 7개의 무리들로 구성된 모두 37가지의 수행에 관계된 요소들을 뜻한다. 그것은 ① 네 가지 마음챙김의 확립[四念處] ② 네 가지 바른 노력[四正勤] ③ 네 가지 성취수단[四如意足] ④ 다섯 가지 기능[五根] ⑤ 다섯 가지 힘[五力] ⑥ 일곱 가지 깨달음의 구성요소[七覺支] ⑦ 여덟 가지 성스러운 도[八正道]의 일곱 부문이다. 37보리분법 혹은 37조도품에 대해서는 본서 「도 상윳따」(S45)의 첫 번째 주해와 『청정도론』 XXII.33~43과 『아비담마 길라잡이』 제7장 §§24~33을 참조할 것.
그런데 본경에서 '깨달음의 편에 있는 법들[菩提分法]'이라는 이 술어는 다섯 가지 기능[五根]을 지칭하는 것으로 쓰이고 있다. 이처럼 경에서 보리분법이라는 술어는 유연하면서도 덜 전문적인 술어로 사용되고 있다. 여기에 대해서는 Gethin, pp.289~298을 참조할 것.

4. "비구들이여, 믿음의 기능은 깨달음의 편에 있는 법이니 그것은 깨달음에 이바지한다. 정진의 기능은 … 마음챙김의 기능은 … 삼매의 기능은 … 통찰지의 기능은 깨달음의 편에 있는 법이니 그것은 깨달음에 이바지한다."

5. "비구들이여, [228] 예를 들면 그 어떤 동물들이 있던지 간에 동물의 왕 사자가 힘으로든 속력으로든 용감함으로든 그들 가운데 으뜸이라 불리는 것과 같다.

비구들이여, 그와 같이 그 어떤 깨달음의 편에 있는 법들이 있던지 간에 깨달음을 위해서는 통찰지의 기능이 그들 가운데서 으뜸이라 불린다."

말라 경(S48:52)

Malla-sutta

1. 이와 같이 나는 들었다. 한때 세존께서는 말라[467]에서 우루웰라깝빠라는 말라들의 성읍에 머무셨다.

2. 거기서 세존께서는 비구들을 불러서 말씀하셨다.

3. "비구들이여, 성스러운 제자에게 성스러운 지혜[468]가 일어

---

467) Ee와 Se에는 말리까(Mallika)로 나타난다. Be에는 경제목은 말리까로 나타나고 경문에서는 말라(Malla)로 나타난다. 본서 제4권 「바드라까 경」(S42:11) §1에서 우루웰라깝빠가 말라들의 성읍으로 나타나고 있기 때문에 역자는 Be를 따라서 본경에서도 모두 말라로 옮겼다. 특히 말리까는 빠세나디 꼬살라 왕의 왕비의 이름이기 때문에 혼동을 피하기 위해서 이렇게 옮겼다. 말라에 대해서는 이곳의 주해를 참조할 것.

468) 여기서 '성스러운 지혜(ariya-ñāṇa)'는 분명히 통찰지의 기능[慧根]을 나타내고 있다. 주석서는 이렇게 설명하고 있다.

나지 않으면 네 가지 기능은 아직 견고하지 않고 네 가지 기능은 아직 확고하지 않다. 비구들이여, 그러나 성스러운 제자에게 성스러운 지혜가 일어나면 네 가지 기능은 견고하게 되고 네 가지 기능은 확고하게 된다."

4. "비구들이여, 예를 들면 뾰족지붕이 있는 집의 뾰족지붕이 제자리를 잡지 않으면 서까래들은 아직 견고하지 않고 서까래들은 아직 확고하지 않은 것과 같다.

비구들이여, 그와 같이 성스러운 제자에게 성스러운 지혜가 일어나지 않으면 네 가지 기능은 아직 견고하지 않고 네 가지 기능은 아직 확고하지 않다. 비구들이여, 그러나 성스러운 제자에게 성스러운 지혜가 일어나면 네 가지 기능은 견고하게 되고 네 가지 기능은 확고하게 된다. 무엇이 넷인가? [229]

믿음의 기능, 정진의 기능, 마음챙김의 기능, 삼매의 기능이다."

5. "비구들이여, 성스러운 제자가 통찰지를 가져야 그의 믿음도 이것을 뒤따라서 공고하게 되고 정진도 이것을 뒤따라서 공고하게 되고 마음챙김도 이것을 뒤따라서 공고하게 되고 삼매도 이것을 뒤따라서 공고하게 된다."

"네 가지 기능은 [세간적인 것과 출세간적인 것이] 혼합된 것(missakāni)이지만 성스러운 지혜는 [도의 지혜(magga-ñāṇa)가 되기 때문에 – SAṬ] 출세간적인 것(lokuttara)이다. 그러나 이것이 네 가지 기능들을 의지(catukk-indriya-nissita)하게 되면 이것도 역시 혼합된 것이 된다."(SA. iii.248)

유학 경(S48:53)

Sekha-sutta

1. 이와 같이 나는 들었다. 한때 세존께서는 꼬삼비에서 고시따 원림에 머무셨다.

2. 거기서 세존께서는 비구들을 불러서 말씀하셨다.

3. "비구들이여, 유학인 비구가 유학의 경지에 서서 '나는 유학이다.'라고 꿰뚫어 알고, 유학을 넘어선 비구가 유학을 넘어선 경지에 서서 '나는 유학을 넘어섰다.'라고 꿰뚫어 알게 되는 그러한 방법이 있는가?"

"세존이시여, 저희들의 법은 세존을 근원으로 하며, …"

4. "비구들이여, 유학인 비구가 유학의 경지에 서서 '나는 유학이다.'라고 꿰뚫어 알고, 유학을 넘어선 비구가 유학을 넘어선 경지에 서서 '나는 유학을 넘어섰다.'라고 꿰뚫어 알게 되는 그러한 방법이 있다."

5. "비구들이여, 그러면 어떤 것이 유학인 비구가 유학의 경지에 서서 '나는 유학이다.'라고 꿰뚫어 아는 그러한 방법인가?

비구들이여, 여기 유학인 비구는 '이것이 괴로움이다.'라고 있는 그대로 꿰뚫어 안다. '이것이 괴로움의 일어남이다.'라고 있는 그대로 꿰뚫어 안다. '이것이 괴로움의 소멸이다.'라고 있는 그대로 꿰뚫어 안다. '이것이 괴로움의 소멸로 인도하는 도닦음이다.'라고 있는 그대로 꿰뚫어 안다.

비구들이여, 이것이 유학인 비구가 유학의 경지에 서서 '나는 유학이다.'라고 꿰뚫어 아는 그러한 방법이다."

6. "다시 비구들이여, 유학인 비구는 이와 같이 숙고한다. '여기 말고 밖에[469] 다른 사문이나 바라문 가운데 세존처럼 사실이고 옳고 참된 법을 [230] 설하는 자가 있는가?'라고. 그는 '여기 말고 밖으로 다른 사문이나 바라문 가운데 세존처럼 사실이고 옳고 참된 법을 설하는 자는 없다.'라고 꿰뚫어 안다.

비구들이여, 이것도 유학인 비구가 유학의 경지에 서서 '나는 유학이다.'라고 꿰뚫어 아는 그러한 방법이다."

7. "다시 비구들이여, 유학인 비구는 다섯 가지 기능을 꿰뚫어 안다. 그것은 믿음의 기능, … 통찰지의 기능이다. 그러나 그는 아직 그것의 목적지와 그것의 궁극적 경지와 그것의 결실과 그것의 귀결점을 몸으로 직접 체득하여 머물지는 못한다. 그렇지만 통찰지로 꿰뚫은 뒤에 그것을 안다.[470]

---

469) '여기 말고 밖에(ito bahiddhā)'는 부처님 교법의 밖을 뜻한다. 여기에 대해서는 『디가 니까야』 「수바 경」(D10/ii.151~152) §2.19와 『맛지마 니까야』 「꼬삼비 경」(M48) §10 등을 참조할 것.

470) '그러나 그는 아직 그것의 목적지와 그것의 궁극적 경지와 그것의 결실과 그것의 귀결점을 몸으로 직접 체득하여 머물지는 못한다. 그렇지만 통찰지로 꿰뚫은 뒤에 그것을 안다.'는 'yaṁ gatikāni yam paramāni yam phalāni yam pariyosanāni na h'eva kho kāyena phusitvā viharati, paññāya ca ativijjha passati.'를 옮긴 것이다. '그것의 목적지(gatika)' 등의 구문은 본서 「자애가 함께함 경」(S46:54/v.118) §7에도 나타났다.
그런데 Woodward는 위 문장의 부정어 'na'가 뒷 문장에도 걸리는 것으로 이해해서 뒷 문장을 '통찰지로 꿰뚫은 뒤에 그것을 알지 못한다.'는 식으로 옮겼다.(KS 5:205) 그러나 이것은 유학과 무학(아라한)의 근본적인 차이를 무시한 것이다. 유학도 다섯 가지 기능이 정점에 도달한 열반을 본다.(S48:57 참조) 그러나 그것을 완전히 체득하여 머물지는 못한다. 아라한은 열반을 보고 그것을 완전히 체득하여 머문다. 뒷 문장에 나타나는 접속사 'ca'는 순접 접속사가 아닌 이접 접속사(*disjunctive*)로 이해해야 한다. 주석서는 이 뜻을 분명하게 보여준다.
"'몸으로 직접 체득하여 머물지는 못한다.'는 것은 정신의 몸(nāma-kāya,

비구들이여, 이것도 유학인 비구가 유학의 경지에 서서 '나는 유학이다.'라고 꿰뚫어 아는 그러한 방법이다."

8. "비구들이여, 그러면 어떤 것이 유학을 넘어선 비구가 유학을 넘어선 경지에 서서 '나는 유학을 넘어섰다.'라고 꿰뚫어 알게 되는 그러한 방법인가?

비구들이여, 유학을 넘어선 비구는 다섯 가지 기능을 꿰뚫어 안다. 그것은 믿음의 기능, 정진의 기능, 마음챙김의 기능, 삼매의 기능, 통찰지의 기능이다. 그는 그것의 목적지와 궁극적 경지와 결실과 귀결점을 몸으로 직접 체득하여 머문다. 그리고 통찰지로 꿰뚫은 뒤에 그것을 안다.

비구들이여, 이것도 유학을 넘어선 비구가 유학을 넘어선 경지에 서서 '나는 유학을 넘어섰다.'라고 꿰뚫어 알게 되는 그러한 방법이다."

9. "다시 비구들이여, 유학을 넘어선 비구는 여섯 가지 감각기능을 꿰뚫어 안다. 그것은 눈의 감각기능, 귀의 감각기능, 코의 감각기능, 혀의 감각기능, 몸의 감각기능, 마노의 감각기능이다. 그는 이러한 여섯 가지 감각기능이 어떤 것에 의해서도 어떤 식으로도 그 어디에도 그 누구에게도 남김없이 소멸해버릴 것이고 다른 여섯 가지 감각기능이 그 어디에도 그 어떤 식으로도 일어나지 않을 것이라고 꿰뚫어 안다.

수·상·행·식을 뜻함)으로 직접 체득하여 머무는 그런 체득을 하지 못한다는 뜻이다. '그렇지만 통찰지로 꿰뚫은 뒤에 그것을 안다.'는 것은 그러나 (pana) 반조의 통찰지(paccavekkhaṇa-paññā)로 다음의 아라한과의 기능(arahatta-phal-indriya)이라는 것이 있다고 꿰뚫어 안다는 뜻이다. 무학의 경지(asekha-bhūmi)에서는 그는 그것을 체득하여 머물고, 그리고 통찰지 즉 반조의 통찰지로 아라한과의 기능이라는 것이 있다고 꿰뚫어 안다." (SA.iii.248)

비구들이여, 이것도 유학을 넘어선 비구가 유학을 넘어선 경지에 서서 '나는 유학을 넘어섰다.'라고 꿰뚫어 알게 되는 그러한 방법이다."

발자국 경(S48:54)

Pada-sutta

3. "비구들이여, [231] 예를 들면 [땅 위에서] 걸어 다니는 생명체들의 발자국들은 그것이 어떤 것이든 간에 모두 코끼리 발자국에 포함되나니, 코끼리 발자국이야말로 그 크기가 으뜸이라 불리는 것과 같다.

비구들이여, 그와 같이 깨달음에 이바지하는 어떠한 발자국들이 있던지 간에471) 깨달음을 위해서는 통찰지의 기능이 그들 가운데서 으뜸이라 불린다."

4. "비구들이여, 그러면 어떠한 발자국들이 깨달음에 이바지하는가? 비구들이여, 믿음의 기능은 깨달음에 이바지하는 발자국이다. 정진의 기능은 … 마음챙김의 기능은 … 삼매의 기능은 … 통찰지의 기능은 깨달음에 이바지하는 발자국이다.

비구들이여, 예를 들면 [땅 위에서] 걸어 다니는 생명체들의 발자국들은 그것이 어떤 것이든 간에 모두 코끼리 발자국에 포함되나니, 코끼리 발자국이야말로 그 크기가 으뜸이라 불리는 것과 같다.

비구들이여, 그와 같이 깨달음에 이바지하는 어떠한 발자국들이 있던지 간에 깨달음을 위해서는 통찰지의 기능이 그들 가운데서 으

---

471) "'깨달음에 이바지하는 어떠한 발자국들이 있던지 간에(yāni kānici padāni bodhāya saṁvattanti)'는 깨달음이라는 이로움(bujjhan-attha)에 이바지 하는 어떠한 법의 발자국들(dhamma-padā)과 어떠한 법의 부분들(dhamma-koṭṭhāsā)이 있던지 간에라는 뜻이다."(SA.iii.248)

뜸이라 불린다."

속재목 경(S48:55)
Sāra-sutta

3. "비구들이여, 예를 들면 속재목[心材]의 향기들 가운데 붉은 전단향이 으뜸이라 불리는 것과 같다.

비구들이여, 그와 같이 깨달음에 이바지하는 어떠한 법들이 있던지 간에 깨달음을 위해서는 통찰지의 기능이 그들 가운데서 으뜸이라 불린다."

4. "비구들이여, 그러면 어떠한 법들이 깨달음에 이바지하는가? 비구들이여, 믿음의 기능은 깨달음에 이바지하는 법이다. 정진의 기능은 … 마음챙김의 기능은 … 삼매의 기능은 … 통찰지의 기능은 깨달음에 이바지하는 법이다.

비구들이여, 예를 들면 속재목의 향기들 가운데 붉은 전단향이 으뜸이라 불리는 것과 같다.

비구들이여, 그와 같이 깨달음에 이바지하는 어떠한 법들이 있던지 간에 깨달음을 위해서는 통찰지의 기능이 그들 가운데서 으뜸이라 불린다."

확립 경(S48:56)
Patiṭṭhita-sutta

3. "비구들이여, [232] 하나의 법에 확립된 비구는 다섯 가지 기능을 닦아서 아주 철저하게 닦는다. 어떤 것이 하나의 법인가? 불방일이다.

비구들이여, 그러면 어떤 것이 불방일인가? 비구들이여, 여기 비구는 번뇌들과 번뇌와 함께하는 법들로부터 마음을 보호한다.[472] 그가 번뇌들과 번뇌와 함께하는 법들로부터 마음을 보호할 때 믿음의 기능도 닦아지고 완성된다. 정진의 기능도 … 마음챙김의 기능도 … 삼매의 기능도 … 통찰지의 기능도 닦아지고 완성된다.

비구들이여, 이와 같이 하나의 법에 확립된 비구는 다섯 가지 기능을 닦아서 아주 철저하게 닦는다."

사함빠띠 범천 경(S48:57)

Sahampatibrahma-sutta

1. 이와 같이 나는 들었다. 한때 세존께서는 처음 완전한 깨달음을 성취하시고 나서 우루웰라의 네란자라 강둑에 있는 염소치기의 니그로다 나무 아래에서 머무셨다.

2. 그때 세존께서 한적한 곳에 가서 홀로 앉아있는 중에 문득 이런 생각이 마음에 일어났다.

'다섯 가지 기능을 닦고 많이 [공부]지으면 불사로 귀결되고 불사로 완성되고 불사로 완결된다. 무엇이 다섯인가?

믿음의 기능을 … 정진의 기능을 … 마음챙김의 기능을 … 삼매의 기능을 … 통찰지의 기능을 닦고 많이 [공부]지으면 불사로 귀결되고 불사로 완성되고 불사로 완결된다. 이러한 다섯 가지 기능을 닦고 많이 [공부]지으면 불사로 귀결되고 불사로 완성되고 불사로 완결된다.'

---

472) "'번뇌들과 번뇌와 함께하는 법들로부터 마음을 보호한다(cittaṁ rakkhati āsavesu ca sāsavesu ca dhammesu).'는 것은 삼계의 법들(te-bhūmaka-dhammā)에 대해서 번뇌가 일어나는 것(āsav-uppatti)을 막는 것(vāren-to)을 뜻한다."(SA.iii.249)

3. 그때 사함빠띠 범천이 마음으로 세존께서 마음에 일으키신 생각을 알고서 마치 힘센 사람이 구부렸던 팔을 펴고 폈던 팔을 구부리는 것처럼 범천의 세상에서 사라져서 세존 앞에 나타났다. [233] 그때 사함빠띠 범천은 한쪽 어깨가 드러나게 윗옷을 입고 오른쪽 무릎을 땅에 대고 세존을 향해 합장하여 인사를 올리면서 이렇게 말했다.

4. "참으로 그러하옵니다, 세존이시여. 참으로 그러하옵니다, 선서시여. 세존이시여, 다섯 가지 기능을 닦고 많이 [공부]지으면 불사로 귀결되고 불사로 완성되고 불사로 완결됩니다. 무엇이 다섯인가요?

믿음의 기능을 … 정진의 기능을 … 마음챙김의 기능을 … 삼매의 기능을 … 통찰지의 기능을 닦고 많이 [공부]지으면 불사로 귀결되고 불사로 완성되고 불사로 완결됩니다. 이러한 다섯 가지 기능을 닦고 많이 [공부]지으면 불사로 귀결되고 불사로 완성되고 불사로 완결됩니다."

5. "세존이시여, 옛날에 저는 깟사빠 정등각자 아래서 청정범행을 닦았습니다. 거기서 그들은 저를 '사하까 비구, 사하까 비구'라 불렀습니다. 세존이시여, 그런 저는 이러한 다섯 가지 기능을 닦고 많이 [공부]지어서 감각적 욕망에 대한 욕구를 빛바래게 하고 몸이 무너져 죽은 뒤에 선처인 범천의 세상473)에 태어났습니다. 거기서 그들은 저를 '사함빠띠 범천, 사함빠띠 범천'이라 부릅니다.

세존이시여, 참으로 이와 같습니다. 선서시여, 참으로 이와 같습니다. '다섯 가지 기능을 닦고 많이 [공부]지으면 불사로 귀결되고 불사로 완성되고 불사로 완결된다.'라고 저는 이것을 봅니다. 저는 이것

473) '범천의 세상(brahma-loka)'에 대해서는 본서 제6권 「병 경」(S55:54) §11의 주해를 참조할 것.

을 압니다.”

멧돼지 동굴 경(S48:58)

Sūkarakhatā-sutta

1. 이와 같이 나는 들었다. 한때 세존께서는 라자가하에서 독수리봉 산의 멧돼지 동굴에서 머무셨다.

2. 거기서 세존께서는 사리뿟따 존자를 불러서 말씀하셨다.

3. “사리뿟따여, 어떤 이로움을 보기 때문에 번뇌 다한 비구가 여래나 여래의 교법에 대해서 최상의 존경을 표하며474) 지내는가?”

“세존이시여, [234] 위없는 유가안은을 보기 때문에 번뇌 다한 비구는 여래나 여래의 교법에 대해서 최상의 존경을 표하며 지냅니다.”

4. “장하고 장하구나, 사리뿟따여. 사리뿟따여, 위없는 유가안은을 보기 때문에 번뇌 다한 비구는 여래나 여래의 교법에 대해서 최상의 존경을 표하며 지낸다.

사리뿟따여, 그러면 어떠한 위없는 유가안은을 보기 때문에 번뇌 다한 비구는 여래나 여래의 교법에 대해서 최상의 존경을 표하며 지내는가?”

“세존이시여, 여기 번뇌 다한 비구는 고요함으로 인도하고 바른 깨달음으로 인도하는 믿음의 기능을 닦습니다. … 정진의 기능을 닦습니다. … 마음챙김의 기능을 닦습니다. … 삼매의 기능을 닦습니다. 고요함으로 인도하고 바른 깨달음으로 인도하는 통찰지의 기능을 닦습니다.

---

474) ‘최상의 존경을 표함’은 parama-nipaccākāra를 옮긴 것이다. 여기에 대해서는 본서 제1권 「마낫탓다 경」(S7:15) §5의 주해를 참조할 것.

세존이시여, 이것이 바로 위없는 유가안은입니다. 이것을 보기 때문에 번뇌 다한 비구는 여래나 여래의 교법에 대해서 최상의 존경을 표하며 지냅니다."

5. "장하고 장하구나, 사리뿟따여. 사리뿟따여, 이것이 바로 위없는 유가안은이다. 이것을 보기 때문에 번뇌 다한 비구는 여래나 여래의 교법에 대해서 최상의 존경을 표하며 지낸다.

사리뿟따여, 그러면 번뇌 다한 비구가 여래나 여래의 교법에 대해서 최상의 존경을 표하며 지내는 그 최상의 존경이란 어떤 것인가?"

"세존이시여, 여기 번뇌 다한 비구는 스승을 존중하고 순응하며 머뭅니다. 법을 존중하고 순응하며 머뭅니다. 승가를 존중하고 순응하며 머뭅니다. 공부지음을 존중하고 순응하며 머뭅니다. 삼매를 존중하고 순응하며 머뭅니다.475)

세존이시여, 이것이 번뇌 다한 비구가 여래나 여래의 교법에 대해서 최상의 존경을 표하며 지내는 그 최상의 존경입니다."

6. "장하고 장하구나, [235] 사리뿟따여. 사리뿟따여, 이것이 바로 번뇌 다한 비구가 여래나 여래의 교법에 대해서 최상의 존경을 표하며 지내는 그 최상의 존경이다."

일어남 경1(S48:59)

Uppanna-sutta

3. "비구들이여, 아직 일어나지 않은 다섯 가지 기능을 비록 닦

---

475) 본서 제2권 「유사정법(類似正法) 경」(S16:13/ii.225) §7에서도 이 다섯 가지 '존중(gārava)'과 '순응(patissa)'이 정법을 확고하게 하고 혼란스럽지 않게 하고 사라지지 않게 하는 것(saddhammassa ṭhitiyā asammosāya anantaradhānāya saṁvattanti)으로 언급되고 있다.

고 많이 [공부]짓는다 하더라도 여래·아라한·정등각자가 출현하지 않으면 이것은 일어나지 않는다. 무엇이 다섯인가?

그것은 믿음의 기능, 정진의 기능, 마음챙김의 기능, 삼매의 기능, 통찰지의 기능이다.

비구들이여, 아직 일어나지 않은 이러한 다섯 가지 기능을 비록 닦고 많이 [공부]짓는다 하더라도 여래·아라한·정등각자가 출현하지 않으면 이것은 일어나지 않는다."

일어남 경2(S48:60)

3. "비구들이여, 아직 일어나지 않은 다섯 가지 기능을 비록 닦고 많이 [공부]짓는다 하더라도 선서의 율이 아니면 이것은 일어나지 않는다. 무엇이 다섯인가?

그것은 믿음의 기능, 정진의 기능, 마음챙김의 기능, 삼매의 기능, 통찰지의 기능이다.

비구들이여, 아직 일어나지 않은 이러한 다섯 가지 기능을 비록 닦고 많이 [공부]짓는다 하더라도 선서의 율이 아니면 이것은 일어나지 않는다."

제6장 멧돼지 동굴 품이 끝났다.

여섯 번째 품에 포함된 경들의 목록은 다음과 같다.

① 살라 ② 말라 ③ 유학
④ 발자국 ⑤ 속재목 ⑥ 확립
⑦ 사함빠띠 범천 ⑧ 멧돼지 동굴
두 가지 ⑨~⑩ 일어남이다.

제7장 보리분 품

Bodhipakkhiya-vagga

족쇄 경(S48:61)

Saṁyojana-sutta

3. "비구들이여, 다섯 가지 기능을 닦고 많이 [공부]지으면 족쇄들을 제거하게 된다. 무엇이 다섯인가?

그것은 믿음의 기능, 정진의 기능, 마음챙김의 기능, 삼매의 기능, 통찰지의 기능이다.

비구들이여, 이러한 다섯 가지 기능을 닦고 많이 [공부]지으면 족쇄들을 제거하게 된다."

잠재성향 경(S48:62)

Anusaya-sutta

3. "비구들이여, 다섯 가지 기능을 닦고 많이 [공부]지으면 잠재성향을 뿌리뽑게 된다. …"

철저하게 앎 경(S48:63)

Pariññā-sutta

3. "비구들이여, 다섯 가지 기능을 닦고 많이 [공부]지으면 도정(道程)을 철저하게 알게 된다. …"

번뇌의 멸진 경(S48:64)

Āsavakkhaya-sutta

3. "비구들이여, 다섯 가지 기능을 닦고 많이 [공부]지으면 번뇌들을 멸진하게 된다. …

비구들이여, 다섯 가지 기능을 닦고 많이 [공부]지으면 족쇄들을 제거하게 된다. 잠재성향들을 뿌리뽑게 된다. 도정을 철저하게 알게 된다. 번뇌들을 멸진하게 된다."

두 가지 결실 경(S48:65)

Dvephala-sutta

3. "비구들이여, 다섯 가지 기능이 있다. 무엇이 다섯인가?

그것은 믿음의 기능, 정진의 기능, 마음챙김의 기능, 삼매의 기능, 통찰지의 기능이다."

4. "비구들이여, 이러한 다섯 가지 기능을 닦고 많이 [공부]지으면 두 가지 결실 가운데 하나의 결실이 예상되나니, 지금・여기(금생)에서 구경의 지혜를 얻거나, 취착의 자취가 남아 있으면 다시는 돌아오지 않는 경지[不還果]가 예상된다."

일곱 가지 이익 경(S48:66)

Sattānisaṁsa-sutta

3. "비구들이여, [237] 다섯 가지 기능이 있다. 무엇이 다섯인가?

믿음의 기능, 정진의 기능, 마음챙김의 기능, 삼매의 기능, 통찰지의 기능이다."

4. "비구들이여, 다섯 가지 기능을 닦고 많이 [공부]지으면 일곱 가지 결실과 일곱 가지 이익이 기대된다. 어떤 것이 일곱 가지 결실과 이익인가?

① 지금 · 여기에서 구경의 지혜를 성취한다. 만일 지금 · 여기에서 구경의 지혜를 성취하지 못하면 ② 죽을 때에 구경의 지혜를 성취한다. 만일 지금 · 여기에서 구경의 지혜를 성취하지 못하고 죽을 때에도 구경의 지혜를 성취하지 못하면 그는 다섯 가지 낮은 단계의 족쇄를 완전히 없애고 ③ 수명의 중반쯤에 이르러 완전한 열반에 드는 자가 된다. ④ [수명의] 반이 지나서 완전한 열반에 드는 자가 된다. ⑤ 노력 없이 쉽게 완전한 열반에 드는 자가 된다. ⑥ 노력하여 어렵게 완전한 열반에 드는 자가 된다. ⑦ 더 높은 세계로 재생하여 색구경천에 이르는 자가 된다."

5. "비구들이여, 다섯 가지 기능을 닦고 많이 [공부]지으면 이러한 일곱 가지 결실과 일곱 가지 이익이 기대된다."

나무 경1(S48:67)

Rukkha-sutta

3. "비구들이여, 예를 들면 잠부디빠[476]에 그 어떤 나무들이 있

476) '잠부디빠(Jambudīpa)' 혹은 '잠부 섬'은 jambu(잠부)-dīpa(섬)로 이루어진 합성어인데 원래는 인도를 나타내는 말로 쓰였다. 주석서는 "잠부 나무가 있으며 유명한 섬"(AA.ii.34)이라고 설명한다. 주석서에서는 히말라야 산에 일 겁을 머무는 큰 잠부(Mahājambu) 나무가 있기 때문이라고 설명하기도 하고 이 섬에는 잠부 나무(jamburukkha)가 번성하기 때문이라고도 설명하고 있다.(*Ibid*)
그리고 인도의 지형이 마치 잠부 열매처럼 생겼기 때문에 붙여진 이름이라고도 한다. 잠부디빠는 중국에서 염부제(閻浮提)로 음역되었다. 『앙굿따라 니까야』 「아비부 경」(A3:80)과 같은 불교신화에서는 우리 인간이 사는

든지 간에 잠부 나무가 으뜸이라 불리는 것과 같다.

비구들이여, 그와 같이 그 어떤 깨달음의 편에 있는 법들이 있던지 간에 깨달음을 위해서는 통찰지의 기능이 그들 가운데서 으뜸이라 불린다.

비구들이여, 그러면 어떤 것이 깨달음의 편에 있는 법들인가?

비구들이여, 믿음의 기능은 깨달음의 편에 있는 법이니 그것은 깨달음에 이바지한다. 정진의 기능은 … 마음챙김의 기능은 … 삼매의 기능은 … 통찰지의 기능은 깨달음의 편에 있는 법이니 그것은 깨달음에 이바지한다."

비구들이여, 예를 들면 잠부디빠에 그 어떤 나무들이 있든지 간에 잠부 나무가 으뜸이라 불리는 것과 같다.

비구들이여, 그와 같이 그 어떤 깨달음의 편에 있는 법들이 있던지 간에 깨달음을 위해서는 통찰지의 기능이 그들 가운데서 으뜸이라 불린다."

나무 경2(S48:68)

3. "비구들이여, [238] 예를 들면 삼십삼천의 신들에게 그 어떤 나무들이 있든지 간에 빠릿찻따까 나무477)가 으뜸이라 불리는 것과

세계를 통칭하는 것으로 이해하고 있다.
주석서에 의하면 잠부디빠(Jambudīpa)와 아빠라고야나(Aparagoyāna)와 웃따라꾸루(Uttarakuru)와 뿝바위데하(Pubbavideha)는 수미산(須彌山, Sineru, Sk. Sumeru) 주위에 있는 네 대륙(dīpa)의 이름이다.(AA.ii.36) 잠부디빠는 남쪽에 있는 대륙이며 우리 같은 인간이 사는 곳이다. 아빠라고야나는 서쪽(apara)에 웃따라꾸루는 북쪽(uttara)에 뿝바위데하는 동쪽(pubba)에 있는 대륙이다. 그래서 중국에서는 이 넷을 각각 남섬부주(南贍部洲), 서우화주(西牛貨洲), 동승신주(東勝身洲), 북구로주(北俱盧洲)로 옮겼다.

같다.

비구들이여, 그와 같이 그 어떤 깨달음의 편에 있는 법들이 있던지 간에 깨달음을 위해서는 통찰지의 기능이 그들 가운데서 으뜸이라 불린다.

비구들이여, 그러면 어떤 것이 깨달음의 편에 있는 법들인가? …

비구들이여, 예를 들면 삼십삼천의 신들에게 그 어떤 나무들이 있든지 간에 … 깨달음을 위해서는 통찰지의 기능이 그들 가운데서 으뜸이라 불린다."

나무 경3(S48:69)

3. "비구들이여, 예를 들면 아수라들에게 그 어떤 나무들이 있든지 간에 찟따빠딸리 나무가 으뜸이라 불리는 것과 같다.

비구들이여, 그와 같이 그 어떤 깨달음의 편에 있는 법들이 있던지 간에 깨달음을 위해서는 통찰지의 기능이 그들 가운데서 으뜸이라 불린다.

비구들이여, 그러면 어떤 것이 깨달음의 편에 있는 법들인가? …

비구들이여, 예를 들면 아수라들에게 그 어떤 나무들이 있든지 간에 … 깨달음을 위해서는 통찰지의 기능이 그들 가운데서 으뜸이라 불린다."

---

477) '빠릿찻따까' 혹은 빠릿찻따까 꼬윌라라 나무(pāricchattaka koviḷāra)는 영어로 *coral tree*(산호 나무)라고 번역한다.(PED) 주석서에 의하면 이 나무는 삼십삼천의 난다나 정원에 있으며, 이곳에 있는 수담마 회의장(Sudhamma-sālā) 앞에 마가(Magha)가 심은 것이라고 한다. 그 둘레는 무려 100요자나라고 한다.(DhpA.i.270 등)

나무 경4(S48:70)

3. "비구들이여, 예를 들면 금시조[478]들에게 그 어떤 나무들이 있든지 간에 꾸따삼발리 나무가 으뜸이라 불리는 것과 같다.

비구들이여, 그와 같이 그 어떤 깨달음의 편에 있는 법들이 있던지 간에 깨달음을 위해서는 통찰지의 기능이 그들 가운데서 으뜸이라 불린다.

비구들이여, [239] 그러면 어떤 것이 깨달음의 편에 있는 법들인가? …

비구들이여, 예를 들면 금시조들에게 그 어떤 나무들이 있든지 간에 … 깨달음을 위해서는 통찰지의 기능이 그들 가운데서 으뜸이라 불린다."

제7장 보리분 품이 끝났다.

일곱 번째 품에 포함된 경들의 목록은 다음과 같다.

① 족쇄 ② 잠재 성향 ③ 철저하게 앎
④ 번뇌의 멸진 ⑤ 두 가지 결실
⑥ 일곱 가지 이익 네 가지 ⑦~⑩ 나무이다.

---

478) '금시조(金翅鳥)'로 옮긴 원어는 supaṇṇa이다. 본서 제3권 「간단한 설명 경」(S30:1) §3의 주해를 참조할 것.

제8장 강가 강의 반복

Gaṅgā-peyyāla

동쪽으로 흐름 경 등(S48:71~82)

[240] <본품의 12개 경들은 본서 「도 상윳따」(S45) 제9장 「첫 번째 강가 강의 반복」(Gaṅga-peyyala)의 12개 경들(S45:91~102 = S46:77~88)과 같은 방법으로 설해지고 있음.>

여덟 번째 품에 포함된 경들의 목록은 다음과 같다.

여섯 가지 ①~⑥ 동쪽으로 흐름, 여섯 가지 ⑦~⑫ 바다
이처럼 6가지가 두 번 있어서 모두 12가지가 설해졌다.

제9장 불방일 품

Appamāda-vagga

여래 경 등(S48:83~92)

<본품의 10개 경들은 본서 「도 상윳따」(S45) 제13장 「불방일 반복」의 10개 경들(S45:139~148 = S46:89~98)과 같은 방법으로 설해지고 있음.>

아홉 번째 품에 포함된 경들의 목록은 다음과 같다.

① 여래 ② 발자국 ③ 뾰족지붕 ④ 뿌리 ⑤ 속재목
⑥ 재스민 꽃 ⑦ 왕 ⑧ 달 ⑨ 태양, 열 번째로 ⑩ 옷감이다.

제10장 힘쓰는 일 품

Balakaraṇīya-vagga

힘 경 등(S48:93~104)

<본품의 12개 경들은 본서 「도 상윳따」(S45) 제14장 「힘쓰는 일 품」(Balakaraṇīya-vagga)의 12개 경들(S45:149~160 = S46:99~110)과 같은 방법으로 설해지고 있음.>

열 번째 품에 포함된 경들의 목록은 다음과 같다.

① 힘 ② 씨앗 ③ 용 ④ 나무 ⑤ 항아리
⑥ 꺼끄러기 ⑦ 허공, 두 가지 ⑧~⑨ 구름
⑩ 배 ⑪ 객사(客舍) ⑫ 강이다.

제11장 추구 품

Esanā-vagga

추구 경 등(S48:105~114)

<본품의 10개 경들은 본서 「도 상윳따」(S45) 제15장 「추구 품」(Esanā-vagga)의 10개 경들(S45:161~170 = S46:111~120)과 같은 방법으로 설해지고 있음.>

열한 번째 품에 포함된 경들의 목록은 다음과 같다.

① 추구 ② 자만심 ③ 번뇌 ④ 존재 ⑤ 괴로움의 성질
⑥ 삭막함 ⑦ 때 ⑧ 근심 ⑨ 느낌 ⑩ 갈애 ⑪ 목마름이다.

제12장 폭류 품

Ogha-vagga

폭류 경 등(S48:115~124) [241]

<본품의 10개 경들은 본서 「도 상윳따」(S45) 제16장 「폭류 품」(Ogha-vagga)의 10개 경들(S45:171~180 = S46:121~130)과 같은 방법으로 설해지고 있음.>

열두 번째 품에 포함된 경들의 목록은 다음과 같다.

① 폭류 ② 속박 ③ 취착
④ 매듭 ⑤ 잠재성향
⑥ 감각적 욕망 ⑦ 장애 ⑧ 무더기
⑨ 낮은 단계의 족쇄 ⑩ 높은 단계의 족쇄이다.

제13장 강가 강의 반복

Gaṅga-peyyala

탐욕을 길들임

Rāgavinaya

동쪽으로 흐름 경 등(S48:125~136)

[242] <본품의 12개 경들은 본서 「도 상윳따」(S45) 제10장 「두 번째 강가 강의 반복」(Gaṅga-peyyala)의 12개 경들(S45:103~114 = S46:131~142)과 같은 방법으로 설해지고 있음.>[479]

열세 번째 품에 포함된 경들의 목록은 다음과 같다.

여섯 가지 ①~⑥ 동쪽으로 흐름, 여섯 가지 ⑦~⑫ 바다
이처럼 6가지가 두 번 있어서 모두 12가지가 설해졌다.

479) 여기에 대해서는 본서 「깨달음의 구성요소 상윳따」(S46) 제14장 「강가 강의 반복」(Gaṅgā-peyyāla)의 주해를 참조할 것.

제14장 불방일의 반복

Appamāda-peyyāla

탐욕을 길들임

Rāgavinaya

여래 경 등(S48:137~146)

<본품의 10개 경들은 본서 「도 상윳따」(S45) 제13장 「불방일의 반복」(Appamāda-peyyāla)의 10개 경들(S45:139~148 = S46:143~152) 가운데 탐욕을 길들임 편과 같은 방법으로 설해지고 있음.>

열네 번째 품에 포함된 경들의 목록은 다음과 같다.

① 여래 ② 발자국 ③ 뾰족지붕 ④ 뿌리 ⑤ 속재목
⑥ 재스민 꽃 ⑦ 왕 ⑧ 달 ⑨ 태양, 열 번째로 ⑩ 옷감이다.

제15장 힘쓰는 일 품

Balakaraṇīya-vagga

힘 경 등(S48:147~158)

<본품의 12개 경들은 본서 「도 상윳따」(S45) 제14장 「힘쓰는 일 품」(Balakaraṇīya-vagga)의 12개 경들(S45:149~160 = S46:153~164) 가운데 탐욕을 길들임 편과 같은 방법으로 설해지고 있음.>

열다섯 번째 품에 포함된 경들의 목록은 다음과 같다.

① 힘 ② 씨앗 ③ 용 ④ 나무 ⑤ 항아리 ⑥ 꺼끄러기
⑦ 허공, 두 가지 ⑧~⑨ 구름 ⑩ 배 ⑪ 객사(客舍) ⑫ 강이다.

제16장 추구 품

Esanā-vagga

추구 경 등(S48:159~168)

<본품의 10개 경들은 본서 「도 상윳따」(S45) 제15장 「추구 품」(Esanā-vagga)의 10개 경들(S45:161~170 = S46:165~1174) 가운데 탐욕을 길들임 편과 같은 방법으로 설해지고 있음.>

열여섯 번째 품에 포함된 경들의 목록은 다음과 같다.

① 추구 ② 자만심 ③ 번뇌
④ 존재 ⑤ 괴로움의 성질
⑥ 삭막함 ⑦ 때 ⑧ 근심
⑨ 느낌 ⑩ 갈애 ⑪ 목마름이다.

제17장 폭류 품

Ogha-vagga

폭류 경 등(S48:169~178)

[243] <본품의 10개 경들은 본서 「도 상윳따」(S45) 제16장 「폭류 품」(Ogha-vagga)의 10개 경들(S45:171~180 = S46:175~184) 가운데 탐욕을 길들임 편과 같은 방법으로 설해지고 있음.>

열일곱 번째 품에 포함된 경들의 목록은 다음과 같다.

① 폭류 ② 속박 ③ 취착 ④ 매듭
⑤ 잠재성향 ⑥ 감각적 욕망
⑦ 장애 ⑧ 무더기 ⑨ 낮은 단계의 족쇄
⑩ 높은 단계의 족쇄이다.

기능[根] 상윳따(S48)가 끝났다.

제49주제

바른 노력 상윳따(S49)

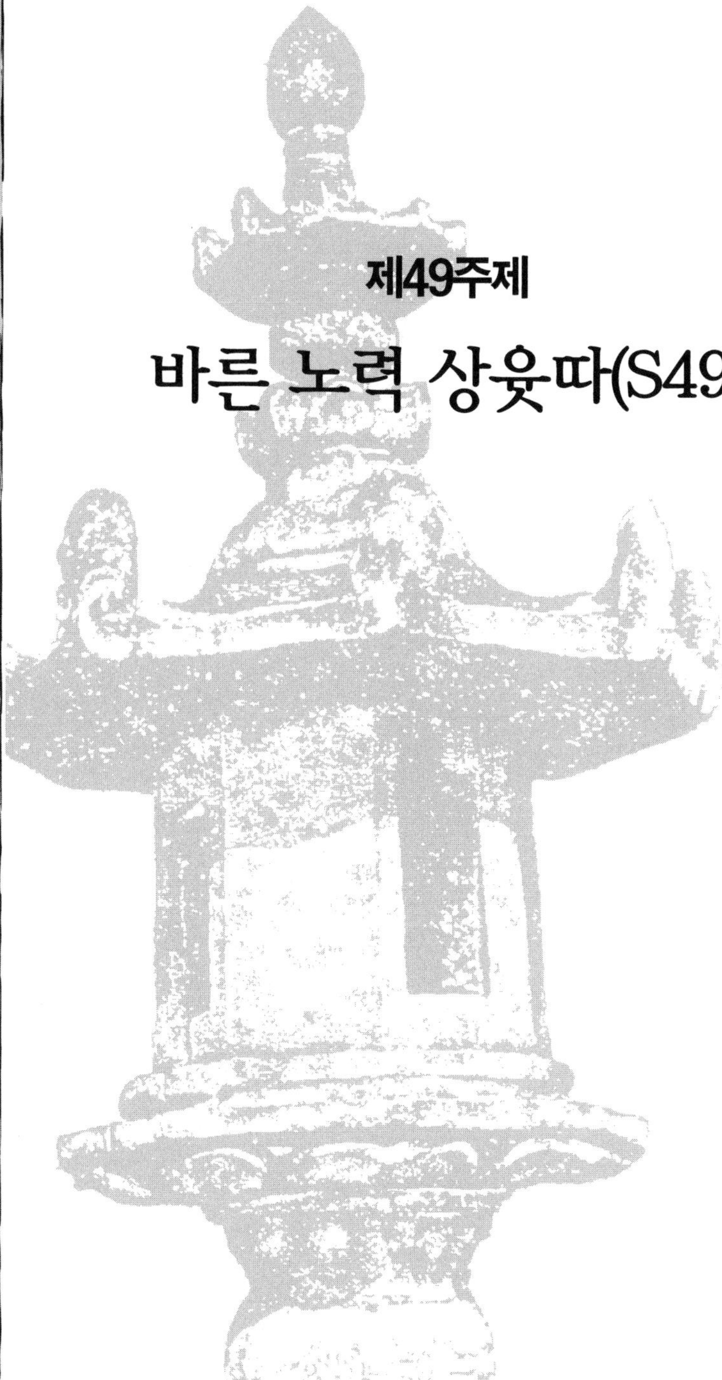

제49주제(S49)

바른 노력 상윳따

Sammappadhāna-saṁyutta

제1장 강가 강의 반복

Gaṅgāpeyyāla

동쪽으로 흐름 경 등(S49:1~12)

1. 이와 같이 나는 들었다. [244] 한때 세존께서는 사왓티에서 제따 숲의 아나타삔디까 원림(급고독원)에 머무셨다.

2. 거기서 세존께서는 이렇게 말씀하셨다.

3. "비구들이여, 네 가지 바른 노력[四正勤]이 있다. 무엇이 넷인가?

비구들이여, 여기 비구는 아직 일어나지 않은 사악하고 해로운 법[不善法]들을 일어나지 못하게 하기 위해서 열의를 생기게 하고 정진하고 힘을 내고 마음을 다잡고 애를 쓴다. 이미 일어난 사악하고 해로운 법들을 제거하기 위해서 열의를 생기게 하고 정진하고 힘을 내고 마음을 다잡고 애를 쓴다. 아직 일어나지 않은 유익한 법[善法]들을 일어나게 하기 위해서 열의를 생기게 하고 정진하고 힘을 내고 마음을 다잡고 애를 쓴다. 이미 일어난 유익한 법들을 지속시키고 사라지지 않게 하고 증장시키고 충만하게 하고 닦아서 성취하기 위해서

열의를 생기게 하고 정진하고 힘을 내고 마음을 다잡고 애를 쓴다.480)

비구들이여, 이러한 네 가지 바른 노력이 있다."

4. "비구들이여, 예를 들면 강가 강은 동쪽으로 흐르고 동쪽으로 향하고 동쪽으로 들어간다.

비구들이여, 그와 같이 비구가 네 가지 바른 노력을 닦고 네 가지 바른 노력을 많이 [공부]지으면 그는 열반으로 흐르고 열반으로 향하고 열반으로 들어간다."

5. "비구들이여, 그러면 비구가 어떻게 네 가지 바른 노력을 닦고 네 가지 바른 노력을 많이 [공부]지으면 열반으로 흐르고 열반으로 향하고 열반으로 들어가는가?

비구들이여, [245] 여기 비구는 아직 일어나지 않은 사악하고 해로운 법[不善法]들을 일어나지 못하게 하기 위해서 열의를 생기게 하고 정진하고 힘을 내고 마음을 다잡고 애를 쓴다. 이미 일어난 사악하고 해로운 법들을 제거하기 위해서 열의를 생기게 하고 정진하고 힘을

---

480) 정형구의 용어들에 대한 설명은 『위방가』(Vbh.208~210)에서 경의 분류방법(Sutanta-bhājanīya)에 의해서 설명되고 있으며 『위방가 주석서』(VbhA.289~96)에서 상세하게 주석되고 있다. 『청정도론』 XXII.22:35에도 간략하게 나타나고 있다. 아비담마의 분류방법(Abhidhamma-bhājanīya)에 의한 설명은 『위방가』(Vbh.211~214)에 나타나고 있다. 『위방가』의 설명을 요약하면 다음과 같다.
'사악하고 해로운 법들(pāpakā akusalā dhammā)'이란 탐욕(lobha)과 성냄(dosa)과 어리석음(moha)과 이들과 함께하는 오염원(kilesa)들이다.
'열의(chanda)'란 유익하고 법다운 하고자함(kattu-kamyatā)이다.
'정진하고 힘을 내고 마음을 다잡고 애를 쓰는 것(vāyamati, viriyam ārabhati, cittam paggaṇhāti, padahati)'은 모두 정진(viriya)을 뜻하는 말이다.
'유익한 법들(kusalā dhammā)'이란 탐욕 없음, 성냄 없음, 어리석음 없음과 이들과 함께하는 느낌의 무더기(수온), 인식의 무더기(상온), 심리현상들의 무더기(행온), 알음알이의 무더기(식온)이다.

내고 마음을 다잡고 애를 쓴다. 아직 일어나지 않은 유익한 법[善法]들을 일어나게 하기 위해서 열의를 생기게 하고 정진하고 힘을 내고 마음을 다잡고 애를 쓴다. 이미 일어난 유익한 법들을 지속시키고 사라지지 않게 하고 증장시키고 충만하게 하고 닦아서 성취하기 위해서 열의를 생기게 하고 정진하고 힘을 내고 마음을 다잡고 애를 쓴다."

6. "비구들이여, 이와 같이 비구가 네 가지 바른 노력을 닦고 네 가지 바른 노력을 많이 [공부]지으면 그는 열반으로 흐르고 열반으로 향하고 열반으로 들어간다."

<같은 방법으로 본경을 포함한 본품의 12개 경들은 본서 「도 상윳따」(S45) 제9장 「첫 번째 강가 강의 반복」(Gaṅga-peyyala)의 12개 경들(S45:91~102 = S46:77~88)과 같은 방법으로 설해지고 있음.>

제1장 강가 강의 반복이 끝났다.

첫 번째 품에 포함된 경들의 목록은 다음과 같다.

여섯 가지 ①~⑥ 동쪽으로 흐름, 여섯 가지 ⑦~⑫ 바다
이처럼 6가지가 두 번 있어서 모두 12가지가 설해졌다.

제2장 불방일 품

Appamāda-vagga

여래 경 등(S49:13~22)

3. "비구들이여, 예를 들면 중생이 발이 없건, 두 발이건, 네 발이건, 여러 발이건, 물질을 가졌건, 물질을 갖지 않았건, 인식이 있건, 인식이 없건, 인식이 있는 것도 아니고 없는 것도 아니건, 그 모든 중생들에 관한 한, 여래·아라한·정등각자가 그들 가운데서 으뜸이라 불린다.

비구들이여, 그와 같이 유익한 법[善法]들은 그것이 어떤 것이든 간에 모두 불방일을 뿌리로 하고 불방일로 모이고 불방일이 그들 가운데 으뜸이라 불린다.

비구들이여, 비구가 방일하지 않으면 '그는 네 가지 바른 노력을 닦을 것이다. 그는 네 가지 바른 노력을 많이 [공부]지을 것이다.'라는 것이 기대된다."

4. "비구들이여, 그러면 방일하지 않는 비구는 어떻게 네 가지 바른 노력을 닦고 어떻게 네 가지 바른 노력을 많이 [공부]짓는가?

비구들이여, 여기 비구는 아직 일어나지 않은 사악하고 해로운 법[不善法]들을 일어나지 못하게 하기 위해서 … 이미 일어난 사악하고 해로운 법들을 제거하기 위해서 … 아직 일어나지 않은 유익한 법[善法]들을 일어나게 하기 위해서 … 이미 일어난 유익한 법들을 지속시키고 사라지지 않게 하고 증장시키고 충만하게 하고 닦아서 성취하기 위해서 열의를 생기게 하고 정진하고 힘을 내고 마음을 다잡고 애를 쓴다.

비구들이여, 방일하지 않는 비구는 이렇게 네 가지 바른 노력을 닦고 이렇게 네 가지 바른 노력을 많이 [공부]짓는다."

<본품의 10개 경들은 본서 「도 상윳따」(S45) 제13장 「불방일 반복」의 10개 경들(S45:139~148 = S46:89~98)과 같은 방법으로 설해지고 있음.>

제2장 불방일 품이 끝났다.

두 번째 품에 포함된 경들의 목록은 다음과 같다.

① 여래 ② 발자국 ③ 뾰족지붕 ④ 뿌리 ⑤ 속재목
⑥ 재스민 꽃 ⑦ 왕 ⑧ 달 ⑨ 태양, 열 번째로 ⑩ 옷감이다.

제3장 힘쓰는 일 품

Balakaraṇīya-vagga

힘 경 등(S49:23~34)

3. "비구들이여, [246] 예를 들면 어떤 일이든 힘쓰는 일들을 할 때는 모두 반드시 땅을 의지하고 땅에 확고하게 서서 힘쓰는 일들을 하는 것과 같다.

비구들이여, 그와 같이 비구는 계를 의지하고 계에 확고하게 서서 네 가지 바른 노력을 닦고 네 가지 바른 노력을 많이 [공부]짓는다."

4. "비구들이여, 그러면 방일하지 않는 비구는 어떻게 네 가지 바른 노력을 닦고 어떻게 네 가지 바른 노력을 많이 [공부]짓는가?

비구들이여, 여기 비구는 아직 일어나지 않은 사악하고 해로운 법[不善法]들을 일어나지 못하게 하기 위해서 … 이미 일어난 사악하고 해로운 법들을 제거하기 위해서 … 아직 일어나지 않은 유익한 법[善法]들을 일어나게 하기 위해서 … 이미 일어난 유익한 법들을 지속시키고 사라지지 않게 하고 증장시키고 충만하게 하고 닦아서 성취하기 위해서 열의를 생기게 하고 정진하고 힘을 내고 마음을 다잡고 애를 쓴다.

비구들이여, 이와 같이 비구는 계를 의지하고 계에 확고하게 서서 네 가지 바른 노력을 닦고 네 가지 바른 노력을 많이 [공부]짓는다."

<본품의 12개 경들은 본서 「도 상윳따」(S45) 제14장 「힘쓰는 일 품」(Balakaraṇīya-vagga)의 12개 경들(S45:149~160 = S46:99~110)과 같은 방법으로 설해지고 있음.>

제3장 힘쓰는 일 품이 끝났다.

세 번째 품에 포함된 경들의 목록은 다음과 같다.

① 힘 ② 씨앗 ③ 용 ④ 나무 ⑤ 항아리
⑥ 꺼끄러기 ⑦ 허공, 두 가지 ⑧~⑨ 구름
⑩ 배 ⑪ 객사(客舍) ⑫ 강이다.

제4장 추구 품

Esanā-vagga

추구 경 등(S49:35~44)

3. "비구들이여, 세 가지 추구가 있다. 무엇이 셋인가?
감각적 욕망의 추구, 존재의 추구, 청정범행의 추구이다.
비구들이여, 이러한 세 가지 추구가 있다."

4. "비구들이여, [247] 이러한 세 가지 추구를 최상의 지혜로 알기 위해서는 … 철저히 알기 위해서는 … 철저하게 멸진하기 위해서는 … 제거하기 위해서는 네 가지 바른 노력을 닦아야 한다. 그러면 어떤 네 가지 바른 노력을 닦아야 하는가?

비구들이여, 여기 비구는 아직 일어나지 않은 사악하고 해로운 법[不善法]들을 일어나지 못하게 하기 위해서 … 이미 일어난 사악하고 해로운 법들을 제거하기 위해서 … 아직 일어나지 않은 유익한 법[善法]들을 일어나게 하기 위해서 … 이미 일어난 유익한 법들을 지속시키고 사라지지 않게 하고 증장시키고 충만하게 하고 닦아서 성취하기 위해서 열의를 생기게 하고 정진하고 힘을 내고 마음을 다잡고 애를 쓴다.

비구들이여, 이러한 세 가지 추구를 최상의 지혜로 알기 위해서는 … 철저히 알기 위해서는 … 철저하게 멸진하기 위해서는 … 제거하기 위해서는 이러한 네 가지 바른 노력을 닦아야 한다."

<본품의 10개 경들은 본서 「도 상윳따」(S45) 제15장 「추구 품」(Esanā-vagga)의 10개 경들(S45:161~170 = S46:111~120)과 같은 방법으로 설해지고 있음.>

제4장 추구 품이 끝났다.

네 번째 품에 포함된 경들의 목록은 다음과 같다.

① 추구 ② 자만심 ③ 번뇌
④ 존재 ⑤ 괴로움의 성질
⑥ 삭막함 ⑦ 때 ⑧ 근심
⑨ 느낌 ⑩ 갈애 ⑪ 목마름이다.

제5장 폭류 품

Ogha-vagga

폭류 경 등(S49:45~54)

3. "비구들이여, 네 가지 폭류가 있다. 무엇이 넷인가? 감각적 욕망의 폭류, 존재의 폭류, 견해의 폭류, 무명의 폭류이다. 비구들이여, 이러한 네 가지 폭류가 있다."

4. "비구들이여, 이러한 네 가지 폭류를 최상의 지혜로 알기 위해서는 … 철저히 알기 위해서는 … 철저하게 멸진하기 위해서는 … 제거하기 위해서는 네 가지 바른 노력을 닦아야 한다. 그러면 어떤 네 가지 바른 노력을 닦아야 하는가?

비구들이여, 여기 비구는 아직 일어나지 않은 사악하고 해로운 법[不善法]들을 일어나지 못하게 하기 위해서 … 이미 일어난 사악하고 해로운 법들을 제거하기 위해서 … 아직 일어나지 않은 유익한 법[善法]들을 일어나게 하기 위해서 … 이미 일어난 유익한 법들을 지속시키고 사라지지 않게 하고 증장시키고 충만하게 하고 닦아서 성취하기 위해서 [248] 열의를 생기게 하고 정진하고 힘을 내고 마음을 다잡고 애를 쓴다.

비구들이여, 이러한 네 가지 폭류를 최상의 지혜로 알기 위해서는 … 철저히 알기 위해서는 … 철저하게 멸진하기 위해서는 … 제거하기 위해서는 이러한 네 가지 바른 노력을 닦아야 한다."

<본품의 10개 경들은 본서 「도 상윳따」(S45) 제16장 「폭류 품」(Ogha-vagga)의 10개 경들(S45:171~180 = S46:121~130)과 같은 방법으로 설해지고 있음.>

제5장 폭류 품이 끝났다.

다섯 번째 품에 포함된 경들의 목록은 다음과 같다.

① 폭류 ② 속박 ③ 취착
④ 매듭 ⑤ 잠재성향
⑥ 감각적 욕망 ⑦ 장애 ⑧ 무더기
⑨ 낮은 단계의 족쇄 ⑩ 높은 단계의 족쇄이다.

바른 노력 상윳따(S49)가 끝났다.

제50주제

힘 상윳따(S50)

제50주제(S50)

힘 상윳따

Bala-saṁyutta

제1장 강가 강의 반복

Gaṅgāpeyyāla

떨쳐버림을 의지함

Viveka-nissita

동쪽으로 흐름 경 등(S50:1~12)

1. 이와 같이 나는 들었다. [254] 한때 세존께서는 사왓티에서 제따 숲의 아나타삔디까 원림(급고독원)에 머무셨다.

2. 거기서 세존께서는 이렇게 말씀하셨다.

3. "비구들이여, [249] 다섯 가지 힘이 있다. 무엇이 다섯인가? 믿음의 힘, 정진의 힘, 마음챙김의 힘, 삼매의 힘, 통찰지의 힘이다."481)

---

481) 본 상윳따(S50)의 주제인 다섯 가지 힘[五力, pañca-bala]의 내용은 본서 「기능 상윳따」(S48)의 주제인 다섯 가지 기능[五根, pañc-indriya]과 같다. 이미 본서 「사께따 경」(S48:43) §5에서 세존께서는 "믿음의 기능이 곧 믿음의 힘이고 믿음의 힘이 곧 믿음의 기능이다. 정진의 기능이 곧 정진의 힘이고 정진의 힘이 곧 정진의 기능이다. 마음챙김의 기능이 곧 마음챙김의 힘이고 마음챙김의 힘이 곧 마음챙김의 기능이다. 삼매의 기능이 곧 삼매의 힘이고 삼매의 힘이 곧 삼매의 기능이다. 통찰지의 기능이 곧 통찰지의 힘이

4. “비구들이여, 예를 들면 강가 강은 동쪽으로 흐르고 동쪽으로 향하고 동쪽으로 들어간다.

고 통찰지의 힘이 곧 통찰지의 기능이다.”라고 말씀하셨다.
이미 그곳의 주해에서 밝혔듯이, 이러한 말씀은 기능[根, indriya]들과 힘[力, bala]들 사이에는 근본적인 차이점이 없다는 것을 인정하는 것이 되고, 기능들과 힘들은 단지 다른 두 각도에서 같은 요소들을 쳐다보는 차이에 지나지 않는다는 것이 된다. 용어를 가지고만 보면 힘들은 기능들보다 더 발전된 단계인 것처럼 보이지만 경이나 주석서에서 이를 뒷받침할 출처를 찾을 수가 없다. 주석서는 다음과 같이 설명한다.
“확신을 특징으로 하는 것에 대해서(adhimokkha-lakkhaṇe) 통제를 한다는 뜻에서(indaṭṭhena) ‘믿음의 기능’이라 하고, 불신(assaddhiya)에 의해서 흔들리지 않기(akampana) 때문에 ‘믿음의 힘’이라 한다. 나머지들은 각각 분발(paggaha)과 확립(upaṭṭhāna)과 산란하지 않음(avikkhepa)과 꿰뚫어 앎(pajānana)을 특징으로 하는 것에 대해서 통제를 한다는 뜻에서 ‘기능[根]’이 되고(indriya-bhāva), 각각 게으름(kosajja)과 마음챙김을 놓아버림(muṭṭha-sacca)과 산란함(vikkhepa)과 무명(avijjā)에 의해서 흔들리지 않기 때문에 ‘힘[力]’이 된다고(bala-bhāva) 알아야 한다.”(SA.iii.247)
다시 정리해보면, 믿음은 확신 등의 측면에서 보면 믿음의 기능이 되고 불신에 흔들리지 않는 측면에서 보면 믿음의 힘이 된다. 정진은 분발하는 측면에서 보면 정진의 기능이 되고 게으름에 흔들리지 않는 측면에서 보면 정진의 힘이 된다. 같이하여 확립과 마음챙김을 놓아버림에 흔들리지 않는 측면에서 각각 마음챙김의 기능과 마음챙김의 힘이 되고, 산란하지 않음과 산란함에 흔들리지 않는 측면에서 각각 삼매의 기능과 삼매의 힘이 되고, 꿰뚫어 앎과 무명에 흔들리지 않는 측면에서 통찰지의 기능과 통찰지의 힘이 된다. 이렇게 기능과 힘을 구분하는 것이 아비담마의 정설이다.
그래서 아비담마에서는 “기능[根]들은 그 각각의 영역에서 지배하는(issara) 요소들이고 힘[力]들은 반대되는 것들에 의해서 흔들리지 않고(akampiya) 이들과 함께하는 법들을 강하게(thirabhāva) 만드는 요소”라고 설명하고 있다. 여기에 대해서는 『청정도론』 XXII.37과 특히 『아비담마 길라잡이』 제7장 §28을 참조할 것.
그러므로 굳이 이 다섯 가지 힘(오력)을 독립된 주제(상윳따)로 따로 모으지 않아도 되지만 다섯 가지 힘은 불교 수행법을 모두 담고 있는 37가지 깨달음의 편에 있는 법(보리분법)에 포함되어 여러 경들에서 나타나고 있기 때문에 별도의 상윳따로 편집한 것으로 이해하면 될 것이다. 37보리분법 혹은 37조도품에 대해서는 본서 「도 상윳따」(S45)의 첫 번째 주해와 『청정도론』 XXII.33～43과 『아비담마 길라잡이』 제7장 §§24～33을 참조할 것.

비구들이여, 그와 같이 비구가 다섯 가지 힘을 닦고 다섯 가지 힘을 많이 [공부]지으면 그는 열반으로 흐르고 열반으로 향하고 열반으로 들어간다."

5. "비구들이여, 그러면 비구가 어떻게 다섯 가지 힘을 닦고 다섯 가지 힘을 많이 [공부]지으면 열반으로 흐르고 열반으로 향하고 열반으로 들어가는가?

비구들이여, 여기 비구는 떨쳐버림을 의지하고 탐욕의 빛바램을 의지하고 소멸을 의지하고 철저한 버림으로 기우는 믿음의 힘을 닦는다. … 정진의 힘을 닦는다. … 마음챙김의 힘을 닦는다. … 삼매의 힘을 닦는다. 떨쳐버림을 의지하고 탐욕의 빛바램을 의지하고 소멸을 의지하고 철저한 버림으로 기우는 통찰지의 힘을 닦는다.

비구들이여, 이와 같이 비구가 다섯 가지 힘을 닦고 다섯 가지 힘을 많이 [공부]지으면 그는 열반으로 흐르고 열반으로 향하고 열반으로 들어간다."

<같은 방법으로 본품의 12개 경들은 본서 「도 상윳따」(S45) 제9장 「첫 번째 강가 강의 반복」(Gaṅga-peyyala)의 12개 경들(S45:91~102 = S46:77~88)과 같은 방법으로 설해지고 있음.>

제1장 강가 강의 반복(떨쳐버림을 의지함 편)이 끝났다.

첫 번째 품에 포함된 경들의 목록은 다음과 같다. [250]

여섯 가지 ①~⑥ 동쪽으로 흐름, 여섯 가지 ⑦~⑫ 바다
이처럼 6가지가 두 번 있어서 모두 12가지가 설해졌다.

제2장 불방일 품

Appamāda-vagga

여래 경 등(S50:13~22)

3. "비구들이여, 예를 들면 중생이 발이 없건, 두 발이건, 네 발이건, 여러 발이건, 물질을 가졌건, 물질을 갖지 않았건, 인식이 있건, 인식이 없건, 인식이 있는 것도 아니고 없는 것도 아니건, 그 모든 중생들에 관한 한, 여래·아라한·정등각자가 그들 가운데서 으뜸이라 불린다.

비구들이여, 그와 같이 유익한 법[善法]들은 그것이 어떤 것이든간에 모두 불방일을 뿌리로 하고 불방일로 모이고 불방일이 그들 가운데 으뜸이라 불린다.

비구들이여, 비구가 방일하지 않으면 '그는 다섯 가지 힘을 닦을 것이다. 그는 다섯 가지 힘을 많이 [공부]지을 것이다.'라는 것이 기대된다."

4. "비구들이여, 그러면 방일하지 않는 비구는 어떻게 다섯 가지 힘을 닦고 어떻게 다섯 가지 힘을 많이 [공부]짓는가?

비구들이여, 여기 비구는 떨쳐버림을 의지하고 탐욕의 빛바램을 의지하고 소멸을 의지하고 철저한 버림으로 기우는 믿음의 힘을 닦는다. 떨쳐버림을 의지하고 탐욕의 빛바램을 의지하고 소멸을 의지하고 철저한 버림으로 기우는 정진의 힘을 닦는다. 떨쳐버림을 의지하고 탐욕의 빛바램을 의지하고 소멸을 의지하고 철저한 버림으로 기우는 마음챙김의 힘을 닦는다. 떨쳐버림을 의지하고 탐욕의 빛바램을 의지하고 소멸을 의지하고 철저한 버림으로 기우는 삼매의 힘을 닦는다. 떨쳐버림을 의지하고 탐욕의 빛바램을 의지하고 소멸을 의지하고 철저한 버림으로 기우는 통찰지의 힘을 닦는다.

비구들이여, 방일하지 않는 비구는 이렇게 다섯 가지 힘을 닦고 이렇게 다섯 가지 힘을 많이 [공부]짓는다."

<본품의 10개 경들은 본서 「도 상윳따」(S45) 제13장 「불방일 반복」의 10개 경들(S45:139~148 = S46:89~98)과 같은 방법으로 설해지고 있음.>

제2장 불방일 품(떨쳐버림을 의지함 편)이 끝났다.

두 번째 품에 포함된 경들의 목록은 다음과 같다.

① 여래 ② 발자국 ③ 뾰족지붕 ④ 뿌리 ⑤ 속재목
⑥ 재스민 꽃 ⑦ 왕 ⑧ 달 ⑨ 태양, 열 번째로 ⑩ 옷감이다.

제3장 힘쓰는 일 품

Balakaraṇīya-vagga

힘 경 등(S50:23~34)

3. "비구들이여, 예를 들면 어떤 일이든 힘쓰는 일들을 할 때는 모두 반드시 땅을 의지하고 땅에 확고하게 서서 힘쓰는 일들을 하는 것과 같다. 비구들이여, 그와 같이 비구는 계를 의지하고 계에 확고하게 서서 다섯 가지 힘을 닦고 다섯 가지 힘을 많이 [공부]짓는다."

4. "비구들이여, 그러면 방일하지 않는 비구는 어떻게 다섯 가지 힘을 닦고 어떻게 다섯 가지 힘을 많이 [공부]짓는가?

비구들이여, 여기 비구는 떨쳐버림을 의지하고 탐욕의 빛바램을 의지하고 소멸을 의지하고 철저한 버림으로 기우는 믿음의 힘을 닦는다. … 정진의 힘을 닦는다. … 마음챙김의 힘을 닦는다. … 삼매의 힘을 닦는다. … 통찰지의 힘을 닦는다.

비구들이여, 이와 같이 비구는 계를 의지하고 계에 확고하게 서서 다섯 가지 힘을 닦고 다섯 가지 힘을 많이 [공부]짓는다."

<본품의 12개 경들은 본서 「도 상윳따」(S45) 제14장 「힘쓰는 일 품」(Balakaraṇīya-vagga)의 12개 경들(S45:149~160 = S46:99~110)과 같은 방법으로 설해지고 있음.>

제3장 힘쓰는 일 품(떨쳐버림을 의지함 편)이 끝났다.

세 번째 품에 포함된 경들의 목록은 다음과 같다.

① 힘 ② 씨앗 ③ 용 ④ 나무 ⑤ 항아리 ⑥ 꺼끄러기
⑦ 허공, 두 가지 ⑧~⑨ 구름 ⑩ 배 ⑪ 객사(客舍) ⑫ 강이다.

제4장 추구 품

Esanā-vagga

추구 경 등(S50:35~44)

3. "비구들이여, 세 가지 추구가 있다. 무엇이 셋인가? 감각적 욕망의 추구, 존재의 추구, 청정범행의 추구이다. 비구들이여, 이러한 세 가지 추구가 있다."

4. "비구들이여, 이러한 세 가지 추구를 최상의 지혜로 알기 위해서는 … 철저히 알기 위해서는 … 철저하게 멸진하기 위해서는 … 제거하기 위해서는 다섯 가지 힘을 닦아야 한다. 그러면 어떤 다섯 가지 힘을 닦아야 하는가?

비구들이여, 여기 비구는 떨쳐버림을 의지하고 탐욕의 빛바램을 의지하고 소멸을 의지하고 철저한 버림으로 기우는 믿음의 힘을 닦는다. … 정진의 힘을 닦는다. … 마음챙김의 힘을 닦는다. … 삼매의 힘을 닦는다. … 통찰지의 힘을 닦는다.

비구들이여, 이러한 세 가지 추구를 최상의 지혜로 알기 위해서는 … 철저히 알기 위해서는 … 철저하게 멸진하기 위해서는 … 제거하기 위해서는 이러한 다섯 가지 힘을 닦아야 한다."

<본품의 10개 경들은 본서 「도 상윳따」(S45) 제15장 「추구 품」(Esanā-vagga)의 10개 경들(S45:161~170 = S46:111~120)과 같은 방법으로 설해지고 있음.>

제4장 추구 품(떨쳐버림을 의지함 편)이 끝났다.

네 번째 품에 포함된 경들의 목록은 다음과 같다.

① 추구 ② 자만심 ③ 번뇌
④ 존재 ⑤ 괴로움의 성질
⑥ 삭막함 ⑦ 때 ⑧ 근심
⑨ 느낌 ⑩ 갈애 ⑪ 목마름이다.

제5장 폭류 품

Ogha-vagga

폭류 경 등(S50:45~54)

3. "비구들이여, [251] 네 가지 폭류가 있다. 무엇이 넷인가? 감각적 욕망의 폭류, 존재의 폭류, 견해의 폭류, 무명의 폭류이다. 비구들이여, 이러한 네 가지 폭류가 있다."

4. "비구들이여, 이러한 네 가지 폭류를 최상의 지혜로 알기 위해서는 … 철저히 알기 위해서는 … 철저하게 멸진하기 위해서는 … 제거하기 위해서는 다섯 가지 힘을 닦아야 한다. 그러면 어떤 다섯 가지 힘을 닦아야 하는가?

비구들이여, 여기 비구는 떨쳐버림을 의지하고 탐욕의 빛바램을 의지하고 소멸을 의지하고 철저한 버림으로 기우는 믿음의 힘을 닦는다. … 정진의 힘을 닦는다. … 마음챙김의 힘을 닦는다. … 삼매의 힘을 닦는다. … 통찰지의 힘을 닦는다.

비구들이여, 이러한 네 가지 폭류를 최상의 지혜로 알기 위해서는 … 철저히 알기 위해서는 … 철저하게 멸진하기 위해서는 … 제거하기 위해서는 이러한 다섯 가지 힘을 닦아야 한다."

<본품의 10개 경들은 본서 「도 상윳따」(S45) 제16장 「폭류 품」(Ogha-vagga)의 10개 경들(S45:171~180 = S46:121~130)과 같은 방법으로 설해지고 있음.>

제5장 폭류 품(떨쳐버림을 의지함 편)이 끝났다.

다섯 번째 품에 포함된 경들의 목록은 다음과 같다.

① 폭류 ② 속박 ③ 취착
④ 매듭 ⑤ 잠재성향
⑥ 감각적 욕망 ⑦ 장애 ⑧ 무더기
⑨ 낮은 단계의 족쇄 ⑩ 높은 단계의 족쇄이다.

제6장 강가 강의 반복

Gaṅgā-peyyāla

탐욕을 길들임 편

Rāgavinaya[482)]

동쪽으로 흐름 경 등(S50:55~66)

3. "비구들이여, 예를 들면 강가 강은 [252] 동쪽으로 흐르고 동쪽으로 향하고 동쪽으로 들어간다.

비구들이여, 그와 같이 비구가 다섯 가지 힘을 닦고 다섯 가지 힘을 많이 [공부]지으면 그는 열반으로 흐르고 열반으로 향하고 열반으로 들어간다. …"

4. "비구들이여, 여기 비구는 탐욕의 길들임으로 귀결되고 성냄의 길들임으로 귀결되고 어리석음의 길들임으로 귀결되는 믿음의 힘을 닦는다. … 정진의 힘을 닦는다. … 마음챙김의 힘을 닦는다. … 삼매의 힘을 닦는다. … 통찰지의 힘을 닦는다.

비구들이여, 비구가 이렇게 다섯 가지 힘을 닦고 이렇게 다섯 가지 힘을 많이 [공부]지으면 그는 열반으로 흐르고 열반으로 향하고 열

482) 본품의 12개 경들은 본서 「도 상윳따」(S45) 제10장 「두 번째 강가 강의 반복」(Gaṅga-peyyala)의 12개 경들(S45:103~114 = S46:131~142)과 같은 방법으로 설해지고 있다. 여기에 대해서는 본서 「깨달음의 구성요소 상윳따」(S46) 제14장 「강가 강의 반복」(Gaṅgā-peyyāla)의 주해를 참조할 것.
여기서는 첫 번째 경만 옮기고 나머지는 생략한다. Ee에도 이렇게 편집되어 있다.

반으로 들어간다."

…… ……

제6장 강가 강의 반복(탐욕을 길들임 편)이 끝났다.

여섯 번째 품에 포함된 경들의 목록은 다음과 같다.

여섯 가지 ①~⑥ 동쪽으로 흐름, 여섯 가지 ⑦~⑫ 바다
이처럼 6가지가 두 번 있어서 모두 12가지가 설해졌다.

제7장 불방일 품

Appamāda-vagga

탐욕을 길들임 편

Rāgavinaya[483]

여래 경 등(S50:67~76)

3. "비구들이여, 예를 들면 중생이 발이 없건, 두 발이건, 네 발이건, 여러 발이건, 물질을 가졌건, 물질을 갖지 않았건, 인식이 있건, 인식이 없건, 인식이 있는 것도 아니고 없는 것도 아니건, 그 모든 중생들에 관한 한, 여래·아라한·정등각자가 그들 가운데서 으뜸이라 불린다.

비구들이여, 그와 같이 유익한 법[善法]들은 그것이 어떤 것이든 간에 모두 불방일을 뿌리로 하고 불방일로 모이고 불방일이 그들 가운데 으뜸이라 불린다.

비구들이여, 비구가 방일하지 않으면 '그는 다섯 가지 힘을 닦을 것이다. 그는 다섯 가지 힘을 많이 [공부]지을 것이다.'라는 것이 기대된다."

---

483) 본품의 10개 경들은 본서 「도 상윳따」(S45) 제13장 「불방일의 반복」(Appamāda-peyyāla)의 10개 경들(S45:139~148 = S46:143~152) 가운데 탐욕을 길들임 편과 같은 방법으로 설해지고 있다. 여기에 대해서는 본서 「깨달음의 구성요소 상윳따」(S46) 제15장 「불방일 품」(Gaṅgā-peyyāla)의 주해를 참조할 것.
여기서도 첫 번째 경만 옮기고 나머지는 생략한다. Ee에도 이렇게 편집되어 있다.

4. "비구들이여, 그러면 방일하지 않는 비구는 어떻게 다섯 가지 힘을 닦고 어떻게 다섯 가지 힘을 많이 [공부]짓는가?

비구들이여, 여기 비구는 탐욕의 길들임으로 귀결되고 성냄의 길들임으로 귀결되고 어리석음의 길들임으로 귀결되는 믿음의 힘을 닦는다. … 정진의 힘을 닦는다. … 마음챙김의 힘을 닦는다. … 삼매의 힘을 닦는다. … 통찰지의 힘을 닦는다.

비구들이여, 비구가 이렇게 다섯 가지 힘을 닦고 이렇게 다섯 가지 힘을 많이 [공부]지으면 그는 열반으로 흐르고 열반으로 향하고 열반으로 들어간다."

… …

제7장 불방일 품(탐욕을 길들임 편)이 끝났다.

일곱 번째 품에 포함된 경들의 목록은 다음과 같다.

① 여래 ② 발자국 ③ 뾰족지붕 ④ 뿌리 ⑤ 속재목
⑥ 재스민 꽃 ⑦ 왕 ⑧ 달 ⑨ 태양, 열 번째로 ⑩ 옷감이다.

제8장 힘쓰는 일 품

Balakaraṇīya-vagga

탐욕을 길들임 편

Rāgavinaya[484)]

힘 경 등(S50:77~88)

3. "비구들이여, 예를 들면 어떤 일이든 힘쓰는 일들을 할 때는 모두 반드시 땅을 의지하고 땅에 확고하게 서서 힘쓰는 일들을 하는 것과 같다.

비구들이여, 그와 같이 비구는 계를 의지하고 계에 확고하게 서서 다섯 가지 힘을 닦고 다섯 가지 힘을 많이 [공부]짓는다."

4. "비구들이여, 그러면 어떻게 비구는 계를 의지하고 계에 확고하게 서서 다섯 가지 힘을 닦고 다섯 가지 힘을 많이 [공부]짓는가?

비구들이여, 여기 비구는 탐욕의 길들임으로 귀결되고 성냄의 길들임으로 귀결되고 어리석음의 길들임으로 귀결되는 믿음의 힘을 닦는다. … 정진의 힘을 닦는다. … 마음챙김의 힘을 닦는다. … 삼매의

---

484) 본품의 12개 경들은 본서「도 상윳따」(S45) 제14장「힘쓰는 일 품」(Balakaraṇīya-vagga)의 12개 경들(S45:149~160 = S46:153~164) 가운데 탐욕을 길들임 편과 같은 방법으로 설해지고 있다. 여기에 대해서는 본서「깨달음의 구성요소 상윳따」(S46) 제16장「힘쓰는 일 품」(Gaṅgā-peyyāla)의 주해를 참조할 것.
여기서도 첫 번째 경만 옮기고 나머지는 생략한다. Ee에도 이렇게 편집되어 있다.

힘을 닦는다. … 통찰지의 힘을 닦는다.

비구들이여, 이와 같이 비구는 계를 의지하고 계에 확고하게 서서 다섯 가지 힘을 닦고 다섯 가지 힘을 많이 [공부]짓는다."

……

제8장 힘쓰는 일 품(탐욕을 길들임 편)이 끝났다.

여덟 번째 품에 포함된 경들의 목록은 다음과 같다.

① 힘 ② 씨앗 ③ 용 ④ 나무 ⑤ 항아리
⑥ 꺼끄러기 ⑦ 허공, 두 가지 ⑧~⑨ 구름
⑩ 배 ⑪ 객사(客舍) ⑫ 강이다.

제9장 추구 품

Esanā-vagga

탐욕을 길들임 편

Rāgavinaya[485)]

추구 경 등(S50:89~98)

3. "비구들이여, 세 가지 추구가 있다. 무엇이 셋인가? 감각적 욕망의 추구, 존재의 추구, 청정범행의 추구이다. 비구들이여, 이러한 세 가지 추구가 있다."

4. "비구들이여, 이러한 세 가지 추구를 최상의 지혜로 알기 위해서는 … 철저히 알기 위해서는 … 철저하게 멸진하기 위해서는 … 제거하기 위해서는 다섯 가지 힘을 닦아야 한다. 어떤 다섯 가지 힘을 닦는가?

비구들이여, 여기 비구는 탐욕의 길들임으로 귀결되고 성냄의 길들임으로 귀결되고 어리석음의 길들임으로 귀결되는 믿음의 힘을 닦는다. … 정진의 힘을 닦는다. … 마음챙김의 힘을 닦는다. … 삼매의 힘을 닦는다. … 통찰지의 힘을 닦는다.

---

485) 본품의 10개 경들은 본서 「도 상윳따」(S45) 제15장 「추구 품」(Esanā-vagga)의 10개 경들(S45:161~170 = S46:165~1174) 가운데 탐욕을 길들임 편과 같은 방법으로 설해지고 있다. 여기에 대해서는 본서 「깨달음의 구성요소 상윳따」(S46) 제17장 「추구 품」(Gaṅgā-peyyāla)의 주해를 참조할 것.
여기서도 첫 번째 경만 옮기고 나머지는 생략한다. Ee에도 이렇게 편집되어 있다.

비구들이여, 이러한 세 가지 추구를 최상의 지혜로 알기 위해서는 … 철저히 알기 위해서는 … 철저하게 멸진하기 위해서는 … 제거하기 위해서는 이러한 다섯 가지 힘을 닦아야 한다.” …

… …

제9장 추구 품(탐욕을 길들임 편)이 끝났다.

아홉 번째 품에 포함된 경들의 목록은 다음과 같다.

① 추구 ② 자만심 ③ 번뇌
④ 존재 ⑤ 괴로움의 성질
⑥ 삭막함 ⑦ 때 ⑧ 근심
⑨ 느낌 ⑩ 갈애 ⑪ 목마름이다.

제10장 폭류 품

Ogha-vagga

탐욕을 길들임 편

Rāgavinaya[486)]

폭류 경 등(S50:99～108)

3. “비구들이여, [253] 네 가지 폭류가 있다. 무엇이 넷인가? 감각적 욕망의 폭류, 존재의 폭류, 견해의 폭류, 무명의 폭류이다. 비구들이여, 이러한 네 가지 폭류가 있다.”

4. “비구들이여, 이러한 네 가지 폭류를 최상의 지혜로 알기 위해서는 … 철저히 알기 위해서는 … 철저하게 멸진하기 위해서는 … 제거하기 위해서는 다섯 가지 힘을 닦아야 한다. 어떤 다섯 가지 힘을 닦는가?

비구들이여, 여기 비구는 탐욕의 길들임으로 귀결되고 성냄의 길들임으로 귀결되고 어리석음의 길들임으로 귀결되는 믿음의 힘을 닦는다. … 정진의 힘을 닦는다. … 마음챙김의 힘을 닦는다. … 삼매의 힘을 닦는다. … 통찰지의 힘을 닦는다.

---

486) 본품의 10개 경들은 본서 「도 상윳따」(S45) 제16장 「폭류 품」(Ogha-vagga)의 10개 경들(S45:171～180 = S46:175～184) 가운데 탐욕을 길들임 편과 같은 방법으로 설해지고 있다. 여기에 대해서는 본서 「깨달음의 구성요소 상윳따」(S46) 제18장 「폭류 품」(Gaṅgā-peyyāla)의 주해를 참조할 것.
여기서도 첫 번째 경만 옮기고 나머지는 생략한다. Ee에도 이렇게 편집되어 있다.

비구들이여, 이러한 다섯 가지 높은 단계의 족쇄를 최상의 지혜로 알기 위해서는 … 철저히 알기 위해서는 … 철저하게 멸진하기 위해서는 … 제거하기 위해서는 이러한 다섯 가지 힘을 닦아야 한다."

제10장 폭류 품(탐욕을 길들임 편)이 끝났다.

열 번째 품에 포함된 경들의 목록은 다음과 같다.

① 폭류 ② 속박 ③ 취착
④ 매듭 ⑤ 잠재성향
⑥ 감각적 욕망 ⑦ 장애 ⑧ 무더기
⑨ 낮은 단계의 족쇄 ⑩ 높은 단계의 족쇄이다.

힘 상윳따(S50)가 끝났다.

제5권 수행을 위주로 한 가르침에
포함된 상윳따들의 목록은 다음과 같다.

① 무위 ② 설명하지 않음[無記] ③ 도
④ 깨달음의 구성요소 ⑤ 마음챙김의 확립
⑥ 기능[根] ⑦ 바른 노력 ⑧ 힘이다.

제5권 수행을 위주로 한 가르침이 끝났다.

십력(十力)의 바위산에서 생겨나
열반의 대해를 목적지로 하여
팔정도를 물로 삼아 [흘러가는]
승자의 말씀에 대한 이 감격 오래 전해지기를!

dasabalaselappabhavā
nibbānamahāsamuddapariyantā
aṭṭhaṅgamaggasalilā
jinavacananadī ciraṁ vahatu

지은이 · 각묵스님

1957년 밀양 생. 1979년 화엄사 도광 스님을 은사로 사미계 수지. 1982년 범어사에서 자운 스님을 계사로 비구계 수지. 7년간 제방 선원에서 안거 후 인도로 유학, 인도 뿌나 대학교 (Pune University)에서 10여 년간 산스끄리뜨, 빠알리, 쁘라끄리뜨 수학. 현재 실상사 한주, 초기불전연구원 지도법사
역·저서로「금강경 역해」(2001, 12쇄 2023),「아비담마 길라잡이」(전 2권, 대림 스님과 공역, 2002, 12쇄 2016, 전정판 4쇄 2021),「네 가지 마음챙기는 공부」(2003, 개정판 9쇄 2022),「디가 니까야」(전 3권, 2006, 8쇄 2022),「니까야 강독」(I/II, 2013, 6쇄 2023),「담마상가니」(전 2권, 2016),「초기불교 입문」(2017, 4쇄 2023),「위방가」(전 2권, 2018),「이띠웃따까」(2020),「우다나」(2021)

상윳따니까야
Saṁyutta Nikāya
주제별로 모은 경

제5권 수행를 위주로 한 가르침

2009년 11월 5일 초판1쇄발행
2024년 10월 22일 초판7쇄발행

옮긴 이 | 각묵 스님
펴낸 이 | 대림 스님
펴낸 곳 | 초기불전연구원
경남 김해시 관동로 27번길 5-79
전화 (055)321-8579
홈페이지 | http://tipitaka.or.kr
http://cafe.daum.net/chobul
이 메 일 | chobulwon@gmail.com
등록번호 | 제13-790호(2002.10.9)
계좌번호 | 국민은행 604801-04-141966 차명희
하나은행 205-890015-90404 (구.외환 147-22-00676-4) 차명희
농협 053-12-113756 차명희
우체국 010579-02-062911 차명희

ISBN 978-89-91743-19-9
ISBN 978-89-91743-14-4(전6권)

값 | 30,000원